파이썬 고급 딥러닝

Advanced Deep Learning with Python

Ivan Vasilev 지음
유현중 옮김

역자소개

유현중

1982년 서강대학교 전자공학과 학사

1982~1989년 국방과학연구소

1996년 미국 미주리대 공학박사(인공신경망)

1996년 삼성전자

1996~2021년 상명대학교

현재 미국 미주리대 방문교수(딥러닝)

파이썬 고급 딥러닝

Advanced Deep Learning with Python

| Ivan Vasilev 지음
| 유현중 옮김

TensorFlow와 PyTorch를 사용하여 고급 차세대 AI 솔루션 설계 및 구현

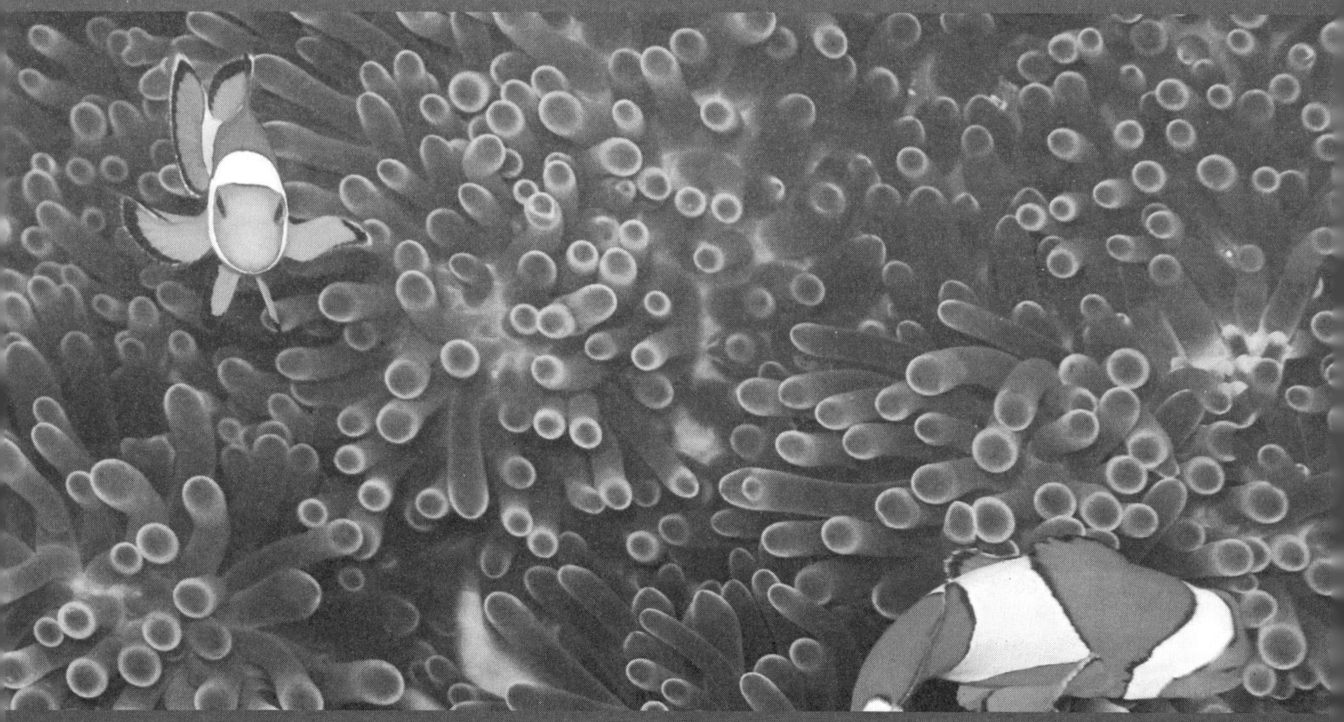

Packt>

도서출판 홍릉

Advanced Deep Learning with Python

by Ivan Vasilev

파이썬 고급 딥러닝

인 쇄: 2022년 1월 3일 초판 1쇄
발 행: 2022년 1월 7일 초판 1쇄

역 자: 유현중
발행인: 송 준
발행처: 도서출판 홍릉
주 소: 01093 서울시 강북구 인수봉로 50길 10
등 록: 1976년 10월 21일 제5-66호

전 화: 02-999-2274~5, 903-7037
팩 스: 02-905-6729
e-mail: hongpub@hongpub.co.kr
http://www.hongpub.co.kr
ISBN: 979-11-5600-886-6(93000)

정 가: 39,000원

낙장 및 파본은 구입처나 본사에서 교환하여 드립니다.

기여자

저자

Ivan Vasilev는 2013년에 GPU를 지원하는 최초의 오픈 소스 Java 딥 러닝 라이브러리 작업을 시작했다. 이 라이브러리를 독일 회사가 인수했고, Ivan은 개발을 계속하였다. 또한 심층 신경망을 이용한 의료 영상 분류 및 분할 분야에서 머신 러닝 엔지니어 및 연구원으로도 활동했다. 2017년부터 그는 금융 머신 러닝에 중점을 두고 있다. 알고리듬 기반의 다양한 머신 러닝 알고리듬을 신속하게 실험할 수 있는 인프라를 제공하는 Python 기반 플랫폼 작업을 하고 있다. St. Kliment Ohridski의 Sofia University에서 인공지능 석사 학위를 취득했다.

검토자

Saibal Dutta는 SAS Research and Development에서 분석 컨설턴트로 일하고 있다. 또한 Kharagpur의 IIT에서 데이터 마이닝 및 머신 러닝 박사 학위를 진행하고 있다. Rourkela의 National Institute of Technology에서 전자공학 및 통신 분야의 M. Tech를 취득했다. 컨설턴트로 타타통신, Pune, HCL Technologies Limited, Noida에서 근무했다. 7년 동안 컨설팅 경험을 쌓으면서 IKEA(스웨덴)와 Pearson(미국)을 포함한 글로벌 플레이어와 관계를 맺었다. 기업가 정신에 대한 열정으로 데이터 분석 분야에서 자신의 스타트 업을 만들었다. 그의 전문 분야는 데이터 마이닝, 인공지능, 머신 러닝, 영상 처리, 비즈니스 상담 등이 있다.

Packt는 당신과 같은 저자를 찾고 있다.

서문

이 책은 응용 분야에 따라 새롭게 진화된 딥 러닝 모델, 방법론 및 구현 모음입니다. 이 책의 첫 번째 섹션에서는 딥 러닝의 빌딩 블록과 **신경망**(NN)의 수학에 대해 배웁니다. 두 번째 섹션에서는 CNN(convolutional neural network) 및 **컴퓨터 비전**(CV)의 고급 응용에 중점을 둡니다. 가장 인기 있는 CNN 아키텍처를 객체 검출 및 이미지 분할에 적용하는 방법을 배웁니다. 마지막으로, 가변 자동 인코더(variational autoencoder) 및 GAN (generative adversarial network)에 대해 설명합니다.

세 번째 섹션에서는 자연어 및 시퀀스 처리에 중점을 둡니다. NN을 사용하여 단어의 복잡한 벡터 표현을 추출합니다. **LSTM**(**Long Short-Term Memory**) 및 **GRU**(**Gated Recurrent Unit**)와 같은 다양한 유형의 RNN(recurrent neural network)에 대해 설명합니다. 마지막으로, RNN의 도움 없이 순차적 데이터를 처리하기 위한 주의 메커니즘(attention mechanism)을 다룰 것입니다. 마지막 섹션에서는 그래프 NN을 사용하여 구조화된 데이터를 처리하는 방법에 대해 설명합니다. 적은 수의 훈련 샘플로 NN을 훈련시킬 수 있는 메타 학습을 다룰 것입니다. 마지막으로 자율 주행 차량에 딥 러닝을 적용하는 방법을 배우게 됩니다.

이 책을 마치면 딥 러닝과, 딥 러닝 모델을 모니터링하고 관리하기 위한 혁신적인 접근 방식과 관련된 핵심 개념을 익히게 됩니다.

이 책의 대상 독자

이 책은 딥 러닝을 마스터하고, 혁신적이고 독창적인 딥 러닝 프로젝트를 구축하려는 데이터 과학자, 딥 러닝 엔지니어 및 연구자 및 AI 개발자를 위한 것입니다. 이 책은 또한 실제 사례를 사용하여, 딥 러닝 영역에서 채택된 고급 사용 사례 및 방법론에 정통해지고 싶은 이들에게도 매력적일 것입니다. 딥 러닝에 대한 기본 개념 이해와 파이썬에 대한 실무 지식이 가정됩니다.

이 책에서 다루는 내용

1장 "신경망의 기초"에서는 딥 러닝이 무엇인지 간략히 소개하고, NN의 수학적 기초를 설명할 것입니다. 이 장에서는 NN을 수학적 모델로 설명합니다. 보다 구체적으로, 벡터, 행렬 및 미분학에 중점을 둘 것입니다. 또한 Momentum, Adam 및 Adadelta와 같은 경사 하강 변형들에 대해 자세히 설명합니다. 또한 불균형적인 데이터셋을 처리하는 방법에 대해서도 설명합니다.

2장 "**컨볼루션 네트워크 이해**"에서는 CNN에 대한 간단한 설명을 제공합니다. CNN 및 그의 CV 응용에 대해 설명합니다.

3장 "**고급 CNN**"에서는 VGG, ResNet, MobileNets, GoogleNet, Inception, Xception 및 DenseNets를 포함하여 널리 사용되는 고급 NN 아키텍처에 대해 설명합니다. PyTorch를 사용하여 ResNet 및 Xception/MobileNets도 구현합니다.

4장 "**객체 검출 및 이미지 분할**"에서는 두 가지 중요한 비전 작업인 객체 검출 및 이미지 분할에 관해 설명합니다. 둘 다에 대해 구현을 제공할 것입니다.

5장 "**생성 모델**"은 생성 모델에 관한 설명을 시작합니다. 특히, 우리는 GAN과 신경 스타일 전이에 관해 이야기할 것입니다. 특정 스타일 전이가 나중에 구현됩니다.

6장 "**언어 모델링**"에서는 단어 및 문자 수준 언어 모델을 소개합니다. 단어 벡터들(word2vec, Glove 및 fastText)에 대해서도 이야기하고, Gensim을 사용하여 이들을 구현할 것입니다. 또한 **NLTK(Natural Language ToolKit)** 텍스트 처리 기술을 사용하여, 주제 모델링 및 어감 모델링(sentiment modeling)과 같은 머신 러닝 응용 프로그램을 위한 텍스트 데이터를 준비하는 매우 기술적이고 복잡한 프로세스를 안내합니다.

7장 "**RNN 이해**"에서는 기본 RNN, LSTM 및 GRU 셀에 관해 설명합니다. 이 모든 네트워크에 대한 자세한 설명과 순수한 파이썬 구현을 제공할 것입니다.

8장 "**시퀀스-시퀀스 모델 및 주의**"에서는 양방향 LSTM을 포함한 시퀀스 모델 및 주의 메커니즘과 인코더 및 디코더가 있는 트랜스포머라는 새로운 아키텍처에 관해 설명합니다.

9장 "**최신 신경망 설계**"에서는 그래프 NN 및 **신경 튜링 머신**(NTM), 미분 신경망 컴퓨터 및 MANN과 같은 메모리가 있는 NN에 관해 설명합니다.

10장 "**메타 학습**"에서는 알고리듬에 학습 방법을 가르치는 방법인 메타 학습에 관해 설명합니다. 또한 적은 훈련 샘플을 사용하여 더 많은 정보를 배울 수 있는 능력을 제공함으로써 딥 러닝 알고리듬을 개선하려 시도할 것입니다.

11장 "자율 주행 차량 딥 러닝"에서는 자율 주행 차량의 딥 러닝 응용에 관해 설명합니다. 차량이 주변 환경을 이해하도록 딥 네트워크를 사용하는 방법에 관해 설명합니다.

이 책의 최고 활용법

이 책을 최대한 활용하려면 Python에 익숙하고 기계 학습에 대한 지식이 있어야 합니다. 이 책에는 주요 NN에 대한 간단한 소개가 포함되어 있지만, 이미 NN의 기초에 익숙하다면 도움이 될 것입니다.

예제 코드 파일 다운로드

`www.packt.com`에서 로그인 또는 계정을 받아서 이 책의 예제 코드 파일을 다운로드할 수 있습니다. 이 책을 다른 곳에서 구입한 경우 `www.packtpub.com/support`를 방문해서 등록하면 파일을 이메일로 직접 받을 수 있습니다.

다음 단계에 따라 코드 파일을 다운로드할 수 있습니다.

1. www.packt.com에서 로그인하거나 등록하십시오.
2. Support 탭을 선택하십시오.
3. Code Download를 클릭하십시오.
4. Search 상자에 책 이름을 입력하고 화면의 지시를 따릅니다.

파일이 다운로드되면 다음의 최신 버전을 사용하여 폴더의 압축을 풀거나 추출해야 합니다:

- Windows용 WinRAR/7-Zip
- Mac용 Zipeg/iZip/UnRarX
- Linux용 7-Zip/PeaZip

이 책의 코드 번들은 GitHub(`https://github.com/PacktPublishing/Advanced-Deep-Learning-with-Python`)에서도 호스팅됩니다. 코드가 업데이트되면, 기존 GitHub 리포지토리에 업데이트됩니다.

또한 `https://github.com/PacktPublishing/`에서 제공되는 풍부한 도서 및 비디오 카탈로그의 다른 코드 번들도 있습니다. 확인해보세요!

컬러 이미지 다운로드

또한 이 책에 사용된 스크린샷/다이어그램의 컬러 이미지가 포함된 PDF 파일도 제공합니다. `http://www.packtpub.com/sites/default/files/downloads/9781789956177_ColorImages.pdf`에서 다운로드할 수 있습니다.

사용된 관례

이 책 전체에 거쳐서 사용되는 텍스트 관례가 있습니다.

`CodeInText`: 텍스트 코드 단어, 데이터베이스 테이블 이름, 폴더 이름, 파일 이름, 파일 확장자, 경로 이름, 더미 URL, 사용자 입력 및 Twitter 핸들을 나타냅니다.
예: "`generator`, `discriminator`, `combined` 네트워크를 포함하여 완전한 GAN 모델을 구축하십시오."

코드 블록:

```
import matplotlib.pyplot as plt
from matplotlib.markers import MarkerStyle
import numpy as np
import tensorflow as tf
from tensorflow.keras import backend as K
from tensorflow.keras.layers import Lambda, Input, Dense
```

볼드체:
새로운 용어, 중요한 단어 또는 화면에 나타나는 단어를 나타냅니다. 예를 들어 메뉴나 대화 상자의 단어가 이와 같은 텍스트로 나타납니다. 예: "실험의 모든 가능한 결과(이벤트)의 모음을 **샘플공간**이라고 합니다."

경고 또는 중요 참고 사항은 이와 같이 표시됩니다.

팁과 요령은 이와 같이 표시됩니다.

연락하기

독자의 의견은 언제나 환영합니다.

일반 피드백: 이 책의 내용에 대해 궁금한 점이 있으면 메시지 제목에 책 제목을 언급하고 customercare@packtpub.com으로 전자 메일을 보내십시오.

정오표: 콘텐츠의 정확성을 보장하기 위해 모든 주의를 기울였지만 실수는 발생합니다. 이 책에서 실수를 발견한 경우, 그 사실을 알려 주시면 감사하겠습니다. www.packtpub.com/support/errata를 방문하여 책을 선택하고 Errata Submission Form 링크를 클릭한 후 세부 정보를 입력하십시오.

불법 복제: 인터넷에서 어떤 형식으로든 우리 제품의 불법 사본을 발견하면, 위치 주소 또는 웹 사이트 이름을 알려주시면 감사하겠습니다. 자료에 대한 링크 정보와 함께 copyright@packt.com으로 연락주십시오.

저자가 되고자 하는 경우: 전문 지식이 있고, 책을 쓰거나 기고하고 싶은 주제가 있으면 authors.packtpub.com을 방문하십시오.

리뷰

리뷰를 남겨주세요. 이 책을 읽고 사용한 후에는 구입한 사이트에서 리뷰를 남겨주기 바랍니다. 잠재적 독자는 편견 없는 의견을 보고 구매 결정을 내릴 수 있으며, Packt는 제품에 대한 귀하의 의견을 이해할 수 있으며, 저자는 자신의 책에 대한 귀하의 의견을 볼 수 있습니다. 감사합니다!

Packt에 관한 자세한 사항은 packt.com을 방문하십시오.

차례

Section I : 핵심 개념

Section II : 컴퓨터 비전

Section IV : 전망

Section

I

핵심 개념

이 섹션에서는 딥 러닝(DL)의 핵심적 개념에 관해 설명한다: DL이 정확히 무엇인지, DL 알고리듬의 수학적 토대, DL 알고리듬을 빠르게 개발할 수 있는 라이브러리 및 도구.

이 섹션에는 다음 장이 포함되어 있다.

- 1장 신경망 기초

CHAPTER 1

신경망 기초

이 장에서는 **딥 러닝**(DL)의 초석인 **신경망**(NN, neural network)에 관해 설명한다. 우리는 신경망의 수학적 장치(apparatus), 구조, 그리고 훈련(또는 학습)에 관해 이야기할 것이다. 우리의 중요한 목표는 NN에 관한 체계적인 이해를 제공하는 것이다. 종종 우리는 컴퓨터 과학 관점에서 여러 단계 및 컴포넌트로 구성된 **기계 학습**(ML, machine learning) 알고리듬(또는 특수 엔터티(entity))으로 접근한다. 우리는 뉴런, 레이어 등의 관점에서 생각함으로써 직관을 얻는다. 이것은 완벽하게 유효한 방법이며, 이 정도 이해만으로도 인상적인 것을 할 수 있다.

NN은 탄탄한 수학적 토대 위에 세워졌으며, 이 관점에서 접근하면 보다 근본적이고 명쾌한 방식으로 정의하고 이해할 수 있다. 따라서 이 장에서는 수학과 컴퓨터 과학의 관점에서 NN들 간의 공통점을 확실하게 보여주려고 한다. 이 주제에 이미 익숙하다면 이 장을 건너뛰어도 되지만, 그래도, 아직 알지 못했던 흥미로운 것들을 이 장에서 찾을 수 있기를 바란다(이 장에 흥미를 갖도록 최선을 다할 것이다!).

이 장에서는 다음과 같은 주제를 다룬다:

- NN의 수학적 장치
- NN에 관한 간단한 소개
- NN 훈련

1.1 NN의 수학적 장치

다음 몇 섹션에서는 NN과 관련된 수학 분야들에 관해 설명한다. 그러고 나서 NN과 연관시킬 것이다.

1.1.1 선형 대수

선형 대수는 $a_1x_1 + a_2x_2 + \cdots + a_nx_n + b = 0$ 같은 선형 방정식(또는 선형 함수) 및 선형 변환, 그리고 그들에 관한 행렬 및 벡터와 같은 표현을 다룬다.

선형 대수는 다음과 같은 수학 객체를 사용한다:

- **스칼라**: 단일 숫자
- **벡터**: 숫자(또는 원소)의 1 차원 배열. 배열의 각 원소는 인덱스를 가진다. 문헌에서 벡터는 위첨자 화살표($\vec{x}$) 또는 **굵은** 소문자($\mathbf{x}$)로 나타낸다. 다음은 벡터의 예이다.

$$\mathbf{x} = \vec{x} = \begin{bmatrix} x_1 \\ x_2 \\ \vdots \\ x_n \end{bmatrix}$$

TIP 이 책에서는 **굵은** 소문자($\mathbf{x}$)를 주로 사용할 것이나, 경우에 따라 다른 출처의 수식을 사용할 때는 가능한 한 원래 표기를 유지할 것이다.

n차원 벡터를 n차원 유클리드 공간(좌표계)에서 점의 좌표로 시각적으로 나타낼 수 있다. 이 경우 벡터를 유클리드(Euclidean)라고 부르며, 각 벡터 원소는 다음 다이어그램과 같이 해당 축 방향의 좌표를 나타낸다:

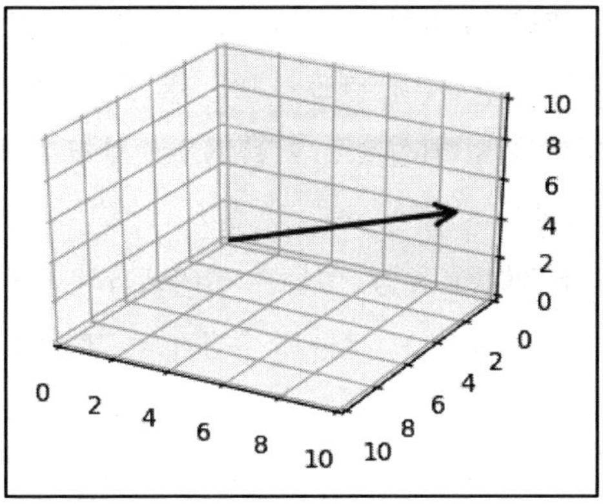

그림 1.1 R^3 공간에서의 벡터 표현

그러나 유클리드 벡터는 단순한 점 이상이며, 다음 두 가지 속성으로 나타낼 수도 있다.

▲ **크기(또는 길이)**: n차원 공간에 대한 피타고라스 정리의 일반화

$$|\mathbf{x}| = \sqrt{x_1^2 + x_2^2 + \ldots + x_n^2}$$

▲ **방향**: 벡터 공간의 각 축 방향의 벡터의 각도

- **행렬(매트릭스)**: 숫자의 2차원 배열이다. 각 원소는 두 개의 인덱스(행 및 열)로 식별된다. 행렬은 일반적으로 **굵은** 대문자로 표시된다(예: $\mathbf{A}$). 각 행렬 원소는 소문자 행렬 문자와 두 개의 아래 첨자 인덱스로 표시된다(예: a_{ij}). 다음 표현이 행렬 표기 예를 보여준다:

$$\mathbf{A} = \begin{bmatrix} a_{11} & a_{12} & \ldots & a_{1n} \\ a_{21} & a_{22} & \ldots & a_{2n} \\ \vdots & \vdots & \ddots & \vdots \\ a_{m1} & a_{m2} & \ldots & a_{mn} \end{bmatrix}$$

벡터를 $n \times 1$ 단일 열 행렬(열 벡터) 또는 $1 \times n$ 단일 행 행렬(행 벡터)로 나타낼 수 있다.

- **텐서**: 텐서는 원래 수학과 물리학에서 왔으며, ML에서 사용되기 오래 전부터 존재해왔다. 이들 분야에서의 텐서의 정의는 ML에서와 다르다. 이 책에서는 ML 맥락에서의 텐서만을 고려할 것이다. 이때 텐서는 다음과 같은 속성을 갖는 다차원 배열이다:

- ▲ **랭크(rank)**: 배열의 차원 수. 예를 들어, 랭크가 2인 텐서는 행렬이고, 랭크가 1인 텐서는 벡터이며, 랭크가 0인 텐서는 스칼라이다. 그러나 텐서는 차원 수에 제한이 없다(실제로 어떤 NN은 랭크가 4인 텐서를 사용한다).
- ▲ **모양**: 각 차원의 크기
- ▲ **텐서 원소의 데이터 유형**: 이들은 라이브러리마다 다를 수 있지만, 일반적으로 16, 32 및 64 비트 부동 소수점과 8, 16, 32 및 64 비트 정수를 포함한다.

TensorFlow와 PyTorch 같은 최신 DL 라이브러리들은 주요 데이터 구조로 텐서를 사용한다.

> **TIP** `https://stats.stackexchange.com/questions/198061/why-the-sudden-fascination-with-tensors`에서 텐서의 본질에 대한 깊이 있는 토론을 찾을 수 있다. TensorFlow(`https://www.tensorflow.org/guide/tensors`) 및 PyTorch(`https://pytorch.org/docs/stable/tensors.html`) 텐서 정의도 확인할 수 있다.

벡터와 행렬 연산

이 섹션에서는 NN과 관련된 벡터 및 행렬 연산에 관해 설명한다. 시작해보자:

- **벡터 덧셈**: 둘 이상의 벡터를 합해서 하나의 출력 벡터를 만드는 연산이다. 이 출력은 또 다른 벡터이며 다음 공식으로 계산된다:

$$\mathbf{a} + \mathbf{b} = [a_1 + b_1, a_2 + b_2, \ldots, a_n + b_n]$$

- **내적(또는 스칼라 곱. dot/scalar product)**: 두 개의 벡터를 취해서 스칼라 값을 출력한다. 다음 공식으로 내적을 계산할 수 있다:

$$\mathbf{a} \cdot \mathbf{b} = |\mathbf{a}|\,|\mathbf{b}| \cos\theta$$

여기서 $|a|$와 $|b|$는 벡터 크기이고, θ는 두 벡터 사이의 각도이다. 두 벡터가 n 차원이고, 이들의 성분이 a_1, b_1, a_2, b_2 등이라고 하면, 위 공식은 다음과 같다:

$$\mathbf{a} \cdot \mathbf{b} = a_1 b_1 + a_2 b_2 + \ldots + a_n b_n$$

2차원 벡터 **a**와 **b**의 내적을 다음 다이어그램이 보여준다:

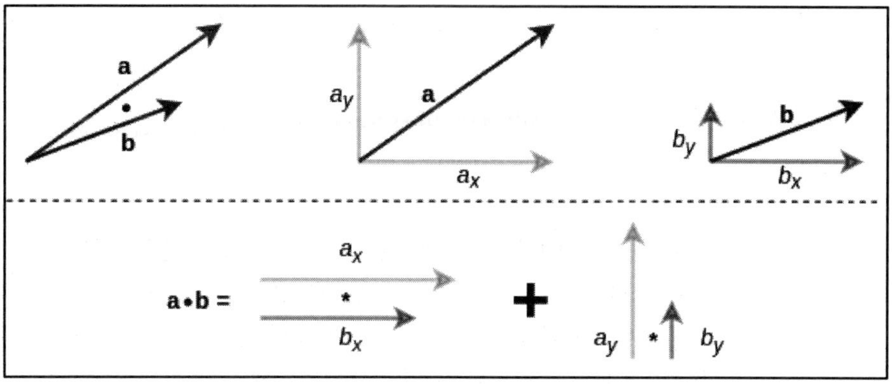

그림 1.2 벡터의 내적. 위: 벡터 구성 요소; 아래: 두 벡터 간 내적

내적은 두 벡터 간의 유사성 척도의 역할을 한다. 두 벡터 사이의 각도 θ가 작으면(벡터의 방향이 비슷하면), 내적은 $\cos\theta$ 때문에 커진다.

이 아이디어에 따라 다음과 같이 두 벡터 사이의 **코싸인 유사도**를 정의할 수 있다:

$$\cos\theta = \frac{\mathbf{a}\cdot\mathbf{b}}{|\mathbf{a}|\,|\mathbf{b}|}$$

- 외적(또는 벡터 곱. cross/vector product): 두 벡터를 취해서 이들 모두에 수직인 다른 벡터를 출력한다. 다음 공식을 사용해서 외적 결과 벡터를 계산한다:

$$\mathbf{a}\times\mathbf{b} = |\mathbf{a}|\,|\mathbf{b}|\sin\theta$$

다음 다이어그램은 두 개의 2차원 벡터 간 외적의 예를 보여준다:

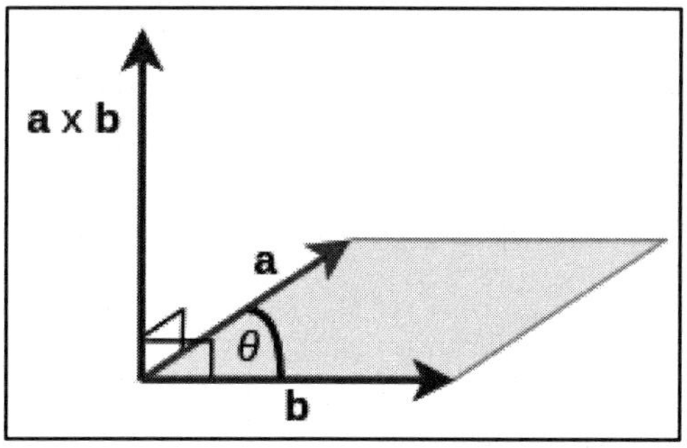

그림 1.3 두 개의 2차원 벡터 간 외적

앞에서 언급했듯이 출력 벡터는 입력 벡터들에 수직이며, 이는 또한 출력 벡터가 입력 벡터들을 포함하는 평면에 수직임을 의미한다. 출력 벡터의 크기는 벡터 a와 b를 변으로 갖는 평행사변형의 면적(앞의 다이어그램의 음영 표시 영역)과 같다:

> **벡터 공간**은 벡터들이 서로 더해질 수 있고 스칼라 값으로 곱해질 수 있는 벡터들의 모음이다. 벡터 공간을 사용하면 **선형 변환**을 함수 f로 정의할 수 있다. 이 함수는 벡터 공간 V의 각 벡터(점)를 다른 벡터 공간 W: $f : V \rightarrow W$의 벡터(점)로 변환할 수 있다. f는 두 벡터 $\mathbf{u}$, $\mathbf{v} \in \mathrm{V}$에 대해 다음 조건들을 충족해야 한다:
>
> - 가산성(additivity): $f(\mathbf{u}+\mathbf{v}) = f(\mathbf{u}) + f(\mathbf{v})$
> - 동종성(homogeneity): $f(c\mathbf{u}) = cf(\mathbf{u})$, 여기서 c는 스칼라

- **행렬 전치**: 이 경우 우리는 주 대각선($i=j$인 행렬 원소 a_{ij}들의 집합)을 따라 행렬을 뒤집는다. 전치 연산은 위첨자 T(Transpose)로 표시된다. 즉, $\mathbf{A}^{\mathrm{T}}$의 셀 a_{ij}는 $\mathbf{A}$의 셀 a_{ji}와 같다:

$$[\mathbf{A}^{\mathsf{T}}]_{ij} = \mathbf{A}_{ji}$$

$m \times n$ 행렬의 전치는 $n \times m$ 행렬이다. 예:

$$\mathbf{A} = \begin{bmatrix} a_{11} & a_{12} & a_{13} \\ a_{21} & a_{22} & a_{23} \\ a_{31} & a_{32} & a_{33} \end{bmatrix} \Rightarrow \mathbf{A}^{\mathsf{T}} = \begin{bmatrix} a_{11} & a_{21} & a_{31} \\ a_{12} & a_{22} & a_{32} \\ a_{13} & a_{23} & a_{33} \end{bmatrix}$$

$$\mathbf{A} = \begin{bmatrix} a_{11} & a_{12} & a_{13} \\ a_{21} & a_{22} & a_{23} \end{bmatrix} \Rightarrow \mathbf{A}^{\mathsf{T}} = \begin{bmatrix} a_{11} & a_{21} \\ a_{12} & a_{22} \\ a_{13} & a_{23} \end{bmatrix}$$

$$\mathbf{A} = \begin{bmatrix} a_{11} & a_{12} & a_{13} \end{bmatrix} \Rightarrow \mathbf{A}^{\mathsf{T}} = \begin{bmatrix} a_{11} \\ a_{12} \\ a_{13} \end{bmatrix}$$

- **행렬-스칼라 곱셈**: 스칼라 값으로 행렬을 곱하는 것이다. 다음 예에서 y는 스칼라이다:

$$\mathbf{A}y = \begin{bmatrix} a_{11} & a_{12} \\ a_{21} & a_{22} \end{bmatrix} y = \begin{bmatrix} a_{11} * y & a_{12} * y \\ a_{21} * y & a_{22} * y \end{bmatrix}$$

- **행렬-행렬 덧셈**: 요소 대 요소로 한 행렬을 다른 행렬에 더하는 것이다. 이 연산을 수행하려면 두 행렬의 크기가 같아야 한다. 예:

$$\mathbf{A}+\mathbf{B}=\begin{bmatrix}a_{11} & a_{12}\\ a_{21} & a_{22}\end{bmatrix}+\begin{bmatrix}b_{11} & b_{12}\\ b_{21} & b_{22}\end{bmatrix}=\begin{bmatrix}a_{11}+b_{11} & a_{12}+b_{12}\\ a_{21}+b_{21} & a_{22}+b_{22}\end{bmatrix}$$

- **행렬-벡터 곱셈**: 행렬과 벡터의 곱셈이다. 이 연산이 유효하려면 행렬의 열 수가 벡터의 길이와 같아야 한다. $m \times n$ 행렬과 n차원 벡터를 곱한 결과는 m차원 벡터이다. 예:

$$\mathbf{Ax}=\begin{bmatrix}a_{11} & a_{12}\\ a_{21} & a_{22}\\ a_{31} & a_{32}\end{bmatrix}\begin{bmatrix}x_1\\ x_2\end{bmatrix}=\begin{bmatrix}a_{11}x_1+a_{12}x_2\\ a_{21}x_1+a_{22}x_2\\ a_{31}x_1+a_{32}x_2\end{bmatrix}$$

$$\begin{bmatrix}a_{11} & a_{12}\end{bmatrix}\begin{bmatrix}x_1\\ x_2\end{bmatrix}=\begin{bmatrix}a_{11}x_1+a_{12}x_2\end{bmatrix}$$

행렬의 각 행을 별개의 n차원 행 벡터로 생각할 수 있다. 여기서 출력 벡터의 각 원소는 행렬 $\mathbf{A}$의 해당 행과 $\mathbf{x}$ 사이의 내적이다. 예:

$$\mathbf{Ax}=\begin{bmatrix}1 & 2\\ 3 & 4\end{bmatrix}\begin{bmatrix}5\\ 6\end{bmatrix}=\begin{bmatrix}1*5+2*6\\ 3*5+4*6\end{bmatrix}=\begin{bmatrix}17\\ 39\end{bmatrix}$$

- **행렬 곱셈**: 한 행렬과 다른 행렬의 곱이다. 유효하려면 첫 번째 행렬의 열 수와 두 번째 행렬의 행 수가 같아야 한다(따라서 비교환적 연산이다). 이 연산을 다중 행렬-벡터 곱셈으로 생각할 수 있는데, 여기서 두 번째 행렬의 각 열이 하나의 벡터이다. $m \times n$ 행렬에 $n \times p$ 행렬을 곱한 결과는 $m \times p$ 행렬이다. 예:

$$\mathbf{AB}=\begin{bmatrix}a_{11} & a_{12} & a_{13}\\ a_{21} & a_{22} & a_{23}\end{bmatrix}\begin{bmatrix}b_{11} & b_{12}\\ b_{21} & b_{22}\\ b_{31} & b_{32}\end{bmatrix}=\begin{bmatrix}a_{11}b_{11}+a_{12}b_{21}+a_{13}b_{31} & a_{11}b_{12}+a_{12}b_{22}+a_{13}b_{32}\\ a_{21}b_{11}+a_{22}b_{21}+a_{23}b_{31} & a_{21}b_{12}+a_{22}b_{22}+a_{23}b_{32}\end{bmatrix}$$

$$\mathbf{AB}=\begin{bmatrix}1 & 2 & 3\\ 4 & 5 & 6\end{bmatrix}\begin{bmatrix}1 & 2\\ 3 & 4\\ 5 & 6\end{bmatrix}=\begin{bmatrix}1+6+15 & 2+8+18\\ 4+15+30 & 8+20+36\end{bmatrix}=\begin{bmatrix}22 & 28\\ 49 & 64\end{bmatrix}$$

벡터 내적도 행렬 곱셈으로 나타낼 수 있다. 즉, $\mathrm{a}\cdot\mathrm{b}=\mathrm{ab}^{\top}$이다.

이것으로 선형 대수에 관한 소개를 마친다. 다음 섹션에서는 확률 이론을 소개한다.

1.1.2 확률 소개

이 섹션에서는 NN과 관련이 있는 확률 및 통계에 관해 논의한다.

다음 속성을 갖는 통계 실험의 개념 소개에서부터 시작하자:

- 여러 번의 독립적인 시도로 구성된다.
- 각 시도의 결과는 비결정적(non-deterministic[1])이다. 즉, 우연히 결정된다.
- 가능한 결과가 두 개 이상 있다. 이러한 결과를 이벤트(event. 사건)라고 한다(다음 섹션에서는 집합의 맥락에서 이벤트에 관해 설명한다).
- 실험의 모든 가능한 결과는 미리 알려져 있다.

통계 실험의 한 예는 동전 던지기로, 두 가지 가능한 결과, 즉 앞면(head) 또는 뒷면(tail)이 있다. 또 다른 예는 1, 2, 3, 4, 5, 6의 6가지 가능한 결과를 갖는 주사위 던지기이다.

확률은 어떤 이벤트가 발생할 가능성(likelihood)이며, 이벤트 e의 확률을 P(e)로 표기한다. 확률은 [0, 1] 범위의 숫자이며, 0은 이벤트가 발생할 수 없음을 나타내고, 1은 항상 발생함을 나타낸다. $P(e)=0.5$라면, 이벤트가 발생할 확률은 50 대 50이다.

이벤트 발생 확률에는 두 가지 종류가 있다:

- **실험적 확률**[2]: 총 시행 횟수와 비교한, 관심 이벤트의 발생 횟수.

$$\mathrm{P(e)} = \frac{\text{number of times } e \text{ occurs}}{\text{total number of trials}}$$

  실험의 결과에서 이벤트들이 발생할 가능성이 똑같지 않을 수 있다. 예를 들어, 동전을 100번 던졌는데 앞면이 56번 관찰되었다고 가정해 보자. 그러면, 실험적 확률은 P(heads)=56/100=0.56, P(tails)=44/100=0.44이다. 시도 횟수가 많아질수록 더 정확한 확률을 얻는다(The law of large numbers[3]).

- **이론적 확률**[4]: 가능한 총 이벤트 발생 횟수와 비교한 관심 이벤트 발생 횟수.

$$\mathrm{P(e)} = \frac{\text{number of successful outcomes}}{\text{total number of outcomes}}$$

  예를 들면, 이상적인 동전 던지기에서 각각의 가능한 결과의 이론적 확률은 P(heads)=P(tails)=1/2이다.

1. 같은 입력에 대해 출력이 다를 수 있다.
2. 실제 관찰에 의한 확률 계산. "추정치(estimate)"라고 부른다.
3. 시도 횟수가 많을수록 결과는 기댓값(expected value)에 더 가까워진다.
4. "기대(expected) 확률"이라고 부른다.

다음 섹션에서는 집합의 맥락에서 확률을 설명한다.

확률과 집합

실험의 모든 가능한 결과(이벤트)들의 모음(collection)을 **샘플 공간(sample space)**이라고 부른다. 샘플 공간을 수학적 **집합(set)**으로 생각할 수 있다. 일반적으로 대문자로 표시되며, 집합의 모든 결과를 { }에 나열(파이썬의 set와 같음)할 수 있다. 예를 들어, 동전(coin) 던지기 이벤트의 샘플 공간은 S_c ={head, tail}이며, 주사위(dice) 던지기의 경우 S_d ={1, 2, 3, 4, 5, 6}이다. 집합의 한 결과(예: head)를 샘플 포인트라고 한다. 이벤트는 샘플 공간의 한 결과(샘플 포인트) 또는 결과들의 조합(부분집합. subset)이다. 조합(또는 결합)된 이벤트의 예는, 주사위가 짝수 즉 {2, 4, 6}이 나오는 것이다.

샘플 공간 S={1, 2, 3, 4, 5}와 두 개의 부분집합 A ={1, 2, 3}과 B={3, 4, 5}가 있다고 하자. 이때 이들에 대해 다음 연산들을 수행할 수 있다:

- 교차(intersection): 결과는 두 집합 모두에 있는 원소만 포함하는 새 집합(교집합)이다.

  $$\mathrm{A} \cap \mathrm{B} = \{3\}$$

  교집합이 비어 있는({ }) 집합들은 분리(disjoint)되어 있다.

- 보(complement): 결과는 주어진 집합에 포함되지 않은 샘플 공간의 나머지 모든 원소를 포함하는 새로운 집합(보집합)이다.

  $$\mathrm{A}' = \{4, 5\} \quad \mathrm{B}' = \{1, 2\}$$

- 합(union): 결과는 각 집합의 모든 원소들을 모아 놓은 새로운 집합(합집합)이다.

  $$\mathrm{A} \cup \mathrm{B} = \{1, 2, 3, 4, 5\}$$

다음 벤 다이어그램은 이들 집합 관계를 보여준다.

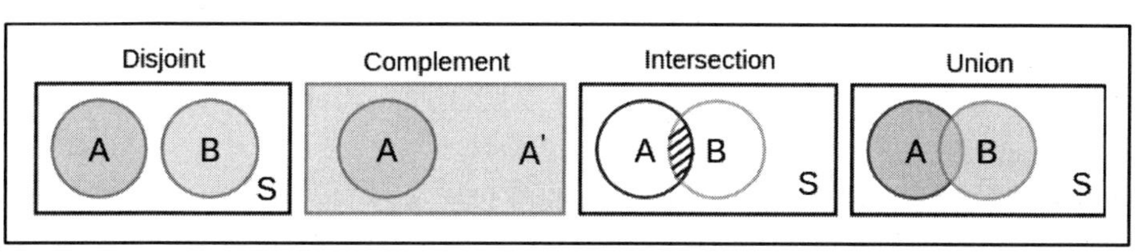

그림 1.4 가능한 집합 관계의 벤 다이어그램

이 집합 속성들을 이벤트와 그 확률에 적용할 수 있다. 이벤트들이 독립적이라고 가정한다. 즉, 한 이벤트의 발생은 다른 이벤트의 발생 확률에 영향을 미치지 않는다. 예를 들어, 동전 던지기의 결과들은 서로 독립적이다. 집합 연산들을 이벤트 도메인에 적용하는 방법을 배워보자:

- 두 이벤트의 교집합(intersection)은 두 이벤트에 포함되어 있는 결과(outcome)들의 부분집합이다. 교집합의 확률을 **결합 확률**(joint probability[5]. 또는 동시 확률)이라고 하며, 다음 공식을 통해 계산된다.

$$P(A \cap B) = P(A) * P(B)^{6} \quad \text{(식 1.1)}$$

  카드가 빨간색(하트 또는 다이아몬드)이고 Jack일 확률을 계산하려고 한다고 하자. 적색일 확률은 $P(red) = 26/52 = 1/2$이다. Jack을 얻을 확률은 $P(Jack) = 4/52 = 1/13$이다. 따라서 조인트 확률은 $P(red, Jack) = (1/2) * (1/13) = 1/26$이다. 이 예에서는 두 이벤트가 독립적이라고 가정했다. 그러나 두 이벤트는 동시에 발생한다(한 카드만 뽑는다). 이러한 결합 확률을 P(A, B) 또는 P(AB)로도 표기한다[7].

  단일 이벤트의 발생 확률 P(A)를 **투영 확률(marginal probability)**[8]이라고 한다.

- 두 이벤트가 결과(outcome)를 공유하지 않으면 분리(disjoint)된 상태이다(또는 **상호 배타적(mutually exclusive)**). 즉, 이들의 샘플 공간이 분리되어 있다. 예를 들어 주사위 던지기의 홀수 또는 짝수 이벤트들은 분리되어 있다. 다음은 분리된 이벤트들의 확률에 대해 참이다.
  - ▲ 분리된(disjoint) 이벤트들의 결합 확률(이 이벤트들이 동시에 발생할 확률)은 $P(A \cap B) = 0$
  - ▲ 분리된 이벤트들의 확률의 합은 $\sum P(\text{disjoint events}) \leq 1$[9]

---

5. 둘 이상의 이벤트가 동시에 발생할 가능성(likelihood).

6. 만일 종속적 이벤트들이라면 결합 확률을 P(A and B) = P(A) * P(B|A)(= P(B) * P(A|B))(베이즈 룰)와 같이 조건부 확률(conditional probability)을 이용해서 계산한다. ML에서는 종종 사후(posterior) 확률이라고 부르는 P(이벤트|조건) 또는 P(Hypothesis|Evidence)를 구해야 한다. 참고로, P(이벤트)는 사전(prior) 확률, P(조건|이벤트)는 우도(likelihood)라고 부른다.

7. 또는 P(A and B).

8. 한계 확률이라고 많이 부르는데, 이는 도저히 와닿질 않는 용어이다. 여기서 margin은 "한계"라는 뜻이 아니라 우리가 일상에서 가장자리 여백을 "마진"이라고 부를 때와 같은 뜻이다. 즉 한 변에서 봤을 때라고 생각하면 된다.

9. 여기서는 주사위 던지기의 홀수, 짝수 집합을 떠올려본다.

- 여러 이벤트의 부분집합(subset)들이 전체 샘플 공간을 구성한다면, 이들은 **jointly exhaustive**[10]하다. 앞의 예제의 이벤트 A(= {1, 2, 3})와 B(= {3, 4, 5})는 결합하면 전체 샘플 공간(1-5)을 채우므로 jointly exhaustive하다. Jointly exhaustive한 이벤트들의 확률에 대해 다음 표현은 참이다.

$$\sum \mathrm{P}(\text{jointly exhaustive events}) = 1$$

  분리된 동시에(AND) jointly exhaustive한 두 이벤트만 있다면, 그 이벤트들은 **보완적(complement)**이다. 예를 들어 주사위 던지기의 홀수 및 짝수 이벤트들은 보완적이다.

- 우리는 A 또는 B로부터 나오는 결과들을 A와 B의 합집합(union)이라고 부를 것이다. 이 합집합의 확률은 다음과 같다.

$$\mathrm{P}(\mathrm{A} \cup \mathrm{B}) = \mathrm{P}(\mathrm{A}) + \mathrm{P}(\mathrm{B}) - \mathrm{P}(\mathrm{A} \cap \mathrm{B})$$

지금까지는 독립적인 이벤트들에 관해 논의했다. 다음 섹션에서는 종속적인 이벤트들을 다루겠다.

조건부 확률과 베이즈 룰

이벤트 A의 발생이 이벤트 B의 발생 확률을 변경하는 경우(A가 B보다 먼저 발생), 둘은 종속적이다. 이 개념을 설명하기 위해, 데크에서 여러 카드를 순차적으로 가져온다고 하자. 데크가 가득 찼을 때 하트를 뽑을 확률은 $P(heart) = 13/52 = 0.25$이다. 그러나 첫 번째 카드를 뽑고 나면 두 번째 차례에서 하트를 선택할 확률이 바뀐다. 이제는 51장의 카드로, heart는 한 장이 줄었다(만일 첫 번째 차례에서 heart를 뽑았다면). 두 번째 뽑기의 확률을 조건부 확률이라고 부르며, $\mathrm{P}(\mathrm{B}|\mathrm{A})$로 표시한다. 이는 이벤트 A가 발생(첫 번째 뽑기)했을 때의 이벤트 B(두 번째 뽑기)의 확률이다. 이 예를 계속하면, 두 번째 뽑기에서도 heart를 선택할 확률은 $P(heart_2 | heart_1) = 12/51 = 0.235$가 된다.

종속 이벤트인 경우에 결합 확률 공식(식(1.1))은 다음과 같이 바뀐다:

---

10. 이들을 "결합"(joint)해서(또는 이들이 "함께") 전체 샘플 공간을 "철저하게"(exhaustively) 형성할 수 있다는 뜻이다. 달리 표현하면, "공동으로"(jointly) "총망라"(exhaustive)한다는 뜻이다.

$$P(A \cap B) = P(A)\, P(B|A) \qquad \text{식 (1.2)}$$

그러나 이 식은 두 개의 이벤트만에 대한 특수한 경우이다. 여러 이벤트 $A_1, A_2, \ldots, A_n$에 대해 이를 더 확장할 수 있다. 이 새로운 일반 공식은 확률의 체인 룰(사슬 법칙)로 알려져 있다:

$$P(A_n \cap \ldots \cap A_1) = P(A_n | A_{n-1} \cap \ldots \cap A_1) \cdot P(A_{n-1} \cap \ldots \cap A_1)$$

예를 들어, 세 이벤트에 대한 체인 룰은 다음과 같다:

$$\begin{aligned} P(A_3 \cap A_2 \cap A_1) &= P(A_3 | A_2 \cap A_1) \cdot P(A_2 \cap A_1) \\ &= P(A_3 | A_2 \cap A_1) \cdot P(A_2 | A_1) \cdot P(A_1) \end{aligned}$$

식 (1.2)로부터 조건부 확률 자체에 대한 공식을 도출할 수도 있다:

$$P(B|A) = \frac{P(A \cap B)}{P(A)}$$

이 공식은 다음과 같은 이유로 타당하다:

- 위 식에서 $P(A \cap B)$는 A가 이미 발생했을 때의 B의 발생(또는 그 반대)에 관심이 있음을 나타낸다. 다시 말해, 우리는 이벤트들의 공동(joint) 발생에 관심이 있고 따라서 결합 확률에 관심이 있다.
- 위 식에서 $P(A)$는 이벤트 A가 이미 발생했을 때의 결과의 부분집합에만 관심이 있음을 나타낸다. A가 이미 발생한 상태이므로, 이 결과로 관찰을 제한한다.

다음은 종속 이벤트들에 대해 성립한다:

$$P(A \cap B) = P(A)\, P(B|A)$$
$$P(A \cap B) = P(B)\, P(A|B)$$

이 공식을 사용해서 다음 관계를 도출할 수 있다.

$$P(A \cap B) = P(A)\, P(B|A) = P(B)\, P(A|B) \quad \Leftrightarrow \quad P(B|A) = \frac{P(A \cap B)}{P(A)} = \frac{P(B)\, P(A|B)}{P(A)}$$

이 공식은 조건부 확률 $P(A|B)$를 알고 있다면 그 반대의 조건부 확률 $P(B|A)$를 계산할 수 있게 해준다. 이 공식이 **베이즈 룰**이며, ML에서 자주 사용된다.

베이즈 룰을 의료 테스트 영역에 적용해보자. 환자에게 특정 질병이 있는지 여부를 결정하려 한다고 하자. 건강 진단을 했는데 양성으로 나온다고 해서 반드시 질병에 걸렸다는 것을 의미하지는 않는다. 대부분의 검사는 신뢰도 값을 갖는데, 이는 특정 질환이 있는 사람에게 실시되었을 때 검사가 양성일 확률(P(test=positive | has disease))이다. 이 신뢰도 정보를 사용해서 검사가 양성(P(test=positive))일 경우, 베이즈 룰을 적용해서 실제로 질병에 걸렸을 확률(P(has disease | test=positive))을 계산한다. 다음과 같이 얻는다:

$$P(\text{has disease}|\text{test}=positive) = \frac{P(\text{has disease})\, P(\text{test}=positive|\text{has disease})}{P(\text{test}=positive)}$$

여기서, P(has disease)는 사전 조건이 없을 때의, 질병의 일반적인 확률이다. 이것을 일반인의 질병 확률로 보라.

다음으로 질병과 검사의 정확성에 대해 몇 가지 가정을 해보자:

- 검사의 신뢰도는 98%이다. 즉, $P(test = positive | has\ disease) = 0.98$.
- 50세 미만 중 2%만이 이런 종류의 질병을 앓고 있다: $P(has\ disease) = 0.02$.
- 50세 미만에게 검사를 시행했을 때 3.9%에 대해서만 양성이다: $P(test = positive) = 0.039$.

우리는 다음과 같은 질문을 할 수 있다: 어떤 질병에 대해 검사가 98% 정확하고 45세인 사람이 검사를 받았는데 양성으로 나오면, 그 질병에 걸렸을 확률은 얼마인가? 위의 공식을 사용해서 계산할 수 있다:

$$P(\text{has disease}|\text{test}=positive) = \frac{P(\text{has disease})\, P(\text{test}=positive|\text{has disease})}{P(\text{test}=positive)} = \frac{0.02 * 0.98}{0.039} = 0.5$$

다음 섹션에서는 확률을 넘어서, 랜덤 변수와 확률 분포에 대해 논의할 것이다.

랜덤 변수와 확률 분포

통계에서는 변수를 주어진 엔터티를 묘사하는 속성으로 정의한다. 속성 값은 엔터티마다 다를 수 있다. 예를 들어 변수로 사람의 키를 묘사할 수 있으며 이는 사람마다 다르다. 같은 사람의 키를 여러 번 측정한다고 할 때, 개인의 자세나 측정 결과의 부정확성과 같은 임의의 요인으로 인해 매번 약간 다른 값을 얻을 것으로 기대할 수 있다. 따라서 우리가 같은 측정을 하고 있음에도 불구하고 키 변수의 값은 다를 수 있다. 이러한 변화를 설명하기 위해 랜덤 변수를 소개하겠다. 이들은 어떤 랜덤한 이벤트에 의해 값이 결정되는 변수이다. 보통 변수와 달리 랜덤 변수는 여러 값을 가질 수 있으며 각각의 값은 어떤 확률과 관련이 있다.

랜덤 변수에는 두 가지 유형이 있다:

- **이산**: 별개의 값을 취할 수 있다. 예를 들어, 축구 경기의 득점 수는 이산 변수이다.[11]
- **연속**: 주어진 구간에서 임의의 값을 가질 수 있다. 예를 들어, 키 측정은 연속 변수이다.

랜덤 변수에는 대문자를 사용하며, 랜덤 변수 X의 특정 값 x의 확률은 $P(X=x)$ 또는 $p(x)$로 표기한다[12]. 랜덤 변수의 각각의 가능한 값에 대한 확률의 모음을 **확률 분포**라고 한다. 변수 유형에 따라 두 가지 유형의 확률 분포가 있다:

- **이산 변수의 확률 질량 함수(PMF. Probability mass function)**. 다음은 PMF의 예이다. x축은 가능한 값들을 나타내고 y축은 각 값의 확률을 나타낸다.

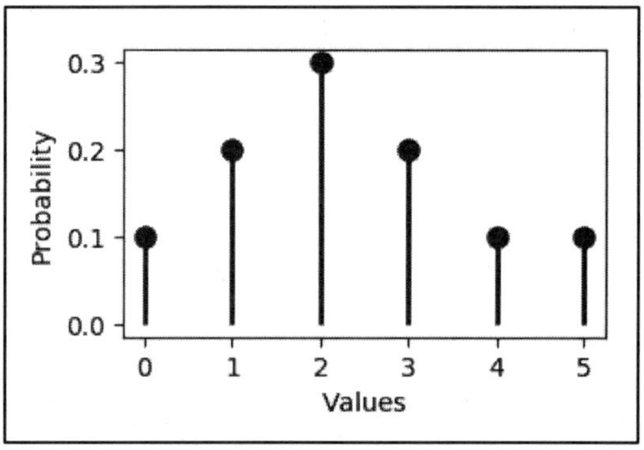

그림 1.5 PMF의 예

PMF는 랜덤 변수의 가능한 값에 대해서만 정의된다. PMF의 모든 값은 음수가 아니며 합이 1이다. 즉, PMF의 이벤트는 mutually exclusive(상호 배타적)하며, jointly exhaustive하다. PMF를 $P(X)$로 표기한다. 여기서 X가 랜덤 변수이다[13].

11. 이산 랜덤 변수는 유한한 개수의 서로 다른 값을 가진다. 즉 결과 공간이 유한하다.
12. 또는 $P_X(x)$
13. 이처럼 랜덤 변수가 하나만 있으면 단변량(univariate) 분포이다. 따라서 그림 1.5에서와 같은 분포는 이산 단변량 확률 분포이다.

- **연속 변수의 확률 밀도 함수**(PDF. Probability density function). PMF와 달리 PDF는 인접 값들의 사이가 끊기지 않고 모든 가능한 값에 대해 정의되어 연속 변수의 특성을 반영한다. 다음은 PDF의 예이다:

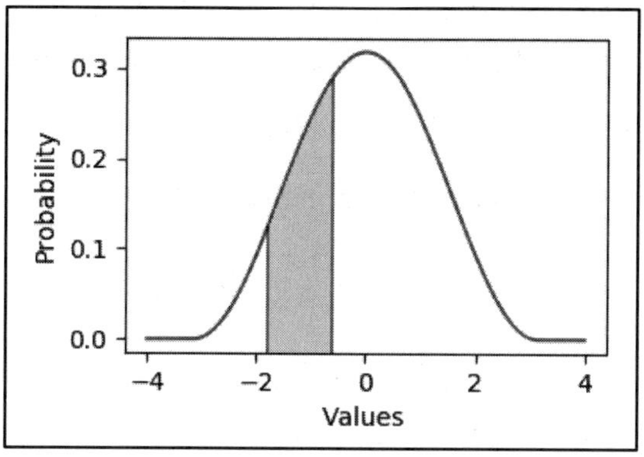

그림 1.6 PDF의 예

PDF에서 확률은 값 구간에 대해 계산되며 그 구간 안의 곡선 아래의 면적으로 주어진다(이 다이어그램에서 강조 표시된 영역). 곡선 아래의 총 면적은 1이다. f_X를 사용해서 PDF를 표시한다. 여기서 X가 랜덤 변수이다.[14]

다음으로 랜덤 변수의 속성들에 초점을 맞춰보겠다:

- **평균**(mean. 또는 **기댓값**(expected value))은 여러 관측에 걸친 실험의 기대 결과이다. μ 또는 $\mathbb{E}$로 표시한다. 이산(discrete) 변수의 경우 평균은 각각의 확률로 가중된 가능한 모든 값의 합이다:

$$\mu_X = \mathbb{E}(X) = x_1\mathrm{P}(X = x_1) + x_2\mathrm{P}(X = x_2) + \ldots + x_n\mathrm{P}(X = x_n)$$
$$= \sum_{i=1}^{n} x_i\mathrm{P}(X = x_i)$$

그림 1.5의 이산 변수 예에는 6개의 가능한 값(0, 1, 2, 3, 4, 5)과 각각의 확률이 (0.1, 0.2, 0.3, 0.2, 0.1, 0.1)인 랜덤 변수가 정의되어 있다. 이 예에서 평균은 $\mu = 0*0.1 + 1*0.2 + 2*0.3 + 3*0.2 + 4*0.1 + 5*0.1 = 2.3$이다.

14. 그림 1.5와 1.6에서와 같이 입력에 대해 확률을 출력으로 제공하는 함수를 확률 함수라고 부른다(PMF는 이산 분포를 위한 확률 함수이다).

연속 변수의 평균은 다음과 같이 정의된다:

$$\mu_X = \mathbb{E}(X) = \int_{-\infty}^{\infty} x f_X(x) \mathrm{d}x$$

이산 변수에 대해서 PMF를 룩업 테이블로 생각할 수 있겠으나, PDF는 더 복잡할 수 있어서(실제 함수 또는 방정식) 이 둘 사이에 표기법이 다르다. 연속 변수의 평균에 관해서는 자세히 다루지 않겠다.

- **분산**은 랜덤 변수의 평균 μ로부터의 이탈(편차)의 제곱의 기댓값으로 정의된다:

  $$\mathrm{Var}(X) = \mathbb{E}([X-\mu]^2)$$

  즉, 분산은 랜덤 변수의 값이 평균값과 얼마나 다른지를 측정한다.
  이산 랜덤 변수의 분산은 다음과 같다:

  $$\mathrm{Var}(X) = \sum_{i=1}^{n} (x_i - \mu)^2 P(X = x_i)$$

  평균값이 2.3으로 나왔던 앞의 예를 사용하겠다. 분산은 $Var(X) = (0-2.3)^2 * 0 + (1-2.3)^2 * 1 + \ldots + (5-2.3)^2 * 5 = 2.01$이다.
  연속 변수의 분산은 다음과 같이 정의된다:

  $$\mathrm{Var}(X) = \int_{-\infty}^{\infty} (x-\mu)^2 f_X(x) \mathrm{d}x$$

- 표준 편차도 랜덤 변수의 값이 기댓값과 다른 정도를 측정한다. 이 정의가 분산과 비슷하게 들릴 텐데, 실제로 표준 편차의 공식은 다음과 같다:

  $$\sigma_X = \sqrt{\mathrm{Var}(X)}$$

  분산을 표준 편차에 의해 정의할 수도 있다:

  $$\mathrm{Var}(X) = \sigma_X^2$$

  표준 편차와 분산의 차이는 표준 편차가 평균값과 동일한 단위로 표시되고, 분산은 제곱된 단위를 사용한다는 것이다.

이 섹션에서는 확률 분포가 무엇인지 정의했다. 이제 다양한 유형의 확률 분포에 관해 살펴보겠다.

확률 분포

이항 실험에서 이산 변수에 대한 **이항 분포**(binomial distribution)로 시작하겠다. 이항 실험에는 성공 또는 실패라는 두 가지 결과만 가능[15]하다. 또한 다음 요구 사항들을 충족한다:

- 각 시도는 서로 독립적이다.[16]
- 성공 확률은 항상 같다.

이항 실험의 예는 동전 던지기이다.

실험이 n번의 시도[17]로 구성된다고 하자. 그 중 x번은 성공적이며, 각 시행에서 성공 확률은 p[18]이다[19]. 변수 X(x와 혼동하지 말 것)의 이항 PMF에 대한 공식은 다음과 같다:

$$\mathrm{P}(X) = \frac{n!}{x!(n-x)!}p^x(1-p)^{n-x}$$

여기서 $n!/(x!(n-x)!)$[20]은 이항 계수이다. 이것은 총 n번의 시도에서 선택할 수 있는 x번의 성공적인 시도의 조합의 수이다.[21] $n=1$인 경우 **Bernoulli(베르누이) 분포**라는 특별한 이항 분포로 부른다.

다음으로 많은 자연적 프로세스들을 근사화하는 연속 변수에 대한 노멀(또는 정상 또는 가우스) 분포에 대해 논의해보자. 노멀 분포는 노멀 식으로 알려진 다음 지수형 PDF 공식으로 정의된다:

$$f(x|\mu,\sigma^2) = N(\mu,\sigma^2) = \frac{1}{\sqrt{2\pi\sigma^2}}e^{-\frac{(x-\mu)^2}{2\sigma^2}} = \frac{1}{\sqrt{2\pi\sigma^2}}e^{-\frac{1}{2}\left(\frac{x-\mu}{\sigma}\right)^2}$$

여기서 x는 랜덤 변수의 값이고, μ는 평균이며, σ는 표준 편차이며, σ^2는 분산이다. 위의 식은 다음 그림에서와 같은 종 모양의 곡선을 만든다:

---

15. → binomial
16. 예를 들면, 카드 뽑기의 경우, 카드 데크에서 뽑은 카드를 다시 카드 데크에 넣고 시행한다.
17. 독립적 시행
18. 일정
19. 이항 분포의 파라미터는 2개이다: n과 p(기댓값은 np).
20. $= {}_nC_x = C(n, x) = \binom{n}{x}$
21. 예: 주사위를 4회 던져서 6의 눈이 2회 나올 확률은 ${}_4C_2(1/6)^2(5/6)^{4-2} = 25/216$.

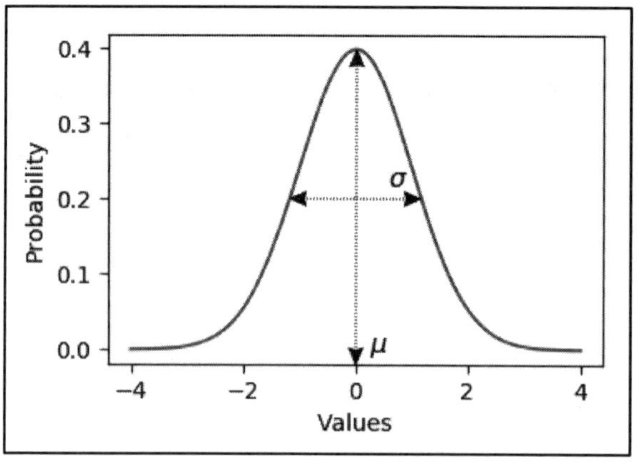

그림 1.7 노멀 분포

노멀 분포의 일부 특성을 특별한 순서없이 논의해보자:

- 곡선은 최댓값이기도 한 중앙에 대해 대칭이다.
- 곡선의 모양과 위치는 다음과 같은 평균 및 표준 편차로 완전히 설명된다:
    - 곡선의 중앙(최댓값)은 평균과 같다. 즉, 평균은 x축 방향에서 곡선의 위치를 결정한다.
    - 곡선의 폭은 표준 편차에 의해 결정된다.

다음 그림은 몇 가지 μ와 σ 값에 대한 노멀 분포의 예를 보여준다:

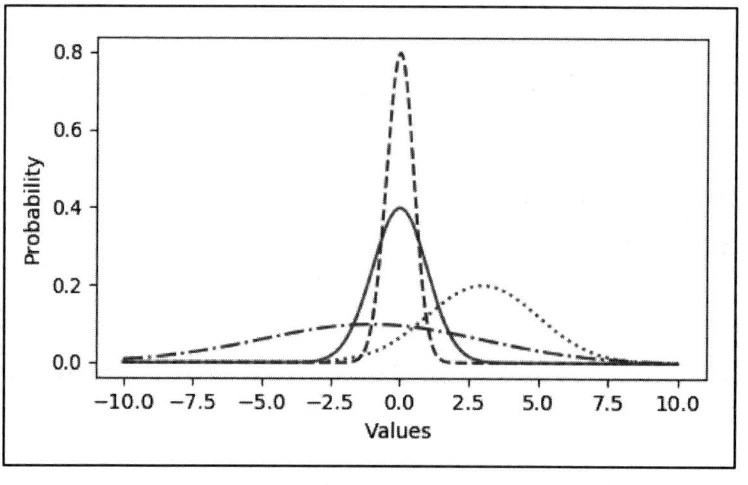

그림 1.8 몇 가지 μ와 σ 값에 대한 노멀 분포의 예

- 노멀 분포는 +/− 무한대로 갈수록 0에 가까워지지만, 결코 0이 되지는 않는다. 따라서 노멀 분포의 랜덤 변수는 임의의 값을 가질 수 있다(일부 값은 아주 작은 확률을 가질 수 있음).
- 곡선 아래의 면적은 1이며, 이는 지수항 앞의 $1/\sqrt{2\pi\sigma^2}$에 의해 보장된다.
- 지수항에서 발견되는 $\frac{x-\mu}{\sigma}$를 표준 점수(또는 z-점수)라고 부른다. 표준화된 노멀 변수의 평균은 0이고 표준 편차는 1이다.

다음 섹션에서는 NN의 맥락에서 확률 이론을 사용하는 데 도움이 되는, 정보 이론을 소개한다.

정보 이론

정보 이론은 이벤트가 갖고 있는 정보의 양을 계산하려고 시도한다. 정보량은 다음 원칙에 따라 결정된다:

- 이벤트의 확률이 높을수록 덜 정보 제공적(less informative)인 것으로 간주된다. 반대로, 확률이 낮을수록 이벤트는 더 많은 정보 제공적 컨텐츠를 수반한다. 예를 들어, 동전 던지기(1/2 확률)의 결과는 주사위 던지기(1/6 확률)의 결과 보다 적은 정보를 제공한다.
- 독립적인 이벤트들에 의해 수반되는 정보는 개별 정보 내용의 합계이다. 예를 들어, 두 개의 주사위가 같은 면이 나오는 경우가, 개별 던지기보다 정보가 많다.

이벤트 x의 정보량(또는 자체 정보량)을 다음과 같이 정의한다:

$$\mathrm{I}(x) = -\log \mathrm{P}(x)$$

여기서 log는 자연 로그[22]이다. 예를 들어, 이벤트의 확률이 $P(x)=0.8$이면 $I(x)=0.22$, $P(x)=0.2$이면 $I(x)=1.61$이다. 이벤트 정보 콘텐트가 이벤트 확률과 반대임을 알 수 있다. 자체 정보 $I(x)$의 양은 자연 정보 단위(**nat**)로 측정된다. 또한 밑수가 2(base-2)인 로그 $I(x)=-\log_2(P(x))$를 사용해서 $I(x)$를 계산할 수도 있으며, 이 경우 비트 단위로 측정한다.[23] 이 책에서는 자연 로그 버전을 사용한다.

---

22. 밑수(또는 base)가 e
23. 밑수가 2인 로그를 사용하면 정보 처리 때 이벤트 표현에 필요한 비트 수가 바로 계산된다.

위의 공식에서 로그를 사용하는 주된 이유는 로그의 곱셈과 나눗셈 규칙 때문이다:

$$\log(x_1 x_2) = \log(x_1) + \log(x_2)$$
$$\log(x_1/x_2) = \log(x_1) - \log(x_2)$$

여기서 x_1과 x_2는 스칼라 값이다. 이러한 속성은 네트워크 훈련에서 오차 함수를 쉽게 최소화할 수 있게 해준다.

지금까지 단일 결과의 정보 콘텐트를 정의했다. 그러나 다른 결과들은 어떤가? 이를 측정하기 위해서는 랜덤 변수의 확률 분포에 대해서 정보량을 측정해야 한다. 이를 I(X)로 표기하며, 여기서 X는 이산 랜덤 변수이다(지금은 이산 변수에 초점을 맞춘다). "랜덤 변수 및 확률 분포" 섹션에서 이산 랜덤 변수의 평균(또는 기댓값)을 확률로 곱해진, 가능한 모든 값의 가중 합으로 정의했음을 떠올린다. 여기서 비슷한 작업을 수행하며, 각 이벤트의 정보 콘텐트를 해당 이벤트의 확률로 곱할 것이다.

이 척도를 Shannon 엔트로피(또는 그냥 엔트로피)[24]라고 하며 다음과 같이 정의한다:

$$\mathrm{H}(X) = \mathbb{E}(\mathrm{I}(X)) = \sum_{i=1}^{n} \mathrm{P}(X = x_i)\mathrm{I}(X = x_n) = -\sum_{i=1}^{n} \mathrm{P}(X = x_i) \log \mathrm{P}(X = x_i)$$

여기서 x_i는 이산 변수 값을 나타낸다. 엔트로피는 확률 분포의 이벤트(결과)에 관한 기대(평균) 정보량으로 생각할 수 있다. 이를 이해하기 위해 익숙한 동전 던지기 실험의 엔트로피를 계산해보자. 두 가지 예를 계산하겠다:

- 먼저 $P(heads) = P(tails) = 0.5$라고 가정한다. 이 경우 엔트로피는 다음과 같다:

$$\begin{aligned} H(X) &= -P(\text{heads})\log(P(\text{heads})) - P(\text{tails})\log(P(\text{tails})) \\ &= -0.5 * (-0.69) - 0.5 * (-0.69) = 0.7 \end{aligned}$$ [25]

- 그 다음, 어떤 이유로 결과의 가능성이 같지 않아서 확률 분포가 $P(heads) =$

24. 평균 정보량. 베이스-2 때는 정보를 최적으로 인코딩하는 데 필요한 평균 비트 수. 예: 정8면체의 각 면의 확률이 1/8로 균일하면, $H(X) = -8 * (1/8)\ \log2(1/8) = 3$ bits; 만일 각 면의 확률이 {1/2, 1/4, 1/8, 1/16, 1/64, 1/64, 1/64, 1/64}라면, $H(X) = 2$ bits. (8개의 값을 각각 0, 10, 110, 1110, 111100, 111101, 111110, 111111로 인코딩하면, 평균 코드 길이는 1 * 1/2 + 2 * 1/4 + 3 * 1/8 + 4 * 1/16 + (6 * 1/64) * 4 = 2 bits)

25. 또는 베이스를 2로 하면 −(−0,5 + −0.5) = 1.0

0.2이고 $P(tails) = 0.8$이라고 가정하자. 이때의 엔트로피는 다음과 같다:

$$H(X) = -P(\text{heads})\log(P(\text{heads})) - P(\text{tails})\log(P(\text{tails}))$$
$$= -0.2 * (-1.62) - 0.8 * (-0.22) = 0.5$$

똑같이 가능할 때 엔트로피는 결과가 가장 높고, 그렇지 않으면 감소하는 것을 알 수 있다. 어떤 면에서 우리는 엔트로피를 불확실성 또는 혼돈의 척도로 생각할 수 있다. 다음 다이어그램은 이진 이벤트(동전 던지기 등)에 대한 엔트로피 $\mathrm{H}(\mathrm{X})$의 그래프를 보여준다.

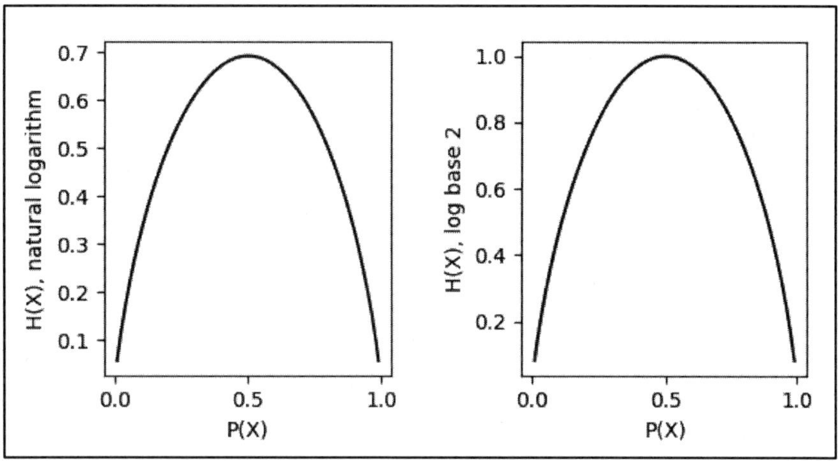

그림 1.9 베르누이 시도의 엔트로피: (a) 자연 로그, (b) 베이스가 2인 로그[26]

다음으로, 불연속 랜덤 변수 X와 그에 대한 두 개의 다른 확률 분포가 있다고 가정하자. 이것은 훈련 동안 NN이 생성하는 출력 확률 분포 $Q(X)$를 목표 분포 $P(X)$와 비교하는 일반적인 시나리오이다. 다음과 같이 정의되는 교차 엔트로피(cross-entropy)를 사용해서 이 두 분포의 차이를 측정할 수 있다:

$$\mathrm{H}(P, Q) = -\sum_{i=1}^{n} \mathrm{P}(X = x_i) \log \mathrm{Q}(X = x_i)$$ [27]

26. 최댓값이 1(비트)임을 주목한다.

27. 교차 엔트로피는 P를 Q로 모델링할 때 필요한 평균 비트 수(base-2라면)이다. 설명의 편의상, 그림 1.7(b)에서 수평축을 $p-q$(수평축의 가운데가 0.0)로 바꾸면 P와 Q가 차이가 클수록 Q에 대한 평균 비트 수가 줄어든다는 것을 상상할 수 있다. 이렇듯, 서로 다른 두 확률 분포의 차이의 척도가 될 수 있어서, ML에서 분류 모델을 최적화할 때 손실(또는 비용) 함수로 자주 사용된다.

예를 들어, 앞의 동전 던지기 시나리오의 두 확률 분포 사이의 교차 엔트로피를 계산해보자. 출력 확률 분포는 각각 $Q(head)=0.2$, $Q(tail)=0.8$, 그리고 목표(또는 true) 분포는 $P(head)=0.5$, $P(tail)=0.5$를 예측했다. 교차 엔트로피는 다음과 같다:

$$\begin{aligned} \mathrm{H(P,Q)} &= -\mathrm{P(heads)} * \log(\mathrm{Q(heads)}) - \mathrm{P(tails)} * \log(\mathrm{Q(tails)}) \\ &= -0.5 * (-1.61) - 0.5 * (-0.22) = 0.915 \end{aligned}$$ [28]

두 확률 분포의 차이에 대한 또 다른 척도는 **Kullback-Leibler 차이(KL divergence)**이다[29]:

$$\begin{aligned} D_{\mathrm{KL}}(P||Q) &= \sum_{i=1}^{n} \mathrm{P}(X=x_i) \log \frac{\mathrm{P}(X=x_i)}{\mathrm{Q}(X=x_i)} \\ &= \sum_{i=1}^{n} \mathrm{P}(X=x_i)[\log \mathrm{P}(X=x_i) - \log \mathrm{Q}(X=x_i)] \\ &= \sum_{i=1}^{n} [\mathrm{P}(X=x_i) \log \mathrm{P}(X=x_i) - \mathrm{P}(X=x_i) \log \mathrm{Q}(X=x_i)] \\ &= \mathrm{H}(P,Q) - \mathrm{H}(P) \end{aligned}$$

첫 번째 행의 수식을 보다 직관적인 형태인 두 번째 행으로 변환하기 위해 로그의 나눗셈 규칙을 이용했다. 두 번째 행에서 KL 차이가 목표 확률 분포와 예측 확률 분포의 차이를 측정한다는 것을 더 쉽게 알 수 있다[30]. 마지막 행은 엔트로피, 교차 엔트로피 및 KL 차이 간의 관계도 보여준다.

동전 던지기 예제 시나리오의 KL 차이는 다음과 같다:

$$\begin{aligned} \mathrm{D}_{KL}(P||Q) &= \mathrm{P(heads)} * [\log(\mathrm{P(heads)}) - \mathrm{Q(heads)}] + \mathrm{P(tails)} * [\log(\mathrm{P(tails)}) - \mathrm{Q(tails)}] \\ &= 0.5(\log(0.5) - \log(0.2)) + 0.5(\log(0.5) - \log(0.8)) = 0.22 \end{aligned}$$ [31]

---

28. 베이스-2를 사용하면 1.32비트. 만일 이상적인 결과가 관찰되었다면($P == Q \rightarrow H(P, Q) == H(P)$), 베이스-2일 때는 1.0비트로 줄어든다.

29. 또는 $KL(P\|Q)$로 표기. 실제 확률 분포와 관찰된 확률 분포 간의 차이의 척도이다. 따라서 GAN(generative adversarial network) 모델 최적화 등에 사용된다. 상대적 엔트로피(relative entropy), 정보 이득(information gain)으로도 불린다.

30. 즉, 모델링 오류에 의한 추가 비용(데이터 인코딩에 필요한 추가 비트 수)이다. P에서 확률이 큰 이벤트가 Q에서 확률이 작다면, 차이(divergence)가 크다. 그 반대에 대해서도 마찬가지이나, 전자에 비해서 작게 가중된다. 따라서 KL 차이는 대칭적이지 않다. 즉, $KL(P\|Q) \neq KL(Q\|P)$

31. 이상적인 결과($P == Q \rightarrow H(P, Q) == H(P)$)가 관찰될 때는 $D_{KL}=0.0$, 즉, 추가 비용이 없다.

다음 섹션에서는 NN 훈련에 도움이 될 미분학에 관해 설명한다.[32]

1.1.3 미분학(differential calculus)

ML에서는 ML 알고리듬의 파라미터를 조정해서 목표 함수를 근사화하는 방법이 중요하다. ML 알고리듬 자체를 수학 함수(NN의 경우)로 생각한다면, 파라미터(가중치)를 변경할 때 출력이 어떻게 변하는지 알고 싶다. 바로 미분학이 함수가 의존하는 변수에 대한 함수의 변화율을 다룬다. 다음은 미분에 관해 간략히 소개하겠다.

다음 그래프와 같은, 단일 파라미터 x를 갖는 함수 $f(x)$가 있다고 하자:

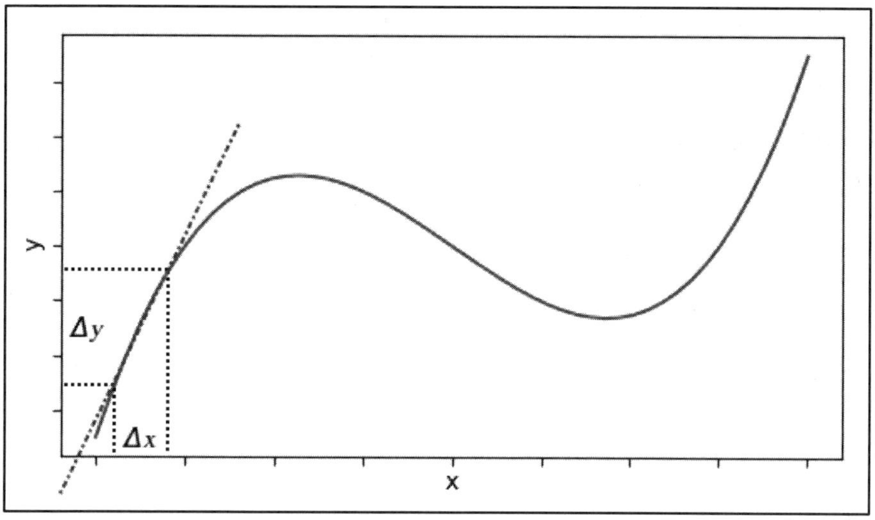

그림 1.10 $f(x)$의 그래프와 기울기(1점 쇄선)

x축의 임의의 점에서 함수의 기울기를 계산함으로써, x의 값에 관해서 $f(x)$가 어떻게 변하는 지에 대한 상대적 아이디어를 얻을 수 있다. 기울기가 양수이면 함수가 증가한다. 반대로, 음수이면 감소한다. 다음 공식으로 기울기를 계산할 수 있다:

$$\text{slope} = \frac{\Delta y}{\Delta x} = \frac{f(x+\Delta x) - f(x)}{\Delta x}$$

32. Jensen-Shannon Divergence도 있다. $JS(P\|Q) == 1/2 * KL(P\|M) + 1/2 * KL(Q\|M)$. 여기서, $M = \frac{1}{2} * (P+Q)$. 이에 의해 $JS(P\|Q) == JS(Q\|P)$가 된다.

이 아이디어는 간단하다: x와 $x+\Delta x$에서의 f 값의 차이인 $\Delta y = f(x+\Delta x) - f(x)$를 계산한다. 그런 다음 기울기를 얻기 위해 Δy와 Δx의 비를 계산한다. 그러나 Δx가 너무 크면 x와 $x+\Delta x$ 구간에서 함수의 추세가 변할 수 있기 때문에 측정이 정확하지 않다. 이 오차를 최소화하기 위해 더 작은 Δx를 사용할 수 있다; 그러면 그래프의 더 작은 구간에 집중할 수 있다. Δx가 0에 접근하면 기울기가 그래프의 점을 반영한다고 가정할 수 있다. 이 경우 기울기를 $f(x)$의 **1차 미분**이라고 한다. 다음 공식으로 이를 수학적으로 표현할 수 있다:

$$f'(x) = \frac{dy}{dx} = \lim_{\Delta x \to 0} \frac{f(x+\Delta x) - f(x)}{\Delta x}$$

여기서, $f'(x)$ 및 dy/dx는 각각 미분에 대한 Lagrange[33]와 Leibniz[34]의 표기법이다. $\lim_{\Delta x \to 0}$는 한계의 수학적 표현으로서, Δx가 0에 가까워지는 것을 나타낸다. f의 미분(derivative[35])을 찾는 과정을 **미분**(differentiation)이라고 한다. 다음 다이어그램은 몇몇 x 값에서의 기울기를 보여준다:

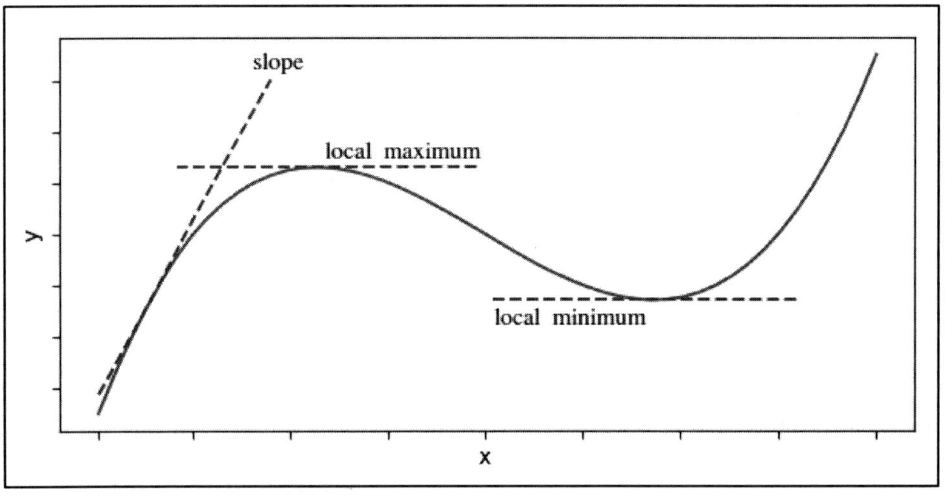

그림 1.11 기울기, 그리고 지역 최대 및 지역 최소

33. 프랑스의 수학자이자 천문학자
34. 독일의 철학자이자 수학자
35. 함수

우리는 f의 **지역 최소**와 **지역 최대**에서의 기울기가 0이라는 것을 알 수 있다 — 이러한 점들을 안장점(saddle point)이라고 부른다.

다음으로 파라미터가 여럿인 함수 $f(x_1, x_2, \cdots, x_n)$가 있다고 하자. 임의의 파라미터 x_i에 관한 f의 미분을 편미분(partial derivative)이라고 하며 $\partial f / \partial x_i$로 표시한다. 편미분을 계산할 때 $x_j \neq x_i$인 다른 모든 파라미터는 상수로 가정한다. 벡터 성분의 편미분을 $\nabla = \left(\frac{\partial}{\partial x_1}, \cdots, \frac{\partial}{\partial x_n}\right)$로 나타낸다.

마지막으로, 미분에 유용한 몇 가지 규칙을 언급하겠다:

- **체인 룰**(chain rule. 사슬 법칙): f와 g가 $h(x) = f(g(x))$인 함수라고 가정하자. 이때 x에 대한 h의 미분은 다음과 같다:

$$h'(x) = f'(g(x))g'(x)$$
$$\text{or}$$
$$\frac{\mathrm{d}h}{\mathrm{d}x} = \frac{\mathrm{d}}{\mathrm{d}x}[f(g(x))] = \frac{\mathrm{d}}{\mathrm{d}g(x)}[f(g(x))].\frac{\mathrm{d}}{\mathrm{d}x}[g(x)]$$

- **덧셈 법칙**: f와 g가 함수이고, $h(x) = f(x) + g(x)$라고 가정하자. 덧셈 법칙은 다음과 같다:

$$h'(x) = (f(x) + g(x))' = f'(x) + g'(x)$$

- 자주 쓰이는 미분:
  - $x' = 1$
  - $(ax)' = a$, where a is scalar
  - $a' = 0$, where a is scalar
  - $(x^2)' = 2x$
  - $(e^x)' = e^x$

NN 자체와 NN의 수학적 장치는 일종의 지식 계층 구조를 형성한다. NN을 구현하는 것을 집을 짓는 것으로 생각하면, 수학 장치는 콘크리트를 혼합하는 것과 같다. 우리는 콘크리트를 혼합하는 방법을 집을 짓는 방법과 독립적으로 배울 수 있다. 실제로, 우리는 집을 짓는 특정 목적 이외의 다양한 목적으로 콘크리트를 혼합할 수 있다. 그러나 집을 짓기 전에 콘크리트를 혼합하는 방법을 알아야 한다. 이제 콘크리트를 혼합하는 방법(수학 장치)을 알았으므로, 실제로 집(NN)을 짓는 데 초점을 맞추겠다.

1.2 NN에 관한 간단한 소개

NN은 함수(g)를 근사화하려고 하는 함수(f)이다. 이 관계를 다음 식으로 설명할 수 있다:

$$g(x) \approx f_\theta(x)$$

여기서 x는 NN의 입력 데이터[36]이고 θ는 NN 파라미터(가중치)이다. NN 함수를 $f(x;\theta)$로도 표시한다. 목표는 g를 가장 잘 근사화하는 θ를 찾는 것이다. 이 일반 정의는 회귀(정확한 g 값 근사화) 및 분류(입력을 여러 가능한 클래스 중 하나에 배정) 작업에 모두 적용된다.

NN의 가장 작은 빌딩 블록인 뉴런에서부터 논의를 시작해보자.

1.2.1 뉴런

이제 NN의 기본 빌딩 블록인 뉴런(또는 유닛. unit)에 대해 살펴보겠다. 유닛은 다음과 같이 정의할 수 있는 수학 함수이다:

$$y = f(\sum_{i=1}^{n} x_i w_i + b)$$

- y는 유닛 출력이다(단일 값).
- f는 미분 가능한 비선형 함수로서 활성화 함수라고 부른다. 활성화 함수는 NN에서 비선형성의 근원이다—NN이 완전히 선형이면 선형 함수만 근사화할 수 있다.
- 활성화 함수의 인자는 유닛의 모든 입력 x_i(총 n개 입력)의 가중(가중치는 w_i) 합계와 바이어스 b의 합이다. 입력 x_i는 데이터 입력 값이거나 다른 유닛의 출력일 수 있다.

또는 $\mathbf{x}=(x_1, x_2, \cdots, x_n)$ 및 $\mathbf{w}=(w_1, w_2, \cdots, w_n)$의 벡터 표현을 사용할 수도 있다. 그러면 위 공식은 두 벡터의 내적으로 표현된다:

$$y = f(\mathbf{x} \cdot \mathbf{w} + b)$$

36. 위에서는 파라미터로 사용했으니 혼동하지 말기 바란다.

다음 그림의 왼쪽이 유닛을 표현한다:

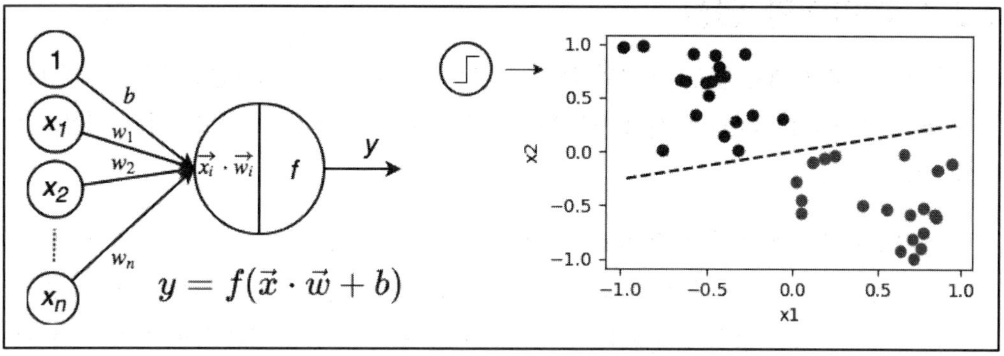

그림 1.12 (a) 유닛과 함수 표현, (b) 퍼셉트론의 기하 표현

$\mathbf{x} \cdot \mathbf{w} = 0$이면 입력 벡터 $\mathbf{x}$와 가중치 벡터 $\mathbf{w}$는 서로 수직이다. 따라서 $\mathbf{x} \cdot \mathbf{w} = 0$인 모든 벡터 $\mathbf{x}$는 $\mathbb{R}^n$ 벡터 공간의 초평면(hyperplane. $\mathbb{R}^{n-1}$)을 정의한다. 여기서 n은 x의 차원 수이다. 2차원 입력 (x_1, x_2)의 경우[37] 초평면[38]을 선으로 나타낼 수 있다. 이는 입력을 두 클래스 중 하나로 분류하는 문턱치(또는 임계값) 활성화 함수 $f(a) = \begin{cases} 1 \text{ if } a \geq 0 \\ 0 \text{ if } a < 0 \end{cases}$를 사용하는 유닛인 퍼셉트론(또는 이진 분류기)으로 설명할 수 있다. 두 입력 (x_1, x_2)을 갖는 퍼셉트론의 기하적 표현은 두 클래스를 분리하는 선(또는 결정 경계)이다(앞의 다이어그램에서 오른쪽).[39] 이러한 퍼셉트론은 선형으로 분리할 수 없는 문제는 분류할 수 없기 때문에 뉴런을 심각하게 제한해서, XOR와 같은 간단한 비선형 문제조차도 풀 수 없다[40].

연습문제 1.1

AND, NAND, OR 문제를 해결하기 위한 퍼셉트론을 설계하시오.

아이덴티티 활성화 함수($f(x) = x$)를 사용하는 유닛은 다중 선형 회귀와 같지만, 시그모이드 활성화 함수를 사용하는 유닛은 로지스틱 회귀와 같다.

---

37. $\in R^2$
38. R^1
39. 이 함수로 AND, NAND, OR 문제를 쉽게 해결할 수 있다.
40. 단층 퍼셉트론의 한계이다.

다음으로 뉴런을 레이어로 구성하는 방법을 알아보겠다.

1.2.2 레이어와 연산

NN 구조의 다음 단계는 유닛 레이어(층)로, 여러 유닛의 스칼라 출력을 단일 출력 벡터로 결합한다. 레이어의 유닛들은 서로 연결되어 있지 않다. 이 구조는 다음과 같은 이유로 의미가 있다:

- 단일 유닛에 의한 선형 또는 로지스틱 회귀와 달리, 다변수 회귀를 레이어로 일반화할 수 있다. 다시 말해, 한 유닛을 사용하는 단일 값이 아니라, 레이어를 사용해서 여러 값을 근사화할 수 있다. 이는 입력이 특정 클래스에 속하는 확률을 각 출력 유닛이 나타내는 분류 출력의 경우에 일어난다.
- 유닛은 출력이 스칼라이므로 제한된 정보를 전달한다. 단일 활성화 대신에, 유닛 출력들을 결합함으로써 벡터를 만들 수 있다. 이런 식으로 우리는 훨씬 더 많은 정보를 전달할 수 있는데, 이는 벡터가 여러 값을 갖기 때문 뿐만 아니라 이 값들 사이의 상대적 비율이 추가적인 의미를 갖기 때문이다.
- 레이어의 유닛들은 서로 연결되어 있지 않기 때문에, 출력 계산을 병렬화해서 계산 속도를 높일 수 있다. 이 가능성이 최근 DL의 성공의 주요 이유 중 하나이다.

기존 NN(즉, DL 이전의 NN)에서 레이어의 기본 형태는 **완전 연결(FC, fully connected)** 이었다. 이 레이어에서는 모든 유닛은 입력 벡터 $\mathbf{x}$의 모든 원소(m개)로부터 가중된 입력(weighted input)을 받다. 입력 벡터의 크기가 m이고, FC 레이어에 n개의 유닛이 있고, 모든 유닛이 같은 활성화 함수 f를 갖는다고 가정하자. n개의 유닛 각각은 m개의 입력 각각에 대한 가중치가 있다. 다음은 FC 레이어의 유닛 j의 출력에 사용할 수 있는 표현식이다. 우리가 뉴런 섹션에서 정의한 공식과 동일하지만 여기에서는 유닛 인덱스를 포함한다:

$$y_j = f(\sum_{i=1}^{m} x_i w_{ij} + b_j)$$

여기서, w_{ij}는 입력 벡터의 i번째 원소가 레이어의 j번째 유닛에 연결될 때의 가중치이다. 입력 벡터를 유닛들에 연결하는 가중치들을 $m \times n$ 행렬 $\mathbf{W}$[41]로 나타낼 수 있다. 행렬

41. 그림 1.10 참고(주의: $\mathbf{x}^T\mathbf{W}$. $\mathbf{W} \times \mathbf{x}$ 아님).

의 각 열은 하나의 레이어 유닛에 대한 모든 입력의 가중치 벡터[42]를 나타낸다. 이 경우 레이어의 출력 벡터는 행렬-벡터 곱의 결과이다. 그러나 여러 입력 샘플 $\mathbf{x}_i$[43]를 입력 행렬(또는 뱃치. batch) $\mathbf{X}$[44]에 결합해서 레이어를 동시에 통과시킬 수도 있다. 이 경우 행렬-행렬 곱이며, 레이어 출력도 행렬[45]이다. 다음 다이어그램은 단일 및 뱃치 샘플 시나리오에서 FC 레이어에 대한 표현들을 보여준다:

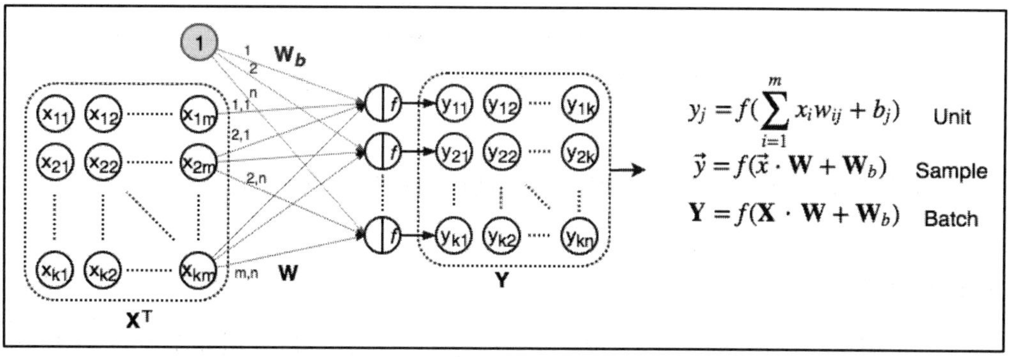

그림 1.13 FC 층의 벡터/행렬 입력 및 출력과 각각의 공식

바이어스와 입력 가중치 행렬을 일부러 분리했지만, 실제 구현에서는 공유 가중치 행렬을 사용하고 입력 행렬에 모든 원소가 1인 행을 추가[46]한다.

현대 DL은 FC 레이어로 제한되지 않는다. 컨볼루션, 풀링 등 많은 종류가 있다. 훈련 가능한 가중치가 있는 레이어(FC, 컨볼루션)도 있고, 그렇지 않은 레이어(풀링)도 있다. 함수 또는 연산이라는 용어를 레이어와 호환해서 사용할 수도 있다. 예를 들어, TensorFlow와 PyTorch에서는 방금 설명한 FC 레이어는 두 가지 순차적 연산의 결합이다. 먼저 가중치와 입력의 가중 합을 수행한 다음, 그 결과를 활성화 함수 연산에 입력으로 공급한다. 실제로(즉, DL 라이브러리로 작업할 때) NN의 기본 빌딩 블록은 유닛이 아니라, 하나 이상의 텐서를 입력으로 취하고, 하나 이상의 텐서를 출력하는 연산이다:

---

42. m차원 벡터.
43. 주의: 스칼라 아님.
44. 입력 행렬 크기는 $m \times k((k \times m)^T)$, W의 크기는 $m \times n$.
45. $k \times n$
46. $(m+1) \times k$

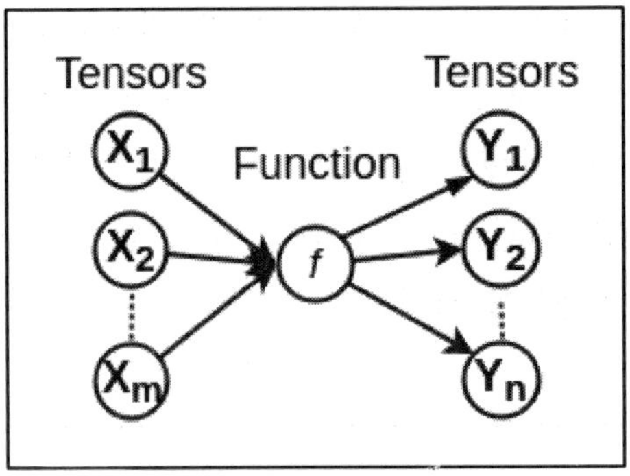

그림 1.14 입·출력 텐서가 있는 함수

다음으로 NN에서 레이어 연산을 결합하는 방법에 대해 설명하겠다.

1.2.3 NN

뉴런 섹션에서는 뉴런이 선형으로 분리 가능한 클래스만 분류할 수 있음을 보여주었다(레이어에 대해서도 유효). 이 한계를 극복하려면 NN에 여러 레이어를 결합해야 한다. NN을 연산(또는 레이어)의 방향성 그래프로 정의하겠다. 그래프의 노드들은 연산이며, 노드 사이의 에지(edge)가 데이터 흐름을 결정한다. 두 연산이 연결되면, 첫 번째의 출력 텐서는 두 번째의 입력으로 사용되며, 이것은 에지의 방향에 의해 결정된다. NN에는 여러 개의 입력 및 출력이 있을 수 있다—입력 노드에는 나가는 에지만 있고, 출력에는 들어오는 에지만 있다.

이 정의를 바탕으로 NN의 두 가지 주요 유형을 식별할 수 있다:

- **피드포워드**(feedforward). **비순환**(acyclic) 그래프로 표시된다.
- 순환(cyclic) 그래프로 표시되는 **RNN**(recurrent NN). 시간적 순환을 의미한다; 그래프의 루프 연결은 $t-1$ 시점의 연산의 출력을 전파하고, 이 출력을 다음 시점 t에 네트워크에 재공급한다. RNN은 내부 상태를 유지하는데, 이것이 네트워크의 모든 과거 입력에 대한 일종의 요약을 나타낸다. 이 요약은 최신 입력과 함께 RNN에 제공된다. 이 네트워크는 출력을 생성하면서 내부 상태도 업데이트하고, 다음 입력 값을 기다린다. 이러한 방식으로 RNN은 텍스트 시퀀스 또는 시계열과 같은 가변 길이의 입력을 취할 수 있다.

다음은 두 가지 유형의 네트워크의 예이다:

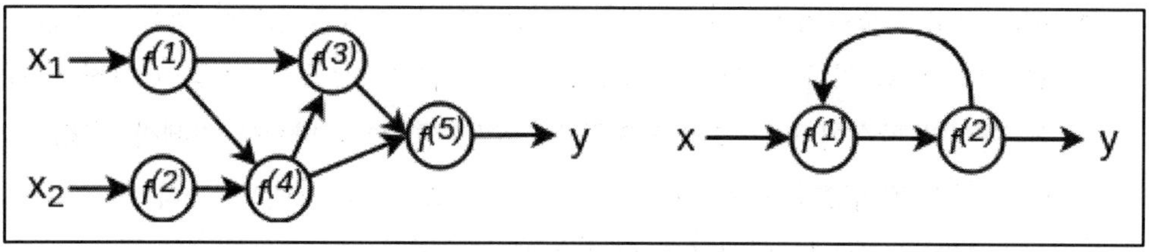

그림 1.15 네트워크 유형: (a) 피드포워드 네트워크; (b) 리커런트 네트워크

어떤 연산이 둘 이상의 연산으로부터 입력을 수신할 때, 요소별 합계를 사용해서 여러 입력 텐서를 결합한다고 가정하자. 그러면 NN을 일련의 중첩(nested) 함수/연산으로 나타낼 수 있다. NN 연산을 $f^{(i)}(x)$로 표시하자. 여기서 i는 연산 인덱스이다. 예를 들어, 왼쪽의 피드포워드 네트워크에 대한 공식은 다음과 같다:

$$f_\theta^{(ff)}(x) = f^{(5)}(f^{(3)}(f^{(1)}(x_1) + f^{(4)}(f^{(1)}(x_1) + f^{(2)}(x_2))) + f^{(4)}(f^{(1)}(x_1) + f^{(2)}(x_2)))$$

식 (1.1a)

오른쪽의 RNN에 대한 공식은 다음과 같다:

$$f_\theta^{(rnn)}(x_t) = f^{(2)}(f^{(1)}(x_t + f^{(2)}(x_{t-1})))$$

식 (1.1b)

또한 연산 자체와 똑같은 인덱스로 연산의 파라미터(가중치)를 표시한다. 인덱스가 $l-1$인 레이어로부터 입력을 받는, 인덱스가 l인 FC 레이어를 고려하자. 다음은 레이어 인덱스를 이용한 단일 유닛, 벡터, 행렬 레이어 표현들에 대한 레이어 공식들이다:

$$\begin{aligned} y_j^{(l)} &= f^{(i)}(\sum_{i=1}^{m} y_i^{(l-1)} w_{i,j}^{(l)} + b_j^{(l)}) \\ \mathbf{y}^{(l)} &= f^{(l)}(\mathbf{y}^{(l-1)} \cdot \mathbf{W}^{(l)} + \mathbf{W}_b^{(l)}) \\ \mathbf{Y}^{(l)} &= f^{(l)}(\mathbf{Y}^{(l-1)} \cdot \mathbf{W}^{(l)} + \mathbf{W}_b^{(l)}) \end{aligned}$$

이제 전체 NN 아키텍처에 익숙해졌으므로, 다양한 유형의 활성화 함수에 관해 설명하겠다.

1.2.4 활성화 함수

대표적인 것부터 시작하자:

- **시그모이드**: 출력이 0에서 1 사이로 제한되어 뉴런이 활성화될 확률로 확률적으로 해석될 수 있다. 이러한 특성으로 인해, 시그모이드는 오랫동안 가장 인기있는 활성화 함수이었다. 그러나 또한 덜 바람직한 특성(나중에 자세히 설명)이 있어 인기가 떨어졌다. 다음 다이어그램은 시그모이드의 그래프, 공식, 도함수를 보여준다(이 도함수는 역전파를 설명할 때 유용하다):

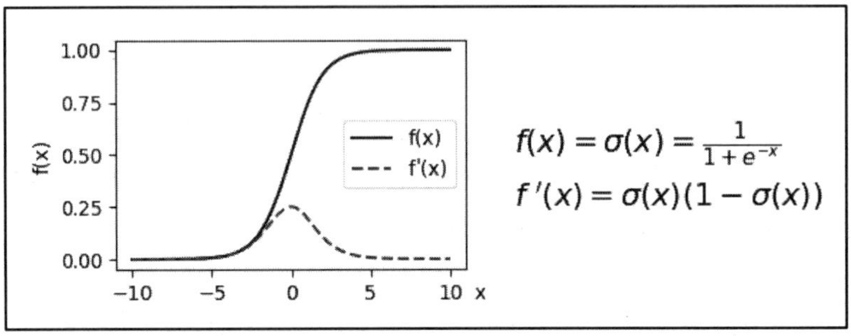

그림 1.16 시그모이드 활성화 함수와 그의 도함수

- **쌍곡선 탄젠트(tanh, hyperbolic tangent)**: 이름 자체로 설명이 된다. 시그모이드와 비슷하게 생겼지만 tanh의 범위는 (−1, 1)이다. 아래 그림이 tanh의 그래프, 공식, 도함수를 보여준다:

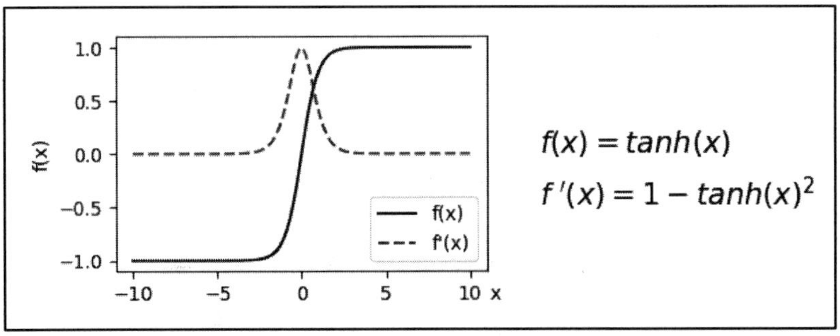

그림 1.17 tanh 활성화 함수와 그의 도함수

다음으로, 새 세대인 *LU(**linear unit. 선형 유닛**) 함수들에 초점을 맞춰보자. 2011년에 소개된(Deep Sparse Rectifier Neural Networks, `http://proceedings.mlr.press/v15/glorot11a/glorot11a.pdf`) **ReLU**(rectified LU. 정류 선형 유닛)부터 시작하겠다. 다음 그림은 ReLU의 그래프, 공식, 도함수를 보여준다:

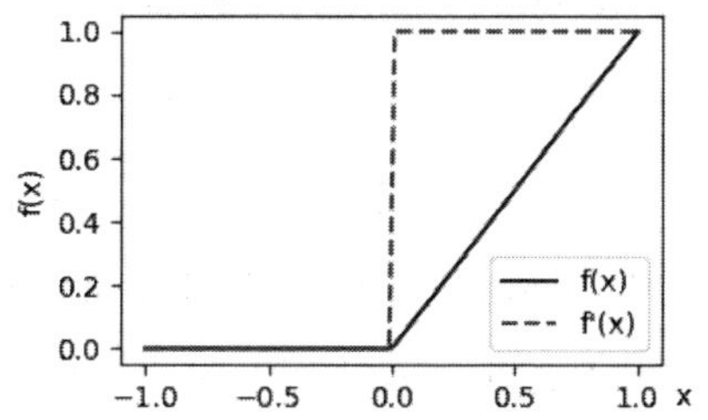

$$f(x)=\begin{cases} x \text{ if } x \geq 0 \\ 0 \text{ if } x < 0 \end{cases}$$

$$f'(x)=\begin{cases} 1 \text{ if } x > 0 \\ 0 \text{ if } x < 0 \end{cases}$$

그림 1.18 ReLU 활성화 함수와 그의 도함수

보다시피, ReLU는 $x>0$일 때 입력을 복제하고 그렇지 않으면 0이다. 이 활성화 함수는 sigmoid와 tanh에 비해 몇 가지 중요한 장점이 있다:

- 그 도함수는 기울기 소멸(vanishing gradient)을 방지하는 데 도움이 된다(가중치 초기화 섹션에서 자세히 설명). 0에서는 ReLU의 도함수가 정의되지 않지만 (semi-differentiable)(자세한 내용은 `https://en.wikipedia.org/wiki/Semi-differentiability` 참고), 그래도 실제로는 잘 작동한다.
- 멱등(idempotent, 冪等) 특성 — 여러 개의 ReLU 활성화 함수를 통과해도 값이 바뀌지 않다; 예를 들어, $ReLU(2)=2$, $ReLU(ReLU(2))=2$ 등이다. 각 통과 때마다 값이 눌리는 시그모이드의 경우는 그렇지 않다: $\sigma(\sigma(2))=0.707$[47]. 다음은 세 개의 연속적인 시그모이드 함수에 대한 예이다:

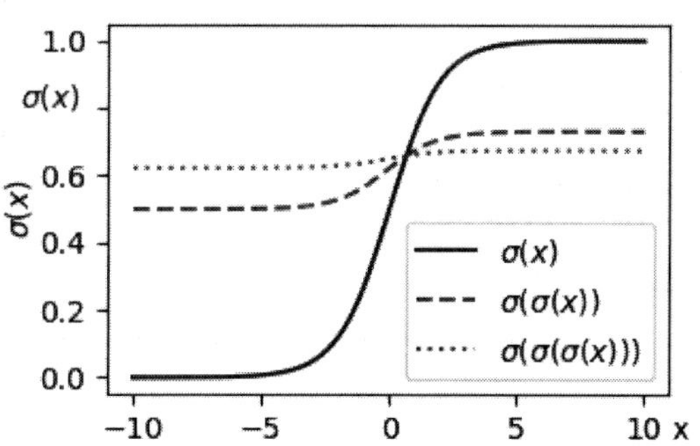

그림 1.19 연속적인 시그모이드 활성화 함수 통과에 따른 데이터 눌림 현상

47. $\sigma(2)=0.881$

ReLU의 멱등성(Idempotence)은 이론적으로 시그모이드에 비해 더 많은 레이어를 갖는 네트워크를 만드는 것을 가능하게 한다.

- sparse 활성화 함수를 제공한다. 네트워크의 가중치가 노멀 분포를 통해 랜덤하게 초기화되었다고 가정하자. 이때 각 ReLU 유닛의 입력이 <0일 확률은 0.5이다. 따라서 모든 활성화 함수의 약 절반의 출력이 0이 된다. 스파스 활성화 함수는 여러 가지 장점이 있으며, NN의 맥락에서 대략 Occam의 면도날로 요약될 수 있다 — 결과가 같다면 복잡한 데이터 표현보다 간단한 데이터 표현으로 얻는 게 좋다.
- 정방향 및 역방향 패스 모두에서 계산이 더 빠르다.

그러나 훈련 중 네트워크 가중치는, 레이어의 일부 ReLU 유닛이 항상 0보다 작은 입력을 받게 해서 영구적으로 0을 출력하도록 업데이트될 수 있다. 이 현상을 **dying** ReLU라고 한다. 이를 해결하기 위해 많은 ReLU 변형이 제안되었다. 다음 목록은 그 중 일부이다:

- leaky ReLU: 입력이 0보다 크면 leaky ReLU는 일반 ReLU와 같은 방식으로 입력을 복제한다. 그러나 $x<0$인 경우, leaky ReLU는 x에 0이 아닌 상수 $\alpha(0<\alpha<1)$를 곱해서 출력한다. 다음 그림은 leaky ReLU의 $\alpha=0.2$ 때의 그래프, 공식, 도함수를 보여준다:

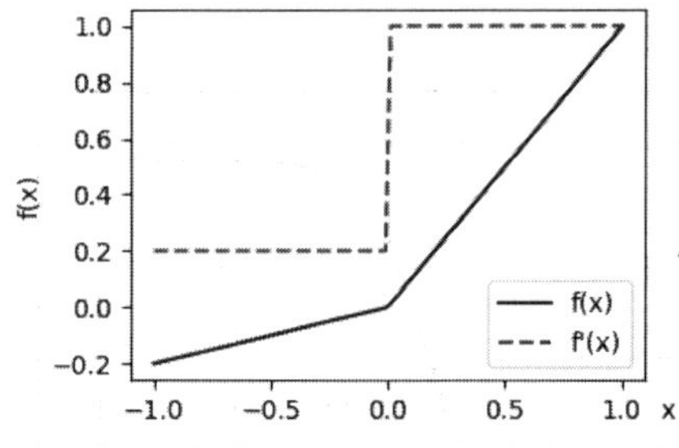

$$f(x)=\begin{cases} x & \text{if } x \geq 0 \\ \alpha x & \text{if } x < 0 \end{cases}$$

$$f'(x)=\begin{cases} 1 & \text{if } x \geq 0 \\ \alpha & \text{if } x < 0 \end{cases}$$

그림 1.20 leaky ReLU와 그의 도함수($\alpha=0.2$)

- 파라미터형 ReLU(PReLU, *Delving Deep into Rectifiers: Surpassing Human-Level Performance on ImageNet Classification*, `https://arxiv.org/abs/1502.01852`): leaky ReLU와 같지만 파라미터 α의 튜닝이 가능해서 훈련 중에 조정된다.
- 지수형 선형 유닛(ELU, *Fast and Accurate Deep Network Learning by Ex-*

ponential Linear Units(ELUs), `https://arxiv.org/abs/1511.07289`): 입력이 0보다 크면 ELU는 ReLU와 같은 방식으로 입력을 복제한다. 그러나 $x<0$ 이면 ELU의 출력은 $f(x)=\alpha(e^x-1)$이 되며, 여기서 α는 튜닝 가능한 파라미터이다. 다음 그림은 ELU의 $\alpha=0.2$일 때의 그래프, 공식, 도함수를 보여준다:

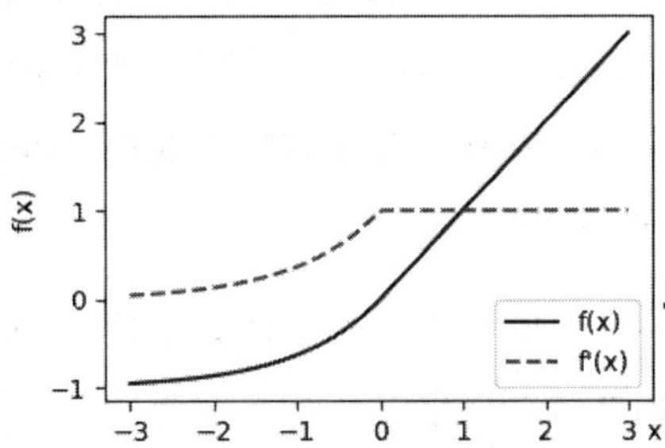

$$f(x)=\begin{cases} x & \text{if } x\ge 0 \\ \alpha(e^x-1) & \text{if } x<0 \end{cases}$$

$$f'(x)=\begin{cases} 1 & \text{if } x\ge 0 \\ \alpha e^x & \text{if } x<0 \end{cases}$$

그림 1.21 ELU 활성화 함수와 그의 도함수($\alpha=0.2$)

- **확장 지수형 선형 유닛**(SELU(scaled exponential linear units), *Self-Normalizing Neural Networks*, `https://arxiv.org/abs/1706.02515`): 이 활성화 함수는 ELU의 출력을 추가적 훈련 파라미터 λ로 곱한다. SELU는 SNN (Self-normalizing NN)이라고 하는 더 큰 개념의 일부이며, 이는 원본 문서에 설명되어 있다. 다음은 SELU 공식이다:

$$f(x)=\lambda\begin{cases} x & \text{if } x\ge 0 \\ \alpha(e^x-1) & \text{if } x<0 \end{cases}$$

끝으로, 분류 문제에서 출력 레이어의 활성화 함수인 **softmax**를 언급하겠다. 네트워크의 최종 레이어의 출력이 벡터 $\mathbf{z}=(z_1, z_2, \cdots, z_n)$라고 하자. 여기서 n개의 원소 각각은 입력 데이터가 n개의 가능한 클래스 중 하나에 속할 확률을 나타낸다. 여기에서 각 벡터 원소에 대한 softmax 출력은 다음과 같다:

$$f(z_i)=\frac{\exp(z_i)}{\sum_{j=1}^{n}\exp(z_j)}$$

이 식의 분모는 노멀라이저(normalizer. 정규화기) 역할을 한다. softmax 출력에는 몇 가지 중요한 특성이 있다:

- 모든 $f(z_i)$ 값은 [0, 1] 범위에 있다.
- 출력의 합은 1이다: $\sum_j f(z_j) = 1$
- 미분 가능한 함수이다(필수적 속성).

즉, softmax 출력을 이산 랜덤 변수의 확률 분포로 해석할 수 있다. 그러나 미묘한 속성이 하나 더 있다. 데이터를 정규화하기 전에 각 벡터 성분을 지수로 변환한다(e^{z_i}). 두 벡터 성분들 중 $z_1 = 1$이고 $z_2 = 2$라고 하자. 이때 exp(1)=2.7 그리고 exp(2)=7.39가 된다. 보다시피, 변환 전후의 원소 간 비율은 0.5와 0.36으로 많이 다르다. softmax는 낮은 출력의 확률 보다 높은 출력의 확률을 더 높인다.

다음 섹션에서는 NN의 빌딩 블록에서 관심을 옮겨 전체에 중점을 두겠다. 보다 구체적으로, NN이 어떤 함수를 근사화할 수 있는지 보여주겠다.

1.2.5 보편적 근사화 정리

보편적 근사화 정리(universal approximation theorem)는 시그모이드 활성화 함수를 갖는 NN에 대해서는 1989년에 처음으로 입증되었고, 임의의 비선형 활성화 함수를 갖는 NN에 대해서는 1991년에 입증되었다. 그 내용은, $\mathbb{R}^n$의 콤팩트한 부분집합 안의 임의의 연속 함수는 유한한 개수의 유닛 및 비선형 활성화 함수를 갖는, 적어도 하나의 은닉층(hidden layer)을 갖는 피드포워드 NN에 의해 얼마든지 정확하게 근사화될 수 있다는 것이다. 은닉층이 하나인 NN은 많은 작업에서 성능이 만족스럽지 않지만, 이 정리는 여전히 NN이 극복할 수 없는 이론적 한계가 없음을 알려준다. 이 정리의 증명은 여기에 설명하기에는 너무 복잡하지만, 몇 가지 기본적인 수학을 사용해서 직관적인 설명을 제공하려 시도해보겠다.

> TIP
>
> 다음 보기에 대한 아이디어는 Michael A. Nielsen의 저서 *Neural Networks and Deep Learning*(`http://neuralnetworksanddeeplearning.com/`)에서 영감을 얻었다.

단순한 계단 함수인 박스카 함수(아래 그림의 오른쪽)를 근사화하는 NN을 구현해보자. 일련의 계단 함수로 $\mathbb{R}^n$의 콤팩트한 부분집합의 연속 함수를 근사화할 수 있으므로, 이 예는 보편적 근사화 정리가 성립하는 이유를 보여줄 수 있을 것이다:

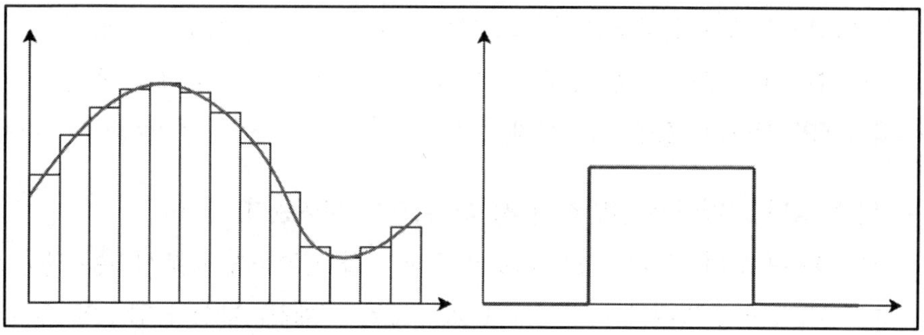

그림 1.22 (a) 일련의 계단 함수에 의한 연속 함수 근사화; (b) 박스카 함수

이 근사화가 어떻게 작동하는지 이해하기 위해, 스칼라 입력 x와 시그모이드 활성화 함수가 있는 단일 유닛으로 시작하자. 다음은 이 유닛과 그의 공식을 보여준다:

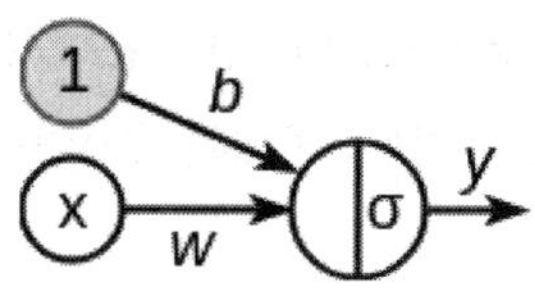

$$f(x) = \frac{1}{1 + exp(-(wx + b))}$$

다음 그림에서 [−10: 10] 범위의 입력에 대해 서로 다른 b 및 w 값에 대한 위 공식의 그래프를 볼 수 있다:

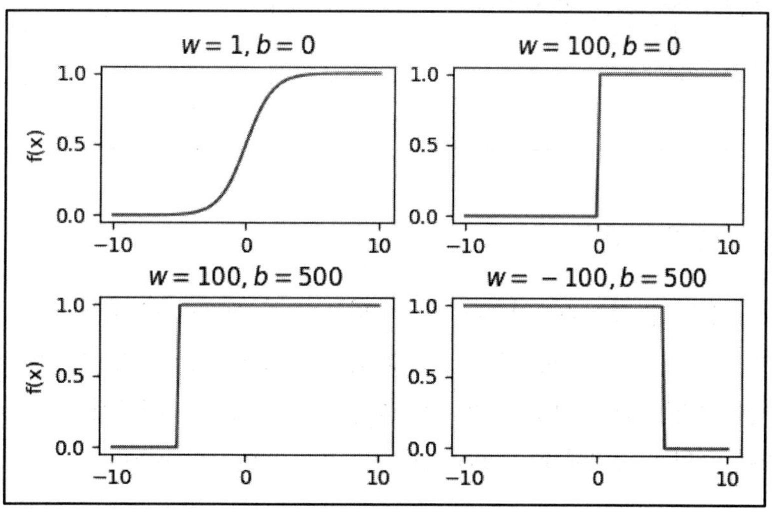

그림 1.23 다양한 값의 w와 b에 대한 뉴런 출력(가로 축은 네트워크 입력 x)

공식과 그래프를 자세히 살펴보면, 시그모이드 함수의 가파른 정도가 가중치 w에 의해 결정됨을 알 수 있다. 또한, x축 상에서의 함수의 이동은 $t=-b/w$에 의해 결정된다. 앞의 다이어그램의 시나리오들을 살펴보자:

- 왼쪽 상단 그래프는 일반적인 시그모이드를 보여준다.
- 오른쪽 위 그래프는 큰 가중치 w가 입력 x를 급격하게 증폭시키는 것을 보여준다. 이 유닛 출력은 문턱치(threshold. 또는 임계값) 활성화 함수와 유사하다.
- 왼쪽 하단 그래프는 바이어스 b가 x 축을 따라 유닛 활성화 함수를 어떻게 이동시키는지 보여준다.
- 오른쪽 아래 그래프는 음수 가중치 w에 의해 활성화 함수를 반전시키고 동시에 바이어스 b에 의해 x 축을 따라 활성화 함수를 이동시킬 수 있음을 보여준다.

위의 그래프들이 박스카 함수의 모든 재료들을 포함하고 있음을 직관적으로 알 수 있다. 이 유닛들 중 두 개가 있는 은닉층을 갖는 NN의 도움으로, 위 시나리오들을 결합할 수 있다. 다음 다이어그램은 유닛의 가중치 및 바이어스와 함께 네트워크 아키텍처와 이 네트워크로 만든 박스카 함수를 보여준다:

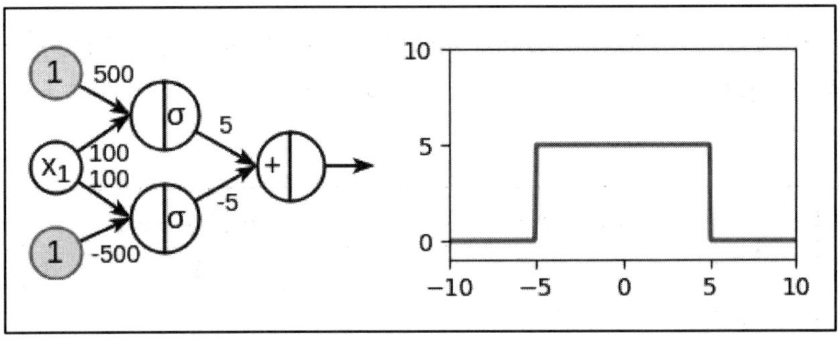

작동 방식은 다음과 같다:

- 상단 유닛이 $x=-5$에서부터 활성화되고 활성 상태를 유지한다.
- 하단 유닛은 $x=-5$에서부터 활성화되고 활성 상태를 유지한다. 은닉층의 출력들은 크기는 같고 부호가 반대인 출력 층의 가중치들 때문에 서로 상쇄된다.
- 출력 층의 가중치에 따라 boxcar 사각형의 높이가 결정된다.

이 네트워크의 출력은 (−5, 5) 구간에서만 0이 아니다. 따라서 비슷한 방식으로 은닉층에 유닛을 추가해서 박스카를 추가할 수 있다.

이제 NN의 구조에 익숙해졌으므로 훈련 과정에 초점을 맞춰보자.

연습문제 1.2

위 그림의 네트워크를 식 (1.1a)의 형태로 표현하시오.

1.3 NN 훈련

이 섹션에서는 비용 함수 $J(\theta)$를 최소화하도록 파라미터(가중치) θ를 조정하는 프로세스로서 NN 훈련을 정의한다. 비용 함수는 여러 샘플(표본)로 구성된 훈련 세트에 대한 성능 척도이다. 각 샘플에는 관련 레이블이 있다(감독 학습). 가장 일반적으로, 비용 함수는 네트워크 출력과 레이블 간의 불일치를 측정한다.

경사 하강 또는 기울기 하강(gradient descent. 이하 GD) 최적화 알고리듬의 개요 설명으로 이 섹션을 시작하겠다. 이미 잘 알고 있다면 건너 뛰어도 좋다.

1.3.1 GD

이 섹션의 목적을 위해 다음과 같이 정의되는 단일 회귀(regression) 출력 및 **평균 제곱 오차**(MSE, mean square error) 비용 함수를 사용하는 NN을 사용한다:

$$J(\theta) = \frac{1}{2n}\sum_{i=1}^{n}(f_\theta(\mathbf{x}^{(i)}) - t^{(i)})^2$$

이 식에서

- $f_\theta(\mathbf{x}^{(i)})$는 NN의 출력이다.
- n은 훈련 세트의 총 샘플 수이다.
- $x^{(i)}$는 훈련 샘플이며, 위첨자 i는 데이터셋의 i번째 샘플을 나타낸다. $x_j^{(i)}$는 i번째 훈련 샘플의 j번째 원소이다.
- $t^{(i)}$는 샘플 $\mathbf{x}^{(i)}$와 관련된 레이블이다.

> **TIP** i번째 훈련 샘플의 (i) 위첨자 인덱스를 NN의 레이어 인덱스를 나타내는 (l) 위첨자와 혼동하면 안 된다. GD 및 비용 함수 섹션에서는 (i) 샘플 인덱스 표기만 사용하고, 그 외의 곳에서는 레이어 인덱스에 (l) 표기를 사용할 것이다.

먼저, GD는 모든 네트워크 가중치에 대한 $J(\theta)$의 미분(그래디언트)을 계산한다. 그래디언트는 모든 가중치에 대해 $J(\theta)$가 어떻게 변하는지를 나타낸다. 그런 다음 알고리듬은 이 정보를 이용해서, 향후 동일한 입력/목표 쌍이 발생할 때 $J(\theta)$를 최소화하도록 가중치를 업데이트한다. 목표는 점진적으로 비용 함수의 전역 최소에 도달하는 것이다. 다음 그림은 MSE 및 단일 가중치가 있는 NN의 GD를 시각화한 것이다.

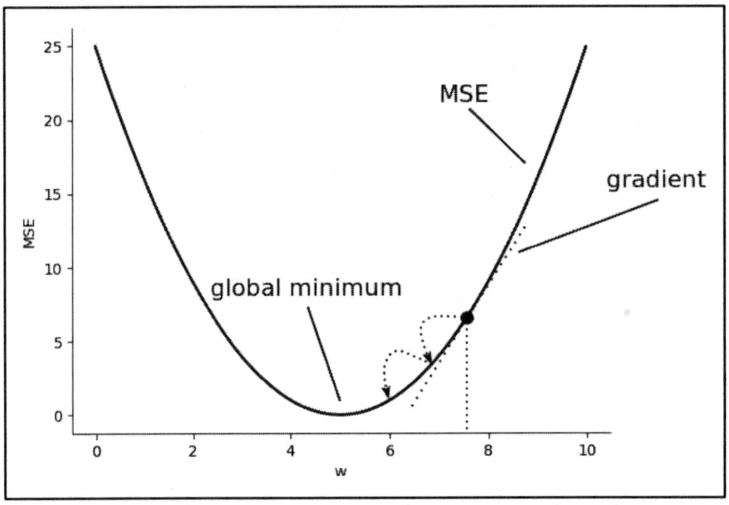

그림 1.24 MSE에 대한 GD

연습문제 1.3

GD 구현. 위 그림의 오차 함수가 $J(w)=(w-5)^2$이라고 할 때, GD를 이용해서 전역 최소를 찾기 위한 Python 코드를 작성하시오.

[힌트]

(1) 파라미터 w의 업데이트 공식: $w(\tau+1)=w(\tau)-\eta dJ(w)/dw|_{t=t}$. 여기서 $\eta=0.01$, $w(0)=10$.

(2) 단계

단계 1: $w(0)=10$으로 초기화한다.

단계 2: '(1)'항에 주어진 업데이트 공식을 이용해서 w를 업데이트한다.

단계 3: w 값의 변화가 거의 없을 때까지(또는 전역 최소 $w=5$ 근처에 도달할 때까지) 단계 2부터 반복한다.

[풀이]

```
prev_w = 10 # The initial w value
lrate = 0.1 # Learning rate
precision = 0.01 # This tells us when to stop the algorithm
delta_w = 5 # distance from local minimum
iters = 0 # iteration counter
w_history = []
df = lambda w: 2*(w-5) # Gradient of cost function

while delta_w > precision:
    w = prev_w - lrate * df(prev_w) #Grad descent
    delta_w = abs(w - prev_w) #Change in w
    iters += 1 # iteration count
    #print("Iteration",iters,"\nw = ",w) #Print iterations
    prev_w = w # Store current w value in prev_w
    w_history.append(w)

print("The local minimum found at", w , "in iters =", iters)

%matplotlib inline
import matplotlib.pyplot as plt
import numpy as np

iter_axis = np.linspace(0,iters, len(w_history),endpoint=True)
plt.plot(w_history, iter_axis,'.')
plt.ylabel('iter')
plt.xlabel('w')
plt.gca().invert_yaxis()

plt.show()

Output:
The local minimum found at 5.004892309984954 in iters = 343
```

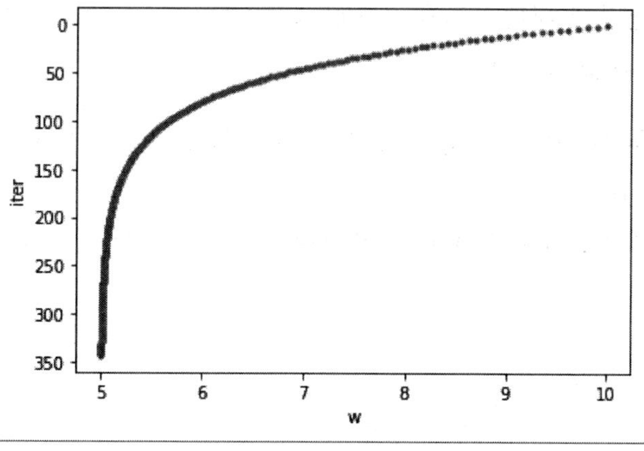

GD의 단계별 실행을 살펴보자:

1. 네트워크 가중치 θ를 랜덤 값으로 초기화한다.
2. 비용 함수가 특정 문턱치 아래로 떨어질 때까지 다음을 반복한다:
   - **순방향 통과**(forward pass): 앞의 공식을 사용해서 훈련 세트의 모든 샘플에 대해 MSE 비용 함수 $J(\theta)$를 계산한다.
   - **역방향 통과**(backward pass): 체인 룰을 사용해서 모든 네트워크 가중치에 대한 $J(\theta)$의 편미분을 계산한다:

$$\frac{\partial J(\theta)}{\partial \theta_j} = \frac{\partial \frac{1}{2n}\sum_i^n (f_\theta(\mathbf{x}^{(i)}) - t^{(i)})^2}{\partial \theta_j} = \frac{1}{2n}\sum_i^n \frac{\partial (f_\theta(\mathbf{x}^{(i)}) - t^{(i)})^2}{\partial \theta_j}$$

$$= \frac{1}{n}\sum_i^n \frac{\partial f_\theta(\mathbf{x}^{(i)})}{\partial \theta_j}[f_\theta(\mathbf{x}^{(i)}) - t^{(i)}]$$

미분 $\partial J(\theta)/\partial \theta_j$을 분석해 보자. J는 네트워크 출력의 함수이자 θ_j의 함수이다. 따라서 NN 함수 자체의 함수이기도 하다. 즉, $J(f(\theta))$. 그래서 체인 룰에 따라 $\frac{\partial J(\theta)}{\partial \theta_j} = \frac{\partial J(f(\theta))}{\partial \theta_j} = \frac{\partial J(f(\theta))}{\partial f(\theta)}\frac{\partial J(\theta)}{\partial \theta_j}$를 얻는다.

3. 이 미분을 사용해서 각 네트워크 가중치를 업데이트한다:

$$\theta_j \to \theta_j - \eta\frac{\partial J(\theta)}{\partial \theta_j} = \theta_j - \eta\frac{1}{n}\sum_i^n \frac{\partial f_\theta(\mathbf{x}^{(i)})}{\partial \theta_j}[f_\theta(\mathbf{x}^{(i)}) - t^{(i)}]$$

   여기서 η는 학습 속도(learning rate)이다.

GD는 모든 훈련 샘플에 대한 오차를 누적한 후 가중치를 업데이트[48]한다. 실제로 우리는 두 가지 변형을 사용할 것이다:

- **스토캐스틱**(stochastic, 또는 온라인) GD(SGD): 각 훈련 샘플에 대해 가중치를 업데이트한다.
- **미니 뱃치 GD**: n개의 샘플들[49]에 대한 오차를 누적한 후 가중치 업데이트를 수행한다.

48. Batch GD
49. $n < N$(총 샘플 수)

다음으로 SGD와 함께 사용할 수 있는 다양한 비용 함수에 대해 설명하겠다.

1.3.2 비용 함수

MSE 외에도 회귀 문제에 일반적으로 사용되는 몇 가지 다른 손실 함수가 있다. 다음은 그 중 몇 가지이다:

- **평균 절대 오차**(mean absolute error, MAE): 네트워크 출력과 타겟(target) 간의 차이의 절댓값의 평균이다. 다음은 MAE 그래프 및 공식이다:

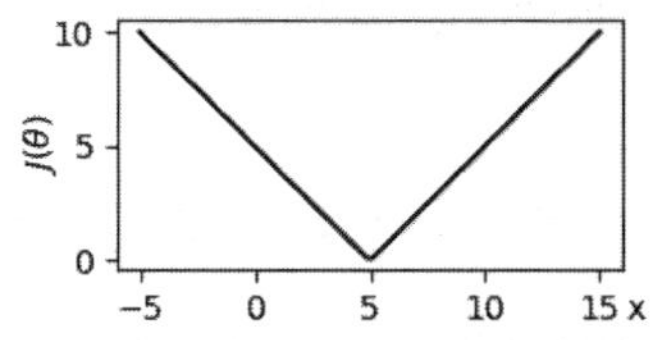

$$J(\theta) = \frac{1}{n}\sum_{i=1}^{n}|f(\vec{x}^{(i)};\theta) - t^{(i)}|$$

그림 1.25 MAE 그래프 및 공식

MSE와 비교한 MAE의 장점은 아웃라이어(outlier[50]) 샘플들을 더 잘 처리한다는 것이다. MSE의 경우 샘플의 오차가 $f_\theta(\mathbf{x}^{(i)}) - t^{(i)} > 1$이면 제곱으로 인해 지수적으로 커진다. 따라서 이러한 아웃라이어의 영향이 커지므로 결과가 왜곡될 수 있다. MAE를 사용하면 차이에 따라 지수적으로 증가하지 않으므로 이런 문제점이 덜 하다.

반면에 MAE의 기울기는 최솟값에 도달할 때까지 동일한 값을 가진다. 이것은 알고리듬이 비용 함수 최솟값과 얼마나 가까운지를 예측하기 어렵게 만든다. 이것을 비용 최솟값에 가까워질수록 기울기가 점차 감소하는 MSE와 비교해보라. 이 특징이 MSE의 최적화를 더 쉽게 만들어준다. 결론적으로 훈련 데이터가 아웃라이어들로 오염되어 있지 않은 한, 일반적으로 MAE보다 MSE를 사용하는 것이 추천된다.

- **Huber loss**는 MAE와 MSE의 특징을 결합하여 위와 같은 문제를 해결하려고 시도한다. 요컨대, 출력과 목표 사이의 절대 차이가 고정 파라미터 δ의 값 아래로 떨어지면 Huber 손실은 MSE처럼 동작한다. 반대로, 차이가 δ보다 크면 MAE와 유사하다. 이렇게 해서 (차이가 큰) 아웃라이어들에 덜 민감하고, 동시에 함수의

50. 평균치에서 크게 벗어나서 다른 대상들과 확연히 구분되는 표본

최솟값에서도 미분 가능하다. 다음은 이러한 이중 특성을 보여주는, 세 가지 δ 값에 대한 Huber 손실 그래프와 한 훈련 샘플에 대한 공식이다:

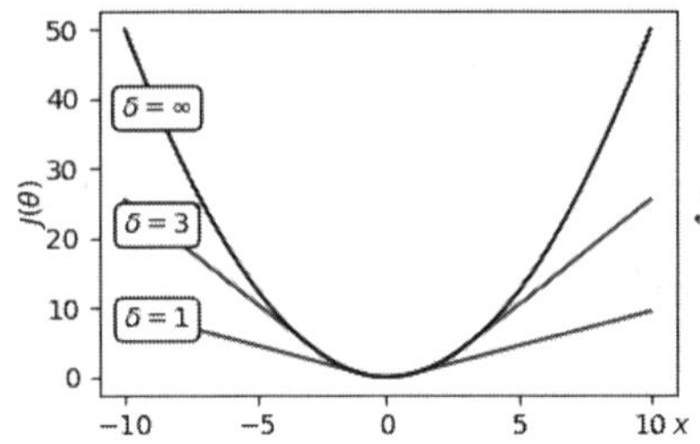

$$J(\theta) = \begin{cases} \frac{1}{2}(f(\vec{x}^{(i)};\theta) - t^{(i)})^2 & \text{if } |f(\vec{x}^{(i)};\theta) - t^{(i)}| \leq \delta \\ \delta|f(\vec{x}^{(i)};\theta) - t^{(i)}| - \frac{1}{1}\delta^2 & \text{otherwise} \end{cases}$$

그림 1.26 Huber 손실 함수의 그래프와 공식

다음으로 분류 문제를 위한 비용 함수에 초점을 맞추자. 다음은 그 중 일부이다:

- **교차 엔트로피(cross-entropy) 손실**: 정보 이론 섹션에서 이미 교차 엔트로피를 정의했다. 이 손실은 일반적으로 softmax 함수의 출력에 적용된다. 이 둘은 서로 잘 어울린다. 먼저, softmax는 네트워크 출력을 확률 분포로 변환한다. 그러면 교차 엔트로피는 훈련 레이블로 제공되는 네트워크 출력(Q)과 실제 분포(P)의 차이를 측정한다. 또 다른 장점은 교차 엔트로피 $H(P,\ Q_{\text{softmax}})$의 미분 공식이 매우 간단하다는 것이다(계산은 그렇지 않지만):

$$\mathrm{H}'(P, Q_{\text{softmax}}) = Q_{\text{softmax}}(x^{(i)}) - P(t^{(i)})$$

  여기서 $x^{(i)}$와 $t^{(i)}$는 i번째 입력과 레이블 훈련 쌍이다.

- **KL 차이 손실(KL divergence loss)**: 정보 이론 섹션에서 이미 KL 차이와 크로스 엔트로피 손실 사이의 관계를 도출했다. 이들 관계로부터, 두 함수 중 하나를 손실 함수로 사용하면 다른 함수도 내재적으로 사용한다고 말할 수 있다.

> **TIP** 때때로 손실 함수와 비용 함수라는 용어가 서로 혼용되지만, 약간 다르게 사용할 수 있다. 우리는 손실 함수로 훈련 세트의 한 샘플에 대한 네트워크 출력과 타겟 데이터의 차이를 나타내고, 비용 함수로는 훈련 세트의 여러 샘플(뱃치)에 대한 평균(또는 합)을 나타내겠다.

다양한 비용 함수를 살펴봤으므로, 이제 역전파(backpropagation)를 사용하여 오차 기울기를 네트워크를 통해 전파하는 데 초점을 맞춰보자.

1.3.3 역전파(BP)

이 섹션에서는 비용 함수를 최소화하기 위해 네트워크 가중치를 업데이트하는 방법에 대해 설명한다. GD 섹션에서 설명했듯이 이는 네트워크의 각 가중치에 대해 비용 함수 $J(\theta)$의 미분을 구하는 것을 의미한다. 우리는 이미 체인 룰을 배웠으므로 이를 위한 단계에 진입해 있다:

$$\frac{\partial J(\theta)}{\partial \theta_j} = \frac{\partial J(f(\theta))}{\partial \theta_j} = \frac{\partial J(f(\theta))}{\partial f(\theta)} \frac{\partial f(\theta)}{\partial \theta_j}$$

여기서 $f(\theta)$는 네트워크 출력이고 θ_j는 j번째 네트워크 가중치이다. 이 섹션에서는 범위를 넓혀서 모든 네트워크 가중치에 대해 NN 함수를 유도하는 방법을 학습한다(힌트: 체인 룰). 이를 위해 오차 기울기를 네트워크를 통해 역방향으로 전파한다. 몇 가지 가정으로 시작하자:

- 간단하게 하기 위해, 순차적 피드포워드 NN을 사용한다. 순차적이란 각 레이어가 이전 레이어에서 입력을 받아 출력을 다음 레이어로 전송함을 의미한다.
- w_{ij}는 레이어 l의 i번째 뉴런과 레이어 $l+1$의 j번째 뉴런 사이의 가중치를 나타낸다.
- 레이어 l의 i번째 유닛의 출력을 $y_i^{(l)}$, 레이어 $l+1$의 j번째 유닛의 출력을 $y_j^{(l+1)}$로 표기한다.
- 레이어 l의 유닛 j의 활성화 함수의 입력(즉, 활성화 전 입력의 가중 합)을 $a_j^{(l)}$로 표기한다.

다음 다이어그램은 우리가 소개한 모든 표기법을 보여준다:

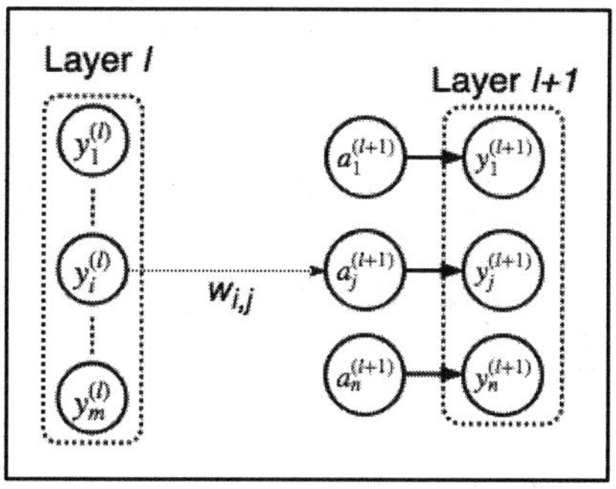

그림 1.27 순차적 피드포워드 네트워크 표기법(레이어 l은 앞(또는 전)단을 나타내고 레이어 $l+1$은 뒤(또는 후)단을 나타내며, w_{ij}는 레이어 l의 $y_i^{(l)}$ 활성화를 레이어 $l+1$의 j번째 뉴런의 입력에 연결한다.)

이를 배경으로 본론을 시작하자:

1. 먼저 l과 $l+1$이 네트워크의 맨 마지막(출력) 두 층이라고 하자. 그러면 w_{ij}에 대한 J의 미분은 다음과 같다:

$$\frac{\partial J}{\partial w_{i,j}} = \frac{\partial J}{\partial y_j^{(l+1)}} \frac{\partial y_j^{(l+1)}}{\partial a_j^{(l+1)}} \frac{\partial a_j^{(l+1)}}{\partial w_{i,j}}$$

2. $\partial a_j^{(l+1)}/\partial w_{i,j}$에 초점을 맞추자. 여기서 우리는 가중치 중 하나인 w_{ij}에 대해 레이어 l의 출력의 가중 합의 편미분을 계산한다. 미분학 섹션에서 논의했듯이 편미분에서는 w_{ij}를 제외한 모든 함수 파라미터를 상수로 취급한다. 따라서 이때 w_{ij}에 대한 $a_j^{(l+1)}$의 편미분은, 나머지는 모두 0이 되어 $\partial(y_i^{(l)}w_{i,j})/\partial w_{i,j} = y_i^{(l)}$만 남게 된다. 따라서 다음과 같은 결과를 얻는다:

$$\frac{\partial a_j^{(l+1)}}{\partial w_{i,j}} = y_i^{(l)}$$

3. 1항의 공식은 네트워크의 모든 두 개의 연속 은닉층 l과 $l+1$에 대해 성립한다. 우리는 $\partial(y_i^{(l)}w_{i,j})/\partial w_{i,j} = y_i^{(l)}$이며, $\partial(y_i^{(l+1)})/\partial a_j^{(l+1)}$은 계산 가능한 활성화 함수 미분이라는 것을 알고 있다(활성화 함수 섹션 참고). 우리가 해야 할 것은 미분 $\partial J/\partial y_j^{(l+1)}$을 계산하는 것이다(여기서 $l+1$은 은닉층). 이것이 $l+1$ 층의 활성화 함수에 대한 오차의 미분임을 주목한다. 이제 다음 사실이 적용되므로 마지막 레이어부터 시작해서 역방향으로 모든 미분을 계산할 수 있다:
   - 마지막 레이어에 대해 이 미분을 계산할 수 있다.
   - 후단 층에 대한 미분을 계산할 수 있을 때, 전단 층에 대한 미분을 계산할 수 있는 공식이 있다.

4. 이를 염두에 두고 체인 룰을 적용하여 다음 식을 얻는다:

$$\frac{\partial J}{\partial y_i^{(l)}} = \sum_j \frac{\partial J}{\partial y_j^{(l+1)}} \frac{\partial y_j^{(l+1)}}{\partial y_i^{(l)}} = \sum_j \frac{\partial J}{\partial y_j^{(l+1)}} \frac{\partial y_j^{(l+1)}}{\partial a_j^{(l+1)}} \frac{\partial a_j^{(l+1)}}{\partial y_i^{(l)}}$$

   j에 대한 합은 순방향 전파 때 출력 $y_i^{(l)}$이 $l+1$층의 모든 뉴런에 공급된다는 사실을 반영한다. 따라서 오차가 역방향으로 전파될 때는 이들이 모두 $y_i^{(l)}$에 기여한다.

다시 한번, 우리는 $\partial y_j^{(i+1)}/\partial a_j^{(i+1)}$를 계산할 수 있다. 단계 3에서 따른 것과 같은 논리에 의해 $\partial a_j^{(l+1)}/\partial y_i^{(l)} = w_{i,j}$를 계산할 수 있다. 따라서 $\partial J/\partial y_j^{(l+1)}$를 알고 나면 $\partial J/\partial y_j^{(l)}$를 계산할 수 있다. 마지막 레이어에 대해 $\partial J/\partial y_j^{(l+1)}$를 계산할 수 있으므로, 역방향으로 진행하며 모든 레이어에 대해 $\partial J/\partial y_j^{(l)}$를 계산할 수 있으며, 그러므로 모든 레이어에 대해 $\partial J/\partial w_{i,j}$를 계산할 수 있다.

5. 요약하기 위해, 다음과 같은 일련의 레이어가 있다고 하자:

$$y_i \to y_j \to y_k$$

여기에 다음과 같은 기본 공식이 있다:

$$\frac{\partial J}{\partial w_{i,j}} = \frac{\partial J}{\partial y_j^{(l+1)}} \frac{\partial y_j^{(l+1)}}{\partial a_j^{(l+1)}} \frac{\partial a_j^{(l+1)}}{\partial w_{i,j}}$$

$$\frac{\partial J}{\partial y_i^{(l)}} = \sum_j \frac{\partial J}{\partial y_j^{(l+1)}} \frac{\partial y_j^{(l+1)}}{\partial y_i^{(l)}} = \sum_j \frac{\partial J}{\partial y_j^{(l+1)}} \frac{\partial y_j^{(l+1)}}{\partial a_j^{(l+1)}} \frac{\partial a_j^{(l+1)}}{\partial y_i^{(l)}}$$

이 두 공식을 사용하여 각 레이어에 대해 비용 함수의 미분을 계산할 수 있다.

6. $\delta_j^{(l+1)} = \frac{\partial J}{\partial y_i^{(l+1)}} \frac{\partial y_j^{(l+1)}}{\partial a_j^{(l+1)}}$로 놓으면, $\delta_j^{(l+1)}$은 활성 값에 대한 비용 변동을 나타내며, $\delta_j^{(l+1)}$을 뉴런 $y_j^{(l+1)}$에서의 오차로 생각할 수 있다. 이 식을 다음과 같이 다시 쓸 수 있다:

$$\frac{\partial J}{\partial y_i^{(l)}} = \sum_j \frac{\partial J}{\partial y_j^{(l+1)}} \frac{\partial y_j^{(l+1)}}{\partial y_i^{(l)}} = \sum_j \frac{\partial J}{\partial y_j^{(l+1)}} \frac{\partial y_j^{(l+1)}}{\partial a_j^{(l+1)}} \frac{\partial a_j^{(l+1)}}{\partial y_i^{(l)}} = \sum_j \delta_j^{(l+1)} w_{ij}$$

따라서 다음과 같이 쓸 수 있다:

$$\delta_i^{(l)} = \left(\textstyle\sum_j \delta_j^{(l+1)} w_{ij}\right) \frac{\partial y_i^{(l)}}{\partial a_i^{(l)}}$$

활성 값에 따라 비용에 변동이 있으므로, 이 두 공식은 역전파에 관한 대안적 관점을 제공한다. 이들은 레이어 $l+1$에 대한 변동을 알고 나면, 레이어 l에 대한 변동을 계산할 수 있는 방법을 제공한다.

7. 이 식들을 결합하여 다음을 보여줄 수 있다:

$$\frac{\partial J}{\partial w_{i,j}} = \delta_j^{(l+1)} \frac{\partial a_j^{(l+1)}}{\partial w_{i,j}} = \delta_j^{(l+1)} y_i^{(l)}$$

8. 다음 식은 각 레이어의 가중치의 업데이트 룰이다:

$$w_{i,j} \to w_{i,j} - \eta \delta_j^{(l+1)} y_i^{(l)}$$

이제 역전파를 익혔으므로, 훈련 과정의 또 다른 구성 요소인 가중치 초기화에 관해 살펴보자.

1.3.4 가중치 초기화

DNN 훈련의 핵심 요소 중 하나는 가중치의 랜덤 초기화이다. sigmoid 및 ReLU와 같은 활성화 함수는 입력이 특정 범위 내에 있는 경우에만 의미 있는 출력과 그래디언트를 제공하기 때문에 이 초기화가 중요한다.

유명한 예는 소멸하는 그래디언트 문제이다. 이를 이해하기 위해 시그모이드 활성화 함수가 있는 FC 레이어를 사용하겠다(이 보기는 tanh에 대해서도 유효). 활성화 함수 섹션에서 S자형 그래프(파란색)와 그 도함수(녹색)를 확인했다. 입력의 가중 합이 대략 (−5, 5) 범위를 벗어나면 시그모이드 활성화 함수는 실질적으로 0 또는 1이 된다. 본질적으로 포화 상태이다. 이것은 시그모이드를 미분하는 역방향 통과 동안 볼 수 있다(공식은 $\sigma' = \sigma(1-\sigma)$). (−5, 5) 범위의 입력 범위 내에서는 미분 값이 0보다 큰 것을 알 수 있다. 따라서 이전 층으로 역전파하려는 오차는 이 범위에 속하지 않으면 사라진다.

TIP

시그모이드 미분은 의미 있는 범위가 좁다는 사실 외에도, 최상의 조건에서도 최댓값은 0.25에 지나지 않는다. 시그모이드 미분을 통해 그래디언트를 전파할 때 통과하면, 적어도 4배 더 작아진다. 이 때문에, 원하는 범위를 벗어나지 않더라도 그래디언트는 몇 개의 층만 통과해도 사라질 수 있다. 이는 대부분의 경우 그래디언트가 1인 *LU 계열 함수에 비해 시그모이드의 주요 단점 중 하나이다.

이 문제점을 해결하는 한 가지 방법은 *LU 활성화를 사용하는 것이다. 더불어 훈련 과정의 속도를 높이기 때문에 더 나은 가중치 초기화를 사용하는 것이 좋다. 널리 사용되는 기술 중 하나는 Xavier/Glorot 초기화이다(`http://proceedings.mlr.press/v9/glorot10a/glorot10a.pdf`). 간단히 말해서 이 기술은 유닛의 입력 및 출력 연결 수

를 고려해서 가중치를 초기화한다. 두 가지 변형이 있다:

- Xavier **균일 초기화**: $[-a, a]$ 범위의 균일 분포에서 추출한다. a는 다음과 같이 정의된다:

$$a = \sqrt{\frac{6}{n_{\text{in}} + n_{\text{out}}}}$$

  여기서, n_{in} 및 n_{out}는 각각 입력 및 출력 수(즉, 현재 유닛에 출력을 보내는 유닛 수와 현재 유닛의 출력을 받는 유닛 수)이다.

- Xavier **노멀 초기화**: 평균이 0, 분산이 다음과 같은 노멀 분포(확률 분포 섹션 참조)에서 추출한다:

$$\text{Var}(w_{ij}) = \frac{2}{n_{\text{in}} + n_{\text{out}}}$$

시그모이드 또는 tanh 활성화 함수에는 Xavier/Glorot 초기화가 권장된다. *정류기 심층 분석: ImageNet 분류에서 인간 수준 성능을 능가하기*(`https://arxiv.org/abs/1502.01852`) 논문은 ReLU 활성화에 더 적합한 유사한 기술을 제안한다. 여기에도 두 가지 변형이 있다:

- He **균일 초기화**: $[-a, a]$ 범위의 균일 분포에서 추출한다. a는 다음과 같이 정의된다:

$$a = \sqrt{\frac{6}{n_{\text{in}}}}$$

- He **노멀 초기화**: 평균이 0이고 분산이 다음과 같은 노멀 분포에서 표본을 추출한다:

$$\text{Var}(w_{ij}) = \frac{2}{n_{\text{in}}}$$

  입력이 음수이면 ReLU 출력은 항상 0이다. ReLU 유닛의 초기 입력이 0 근처에 있다고 가정하면 출력의 반은 0이 된다. He 초기화는 Xavier 초기화에 비해 분산을 두 배 증가시켜서 이 문제를 보상한다.

다음 섹션에서는 표준 SGD의 가중치 업데이트 룰의 개선에 관해 논의한다.

1.3.5 SGD 개선

현재 가중치 업데이트를 이전 가중치 업데이트 값을 이용해서 조정하여 바닐라 SGD를 확장하는 모멘텀[51]부터 시작한다. 즉, $t-1$ 때의 가중치 업데이트가 크면, t 때의 가중치 업데이트를 증가시킨다. 비유를 통해 모멘텀을 설명할 수 있다: 손실 함수 표면을 언덕이라고 가정한다. 그리고 언덕 꼭대기(최고점)에서 공을 들고 있다고 상상하라. 공을 떨어뜨리면 지구의 중력 때문에 바닥(최저점)을 향해 구르기 시작할 것이다[52]. 경사가 클수록 진행하고 있는 방향으로의 가속도가 증가할 것이다. 다시 말해, 모멘텀을 얻는다.[53]

이제 가중치 업데이트 룰에서 모멘텀을 구현하는 방법을 살펴 보겠다. GD 섹션에서 소개한 업데이트 규칙, 즉 $\theta_j \to \theta_j - \eta\partial J(\theta)/\partial\theta_j$를 기억하라. 우리가 훈련 과정의 단계 t에 있다고 가정하자:

1. 먼저 이전 업데이트 v_{t-1}의 속도를 포함하여 현재 가중치 업데이트를 위한 v_t를 계산한다:

   $$v_t \to \mu v_{t-1} - \eta\partial J(\theta)/\partial\theta_j \qquad \text{식 (1.2)}$$

   여기서 μ는 모멘텀 계수(또는 모멘텀 비율(rate))라고 불리는 [0, 1] 범위의 하이퍼파라미터이다[54]. v_t는 첫 번째 반복 동안에는 0으로 초기화된다.

2. 그런 다음 실제 가중치 업데이트를 수행한다:

   $$\theta_j \to \theta_j + v_t$$[55]

---

51. 경사 하강 가속화 목적
52. 이 공은 사실은 파라미터 공간에서 굴러다니지 않고, 파라미터 업데이트 공식에 의해 점프하며 다니게 된다.
53. 모멘텀은 경사 하강 방향으로 속도를 높여 줄뿐만 아니라, 지역 최소(local minima)를 피하는 데에도 도움을 준다.
54. 일반적인 μ의 범위는 $0.9 \le \mu < 1$이다.
55. $\theta_{j,t-1}$과 $v_{j,t-1}$은 각각 파라미터 공간에서의 $t-1$ 때의 θ_j의 위치와 점프 거리이다. 또한, 이 점프 v_t는 식 (1.2)에서 보듯이 모멘텀에 의한 점프와 그래디언트에 의한 점프로 구성된다. 즉, 더블 점프이다.

연습문제 1.4

모멘텀 옵티마이저 구현. 앞의 연습문제를 모멘텀을 사용하도록 코드를 수정하고, 실행 결과를 비교하시오.

[풀이]

```
… (연습문제 1.3 참고)
while delta_w > precision:
    gradient = df(prev_w)
    v = mu * prev_v - lrate * gradient
    w = prev_w - lrate * gradient #Grad descent
    w += v
    delta_w = abs(w - prev_w) #Change in w
    iters += 1 # iteration count
    print("Iteration",iters,"\nw = ",w) #Print iterations
    prev_w = w # Store current w value in prev_w
    prev_v = v
    w_history.append(w)

print("The local minimum found at", w , "in iters =", iters)
…(연습문제 1.3 참고)

출력:
The local minimum found at 5.017981649116006 in iters = 89
```

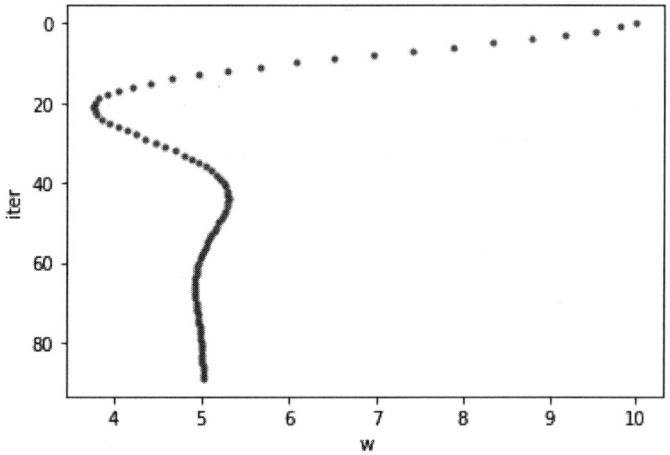

기본 모멘텀의 개선된 버전으로 Nesterov 모멘텀이 있다. 단계 $t-1$ 때의 모멘텀이 단계 t 때의 조건을 반영하지 않을 수 있다는 관찰에 의존한다. 예를 들어, $t-1$에서의 그래디언트가 가파르고, 그래서 모멘텀이 크다고 가정해 보자. 그런데 $t-1$ 가중치 업데이트 후

실제로 비용 함수 최솟값에 도달하고, 그래서 t에서는 약간의 가중치 업데이트만 필요한 상태라고 하자. 이때 기본 모멘텀은 여전히 $t-1$에서 큰 모멘텀을 얻을 것이며, 그에 따라, 조정된 가중치는 최저점을 뛰어 넘어 지나갈 것이다. Nesterov 운동량은 가중치 업데이트 크기를 계산하는 방식을 바꿀 것을 제안한다. 가중치 θ_j의 잠재적 미래 값 $\theta_j + \mu v_{t-1}$에 의해 계산되는 비용 함수의 그래디언트에 기반해서 v_t를 계산한다. 업데이트된 속도 공식은 다음과 같다:

$$v_t \rightarrow \mu v_{t-1} - \eta \partial J(\theta; \theta_j + \mu v_{t-1}) / \partial \theta_j$$

$t-1$ 때의 모멘텀이 t 때의 관점에서 옳지 않은 경우, 수정된 그래디언트는 같은 업데이트 단계에서 이 오류를 보상할 것이다.

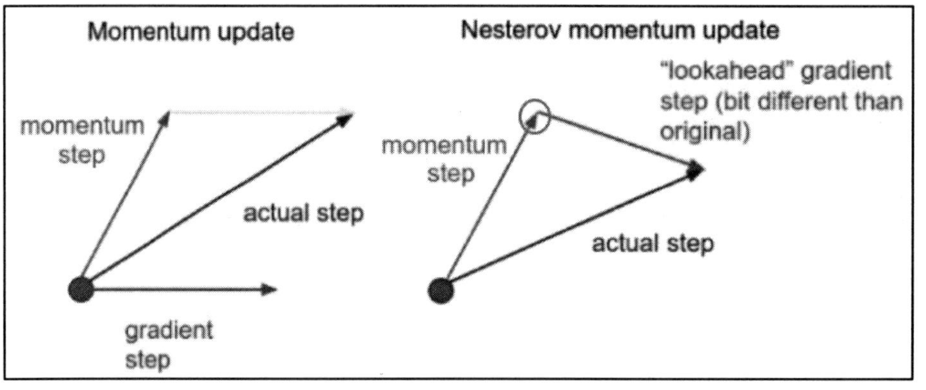

그림 1.28 기본 모멘텀과 Nesterov 모멘텀[56]

56. 그래디언트는 항상 경사 하강 방향을 가리키지만 모멘텀은 그렇지 않을 수 있기 때문에, 모멘텀이 그른 방향을 가리키거나 오버슈트하는 경우에도 그래디언트가 같은 업데이트 단계에서 이를 바로 잡을 수 있다. 그래서 Nesterov 방식에서는 모멘텀 점프를 먼저 한 후, 그래디언트 점프를 한다(기본 모멘텀 방식에서는 점프 순서가 문제되지 않는다).

연습문제 1.5

Nesterov 모멘텀 옵티마이저 구현. 앞의 연습문제를 Nesterov 모멘텀을 이용하도록 코드를 수정하고, 실행 결과를 비교하시오.

[풀이]

```
while delta_w > precision:
    gradient = df(prev_w)
    v = mu * prev_v - lrate * gradient
    prev_w += v
    gradient = df(prev_w)
    w = prev_w - lrate * gradient #Grad descent
    delta_w = abs(w - prev_w) #Change in w
    iters += 1 # iteration count
    print("Iteration",iters,"\nw = ",w) #Print iterations
    prev_w = w # Store current w value in prev_w
    prev_v = v
    w_history.append(w)

print("The local minimum found at", w , "in iters =", iters)
...
출력:
The local minimum found at 4.998909647475807 in iters = 81
```

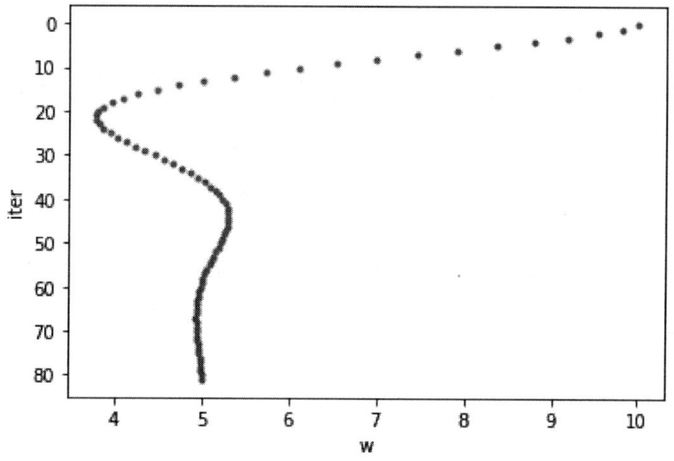

다음으로, Adam 적응적 학습 속도 알고리듬(*Adam: A Method for Stochastic Optimization*, `https://arxiv.org/abs/1412.6980`)에 관해 논의해 보자. 이 알고리듬은 이전 가중치 업데이트(모멘텀)를 기반으로 모든 가중치에 대해 개별 및 적응적 학습 속도를 계산한다[57]. 어떻게 작동하는지 보자:

1. 먼저 그래디언트의 제1 모먼트(평균)와 제2 모먼트(분산)[58]를 계산해야 한다:

$$m_t \to \beta_1 m_{t-1} + (1-\beta_1)\frac{\partial J(\theta)}{\partial \theta_j}$$
$$v_t \to \beta_2 v_{t-1} + (1-\beta_2)(\frac{\partial J(\theta)}{\partial \theta_j})^2$$

   여기서, β_1과 β_2는 각각 기본 0.9와 0.999의 값을 갖는 하이퍼파라미터이다. m_t와 v_t는 모멘텀과 다소 유사한 그래디언트의 이동 평균 값처럼 작동한다. 첫 번째 반복에서는 0으로 초기화된다.

2. m_t와 v_t는 0으로 시작하므로 훈련의 초기 단계에서 0쪽으로 편향된다. 예를 들어, $t=1$에서 $\beta_1=0.9$, $\partial J(\theta)/\partial\theta_j=10$이라고 가정하자. 이때 $m_1=0.9*0+(1-0.9)*10=1$이며 이는 실제 기울기인 10보다 훨씬 작다. 이 편향을 보상하기 위해 m_t 및 v_t의 편향 보정 버전을 계산한다:

$$\hat{m}_t \to \frac{m_t}{1-\beta_1^t}$$
$$\hat{v}_t \to \frac{v_t}{1-\beta_2^t}$$

3. 마지막으로 다음 공식을 사용하여 가중치 업데이트를 수행해야 한다:

$$\theta_j \to \theta_j - \eta\frac{\hat{m}_t}{\sqrt{\hat{v}_t + \epsilon}}$$

   여기서 η는 학습률(또는 학습 속도)이고 ϵ은 0으로 나누는 것을 막기 위한 작은 값이다.

---

57. Sparse 그래디언트에 유리한 Adagrad 옵티마이저와 non-stationary objectives에 유리한 RMSProp 옵티마이저의 장점을 결합.

58. 3번째와 4번째 모먼트는 각각 skewness(쏠림)와 kurtosis(첨도)라고 부른다.

연습문제 1.6

Adam 옵티마이저 구현. 앞의 연습문제를 Adam 알고리듬을 사용하도록 코드를 수정하고, 실행 결과를 비교하시오.

[풀이]

```
...
import math
beta_1 = 0.9
beta_2 = 0.999
prev_m = 0 # 1st moment
prev_v = 0 # 2nd moment
epsilon = 1e-8

m_t = 0
v_t = 0
iters = 0

while (1):          #till it gets converged
  iters += 1
  g_t = df(prev_w) #computes the gradient of the stochastic function
  m_t = beta_1*m_t +(1-beta_1)*g_t #updates the moving averages of the gradient
  v_t = beta_2*v_t +(1-beta_2)*(g_t*g_t)#updates the moving averages of the squared gradient
  m_cap = m_t/(1-(beta_1**(iters)))#calculates the bias-corrected estimates
  v_cap = v_t/(1-(beta_2**(iters)))#calculates the bias-corrected estimates
  w = prev_w -(lrate*m_cap)/(math.sqrt(v_cap)+epsilon)
  print("Iteration",iters,"\nw = ",w)
  w_history.append(w)
  if(abs(w - prev_w) < precision): #checks if it is converged or not
     break
  prev_w = w

print("The local minimum found at", w , "in iters =", iters)
```

출력:

```
The local minimum found at 5.0134059234099 in iters = 1355
```

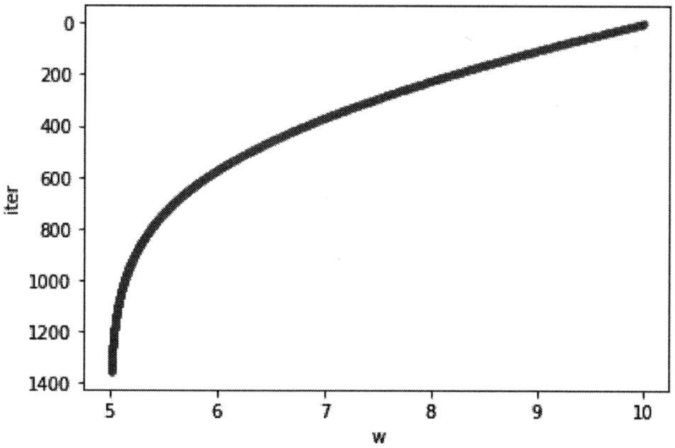

Adam은 속도가 빠르지 않다. Adam을 사용할 때는 학습 속도를 높여도 비교적 잘 수렴한다. lrate *= 99로 실험한 결과는 다음과 같다:

```
The local minimum found at 4.997652926972109 in iters = 110
```

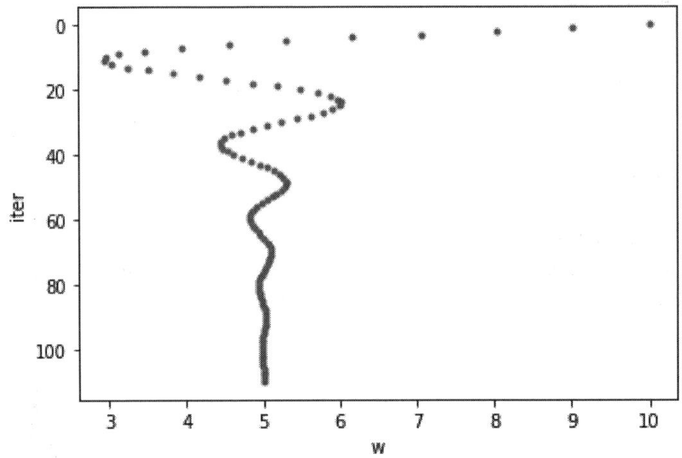

1.4 요약

이 장은 NN의 기초를 형성하는 수학적 장치에 관한 튜토리얼로 시작했다. 그런 다음 NN과 해당 아키텍처에 관해서 간략히 살펴봤다. 그 과정에서 수학적 개념을 NN의 다양한 구성 요소와 명시적으로 연결했다. 다양한 유형의 활성화 함수에 특별히 주목했다. 마지막으로, NN 훈련 과정을 포괄적으로 살펴봤다. 경사 하강, 비용 함수, 역전파, 가중치 초기화, SGD 최적화 기법에 관해 논의했다.

다음 장에서는 컴퓨터 비전 영역에서 복잡한 컨볼루션 네트워크와 그 응용에 관해 설명한다.

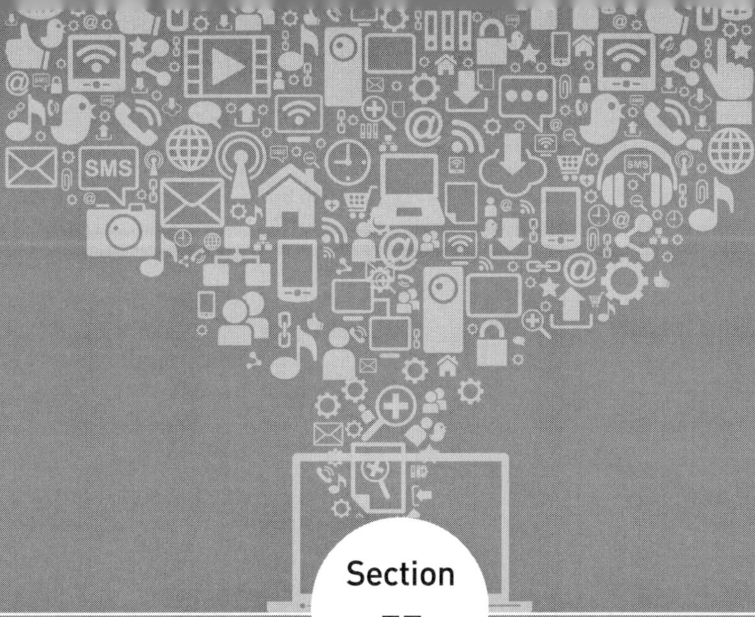

Section

II

컴퓨터 비전

이 섹션에서는 컴퓨터 비전(computer vision, 이하 CV) 분야의 딥러닝(deep learning, 이하 DL) 응용에 관해 설명한다. 컨볼루션 네트워크, 객체 검출, 이미지 분할, 생성(generative) 모델(GAN) 및 신경 스타일 전송에 관해 설명하겠다.

이 섹션에는 다음 장들이 있다:

- 2장 컨볼루션 네트워크 이해
- 3장 고급 컨볼루션 네트워크
- 4장 객체 검출 및 이미지 분할
- 5장 생성 모델

CHAPTER 2

CNN 이해

이 장에서는 **CNN(Convolutional Neural Networks)** 및 그의 컴퓨터 비전에서의 응용에 관해 설명한다. CNN은 작금의 DL 혁명을 열었다. **GAN(Generative Adversarial Network)**, 객체 검출, 이미지 분할, 신경망 전이 등을 포함한 거의 모든 최근의 CV 발전이 이에 기반하고 있다. 이러한 이유로 CNN의 기초적인 이해를 넘어서는 심도 있는 관심이 필요하다.

이를 위해 CNN 빌딩 블록인 컨볼루션 층과 풀링(pooling) 층을 간략하게 살펴볼 것이다. 오늘날 사용되고 있는 다양한 컨볼루션 유형이 다수의 CNN 응용에 반영되고 있으므로 여기서 다뤄질 것이다. 또한 CNN의 내부 상태를 시각화하는 방법도 배울 것이다. 그런 다음 억제(regularization[59]) 기술에 중점을 둘 것이며, 전이 학습(Transfer Learning. 이하 TL) 예제를 구현할 것이다.

이 장에서는 다음과 같은 주제를 다룬다:

- CNN 이해
- TL 소개

59. 실제 해당 기법들을 검토해보면 regularization(규칙화, 합법화)이 regulation(규제, 통제)의 성격을 더 많이 띄고 있다. 실제로 deep learning 관련 regularize의 의미도 constrain, shrink, penalize, discourage, suppress 등의 단어를 사용해서 설명되어 있는 것을 확인할 수 있다. 따라서 이 책에서는 regularization을 규칙화 등으로 번역하지 않고 억제로 번역하겠다.

2.1 CNN 이해

1장 신경망의 기초에서, 많은 NN 연산이 수학에 기반하고 있으며 컨볼루션도 예외는 아님을 설명했다. 수학적 컨볼루션 정의에서부터 시작해보자:

$$s(t) = (f * g)(t) = \int_{-\infty}^{\infty} f(\tau)g(t-\tau)\, d\tau$$

이 공식에서,

- $*$: 컨볼루션 연산
- f, g: 함수
- $s(t)$: 컨볼루션 결과(단일 값이 아님)

값 t에서의 f와 g의 컨볼루션은 $f(\tau)$와 $g(t)$가 반전(거울 반사된) 및 이동되는 $g(t-\tau)$[60]의 곱의 적분이다. 즉, f 위로 반전된 g를 이동시키면서, 둘이 겹치는 영역에 대해 둘 간의 곱 $f(t)g(t-\tau)$의 적분을 계속해서 계산한다. 이 적분(즉 컨볼루션)은 두 함수를 곱한 곡선의 아래의 면적과 같다.

다음 그림이 컨볼루션을 잘 보여준다:

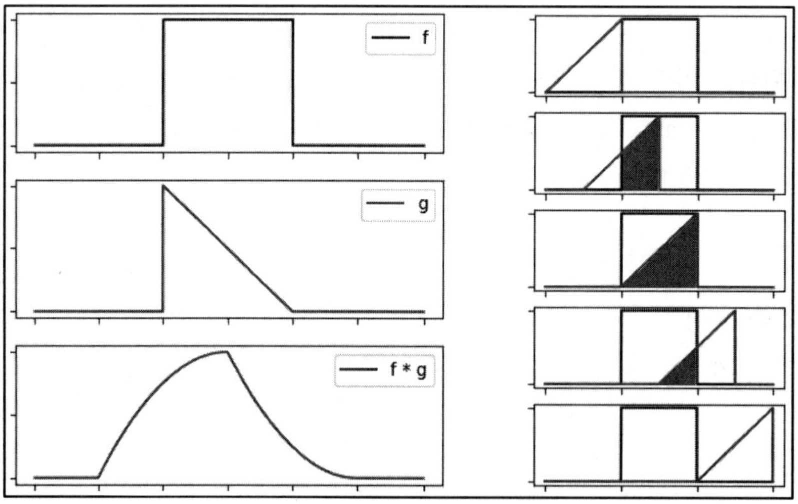

그림 2.1 컨볼루션 연산

60. $g(-(\tau-t))$

> 컨볼루션 연산에서 g는 연산의 교환 속성(commutative property)을 유지하기 위해 이동 및 반전된다. CNN에 대해서는 우리는 이 속성을 무시할 수 있으며, g를 반전시키지 않고도 구현할 수 있다. 이 경우 이 연산을 크로스-코릴레이션(cross-correlation)이라고 한다. 이 두 용어는 서로 바뀌 사용될 수 있다.

이산(정수) t 값에 대한 컨볼루션은 다음 공식을 사용하여 정의할 수 있다(연속 경우에서와 비슷):

$$s(t) = (f * g)(t) = \sum_{\tau=-\infty}^{\infty} f(\tau)g(t-\tau)$$

또한 이 공식을 두 개의 파라미터를 갖는 함수들의 컨볼루션에 대해 일반화할 수 있다:

$$s(i,j) = (f * g)(i,j) = \sum_{m=-\infty}^{\infty} \sum_{n=-\infty}^{\infty} f(i,j)g(i-m, j-n)$$

세 개의 파라미터 함수들에 대해서도 비슷한 방식으로 공식을 도출할 수 있다.

CNN에서 함수 f는 컨볼루션 연산(컨볼루션 층)의 입력이다. 입력의 차원에 따라 1D, 2D 또는 3D 컨볼루션이 있다. 시계열 입력은 1D 벡터이고, 이미지 입력은 2D 행렬이며, 3D 포인트 클라우드는 3D 텐서이다. 반면에 이동하는 함수 g는 커널 또는 필터라고 부르는데, 입력 데이터와 차원 수가 같을 수 있고, 학습 가능한 가중치 세트로 정의된다. 예로서, 2D 컨볼루션을 위한 크기 n의 필터는 $n \times n$ 행렬이다. 다음 다이어그램은 3×3 슬라이스에 2×2 필터가 적용된 2D 컨볼루션을 보여준다:

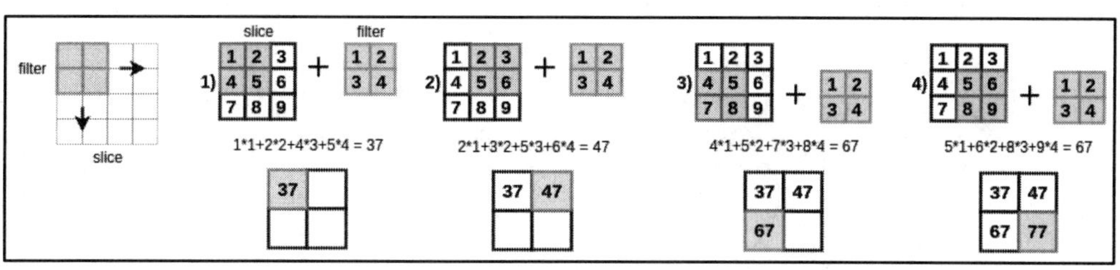

그림 2.2 3×3 슬라이스에 2×2 필터를 적용한 2D 컨볼루션

컨볼루션은 다음과 같이 작동한다:

1. 입력 텐서의 모든 차원을 따라 필터를 이동(slide)시킨다.
2. 모든 입력 위치에서, 각 입력 텐서 셀을 필터의 해당 위치의 계수로 곱한다. 하나의 출력 셀에 기여하는 입력 셀 그룹을 **수용 필드(receptive field)**라고 한다. 이러한 모든 값을 합산해서 하나의 출력 셀 값을 만든다.

각 출력 유닛이 모든 입력으로부터 정보를 수집하는 FC 층과 달리, 컨볼루션 출력 셀의 활성화는 수용 필드의 입력으로 제한되어 계산된다. 이 원칙은 이미지처럼 계층적으로 구성된 데이터에 가장 적합하다. 예를 들어, 인접한 화소들은 의미 있는 모양과 객체를 형성할 수 있지만, 이미지의 한쪽 끝에 있는 화소는 다른 쪽 끝에 있는 화소와 관계가 없을 것이다. FC 층을 사용하여 모든 입력 화소를 각 출력 장치에 연결하는 것은, 건초 더미에서 바늘을 찾으라고 네트워크에 요구하는 것과 다름 없다. 그렇게 한다면, 어떤 입력 화소가 어떤 출력 유닛의 수용 필드에 있는지를 알 수 있는 방법이 없다.

필터는 수용 필드의 어떤 특정 특징을 강조한다. 필터 연산의 출력은 특징이 검출된 위치를 표시하는 텐서(특징 맵)이다. 입력 텐서 전체에 거쳐서 같은 필터를 적용하기 때문에, 컨볼루션은 객체의 위치에 영향을 받지 않는다(translation invariant. 위치/이동 불변). 즉, 이미지에서의 특징의 위치에 관계없이 감지 가능하다. 그러나 컨볼루션은 회전 불변(rotation invariant)도 아니고, 크기 불변(scale invariant)도 아니다(회전되거나 크기가 달라져도 검출이 보장 안 된다).

다음 다이어그램은 1D 및 3D 컨볼루션의 예를 보여준다(이미 2D 컨볼루션의 예는 소개했다):

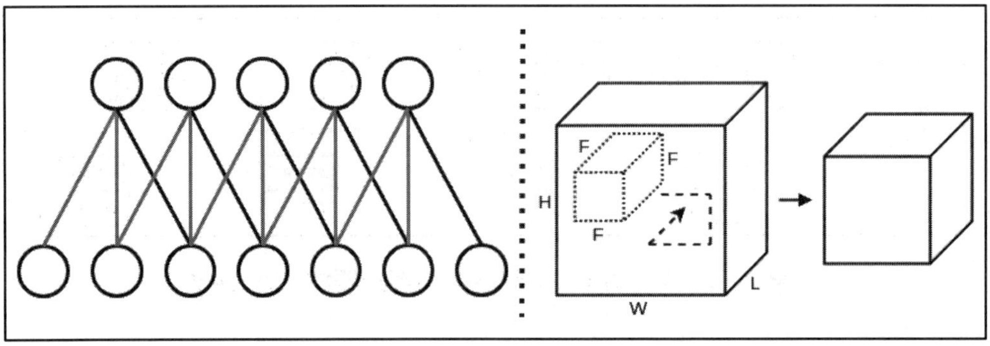

그림 2.3 1D 및 3D 컨볼루션. (a) 1D 컨볼루션: 필터(상단 유닛들)가 단일 축을 따라 이동한다. (b) 3D 컨볼루션: 필터(점선으로 표시)가 세 축을 따라 이동한다.

CNN 컨볼루션은 서로 다른 특징들을 강조하여, 여러 출력 특징 맵(각 필터마다 하나씩)을 생성하는 여러 개의 필터를 가질 수 있다. 여러 개의 특징 맵(예: 앞단 컨볼루션의 출력)으로부터 입력을 수집할 수도 있다. 특징 맵 그룹을 볼륨이라고 한다. 각 특징 맵을 슬라이스라고 부른다.[61]

이 섹션의 앞부분에서 언급했듯이 각 볼륨(및 필터)은 텐서로 표시된다. 예를 들어, RGB 이미지는 3개의 2D 슬라이스(컬러 채널당 하나의 슬라이스)로 구성된 3D 텐서로 표시된다. 그러나 CNN의 맥락에서 우리는 미니 뱃치[62]의 샘플 인덱스에 대한 차원을 추가한다. 이때 1D 컨볼루션이 3D 입력 및 출력 텐서를 갖게 된다. 그들의 축은 NCW 또는 NWC 순서일 수 있다(여기서 N은 미니-뱃치의 샘플 인덱스이고, C는 볼륨의 깊이 슬라이스 인덱스이며, W는 각 샘플 벡터의 크기이다).[63] 마찬가지로 2D 컨볼루션은 NCHW[64] 또는 NHWC[65] 텐서로 표현되며, 여기서 H와 W는 슬라이스의 높이와 너비이다. 3D 컨볼루션은 NCLHW 또는 NLHWC 순서를 가지며, 여기서 L은 슬라이스의 깊이를 나타낸다.

> **TIP** 우리는 RGB 이미지를 다루기 위해 2D 컨볼루션을 사용한다. 그러나 세 가지 색상을 추가 차원으로 간주하여 RGB 이미지를 3D로 만들 수 있다. 그렇다면 왜 3D 컨볼루션을 사용하지 않았을까? 그 이유는 입력을 3D로 생각하더라도, 출력은 여전히 2D 그리드이기 때문이다.[66]

---

61. 예: 옆 그림에서 한 필터가 작은 볼륨 5×5×3을 커버하고 있고, 그 출력인 특징 맵이 출력 볼륨에 한 슬라이스로 기여하고 있다.

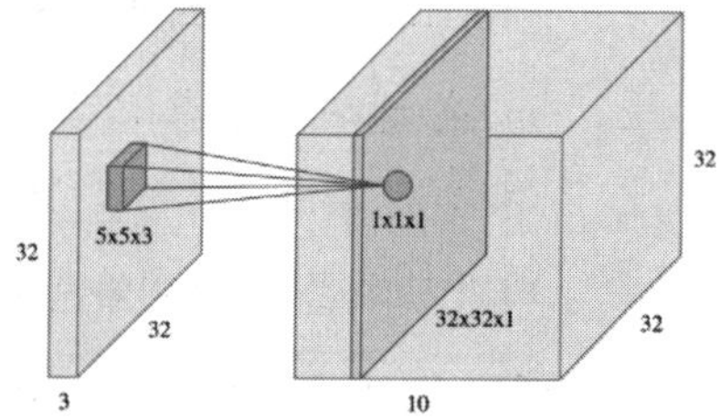

62. 보통 훈련 단계에서 이미지들이 작은 그룹(미니-뱃치)으로 묶인다.
63. N: 뱃치(batch), C: 채널(channel)(특징 맵), H: 세로(height), W: 너비(width), D: 깊이(depth)
64. 텐서(nD 다차원 배열)를 메모리 주소(1D)에 배치하는 한 포맷이다. RGB 이미지의 경우 거의 대부분 이미지를 먼저 3개의 채널로 분리하는 데 익숙해져 있다. 이것이 바로 NCHW(4D 텐서) 형식이 작동하는 방식이다.
65. TensorFlow에서는 NHWC, OpenCV에서는 HWC 포맷이 기본이다.
66. 3D 입력에 대한 2D 컨볼루션

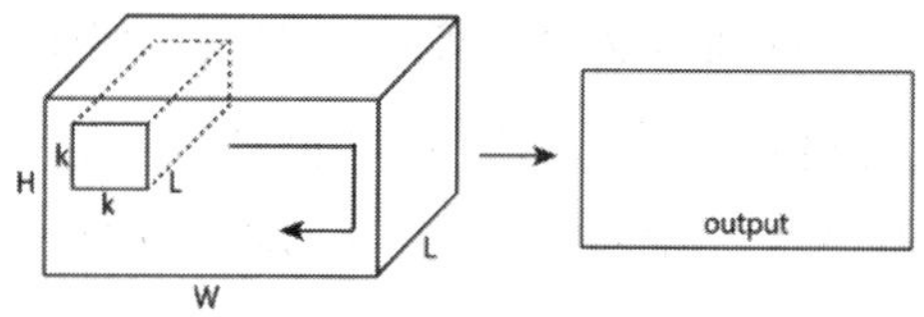

3D 컨볼루션을 사용한다면, 출력도 3D가 될 것이고 2D 이미지의 경우 아무 의미가 없다. n개의 입력 슬라이스와 m개의 출력 슬라이스가 있다고 하자. 이 경우 n개의 입력 슬라이스에 m개의 필터를 적용한다. 각 필터는 검출한 특징이 강조 표시되는 고유한 출력 슬라이스를 생성한다(n 대 m 관계).

입력과 출력 슬라이스의 관계에 따라 다음 다이어그램과 같이 크로스-채널 및 깊이 방향(depth-wise) 컨볼루션(DC)을 얻는다:

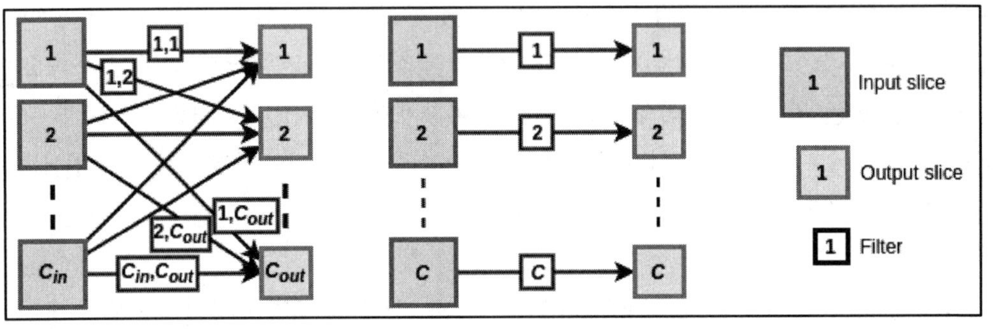

그림 2.4 크로스-채널 컨볼루션과 DC

이들의 속성에 관해 논의해 보자:

- **크로스-채널 컨볼루션**: 각 출력 슬라이스는 모든 입력 슬라이스에서 입력을 수신한다(n 대 일 관계). 여러 개의 출력 슬라이스에 대해서 이 관계는 n-m(n 대 m)이 된다. 즉, 각 입력 슬라이스가 각 출력 슬라이스의 출력에 기여한다. 각 입력/출력 슬라이스 쌍은 해당 쌍에 고유한 별도의 필터 슬라이스를 사용한다. 필터의 크기를 F(너비와 높이가 같음), 입력 볼륨의 깊이를 C_{in}, 출력 볼륨의 깊이를 C_{out}으로 나타내자. 그러면 다음 공식으로 2D 컨볼루션에서 총 가중치 수 W를 계산할 수 있다:

$$W = (C_{in} * F^2 + 1) * C_{out}$$

  여기서 +1은 각 필터의 바이어스 가중치를 나타낸다. 3개의 입력 슬라이스가 있고, 그에 대해 4개의 5×5 필터를 적용한다고 하자. 그러면 컨볼루션 필터는 총 (3 * 5 * 5 + 1) * 4=304개의 가중치, 4개의 출력 슬라이스(깊이가 4인 출력 볼륨), 슬라이스 당 1개의 바이어스를 갖게 된다. 각 출력 슬라이스에 대한 필터는 3개의 입력 슬라이스 각각에 대해 3개의 5×5 필터 패치와 하나의 바이어스를 위한 총 3*5*5+1=76 가중치를 갖는다.

- **깊이 방향 컨볼루션(이하 DC)**: 각 출력 슬라이스는 단일 입력 슬라이스로부터 입력을 받는다. 이것은 앞 사례의 반대라고 할 수 있다. 가장 간단한 형태로는, 단일 입력 슬라이스에 필터를 적용하여 단일 출력 슬라이스를 생성한다. 이 경우 입력 및 출력 볼륨의 깊이는 같다(C). 또한 채널 승수(정수 m)를 지정하여 출력 슬라이스 당 m 필터를 적용하여 m개의 출력 슬라이스를 생성할 수도 있다. 이 경우는 $1-m$ 관계이다. 이 경우 총 슬라이스 수는 $n*m$이다. 다음 공식을 사용하여 2D DC의 가중치 수 W를 계산할 수 있다:

$$W = (C * F^2 + C) * m$$

여기서 m은 채널 승수이고 $+C$는 각 출력 슬라이스의 바이어스를 나타낸다.

컨볼루션 연산에는 다음 파라미터가 더 있다:

- **보폭(stride)**: 각 단계에서 입력 슬라이스 위로 필터를 이동시킬 때 건너뛰는 거리이다.[67] 기본 보폭은 1이다. 1보다 크면 보폭 컨볼루션(stride convolution)이라고 한다. 보폭이 커지려면 뉴런의 수용 필드가 커진다. 보폭이 2이면 출력 슬라이스의 크기가 입력보다 약 4배 작아진다. 달리 표현하면, 하나의 출력 뉴런이 보폭 1 컨볼루션에 비해 4배 더 큰 면적을 처리하게 된다. 이어지는 층들의 뉴런들은 점점 입력 이미지의 더 큰 영역에서 입력을 캡처한다.
- **패딩**: 컨볼루션 연산을 수행하기 전에 입력 슬라이스의 가장자리에 행과 열을 0[68]으로 채운다. 패딩을 사용하는 가장 일반적인 목적은 입력과 동일한 크기의 출력을 생성하는 것이다. 덧대어진 0은 컨볼루션 연산에 들어가지만 결과에는 영향을 주지 않는다.

입력 크기와 필터 크기를 알면 출력 슬라이스의 크기를 계산할 수 있다. 입력 슬라이스의 크기가 I(같은 높이와 너비), 필터의 크기가 F, 보폭이 S, 패딩이 P라고 하면, 출력 슬라이스의 크기 O는 다음 공식으로 주어진다:

$$O = \frac{I + 2P - F}{S} + 1$$

---

67. 일반적으로 최대 보폭과 필터의 크기는 비례한다.
68. 다른 값도 가능하다.

보폭 컨볼루션 외에도, 풀링 연산을 사용하여 더 깊숙이 있는 뉴런의 수용 필드를 늘리고 슬라이스의 크기를 줄일 수 있다. 풀링은 입력 슬라이스를 그리드로 분할한다. 각 그리드 셀은 컨볼루션과 마찬가지로 여러 뉴런의 수용 필드를 나타낸다. 그런 다음 풀링 연산이 그리드의 각 셀에 적용된다. 컨볼루션과 비슷하게, 풀링은 보폭 S와 수용 필드의 크기 F로 기술된다. 입력 슬라이스의 크기가 I이면 풀링의 출력 크기에 대한 공식은 다음과 같다:

$$O = \frac{I - F}{S} + 1$$

실제에서는 두 가지 조합만 사용된다. 첫 번째는 보폭이 2인 2×2 수용 필드이고, 두 번째는 보폭이 2인 3×3 수용 필드이다(겹침). 가장 일반적인 풀링 연산은 다음과 같다:

- **맥스 풀링(최대 풀링)**: 수용 필드의 입력 값 중 최대 값을 전파한다.
- **평균 풀링**: 수용 필드의 입력의 평균 값을 전파한다.
- GAP(Global Average Pooling): 평균 풀링과 비슷하지만 풀링 영역의 크기가 특징 맵의 크기 $I \times I$와 같다. GAP은 극단적 크기 축소를 수행한다: 결과는 단일 스칼라이며 이는 전체 특징 맵의 평균값을 나타낸다.

일반적으로, 하나 이상의 컨볼루션 층과 하나의 풀링(또는 보폭 컨볼루션) 층을 교대로 배치한다. 이렇게 함으로써, 컨볼루션 층은 더 깊숙이 있는 층의 수용 필드 크기가 네트워크 시작 층들에서 보다 크기 때문에, 모든 수용 필드 크기 레벨에서 특징을 검출할 수 있다. 더 깊은 층은 또한 시작 층에 비해 더 많은 필터(따라서 더 깊은 볼륨)를 갖는다. 네트워크 시작 부분의 특징 검출기는 작은 수용 필드에서 작동하며, 모든 클래스에 공통적인 에지 또는 선과 같은 제한된 수의 특징만 감지할 수 있다.

다른 한편으로, 더 깊은 층은 더 복잡하고 많은 특징들을 검출할 것이다. 예를 들어 자동차, 나무, 사람 등 여러 클래스가 있는 경우 각각에는 타이어, 문, 잎, 얼굴과 같은 고유한 특징들이 있을 것이다. 그에 따라 더 많은 특징 검출기가 필요하다. 최종 컨볼루션(또는 풀링)의 출력은 하나 이상의 FC 층을 추가하여 타겟 레이블로 "번역"된다.

이제 컨볼루션, 풀링 연산, CNN에 관한 개요를 살펴보았으므로, 다음 섹션에서는 다양한 유형의 컨볼루션 연산에 초점을 맞추겠다.

2.1.1 컨볼루션 유형

지금까지 가장 일반적인 유형의 컨볼루션에 관해 살펴봤다. 이제부터는 몇 가지 변형에 관해 설명한다.

전치(transposed) 컨볼루션

지금까지 설명한 컨볼루션 연산에서 출력 크기는 입력 크기와 같거나 작다. 그와 반대로, 전치된 컨볼루션(Matthew D. Zeiler, Dilip Krishnan, Graham W. Taylor, Rob Fergus가 *Deconvolutional Networks*에서 처음 제안: `https://www.matthewzeiler.com/mattzeiler/deconvolutionalnetworks.pdf`)은 입력 데이터에 대해 upsample (출력이 입력보다 큼)이 가능하다. 이 연산을 디컨볼루션(deconvolution[69]), 진분수 보폭 컨볼루션(fractionally strided convolution), sub-pixel 컨볼루션이라고도 부른다. 이 이름들이 때때로 혼동을 야기할 수 있다. 혼동을 없애기 위해, 전치 컨볼루션은 실제로는 입력 슬라이스나 컨볼루션 필터가 약간 변형된 버전이다.

자세한 설명을 위해, 단일 입력 및 출력 슬라이스에 대한 1D 컨볼루션으로 시작하겠다:

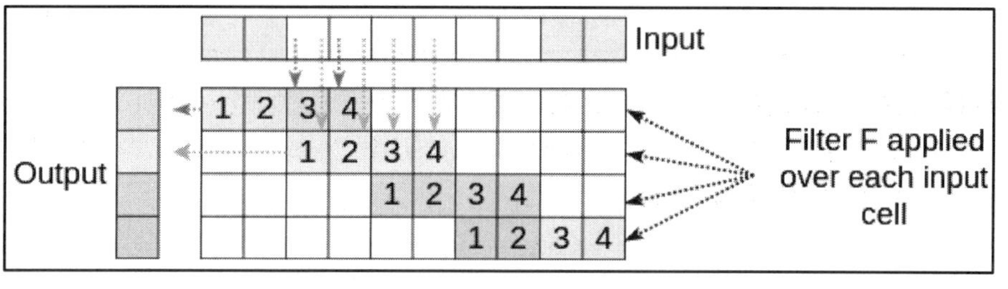

그림 2.5 보폭이 2인 일반 1D 컨볼루션

필터 크기는 4, 보폭은 2, 패딩[70](위 다이어그램의 회색으로 표시된 화소)은 2를 사용한다. 입력과 출력 벡터의 길이는 각각 6과 4이다. 필터 벡터 $f = [1, 2, 3, 4]$는 항상 같지만 각 적용 위치마다 다른 색으로 표시되어 있으며, 보는 편의상 출력 셀의 색과 통일시켰다. 화살표는 서로 관계있는 입력 셀과 출력 셀을 표시한다.

69. 컨볼루션의 반대 연산이 아니라서 이름에 대한 논란이 많다.

70. 여기서는 제로 패딩

> 이 섹션에서 논의되는 예는 다음 논문에서 영감을 얻었다:
> *Is the deconvolution layer the same as a convolutional layer?*
> (`https://arxiv.org/abs/1609.07009`).

다음으로, 조건은 같지만(1D, 단일 입력 및 출력 슬라이스, 필터 크기는 4, 패딩은 2, 보폭은 2), 전치 컨볼루션에 관해 설명한다. 다음 다이어그램은 두 가지 구현 방법을 보여 준다:

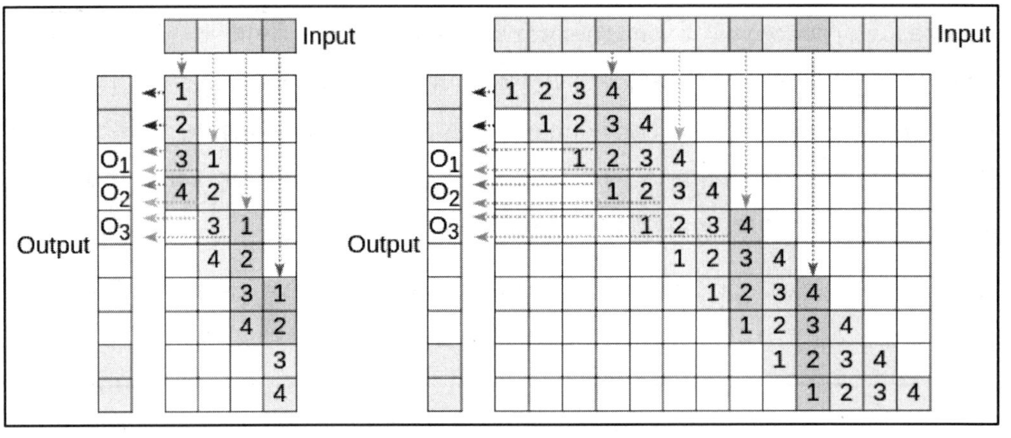

그림 2.6 전치 컨볼루션. (a) 왼쪽: 보폭이 2인 전치 필터 적용. 출력의 시작과 끝에서 2개의 화소가 잘린다. (b) 오른쪽: 보폭이 0.5인 전치 필터 적용. Sub-pixel로 제로-패딩(회색)된 입력 데이터에 적용됨.

자세히 논의해보자:

- 첫 번째 경우(위 다이어그램에서 왼쪽), 보폭이 2, 행 행렬 $f=[1, 2, 3\ , 4]$이 전치된, 열 행렬로 표현된 크기가 4인 필터 $\mathbf{f}^T=[1, 2, 3, 4]^T$를 사용한 컨볼루션이다. 일반 컨볼루션과 달리 보폭이 출력 층에 적용된다. 보폭을 1보다 크게 설정하면 입력에 비해 출력 크기를 늘릴 수 있다. 여기서, 입력 슬라이스의 크기는 I이고, 필터의 크기는 F, 보폭은 S, 입력 패딩은 P로 나타내면, 다음 공식에 의해 전치 컨볼루션의 출력 슬라이스의 크기 O가 주어진다:

$$O = S(I-1) + F - 2P$$

  이 시나리오에서는 길이가 4인 입력은 길이가 $2*(4-1)+4-2*2=6$인 출력을 생성하며, 단일 입력 셀로부터 입력을 수집하는 출력 벡터의 시작과 끝 양쪽의 두 셀은 버린다.

- 두 번째 경우, 입력의 기존 화소 사이에 값이 0인 가상의 화소를 삽입한다. Subpixel 컨볼루션이라는 이름이 여기에서 왔다. 입력을 이런 방식으로 변환한 후 일반 컨볼루션을 적용한다.

두 시나리오에서 출력 셀 o_1과 o_3를 비교해 보자. 앞의 다이어그램에 표시된 것처럼, 두 경우 모두 o_1은 첫 번째와 두 번째 입력 셀에서 입력을 받고, o_3는 두 번째 및 세 번째 셀에서 입력을 받는다. 두 경우의 차이점은 계산에 관계하는 가중치의 인덱스이다. 그러나 가중치는 훈련 과정에서 학습되며, 그 때문에 인덱스는 중요하지 않다. 따라서 두 연산은 등가로 볼 수 있다.

다음으로, 아래 그림에서 subpixel 관점에서 2D 전치 컨볼루션을 살펴 보겠다(입력은 하단에 있음). 1D 경우와 마찬가지로 입력 슬라이스에 0 값 화소를 삽입하고 패딩해서 업샘플링을 수행한다:

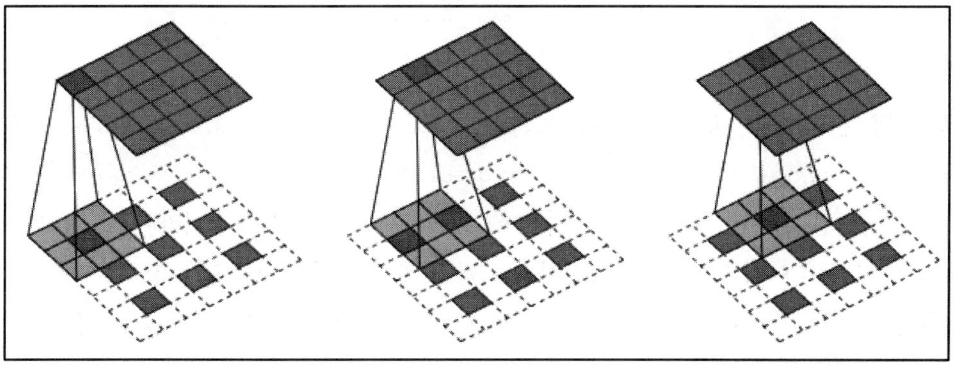

그림 2.7 패딩 1, 보폭 2의 2D 전치 컨볼루션의 처음 세 단계 (출처: https://github.com/vdumoulin/conv_arithmetic, https://arxiv.org/abs/1603.07285)

일반 컨볼루션의 BP 연산이 전치 컨볼루션이다.

1×1 컨볼루션[71]

1×1(또는 포인트 단위) 컨볼루션은 컨볼루션 필터의 각 차원이 크기가 1(2D 컨볼루션의

71. Network in network로도 불린다.

경우 1×1, 3D 경우 1×1×1)인 특수한 컨볼루션이다. 1×1 필터는 출력 뉴런의 수용 필드 크기를 증가시키지 않기 때문에 의미가 없어 보일 수 있다. 이러한 컨볼루션의 결과는 포인트 별 스케일링일 것이다. 그러나 다른 방식으로 유용해질 수 있다 — 이를 사용하여 입력 및 출력 볼륨 사이의 깊이 관계를 변경할 수 있다.

이를 이해하기 위해, D 슬라이스 깊이의 입력 볼륨과 M 출력 슬라이스를 위한 M개의 필터가 있다고 하자. 각 출력 슬라이스는 모든 입력 슬라이스에 고유한 필터를 적용하여 생성된다. 1×1 필터를 사용하고 $D != M$을 가정하면[72], 출력 슬라이스는 크기는 같지만 볼륨 깊이가 달라질 것이다. 동시에 우리는 입력과 출력 사이의 수용 필드 크기는 바꾸지 않을 것이다. 가장 일반적인 사용 사례는 "병목"층이라고 부르는 출력 볼륨 축소($D > M$)이다.[73]

깊이 방향 분리 가능 컨볼루션 (Depth-wise separable convolutions. 이하 DSC)[74]

크로스-채널 컨볼루션의 출력 슬라이스는 단일 필터를 사용하여 모든 입력 슬라이스에서 입력을 수신한다. 이 필터는 3D 공간에서 특징을 학습하려 시도한다. 여기서 두 차원은 공간(슬라이스의 높이와 너비)이고 세 번째는 채널이다. 따라서 이 필터는 공간 및 크로스-채널 코릴레이션을 모두 매핑한다.

깊이 방향 분리 가능 컨볼루션(DSC, *Xception: Deep Learning with Depthwise Separable Convolutions*, `https://arxiv.org/abs/1610.02357`)은 크로스-채널과 공간 코릴레이션들을 완전히 분리할 수 있다. DSC는 DC과 1×1 컨볼루션이라는 두 가지 연산을 결합한다. DC에서 단일 입력 슬라이스는 단일 출력 슬라이스를 생성하므로, 공간(크로스-채널이 아닌) 코릴레이션만 매핑한다. 1×1 컨볼루션에서는 그 반대이다. 다음 다이어그램이 DSC를 나타낸다:

72. 1×1 필터의 크기는 실제로는 1×1×D이다.

73. 특징 맵 풀링이라고 불리는 채널 방향(channel-wise, 또는 cross-channel) 풀링을 제공함으로써, 특징 맵의 수를 제어하기 위해 사용될 수 있다. 투영(projection) 연산 또는 투영 층으로도 부른다. CNN에 특징 맵이 많으면 특히 필터가 클 때 연산량이 문제가 된다. 일반 풀링 층은 필터 수, 깊이, 채널 수를 줄여주지 않는다.

74. 표준 방식에 비해 계산량을 획기적으로 줄일 수 있다.

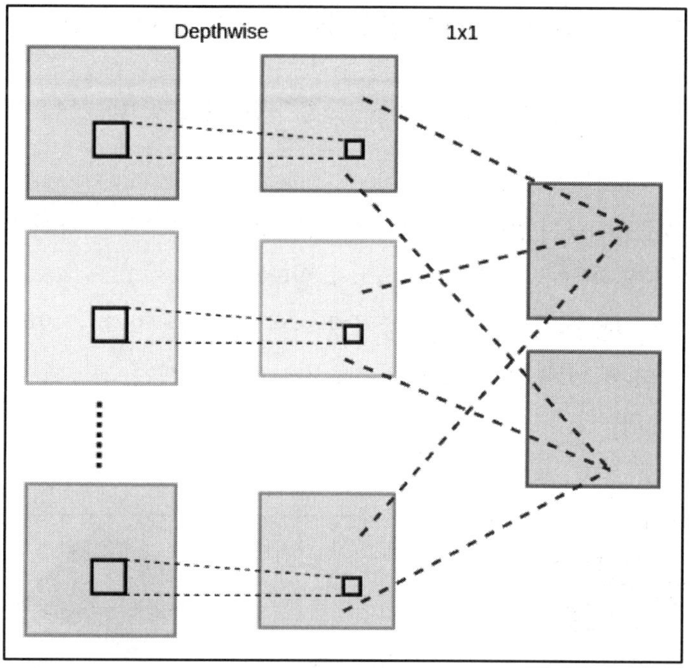

그림 2.8 깊이 방향 분리 가능 컨볼루션(DSC)

DSC는 일반적으로 첫 번째(깊이 방향) 연산 후 비선형성 없이 구현된다.[75]

> 표준과 DSC를 비교해 보자. 32개의 입력 및 출력 채널과 3×3 크기의 필터가 있다고 상상해보자. 표준 컨볼루션에서 하나의 출력 슬라이스는 32개의 입력 슬라이스 각각에 대해 하나의 필터를 적용한 결과이다. 즉, 총 가중치 수는 32 * 3 * 3 = 288이다(바이어스 제외). 비교 가능한 DSC에서는 이 필터에는 3 * 3 = 9개의 가중치만 있으며, 1×1 컨볼루션 필터에 32 * 1 * 1 = 32개의 가중치가 있다. 그래서 총 가중치 수는 9+32 = 41이다. 따라서 DSC는 표준에 비해 더 빠르고 메모리 효율적이다.

팽창 컨볼루션

CNN의 빠른 요약 섹션의 시작 부분에서 소개한 이산 컨볼루션 공식을 기억하라. 팽창된 컨볼루션(*Multi-Scale Context Aggregation by Dilated Convolutions*, `https://arxiv.`

75. 1×1 필터(커널)에 비선형 활성화 층을 연결한다면, 파라미터 수나 계산량을 크게 늘리지 않고 비선형성을 증가시킬 수 있다("deep" 네트워크가 "wide" 네트워크보다 좋은 이유는 비선형 층이 많기 때문이다).

org/abs/1511.07122)을 설명하기 위해 다음 공식으로 시작하겠다:

$$s(t) = (f *_l g)(t) = \sum_{\tau=-\infty}^{\infty} f(\tau)g(t - l\tau)$$

팽창 컨볼루션을 $*l$로 표기한다. 여기서 l은 팽창 계수라고 부르는 양의 정수 값이다. 핵심은 입력에 필터를 적용하는 방법이다. $n\times n$ 필터를 $(n\times l-1)\times(n\times l-1)$ 크기의 수용 필드에 성기게 적용한다. 각 필터 가중치에 의해 곱해지는 입력 슬라이스 셀들은 서로 l 만큼 떨어진 거리에 있게 된다. 일반 컨볼루션은 $l=1$인 팽창 컨볼루션이다. 다음 다이어그램이 잘 설명해준다:

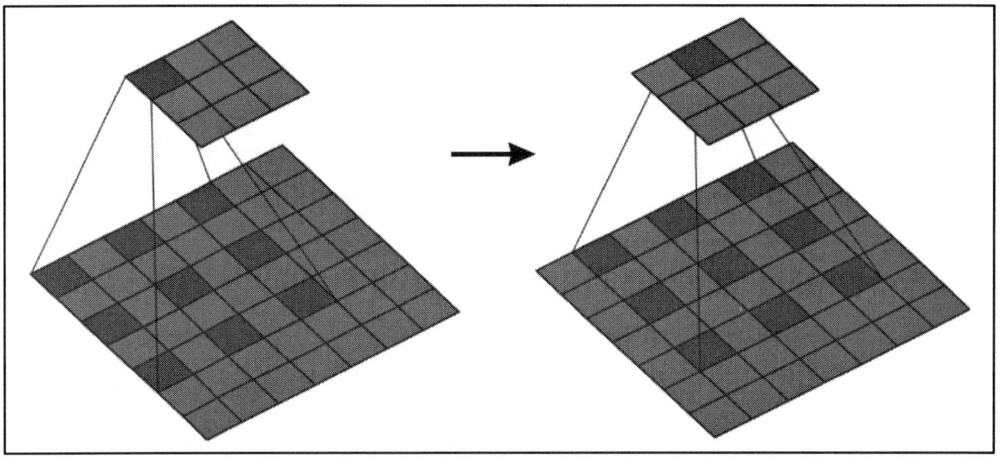

그림 2.9 팽창 계수 $l=2$인 팽창 컨볼루션: 연산의 처음 두 단계를 보여준다. 하단 층이 입력이고 상단 층은 출력이다. (출처: https://github.com/vdumoulin/conv_arithmetic)

팽창 컨볼루션은 분해능이나 적용 범위를 희생하지 않고 수용 필드 크기를 기하급수적으로 확장시킬 수 있다. 보폭 컨볼루션이나 풀링을 통해서도 수용 필드를 확장시킬 수 있지만, 분해능 및/또는 적용 범위가 희생된다. 이것을 이해하기 위해 보폭 $s>1$인 보폭 컨볼루션이 있다고 상상해보자. 이 경우 출력 슬라이스가 입력보다 s배 작다(분해능 손실). $s>n$(n은 풀링 또는 컨볼루션 커널의 크기)으로 s를 더 늘리면, 입력 슬라이스의 일부 영역이 출력에 전혀 참여하지 않게 되기 때문에 적용 범위가 희생된다. 팽창 컨볼루션은 필터가 일반 컨볼루션과 같은 수의 가중치를 사용하므로 계산 및 메모리 비용을 증가시키지 않는다.

2.1.2 CNN 개선

최근의 **DL**의 발전의 주요 이유 중 하나는 **NN**을 매우 빠르게 실행시키는 능력이다. 이는 NN 알고리듬의 특성과 **GPU(Graphical Processing Units)**의 특성이 잘 일치하기 때문이다. 1장 신경망의 기초에서 NN에서의 행렬 곱셈의 중요성을 강조했다. 이에 대한 증거로서, 컨볼루션도 행렬 곱셈으로 변환하는 것이 가능하다. 행렬 곱셈은 당황스러울 정도로 병렬형(embarrassingly parallel – 진짜 이런 용어가 있다. 검색해보라!)이다. 각 출력 셀의 계산은 다른 출력 셀의 계산과 관련이 없다. 따라서 모든 출력을 병렬로 계산할 수 있다.

우연치 않게 GPU는 이런 병렬 연산에 적합하다. 한편으로 GPU는 CPU 보다 훨씬 많은 계산 코어를 갖고 있다. GPU 코어가 CPU 코어보다 빠르기도 한데다 더 많은 출력 셀을 병렬로 계산할 수 있다. 그러나 더욱 중요한 것은 GPU가 메모리 대역폭에 최적화되어 있는 반면, CPU는 대기 시간에 최적화되어 있다는 것이다. 즉, CPU는 작은 메모리 덩어리를 매우 빠르게 가져올 수 있지만, 큰 덩어리를 가져올 때는 속도가 느려진다. GPU는 그 반대이다. 이로 인해 NN의 대규모 행렬 곱셈과 같은 작업에서는 GPU가 유리하다.

하드웨어 사양 외에도 알고리듬 측면에서도 CNN을 최적화할 수 있다. CNN에서 계산 시간의 대부분은 컨볼루션 자체에 소모된다. 컨볼루션의 구현은 실제로 간단하지만, 같은 결과를 얻을 수 있는 보다 효율적인 알고리듬들이 있다. TensorFlow나 PyTorch 같은 최신 DL 라이브러리들이 이러한 디테일로부터 개발자를 보호하지만, 이 책에서는 DL에 관한 더 깊은 이해를 목표로 한다.

이 때문에 다음 섹션에서는 가장 널리 사용되는 빠른 컨볼루션 알고리듬들 중 두 가지에 관해 설명한다.

행렬 곱셈 컨볼루션[76]

이 섹션에서는 컨볼루션이 cuDNN 라이브러리(*cuDNN: Efficient Primitives for Deep Learning*, `https://arxiv.org/abs/1410.0759`)에서 구현되는 방식과 같이, 컨볼루션을 행렬 곱셈으로 변환하는 데 사용하는 알고리듬에 관해 설명한다. 이를 이해하기 위해 RGB 입력 이미지에 대해 크로스-채널 2D 컨볼루션을 수행한다고 가정하자. 컨볼루션의 파라미터에 대한 다음 표를 살펴보자:

76. 컨볼루션 공식을 그대로 구현하면 속도가 느리기 때문에, 컨볼루션 연산을 매트릭스 연산으로 변환한다.

| 표 2.1 | 컨볼루션 파라미터

Parameter	Notation	Value
Mini-batch size	N	1
Input feature maps (volume depth)	C	3 (one for each RGB channel)
Input image height	H	4
Input image width	W	4
Output feature maps (volume depth)	K	2
Filter height	R	2
Filter width	S	2
Output feature map height	P	2 (based on the input/filter sizes)
Output feature map width	Q	2 (based on the input/filter sizes)

간략히 하기 위해, 제로 패딩, 보폭 1을 가정한다. 입력 텐서를 D, 컨볼루션 필터 텐서를 F로 표기한다. 행렬 컨볼루션은 다음과 같은 방식으로 작동한다:

1. 텐서 D와 F를 각각 $D \to \mathrm{D}_m$ 및 $F \to \mathrm{F}_m$ 행렬에 펼친다.
2. 그런 다음 행렬 곱셈으로 출력 행렬 $\mathrm{O}_m = \mathrm{D}_m \cdot \mathrm{F}_m$을 얻는다.

1장 신경망의 기초에서 행렬 곱셈에 관해 다뤘다. 이제 텐서를 행렬에 펼치는 방법에 초점을 맞추겠다. 다음 다이어그램은 이를 수행하는 방법을 보여준다:

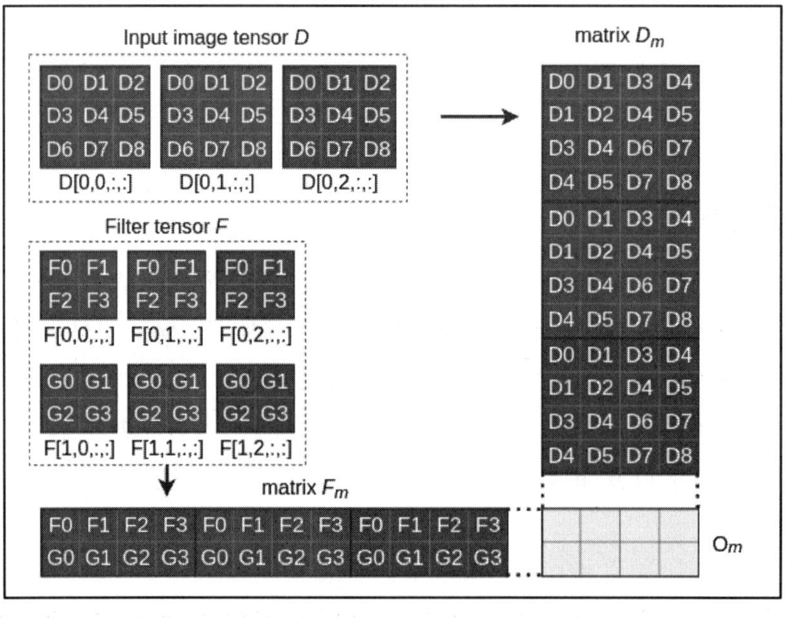

그림 2.10 행렬 곱셈으로서의 컨볼루션 (참고: https://arxiv.org/abs/1410.0759)

각 특징 맵에 다른 색상을 사용했다(R, G, B). 보통 컨볼루션에서 필터는 정사각형 모양이고, 입력의 정사각형 영역에 적용된다. 이 변환에서 D의 가능한 각 정사각형 영역을 $\mathbf{D}_m$의 한 열에 펼친다. 그런 다음 F의 각 정사각형 구성 요소를 $\mathbf{F}_m$의 한 행에 펼친다. 이런 방식으로, 각 출력 셀에 대한 입력 및 필터 데이터는 행렬 $\mathbf{D}_m$ 및 $\mathbf{F}_m$의 단일 열/행에 위치하게 된다. 이것이 행렬 곱셈으로 출력값을 계산하는 것을 가능하게 한다. 변환된 입력/필터/출력의 크기는 다음과 같다:

- $\dim(\mathbf{D}_m) = \mathrm{CRS} \times \mathrm{NPQ} = 12 \times 4$
- $\dim(\mathbf{F}_m) = \mathrm{K} \times \mathrm{CRS} = 2 \times 12$
- $\dim(\mathbf{O}_m) = \mathrm{K} \times \mathrm{NPQ} = 2 \times 4$

이 변환을 이해하기 위해 일반 컨볼루션 알고리듬을 사용하여 첫 번째 출력 셀을 계산하는 방법을 배워보자:

$$
\begin{aligned}
O[0,0,0,0] = {} & D[0,0,0,0] * F[0,0,0,0] + D[0,0,0,1] * F[0,0,0,1] + D[0,0,1,0] * F[0,0,1,0] + D[0,0,1,1] * F[0,0,1,1] \\
& + D[0,1,0,0] * F[0,1,0,0] + D[0,1,0,1] * F[0,1,0,1] + D[0,1,1,0] * F[0,1,1,0] + D[0,1,1,1] * F[0,1,1,1] \\
& + D[0,2,0,0] * F[0,2,0,0] + D[0,2,0,1] * F[0,2,0,1] + D[0,2,1,0] * F[0,2,1,0] + D[0,2,1,1] * F[0,2,1,1]
\end{aligned}
$$

이번에는 같은 공식을 행렬 곱셈 형태로 살펴보자:

$$
\begin{aligned}
\mathbf{O}_m[0,0] = {} & \mathbf{D}_m[0,0] * \mathbf{F}_m[0,0] + \mathbf{D}_m[1,0] * \mathbf{F}_m[0,1] + \mathbf{D}_m[2,0] * \mathbf{F}_m[0,2] + \mathbf{D}_m[3,0] * \mathbf{F}_m[0,3] \\
& + \mathbf{D}_m[4,0] * \mathbf{F}_m[0,4] + \mathbf{D}_m[5,0] * \mathbf{F}_m[0,5] + \mathbf{D}_m[6,0] * \mathbf{F}_m[0,6] + \mathbf{D}_m[7,0] * \mathbf{F}_m[0,7] \\
& + \mathbf{D}_m[8,0] * \mathbf{F}_m[0,8] + \mathbf{D}_m[9,0] * \mathbf{F}_m[0,9] + \mathbf{D}_m[10,0] * \mathbf{F}_m[0,10] + \mathbf{D}_m[11,0] * \mathbf{F}_m[0,11]
\end{aligned}
$$

두 식의 구성 요소를 비교하면 둘이 같다는 것을 알 수 있다. 즉, $D[0, 0, 0, 0] = \mathbf{D}_m[0, 0]$, $F[0, 0, 0, 0] = \mathbf{F}_m[0, 0]$, $D[0, 0, 0, 1] = \mathbf{D}_m[0, 1]$, $F[0, 0, 0, 1] = \mathbf{F}_m[0, 1]$ 등. 나머지 출력 셀에 대해서도 같은 작업을 할 수 있다. 따라서 두 접근 방식은 결과가 같다.

> **TIP** 행렬 컨볼루션의 한 가지 단점은 메모리 사용이 증가한다는 것이다. 위 다이어그램에서 일부 입력 요소가 여러 번 복제되는 것을 관찰할 수 있다(D4와 같이 최대 RS = 4회).

Winograd 컨볼루션

Winograd 알고리듬(*Fast Algorithms for Convolutional Neural Networks*, `https://arxiv.org/abs/1509.09308`)은 컨볼루션 공식을 그대로 구현하는 것에 비해 2~3배 빠른 속도를 제공할 수 있다. 이를 설명하기 위해 행렬 곱셈 컨볼루션 섹션에서 사용한 것

과 같은 표기법을 사용하지만, 3×3($R=S=3$) 필터를 사용한다. 또한 입력 슬라이스가 4×4 보다 크다고 가정한다($H>4$, $W>4$).

Winograd 컨볼루션을 계산하는 방법은 다음과 같다:

1. 다음 그림과 같이 입력 이미지를 보폭 2로 겹치는 4×4 타일로 나눈다:

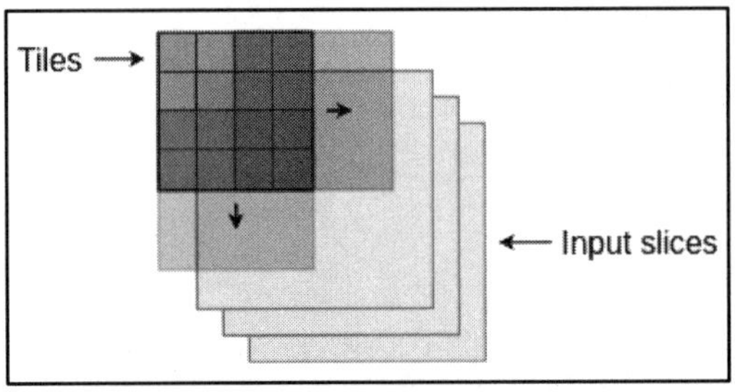

그림 2.11 타일로 분할된 입력

TIP 타일 크기는 다를 수 있지만, 단순성을 위해 4×4 타일에 중점을 두겠다.

2. 다음 두 행렬 곱셈을 사용하여 각 타일을 변환한다:

$$\mathbf{D}_t = (\mathbf{BD})\mathbf{B}^{\mathsf{T}}$$

$$\begin{bmatrix} \circ & \circ & \circ & \circ \\ \circ & \circ & \circ & \circ \\ \circ & \circ & \circ & \circ \\ \circ & \circ & \circ & \circ \end{bmatrix} = \left(\begin{bmatrix} 1 & 0 & -1 & 0 \\ 0 & 1 & 1 & 0 \\ 0 & -1 & 1 & 0 \\ 0 & 1 & 0 & -1 \end{bmatrix} \bullet \begin{bmatrix} \cdot & \cdot & \cdot & \cdot \\ \cdot & \cdot & \cdot & \cdot \\ \cdot & \cdot & \cdot & \cdot \\ \cdot & \cdot & \cdot & \cdot \end{bmatrix} \right) \bullet \begin{bmatrix} 1 & 0 & -1 & 0 \\ 0 & 1 & 1 & 0 \\ 0 & -1 & 1 & 0 \\ 0 & 1 & 0 & -1 \end{bmatrix}^{\mathsf{T}}$$

위 공식에서 행렬 D는 입력 슬라이스이고, B는 특수 행렬[77]로서 Winograd 알고리듬의 특정 결과이다(이 섹션의 처음에 링크된 논문에서 이에 관한 자세한 정보를 찾을 수 있다).

3. 다음 행렬 곱셈을 사용하여 필터를 변환한다:

$$\mathbf{F}_t = (\mathbf{GF})\mathbf{G}^{\mathsf{T}}$$

$$\begin{bmatrix} \times & \times & \times & \times \\ \times & \times & \times & \times \\ \times & \times & \times & \times \\ \times & \times & \times & \times \end{bmatrix} = \left(\begin{bmatrix} 1 & 0 & 0 \\ 1/2 & 1/2 & 1/2 \\ 1/2 & -1/2 & 1/2 \\ 0 & 0 & 1 \end{bmatrix} \bullet \begin{bmatrix} \cdot & \cdot & \cdot \\ \cdot & \cdot & \cdot \\ \cdot & \cdot & \cdot \end{bmatrix} \right) \bullet \begin{bmatrix} 1 & 0 & 0 \\ 1/2 & 1/2 & 1/2 \\ 1/2 & -1/2 & 1/2 \\ 0 & 0 & 1 \end{bmatrix}^{\mathsf{T}}$$

---

77. F(2, 3)의 경우. 2=출력 수(m), 3=FIR 필터의 tap 수(r)

위 공식에서 행렬 F(점 값을 사용한)는 하나의 입력 슬라이스와 하나의 출력 슬라이스 사이의 3×3 컨볼루션 필터이다. G와 그의 전치인 G^T는 역시 Winograd 알고리듬의 특정 결과 행렬이다. 변환된 필터 행렬 $\mathbf{F}_t$는 입력 타일 $\mathbf{D}_t$와 같은 크기를 갖는다.

4. 변환된 출력을 변환된 입력과 필터의 요소별 곱셈(⊙ 기호)으로 계산한다:

$$\mathbf{O}_t = \mathbf{F}_t \odot \mathbf{D}_t$$

$$\begin{bmatrix} \otimes & \otimes & \otimes & \otimes \\ \otimes & \otimes & \otimes & \otimes \\ \otimes & \otimes & \otimes & \otimes \\ \otimes & \otimes & \otimes & \otimes \end{bmatrix} = \begin{bmatrix} \times & \times & \times & \times \\ \times & \times & \times & \times \\ \times & \times & \times & \times \\ \times & \times & \times & \times \end{bmatrix} \odot \begin{bmatrix} \circ & \circ & \circ & \circ \\ \circ & \circ & \circ & \circ \\ \circ & \circ & \circ & \circ \\ \circ & \circ & \circ & \circ \end{bmatrix}$$

5. 출력을 원래 형태로 다시 변환한다:

$$\mathbf{O} = (\mathbf{A}\mathbf{O}_t)\mathbf{A}^{\mathsf{T}}$$

$$\begin{bmatrix} \cdot & \cdot \\ \cdot & \cdot \end{bmatrix} = \left(\begin{bmatrix} 1 & 1 & 1 & 0 \\ 0 & 1 & -1 & -1 \end{bmatrix} \bullet \begin{bmatrix} \otimes & \otimes & \otimes & \otimes \\ \otimes & \otimes & \otimes & \otimes \\ \otimes & \otimes & \otimes & \otimes \\ \otimes & \otimes & \otimes & \otimes \end{bmatrix} \right) \bullet \begin{bmatrix} 1 & 1 & 1 & 0 \\ 0 & 1 & -1 & -1 \end{bmatrix}^{\mathsf{T}}$$

A는 변환 행렬로서, O_t를 direct 컨볼루션[78]으로 얻었을 형태로 다시 변환($O_t \rightarrow O$)할 수 있게 해준다. 위 공식과 다음 다이어그램에서 볼 수 있듯이 Winograd 컨볼루션을 사용하면 2×2 출력 타일(4개의 출력 셀)을 동시에 계산할 수 있다.

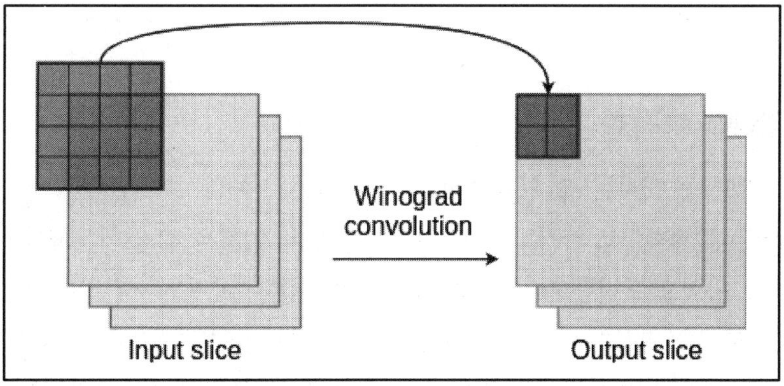

그림 2.12 Winograd 컨볼루션(4개의 출력 셀을 동시에 계산할 수 있다)

78. 컨볼루션 공식을 그대로 구현한 것

언뜻 보기에 Winograd 알고리듬은 direct 컨볼루션 보다 훨씬 많은 연산을 수행하는 것처럼 보인다. 그렇다면 어떻게 더 빠를까? 이를 알아내기 위해 $\mathbf{D} \rightarrow \mathbf{D}_t$ 변환에 초점을 맞추자. 여기서 핵심은 $\mathbf{D} \rightarrow \mathbf{D}_t$를 한 번만 수행하며, $\mathbf{D}_t$가 모든 K 출력 슬라이스의 출력에 참여할 수 있다는 것이다. 따라서 $\mathbf{D} \rightarrow \mathbf{D}_t$ 변환은 모든 출력에 분배되어 성능에 그만큼 큰 영향을 미치지 않는다. 다음으로 $\mathbf{F} \rightarrow \mathbf{F}_t$ 변환을 살펴보자. 이 변환은 $\mathbf{F}_t$를 계산하고 나면 $N \times P \times Q$번 적용(출력 슬라이스의 모든 셀과 뱃치의 모든 이미지에 거쳐서)할 수 있기 때문에 더 좋다. 따라서 이 변환의 성능 페널티는 무시할 수 있다. 마찬가지로 출력 변환 $\mathbf{O} \rightarrow \mathbf{O}_t$는 입력 채널($C$개)에 분배된다.

마지막으로, 요소별 곱셈 $\mathbf{O}_t = \mathbf{F}_t \odot \mathbf{D}_t$에 관해 논의할 것인데, 이것은 출력 슬라이스의 모든 셀에 거쳐서 $P \times Q$번 적용되어 계산 시간의 대부분을 차지한다. 16개의 스칼라 곱셈 연산으로 구성되며 2×2 출력 타일을 계산할 수 있게 해주므로, 하나의 출력 셀에 대해 4개의 곱셈이 있게 된다. 그 반면, direct 컨볼루션은 단일 출력에 대해 3×3=9개의 스칼라 곱셈(각 필터 요소와 각 수용 필드 입력 셀을 곱한다)을 수행해야 한다. 따라서 Winograd 컨볼루션은 9/4=2.25배 더 적은 연산을 필요로 한다.

Winograd 컨볼루션은 작은 필터 크기(예: 3×3)로 작업할수록 효과가 있다. 큰 필터(예: 11x11)의 컨볼루션은 FFT(Fast Fourier Transform) 컨볼루션으로 효율적으로 구현할 수 있다(이 책에서는 다루지 않음).

다음 섹션에서는 내부 상태를 시각화하여 CNN의 내부에서 일어나는 작업을 이해하려 시도해보자.

2.1.3 CNN 시각화

NN에 관한 비판 중 하나는 결과를 해석할 수 없다는 것이다. NN을 내부 논리가 우리에게 숨겨져 있는 블랙박스로 생각하는 것이 일반적이다. 이것은 심각한 문제일 수 있다. 이해하지 못하는 방식으로 작동하는 알고리듬을 믿기 어려우며, CNN의 작동 방식을 모른다면 CNN의 정확성을 향상시키기도 어렵다. 이로 인해 다음 섹션에서는 CNN의 내부 층을 시각화하는 두 가지 방법에 관해 설명한다.[79] 두 가지 방법 모두 학습 방법을 이해하는 데 도움이 될 것이다.

79. CNN 시각화 방법은 이들 외에도 여러 가지가 있다.

GBP(guided backpropagation)

GBP(*Striving for Simplicity: The All Convolutional Net*, `https://arxiv.org/abs/1412.6806`)에 의해 CNN 층의 유닛이 학습한 특징을 시각화할 수 있다. 다음 다이어그램이 알고리듬의 작동 방식을 보여준다:

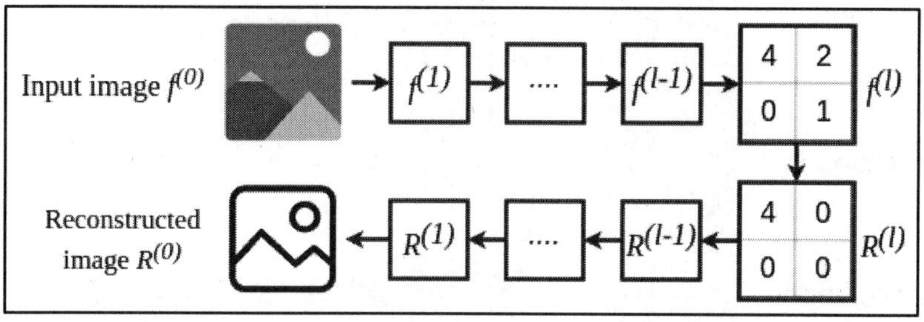

그림 2.13 GBP 시각화 (참고: https://arxiv.org/abs/1412.6806)

단계별 실행은 다음과 같다:

1. 먼저 ReLU 활성화를 사용하는 CNN(예: AlexNet, VGG 등)[80]으로 시작한다.
2. 그런 다음, 한 이미지 $f^{(0)}$를 네트워크에 공급하고, 우리가 관심을 두고 있는 층(l층)에 도달할 때까지 순방향으로 전파한다. 은닉, 출력, 컨볼루션, FC 등 어느 층도 가능하다.
3. 이 층의 출력 텐서 $f^{(l)}$ 활성화 하나만 제외하고 모든 활성화를 0으로 설정한다. 예를 들어 분류 네트워크의 출력 층에 관심이 있는 경우 최대 활성화 유닛(예측 클래스와 같음) 값만 1로 설정하고, 다른 모든 유닛의 활성화는 0으로 설정한다. 이렇게 하면 해당 유닛을 격리시켜서, 입력 이미지의 어느 부분이 이 유닛에 가장 큰 영향을 주는지 확인할 수 있다.
4. 마지막으로, 입력 층과 재구성된 이미지 $R^{(0)}$에 도달할 때까지, 선택된 유닛의 활성화 값을 뒤로 전파한다. 역방향 패스는 일반적인 역전파와 비슷하나 같지는 않다—순방향 컨볼루션의 역방향 연산으로 전치 컨볼루션을 사용한다. 그런데 우리는 오차 전파가 아니라 이미지 복원에 관심이 있다. 이 때문에 우리는 1차 미분(그래디언트)을 전파해야 할 필요가 없으며, 시각화를 개선하도록 신호를 수정할 수 있다.

80. CNN 층이 있고, 미리 학습되어 있는 분류기

역방향 패스를 이해하기 위해 단일 3×3 입력 및 출력 슬라이스를 갖고 컨볼루션 예제를 사용하겠다. 값이 1인 단일 가중치의 1×1 필터(입력 반복)를 사용한다고 가정한다. 다음 다이어그램은 이 컨볼루션과, 역방향 패스를 구현하는 세 가지 방법을 보여준다.

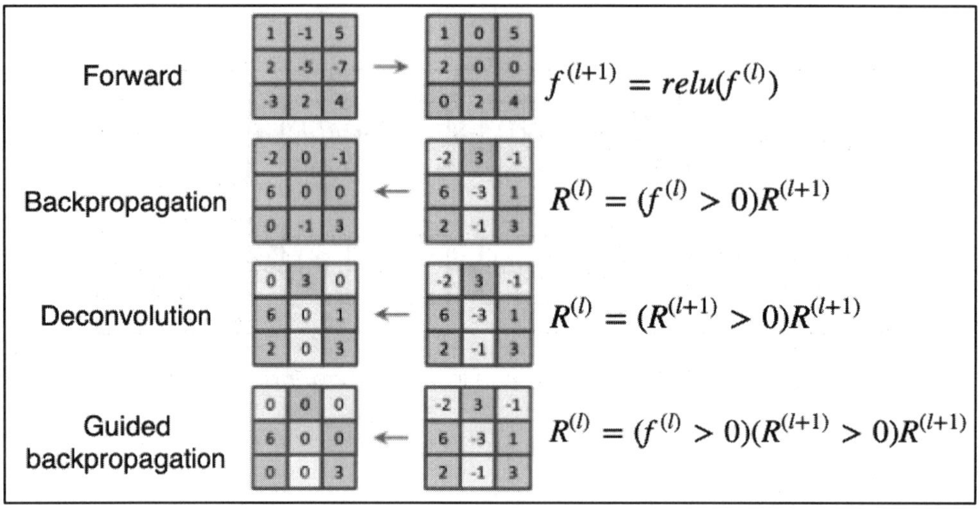

그림 2.14 컨볼루션과 이미지를 재구성하는 세 가지 방법
(참고: https://arxiv.org/abs/1412.6806)[81]

역방향 패스를 구현하는 다음 세 가지 방법에 관해 자세히 살펴보자:

- **일반 역전파**: 역방향 신호는 순방향 활성화(1장 신경망의 기초의 역전파 섹션)에도 영향받기 때문에, 입력 이미지에 미리 맞춰져 있다. 우리 네트워크는 ReLU 활성화 함수를 사용하므로, 순방향 패스에서 양의 활성화 값을 가졌던 유닛들로만 신호가 통과한다.
- **디컨볼루션 네트워크**(*deconvnet*, https://arxiv.org/abs/1311.2901)[82]: l층의 역방향 신호는 $l+1$층의 역방향 신호에만 영향을 받는다. deconvnet은 순방향 활성화 값에 상관없이, $l+1$의 양수 값만 l로 안내한다. 이론적으로 이 신호는 사전에 전혀 입력 이미지에 미리 맞춰져 있지 않다. 이 경우 deconvnet은 내부 지식과 이미지 클래스를 기반으로 이미지를 복원하려고 한다. 그러나, 만일 네트워크에 맥스-풀링(max-pooling) 층이 포함되어 있으면 deconvnet은 각 풀링 층에

81. 주: 교재에서와 다른 그림을 사용했다.
82. 시각화 결과가 알아보기 어려운 단점이 있다.

대해 소위 스위치[83]를 저장한다. 각 스위치는 순방향 패스에서 최대로 활성화된 유닛의 맵을 나타낸다. 이 맵이 신호를 역방향 패스를 통해 라우팅하는 방법을 결정한다(소스 논문에서 이에 관한 자세한 내용을 볼 수 있다).

- 가이드(guided) BP(이하 GBP)[84]: 이것은 deconvnet과 일반 BP의 조합이다. l층에서는 양의 순방향 활성화가 있고, $l+1$층에서는 양의 역방향 활성화가 있는 신호들만 라우팅한다. 이것은 일반 BP에 상위 층으로부터의 가이드 신호를 추가한다(이름의 어원). 본질적으로 이 단계는 네거티브 그래디언트가 역방향 패스로 통과하는 것을 방지한다. 이론적 근거는, 시작 유닛의 억제 역할을 하는 유닛들이 차단되어, 재구성된 이미지에 이들의 영향이 없게 된다는 것이다. GBP는 성능이 좋아서, deconvnet 스위치를 사용할 필요가 없으며, 그 대신 각 풀링 영역의 모든 유닛으로 신호를 라우팅한다.

다음 스크린 샷은 GBP와 AlexNet을 사용해서 재구성한 이미지를 보여준다:

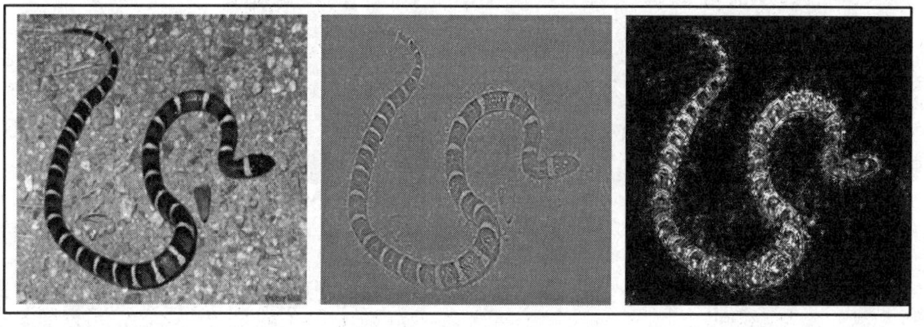

그림 2.15 AlexNet과 GBP를 사용한 재구성. (a) 원본 이미지[85], (b) 컬러 재구성, (c) 회색조 재구성 (https://github.com/utkuozbulak/pytorch-cnn-visualizations를 사용하여 생성됨)

---

83. 맥스-풀링 층을 거슬러 올라가기 위해 순방향 패스 때 최대로 활성화된 유닛의 맵을 기억한다.

84. 입력 또는 들어오는 역방향 그래디언트가 네거티브인 뉴런들로 그래디언트가 흐르는 것을 억압한다 — 이들이 시각화 대상인 상층 유닛의 활성화를 감소시키기 때문이다. 상층의 그래디언트 뿐만 아니라 현재 층의 활성화 값도 같이 사용함으로써 시각화 결과가 더 깔끔한 효과를 보여준다. 이렇듯, 일반 BP에 더해 상층으로부터의 신호를 guidance 신호로 사용하기 때문에 "guided backpropagation"이라는 이름이 붙었다.

85. 보통 ImageNet 데이터셋의 평균과 표준편차로 전처리된 영상을 사용한다.

그래디언트 가중 클래스 활성화 매핑

그래디언트 가중 클래스 활성화 매핑(gradient-weighted class activation mapping) (*Grad-CAM: Grad-CAM: Visual Explanations from Deep Networks via Gradient-Based Localization*, `https://arxiv.org/abs/1610.02391`)을 이해하기 위해 소스 논문 자체를 인용한다:

> “Grad-CAM은 최종 컨볼루션 층으로 흐르는 타겟 컨셉(예: ‘개’ 또는 캡션에 대한 logit)의 그래디언트를 사용하여, 해당 컨셉을 예측하기 위한 이미지의 중요한 영역을 강조하는 거치른 지역화 맵(localization map)을 생성한다.”

다음 스크린 샷은 GBP와 Grad-CAM(그리고 guided Grad-CAM) 알고리듬을 비교해서 보여준다:

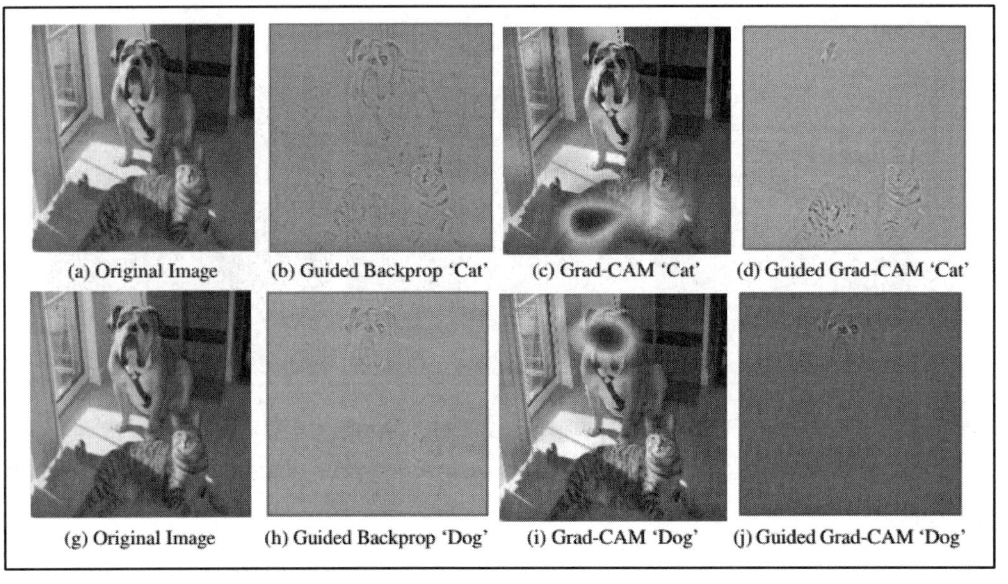

그림 2.16 GBP vs. Grad-CAM (출처: https://arxiv.org/abs/1610.02391)

이제 어떻게 작동하는지 살펴보자:

1. 먼저 분류 CNN 모델(예: VGG)로 시작한다.
2. CNN에 한 이미지를 공급하여 출력 층까지 전파한다.
3. GBP에서와 같이 최대 활성화 출력 유닛을 선택하고(예측된 클래스 c), 값을 1로 설정하고, 다른 모든 출력을 0으로 설정한다. 즉, one-hot 인코딩된 예측 벡터

y^c를 만든다.

4. 다음으로 BP를 사용하여 최종 컨볼루션 층의 특징 맵 A^k에 관한 y^c의 그래디언트 $\partial y^c / \partial A_{ij}^k$를 계산한다. i 및 j는 특징 맵의 셀 좌표이다.
5. 그런 다음 예측 클래스 c에 대한 특징 맵 k의 "중요도"를 측정하는 스칼라 가중치 α_k^c을 계산한다:

$$\alpha_k^c = \overbrace{\frac{1}{Z}\sum_i \sum_j}^{\text{Global average pooling}} \underbrace{\frac{\partial y^c}{\partial A_{ij}^k}}_{\text{gradients}}$$

6. 마지막으로 최종 컨볼루션 층의 스칼라 가중치와 순방향 활성화 특징 맵 간의 가중 합을 계산하고, 이를 ReLU로 처리한다:

$$L_{\text{Grad-CAM}}^c = ReLU \underbrace{\left(\sum_k \alpha_k^c A^k \right)}_{\text{linear combination}}$$

스칼라 중요도 가중치(α_k^c)와 텐서 특징 맵(A^k)을 곱한다. 그 결과는 특징 맵과 크기가 같은 히트 맵(VGG 및 AlexNet의 경우 14×14)이다. 이것은 클래스 c에 가장 중요한 특징 맵 영역을 강조 표시한다. 우리는 y^c를 증가시키는 특징에만 관심이 있기 때문에 ReLU로 네거티브 활성화는 버린다. 이 히트 맵을 입력 이미지의 크기로 다시 업샘플링하고, 다음 스크린 샷과 같이 그 위에 중첩시킬 수 있다:

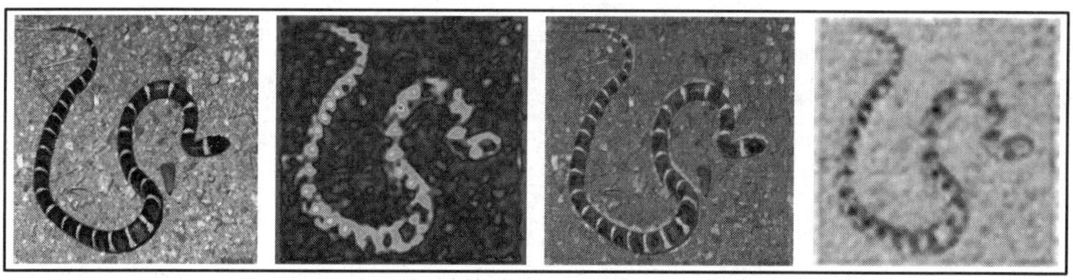

그림 2.17 히트 맵: (a) 입력 이미지. (b) 업샘플링된 히트 맵. (c) 입력(RGB)에 중첩된 히트 맵. (d) 그레이스케일 히트 맵. (https://github.com/utkuozbulak/pytorch-cnn-visualizations를 사용하여 생성됨)

Grad-CAM의 한 가지 문제는 히트 맵을 14×14에서 224×224로 업샘플링하는 것이다. 각 클래스의 중요한 특징에 대한 세밀한 모양을 제공하지 않기 때문이다. 이 문제를 완화하기 위해 이 논문의 저자는 Grad-CAM과 GBP(그림 2.14 참고)의 조합을 제안했다. 업샘플링된 히트 맵을 요소 별 곱셈을 통해 GBP 시각화와 결합한다. 입력 이미지에는 개와 고양이의 두 객체가 있다. 따라서 두 클래스로 Grad-CAM을 실행할 수 있다. 이 예제는 서로 다른 클래스가 같은 이미지에서 서로 다른 관련 특징들을 어떻게 검출하는지를 보여준다.

다음 섹션에서는 억제(regularization)에 의해 CNN을 최적화하는 방법에 관해 설명한다.

2.1.4 CNN 억제[86]

1장 신경망의 기초에서 논의한 바와 같이 NN은 어떠한 함수든 근사화할 수 있다. 그러나 큰 능력에는 그만큼 큰 책임이 따른다. NN은 타겟 함수의 유용한 구성 요소가 아닌 노이즈를 근사화하도록 훈련될 수 있다. 예를 들어, 이미지에 자동차가 포함되어 있는지 여부를 분류하기 위해 NN을 훈련하는데, 어떤 이유로 훈련 세트에는 주로 빨간 자동차가 포함되어 있다고 하자. 그런 경우 NN이 자동차의 모양이 아닌 빨간색을 자동차와 관련시킬 수 있다. 이제 네트워크가 추론 모드에서 녹색 자동차를 보게 되면, 색상이 일치하지 않기 때문에 녹색 자동차를 인식하지 못할 수 있다. 이 문제는 과잉 맞춤(overfitting[87])이라고 하며, 기계 학습(이하 ML)의 중요한 문제이며, 특히 DNN의 경우 훨씬 더 중요하다. 이 섹션에서는 이를 방지하는 몇 가지 방법에 관해 논의한다. 이러한 기술을 통칭하여 **억제(regularization)**라고 한다.

NN과 관련해서는, 이러한 억제 기법은 일반적으로 네트워크가 타겟 함수를 너무 철저하게 근사화하는 것을 방지하기 위해 훈련 과정에 인위적인 제한이나 방해를 부과한다. 이것은 타겟 함수에 특정적인 근사화가 아닌 일반적인 근사화를 배우도록 네트워크를 가이드하려는 시도이다. 그럼으로써 사전에 보지 못한 테스트 데이터셋의 샘플에 대해서도 좋은 일반화 성능을 보이기를 기대하는 것이다. 이미 이 분야의 여러 기술에 익숙할 것이므로 간단히 설명하겠다:

86. Regularization. 훈련 오차가 아닌 일반화 오차를 줄일 목적으로 학습 알고리듬을 수정하는 것. 이것도 정규화라고 번역들 하는데, 정규화는 너무 다양한 용어에 대한 번역어로 채택되어 있기 때문에 혼란을 야기한다. Regularization 기법 중에는 실제로 파라미터를 억압 또는 억제하는 경우가 많으므로 여기서는 억제(또는 규제)로 번역하기로 한다.

87. 말 그대로 과다하게 맞춘다는 뜻이다. "과적합"으로 많이 번역하는데, 품사부터 차이가 있는 어색한 표현이다.

- **입력 특징 스케일링**: $x = \frac{x - x_{min}}{x_{max} - x_{min}}$. 이 연산은 모든 입력을 [0, 1] 범위로 조정한다. 예를 들어, 밝기가 125인 화소의 조정된 값은 $\frac{125-0}{250-0} = 0.5$이다. 특징 스케일링은 빠르고 구현하기 쉽다.
- **입력 표준 점수**: $x = \frac{x - \mu}{\sigma}$. 여기서 μ와 σ는 모든 훈련 데이터의 평균 및 표준편차이다. 일반적으로 각 입력 차원에 대해 별도로 계산된다. 예를 들어, RGB 이미지에서는 각 채널의 평균 μ 및 σ를 계산한다. 훈련 데이터에 대해 계산한 μ와 σ를 테스트 데이터에도 적용해야 한다. 또는 전체 데이터셋에서 계산하는 것이 실질적이지 않은 경우 샘플 별로 μ 및 σ를 계산할 수도 있다.
- **데이터 보강(augmentation)**: 훈련 샘플을 네트워크에 제공하기 전에 랜덤한 수정(회전, 쏠림(skew), 스케일링 등)을 적용하여 훈련 세트의 크기를 인위적으로 증가시킨다.
- **L2 억제(또는 가중치 감쇠)**: 비용 함수에 특수한 억제 항을 추가한다. MSE(1장 NN의 기초의 경사 하강 섹션)를 사용한다고 하자. 이때 MSE + L2 억제 공식은 다음과 같다:

$$J(\theta) = \underbrace{\frac{1}{2n}\sum_{i=1}^{n}(f(\mathbf{x}^{(i)};\theta) - t^{(i)})^2}_{\text{MSE}} + \overbrace{\lambda\frac{1}{2n}\sum_{j=1}^{k} w_j^2}^{\text{L}_2\text{regularization}}$$

  여기서, k는 네트워크 가중치 수이고, λ는 가중치 감쇠 계수이다. 이론적 근거는 네트워크 가중치 w_j가 크면 비용 함수도 증가한다는 것이다. 사실상, 가중치 감쇠는 가중치가 너무 커지지 못하게 막는다(이 용어의 어원). 이렇게 하면 네트워크가 이러한 가중치와 관련된 소수 특징에 너무 의존하지 않게 된다. 네트워크가 여러 특징과 작동하도록 강요될 때 과잉 맞춤의 가능성이 줄어든다. 가중치 업데이트 룰이 $w \to w - \eta\nabla(J(w))$에서 $w \to w - \eta(\nabla(J(w)) - \lambda w)$로 변경된다.
- **드롭 아웃**: 네트워크에서 일부 뉴런을 입력 및 출력 연결과 함께 임의로 주기적으로 제거한다. 미니 뱃치 훈련 동안, 각 뉴런은 p의 확률로 누락(drop)된다. 이것은 뉴런이 다른 뉴런에 너무 의존하게 되는 것을 막고, 네트워크에 유용한 것을 "학습"하는 것을 보장하기 위한 것이다.
- **뱃치 정규화**(BN, *Batch Normalization: Batch Normalization: Accelerating Deep Network Training by Reducing Internal Covariate Shift*, `https://`

arxiv.org/abs/1502.03167): 이것은 은닉층에 대해 표준 점수와 유사한 데이터 처리를 적용하는 방법이다. 각 미니 뱃치에 대해 평균 활성화 값을 0에 가깝고 표준 편차를 1에 가깝게 유지하도록 은닉층의 출력을 정규화한다(이름의 어원). $D=\{\mathbf{x}_1, \cdots, \mathbf{x}_n\}$는 크기가 n인 미니 뱃치라고 하자. D의 각 샘플은 벡터 $\mathbf{x}_i$이며 $x_i^{(k)}$는 해당 벡터의 인덱스 k인 셀이다. 명확성을 위해 다음 공식들에서 (k) 위첨자를 생략한다. 즉, x_i로 쓸 것이지만 $x_i^{(k)}$를 의미할 것이다. 다음과 같은 방법으로 전체 미니 뱃치에 대해, 각 활성화 k에 대한 BN을 계산할 수 있다:

1. $\mu_D = \frac{1}{n}\sum_{i=1}^{n} x_i$: 미니 뱃치 평균이다. 모든 샘플에서 각 위치 k에 대해 μ를 개별적으로 계산한다.
2. $\sigma_D = \frac{1}{n}\sum_{i=1}^{n} (x_i - \mu_D)^2$: 미니 뱃치 표준 편차이다. 모든 샘플에 대해, 각 위치 k에 대해 σ를 별도로 계산한다.
3. $\hat{x}_i = \frac{x_i - \mu_D}{\sqrt{\sigma_D^2 + \epsilon}}$: 각 샘플을 정규화한다. ϵ는 수치 안정성을 위해 추가된 상수이다.
4. $y_i = \gamma \hat{x}_i + \beta = BN_{\gamma,\beta}(x_i)$: γ 및 β는 학습 가능한 파라미터이며 미니 뱃치의 모든 샘플에 대해, 각 위치 $k(\gamma^{(k)}$ 및 $\beta^{(k)})$에 대해 계산한다(μ와 σ에도 똑같이 적용됨). 컨볼루션 층에서 각 샘플 x는 여러 특징 맵이 있는 텐서이다. 컨볼루션 특성을 유지하기 위해, 모든 샘플에 대해 위치 별로 μ 및 σ를 계산하지만, 모든 특징 맵에 대해서는 일치하는 위치에서 같은 μ와 σ를 사용한다. 반면에, 우리는 γ와 β는 위치가 아닌 특징 맵 별로 계산한다.

CNN의 구조 및 내부 작업에 대한 분석을 마치겠다. 일반적으로는 이 시점에서 일종의 CNN 코딩 예제를 진행할 것이나, 이 책에서 우리는 조금 다르게 하고 싶다. 따라서 여러분이 이미 이전에 수행했을 일반적인 피드포워드 CNN을 구현하지 않겠다. 그 대신에, 다음 섹션에서는 사전 훈련된 CNN 모델을 새로운 작업에 사용하는 방법인 전이 학습(Transfer Learning. 이하 TL) 기술을 소개한다. 그러나 걱정하지 마시라 — 우리는 CNN을 처음부터 구현할 것이다. 3장 고급 컨볼루션 네트워크에서 이 작업을 할 것이다. 이런 방식으로 함으로써, 그 장부터는 우리는 우리의 지식을 사용하여 보다 복잡한 네트워크 아키텍처를 만들 수 있게 될 것이다.

2.2 TL 소개

ImageNet처럼 레이블링된 쉽게 사용할 수 있는 학습 데이터가 없는 작업에서 모델을 훈련시킨다고 하자. 훈련 샘플 레이블링 작업은 비용이 많이 들고, 시간이 많이 걸리며, 오류가 발생할 수 있다. 그렇다면 자원이 제한된 보통 엔지니어는 실제 ML 문제를 해결하고자 할 때 어떻게 해야 하는가? **전이 학습**(TL)을 배워 보라.

TL은 이미 훈련되어 있는 ML 모델을 새로운 문제이지만, 관련된 문제에 적용하는 프로세스이다. 예를 들면 ImageNet으로 학습된 네트워크를 식품점 품목 분류를 위해 용도를 변경할 수 있다. 또는 운전 시뮬레이터 게임을 사용하여 신경망을 훈련시켜 시뮬레이션 자동차를 운전한 다음, 이 네트워크를 사용하여 실제 자동차를 운전할 수 있을 것이다. TL은 모든 ML 알고리듬에 적용할 수 있는 일반적인 ML 개념이지만, 여기서는 CNN과 관련해서 이야기하겠다. 작동 방식은 다음과 같다.

우리는 기존의 사전 훈련된 네트워크로 시작한다. 가장 일반적인 시나리오는 ImageNet으로 사전 훈련된 네트워크를 사용하는 것이지만, 아무 데이터셋이라도 가능하다. TensorFlow와 PyTorch 모두 우리가 사용할 수 있는, 널리 사용되는 ImageNet에 사전 훈련된 NN 아키텍처들을 가지고 있다. 또는 우리가 선택한 데이터셋을 사용하여 우리의 자체 네트워크를 훈련시킬 수도 있다.

CNN의 끝의 FC 층은 네트워크 언어(훈련 중에 배운 추상적 특징 표현)와 인간 언어(각 샘플의 클래스) 사이의 번역기 역할을 한다. TL을 다른 언어로의 번역으로 생각할 수 있다. 우리는 마지막 컨볼루션 또는 풀링 층의 출력인 네트워크 특징에서 시작한다. 그런 다음 새로운 작업의 다른 클래스 집합으로 변환한다. 기존의 사전 훈련된 네트워크의 마지막 FC 층(또는 모든 FC 층들)을 제거하고, 새로운 문제의 클래스들을 나타내는 다른 층으로 교체하면 된다.

다음 다이어그램에 보인 TL 시나리오를 살펴보자:

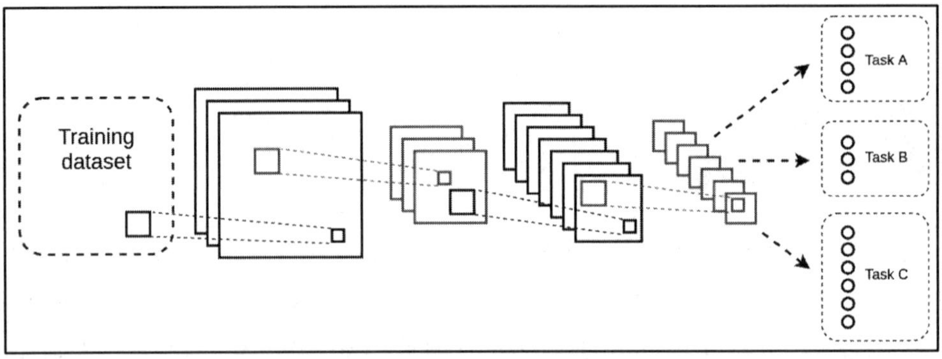

그림 2.18 TL에서는 사전 훈련된 네트워크의 FC 층(들)을 교체하고, 새로운 문제에 재사용한다.

그러나 단순히 이렇게만 한다고 해서 새로운 네트워크가 작동할 것으로 기대하면 안 되고, 새 작업과 관련된 데이터로 새 층(들)을 훈련시켜야 한다. 여기에는 두 가지 옵션이 있다:

- **네트워크의 기존 부분을 특징 추출기로 사용하고 새 층(들)만 훈련시킨다**: 이 시나리오에서는 네트워크에 새 데이터의 훈련 뱃치를 공급하고 출력을 얻는다. 순방향 패스는 일반적인 훈련 때와 같다. 그러나 역방향 패스에서는 기존 네트워크부의 가중치는 고정시키고 새로 교체된 층(들)의 가중치만 업데이트한다. 이것이 새로운 문제에 대한 훈련 데이터가 제한적일 때 권장되는 방법이다. 네트워크의 대부분의 가중치를 고정시킴으로써 새 데이터에 대한 과잉 맞춤을 피할 수 있다.
- **전체 네트워크 미세 조정**: 이 시나리오에서는 끝 단에 새로 추가한 층(들)뿐만 아니라 전체 네트워크를 훈련시킨다. 네트워크의 모든 가중치를 업데이트해도 되지만, 앞 단의 일부 가중치는 잠글 수도 있다. 그 이유는 시작 층들은 특정 작업과 관련이 없는 일반적인 특징을 검출하므로 재사용해도 되기 때문이다. 반면에 깊숙이 있는 층들은 작업에 특수한 특징을 검출할 수 있으므로 업데이트하는 것이 좋다. 많은 훈련 데이터가 있어서 과잉 맞춤을 걱정할 필요가 없을 때 이 방법을 사용할 수 있다.

2.2.1 PyTorch로 TL 구현하기

TL이 무엇인지 알았으므로, 실제로 작동하는지 보자. 이 섹션에서는 ImageNet에 사전 훈련된 네트워크를 PyTorch 1.3.1 및 torchvision 0.4.2 패키지로 CIFAR-10 이미지에 적용한다. 두 가지 유형의 TL을 모두 사용한다. 이 예제는 GPU에서 실행하는 것이 좋다.

> **TIP** 이 예제는 부분적으로 https://github.com/pytorch/tutorials/blob/master/beginner_source/transfer_learning_tutorial.py에 기반한다.

시작하자:

1. importing:

```
import torch
import torch.nn as nn
import torch.optim as optim
import torchvision
from torchvision import models, transforms
```

2. 편의를 위해 batch_size를 정의한다:

```
batch_size = 50
```

3. 훈련 데이터셋을 정의한다. 몇 가지 사항을 고려해야 한다:
   - CIFAR-10 이미지는 32×32이고 ImageNet 네트워크는 224×224 입력을 기대한다. ImageNet 기반 네트워크를 사용하고 있으므로 32×32 CIFAR 이미지를 224×224로 업샘플링해야 한다.
   - ImageNet 평균 및 표준 편차를 사용하여 CIFAR-10 데이터를 표준화한다.
   - 또한 랜덤한 수평 또는 수직 뒤집기 방식으로 데이터를 보강한다:

```
# training data
train_data_transform = transforms.Compose([
    transforms.Resize(224),
    transforms.RandomHorizontalFlip(),
    transforms.RandomVerticalFlip(),
    transforms.ToTensor(),
    transforms.Normalize((0.4914, 0.4821, 0.4465), (0.2470,
    0.2435, 0.2616))
])
train_set = torchvision.datasets.CIFAR10(root='./data',
                             train=True, download=True,
                             transform=train_data_transform)
```

```
train_loader = torch.utils.data.DataLoader(train_set,
                            batch_size=batch_size,
                            shuffle=True, num_workers=2)
```

4. 같은 과정을 유효성 검증/테스트 데이터로 수행하지만, 이번에는 데이터 보강 없이 수행한다:

```
val_data_transform = transforms.Compose([
    transforms.Resize(224),
    transforms.ToTensor(),
    transforms.Normalize((0.4914, 0.4821, 0.4465), (0.2470,
    0.2435, 0.2616))])

val_set = torchvision.datasets.CIFAR10(root='./data',
                              train=False, download=True,
                              transform=val_data_transform)

val_order = torch.utils.data.DataLoader(val_set,
                              batch_size=batch_size,
                              shuffle=False, num_workers=2)
```

5. 장치를 선택한다(CPU fallback이 가능한 GPU 권장):

```
device = torch.device("cuda:0" if torch.cuda.is_available() else
"cpu")
```

6. 모델의 훈련을 정의한다. TensorFlow와 달리 PyTorch에서는 훈련 데이터를 수동으로 반복해야 한다. 이 방법은 전체 트레이닝 세트에 대해 한 번 반복하고(1 에포크), 각 순방향 패스 후에 옵티마이저를 적용한다:

```
def train_model(model, loss_function, optimizer, data_loader):
    # set model to training mode
     model.train()

    current_loss = 0.0
    current_acc = 0

    # iterate over the training data
    for i, (inputs, labels) in enumerate(data_loader):
        # send the input/labels to the GPU
```

```
        inputs = inputs.to(device)
        labels = labels.to(device)
        # zero the parameter gradients
        optimizer.zero_grad()

        with torch.set_grad_enabled(True):
            # forward
            outputs = model(inputs)
            _, predictions = torch.max(outputs, 1)
            loss = loss_function(outputs, labels)

            # backward
            loss.backward()
            optimizer.step()

        # statistics
        current_loss += loss.item() * inputs.size(0)
        current_acc += torch.sum(predictions == labels.data)

    total_loss = current_loss / len(data_loader.dataset)
    total_acc = current_acc.double() / len(data_loader.dataset)

    print('Train Loss: {:.4f}; Accuracy: {:.4f}'.format
    (total_loss, total_acc))
```

7. 모델의 테스트/검증을 정의한다. 이것은 훈련 단계와 매우 비슷하지만 BP 부분을 생략한다:

```
def test_model(model, loss_function, data_loader):
    # set model in evaluation mode
    model.eval()

    current_loss = 0.0
    current_acc = 0

    # iterate over the validation data
    for i, (inputs, labels) in enumerate(data_loader):
        # send the input/labels to the GPU
        inputs = inputs.to(device)
        labels = labels.to(device)
```

```
        # forward
        with torch.set_grad_enabled(False):
            outputs = model(inputs)
            _, predictions = torch.max(outputs, 1)
            loss = loss_function(outputs, labels)

        # statistics
        current_loss += loss.item() * inputs.size(0)
        current_acc += torch.sum(predictions == labels.data)

    total_loss = current_loss / len(data_loader.dataset)
    total_acc = current_acc.double() / len(data_loader.dataset)

    print('Test Loss: {:.4f}; Accuracy: {:.4f}'.format
    (total_loss,total_acc))

    return total_loss, total_acc
```

8. 사전 훈련된 네트워크를 특징 추출기로 사용하는 첫 번째 TL 시나리오를 정의한다:
   - 우리는 ResNet-18이라는 유명한 네트워크를 사용할 것이다. 이에 관해서는 고급 네트워크 아키텍처 섹션에서 자세히 설명한다. 사전 훈련된 가중치는 PyTorch가 자동으로 다운로드할 것이다.
   - 마지막 네트워크 층을 10개의 출력(각 CIFAR-10 클래스마다 하나씩)이 있는 새 층으로 교체한다.
   - 역방향 패스에서 기존 네트워크 층들을 제외하고, 새로 추가된 FC 층만 Adam 옵티마이저에 전달한다.
   - epochs(여기서는 5)만큼 훈련을 실행하고 각 에포크 후 네트워크 정확도를 평가한다.
   - plot_accuracy 함수를 사용하여 테스트 정확도를 그린다. 그 정의는 간단하며 이 책의 코드 저장소[88]에서 찾을 수 있다.

다음은 이 모든 것이 구현된 tl_feature_extractor 함수이다:

```
def tl_feature_extractor(epochs=5):
    # load the pretrained model
```

88. https://github.com/PacktPublishing/Advanced-Deep-Learning-with-Python/

```
    model = torchvision.models.resnet18(pretrained=True)

    # exclude existing parameters from backward pass
    # for performance
    for param in model.parameters():
        param.requires_grad = False

    # newly constructed layers have requires_grad=True by default
    num_features = model.fc.in_features
    model.fc = nn.Linear(num_features, 10)

    # transfer to GPU (if available)
    model = model.to(device)
    loss_function = nn.CrossEntropyLoss()

    # only parameters of the final layer are being optimized
    optimizer = optim.Adam(model.fc.parameters())

    # train
    test_acc = list() # collect accuracy for plotting
    for epoch in range(epochs):
        print('Epoch {}/{}'.format(epoch + 1, epochs))

        train_model(model, loss_function, optimizer, train_loader)
        _, acc = test_model(model, loss_function, val_order)
        test_acc.append(acc)

    plot_accuracy(test_acc)
```

9. 미세 조정 방식을 구현한다. 이 함수는 `tl_feature_extractor`와 비슷하지만, 여기서는 전체 네트워크를 훈련시킨다:

```
def tl_fine_tuning(epochs=5):
    # load the pretrained model
    model = models.resnet18(pretrained=True)

    # replace the last layer
    num_features = model.fc.in_features
    model.fc = nn.Linear(num_features, 10)
```

```
# transfer the model to the GPU
model = model.to(device)

# loss function
loss_function = nn.CrossEntropyLoss()

# We'll optimize all parameters
optimizer = optim.Adam(model.parameters())

# train
test_acc = list() # collect accuracy for plotting
for epoch in range(epochs):
    print('Epoch {}/{}'.format(epoch + 1, epochs))

    train_model(model, loss_function, optimizer, train_loader)
    _, acc = test_model(model, loss_function, val_order)
    test_acc.append(acc)

plot_accuracy(test_acc)
```

10. 마지막으로, 두 가지 방법 중 하나로 전체를 실행할 수 있다:
    - tl_fine_tuning()을 호출하여 5 에포크 동안 미세 조정 TL 접근법을 사용한다.
    - tl_feature_extractor()를 호출하여 5 에포크 동안 특징 추출기 접근 방식으로 네트워크를 훈련시킨다.

다음은 두 시나리오에서 5회의 에포크 후 네트워크의 정확도[89]이다:

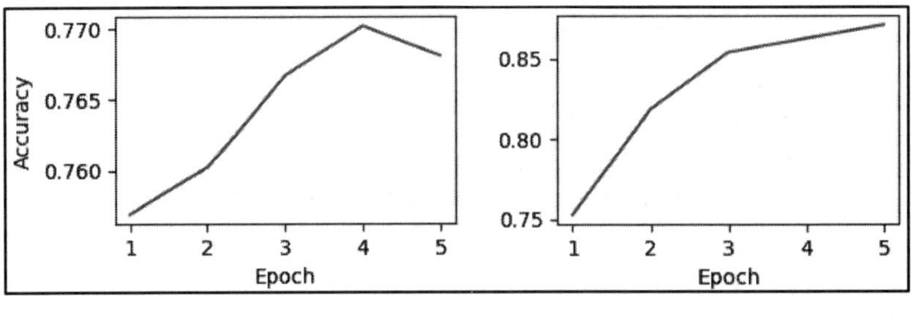

그림 2.19 PyTorch TL의 정확도. (a) 특징 추출. (b) 미세 조정

89. 테스트 정확도

특징 추출 시나리오에서 과잉 맞춤되기 시작한다.

2.2.2 TF 2.0으로 TL 구현하기

이 섹션에서도 두 가지 TL 시나리오를 다시 구현하는데, 이번에는 **TensorFlow 2.0.0 (TF)**을 사용한다. 이런 식으로 두 라이브러리를 비교할 수 있다. `ResNet18` 대신 `ResNet50V2` 아키텍처를 사용한다(3장 고급 컨볼루션 네트워크 참고). 이 예제에는 TF 외에도 널리 사용되는 다양한 ML 데이터셋의 모음인 TF Datasets 1.3.0 패키지(`https://www.tensorflow.org/datasets`)가 필요하다.

> 이 예제는 `https://github.com/tensorflow/docs/blob/master/site/en/tutorials/images/transfer_learning.ipynb`을 부분적으로 참고했다.

이제 시작하자:

1. importing:

```
import matplotlib.pyplot as plt
import tensorflow as tf
import tensorflow_datasets as tfds
```

2. 미니-뱃치 및 입력 이미지 크기를 정의한다(이미지 크기는 네트워크 아키텍처에 따라 다르다):

```
IMG_SIZE = 224
BATCH_SIZE = 50
```

3. TF 데이터셋의 도움으로 CIFAR-10 데이터셋을 로드한다. `repeat()` 메소드를 사용해서 여러 에포크에 대해 데이터셋을 재사용할 수 있다:

```
data, metadata = tfds.load('cifar10', with_info=True,
as_supervised=True)
raw_train, raw_test = data['train'].repeat(), data['test'].
repeat()
```

4. `train_format_sample` 및 `test_format_sample` 함수를 정의하여 입력 이

미지를 CNN 입력으로 적합하게 변환한다. 이 함수들은 PyTorch를 사용한 TL 구현 섹션에서 정의한 transforms.Compose와 동일한 역할을 수행한다. 입력은 다음과 같이 변환된다:

- 이미지는 기대하는 네트워크 입력 크기인 96×96으로 크기가 조정된다.
- 각 이미지는 값이 (−1; 1) 범위가 되도록 표준화된다.
- 레이블은 one-hot 인코딩을 위해 변환된다.
- 훈련 이미지는 수평 및 수직으로 랜덤하게 뒤집힌다(flipped).

실제 구현을 살펴보자:

```
def train_format_sample(image, label):
    """Transform data for training"""
    image = tf.cast(image, tf.float32)
    image = tf.image.resize(image, (IMG_SIZE, IMG_SIZE))
    image = (image / 127.5) - 1

    image = tf.image.random_flip_left_right(image)
    image = tf.image.random_flip_up_down(image)
    label = tf.one_hot(label,
    metadata.features['label'].num_classes)

    return image, label

def test_format_sample(image, label):
    """Transform data for testing"""
    image = tf.cast(image, tf.float32)
    image = tf.image.resize(image, (IMG_SIZE, IMG_SIZE))
    image = (image / 127.5) - 1

    label = tf.one_hot(label, metadata.features
    ['label'].num_classes)

    return image, label
```

5. 다음은 샘플을 훈련/테스트용 데이터셋들에 할당하고, 미니 뱃치로 분할하는, 자주 사용되는 코드이다:

```
# assign transformers to raw data
train_data = raw_train.map(train_format_sample)
```

```
test_data = raw_test.map(test_format_sample)

# extract batches from the training set
train_batches = train_data.shuffle(1000).batch(BATCH_SIZE)
test_batches = test_data.batch(BATCH_SIZE)
```

6. 특징 추출 모델을 정의한다:
   - 우리는 사전 훈련된 네트워크 및 모델 정의에 Keras를 사용한다.
   - 사전 훈련된 ResNet50V2를 끝 단의 FC 층들을 제외하고 로드한다.
   - 그런 다음 base_model.trainable = False를 호출하면 모든 네트워크 가중치가 고정되어 학습되지 않는다.
   - 마지막으로 GlobalAveragePooling2D 연산을 추가한 다음, 네트워크 끝에 새로이 훈련 가능한 FC 층을 추가한다.

   다음 코드는 이를 구현한다:

```
def build_fe_model():
    # create the pretrained part of the network, excluding FC
    layers
    base_model = tf.keras.applications.ResNet50V2(
        input_shape=(IMG_SIZE,IMG_SIZE, 3),
        include_top=False, weights='imagenet')

    # exclude all model layers from training
    base_model.trainable = False

    # create new model as a combination of the pretrained net
    # and one fully connected layer at the top
    return tf.keras.Sequential([
        base_model,
        tf.keras.layers.GlobalAveragePooling2D(),
        tf.keras.layers.Dense(
            metadata.features['label'].num_classes,
            activation='softmax')
    ])
```

7. 미세 조정 모델을 정의한다. 특징 추출과의 유일한 차이점은, 사전 훈련된 네트워크의 하단 층 중 일부만 동결한다는 것이다. 다음은 그 구현이다:

```
def build_ft_model():
    # create the pretrained part of the network, excluding FC
    layers
    base_model = tf.keras.applications.ResNet50V2(
        input_shape=(IMG_SIZE,IMG_SIZE, 3),
        include_top=False, weights='imagenet')

    # Fine tune from this layer onwards
    fine_tune_at = 100

    # Freeze all the layers before the `fine_tune_at` layer
    for layer in base_model.layers[:fine_tune_at]:
         layer.trainable = False

    # create new model as a combination of the pretrained net
    # and one fully connected layer at the top
    return tf.keras.Sequential([
        base_model,
        tf.keras.layers.GlobalAveragePooling2D(),
        tf.keras.layers.Dense(
            metadata.features['label'].num_classes,
            activation='softmax')
    ])
```

8. 마지막으로, build_fe_model 또는 build_ft_model 함수로 생성된 모델을 훈련 및 평가하는 train_model 함수를 구현한다:

```
def train_model(model, epochs=5):
    # configure the model for training
    model.compile(optimizer=tf.keras.optimizers.Adam(lr=0.0001),
                  loss='categorical_crossentropy',
                  metrics=['accuracy'])

    # train the model
    history = model.fit(train_batches,
                  epochs=epochs,
                  steps_per_epoch=metadata.splits['train'].
                  num_examples // BATCH_SIZE,
                  validation_data=test_batches,
                  validation_steps=metadata.splits['test'].
                  num_examples // BATCH_SIZE, workers=4)
```

```
# plot accuracy
test_acc = history.history['val_accuracy']

plt.figure()
plt.plot(test_acc)
plt.xticks(
    [i for i in range(0, len(test_acc))],
    [i + 1 for i in range(0, len(test_acc))])
plt.ylabel('Accuracy')
plt.xlabel('Epoch')
plt.show()
```

9. 다음 코드를 사용하여 특징 추출 또는 미세 조정 TL을 실행할 수 있다:
    - `train_model(build_ft_model())`
    - `train_model(build_fe_model())`

TF는 머신에 GPU가 있으면 자동으로 GPU를 사용한다. 그렇지 않으면 CPU로 되돌아간다. 다음 다이어그램은 두 시나리오에서 5회 에포크 후 네트워크의 정확도를 보여준다:

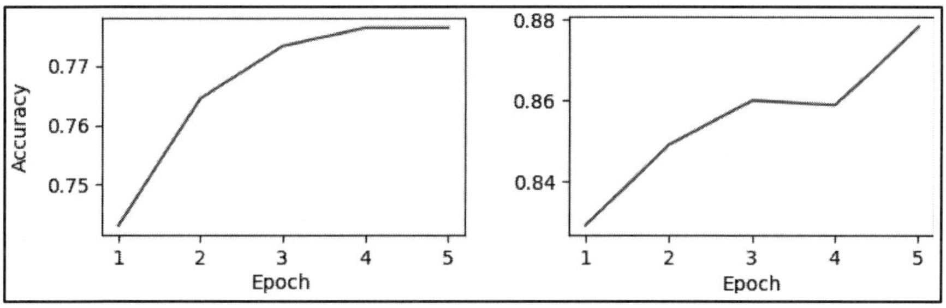

그림 2.20 TensorFlow TL의 정확도. (a) 특징 추출. (b) 미세 조정

2.3 요약

우리는 이 장을 CNN에 관한 간략한 요약으로 시작했고, 전치, 깊이 방향 분리 가능, 팽창된 컨볼루션에 관해 논의했다. 다음으로 컨볼루션을 행렬 곱셈으로 표현하거나, Winograd

컨볼루션 알고리듬에 의한 CNN의 성능 향상에 관해 논의했다. 그런 후, GBP와 Grad-CAM으로 CNN을 시각화하는 데 초점을 맞추었다. 그 다음, 가장 인기 있는 억제(regularization) 기술들에 관해 논의했다. 마지막으로, 우리는 TL에 관해 배웠고, PyTorch와 TF 라이브러리로 같은 TL 작업을 구현했다.

다음 장에서는 가장 널리 사용되는 고급 CNN 아키텍처에 관해 설명한다.

CHAPTER 3

고급 CNN

2장 컨볼루션 네트워크 이해에서 **CNN**의 빌딩 블록과 그 속성에 관해 설명했다. 이 장에서는 한 걸음 더 나아가서 가장 인기있는 CNN 아키텍처에 관해 이야기할 것이다. 이 네트워크들은 일반적으로 복잡한 아키텍처의 기반(base) 역할을 하는 새로운 빌딩 블록에 여러 개의 기본적 컨볼루션 및/또는 풀링 연산을 결합한다. 이에 의해 ImageNet 분류, 이미지 분할, 음성 인식 등과 같은 복잡한 작업을 잘 수행하고 높은 표현력을 갖춘, 매우 깊은(때로는 넓은) 네트워크를 구축할 수 있다. 이러한 모델들 중 다수는 ImageNet[90] 경진대회에 참가하면서 처음 공개되었으며, 대개 우승을 차지했다. 단순화를 위해 모든 아키텍처에 관한 설명을 이미지 분류 안에서 하겠다. 4장 객체 검출 및 이미지 분할에서는 더 복잡한 작업들을 다룰 것이다.

이 장에서는 다음과 같은 주제를 다룬다:

- AlexNet 소개
- VGG[91] 소개
- Residual[92] 네트워크 이해
- Inception 네트워크 이해
- Xception 소개

90. 수작업으로 레이블링된 수백만 장의 이미지가 있는 데이터셋
91. 옥스포드대학 소속
92. "리지듀얼"로 읽는다.

- MobileNet 소개
- DenseNets 소개
- NAS의 작동
- 캡슐 네트워크 소개

3.1 AlexNet 소개

우리가 논의할 첫 번째 모델은 2012 ImageNet **ILSVRC**[93]**(ImageNet Large Scale Visual Recognition Challenge**. 또는 단순히 ImageNet)의 우승자이다. 저자들 중 한 명인 Alex Krizhevsky의 이름을 따서 AlexNet(*ImageNet Classification with Deep Convolutional Neural Networks*, `https://papers.nips.cc/paper/4824-imagenet-classification-with-deep-convolutional-neural-networks.pdf`)이라고 부르게 되었다. 이제는 거의 사용되고 있지 않지만 현대 DL의 중요한 이정표이다.

다음 다이어그램이 네트워크 아키텍처를 보여준다:

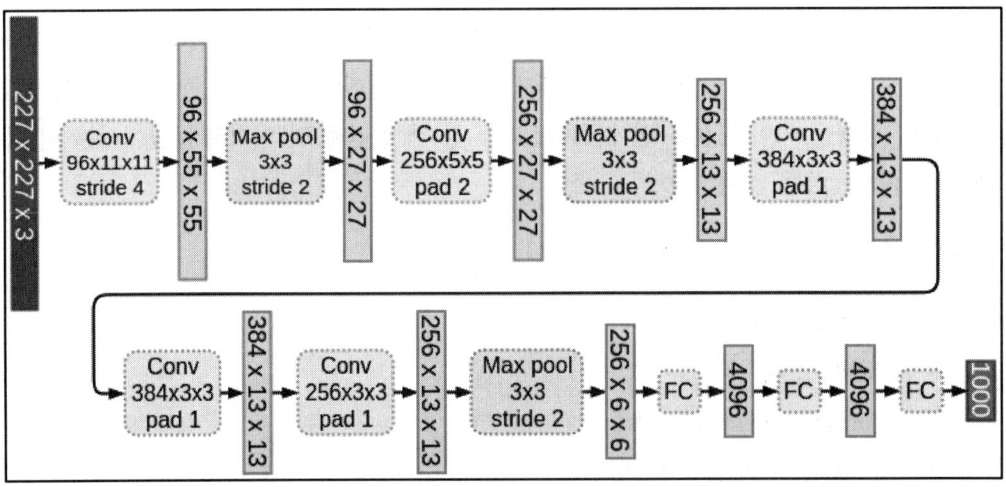

그림 3.1 AlexNet 구조(원본 모델은 2개로 분할되어서 2개의 GPU 메모리에 들어간다.)

93. 대규모 시각적 인식 경진대회

이 모델에는 5개의 크로스-코릴레이션 컨볼루션 층, 3개의 겹치는(overlapping) 맥스-풀링 층, 3개의 FC 층, ReLU 활성화가 있다. 출력은 1,000-way softmax이다(각 ImageNet 클래스 당 하나씩). 제1 및 제2 컨볼루션 층은 뱃치 정규화(batch normalization. 이하 BN)와 다소 유사한 정규화 유형인 로컬 응답 정규화를 사용한다. FC 층의 드롭아웃(dropout) 율은 0.5이다. 과잉 맞춤(overfitting)을 방지하기 위해 256×256 입력 이미지에서 랜덤하게 227×227로 추출해서 사용하여 네트워크를 훈련시켰다. 이 네트워크는 37.5% 및 17.0%의 top-1 및 top-5 테스트셋 오류율을 달성했다[94].

다음 섹션에서는 2014년에 옥스포드의 Visual Geometry Group이 발표한 NN 아키텍처에 관해 논의할 것이다. 그 해 ImageNet 대회에서 2등을 차지했다.

3.2 VGG 소개

다음으로 논의할 아키텍처는 **VGG(Visual Geometry Group)**이다. VGG 네트워크 모델들은 오늘날에도 여전히 인기가 있으며 종종 새로운 아키텍처에 대한 벤치마크로 사용된다. VGG 이전(예: LeNet-5(`http://yann.lecun.com/exdb/lenet/`)와 AlexNet)에는 네트워크의 첫 컨볼루션 층이 11x11 같이 수용 필드가 큰 필터를 사용했다. 또한 네트워크에는 일반적으로 컨볼루션 층과 풀링 층이 번갈아 사용되었다. 그러나 이 논문의 저자들은 필터 크기가 큰 컨볼루션 층을 더 작은 필터가 있는 둘 이상의 컨볼루션 층을 쌓아서 대체(인수분해 컨볼루션(factorized convolution))할 수 있음을 관찰했다. 예를 들어, 5×5는 두 개의 3×3 스택으로 대체하고, 7×7은 세 개의 3×3 스택으로 대체할 수 있다.[95]

이 구조는 다음과 같은 몇 가지 장점이 있다:

- 스택의 마지막 층의 뉴런들은 큰 필터를 갖는 단일 층과 동등한 수용 필드 크기를 갖는다.
- 필터 크기가 큰 단일 층에 비해, 스택된 층들의 가중치 및 연산 수가 더 적다. 5×5 층을 두 개의 3×3로 바꾸려고 한다고 가정해보자. 또한 모든 층에 동일한

94. ILSVRC2010 테스트셋에 대한 결과이며, 8 포인트 % 이상 차이가 나는 압도적인 성능이었다.
95. 이 아이디어는 Inception과 ResNet 등에도 사용된다.

수(M)의 입력 및 출력 채널(슬라이스)이 있다고 가정하자. 5×5층의 총 가중치(바이어스 제외)는 $5*5*M*M=25*M^2$이다. 그 반면, 단일 3×3 층의 총 가중치 수는 $3*3*M*M=9*M^2$이며, 두 층이면 단지 $2*(3*3*M*M)=18*M^2$이다. 이 구조가 28% 더 효율적이다(18/25=0.72). 이 효율은 더 큰 필터에 대해 더 높아진다.

- 여러 층을 쌓을수록 결정 함수의 구별력이 더 높아진다.

VGG 네트워크는 맥스-풀링 층과 결합된 2~4개의 컨볼루션 층 스택의 여러 블록으로 구성된다. 다음 표에서 가장 인기 있는 두 가지 변형인 VGG16 및 VGG19를 볼 수 있다:

<table>
<tr><th>VGG16</th><th>VGG19</th></tr>
<tr><td>conv 3x3, 64</td><td>conv 3x3, 64</td></tr>
<tr><td>conv 3x3, 64</td><td>conv 3x3, 64</td></tr>
<tr><td colspan="2">max pool</td></tr>
<tr><td>conv 3x3, 128</td><td>conv 3x3, 128</td></tr>
<tr><td>conv 3x3, 128</td><td>conv 3x3, 128</td></tr>
<tr><td colspan="2">max pool</td></tr>
<tr><td>conv 3x3, 256</td><td>conv 3x3, 256</td></tr>
<tr><td>conv 3x3, 256</td><td>conv 3x3, 256</td></tr>
<tr><td>conv 3x3, 256</td><td>conv 3x3, 256</td></tr>
<tr><td></td><td>conv 3x3, 256</td></tr>
<tr><td colspan="2">max pool</td></tr>
<tr><td>conv 3x3, 512</td><td>conv 3x3, 512</td></tr>
<tr><td>conv 3x3, 512</td><td>conv 3x3, 512</td></tr>
<tr><td>conv 3x3, 512</td><td>conv 3x3, 512</td></tr>
<tr><td></td><td>conv 3x3, 512</td></tr>
<tr><td colspan="2">max pool</td></tr>
<tr><td>conv 3x3, 512</td><td>conv 3x3, 512</td></tr>
<tr><td>conv 3x3, 512</td><td>conv 3x3, 512</td></tr>
<tr><td>conv 3x3, 512</td><td>conv 3x3, 512</td></tr>
<tr><td></td><td>conv 3x3, 512</td></tr>
<tr><td colspan="2">max pool</td></tr>
<tr><td colspan="2">fc-4096</td></tr>
<tr><td colspan="2">fc-4096</td></tr>
<tr><td colspan="2">fc-1000</td></tr>
<tr><td colspan="2">softmax</td></tr>
</table>

그림 3.2 VGG16 및 VGG19 네트워크의 아키텍처[96]

96. 학습 가능한 가중치가 있는 층의 수를 따라서 명명되었다.

VGG 네트워크의 깊이가 증가함에 따라 컨볼루션 층의 너비(필터 수)도 증가한다. 같은 깊이의 다른 층들에 연결된, 128/256/512의 볼륨 깊이를 가진 여러 쌍의 크로스-채널 컨볼루션이 있다. 또한 두 개의 4,096 유닛 FC 층과, 그에 연결된 1000개 유닛 FC 층 및 softmax(각 ImageNet 클래스 당 하나씩)가 있다. 이로 인해 VGG 네트워크에는 많은 파라미터(가중치)가 있어서 메모리 비효율적이며 계산 비용이 많이 든다. 그럼에도 불구하고 널리 사용되는 간단한 네트워크 아키텍처이며, 뱃치 정규화를 추가하면서 더욱 향상되었다.

다음 섹션에서는 사전 훈련된 VGG를 TensorFlow 및 PyTorch로 로드하는 방법을 보여주겠다.

3.2.1 PyTorch와 TF에 의한 VGG

PyTorch와 TensorFlow는 모두 사전 학습된 VGG 모델을 갖고 있다. 사용 방법을 살펴보자.

TensorFlow 2의 공식 인터페이스인 Keras를 사용해서 모델을 로드해보자:

```
import tensorflow as tf

# VGG16
vgg16 = tf.keras.applications.vgg16.VGG16(include_top=True,
                                          weights='imagenet',
                                          input_tensor=None,
                                          input_shape=None,
                                          pooling=None,
                                          classes=1000)
# VGG19
vgg19 = tf.keras.applications.vgg19.VGG19(include_top=True,
                                          weights='imagenet',
                                          input_tensor=None,
                                          input_shape=None,
                                          pooling=None,
                                          classes=1000)
```

`weights = 'imagenet'`로 설정하면 ImageNet으로 사전 훈련된 가중치가 로드된다(자동으로 다운로드됨). `include_top = False` 설정은 TL 시나리오를 위해 FC 층들을 제외한다. 이 경우 `input_shape`에 튜플 값을 설정하여 임의의 입력 크기를 사용할 수도

있다. 이때 컨볼루션 층들은 원하는 입력 모양에 맞도록 자동으로 스케일이 조정된다. 이것은 컨볼루션 필터가 전체 특징 맵에서 공유되기 때문에 가능하다. 따라서 크기가 다른 특징 맵들에 같은 필터를 사용할 수 있다.

계속해서 PyTorch를 사용할 것이며, 미리 훈련된 모델을 사용할 것인지 선택할 수 있다 (역시 자동 다운로드된다):

```
import torchvision.models as models
model = models.vgg16(pretrained=True)
```

같은 절차를 따라서 다른 사전 훈련 모델을 시도할 수도 있다. 중복을 피하기 위해 이 섹션의 다른 아키텍처에 대해서는 같은 코드를 포함시키지 않겠다.

다음 섹션에서는 VGG 후에 발표된 가장 인기 있는 CNN 아키텍처 중 하나에 관해 설명한다.

3.3 ResNet 이해

Residual 네트워크(**ResNets**, *Deep Residual Learning for Image Recognition*, `https://arxiv.org/abs/1512.03385`)은 ImageNet 대회의 5가지 카테고리 모두에서 우승한 2015년에 발표되었다. 1장 신경망의 기초에서 신경망의 층들은 순차적 순서에 제한되지 않고, 그 대신에 그래프를 형성한다고 언급했다. 이 네트워크가 이 유연성을 활용하는, 우리가 배울 첫 번째 아키텍처이다. 또한 성공적으로 훈련된 최초의 100층 이상 깊이의 네트워크 아키텍처이기도 하다.

더 나은 가중치 초기화, 새로운 활성화 함수 및 정규화 층 덕분에 이제 DNN을 훈련시킬 수 있다. 그러나 이 논문의 저자들은 몇 가지 실험을 통해서 56층 네트워크가 20층 네트워크에 비해 훈련 및 테스트 오류가 더 높다는 것을 관찰했다. 그들은 그래서는 안 된다고 주장한다. 이론적으로는, 얕은 네트워크 위에 identity(항등. 리피터) 층(출력이 단순히 입력을 반복하는 층)을 쌓음으로써, 얕은 네트워크와 똑같이 동작하는 더 깊은 네트워크를 만들 수 있다. 그러나 그들의 실험은 얕은 네트워크의 성능을 따라갈 수 없었다.

이 문제를 해결하기 위해 그들은 Residual[97] 블록으로 구성된 네트워크를 제안했다.

Residual 블록은 2~3개의 순차적 컨볼루션 층과, 첫 번째 층의 입력과 마지막 층의 출력을 연결하는 별도의 병렬 identity 지름길(shortcut, 또는 바로가기 또는 skip)[98] 연결로 구성되어 있다. 다음 그림이 몇 가지 Residual 블록을 보여준다:

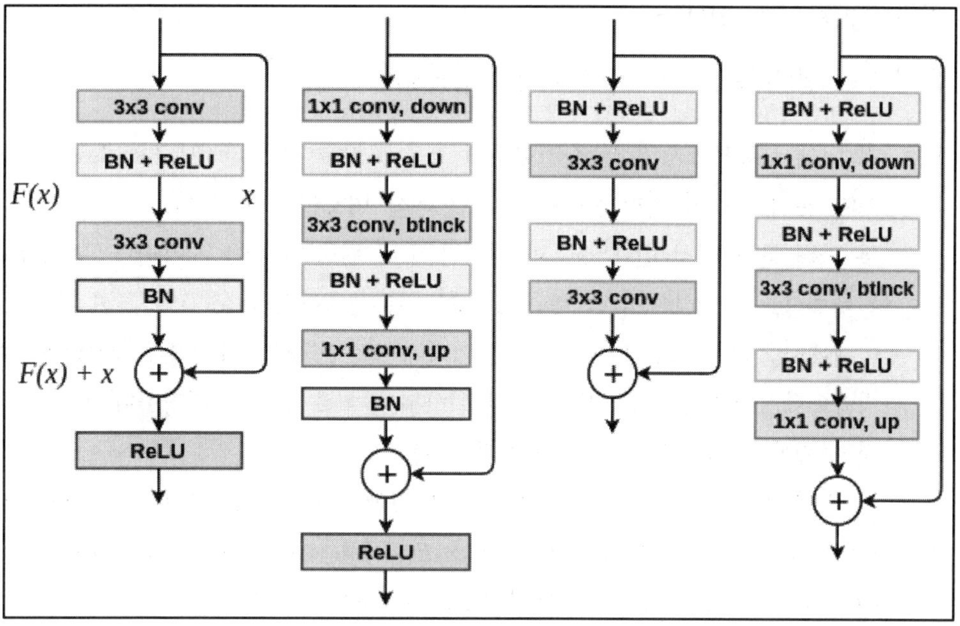

그림 3.3 Residual 블록: (a) 원본 Residual 블록; (b) 원본 병목 Residual 블록; (c) 사전 활성화(pre-activation)[99] Residual 블록; (d) 사전 활성화 병목 Residual 블록

각 블록에는 두 개의 병렬 경로가 있다. 왼쪽 경로는 우리가 봐온 다른 네트워크와 유사하며 순차적 컨볼루션 층 + BN으로 구성된다. 오른쪽 경로에는 identity 지름길 연결(skip 연결이라고도 함)이 포함되어 있다. 두 경로는 요소 별 합을 통해 합쳐진다. 즉, 좌측 및 우측 텐서들은 같은 형태를 가지며, 한 텐서의 요소는 다른 텐서에서 같은 위치에 있는 요소에 더해진다. 출력은 입력과 같은 모양의 단일 텐서이다. 블록에서 학습된 특징뿐만

97. 옆 그림과 같이 남아도는 것 같이 보이는 bypass(또는 skip)하는 연결을 갖는다. 이 경로로 입력이 온전하게 전달되므로, 흔히 사용하는 "잔여"나 "잔차"란 표현은 오히려 이 경로를 뺀 나머지 경로에 적합하다. 이 특징을 잘 나타내는 "Residual"라는 표현을 사용하겠다.

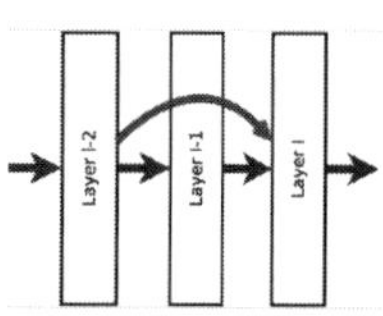

98. "clean" 표현을 사용하기도 한다. 이 연결 덕분에 행렬 곱셈이 덧셈으로 대체되며, BP 때도 vanishing 문제를 피할 수 있다.

99. Addition 단계 전에 활성화를 적용. 반대는 post-activation. Pre-activation이 더 좋은 성능을 제공한다.

아니라 수정되지 않은 원래 신호도 전달한다. 이렇게 해서, 저자가 설명한 것 같이, 원래 시나리오에 더 가까이 다가갈 수 있다. 네트워크는 skip 연결 덕에 일부 컨볼루션 층을 스킵하도록 결정하여 실질적으로 자체 깊이를 줄일 수 있다. 이 Residual 블록은 블록의 입력과 출력이 같은 크기를 갖도록 패딩을 사용한다. 그 덕분에 임의의 깊이로 네트워크에 여러 블록을 쌓을 수 있다.

이제 다이어그램의 블록들이 어떻게 다른지 살펴보자:

- 첫 번째 블록은 2개의 3×3 컨볼루션 층을 포함한다. 오리지널 Residual 블록이지만 층이 넓다면 여러 블록을 쌓으면 계산 비용이 많이 든다.
- 두 번째 블록은 첫 번째 블록과 같지만 소위 병목[100] 층을 사용한다. 먼저 1×1 컨볼루션을 사용하여 입력 볼륨 깊이를 다운샘플링한다(2장 컨볼루션 네트워크 이해에서 설명). 그런 다음, 축소된 입력에 3×3(병목) 컨볼루션을 적용한다. 마지막으로, 1×1 컨볼루션으로 다시 원하는 깊이로 출력을 확장한다. 이 구조는 첫 번째에서 보다 계산 비용이 적게 든다.
- 세 번째 블록은 같은 저자들에 의해 2016년에 발표된, 이 아이디어의 최신 개정판이다(*Identity Mappings in Deep Residual Networks*, `http://arxiv.org/abs/1603.05027`). 사전 활성화(pre-activation)[101]를 사용하며, BN 및 활성화 함수가 컨볼루션 층 앞에 온다. 처음에는 이상하게 보일 수 있지만, 이 설계 덕분에 네트워크 전체를 통해 skip 연결 경로가 방해없이 실행될 수 있다. 이는 적어도 하나의 활성화 함수가 skip 연결 경로에 있는 다른 Residual 블록들과 반대이다.
- 네 번째 블록은 세 번째 블록의 병목 버전이다.

다음 표는 논문에 제안된 네트워크 모델들이다:

100. 차원을 줄였다가 뒤에서 다시 차원을 늘리는 모양. 결과적으로 3×3 conv 두 개를 연결시킨 구조에 비해 계산량을 줄일 수 있다.

101. BN-ReLU-conv 구조

output size	18-layer	34-layer	50-layer	101-layer	152-layer
112x112	7x7 conv, stride 2				
56x56	3x3 max pool, stride 2				
	[3x3, 64 3x3, 64] x2	[3x3, 64 3x3, 64] x3	[1x1, 64 3x3, 64 1x1, 256] x3	[1x1, 64 3x3, 64 1x1, 256] x3	[1x1, 64 3x3, 64 1x1, 256] x3
28x28	[3x3, 128 3x3, 128] x2	[3x3, 128 3x3, 128] x4	[1x1, 128 3x3, 128 1x1, 512] x4	[1x1, 128 3x3, 128 1x1, 512] x4	[1x1, 128 3x3, 128 1x1, 512] x8
14x14	[3x3, 256 3x3, 256] x2	[3x3, 256 3x3, 256] x6	[1x1, 256 3x3, 256 1x1, 1024] x6	[1x1, 256 3x3, 256 1x1, 1024] x23	[1x1, 256 3x3, 256 1x1, 1024] x36
7x7	[3x3, 512 3x3, 512] x2	[3x3, 512 3x3, 512] x3	[1x1, 512 3x3, 512 1x1, 2048] x3	[1x1, 512 3x3, 512 1x1, 2048] x3	[1x1, 512 3x3, 512 1x1, 2048] x3
1x1	average pool, 1000-d fc, softmax				

그림 3.4 가장 많이 사용되는 Residual 네트워크 모델들(Residual 블록은 둥근 사각형으로 표시되어 있다).

이들의 속성 중 일부는 다음과 같다:

- 보폭 2의 7×7 컨볼루션 층으로 시작하고, 3×3 맥스-풀링이 뒤따른다. 이 층은 다운샘플링 단계로도 사용된다. 네트워크의 나머지는 224×224 입력에 비해 훨씬 작은 56×56의 슬라이스로 시작한다.
- 네트워크의 나머지에서의 다운샘플링은 보폭 2인 수정된 Residual 블록으로 구현된다.
- 평균-풀링은 모든 Residual 블록 뒤, 그리고 1,000-유닛 FC softmax 층 앞에서 출력을 다운샘플링한다.

ResNet 네트워크 모델들은 정확도뿐만 아니라, Residual 블록의 상대적 단순성 및 다양성으로 인해 널리 사용된다. 앞서 언급했듯이 Residual 블록의 입력 및 출력 모양은 패딩으로 인해 같아질 수 있다. 다양한 구성으로 Residual 블록을 쌓아서, 다양한 훈련 세트 크기 및 입력 크기의 다양한 문제를 해결할 수 있다. 이러한 보편성(universality)이 있으므로, 다음 섹션에서는 ResNet의 예를 구현할 것이다.

3.3.1 Residual 블록 구현

이 섹션에서는 PyTorch 1.3.1 및 torchvision 0.4.2를 사용하여 CIFAR-10 이미지를 분류

하기 위해 사전 활성화 ResNet을 구현한다:

1. 평소와 같이 import부터 시작한다. PyTorch 함수 모듈(`https://pytorch.org/docs/stable/nn.html#torch-nn-functional`)에는 F를 사용한다:

```
import matplotlib.pyplot as plt
import torch
import torch.nn as nn
import torch.nn.functional as F
import torch.optim as optim
import torchvision
from torchvision import transforms
```

2. 사전 활성화 일반(regular. 병목이 아닌) Residual 블록을 정의해보자. 이를 모든 신경망 모듈의 기본 클래스인 `nn.Module`로 구현한다. 클래스 정의와 `__init__` 메소드로 시작하자:

```
class PreActivationBlock(nn.Module):
"""Pre-activation residual block."""
    expansion = 1

def __init__(self, in_slices, slices, stride=1):
    super(PreActivationBlock, self).__init__()

    self.bn_1 = nn.BatchNorm2d(in_slices)
    self.conv_1 = nn.Conv2d(in_channels=in_slices,
                            out_channels=slices,
                            kernel_size=3, stride=stride,
                            padding=1, bias=False)

     self.bn_2 = nn.BatchNorm2d(slices)
     self.conv_2 = nn.Conv2d(in_channels=slices,
                             out_channels=slices,
                             kernel_size=3, stride=1, padding=1,
                             bias=False)

    # if the input/output dimensions differ use convolution
    for the shortcut
    if stride != 1 or in_slices != self.expansion * slices:
        self.shortcut = nn.Sequential(
```

```
            nn.Conv2d(in_channels=in_slices,
                      out_channels=self.expansion * slices,
                      kernel_size=1,
                      stride=stride,
                      bias=False)
        )
```

__init__ 메소드에는 학습 가능한 블록 구성 요소만 정의한다. 여기에는 컨볼루션 및 BN 연산이 포함된다. 또한 지름길(shortcut) 연결을 구현하는 방법에 유의하라. 입력 크기가 출력 크기와 같다면, 입력 텐서를 shortcut으로 직접 사용할 수 있다. 그러나 크기가 다르다면 주 경로에서와 동일한 보폭 및 출력 채널의 1×1 컨볼루션을 사용하여 입력을 변환해야 한다. 크기는 높이/너비(`stride != 1`) 또는 깊이(`in_slices != self.expansion * slices`)에 따라 다를 수 있다. `self.expansion`은 오리지널 ResNet 구현에 포함된 하이퍼파라미터이다. 이것은 Residual 블록의 출력 깊이를 확장할 수 있게 해준다.

3. 실제 데이터 전파는 `forward` 메소드에 구현되어 있다(`PreActivationBlock`의 멤버이므로 들여 쓰기에 유의하라):

```
def forward(self, x):
    out = F.relu(self.bn_1(x))

    # reuse bn+relu in down-sampling layers
    shortcut = self.shortcut(out) if hasattr(self, 'shortcut')
    else x

    out = self.conv_1(out)

    out = F.relu(self.bn_2(out))
    out = self.conv_2(out)

    out += shortcut

    return out
```

학습 가능한 파라미터가 없으므로 활성화 함수로 `"F.relu"`를 사용한다. 그런 다음 지름길 연결이 컨볼루션이고 identity가 아닌 경우(즉, 블록의 입력/출력 크기가 다름), `F.relu(self.bn_1 (x))`를 재사용하여 지름길에 비선형성과 BN

을 추가한다. 그렇지 않으면 단순히 입력을 반복한다.

4. 그러면 Residual 블록의 병목 버전을 구현해보자. 비병목 구현에서와 같은 청사진을 사용한다. 클래스 정의와 __init__ 메소드로 시작한다:

```
class PreActivationBottleneckBlock(nn.Module):
"""Pre-activation bottleneck residual block."""

    expansion = 4

def __init__(self, in_slices, slices, stride=1):
    super(PreActivationBottleneckBlock, self).__init__()

    self.bn_1 = nn.BatchNorm2d(in_slices)
    self.conv_1 = nn.Conv2d(in_channels=in_slices,
                            out_channels=slices,
                            kernel_size=1,
                            bias=False)

    self.bn_2 = nn.BatchNorm2d(slices)
    self.conv_2 = nn.Conv2d(in_channels=slices,
                            out_channels=slices,
                            kernel_size=3, stride=stride,
                            padding=1,
                            bias=False)

    self.bn_3 = nn.BatchNorm2d(slices)
    self.conv_3 = nn.Conv2d(in_channels=slices,
                            out_channels=self.expansion *
                            slices, kernel_size=1,
                            bias=False)

    # if the input/output dimensions differ use convolution for
    the shortcut
    if stride != 1 or in_slices != self.expansion * slices:
        self.shortcut = nn.Sequential(
            nn.Conv2d(in_channels=in_slices,
                      out_channels=self.expansion * slices,
                      kernel_size=1, stride=stride,
                      bias=False)
    )
```

expansion 파라미터는 오리지널 구현을 따라 4이다. self.conv_1 컨볼루션 연산은 1×1 다운샘플링 병목 연결을 나타내고, self.conv_2는 실제 컨볼루션이며, self.conv_3는 업샘플링 1×1 컨볼루션이다. 이 지름길 메커니즘은 PreActivationBlock에서와 같은 논리를 따른다.

5. 다음으로 PreActivationBottleneckBlock.forward 메소드를 구현하자. 여기서도 PreActivationBlock에서와 같은 논리를 따른다:

```
def forward(self, x):
    out = F.relu(self.bn_1(x))

    #  reuse bn+relu in down-sampling layers
    shortcut = self.shortcut(out) if hasattr(self, 'shortcut')
    else x

    out = self.conv_1(out)

    out = F.relu(self.bn_2(out))
    out = self.conv_2(out)

    out = F.relu(self.bn_3(out))
    out = self.conv_3(out)

    out += shortcut

    return out
```

6. Residual 네트워크 자체를 구현하자. 클래스 정의(nn.Module을 상속)와 __init__ 메소드로 시작한다:

```
class PreActivationResNet(nn.Module):
"""Pre-activation residual network"""

def __init__(self, block, num_blocks, num_classes=10):
    """
    :param block: type of residual block (regular or bottleneck)
    :param num_blocks: a list with 4 integer values.
       Each value reflects the number of residual blocks in the
       group
    :param num_classes: number of output classes
```

```
    """
    super(PreActivationResNet, self).__init__()

    self.in_slices = 64

    self.conv_1 = nn.Conv2d(in_channels=3, out_channels=64,
                            kernel_size=3, stride=1, padding=1,
                            bias=False)

    self.layer_1 = self._make_group(block, 64, num_blocks[0],
                   stride=1)
    self.layer_2 = self._make_group(block, 128, num_blocks[1],
                   stride=2)
    self.layer_3 = self._make_group(block, 256, num_blocks[2],
                   stride=2)
    self.layer_4 = self._make_group(block, 512, num_blocks[3],
                   stride=2)
    self.linear = nn.Linear(512 * block.expansion, num_classes)
```

이 네트워크는 오리지널 구현과 마찬가지로 네 개의 Residual 블록 그룹을 포함한다. 각 그룹의 블록 수는 num_blocks 파라미터로 지정된다. 초기 컨볼루션은 오리지널 구현의 보폭 2, 7×7과 달리 보폭 1, 3×3 필터를 사용한다. 이는 32×32 CIFAR-10 이미지가 224×224 ImageNet 이미지 보다 훨씬 작기 때문이다.

7. 하나의 Residual 블록 그룹을 생성하는 PreActivationResNet._make_group 메소드를 구현한다. 보폭이 파라미터로 제공되는 첫 번째를 제외하고 그룹의 모든 블록은 보폭이 1이다:

```
def _make_group(self, block, slices, num_blocks, stride):
    """Create one residual group"""

    strides = [stride] + [1] * (num_blocks - 1)
    layers = []
    for stride in strides:
        layers.append(block(self.in_slices, slices, stride))
        self.in_slices = slices * block.expansion

    return nn.Sequential(*layers)
```

8. 네트워크를 통해 데이터를 전파하는 `PreActivationResNet.forward` 메소드를 구현한다. FC 최종 층 앞에 다운샘플링 평균 풀링을 볼 수 있다:

```
def forward(self, x):
    out = self.conv_1(x)
    out = self.layer_1(out)
    out = self.layer_2(out)
    out = self.layer_3(out)
    out = self.layer_4(out)
    out = F.avg_pool2d(out, 4)
    out = out.view(out.size(0), -1)
    out = self.linear(out)

    return out
```

9. 네트워크가 완료되면 몇 가지 ResNet 구성을 구현할 수 있다. 다음은 `[3, 4, 6, 3]` 비병목(non-bottleneck) Residual 블록들로 그룹화된 34개의 컨볼루션 층이 있는 `ResNet34`이다.

```
def PreActivationResNet34():
    return PreActivationResNet(block=PreActivationBlock,
                               num_blocks=[3, 4, 6, 3])
```

10. 마지막으로 네트워크를 훈련시킬 수 있다. 훈련 및 테스트 데이터셋들을 정의하는 것으로 시작하겠다. 2장 CNN 이해에서 비슷한 시나리오를 이미 살펴봤으므로, 구현을 자세히 다루지 않겠다. 샘플을 4화소로 패딩하고 랜덤하게 32×32를 추출해서 훈련 세트를 보강한다. 다음은 구현이다:

```
# training data transformation
transform_train = transforms.Compose([
    transforms.RandomCrop(32, padding=4),
    transforms.RandomHorizontalFlip(),
    transforms.ToTensor(),
    transforms.Normalize((0.4914, 0.4821, 0.4465), (0.2470,
    0.2435, 0.2616))
])

# training data loader
train_set = torchvision.datasets.CIFAR10(root='./data',
```

```
                                          train=True,
                                          download=True,
                                          transform=transform_train)

train_loader = torch.utils.data.DataLoader(dataset=train_set,
                                          batch_size=100,
                                          shuffle=True,
                                          num_workers=2)

# test data transformation
transform_test = transforms.Compose([
    transforms.ToTensor(),
    .Normalize((0.4914, 0.4821, 0.4465), (0.2470, 0.2435, 0.2616))
])

# test data loader
testset = torchvision.datasets.CIFAR10(root='./data',
                                          train=False,
                                          download=True,
                                          transform=transform_test)

test_loader = torch.utils.data.DataLoader(dataset=testset,
                                          batch_size=100,
                                          shuffle=False,
                                          num_workers=2)
```

11. 그런 다음 네트워크 모델과 크로스 엔트로피 손실과 Adam 옵티마이저 같은 훈련 파라미터들을 인스턴스화한다:

```
# load the model
model = PreActivationResNet34()

# select gpu 0, if available
# otherwise fallback to cpu
device = torch.device("cuda:0" if torch.cuda.is_available() else
"cpu")

# transfer the model to the GPU
model = model.to(device)
```

```
# loss function
loss_function = nn.CrossEntropyLoss()

# We'll optimize all parameters
optimizer = optim.Adam(model.parameters())
```

12. 이제 EPOCHS 에포크 동안 네트워크를 훈련시킬 수 있다. `train_model`, `test_ model` 및 `plot_accuracy` 함수는 2장 CNN 이해의 PyTorch로 TL 구현하기 섹션에서와 같으므로 여기서는 그 구현을 반복하지 않는다. 다음은 코드이다:

```
EPOCHS = 15

test_acc = list()  # collect accuracy for plotting
for epoch in range(EPOCHS):
    print('Epoch {}/{}'.format(epoch + 1, EPOCHS))

    train_model(model, loss_function, optimizer, train_loader)
    _, acc = test_model(model, loss_function, test_loader)
    test_acc.append(acc)

plot_accuracy(test_acc)
```

그리고 다음 그래프에서 15 에포크 동안의 테스트 정확도를 볼 수 있다(훈련에 다소 시간이 걸릴 수 있음).

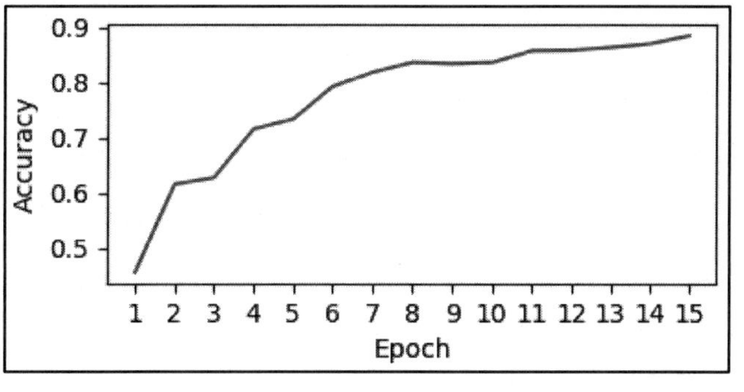

그림 3.5 15 에포크 동안의 ResNet34 CIFAR 정확도

이 섹션의 코드는 부분적으로 https://github.com/kuangliu/pytorch-cifar의 사전 활성화 ResNet 구현에 기반한다.

이 섹션에서는 다양한 유형의 ResNet에 대해 논의했고, 이어서 PyTorch를 사용하여 구현했다. 다음 섹션에서는 병렬 연결 사용을 새로운 수준으로 높이는, 또 다른 네트워크 계열인 Inception 네트워크를 소개한다.

3.4 Inception 네트워크 이해

Inception 네트워크(*Going Deeper with Convolutions*, https://arxiv.org/abs/1409.4842)는 2014년 ImageNet 챌린지에서 우승했을 때 도입되었다. 그 이후로 저자들은 아키텍처의 여러 개선 버전을 발표했다.

재미있는 사실: Inception이라는 이름은 영화 Inception과 관련된 We need to go deeper라는 인터넷 밈(meme)에서 일부 유래했다.

Inception 네트워크의 아이디어는 이미지의 객체들이 다른 크기를 갖는다는 기본 전제에서 시작되었다. 물체가 멀리 있을 때는 이미지의 작은 영역을 차지하지만, 가까워지면 이미지의 대부분을 차지하게 된다. 이것은 층마다 뉴런들의 수용 필드 크기가 고정된 표준 CNN에 어려움을 제공한다. 보통 네트워크는 특정 스케일의 객체를 잘 탐지할 수 있지만, 그렇지 않으면 놓칠 수 있다. 이 문제를 해결하기 위해 논문의 저자들은 Inception 블록들로 구성된 새로운 아키텍처를 제안했다. Inception 블록은 공통 입력으로 시작하여, 다른 병렬 경로(또는 타워)로 분할한다. 각 경로에는 필터 크기가 다른 컨벌루션 층 또는 풀링 층이 포함된다. 이렇게 함으로써 같은 입력 데이터에 서로 다른 수용 필드를 적용한다. Inception 블록의 끝에서는 서로 다른 경로의 출력들이 서로 연결된다. 다음 몇 섹션에서는 Inception의 다양한 변형에 대해 설명한다.

3.4.1 Inception v1

다음 다이어그램은 GoogLeNet 네트워크 아키텍처(https://arxiv.org/abs/1409.

4842)의 일부인 Inception 블록의 첫 번째 버전을 보여준다. GoogLeNet에는 다음과 같은 9개의 Inception 블록이 있다.

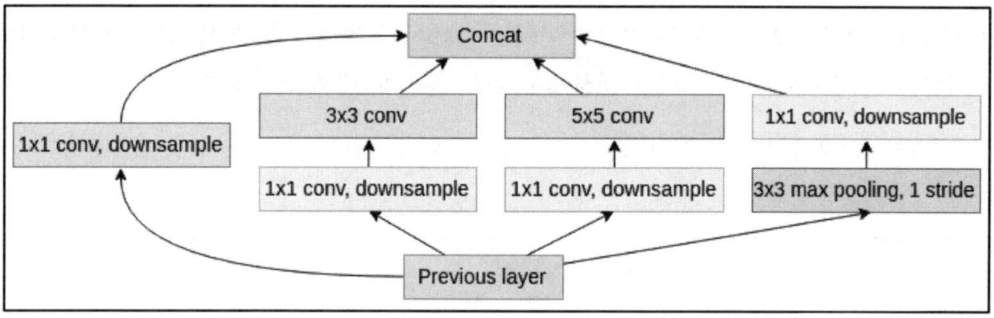

그림 3.6 Inception v1 블록(https://arxiv.org/abs/1409.4842)

v1 블록에는 4개의 경로가 있다:

- 1×1 컨볼루션: 입력에 대한 일종의 리피터 역할
- 1×1 컨볼루션+3×3 컨볼루션
- 1×1 컨볼루션+5×5 컨볼루션
- 3×3 맥스 풀링(보폭 1)

블록의 층들은 입력과 출력이 동일한 모양을 갖도록 패딩을 사용한다(하지만 깊이는 다르다). 패딩은 각 경로가 필터 크기에 따라 다른 모양의 출력을 생성하기 때문에도 필요하다. 이는 모든 버전의 Inception 블록에 대해 유효하다.

이 Inception 블록의 또 다른 주요 혁신은 다운샘플링 1×1 컨볼루션을 사용하는 것이다. 모든 경로의 출력이 이어져서 블록의 최종 출력을 생성하는데, 이 이음의 결과는 4배 깊이의 출력이고, 만일 다른 Inception 블록이 현재 블록 뒤에 놓이면, 그 출력 깊이는 다시 4배가 된다. 이러한 기하급수적인 성장을 피하기 위해 블록은 1×1 컨볼루션을 사용하여 각 경로의 깊이를 줄임으로써, 블록의 출력 깊이를 줄인다. 이를 통해 리소스를 소진하지 않고도 더 깊은 네트워크를 생성할 수 있다.

GoogLeNet은 또한 보조 분류기를 활용한다. 즉, 다양한 중간 층에 두 개의 추가 분류 출력(같은 groundtruth 레이블을 가짐)이 있다. 훈련 중 총 손실 값은 이 보조 손실들과 실제 손실의 가중 합계이다.

3.4.2 Inception v2, v3

Inception v2와 v3는 함께 발표되었으며 오리지널 Inception 블록에 대한 몇 가지 개선 사항을 제안한다(*Rethinking the Inception Architecture for Computer Vision*, `https://arxiv.org/abs/1512.00567`). 첫 번째는 5×5 컨볼루션을 두 개의 3×3 컨볼루션으로 분해하는 것이다. VGG 소개 섹션에서 이의 장점에 대해 논의했다.

다음 다이어그램에서 새로운 Inception 블록을 볼 수 있다:

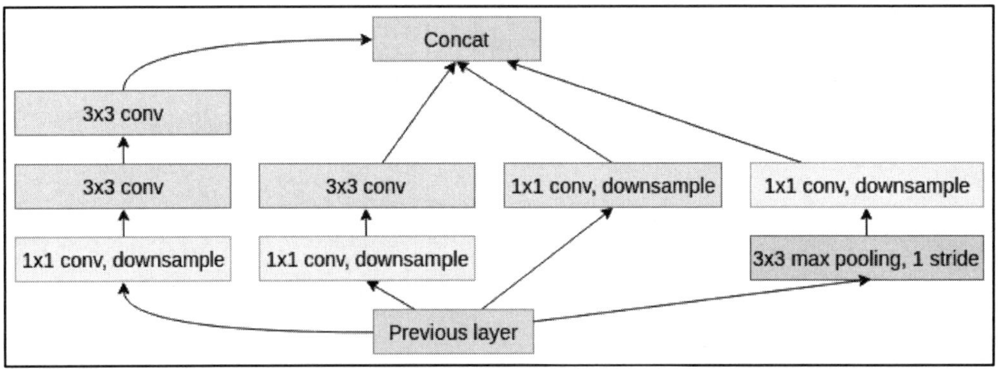

그림 3.7 Inception 블록 A(https://arxiv.org/abs/1512.00567)

두 번째 개선은, $n \times n$ 컨볼루션을 적층된 비대칭 $1 \times n$ 및 $n \times 1$ 컨볼루션으로 분해한 것이다. 예를 들어, 3×3 컨볼루션을 1×3 및 3×1 컨볼루션으로 분할할 수 있다. 여기서 3×1 컨볼루션은 1×3 컨볼루션의 출력에 적용된다. 첫 번째 경우에 필터 크기는 $3 * 3 = 9$가 되고, 두 번째 경우에는 결합된 크기가 $(3 * 1) + (1 * 3) = 3 + 3 = 6$이 되어 결과적으로 다음 다이어그램에서 보듯이 33% 효율성을 얻게 된다:

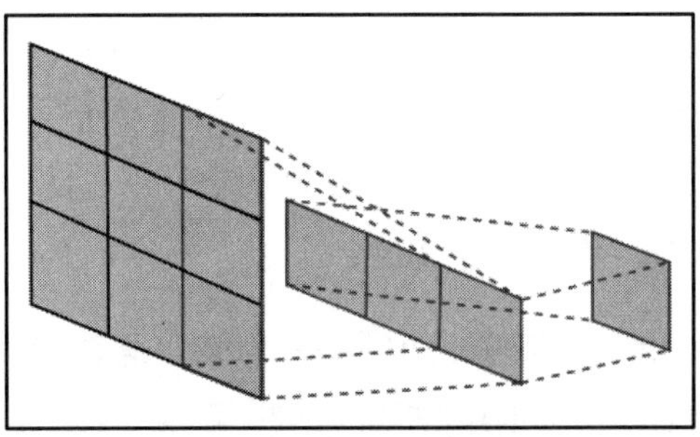

그림 3.8 1×3 및 3×1 컨볼루션에 의한 3×3 컨볼루션의 분해[102] (https://arxiv.org/abs/1512.00567)

저자들은 인수분해(factorized) 컨볼루션을 활용하는 두 개의 새로운 블록을 소개했다. 이 블록들 중 첫 번째 블록(전체에서 두 번째)은 Inception 블록 A와 같다:[103]

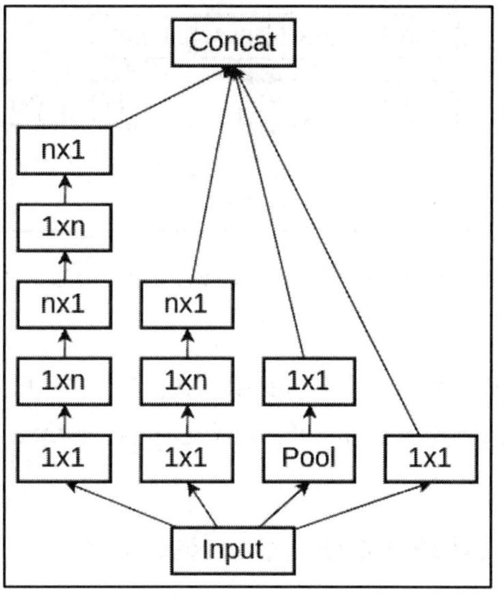

그림 3.9 Inception 블록 B. n=3이면 블록 A와 같다.(https://arxiv.org/abs/1512.00567)

두 번째(전체에서 세 번째) 블록은 비슷하지만 비대칭 컨볼루션이 병렬이라서 더 깊은 출력 깊이 (더 많은 연결된 경로들)를 얻게 된다. 여기서의 가설은 네트워크에 더 많은 특징(서로 다른 필터)이 있을수록, 더 빨리 학습한다는 것이다(더 많은 필터의 필요성에 대해서도 2장 컨볼루션 네트워크 이해에서 논의했다). 반면에 층이 넓을수록 더 많은 메모리와 계산 시간을 사용한다. 이 때문에 이 블록은 다른 블록들 다음에, 네트워크의 더 깊은 부분에서만 사용된다.

102. 맨 처음 층은 3개의 출력 유닛에 의한 3×1 컨볼루션으로 이루어진다. 3×1 컨볼류션에 이어 1×3 컨볼류션을 사용하는 것은 3×3 컨볼루션에서와 같은 수용 필드로 2층 네트워크를 슬라이딩시키는 것과 같다.

103. n=3일 때, 5×5 컨볼루션을 두 개의 3×3 컨볼루션으로 대체. 모든 n×n 컨볼류션을 1×n 컨볼루션에 이은 n×1 컨볼루션으로 대체 가능하다는 이론

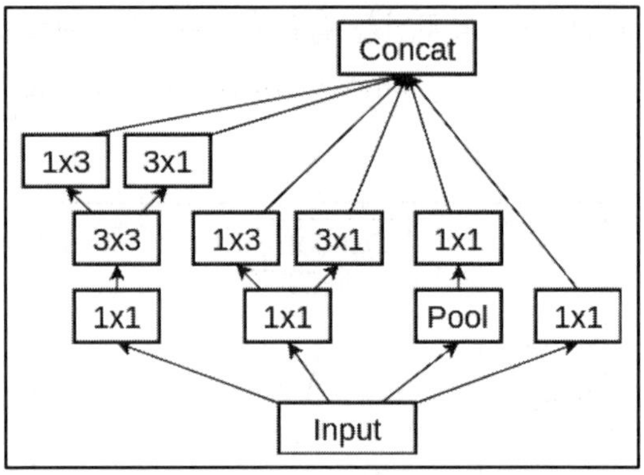

그림 3.10 Inception 블록 C.(https://arxiv.org/abs/1512.00567)

이 새로운 블록들을 사용하여 저자들은 v2 및 v3의 두 가지 새로운 Inception 네트워크를 제안했다. 이 버전의 또 다른 주요 개선 사항은 같은 저자들이 도입한 BN의 사용이다.

3.4.3 Inception v4와 Inception-ResNet

Inception 네트워크의 최근 버전에서 저자들은 이전 버전들의 아이디어를 토대로 세 개의 새로운 간소화(능률화) 인셉션 블록들을 소개했다(*Inception-v4, Inception-ResNet and the Impact of Residual Connections on Learning*, `https://arxiv.org/abs/1602.07261`). 그들은 7x7 비대칭 인수분해 컨볼루션과, 최대 풀링 대신 평균 풀링을 도입했다. 더 중요한 것으로서, Inception-ResNet으로 알려진 Residual/Inception 하이브리드 네트워크를 만들었다. 여기에서 Inception 블록도 Residual 연결을 포함한다. 다음 다이어그램에서 이러한 블록 중 하나의 구성도를 볼 수 있다:

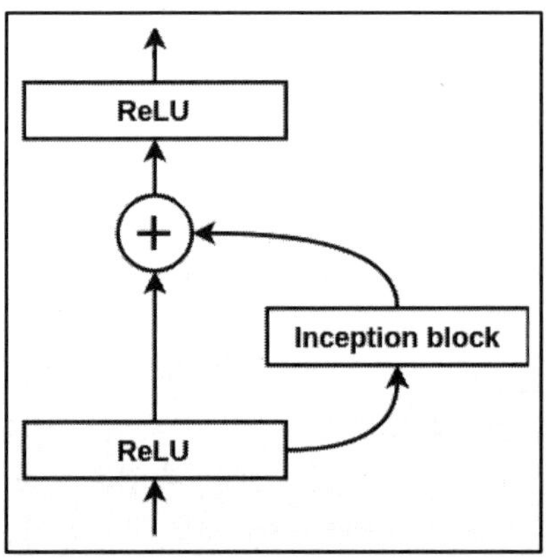

그림 3.11 Residual skip 연결이 있는 Inception 블록

이 섹션에서는 다양한 유형의 Inception 네트워크와, 다양한 Inception 블록에서 사용되는 원리에 대해 설명했다. 다음으로, Inception 개념을 새로운 깊이(또는 너비)로 이끄는 새로운 CNN 아키텍처에 대해 이야기해보겠다.

3.5 Xception 소개

지금까지의 모든 Inception 블록은 입력을 여러 병렬 경로로 분할하여 시작한다. 각 경로는 차원 감소 1×1 크로스-채널 컨볼루션과 일반 크로스-채널 컨볼루션으로 계속된다. 한편으로 1×1 연결은 크로스-채널 코릴레이션을 매핑하지만 공간 코릴레이션은 매핑하지 않는다(필터 크기가 1×1이기 때문에). 반면에 후속 크로스-채널 컨볼루션은 두 가지 유형의 코릴레이션을 매핑한다. 2장 컨볼루션 네트워크 이해에서 다음 두 작업을 결합하는 **DSC(깊이 방향 분리 가능 컨볼루션)**을 소개했다:

- **깊이 방향 컨볼루션**: 단일 입력 슬라이스는 단일 출력 슬라이스를 생성하므로, 공간(크로스-채널은 아님) 코릴레이션만 매핑한다.
- **1×1 크로스-채널 컨볼루션**: 1×1 컨볼루션의 경우는 그 반대이다. 즉, 크로스-채널 코릴레이션만 매핑한다.

Xception(*Xception: Deep Learning with Depthwise Separable Convolutions*, `https://arxiv.org/abs/1610.02357`)의 저자들은 사실상 DSC를 Inception 블록의 극단적(이름의 유래) 버전으로 생각할 수 있다고 주장한다. 여기서 각 깊이 방향 입력/출력 슬라이스 쌍은 하나의 병렬 경로를 나타낸다. 입력 슬라이스 수만큼의 병렬 경로가 있다. 다음 다이어그램은 단순화된 Inception 블록과, 그의 Xception 블록으로의 변환을 보여준다:

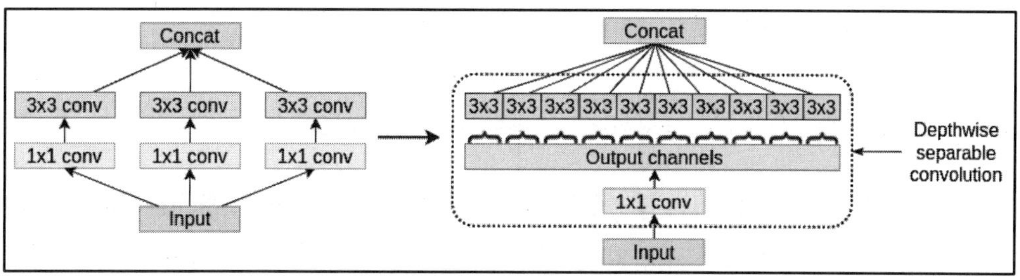

그림 3.12 (a) 단순화된 Inception 모듈. (b) Xception 블록(https://arxiv.org/abs/1610.02357)

Xception 블록과 DSC에는 두 가지 차이점이 있다:

- Xception에서는 1×1 컨볼루션이 DSC에서처럼 마지막이 아니라 먼저 나온다. 그러나 이러한 연산은 어쨌든 스택될 것이므로, 순서가 중요하지 않다고 가정할 수 있다.
- Xception 블록은 각 컨볼루션 후에 ReLU 활성화를 사용하는 반면, DSC는 크로스-채널 컨볼루션 후에 비선형성을 사용하지 않는다. 저자의 실험에 따르면, 비선형성 깊이 방향 컨볼루션이 없는 네트워크가 더 빠르게 수렴되고 더 정확했다.

다음 다이어그램이 Xception 네트워크의 아키텍처를 보여준다:

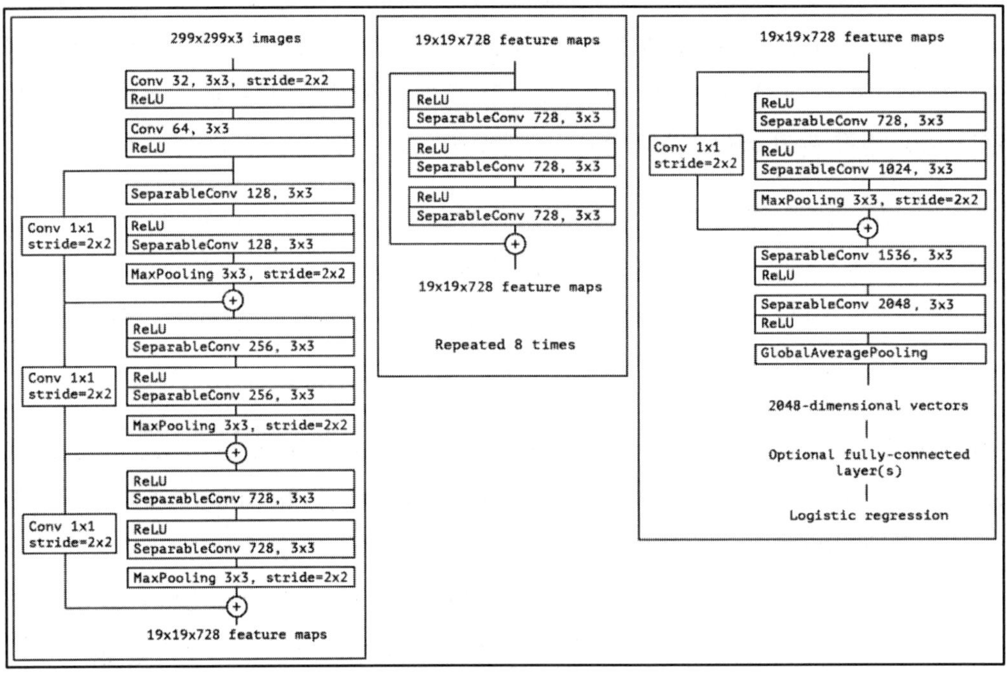

그림 3.13 Xception 네트워크 구조. (a) 진입 흐름(Entry flow). (b) 중간 흐름(8회 반복). (c) 출구 흐름(Exit flow) (출처: https://arxiv.org/abs/1610.02357)

선형적으로 스택된 DSC들로 구성되며, 다음은 일부 속성이다:

- 네트워크에는, 첫 번째 및 마지막 모듈을 제외하고, 모두 선형 Residual 연결이 있는 14개의 모듈로 구성된, 36개의 컨볼루션 층이 있다. 모듈들은 진입, 중간, 출구의 세 개의 순차적 가상 흐름으로 그룹화된다.

- 진입 및 출구 흐름에서 3×3 맥스 풀링을 사용한 다운샘플링; 중간 흐름에 다운샘플링 없음; FC 층 앞에 글로벌 평균 풀링
- 모든 컨볼루션 및 DSC 다음에는 BN
- 모든 DSC의 깊이 승수는 1(깊이 확장 없음)

이 섹션으로 Inception 기반 모델들을 마친다. 다음 섹션에서는 작은 설치 공간과 계산 효율성을 우선시하는 특수 모델에 초점을 맞춘다.

3.6 MobileNet 소개

이 섹션에서는 MobileNet(*MobileNetV2: Inverted Residuals and Linear Bottlenecks*, `https://arxiv.org/abs/1801.04381`)이라는 경량 CNN 모델에 관해 설명한다. 이 아이디어의 두 번째 버전에 초점을 맞출 것이다(MobileNetV1은 *MobileNets: Efficient Convolutional Neural Networks for Mobile Vision Applications*, `https://arxiv.org/abs/1704.04861`에 소개되었다).

MobileNet은 휴대폰과 같이 메모리와 컴퓨팅 성능이 제한적인 장치를 대상으로 한다(이름에서 알 수 있다). 설치 공간을 줄이기 위해 네트워크는 DSC, 선형 병목 및 반전된 residual을 사용한다.

우리는 이미 DSC에 익숙하므로 다른 두 가지에 대해 논의해 보자:

- **선형 병목**: 이 개념을 이해하기 위해 논문을 인용하겠다:

  > "각 활성화 텐서의 크기가 $h_i \times w_i \times d_i$인, n층(L_i)으로 구성된 DNN을 고려하자. 이 섹션에서 이러한 활성화 텐서의 기본 속성을 논의할 것이며, 이들을 $h_i \times w_i$ "화소"의 d_i 차원의 컨테이너로 다룰 것이다. 비공식적으로, 실제 이미지 입력 세트에 대해, 임의의 L_i층 활성화 세트가 "관심 매니폴드(manifold of interest)"를 형성한다고 말한다. NN의 관심 매니폴드가 저차원 하위 공간에 임베딩될 수 있다고 오랫동안 가정되어 왔다. 즉, 깊은 컨볼루션 층의 모든 개별 d-채널 화소를 볼 때, 이러한 값들에 인코딩된 정보는 실제로, 저차원 부공간(subspace)에 임베딩될 수 있

는 어떤 매니폴드에 놓여 있다."

이를 수행하는 한 가지 방법은 1×1 병목 컨볼루션을 사용하는 것이다. 그러나 이 논문의 저자들은 이 컨볼루션 뒤에 ReLU와 같은 비선형성이 뒤따르면, 매니폴드 정보가 손실될 수 있다고 주장한다. ReLU 입력이 0보다 크면 이 유닛의 출력은 입력의 선형 변환과 같다. 그러나 입력이 그 보다 작으면 ReLU는 붕괴되어 해당 유닛의 정보가 손실된다. 이 때문에 MobileNet은 비선형 활성화 없이 1×1 병목 컨볼루션을 사용한다.

- 역 Residual(inverted residual): Residual 네트워크 섹션에서는 비 단축(지름길) 경로의 데이터 흐름이 **입력 → 1×1 병목 conv → 3×3 conv → 1×1 업샘플링 conv**인 병목 Residual 블록을 소개했다. 즉, **넓고 → 좁고 → 넓은** 데이터 표현을 따른다. 저자는 병목이 실제로 필요한 모든 정보를 포함하고 있는 반면, 확장 층은 단지 텐서의 비선형 변환을 수반하는 구현 디테일로 동작한다고 주장한다. 이 때문에 그들은 병목 연결들 사이에 지름길 연결을 대신 제안한다.

이러한 속성을 기반으로 MobileNet 모델은 다음 빌딩 블록들로 구성된다:

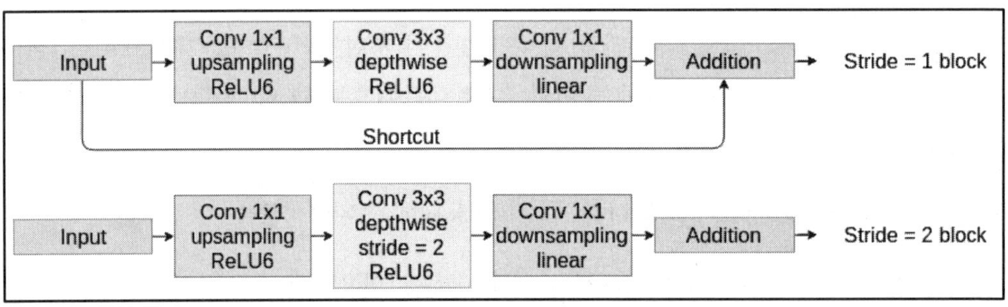

그림 3.14 MobileNet V2 블록. (a) 위: 보폭=1 블록. (b) 아래: 보폭=2 블록

이 모델은 ReLU6 비선형성을 사용한다: ReLU6=min(max (input, 0), 6). 최대 활성화 값은 6으로 제한된다—이렇게 함으로써, 비선형성이 낮은 정밀도의 부동 소수점 계산에서 더 강건하다. 이는 6은 많아야 3비트만 차지하고 나머지는 숫자의 부동 소수점 부분에 남겨줄 수 있기 때문이다.

보폭 외에도 이 블록들은 병목 컨볼루션의 확장비를 결정하는 확장 계수 t로 기술된다.

다음 표는 블록의 입력 및 출력 크기 간의 관계를 보여준다:

❙ 표 3.1 ❙ 입력 및 출력 크기 관계 (출처: https://arxiv.org/abs/1801.04381)

Input	Operator	Output
$h \times w \times k$	1×1 conv2d, ReLU6	$h \times w \times (tk)$
$h \times w \times tk$	3×3 dwise $s=s$, ReLU6	$\frac{h}{s} \times \frac{w}{s} \times (tk)$
$\frac{h}{s} \times \frac{w}{s} \times tk$	Linear 1×1 conv2d	$\frac{h}{s} \times \frac{w}{s} \times k'$

앞의 표에서 h와 w는 입력의 높이와 너비, s는 보폭, k와 k'은 입력과 출력의 채널 수이다.

끝으로 전체 모델 아키텍처는 다음과 같다:

Input	Operator	t	c	n	s
$224^2 \times 3$	conv2d	-	32	1	2
$112^2 \times 32$	bottleneck	1	16	1	1
$112^2 \times 16$	bottleneck	6	24	2	2
$56^2 \times 24$	bottleneck	6	32	3	2
$28^2 \times 32$	bottleneck	6	64	4	2
$14^2 \times 64$	bottleneck	6	96	3	1
$14^2 \times 96$	bottleneck	6	160	3	2
$7^2 \times 160$	bottleneck	6	320	1	1
$7^2 \times 320$	conv2d 1x1	-	1280	1	1
$7^2 \times 1280$	avgpool 7x7	-	-	1	-
$1 \times 1 \times 1280$	conv2d 1x1	-	k	-	

그림 3.15 MobileNetV2 아키텍처 (출처: https://arxiv.org/abs/1801.04381)

각 행은 n번 반복되는 하나 이상의 같은 블록 그룹이다. 같은 그룹의 모든 층은 같은 출력 채널 수(c)를 갖는다. 각 시퀀스의 첫 번째 층의 보폭은 s이고, 다른 모든 층은 보폭 1을 사용한다. 모든 공간 컨볼루션은 3×3 커널을 사용한다. 확장 계수 t는 항상 앞의 표에 기술된대로 입력 크기에 적용된다.

우리가 논의할 다음 모델은 모든 층이 상호 연결되는 새로운 유형의 빌딩 블록이 있는 네트워크 모델이다.

3.7 DenseNet 소개

DenseNet(*Densely Connected Convolutional Networks*, `https://arxiv.org/abs/1608.06993`[104])은 기울기 소멸(vanishing gradient) 문제를 완화하고, 특징 전파를 개선[105]하는 동시에, 네트워크 파라미터의 수를 줄이려고 한다. 이 문제를 해결하기 위해 ResNet이 skip 연결이 있는 Residual 블록을 도입한 방법은 이미 살펴보았다. DenseNet은 이 아이디어에서 영감을 얻어, 고밀도 블록을 도입하여 더욱 발전했다. 고밀도 블록은 어떤 층이든 모든 후속 층에 직접 연결[106]되는 순차적 컨볼루션 층들로 구성된다. 즉, 네트워크의 l층은 이전의 모든 네트워크 층에서 입력 x_l을 받는다:

$$\mathbf{x}_l = H_l([\mathbf{x}_0, \mathbf{x}_1, \ldots, \mathbf{x}_{l-1}])$$

여기에서 $[\mathbf{x}_0, \mathbf{x}_1, \cdots, \mathbf{x}_{l-1}]$는 이전 네트워크 층들로부터의 이어진(concatenated)[107] 출력 특징 맵들이다. 이 점이 서로 다른 층을 요소 별 덧셈으로 결합하는 ResNet과 다르다. H_l은 세 가지 유형의 DenseNet 블록을 정의하는 복합 함수[108]이다(아래 그림에는 2가지만 표시됨):

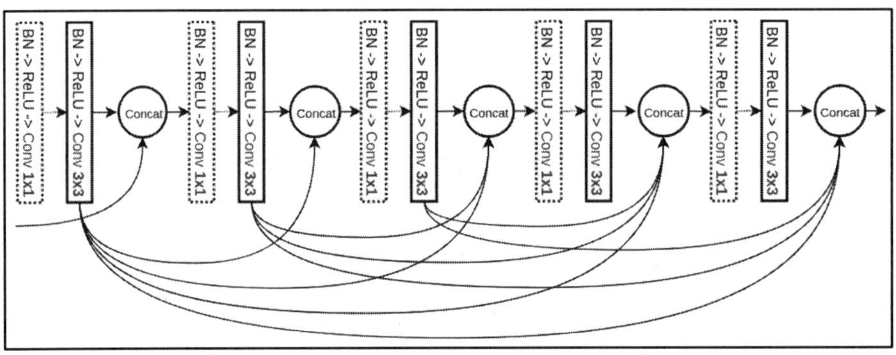

그림 3.16 고밀도 블록(1)[109]: 차원 축소 층(점선)은 DenseNet-B 아키텍처의 일부(DenseNet-A에는 없음. DenseNet-C는 표시되지 않음.)

104. 2016년도에 소개됨
105. Forward와 backward 양방향 모두
106. 즉, feed forward fashion으로.
107. 서로 다른 층에서 학습된 특징 맵들을 이음으로써 후속 층들의 입력의 변화를 증가시키고, 효율성을 개선한다.
108. 비선형. 뱃치 정규화, ReLU, 풀링, Conv 등의 복합 함수
109. 5층. 각 층이 모든 이전 특징 맵들을 입력으로 받고 있다.

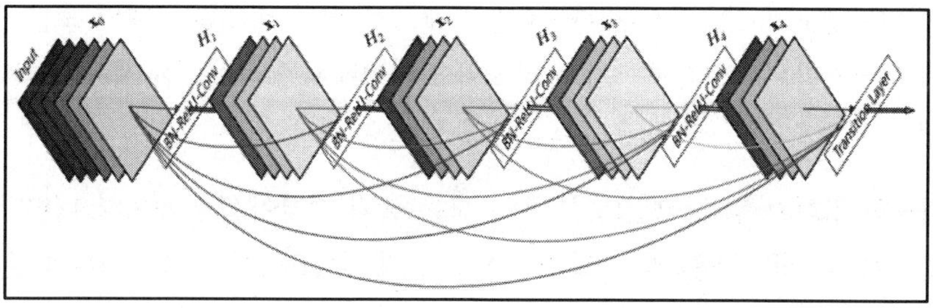

그림 3.17 고밀도 블록(2): 성장률 k = 4인 5층 고밀도 블록. 각 층은 앞단의 모든 특징 맵을 입력으로 사용 (출처: Densely Connected Convolutional Networks, CVPR2017, Huang et. al.)

이들의 정의는 다음과 같다:

- DenseNet-A: 기본 블록으로서, H_l이 BN, 활성화, 3×3 컨볼루션 순서로 구성된다.

$$H_l = BatchNorm \rightarrow ReLU \rightarrow Conv\ \mathbf{3{\times}3}$$

- DenseNet-B: 각 연결 후 차원 축소용 1×1 컨볼루션[110]을 적용한다.

$$H_l = BatchNorm \rightarrow ReLU \rightarrow Bottleneck\ Conv\ \mathbf{1}x\mathbf{1} \\ \rightarrow BatchNorm \rightarrow ReLU \rightarrow Conv\ \mathbf{3{\times}3}$$

- DenseNet-C: 각 고밀도 블록 뒤에 다운샘플링용 1×1 컨볼루션이 추가되어 있다[111]. B와 C의 조합을 DenseNet-BC[112]라고 부른다.

고밀도 블록은 컨볼루션 층의 수와 각 층의 출력 볼륨 깊이(성장률[113])로 지정된다. 고밀도 블록의 입력 볼륨 깊이가 k_0이고, 각 컨볼루션 층의 출력 볼륨 깊이가 k라고 하자. 그러면 이음으로 인해 l번째 층의 입력 볼륨 깊이는 $k_0 + k(l-1)$이 된다. 고밀도 블록의 후반 층들은 많은 이음으로 인해 입력 볼륨이 깊지만, DenseNet은 12 정도까지의 낮은 성장률 값으로 작동할 수 있어서, 총 파라미터 수를 줄인다. 이것이 작동하는 이유를 이해하기 위해 특징 맵을 네트워크의 **집단적 지식**(collective knowledge. 또는 글로벌 상태)으로 생각해보자. 각 층은 이 상태에 자신의 k개의 특징 맵을 추가하고, 성장률은 해당 층이

110. 입력 특징 맵 수를 줄여서 계산 효율성을 높인다.
111. 모델 compactness를 개선하는 것이 목적. 전이(transition) 층(인접 고밀도 블록 사이의 층. 컨볼루션과 풀링으로 특징 맵의 크기를 바꿔준다)의 압축 계수 $q<1$인 DenseNet.
112. 병목 층과 전이(transition) 층이 함께 사용됨
113. 각 합성 함수가 생산하는 특징 맵 수

이에 기여하는 정보의 양을 결정한다. 조밀한 구조로 인해 네트워크 내의 모든 곳에서 전역 상태에 액세스할 수 있다. 즉, 기존 네트워크 아키텍처에서처럼 한 층에서 다음 층으로 복제할 필요가 없으므로, 더 적은 수의 특징 맵으로 시작할 수 있다.

이음을 가능하게 하기 위해 고밀도 블록은, 모든 출력 슬라이스의 높이와 너비가 블록 전체에서 같도록 패딩을 사용한다. 그러나 이로 인해 고밀도 블록 내에서는 다운샘플링이 불가능하다. 따라서 고밀도 네트워크는 다운샘플링 풀링 작업으로 분리되는 여러 개의 순차적 고밀도 블록들로 구성된다.

이 논문의 저자들은 전반적 아키텍처가 ResNet과 유사한 DenseNet 모델들을 제안했다:

Layers	Output Size	DenseNet-121	DenseNet-169	DenseNet-201	DenseNet-264
Convolution	112 × 112	7 × 7 conv, stride 2			
Pooling	56 × 56	3 × 3 max pool, stride 2			
Dense Block (1)	56 × 56	[1 × 1 conv, 3 × 3 conv] × 6	[1 × 1 conv, 3 × 3 conv] × 6	[1 × 1 conv, 3 × 3 conv] × 6	[1 × 1 conv, 3 × 3 conv] × 6
Transition Layer (1)	56 × 56	1 × 1 conv			
	28 × 28	2 × 2 average pool, stride 2			
Dense Block (2)	28 × 28	[1 × 1 conv, 3 × 3 conv] × 12	[1 × 1 conv, 3 × 3 conv] × 12	[1 × 1 conv, 3 × 3 conv] × 12	[1 × 1 conv, 3 × 3 conv] × 12
Transition Layer (2)	28 × 28	1 × 1 conv			
	14 × 14	2 × 2 average pool, stride 2			
Dense Block (3)	14 × 14	[1 × 1 conv, 3 × 3 conv] × 24	[1 × 1 conv, 3 × 3 conv] × 32	[1 × 1 conv, 3 × 3 conv] × 48	[1 × 1 conv, 3 × 3 conv] × 64
Transition Layer (3)	14 × 14	1 × 1 conv			
	7 × 7	2 × 2 average pool, stride 2			
Dense Block (4)	7 × 7	[1 × 1 conv, 3 × 3 conv] × 16	[1 × 1 conv, 3 × 3 conv] × 32	[1 × 1 conv, 3 × 3 conv] × 32	[1 × 1 conv, 3 × 3 conv] × 48
Classification Layer	1 × 1	7 × 7 global average pool			
		1000D fully connected, softmax			

그림 3.18 DenseNet 네트워크 모델군 (출처: https://arxiv.org/abs/1608.06993)

이들은 다음과 같은 속성이 있다:

- 7×7, 보폭 2, 다운샘플링 컨볼루션으로 시작
- 보폭 2, 추가 다운샘플링용 3×3 맥스 풀링
- 4개의 DenseNet-B 블록 그룹. 네트워크 모델군은 각 그룹 내의 고밀도 블록 수에 차이가 있다.
- 다운샘플링은 고밀도 그룹 사이에 보폭 2, 2×2 풀링 연산의 전이 층에 의해 다뤄진다.
- 전이 층에는 특징 맵의 수를 줄이기 위해 1×1 병목 컨볼루션이 추가된다. 이 컨볼루션의 압축 비는 하이퍼파라미터 θ로 지정된다. 여기서 $0 < \theta \le 1$이다. 입력

특징 맵의 수가 m이면, 출력 특징 맵의 수는 θm이다.

- 고밀도 블록은 7×7 글로벌 평균 풀링으로 끝나며, 1,000 유닛 FC 소프트맥스 층이 이어진다.

DenseNet의 저자들은 또한 MSDNet(*Multi-Scale Dense Networks for Resource Efficient Image Classification*, `https://arxiv.org/abs/1703.09844`)으로 불리는 개선된 DenseNet 모델을 발표했다. 이 모델은 다중 스케일 고밀도 블록을 사용한다.

전통적 CNN 아키텍처에 관한 논의를 DenseNet으로 마친다. 다음 섹션에서는 최적의 NN 아키텍처를 찾아내는 프로세스를 자동화하는 게 가능한지 여부를 논의할 것이다.

3.8 뉴럴 아키텍처 검색 작업

지금까지 논의한 NN 모델은 저자들이 설계했다. 그러나 컴퓨터가 NN을 설계하도록 할 수 있다면 어떨까? NN 설계를 자동화하는 기술인 **NAS**(neural architecture search, 신경망 아키텍처 검색)를 검색해본다.

계속 진행하기 전에 네트워크 아키텍처가 무엇으로 구성되어 있는지 살펴보자:

- **연산 그래프**: 네트워크를 나타낸다. 1장 *신경망 기초*에서 논의했듯이 이 연산에는 컨볼루션, 활성화 함수, FC 층, 정규화 등 다양한 요소가 포함된다.
- **각 연산의 파라미터**: 예를 들어, 컨볼루션 파라미터는 유형(크로스-채널, 깊이 방향 등), 입력 차원, 입력/출력 슬라이스 수, 보폭, 패딩 등이다.

이 아키텍처 파라미터 집합은 NN ML 알고리듬의 모든 하이퍼파라미터의 부분 집합이다. 기타 파라미터에는 학습률, 미니 뱃치 크기, 최적화 알고리듬(예: Adam, SGD)이 포함된다. 따라서 NAS를 일종의 하이퍼파라미터 최적화 문제(ML 알고리듬을 위한 최적의 하이퍼파라미터를 선택하는 작업)로 생각할 수 있다. 하이퍼파라미터 최적화 자체는 자동화된 ML(AutoML)의 구성 요소 중 하나이다. 이는 ML 솔루션의 모든 단계를 자동화하는 것을 목표로 하는 보다 광범위한 프로세스이다. AutoML 알고리듬은 먼저 알고리듬 유형(예: 결정 트리, NN)을 선택한 다음, 선택한 알고리듬의 하이퍼파라미터 최적화를 진행한다. 이 책은 NN에 초점을 맞추고 있기 때문에, 편의상 우리가 이미 알고리듬을 선택했다고 가정하고, 이제 네트워크를 설계하려고 한다.

이 섹션에서는 강화 학습(reinforcement learning. 이하 RL)을 사용하는 그래디언트 기반 NAS에 대해 설명한다(*Neural Architecture Search with Reinforcement Learning*, `https://arxiv.org/abs/1611.01578`). 이 시점에서는 RL에 관해 논의하지 않고, 그 대신 알고리듬에 초점을 맞출 것이다. 네트워크 정의를 문자열(토큰 시퀀스)로 나타낼 수 있다는 전제에서 시작한다. 컨볼루션으로만 구성된 순차적 CNN을 생성한다고 가정하자. 그러면 문자열 정의의 일부는 다음과 같을 것이다:

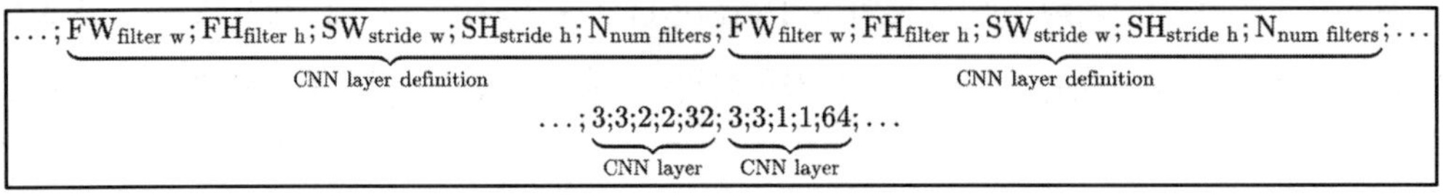

그림 3.19 NAS 문자열 정의

컨볼루션만 사용하므로 층 유형을 지정할 필요가 없다. 단순화하기 위해 패딩을 제외한다. 첫 번째 줄의 아래 첨자 텍스트는 명확성을 위해 포함되지만, 알고리듬 버전에는 포함되지 않는다.

다음 다이어그램에서 알고리듬[114] 개요를 볼 수 있다:

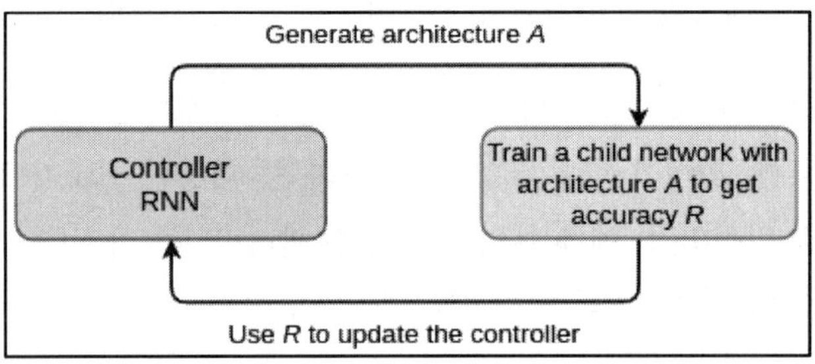

그림 3.20 RL 기반 NAS 알고리듬의 개요

컨트롤러부터 시작하자. 이것은 새로운 네트워크 아키텍처를 생성하는 것이 임무인 RNN (recurrent neural network)이다. 아직 RNN에 관해서 논의하지 않았지만(7장 *RNN 이해* 참고), 그럼에도 불구하고 어떻게 작동하는지 설명하려고 노력할 것이다. 1장 *신경망 기초*에서 우리는 RNN이 내부 상태(모든 이전 입력의 요약)를 유지한다고 언급했다. 내부 상태와 최신 입력 샘플을 기반으로, 네트워크는 새 출력을 생성하고 내부 상태를 업데이트

114. 강화 학습 기반

하고, 다음 입력을 기다린다.

여기서 컨트롤러는 네트워크 아키텍처를 기술하는 문자열 시퀀스를 생성한다. 컨트롤러 출력은 단일 토큰 시퀀스[115]이다. 이는 필터 높이/너비, 보폭 너비/높이, 출력 필터 수 등[116]일 수 있다. 토큰 유형은 현재 생성된 아키텍처의 길이에 따라 다르다. 이 토큰이 확보되면, RNN 컨트롤러에 입력으로 피드백한다. 그러면 네트워크는 다음 토큰 시퀀스를 생성한다.

이 프로세스는 다음 다이어그램에 묘사되어 있다:

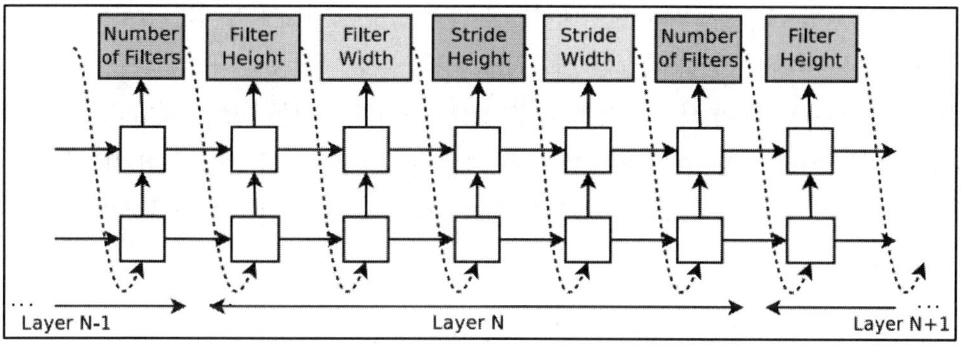

그림 3.21 RNN 컨트롤러를 사용한 네트워크 아키텍처 생성. 출력 토큰은 다음 토큰을 생성하기 위해서 컨트롤러에 입력으로 피드백된다. (출처: https://arxiv.org/abs/1611.01578)

다이어그램의 흰색 세로 정사각형들은 2층 **LSTM**(Long short-term memory) 셀로 구성된(y축 방향) RNN 컨트롤러를 나타낸다. 다이어그램이 x축 방향으로 여러 RNN 인스턴스를 보여주지만, 실제로는 같은 네트워크이다. 시퀀스 생성 프로세스를 나타내기 위해 시간에 펼쳐져 있다. 즉, x축 방향의 각 단계가 네트워크 정의의 단일 토큰을 나타낸다. 단계 t에서의 토큰 예측은 소프트맥스 분류기에 의해 수행된 다음, 단계 $t+1$에서 컨트롤러 입력으로 공급된다. 생성된 네트워크의 길이가 특정 값에 도달할 때까지 이 프로세스를 계속한다. 처음에 이 값은 작지만(짧은 네트워크) 훈련이 진행됨에 따라 점차 증가한다(긴 네트워크).

NAS를 더 잘 이해하기 위해 단계별 알고리듬 실행을 살펴보자:

1. 컨트롤러가 새로운 아키텍처 A를 생성한다.

115. 가변 길이

116. 그리고 skip 연결을 위한 이전 층들

2. 수렴할 때까지 해당 아키텍처로 새로운 네트워크를 구축하고 훈련시킨다.
3. 훈련에서 제외된 샘플 세트에 대해 새 네트워크를 테스트하고 오류 R을 측정한다.
4. 이 오류를 사용하여 컨트롤러 파라미터 θ_c를 업데이트한다. 컨트롤러가 RNN이므로, 이것은 네트워크를 훈련시키고 가중치를 조정하는 것을 의미한다. 모델 파라미터는 미래 아키텍처의 오류 R을 줄이는 방향으로 업데이트된다. 이것은 이 섹션의 범위를 벗어난 REINFORCE라는 RL 알고리즘에 의해 가능하다.
5. 생성된 네트워크의 오류 R이 특정 문턱치 아래로 떨어질 때까지 이 단계들을 반복한다.

컨트롤러가 생성하는 네트워크 아키텍처는 제한적일 수 있다. 이 섹션의 앞부분에서 언급했듯이, 가장 심각한 제한은 생성된 네트워크가 컨볼루션 층으로만 구성된다는 것이다. 단순화하기 위해 각 컨벌루션 층에는 BN 및 ReLU 활성화가 자동으로 포함된다. 그러나 이론적으로 컨트롤러는 풀링이나 정규화 같은 다른 층들도 있는 더 복잡한 아키텍처를 생성할 수 있다. 아키텍처 시퀀스에 층 유형을 위한 추가 컨트롤러 단계를 추가하여 이를 구현할 수 있다.

이 논문의 저자들은 생성된 아키텍처에 Residual skip 연결을 추가할 수 있는 기법을 구현했다. 앵커 포인트라고 부르는 특수한 유형의 컨트롤러 단계를 이용한다. 층 N의 앵커 포인트에는 콘텐트 기반 시그모이드가 있다. 시그모이드 $j(j=1,\ 2,\ 3,\ \ldots,\ N-1)$의 출력은 현재 층이 층 j에 Residual 연결을 가질 확률을 나타낸다.

수정된 컨트롤러를 다음 다이어그램이 보여준다:

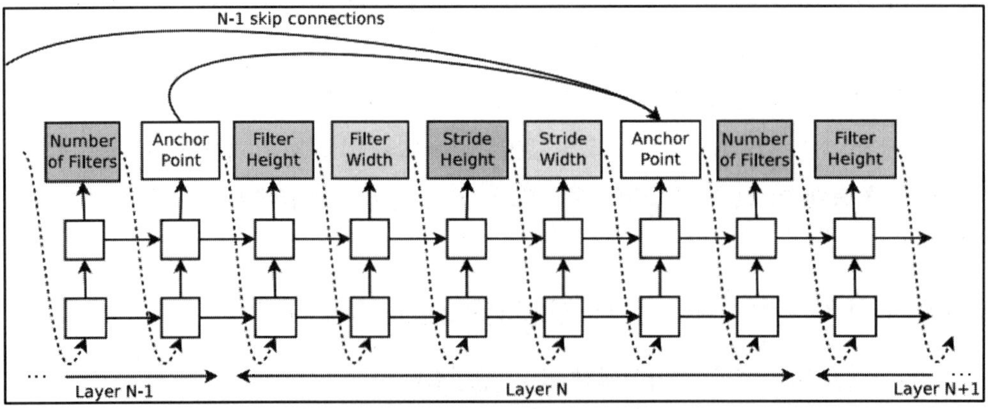

그림 3.22 Residual 연결을 위한 앵커 포인트가 있는 RNN 컨트롤러
(출처: https://arxiv.org/abs/1611.01578)

하나의 층에 많은 입력 층이 있는 경우, 모든 입력은 채널(깊이) 차원을 따라 이어진다. Skip 연결은 네트워크 설계에 몇 가지 문제를 야기할 수 있다:

- 네트워크의 첫 번째 은닉층(즉, 다른 입력 층에 연결되지 않은 층)은 입력 이미지를 입력 층으로 사용한다.[117]
- 네트워크의 끝에서, 연결되지 않은 모든 층 출력들은 최종 은닉 상태에 이어져서 분류기로 전송된다.[118]
- 이을 출력들의 크기는 다를 수 있다. 이 경우 더 작은 특징 맵은 더 큰 특징 맵의 크기에 맞추도록 0으로 패딩된다.

실험에서 저자들은 각 층에 35개 유닛이 있는 2층 LSTM 셀이 있는 컨트롤러를 사용했다. 모든 컨볼루션에 대해 컨트롤러는 값 {1, 3, 5, 7} 중에서 필터 높이와 너비를 선택하고, {24, 36, 48, 64} 중에서 필터 수를 선택해야 한다. 두 세트의 실험을 수행했는데, 하나는 컨트롤러가 {1, 2, 3}에서 보폭을 선택할 수 있게 허용하고, 다른 하나는 고정 보폭 1로 수행했다.

컨트롤러가 아키텍처를 생성하면, 새 네트워크는 CIFAR-10 데이터셋의 45,000개 이미지에 대해 50 에포크 동안 훈련된다. 나머지 5,000개 이미지는 유효성 검사에 사용된다. 훈련 중에 컨트롤러는 6개 층의 아키텍처 깊이로 시작해서, 1,600회 반복 마다 깊이를 2개씩 늘린다. 가장 성능이 좋은 모델의 유효성 검사 오류는 3.65%이다. 이것은 800개의 GPU를 사용해서 12,800개 아키텍처 시도 후에 발견되었다[119]. 이러한 가파른 계산 요구량의 이유는, 각각의 새로운 네트워크가 백지 상태에서 훈련되어 하나의 정확도 값을 내주고, 그런 다음 컨트롤러를 훈련하는 데 사용될 수 있기 때문이다. 최근에는 새로운 ENAS 알고리듬(*Efficient Neural Architecture Search via Parameter Sharing*, `https://arxiv.org/abs/1802.03268`)에 의해서, 생성된 모델 간에 가중치를 공유하여 NAS의 계산 리소스를 크게 줄일 수 있었다.

다음 섹션에서는 이제까지 논의한 CNN의 몇 가지 한계를 극복하려는 새로운 유형의 NN에 대해 논의한다.

117. 연결된 입력 층이 없는 층이 입력 층으로 사용된다는 뜻.
118. 마지막 층에서, 연결되지 않은 모든 출력 층들을 잇는다는 뜻.
119. 병렬로, 28일 간

3.9 캡슐 네트워크 소개

캡슐 네트워크(*Dynamic Routing Between Capsules*, `https://arxiv.org/abs/1710.09829`)는 표준 CNN의 일부 한계를 극복하기 위해 제안되었다. 캡슐 네트워크의 개념을 이해하려면 먼저 CNN의 한계를 이해해야 한다. 이에 관해 다음 섹션에서 살펴보겠다.

3.9.1 CNN의 한계

Hinton 교수의 인용문으로 시작하자:

> "컨볼루션 신경망에 사용되는 풀링 작업은 큰 실수이며, 잘 작동한다는 사실은 재앙이다."

2장 컨볼루션 네트워크 이해에서 언급했듯이 CNN은 **이동 불변**(translation-invariant)이다. 그림의 오른쪽 반에 얼굴이 있는 그림을 상상해 보자. 이동 불변성은 CNN이 사진에 얼굴이 포함되어 있는지 여부를 알려주는 데 매우 능숙하지만, 얼굴이 이미지의 왼쪽 또는 오른쪽 부분에 있는지 여부를 알려줄 수 없음을 의미한다. 이의 주요 원인은 풀링 층이다. 모든 풀링 층은 약간의 이동 불변성을 야기한다. 예를 들어, 맥스 풀링은 입력 뉴런들 중 하나의 활성화만 전달하며, 후속 층들은 어떤 뉴런이 라우팅되었는지 알 수 없다.

여러 풀링 층을 쌓음으로써 수용 필드 크기가 점진적으로 커진다. 그러나 감지된 객체가 새로운 수용 필드의 어디에 있을지 알 수 없다. 풀링 층이 그런 정보를 전달하지 않기 때문이다. 따라서 이동 불변성도 증가된다. 얼핏 생각하기에 최종 레이블이 이동 불변이어야 하기 때문에, 이게 좋은 것으로 보일 수 있다. 그러나 CNN이 객체의 상대적 위치를 식별할 수 없기 때문에 문제가 된다. CNN은 다음 두 이미지를 얼굴로 식별한다. 둘 다 서로에 대한 상대적인 위치에 관계없이 얼굴의 구성 요소(코, 입, 눈)를 포함하기 때문이다.

다음 다이어그램이 보여주는 이 문제를 피카소 문제라고도 한다:

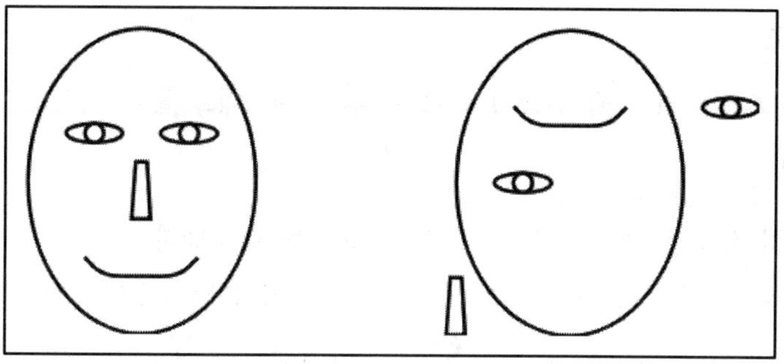

그림 3.23 컨볼루션 네트워크는 이 두 이미지를 모두 얼굴이라고 식별한다.

그런데 그게 다가 아니다. CNN은 얼굴의 방향(orientation)이 달라져도 혼란스러울 것이다(예: 상하 반전 경우). 이를 극복하는 한 가지 방법은 훈련 데이터 보강(회전)이다. 그러나 이것은 네트워크의 한계를 보여줄 뿐이다. 우리는 객체를 다른 방향으로 명시적으로 보여주고, 이것이 실제로 같은 객체라고 CNN에 알려줘야 한다.

지금까지 우리는 CNN이 객체의 이동 정보를 버리며(이동 불변), 방향을 이해하지 못하는 것을 보았다. 컴퓨터 비전에서 이동과 방향의 조합을 **포즈(pose)**라고 한다. 포즈는 좌표계에서 객체의 속성을 고유하게 식별하기에 충분하다. 이것을 설명하기 위해 컴퓨터 그래픽을 사용해보자. 3D 객체, 예를 들어 입방체(cube)는 포즈와 가장자리 길이로 완전히 정의된다. 3D 객체의 표현을 화면의 이미지로 변환하는 프로세스를 렌더링이라고 한다. 입방체의 포즈와 가장자리 길이만 알면, 원하는 모든 관점에서 렌더링할 수 있다.

따라서 어떻게든 이러한 속성을 이해하도록 네트워크를 훈련시킬 수 있다면, 같은 객체의 여러 보강 버전을 제공할 필요가 없을 것이다. CNN은 내부 데이터 표현이 객체의 포즈에 관한 정보를 포함하지 않기 때문에 그렇게 할 수 없다. 그 반면, 캡슐 네트워크는 객체의 유형과 포즈 모두에 관한 **정보를 보존**한다. 따라서 객체 변형을 감지할 수 있다(can detect objects that can transform into each other). 이를 **equivariance**[120]라고 한다. 우리는 또한 이것을 **리버스 그래픽**, 즉 렌더링된 이미지에 기반해서 객체의 속성을 재구성하는 것으로 생각할 수 있다.

이러한 문제를 해결하기 위해 이 논문의 저자들은 뉴런 대신에 **캡슐**이라고 하는 새로운 유형의 네트워크 빌딩 블록을 제안한다. 다음 섹션에서 이에 관해 논의해보자.

120. invariance와 반대의 의미로 이해하면 된다.

3.9.2 캡슐

뉴런의 출력이 스칼라인 반면 캡슐의 출력은 벡터이다. 캡슐 출력 벡터는 다음과 같은 의미를 수반한다:

- 벡터의 요소는 객체의 포즈 및 기타 속성을 나타낸다.
- 벡터의 길이는 (0, 1) 범위에 있으며, 해당 위치에서 특징을 감지할 확률을 나타낸다. 벡터의 길이는 $|\mathbf{v}| = \sqrt{\sum_{i=1}^{n} v_i^2}$ 이며, 여기서 v_i는 벡터 요소이다.

얼굴을 감지하는 캡슐을 생각해보자. 이미지에서 얼굴을 움직이기 시작하면 캡슐 벡터의 값이 변경되어 위치의 변화를 반영한다. 그러나 얼굴의 확률은 위치에 따라 변하지 않기 때문에 길이는 항상 같게 유지된다.

캡슐은 일반 네트워크처럼 상호 연결된 층들로 구성된다. 한 층의 캡슐은 다음 층의 캡슐에 대한 입력 역할을 한다. 그리고 CNN처럼, 얕은 층은 기본적 특징을 검출하고, 깊은 층은 이들을 더 추상적이고 복잡한 특징으로 결합한다. 그러나 캡슐은 검출된 객체뿐만 아니라 위치 정보도 전달한다. 이를 통해 깊숙이 있는 캡슐은 특징들의 존재뿐만 아니라, 관계도 분석할 수 있다. 예를 들어, 어떤 캡슐 층이 입, 얼굴, 코, 눈을 검출할 수 있을 것이고, 후속 캡슐 층은 이러한 특징들의 존재 여부뿐만 아니라, 그들의 공간 관계가 올바른지 여부도 확인할 수 있을 것이다. 두 조건이 모두 참일 때만 후속 층에서 얼굴이 있다고 확인할 수 있다. 이것은 캡슐 네트워크에 관한 high-level 개요이다. 이제 캡슐이 정확히 어떻게 작동하는지 보자.

다음 스크린 샷에서 캡슐의 구조를 볼 수 있다:

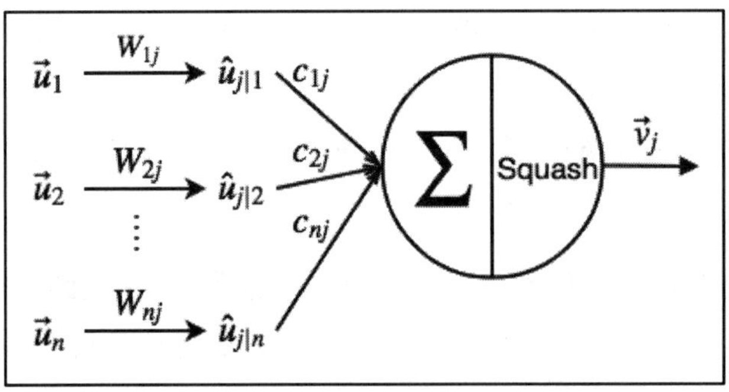

그림 3.24 캡슐

다음 단계로 분석하자:

1. 캡슐 입력은 이전 층의 캡슐에서 나온 출력 벡터 $\mathbf{u}_1$, $\mathbf{u}_2$, ... $\mathbf{u}_n$이다.
2. 예측 벡터 $\hat{\mathbf{u}}_{j|i} = W_{ij} \cdot \mathbf{u}_i$를 생성하기 위해, 각 벡터 $\mathbf{u}_i$에 해당 가중치 행렬 W_{ij}를 곱한다. 가중치 행렬 $\mathbf{W}$는 이전 층의 캡슐에서 온 하위 레벨 특징과 현재 층의 상위 레벨 특징 간의 공간 및 여타 관계를 인코딩한다. 예를 들어 현재 층의 캡슐이 얼굴을 감지하고, 이전 층의 캡슐이 입($\mathbf{u}_1$), 눈($\mathbf{u}_2$), 코($\mathbf{u}_3$)를 감지한다고 가정하자. 그러면 $\hat{\mathbf{u}}_{j|1} = W_{1j} \cdot \mathbf{u}_1$은 입의 위치가 주어졌을 때의 예측된 얼굴 위치이다. 같은 방식으로 $\hat{\mathbf{u}}_{j|2} = W_{2j} \cdot \mathbf{u}_2$는 감지된 눈의 위치를 기반으로 얼굴 위치를 예측하고, $\hat{\mathbf{u}}_{j|3} = W_{3j} \cdot \mathbf{u}_3$는 코의 위치를 기반으로 얼굴 위치를 예측한다. 만일 세 개의 하위 레벨 캡슐 벡터가 모두 같은 위치를 나타낸다면, 현재 캡슐은 얼굴이 실제로 존재한다고 확신할 수 있다. 이 예제에서는 위치만 사용했지만, 벡터는 크기 및 방향과 같은 특징들 간의 다른 유형의 관계도 인코딩할 수 있다. 가중치 W는 BP로 학습된다.
3. 다음으로 $\hat{\mathbf{u}}_{j|i}$ 벡터에 스칼라 결합 계수(coupling coefficient) c_{ij}를 곱한다. 이 계수들은 가중치 행렬과는 별도의 파라미터 집합이다. 모두 두 캡슐 사이에 존재하며 어떤 상위 레벨 캡슐이 어떤 하위 레벨 캡슐로부터 입력을 받을 것인지를 나타낸다. 그러나 BP를 통해 조정되는 가중치 행렬과 달리, 결합 계수는 **동적 라우팅**(dynamic routing)이라는 프로세스를 통해 순방향 패스 동안 즉석에서 계산된다. 다음 섹션에서 설명하겠다.
4. 그런 다음 가중 입력 벡터의 합을 계산한다. 이 단계는 뉴런의 가중치 합과 비슷하지만 벡터를 사용한다:

$$\mathbf{s}_j = \sum_i c_{ij} \hat{\mathbf{u}}_{j|i}$$

5. 마지막으로 벡터 $\mathbf{s}_j$를 스쿼시하여 캡슐의 출력 $\mathbf{v}_j$를 계산한다. 여기서 스쿼싱은 방향을 바꾸지 않고 길이가 (0, 1) 범위에 들도록 벡터를 변환하는 것을 의미한다. 언급했듯이, 캡슐 벡터의 길이는 검출된 특징의 확률을 나타내며, 이를 (0, 1) 범위로 스쿼싱하는 것이 이를 반영한다. 이를 위해 저자들은 새로운 공식을 제안한다:

$$\mathbf{v}_j = \frac{|\mathbf{s}_j|^2}{1 + |\mathbf{s}_j|^2} \frac{\mathbf{s}_j}{|\mathbf{s}_j|}$$

이제 캡슐의 구조를 알았으므로 다음 섹션에서는 서로 다른 층의 캡슐들 간의 결합 계수를 계산하기 위한 알고리듬을 설명한다. 즉, 서로 간에 신호를 중계하는 메커니즘이다.

동적 라우팅

다음 다이어그램에 표시된 결합 계수 c_{ij}를 계산하는 동적 라우팅 프로세스를 설명해보겠다:

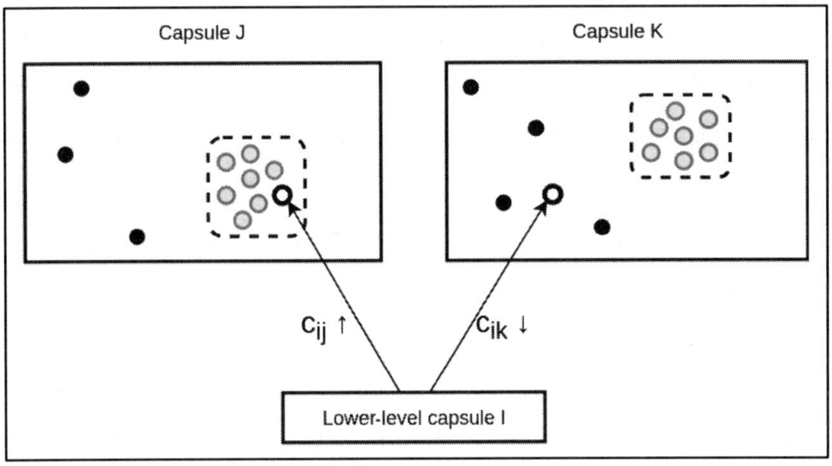

그림 3.25 동적 라우팅 예. 그룹화된 점들은 서로 일치하는 하위 레벨 캡슐들을 나타낸다.

하위 레벨 캡슐 I는 출력을 두 개의 상위 레벨 캡슐 J와 K 중 어디로 보낼지를 결정해야 한다. 어두운 점들과 밝은 점들은, J와 K가 이미 다른 하위 레벨 캡슐들로부터 받은 예측 벡터 $\hat{\mathbf{u}}_{j|*}$와 $\hat{\mathbf{u}}_{k|*}$를 나타낸다. I 캡슐에서 J 및 K 캡슐로 향한 화살표들은 I로부터 J 및 K까지의 $\hat{\mathbf{u}}_{j|i}$ 및 $\hat{\mathbf{u}}_{k|i}$ 예측 벡터를 나타낸다. 클러스터(clustered) 예측 벡터들(밝은 점 무리)은 상위 레벨 특징과 관련하여 서로 일치하는 하위 레벨 캡슐들을 나타낸다. 예를 들어 K 캡슐이 얼굴을 기술한다면, 무리를 이루는 예측들은 입, 코, 눈 같은 하위 레벨 특징을 나타낸다. 반대로 흩어져 있는(어두운) 점들은 불일치를 나타낸다. I 캡슐이 차량 타이어를 예측하면, K의 클러스터 예측들과 일치하지 않을 것이다.

그러나 J의 클러스터 예측들이 헤드라이트, 앞 유리, 펜더 같은 특징을 나타내는 경우, I의 예측은 그들과 일치할 것이다. 하위 레벨 캡슐은 각 상위 레벨 캡슐의 뭉쳐 있는 그룹 또는 흩어져 있는 그룹에 속하는지 여부를 결정하는 방법이 있다. 뭉쳐 있는 그룹에 속하면, 해당 캡슐과의 결합 계수를 증가시키고 벡터를 그 방향으로 보낸다. 반대로 흩어져 있는 그룹에 속하면 결합 계수가 감소한다.

저자들이 소개한 단계별 알고리듬을 사용하여 이 지식을 공식화하자:

1. l층의 i 캡슐과 $(l+1)$층의 j 캡슐에 대해 b_{ij}를 초기화한다($b_{ij} \leftarrow 0$). 여기서 b_{ij}는 c_{ij}와 같은 임시 변수이다. 모든 b_{ij}의 벡터 표현은 $\mathbf{b}_i$이다. 알고리듬이 시작할 때, i 캡슐이 출력을 $(l+1)$층의 캡슐 중 하나로 보낼 확률은 동등하다.
2. r회 반복(여기서 r은 파라미터):
   - l층에 있는 모든 캡슐 i에 대해 $\mathbf{c}_i \leftarrow \text{softmax}(\mathbf{b}_i)$. 캡슐의 모든 나가는 방향의 결합 계수 c_i의 합은 1(확률적 특성을 가짐)이 되도록 소프트맥스를 사용.
   - $(l+1)$층의 모든 캡슐 j에 대해 $\mathbf{s}_j \leftarrow \sum_i c_{ij}\hat{\mathbf{u}}_{j|i}$. 즉, $(l+1)$층의 스쿼싱되지 않은 출력 벡터를 모두 계산한다.
   - $(l+1)$층의 모든 캡슐 j에 대해 스쿼싱된 벡터 $\mathbf{v}_j \leftarrow \text{squash}(\mathbf{s}_j)$를 계산한다.
   - l층에 있는 모든 캡슐(i)과 $(l+1)$층의 캡슐 j에 대해 $b_{ij} \leftarrow b_{ij} + \hat{\mathbf{u}}_{j|i} \cdot \mathbf{v}_j$ for all i. 여기서 $\hat{\mathbf{u}}_{j|i} \cdot \mathbf{v}_j$는 하위 레벨 캡슐 i의 예측 벡터와 상위 레벨 캡슐 j의 출력 벡터의 내적이다. 내적이 크면 일치도가 높으며, 출력을 j 캡슐로 보내고 결합 계수가 증가한다.

저자들은 최근 기대 최대화(expectation-maximization)라는 클러스터링 기법을 사용한 업데이트된 동적 라우팅 알고리듬을 발표했다. *Matrix capsules with EM routing* (`https://ai.google/research/pubs/pub46653`)에서 이에 관한 자세한 내용을 읽을 수 있다.

3.10 캡슐 네트워크의 구조

이 섹션에서는 저자들이 MNIST 데이터셋을 분류하는 데 사용한 캡슐 네트워크의 구조를 설명한다. 네트워크의 입력은 28×28 MNIST 그레이스케일 이미지이다. 단계는 다음과 같다:

1. 256개의 9×9 필터, 보폭 1, ReLU 활성화가 있는 단일 컨벌루션 층으로 시작한다. 출력 볼륨의 모양은 (256, 20, 20)이다.
2. 256개의 9×9 필터와 보폭이 2인 또 다른 컨벌루션 층이 있다. 출력 볼륨의 모양은 (256, 6, 6)이다.
3. 이 층의 출력을 `PrimaryCaps`라는 첫 번째 캡슐 층의 기반으로 사용한다. (256, 6, 6) 출력 볼륨을 받아서, 32개의 (8, 6, 6) 블록으로 나눈다. 즉, 32개의 블록 각각은 8개의 6×6 슬라이스를 포함한다. 각 슬라이스에서 같은 좌표의 활성화 값을 가져와서 벡터로 결합한다. 예를 들어, 슬라이스 1의 (3, 7) 활성화, 슬라이스 2의 (3, 7) 활성화 등을 가져와서, 길이가 8인 벡터로 결합할 수 있다. 이런 벡터가 36개가 될 것이다. 그런 다음 각 벡터를 캡슐로 변환한다(총 36개의 캡슐). `PrimaryCaps` 층의 출력 볼륨 모양은 (32, 8, 6, 6)이다.
4. 두 번째 캡슐 층은 `DigitCaps`라고 부른다. 여기에는 10개의 캡슐(숫자 당 1개)이 있으며, 출력은 길이가 16인 벡터이다. `DigitCaps` 층의 출력 볼륨 모양은 (10, 16)이다. 각 `DigitCaps` 캡슐 벡터의 길이를 계산하고, 벡터가 가장 긴 캡슐을 네트워크의 예측 결과로 취한다.
5. 훈련에서 네트워크에는 `DigitCaps` 뒤에 3개의 FC 층이 포함되며, 그 중 마지막 층에는 784(28×28)개의 뉴런이 있다. 순방향 훈련 패스에서 가장 긴 캡슐 벡터가 이 층들에 대한 입력이 된다. 그들은 그 벡터에서 시작하여 원본 이미지를 재구성한다. 재구성된 이미지는 원본 이미지와 비교되고, 그 차이가 역방향 패스에 대한 추가적 규제(regularization) 손실 역할을 한다.

캡슐 네트워크는 컴퓨터 비전에서 새롭고 유망한 접근 방식이다. 그러나 아직 널리 채택되지 않았고, 이 책에서 논의된 DL 라이브러리들에도 공식적인 구현은 없지만, 제 3자 구현은 많이 찾을 수 있다.

3.11 요약

이 장에서는 몇 가지 인기 있는 CNN 아키텍처에 대해 논의했다: 고전적인 모델, AlexNet, 그리고 VGG로 시작했다. 그런 다음 가장 잘 알려진 네트워크 아키텍처 중 하나인 ResNets에 특별히 주의를 기울였다. 또한 다양한 Inception 네트워크들과, 그들 관련된 Xception 및 MobileNetV2 모델들에 관해서도 논의했다. 또한 흥미로운 새로운 ML 영역인 NAS에 관해서도 이야기했다. 마지막으로, CNN의 본질적 한계를 극복하려는 새로운 유형의 CV 네트워크인 캡슐 네트워크에 관해 논의했다.

분류 작업을 위한 TL 시나리오에서 ResNet과 MobileNet을 사용한 2장 컨볼루션 네트워크 이해에서 이러한 모델을 적용하는 방법을 이미 살펴보았다. 다음 장에서는 객체 검출 및 이미지 분할 같은 더 복잡한 작업에 이들 중 일부를 적용하는 방법을 살펴보기로 한다.

CHAPTER 4

객체 검출 및 이미지 분할

3장 고급 컨볼루션 네트워크에서 우리는 가장 인기 있고 성능이 좋은 **컨볼루션 신경망(CNN)** 모델에 대해 논의했다. 각 네트워크의 아키텍처 특성에 초점을 맞추기 위해, 분류 문제의 단순한 맥락에서 모델을 살펴봤다. 컴퓨터 비전 작업의 세계에서 분류는 이미지에 레이블을 지정하는 것으로서 비교적 간단한 편에 속한다. 이 장에서는 초점을 네트워크 아키텍처로부터 두 가지 더 흥미로운 컴퓨터 비전 작업인 객체 검출 및 의미론적(semantic) 분할로 옮길 것이다. 이러한 작업들은 모델이 이미지를 보다 포괄적으로 이해해야 하기 때문에 분류에 비해 더 복잡하다고 말할 수 있다. 즉, 이미지에서 다양한 객체와 그들의 위치를 검출할 수 있어야 한다. 동시에 작업 복잡성으로 인해 더 창의적인 솔루션이 가능하다. 이 장에서 우리는 그들 중 일부를 논의한다.

이 장에서는 다음 주제를 다룬다:

- 객체 검출 소개:
  - 객체 검출에 대한 접근 방법
  - YOLO
  - Faster R-CNN
- 이미지 분할:
  - U-Net
  - Mask R-CNN

4.1 객체 검출 소개

객체 검출은 이미지 또는 비디오에서 얼굴, 자동차, 나무와 같은 특정 클래스의 객체 인스턴스를 찾는 프로세스이다. 분류와 달리 객체 검출은 이미지에서 여러 객체와 그들의 위치를 검출할 수 있다.

객체 검출기는 검출된 객체들의 목록을 다음 정보와 함께 반환한다:

- 객체의 클래스(사람, 자동차, 나무 등)
- 객체가 특정 위치에 존재한다는 검출기의 신뢰도를 나타내는 [0, 1] 범위의 확률 또는 신뢰도 점수(이것은 일반 분류기의 출력과 비슷하다)
- 이미지 내 객체 위치를 표시하는 직사각형 영역의 좌표. 이 직사각형을 **바운딩 박스**라고 부른다.

다음 사진에서 객체 검출 알고리듬의 전형적인 출력을 볼 수 있다. 객체 유형 및 신뢰도 점수는 각 바운딩 박스 위에 있다.

그림 4.1 객체 검출기 출력

다음으로 객체 검출 작업을 위한 다양한 접근 방식을 간략하게 설명하겠다.

4.1.1 객체 검출 방식

이 섹션에서는 세 가지 접근 방식을 간략하게 설명한다:

- **클래식 슬라이딩 윈도우**: 여기서는 일반 분류 네트워크(분류기)를 사용한다. 이 접근 방식은 모든 유형의 분류 알고리듬에서 작동할 수 있지만 상대적으로 느리고 오류가 발생하기 쉽다:
  - 이미지 피라미드를 만든다: 이것은 같은 이미지의 복수 축척(scale) 조합이다(다음 사진 참고). 예를 들어 스케일링(scaling. 크기 조절)된 각 이미지는 이전 이미지보다 두 배 더 작다. 이 방식으로 원본 이미지에서의 크기에 관계없이 객체를 검출할 수 있다.
  - 분류기를 전체 이미지에 거쳐 슬라이딩 시킨다: 즉, 이미지의 각 위치를 분류기의 입력으로 사용하며, 각 위치에 있는 객체의 유형을 결정한다. 그 위치의 바운딩 박스가 바로 우리가 입력으로 사용하는 이미지 영역이다.
  - 각 객체에 대해 여러 개의 겹치는 바운딩 박스가 있게 된다: 몇 가지 휴리스틱(지침)을 사용하여 그들을 단일 예측으로 결합한다.

다음은 슬라이딩 윈도우 방식의 다이어그램이다:

그림 4.2 슬라이딩 윈도우 + 이미지 피라미드 객체 검출

- **두 단계(two-stage) 검출 방법**: 이 방법은 매우 정확하지만 상대적으로 느리다. 이름에서 알 수 있듯이 두 단계로 구성된다:
  - **RPN**(Region Proposal Network. 영역 제안 네트워크)이라고 하는 특수한 유형의 CNN이 이미지를 스캔하고, 객체가 있을 가능성이 있는 위치들에 대한 바운딩 박스 또는 **RoI**(Region of Interest. 관심 영역)를 제안한다. 이 네트워크는 객체의 유형은 검출하지 않으며, 객체가 그 영역에 있는지 여부만 검출한다.
  - RoI는 객체 분류를 위한 두 번째 스테이지로 보내지고, 거기서 각 바운딩 박스 안의 객체를 결정한다.
- **한 단계(one-stage. 또는 one-shot) 검출 방법**: 여기서는 단일 CNN이 객체 유형과 바운딩 박스 모두를 제공한다. 이러한 접근 방식은 일반적으로 더 빠르지만 두 단계 방법에 비해 정확도가 떨어진다.

다음 섹션에서는 정확하면서도 효율적인 한 단계 검출 알고리듬인 YOLO를 소개한다.

4.1.2 YOLOv3에 의한 객체 검출

이 섹션에서는 가장 널리 사용되는 검출 알고리듬 중 하나인 YOLO에 대해 설명한다. 이 이름은 한 단계 알고리듬의 특성을 반영하는 인기 있는 모토인 "you only live once"의 약어이다[121]. 저자는 알고리듬을 점진적으로 개선하여 세 가지 버전을 공개했다. 우리는 최신 버전인 v3에 대해서만 논의할 것이다(자세한 내용은 *YOLOv3: An Incremental Improvement*, `https://arxiv.org/abs/1804.02767` 참고).

이 알고리듬은 **Darknet-53**(숫자는 컨볼루션 층 수)이라는 소위 **백본(backbone)** 네트워크로 시작한다. 3장의 고급 컨볼루션 네트워크들과 마찬가지로 ImageNet 데이터셋을 분류하도록 훈련되었다. FCN(fully convolutional network. 풀링 층 없음)이며, Residual 연결을 사용한다.

다음 다이어그램은 백본 아키텍처를 보여준다:

121. 사실은 You Only Look Once에서 왔다.

	Type	Filters	Size	Output
	Convolutional	32	3 × 3	256 × 256
	Convolutional	64	3 × 3 / 2	128 × 128
1×	Convolutional	32	1 × 1	
	Convolutional	64	3 × 3	
	Residual			128 × 128
	Convolutional	128	3 × 3 / 2	64 × 64
2×	Convolutional	64	1 × 1	
	Convolutional	128	3 × 3	
	Residual			64 × 64
	Convolutional	256	3 × 3 / 2	32 × 32
8×	Convolutional	128	1 × 1	
	Convolutional	256	3 × 3	
	Residual			32 × 32
	Convolutional	512	3 × 3 / 2	16 × 16
8×	Convolutional	256	1 × 1	
	Convolutional	512	3 × 3	
	Residual			16 × 16
	Convolutional	1024	3 × 3 / 2	8 × 8
4×	Convolutional	512	1 × 1	
	Convolutional	1024	3 × 3	
	Residual			8 × 8
	Avgpool		Global	
	Connected		1000	
	Softmax			

그림 4.3 Darknet-53 모델 (출처: https://arxiv.org/abs/1804.02767)

훈련된 네트워크는 그 다음 객체 검출 훈련 단계의 베이스 역할을 한다. 이것은 2장 CNN의 이해에서 설명한 특징 추출 TL에 해당한다. 백본의 FC 층은 랜덤하게 초기화된 새로운 컨볼루션 및 FC 층으로 대체된다. 새로운 FC 층은 단 한 번의 통과[122]로, 검출된 모든 객체의 바운딩 박스, 객체 클래스, 신뢰도 점수를 출력한다.

예를 들어, 이 섹션의 시작 부분에 있는 횡단 보도에 있는 사람 이미지의 바운딩 박스는 단 한 번의 네트워크 통과로 얻어졌다. YOLOv3는 세 가지 다른 스케일로 박스를 예측한다. 시스템은 특징 피라미드 네트워크와 유사한 개념을 사용하여 이 스케일들에서 특징을 추출한다(자세한 내용은 *Feature Pyramid Networks for Object Detection*, `https://arxiv.org/abs/1612.03144` 참고). 검출 단계에서 네트워크는 COCO 데이터셋(*Microsoft COCO: Common Objects in Context*, `https://arxiv.org/abs/1405.0312`, `http://cocodataset.org`)으로 훈련된다.

다음으로 YOLO가 어떻게 작동하는지 살펴보자:

122. You Look Only Once

1. 이미지를 $S \times S$(다음 다이어그램에서는 3×3) 셀 격자로 분할한다.
   - 네트워크는 각 그리드 셀의 중심을 객체가 위치했을 영역의 중심으로 다룬다.
   - 객체가 완전히 셀 안에 놓이는 경우에는 바운딩 박스가 셀 보다 작아진다. 여러 셀에 걸쳐 있게 되면 바운딩 박스가 셀 보다 더 커진다. YOLO는 두 경우를 모두 커버한다.
   - 알고리듬은 **앵커 박스**(anchor box. 나중에 자세히 설명)의 도움으로 한 그리드 셀에서 여러 객체를 검출할 수 있지만, 한 객체는 하나의 셀에만 연결된다(1대 n 관계). 즉, 만일 객체의 바운딩 박스가 여러 셀을 커버하면, 그 객체를 바운딩 박스의 중심이 있는 셀과 연결한다. 예를 들어 다음 다이어그램의 두 객체는 여러 셀에 걸쳐 있지만, 둘 다 그들의 중심이 있는 중앙 셀에 할당된다.
   - 우리는 객체를 포함하는 셀들에만 관심을 가진다.

다음 다이어그램은 2개의 객체와 해당 바운딩 박스(점선)가 있는 3×3 셀 격자를 보여준다. 두 바운딩 박스의 중심이 중앙 셀에 있기 때문에 두 객체 모두 중앙 셀과 연결된다:

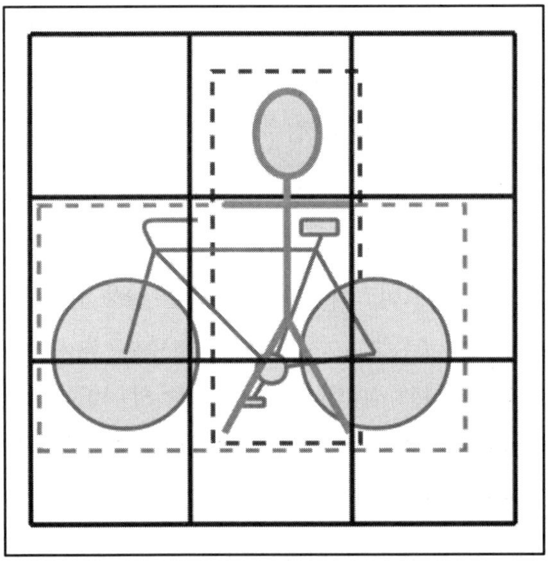

그림 4.4 3×3 셀 그리드와 2개의 객체가 있는 객체 검출 YOLO

2. 단일 피검출 객체/그리드 셀에 대한 출력 데이터(및 해당 레이블)에 대해 설명하

겠다. 이것은 $[b_x, b_y, b_h, b_w, p_c, c_1, c_2, ..., c_n]$ 값이 있는 배열이다. 여기서 각 값은 다음과 같다:

- b_x, b_y, b_h, b_w는 객체 바운딩 박스를 기술한다. 객체가 있는 경우 b_x와 b_y는 박스 중심의 좌표로서, 이미지 크기를 기준으로 [0, 1] 범위로 정규화된다. 즉, 이미지 크기가 100×100이고 $b_x = 20$, $b_y = 50$이면, 정규화된 값은 0.2와 0.5가 된다. b_h와 b_w는 박스 높이와 너비를 나타내며, 그리드 셀을 기준으로 정규화된다. 바운딩 박스가 셀보다 크면 이 값은 1보다 커진다. 박스 파라미터를 예측하는 것은 회귀 작업이다.
- p_c는 [0, 1] 범위의 신뢰도 점수이다. 신뢰도 점수의 레이블이 0(없음) 또는 1(있음)이라서 출력의 이 부분은 분류 작업이 된다. 객체가 없으면 나머지 배열 값을 버릴 수 있다.
- $c_1, c_2, ..., c_n$은 객체 클래스의 원-핫 인코딩이다. 예를 들어 car, person, tree, cat, dog 클래스가 있고, 현재 객체가 cat 유형인 경우, [0, 0, 0, 1, 0]으로 인코딩 된다. n개의 가능한 클래스가 있는 경우 한 셀의 출력 배열 크기는 $5 + n$ (=(4+1) + n. 이 예에서는 9)이 된다.

네트워크 출력/레이블에는 $S \times S$의 그런 배열이 포함된다. 예를 들어, 3×3 셀 그리드와 4개의 클래스에 대한 YOLO 출력의 길이는 $3 * 3 * 9 = 81$이다.

3. 같은 셀에 여러 객체가 있는 시나리오를 다뤄보자. 고맙게도 YOLO는 이 문제에 대한 우아한 해결책을 제안한다. 각 셀과 관련하여 모양이 약간 다른 여러 후보 박스(앵커 박스 또는 사전 박스(priors)라고 함)가 있게 된다[123]. 다음 다이어그램에서 그리드 셀(실선)과 두 개의 앵커 박스(점선)를 볼 수 있다. 한 셀에 여러 객체가 있는 경우 각 객체를 앵커 박스들 중 하나와 연결한다. 반대로 앵커 박스에 연결된 객체가 없으면 그 앵커 박스의 신뢰도 점수가 0이 된다. 이에 따라 네트워크 출력이 달라진다. 그리드 셀 당 여러 개의 출력 배열(앵커 박스 당 하나의 출력 배열)이 있게 된다. 이전 예제를 확장해서, 4개의 클래스와 셀 당2개의 앵커 박스가 있는 3×3 셀 그리드가 있다고 하자. 그러면 $3 * 3 * 2 = 18$개의 출력 바운딩 박스와, 총 $3 * 3 * 2 * 9 = 162$의 출력 길이를 갖게 된다. 셀 수($S \times S$)와 셀 당 앵커 박스의 수가 고정되어 있으므로, 네트워크 출력의 크기는 검출된 객체의 수에 따라 바뀌지 않는다. 대신, 출력에는 가능한 모든 앵커 박스에 객체가

123. https://www.youtube.com/watch?v=RTlwl2bv0Tg

있는지 여부가 표시된다.

다음 다이어그램에서 두 개의 앵커 박스가 있는 그리드 셀을 볼 수 있다.

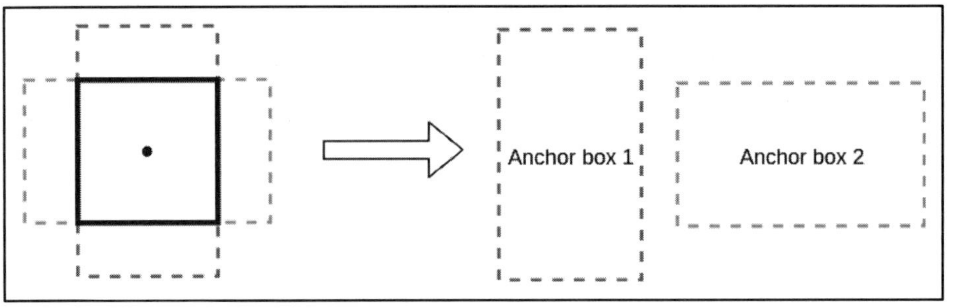

그림 4.5 두 개의 앵커 박스(점선)가 있는 그리드 셀(실선 정사각형)

이제 남은 질문은 훈련 동안 객체에 대해 적절한 앵커 박스를 선택하는 방법이다(추론 동안에는 네트워크가 스스로 선택한다). **IoU**(Intersection over Union)를 이용해서 이 작업을 수행한다. 이것은 단순히 객체 바운딩 박스와 앵커 박스의 교차(intersection) 면적과 이들의 합(union) 면적 간의 비율이다:

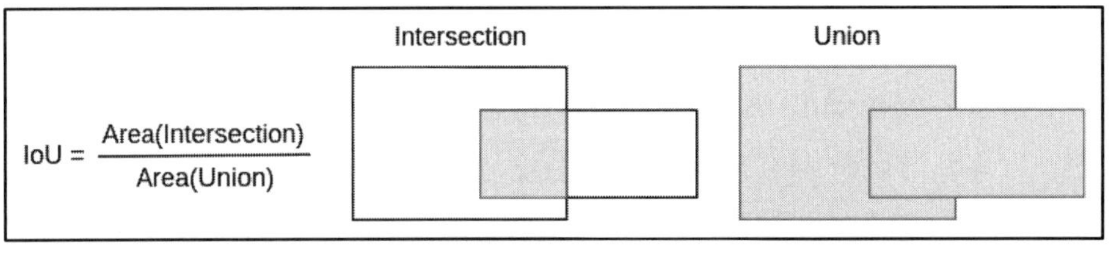

그림 4.6 IoU

각 객체의 바운딩 박스를 모든 앵커 박스와 비교해서 IoU가 가장 높은 앵커 박스에 객체를 할당한다. 앵커 박스의 크기와 모양이 다양하기 때문에, IoU는 이미지에서 객체와 가장 비슷한 앵커 박스에 객체가 할당되도록 보장해준다.

4. 이제 (희망컨대) YOLO가 어떻게 작동하는지 알았으므로 이를 예측에 사용할 수 있다. 그러나 네트워크의 출력에 노이즈가 있을 수 있다. 즉, 앵커 박스에 객체가 있는지 여부에 관계없이, 각 셀에 대해 가능한 모든 앵커 박스가 출력에 포함된다. 많은 박스가 겹치고 사실상 같은 객체를 예측할 수 있다. 이 노이즈를 **NMX**(non-maximum suppression, 비최대 억압)를 사용하여 제거한다. 작동 방

식은 다음과 같다:

① 신뢰도 점수가 0.6 이하인 모든 바운딩 박스를 버린다.

② 나머지 바운딩 박스 중에서 가장 높은 신뢰도 점수를 가진 박스를 선택한다.

③ 앞 단계에서 선택한 박스와 IoU >=0.5인 박스를 모두 버린다.

> **TIP** 네트워크 출력/실제 데이터가 너무 복잡하거나 커질까봐 걱정하지 않아도 된다. CNN은 부류가 1,000개(따라서 출력이 1,000개) ImageNet 데이터셋과 잘 작동한다.

YOLO에 관한 자세한 내용은 다음 원본 문서들을 확인하기 바란다:

- *You Only Look Once: Unified, Real-Time Object Detection*(`https://arxiv.org/abs/1506.02640`) by Joseph Redmon, Santosh Divvala, Ross Girshick, and Ali Farhadi
- *YOLO9000: Better, Faster, Stronger*(`https://arxiv.org/abs/1612.08242`) by Joseph Redmon and Ali Farhadi
- *YOLOv3: An Incremental Improvement*(`https://arxiv.org/abs/1804.02767`) by Joseph Redmon and Ali Farhadi

이제 YOLO 알고리듬의 이론을 소개했으므로, 다음 섹션에서는 실제로 사용하는 방법에 관해 설명하겠다.

OpenCV를 이용한 YOLOv3 코드 예제

이 섹션에서는 OpenCV에서 YOLOv3 객체 검출기를 사용하는 방법을 보여준다. 이 예에서는 opencv-python 4.1.1 이상이 필요하고, 사전 훈련된 YOLO 네트워크를 위한 250 MB의 디스크 공간이 필요하다. 다음 단계로 수행한다:

1. import로 시작:

```
import os.path
import cv2 # opencv import
import numpy as np
import requests
```

2. 구성(config.) 및 데이터 파일들을 다운로드하고 저장하는 붙박이 코드들을 추가한다. YOLOv3 네트워크 구성 `yolo_config` 및 `weights`로 시작하고, 이들을 사용하여 **net** 네트워크를 초기화한다. 이를 수행하기 위해 YOLO 저자의 GitHub 및 개인 웹 사이트를 사용한다:

```
# Download YOLO net config file
# We'll it from the YOLO author's github repo
yolo_config = 'yolov3.cfg'
if not os.path.isfile(yolo_config):
    url = 'https://raw.githubusercontent.com/pjreddie/darknet/
          master/cfg/yolov3.cfg'
    r = requests.get(url)
    with open(yolo_config, 'wb') as f:
        f.write(r.content)

# Download YOLO net weights
# We'll it from the YOLO author's website
yolo_weights = 'yolov3.weights'
if not os.path.isfile(yolo_weights):
    url = 'https://pjreddie.com/media/files/yolov3.weights'
    r = requests.get(url)
    with open(yolo_weights, 'wb') as f:
        f.write(r.content)

# load the network
net = cv2.dnn.readNet(yolo_weights, yolo_config)
```

3. 다음으로 네트워크가 검출할 수 있는 COCO 데이터셋 클래스의 이름을 다운로드, 또는 파일에서 로드한다. COCO 논문에 제시된 데이터셋에는 91개의 부류가 포함되어 있다. 그러나 웹 사이트의 데이터셋에는 80개만 포함되어 있다. YOLO는 80개 부류 버전을 사용한다:

```
# Download class names file
# Contains the names of the classes the network can detect
classes_file = 'coco.names'
if not os.path.isfile(classes_file):
    url = 'https://raw.githubusercontent.com/pjreddie/darknet/
          master/data/coco.names'
    r = requests.get(url)
```

```
    with open(classes_file, 'wb') as f:
        f.write(r.content)

# load class names
with open(classes_file, 'r') as f:
    classes = [line.strip() for line in f.readlines()]
```

4. 그런 다음 Wikipedia에서 테스트 이미지를 다운로드한다. 또한 blob 변수에 파일 이미지를 로드한다:

```
# Download object detection image
image_file = 'source-1.png'
if not os.path.isfile(image_file):
    url = 'https://github.com/ivan-vasilev/advanced-deep-
          learning-with-python/blob/master/chapter04-detection-
          segmentation/source_1.png'
    r = requests.get(url)
    with open(image_file, 'wb') as f:
        f.write(r.content)

# read and normalize image
image = cv2.imread(image_file)
blob = cv2.dnn.blobFromImage(image, 1 / 255, (416, 416), (0, 0, 0),
True, crop=False)
```

5. 이미지를 네트워크에 공급하고 추론을 수행한다:

```
# set as input to the net
net.setInput(blob)

# get network output layers
layer_names = net.getLayerNames()
output_layers = [layer_names[i[0] - 1] for i in
net.getUnconnectedOutLayers()]

# inference
# the network outputs multiple lists of anchor boxes,
# one for each detected class
outs = net.forward(output_layers)
```

6. 클래스 및 앵커 박스들에 대해 반복하여 다음 단계를 위해 준비시킨다:

```
# extract bounding boxes
class_ids = list()
confidences = list()
boxes = list()

# iterate over all classes
for out in outs:
    # iterate over the anchor boxes for each class
    for detection in out:
        # bounding box
        center_x = int(detection[0] * image.shape[1])
        center_y = int(detection[1] * image.shape[0])
        w, h = int(detection[2] * image.shape[1]),
               int(detection[3] * image.shape[0])
        x, y = center_x - w // 2, center_y - h // 2
        boxes.append([x, y, w, h])

        # confidence
        confidences.append(float(detection[4]))

        # class
        class_ids.append(np.argmax(detection[5:]))
```

7. NMS로 노이즈를 제거한다. 서로 다른 score_threshold 및 nms_threshold에 대해 실험하며 검출된 객체가 어떻게 바뀌는지 확인할 수 있다:

```
# non-max suppression
ids = cv2.dnn.NMSBoxes(boxes, confidences, score_threshold=
0.75, nms_threshold=0.5)
```

8. 이미지에 바운딩 박스와 캡션을 그린다:

```
# draw the bounding boxes on the image
colors = np.random.uniform(0, 255, size=(len(classes), 3))

# iterate over all boxes
for i in ids:
    i = i[0]
    x, y, w, h = boxes[i]
```

```
    class_id = class_ids[i]

    color = colors[class_id]

    cv2.rectangle(img=image,
                  pt1=(round(x), round(y)),
                  pt2=(round(x + w), round(y + h)),
                  color=color,
                  thickness=3)

    cv2.putText(img=image,
                text=f"{classes[class_id]}: {confidences[i]:.2f}",
                org=(x - 10, y - 10),
                fontFace=cv2.FONT_HERSHEY_SIMPLEX,
                fontScale=0.8,
                color=color,
                thickness=2)
```

9. 마지막으로 다음 코드를 사용하여 검출된 객체를 표시할 수 있다:

```
cv2.imshow("Object detection", image)
cv2.waitKey(0)
cv2.destroyWindow('Object detection')
```

또는

```
from matplotlib import pyplot as plt
plt.figure(figsize=(20,20))
plt.imshow(cv2.cvtColor(image, cv2.COLOR_BGR2RGB))
```

모든 것이 순조롭게 진행되면 이 코드 블록은 객체 검출 소개 섹션의 시작 부분에서 본 것과 같은 이미지를 생성한다.

이것으로 YOLO에 대한 논의를 마친다. 다음 섹션에서는 Faster R-CNN(Regions with CNN)이라는 두 단계(two-stage) 객체 검출기를 소개한다.

4.1.3 Faster R-CNN에 의한 객체 검출

이 섹션에서는 Faster R-CNN(*Faster R-CNN: Towards Real-Time Object Detection with Region Proposal Networks*, `https://arxiv.org/abs/1506.01497`)이라는 두 단계 객체 검출 알고리듬에 관해 설명한다. 초기 두 단계 검출기인 Fast R-CNN (`https://arxiv.org/abs/1504.08083`)과 R-CNN(*Rich feature hierarchies for accurate object detection and semantic segmentation*, `https://arxiv.org/abs/1311.2524`)이 진화한 것이다.

다음 다이어그램에 표시된 Faster R-CNN의 일반적인 구조를 간략히 설명하는 것으로 시작하겠다:

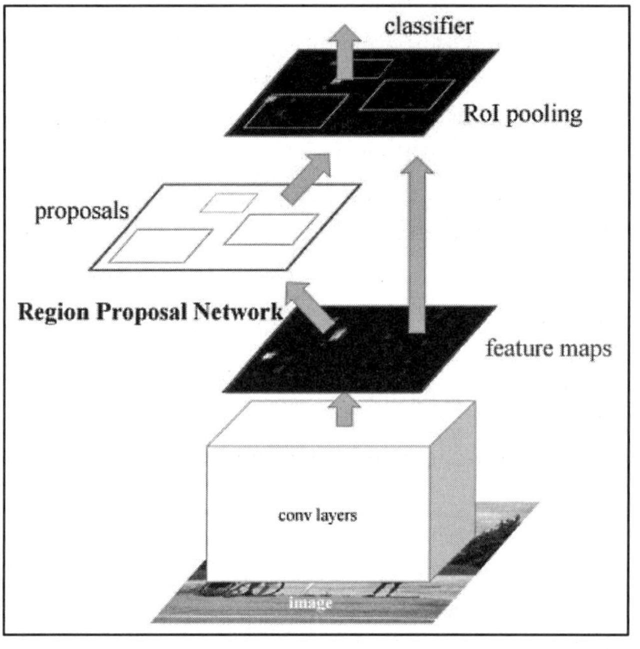

그림 4.7 Faster R-CNN의 구조 (출처: https://arxiv.org/abs/1506.01497)

알고리듬을 설명하는 동안 이 그림을 떠올린다. YOLO와 마찬가지로 Faster R-CNN은 ImageNet으로 훈련된 백본 분류 네트워크로 시작하며, 이것이 모델의 모듈들에 대한 베이스 역할을 한다. 논문의 저자는 VGG16 및 ZF net(*Visualizing and Understanding Convolutional Networks*, `https://cs.nyu.edu/~fergus/papers/zeilerECCV2014.pdf`) 백본으로 실험했다. 그러나 최근 구현은 ResNet와 같은 더 현대적인 아키텍처를 사용한다. 백본 네트는 모델의 다른 두 구성 요소인 RPN(region proposal network, 영역 제안 네트워크)과 검출 네트워크에 대한 백본 역할을 한다. 다음 섹션에서는 RPN에 관해 설명한다.

RPN

첫 번째 단계에서 RPN은 이미지(크기 무관)를 입력으로 받아 객체가 있을 수 있는 직사각형 RoI들을 출력한다. RPN 자체는 백본 모델의 처음 p 컨볼루션 층(VGG의 경우 13개, ZF net의 경우 5개)을 사용하여 생성된다(앞의 다이어그램 참고). 입력 이미지가 마지막 공유 컨볼루션 층으로 전파되면, 알고리듬은 해당 층의 특징 맵을 받고, 특징 맵 위로 다른 작은 네트를 슬라이딩 시킨다. 이 작은 네트는 각 위치의 k개의 앵커 박스에 객체가 존재하는지 여부를 출력한다(앵커 박스의 개념은 YOLO에서와 같다). 이 개념은 다음 다이어그램의 왼쪽 이미지에 설명되어 있으며, 마지막 컨볼루션 층의 단일 특징 맵 위로 슬라이딩되고 있는 RPN의 한 위치를 보여준다:

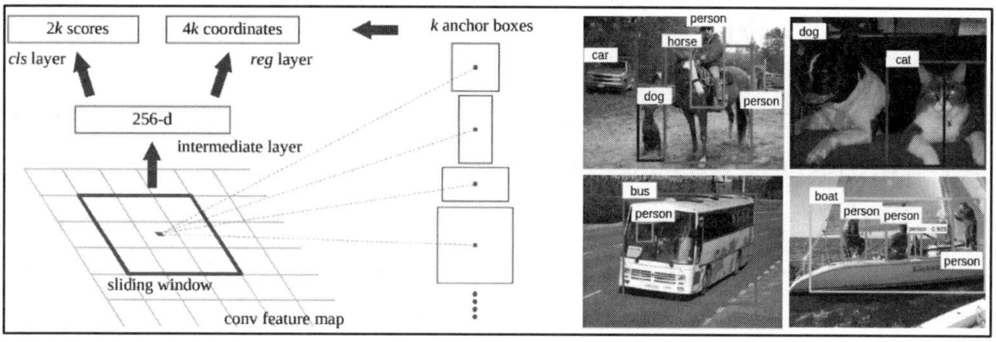

그림 4.8 왼쪽: 한 위치에서의 RPN 제안; 오른쪽: RPN 제안을 사용한 검출 예 (출처: https://arxiv.org/abs/1506.01497)

작은 네트는 모든 입력 특징 맵에 대해 동일한 위치의 $n \times n$ 영역에 완전히 연결된다(논문에서 $n=3$). 예를 들어 최종 컨볼루션 층에 512개의 특징 맵이 있는 경우, 한 위치의 작은 네트 입력 크기는 512×3×3=4,608이다. 각 슬라이딩 윈도우는 더 낮은 차원(VGG의 경우 512, ZF net의 경우 256)의 벡터에 매핑된다. 이 벡터 자체는 다음 두 개의 병렬 FC 층에 대한 입력이 된다:

1. $2k$개 유닛이 k개의 2-유닛 이진 softmax 출력을 구성하는 분류 층. 각 softmax의 출력은 객체가 k개의 앵커 박스 각각에 위치하는지 여부에 대한 신뢰도 점수를 나타낸다. 논문은 이 신뢰도 점수를 **객체성**(objectness)이라고 부르며, 앵커 박스 내용이 객체 집합 또는 배경에 속하는지 여부를 측정한다. 훈련 중에 객체는 YOLO에서와 같은 방식으로 IoU 공식을 기반으로 앵커 박스에 할당된다.
2. $4k$개의 유닛이 k개의 4-유닛 RoI 좌표를 구성하는 회귀 층. 4개 유닛 중 2개는

전체 이미지에 대한 [0:1] 범위의 RoI 중심 좌표를 나타낸다. 다른 두 좌표는 전체 이미지를 기준으로 한 영역의 높이와 너비를 나타낸다(역시 YOLO와 비슷).

논문의 저자는 세 가지 스케일과 세 가지 종횡비로 실험했다(결과적으로 각 위치에 대해 9개의 가능한 앵커 박스). 최종 특징 맵의 일반적인 $H \times W$ 크기는 약 2,400이며, 결과적으로 앵커 박스 수는 $2{,}400 * 9 = 21{,}600$이다.

TIP 이론적으로는 마지막 컨볼루션 층의 특징 맵 위로 작은 네트를 슬라이딩시킨다. 그러나 작은 네트의 가중치가 모든 위치에서 공유된다. 이 때문에 슬라이딩은 크로스 채널 컨볼루션으로 구현될 수 있다. 따라서 네트워크는 한 번의 이미지 통과에서 모든 앵커 박스에 대한 출력을 생성할 수 있다. 이는 각 앵커 박스에 대해 별도의 네트워크 통과가 필요한 Fast R-CNN에 비해 개선된 것이다.

RPN은 BP 및 SGD로 훈련된다. 공유된 컨볼루션 층들은 백본 네트의 가중치로 초기화되고, 나머지는 랜덤하게 초기화된다. 각 미니 뱃치의 샘플들은 여러 개의 +(객체) 및 −(배경) 앵커 박스들을 포함하는 단일 이미지에서 추출된다. 두 유형 간의 샘플링 비율은 1:1이다. 각 앵커에는 이진 클래스 레이블(객체 여부)이 할당된다. + 레이블이 붙는 앵커에는 두 가지 종류가 있다: 한 groundtruth 박스와의 IoU 오버랩이 가장 높은 앵커들, 또는 임의의 groundtruth 박스와의 IoU 오버랩이 0.7을 초과하는 앵커. 모든 groundtruth 박스에 대해 앵커의 IoU 비가 0.3보다 낮으면 박스에 − 레이블이 부여된다. +(positive)도 아니고 −(negative)도 아닌 앵커는 훈련에 기여하지 않는다.

RPN에는 두 개의 출력 층(분류와 회귀)이 있으므로, 훈련은 다음 복합 비용 함수를 사용한다:

$$L(\{p_i\},\{t_i\}) = \underbrace{\frac{1}{N_{cls}}\sum_i L_{cls}(p_i,p_i^*)}_{\text{classification cost}} + \underbrace{\lambda\frac{1}{N_{reg}}\sum_i p_i^* L_{reg}(t_i,t_i^*)}_{\text{regression cost}}$$

자세히 논의해보자:

- i는 미니 뱃치의 앵커 인덱스이다.
- p_i는 분류 출력으로, 앵커 i가 객체일 예측 확률을 나타낸다. p_i^*는 타겟 데이터(0 또는 1)이다.[124]

124. groundtruth 레이블. 앵커가 +이면 1, −이면 0

- t_i는 RoI 파라미터를 나타내는, 크기가 4인 회귀 출력 벡터이다. YOLO에서와 마찬가지로 t_i^*는 타겟 벡터이다.
- L_{cls}는 분류 층에 대한 크로스 엔트로피 손실이다. N_{cls}는 미니 뱃치 크기의 정규화 항이다.
- L_{reg}는 회귀 손실이다. $L_{reg} = R(t_i - t_i^*)$, 여기서 R은 평균 절대 오차이다(1장 신경망의 기초의 비용 함수 섹션 참고). N_{reg}는 총 앵커 위치 수(약 2,400)와 같은 정규화 항이다.

마지막으로 비용 함수의 분류 및 회귀 성분은 λ 파라미터의 도움으로 결합된다. N_{reg}~2400 및 $N_{cls}=256$이므로, λ는 두 손실 간의 균형을 유지하기 위해 10으로 설정된다.

검출 네트워크

이제 RPN에 대해 논의했으므로 검출 네트워크에 초점을 맞추자. 이를 위해 Faster R-CNN을 사용한 객체 검출 섹션의 시작 부에 있는 Faster R-CNN의 구조 다이어그램으로 돌아가자. 첫 번째 단계에서 RPN은 이미 RoI 좌표를 생성했다. 검출 네트워크는 일반 분류기로서, 현재 RoI의 객체 유형(또는 배경)을 결정한다. RPN과 검출 네트는 모두 백본 네트에서 빌린 처음 컨볼루션 층을 공유한다. 그러나 검출 네트는 마지막 공유 층의 특징 맵과 함께 RPN에서 제안된 영역도 포함한다.

그러나 입력을 어떻게 결합하는가? 검출 네트워크의 두 번째 부분의 첫 번째 층인 **RoI 맥스 풀링**을 사용하여 이를 수행할 수 있다. 이 연산의 예를 다음 다이어그램이 보여준다:

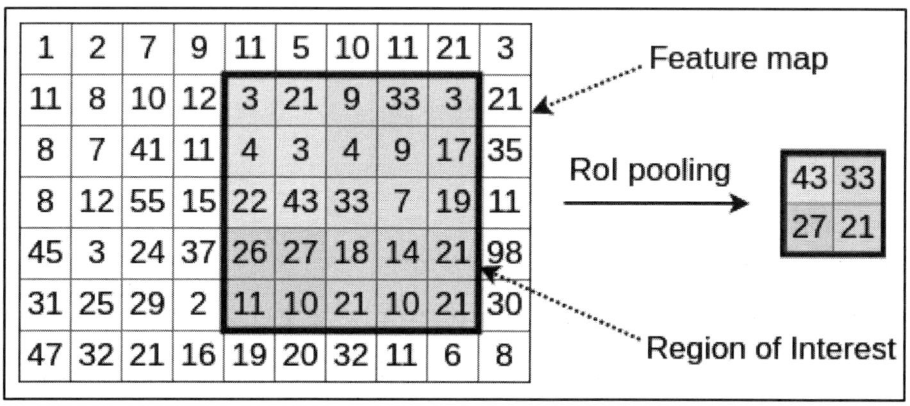

그림 4.9 10×7 특징 맵과 5×5 RoI(굵은선 색 사각형)가 있는 2×2 RoI 맥스 풀링의 예

단순화를 위해, 단일 10×7 특징 맵과 단일 RoI가 있다고 가정하겠다. RPN 섹션에서 배운 것처럼 RoI는 좌표와 너비 및 높이로 정의된다. 이 연산은 이러한 파라미터를 특징 맵의 실제 좌표로 변환한다. 이 예에서 영역 크기는 $h \times w = 5 \times 5$이다. RoI 맥스 풀링은 출력 높이 H와 너비 W에 의해 추가로 정의된다. 이 예에서는 $H \times W = 2 \times 2$이지만, 실제로 이 값은 7×7과 같이 더 클 수 있다. 이 작업은 $h \times w$ RoI를 $(h/H) \times (w/W)$ 하위 영역들이 있는 그리드로 분할한다.

예에서 볼 수 있듯이, 하위 영역들은 크기가 다를 수 있다. 이 작업이 완료되면 각 하위 영역은 해당 영역의 최댓값을 취하여 단일 출력 셀로 다운샘플링된다. 즉, RoI 풀링은 임의의 크기의 입력을 고정된 크기의 출력 창으로 변환할 수 있다. 이렇게 해서 변환된 데이터는 일관된 포맷으로 네트워크를 통해 전파될 수 있다.

Fast R-CNN을 사용한 객체 검출 섹션에서 언급했듯이, RPN과 검출 네트워크는 초기 층들을 공유한다. 그러나 그들은 별도의 네트워크로 생애를 시작한다. 훈련은 다음 4단계 프로세스로 둘을 번갈아 가며 진행한다:

1. 백본 네트의 ImageNet 가중치로 초기화된 RPN을 훈련시킨다.
2. 1단계에서 새롭게 훈련된 RPN의 제안을 사용하여 검출 네트워크를 훈련시킨다. 이 훈련도 ImageNet 백본 네트의 가중치로 시작한다. 이 시점에서 두 네트워크는 가중치를 공유하지 않는다.
3. 검출 네트 공유 층들을 사용해서 RPN의 가중치를 초기화한다. 그런 다음 RPN을 다시 훈련시키되, 공유 층들은 고정시키고 RPN 관련 층들만 미세 조정한다. 두 네트워크는 이제 가중치를 공유한다.
4. 공유 층을 고정시키고 검출 네트 관련 층만 미세 조정하여 검출 네트를 훈련시킨다.

이제 Faster R-CNN을 소개했으므로, 다음 섹션에서는 사전 훈련된 PyTorch 모델의 도움을 받아 실제로 사용하는 방법을 설명한다.

PyTorch를 이용한 Faster R-CNN 구현

이 섹션에서는 객체 검출을 위해 ResNet50 백본으로 사전 훈련된 PyTorch Faster R-CNN을 사용한다. 이 예제에는 PyTorch 1.3.1, torchvision 0.4.2, python-opencv 4.1.1이 필요하다:

1. import부터 시작한다:

```
import os.path
import cv2
import numpy as np
import requests
import torchvision
import torchvision.transforms as transforms
```

2. 이어서 입력 이미지를 다운로드하고, COCO 데이터셋의 클래스 이름들을 정의한다. 이 단계는 OpenCV를 이용한 YOLOv3의 코드 예에서 구현한 단계와 같다. 다운로드 이미지의 경로는 `image_file = 'source_2.png'` 변수에 저장되고, 클래스 이름들은 `classes` 리스트에 저장된다. 이 구현에서는 전체 91개의 COCO 부류를 사용한다.

3. 사전 훈련된 Faster R-CNN 모델을 로드하고 평가 모드로 설정한다:

```
# load the pytorch model
model =
torchvision.models.detection.fasterrcnn_resnet50_fpn
(pretrained=True)

# set the model in evaluation mode
model.eval()
```

4. 그런 다음 OpenCV로 이미지 파일을 읽는다:

```
img = cv2.imread(image_file)
```

5. PyTorch `transform` 시퀀스를 정의하고, 이미지를 PyTorch 호환 텐서로 변환한 다음, 이를 네트워크에 공급한다. 네트워크 출력은 `output` 변수에 저장된다. RPN 섹션에서 논의했듯이, `output`에는 바운딩 박스 파라미터를 위한 `boxes`, 객체 클래스를 위한 `classes`, 신뢰도 점수를 위한 `scores`의 세 가지 원소가 포함된다. 이 모델은 NMS를 내부적으로 적용하므로 코드에서 할 필요가 없다:

```
transform = transforms.Compose([transforms.ToPILImage(),
transforms.ToTensor()])
nn_input = transform(img)
output = model([nn_input])
```

6. 검출된 객체를 표시하기 전에, COCO 데이터셋의 각 클래스에 대해 랜덤하게 색상을 정의한다:

```
colors = np.random.uniform(0, 255, size=(len(classes), 3))
```

7. 이미지에 각 바운딩 박스를 그린다:

```
# iterate over the network output for all boxes
for box, box_class, score in
zip(output[0]['boxes'].detach().numpy(),
output[0]['labels'].detach().numpy(),
output[0]['scores'].detach().numpy()):

    # filter the boxes by score
    if score > 0.5:
        # transform bounding box format
        box = [(box[0], box[1]), (box[2], box[3])]

        # select class color
        color = colors[box_class]

        # extract class name
        class_name = classes[box_class]

        # draw the bounding box
        cv2.rectangle(img=img, pt1=box[0], pt2=box[1],
                      color=color, thickness=2)

        # display the box class label
        cv2.putText(img=img, text=class_name, org=box[0],
                    fontFace = cv2.FONT_HERSHEY_SIMPLEX,
                    fontScale=1, color=color, thickness=2)
```

바운딩 박스 그리기에는 다음 단계들이 포함된다:

- 노이즈 검출을 방지하기 위해 신뢰도 점수가 0.5 미만인 박스를 필터링한다.
- 바운딩 box 파라미터(`output['boxes']`에서 추출된)에는 이미지의 바운딩 박스의 좌상단 및 우하단 절대(화소) 좌표가 포함된다. OpenCV 포맷에 맞게 튜플로 변환된다.
- 바운딩 box의 클래스 이름과 색상을 추출한다.

▲ 바운딩 박스와 클래스 이름을 그린다.

8. 마지막으로 다음 코드를 사용하여 검출 결과를 표시할 수 있다:

```
cv2.imshow("Object detection", image)
cv2.waitKey()
```

이 코드는 다음과 같은 결과를 제공한다(버스의 승객도 검출됨):

그림 4.10 Fast R-CNN 객체 검출

이것으로 객체 검출에 관한 섹션을 마친다. 요약하면, 가장 인기 있는 두 가지 검출 모델인 YOLO와 Faster R-CNN에 관해 논의했다. 다음 섹션에서는 이미지 분할에 관해 설명한다. 이미지 분할은 화소 수준의 분류로 생각할 수 있다.

4.2 이미지 분할 소개

이미지 분할은 이미지의 각 화소에 클래스 레이블(예: 사람, 자동차 또는 나무)을 할당하는 프로세스이다. 즉, 화소 수준의 분류로 생각할 수 있다. 전체 이미지를 하나의 레이블로 분류하는 대신, 각 화소를 개별적으로 분류한다. 분할에는 두 가지 유형이 있다.

- **시맨틱(semantic. 의미론적) 분할**: 각 화소에 클래스를 할당하지만 객체 인스턴스

를 구분하지 않는다. 예를 들어 다음 그림의 중앙 이미지는 각 차량의 화소가 같은 값을 갖는 시맨틱 분할 마스크를 보여준다. 시맨틱 분할은 화소가 차량의 일부임을 알려줄 수 있지만, 차량을 구별할 수는 없다.

- **인스턴스 분할**: 각 화소에 클래스를 할당하고, 객체 인스턴스를 구분한다. 예를 들어 다음 그림의 오른쪽 이미지는 각 차량이 별도의 객체로 분할된 인스턴스 분할 마스크를 보여준다.

다음 스크린 샷은 시맨틱 및 인스턴스 분할의 예를 보여준다:

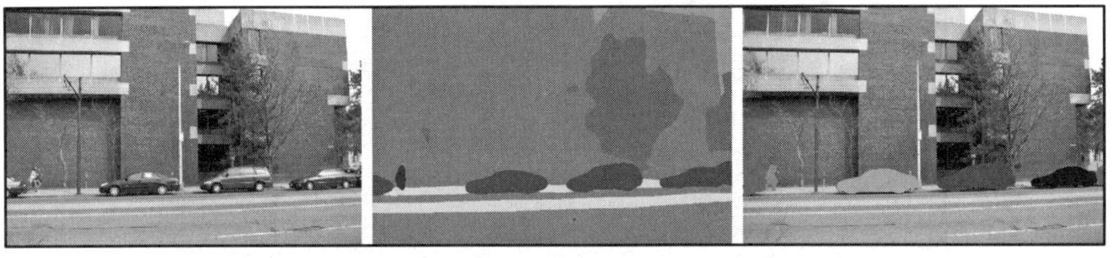

그림 4.11 왼쪽: 입력 이미지; 중앙: 시맨틱 분할; 오른쪽: 인스턴스 분할
(출처: http://sceneparsing.csail.mit.edu/)

분할 알고리듬을 훈련하려면, 각 이미지의 레이블들이 이미지의 분할된 버전인 특별한 유형의 groundtruth 데이터가 필요하다.

이미지를 분할하는 가장 쉬운 방법은 객체 검출 방법 섹션에서 설명한 친숙한 슬라이딩 윈도우 기법을 사용하는 것이다. 즉, 일반 분류기를 사용하고, 보폭 1로 슬라이딩시킨다. 예측을 얻은 후, 입력 영역의 중앙에 있는 화소를 가져 와서 예측된 클래스를 할당한다. 예상대로, 이 접근 방식은 이미지의 화소 수가 많기 때문에 매우 느리다(1024×1024 이미지에도 100만 개 이상의 화소가 있다). 고맙게도 더 빠르고 정확한 알고리듬이 있다. 이에 관해서 다음 섹션에서 설명한다.

4.2.1 U-Net을 이용한 의미론적 분할

소개할 첫 번째 분할 방식은 U-Net(*U-Net: Convolutional Networks for Biomedical Image Segmentation*, `https://arxiv.org/abs/1505.04597`)이다. 이 이름은 네트워크 아키텍처의 시각화에서 비롯되었다. U-Net은 **완전 컨볼루션 네트워크(FCN)**의 한 유형으로, 컨볼루션 층들만 포함하고 FC 층이 없기 때문에 그렇게 부르게 되었다. FCN은 전체 이미지를 입력으로 취하고, 한번 통과로 분할 맵을 출력한다. FCN을 두 개의 가상 요소로 분리할 수 있다(실제로는 단일 네트워크):

- 인코더가 네트워크의 첫 번째 부분이다. 끝에 FC 층이 없는 일반 CNN과 비슷하다. 인코더의 역할은 입력 이미지의 고도로 추상화된 표현을 학습하는 것이다(여기에 새로운 것은 없음).
- 디코더가 네트워크의 두 번째 부분이다. 인코더 다음에 시작하여, 이를 입력으로 사용한다. 디코더의 역할은 이러한 추상 표현을 분할된 groundtruth 데이터로 변환하는 것이다. 이를 위해 디코더는 인코더 작업과 반대로 한다. 여기에는 전치된(transposed) 컨볼루션(컨볼루션의 반대) 및 언풀링(unpooling. 풀링의 반대)이 포함된다.

다음 그림은 U-Net의 아키텍처를 보여준다:

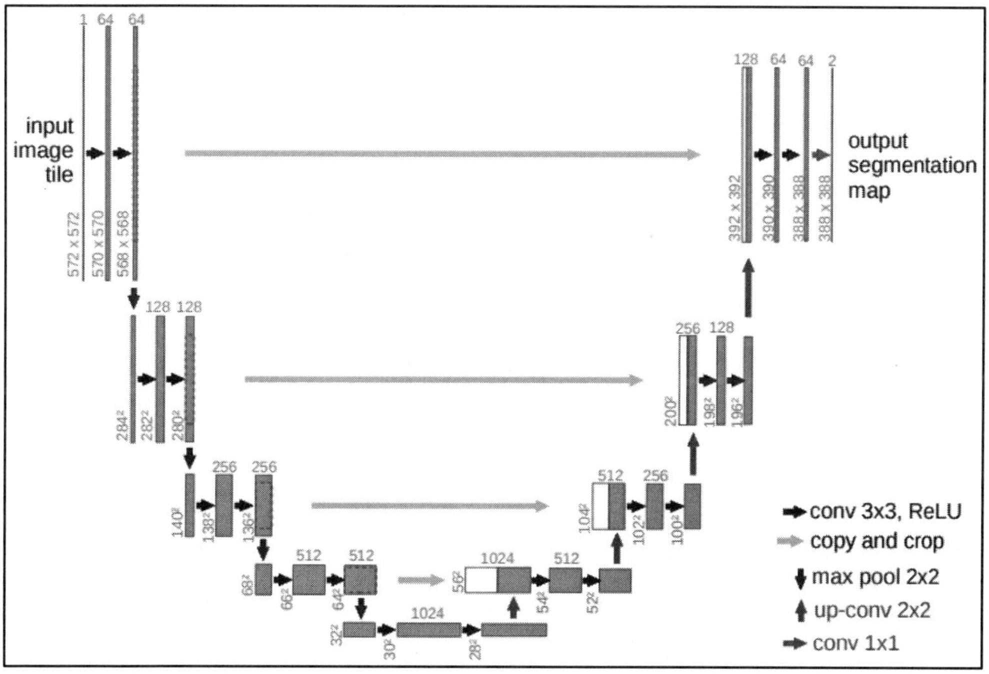

그림 4.12 U-Net 아키텍처 (출처: https://arxiv.org/abs/1505.04597)

각 진한(원본은 파란색) 상자는 다중 채널 특징 맵에 해당한다. 채널 수는 상자 상단에 표시되고, 특징 맵 크기는 상자의 왼쪽 하단 가장자리에 있다. 흰색 상자는 복사된 특징 맵을 나타낸다. 화살표는 서로 다른 연산을 나타낸다(범례 참고). U의 왼쪽 부분은 인코더이고 오른쪽 부분은 디코더이다.

다음으로 U-Net 모듈을 나눠보자:

- 인코더: 네트워크는 572×572 RGB 이미지를 입력으로 받는다. 컨볼루션 층과 맥스 풀링 층이 번갈아가며 일반 CNN처럼 계속된다. 인코더는 다음 층들의 4개 블록으로 구성된다:
  - 보폭 1을 사용하는, 패딩되지 않은 2개의 연속 크로스 채널 3×3 컨볼루션
  - 2×2 맥스 풀링 층
  - ReLU 활성화
  - 각 다운샘플링 단계는 특징 맵의 수를 두 배로 늘린다.
  - 최종 인코더 컨볼루션은 1,024개의 28×28 특징 맵으로 끝난다.
- 디코더: 인코더와 대칭이다. 디코더는 가장 안쪽에 있는 28×28 특징 맵들을 가져와 동시에 업샘플링하여 388×388 분할 맵들로 변환한다. 여기에는 4개의 업샘플링 블록이 포함되어 있다:
  - 업샘플링은 보폭 2의 2×2 전치 컨볼루션으로 수행하며(2장 CNN 이해), 녹색 수직 상향 화살표로 표시되어 있다.
  - 각 업샘플링 단계의 출력은 해당 인코더 단계의 추출된(cropped) 고해상도 특징 맵(회색 수평 화살표)과 이어진다. 모든 컨볼루션에서 테두리 화소가 손실되기 때문에 추출이 필요하다.
  - 각 전치 컨볼루션 다음에는 확장된 이미지를 부드럽게 만들기 위해 두 개의 일반 컨볼루션이 이어진다.
  - 업샘플링 단계는 특징 맵의 수를 절반으로 줄인다. 최종 출력은 1×1 병목 컨볼루션을 사용하여 64-요소 특징 맵 텐서를 원하는 수의 클래스에 매핑한다. 논문의 저자는 의료용 세포 이미지에 대한 이진 분할을 입증했다.
  - 네트워크 출력은 각 화소에 대한 softmax이다. 즉, 출력에는 화소 수만큼 독립적인 softmax 연산이 포함된다. 화소에 대한 softmax 출력은 화소 클래스를 결정한다. U-Net은 일반 분류 네트워크처럼 훈련된다. 그러나 비용 함수는 모든 화소에 대한 softmax 출력의 크로스 엔트로피 손실의 조합이다.

네트워크의 유효한(패딩되지 않은) 컨볼루션으로 인해 출력 분할 맵이 입력 이미지보다 작다는 것을 알 수 있다(388 대 572). 그러나 출력 맵은 입력 이미지의 크기가 재조정된

버전이 아니다. 그 대신 입력과 일대일 척도이지만, 입력 타일의 중앙 부분만 커버한다. 이를 다음 다이어그램에서 볼 수 있다:

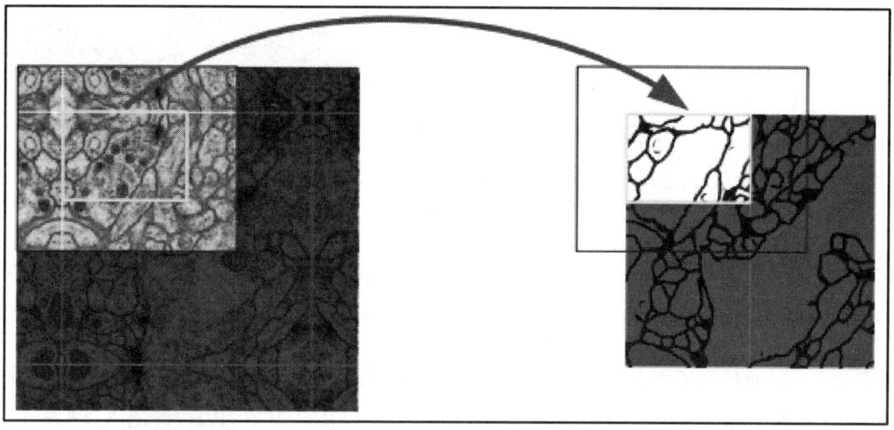

그림 4.12 큰 이미지를 분할하기 위한 타일 중첩 전략 (출처: https://arxiv.org/abs/1505.04597)

패딩되지 않은 컨볼루션을 사용해서 네트워크가 분할 맵의 경계에서 노이즈성 아티팩트를 생성하지 않는다. 이렇게 하면 소위 타일 중첩 전략을 사용하여 임의의 큰 크기의 이미지를 분할할 수 있다. 입력 이미지는 위 다이어그램의 왼쪽에 있는 것과 같이 겹치는 입력 타일로 분할된다. 오른쪽 이미지의 작은 밝은 영역의 분할 맵은 왼쪽 이미지의 크고 밝은 영역(한 타일)이 입력으로 필요하다.

다음 입력 타일은 분할 맵들이 이미지의 인접한 영역들을 덮는 방식으로 이전 타일과 겹친다. 이미지의 경계 영역에 있는 화소를 예측하기 위해 입력 이미지를 미러링하여 누락된 콘텍스트를 외삽한다. 다음 섹션에서는 인스턴스 분할을 위해 Faster R-CNN을 확장한 모델인 Mask R-CNN에 대해 설명한다.

4.2.2 Mask R-CNN을 이용한 인스턴스 분할

Mask R-CNN(`https://arxiv.org/abs/1703.06870`)은 인스턴스 분할을 위한 Faster R-CNN의 확장이다. Faster R-CNN에는 각 후보 객체에 대해 바운딩 박스 파라미터와 클래스 레이블의 두 가지 출력이 있다. 이들 외에도 Mask R-CNN은 세 번째 출력(각 RoI에 대한 이진 분할 마스크를 생성하는 FCN)을 추가한다. 다음 다이어그램은 Mask R-CNN의 구조를 보여준다:

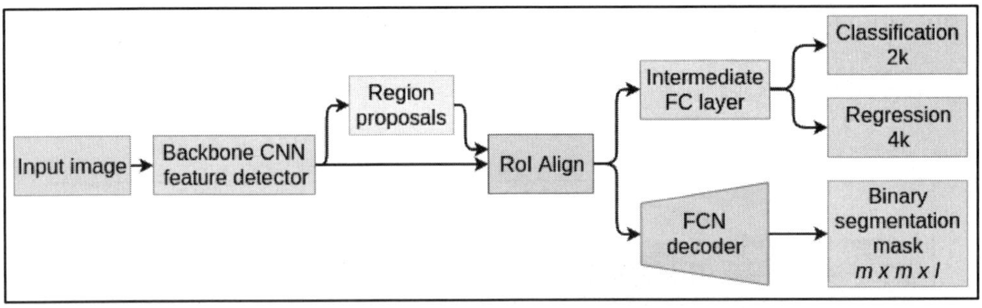

그림 4.13 Mask R-CNN

RPN은 5가지 스케일과 3가지 종횡비로 앵커를 생성한다. 분할 및 분류 경로 모두 RPN의 RoI 예측을 사용하지만, 그 외에는 서로 독립적이다. 분할 경로는 I개 클래스 각각에 대해 하나씩, I개의 $m \times m$ 이진 분할 마스크를 생성한다. 훈련 또는 추론에서는 분류 경로의 예측된 클래스와 관련된 마스크만 고려되고, 나머지는 버려진다. 클래스 예측 및 분할은 병렬이며 분리되어 있다 — 분류 경로는 분할된 객체의 클래스를 예측하고, 분할 경로는 마스크를 결정한다.

Mask R-CNN은 RoI 맥스 풀링 작업을 보다 정확한 RoI 정렬(align) 층으로 대체한다. RPN은 앵커 박스의 중심, 높이, 너비를 4개의 부동 소수점 숫자로 출력한다. 그런 다음 RoI 풀링 층은 이를 정수 특징 맵 셀 좌표로 변환(양자화)한다. 또한 RoI를 $H \times W$ 빈(bin)들로 나누는 데에도 양자화가 관여된다. Faster R-CNN에 의한 객체 검출 섹션의 RoI 예제는 빈들의 크기가 서로 다르다는 것을 보여준다(3×3, 3×2, 2×3, 2×2). 이 두 가지 양자화 레벨은 RoI와 추출된 특징 사이에 오정렬을 일으킬 수 있다. 다음 다이어그램은 RoI 정렬이 이 문제를 해결하는 방법을 보여준다:

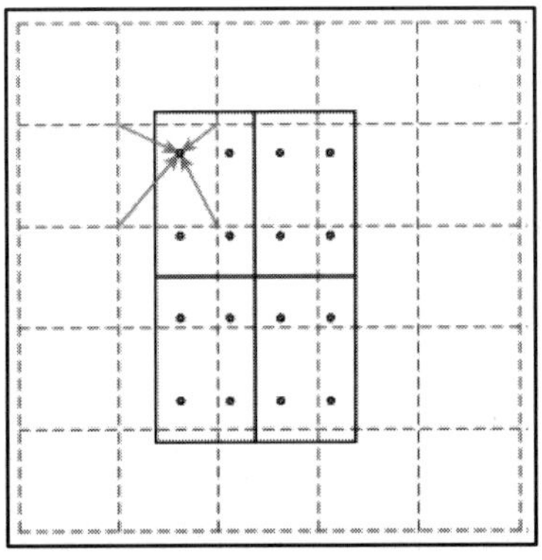

그림 4.14 RoI 정렬 예 (출처: https://arxiv.org/abs/1703.06870)

점선은 특징 맵 셀을 나타낸다. 중간의 실선 영역은 특징 맵에 포개진 2×2 RoI이다. 셀과 정확히 일치하지 않는다. 대신 양자화 없이 RPN 예측에 따라 배치된다. 마찬가지로 RoI의 셀(검은 점)은 특징 맵의 특정 셀과 일치하지 않는다. RoI 정렬 작업은 인접 셀의 쌍선형(bilinear) 보간을 사용하여 RoI 셀의 값을 계산한다. 이렇게 함으로써 RoI 정렬이 RoI 풀링보다 더 정확하다.

훈련 중 RoI에 적어도 0.5 이상인 groundtruth 박스가 있는 IoU가 있으면 + 레이블이 지정되고, 그렇지 않으면 −가 지정된다. 마스크 타겟은 RoI와 관련 groundtruth 마스크 사이의 교차(intersection)이다. + RoI만 분할 경로 훈련에 쓰인다.

PyTorch를 이용한 Mask R-CNN 구현

이 섹션에서는 인스턴스 분할을 위해 ResNet50 백본과 함께 사전 훈련된 PyTorch Mask R-CNN을 사용한다. 이 예제에는 PyTorch 1.1.0, torchvision 0.3.0, OpenCV 3.4.2가 필요하다. 이 예제는 PyTorch를 사용한 Faster R-CNN 구현 섹션에서 구현한 것과 아주 비슷하다. 이 때문에 반복을 피하기 위해 코드의 일부를 생략한다. 시작하자:

1. import, `classes` 및 `image_file`은 Faster R-CNN 예제에서와 같다.
2. 두 예제의 첫 번째 차이는 Mask R-CNN 사전 훈련 모델을 로드한다는 것이다:

```
model =
torchvision.models.detection.maskrcnn_resnet50_fpn
(pretrained=True)
model.eval()
```

3. 입력 이미지를 네트워크에 공급하고 `output` 변수를 얻는다:

```
# read the image file
img = cv2.imread(image_file)

# transform the input to tensor
transform = transforms.Compose([transforms.ToPILImage(),
transforms.ToTensor()])
nn_input = transform(img)
output = model([nn_input])
```

`boxes`, `classes` 및 `scores` 외에도 `output`에는 예측된 분할 마스크들에 대한 추가 `masks` 요소가 포함된다.

4. 마스크들에 대해 반복하고, 이들을 이미지 위에 포개어 놓는다. 이미지와 마스크는 numpy 배열이며, 포개 놓기를 벡터 연산으로 구현할 수 있다. 바운딩 박스와 분할 마스크를 모두 표시한다:

```
# iterate over the network output for all boxes
for mask, box, score in zip(output[0]['masks'].detach().numpy(),
                            output[0]['boxes'].detach().numpy(),
                            output[0]['scores'].detach().numpy()):

    # filter the boxes by score
    if score > 0.5:
        # transform bounding box format
        box = [(box[0], box[1]), (box[2], box[3])]

        # overlay the segmentation mask on the image with random
         color img[(mask > 0.5).squeeze(), :] =
         np.random.uniform(0, 255, size=3)

        # draw the bounding box
        cv2.rectangle(img=img,
                      pt1=box[0],
                      pt2=box[1],
                      color=(255, 255, 255),
                      thickness=2)
```

5. 마지막으로 다음과 같이 분할 결과를 표시할 수 있다:

```
cv2.imshow("Object detection", img)
cv2.waitKey()
```

이 예는 다음 그림의 오른쪽 이미지를 제공한다(왼쪽의 원본은 비교용이다):

그림 4.15 Mask R-CNN 인스턴스 분할

각 분할 마스크는 바운딩 박스 내에서만 정의되며, 그 안에서 분할 마스크의 모든 값은 0보다 크다. 객체에 속하는 실제 화소들을 얻기 위해 분할 신뢰도 점수가 0.5보다 큰 화소에만 마스크를 적용한다(다음 코드 조각은 Mask R-CNN 코드 예제의 4단계의 일부이다):

```
img[(mask > 0.5).squeeze(), :] = np.random.uniform(0, 255, size=3)
```

이것으로 객체 검출과 이미지 분할을 마친다.

4.3 요약

이 장에서는 객체 검출 및 이미지 분할에 관해 설명했다. 우리는 원샷 검출 알고리듬인 YOLO로 시작해서, 두 단계 Faster R-CNN 알고리듬으로 계속했다. 다음으로 시맨틱 분할 네트워크 아키텍처인 U-Net에 관해 논의했다. 마지막으로, 인스턴스 분할을 위한 Faster R-CNN의 확장인 Mask R-CNN에 관해 논의했다.

다음 장에서는 생성 모델이라는 새로운 유형의 ML 알고리듬을 살펴보겠다. 이를 사용하여 이미지와 같은 새로운 콘텐츠를 생성할 수 있다. 계속 진행해보자—재미있을 것이다!

CHAPTER 5

생성 모델

앞의 두 장(4장 고급 컨볼루션 네트워크 및 5장 객체 검출 및 이미지 분할)에서 분류와 객체 검출 같은 감독형(supervised 또는 지도형) 컴퓨터 비전 문제에 초점을 맞췄다. 이 장에서는 비감독형(unsupervised) 신경망의 도움으로 새로운 이미지를 생성하는 방법에 대해 설명한다. 레이블링된 데이터가 필요하지 않아서 훨씬 좋다. 더 구체적으로 우리는 생성 모델(감독 모델)에 관해 이야기할 것이다.

이 장에서는 다음 주제를 다룬다:

- 생성 모델의 직관과 정당화
- VAE(Variational Autoencoder) 소개
- GAN(Generative Adversarial Network) 소개
- GAN의 유형
- 예술적 스타일 전달 소개

5.1 생성 모델의 직관과 정당화

지금까지 우리는 NN을 판별(discriminative. 또는 식별) 모델로 사용했다. 이는 입력 데이터가 주어지면 판별 모델이 특정 레이블에 매핑(즉, 분류)한다는 것을 의미한다. 대표적인

예는 NN이 입력 데이터 특징(화소 밝기)을 숫자 레이블에 매핑하는, 즉 10개의 숫자 클래스 중 하나로 MNIST 이미지를 분류하는 것이다. 우리는 이것을 다른 방법으로도 표현할 수 있다: 판별 모델이 x(입력)가 주어졌을 때 y(클래스)의 확률을 제공한다. MNIST의 경우 이것은 이미지의 화소 값들이 주어졌을 때 숫자의 확률이다.

그 반면에 생성 모델은 클래스가 어떻게 분포되어 있는지를 학습한다. 판별 모델이 하는 일의 반대라고 생각할 수 있다. 어떤 입력 특징이 주어졌을 때 클래스 확률 y를 예측하는 대신에, 클래스 y가 주어졌을 때 입력 특징의 확률 $P(X|Y=y)$을 예측하려 시도한다. 예를 들어, 생성 모델은 숫자 클래스가 주어지면 필기체 숫자의 이미지를 만들 수 있게 된다. 클래스가 열 개 뿐이므로, 열 가지 이미지만 생성할 수 있다. 그러나 이 예는 개념을 설명하기 위한 목적이었으며, 실제로 클래스 y는 임의의 숫자들의 텐서일 수 있으며, 모델은 다양한 특징을 갖는 이미지들을 무제한으로 생성할 수 있다. 지금 이것을 이해하지 못하더라도 괜찮다; 우리는 이 장에서 많은 예를 살펴 볼 것이다.

> 이 장에서는 앞에서 일반적으로 사용한 대문자 P가 아닌 소문자 p로 확률 분포를 표시한다. 그렇게 하는 이유는 VAE와 GAN의 맥락에서의 관례를 따르기 위한 것이다. 이 책을 쓰면서 소문자를 사용해야 하는 확실한 이유를 찾을 수 없었지만, 가능한 설명 중 하나는 P는 사건의 확률을 나타내고, p는 랜덤 변수의 질량(또는 밀도) 함수의 확률을 나타낸다는 것이다.

생성 방식으로 NN을 사용하는 가장 인기 있는 두 가지 방식은 VAE와 GAN이다. 먼저 VAE를 소개한다.

5.2 VAE 소개

VAE를 이해하려면 일반 오토인코더(autoencoder. 이하 AE)에 관해 이야기해야 한다. AE는 입력을 재현하려는 피드-포워드 NN이다. 즉, AE의 목표 값(레이블)은 입력 데이터와 같다: $\mathbf{y}^i = \mathbf{x}^i$. 여기서 i는 샘플 인덱스이다. 즉 항등 함수 $h_{\mathbf{w},\mathbf{w}'(\mathbf{x})} = \mathbf{x}$(입력을 반복하는 함수)를 배우려고 한다고 말할 수 있다. 이때 레이블이 입력 데이터일 뿐이므로 AE는 비감독형 알고리듬이다.

다음 다이어그램이 AE 구조를 보여준다:

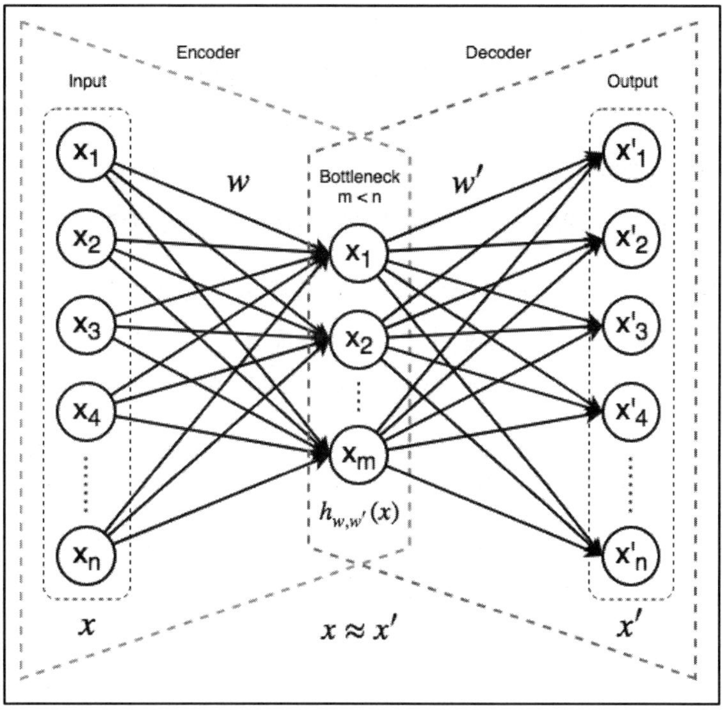

그림 5.1 AE 구조

AE는 입력 층, 은닉(또는 병목) 층, 출력 층으로 구성된다. U-Net(4장 객체 검출 및 이미지 분할)과 마찬가지로, AE를 두 가지 구성 요소의 가상 합성으로 생각할 수 있다:

- **인코더**: 입력 데이터를 네트워크의 내부 표현에 매핑한다. 단순화하기 위해서, 이 예에서는 인코더가 단일 FC 은닉 병목 층이다. 내부 상태는 단순히 활성화 벡터이다. 일반적으로 인코더는 컨볼루션 층을 포함한 여러 개의 은닉 층을 가질 수 있다.
- **디코더**: 네트워크의 내부 데이터 표현으로부터 입력을 재구성하려 시도한다. 디코더는 일반적으로 인코더를 미러링하는 복잡한 구조를 가질 수도 있다. U-Net이 입력 이미지를 다른 도메인(예: 분할 맵)의 목표 이미지로 변환하려고 시도하는 반면, AE는 단순히 입력을 재구성하려고 시도한다.

재구성 오차 $J = (\mathbf{x}, \mathbf{x}')$로 불리는 손실 함수를 최소화함으로써 AE를 훈련시킬 수 있다. 이 함수는 오리지널 입력과 재구성 사이의 거리를 측정한다. 일반적인 방법, 즉 GD와 BP로 이를 최소화할 수 있다. 우리가 사용하는 접근 방식에 따라 **평균 제곱 오차**(MSE) 또는 이진 크로스-엔트로피를 재구성 오차로 사용할 수 있다.

이 시점에서, AE가 입력을 단순히 반복하는데 AE가 왜 중요한지 궁금할 수 있을 것이다. 그런데 우리는 네트워크 출력이 아닌, 내부 데이터 표현(**잠복**(또는 잠재) **공간**에서의 표현이라고도 함)에 관심이 있다. 잠복 공간에는 직접 관찰되지는 않지만 그 대신에 알고리듬에 의해 추론되는, 감춰진 데이터 특징이 포함되어 있다. 핵심은 병목 층이 입력/출력 층들보다 더 적은 뉴런을 갖는다는 사실이다. 여기에는 두 가지 중요한 이유가 있다:

- 네트워크가 더 작은 특징 공간으로부터 입력을 재구성하려고 하기 때문에, 데이터의 간결한 표현을 학습한다. 이것을 압축(무손실 아님)으로 생각할 수 있다.
- 더 적은 수의 뉴런을 사용함으로써, 네트워크는 데이터의 가장 중요한 특징만 학습하게 된다. 이 개념을 설명하기 위해, 훈련에서 입력에는 의도적으로 손상된 데이터를 사용하지만 목표에는 손상되지 않은 데이터를 사용하는 노이즈 제거 AE를 살펴보자. 예를 들면 노이즈 제거 AE를 훈련시켜서 MNIST 이미지를 재구성하려 한다면, 이미지의 화소를 랜덤하게 골라서 최대 밝기(흰색)로 설정하여 노이즈를 만들 수 있다(다음 스크린 샷 참고)[125]. 노이즈 없는 타겟에 대한 손실을 최소화하기 위해, AE는 입력의 노이즈를 간과하고 데이터의 중요한 특징만 학습해야 한다. 그러나 네트워크에 입력보다 은닉 층 뉴런이 더 많으면 노이즈에 과도하게 맞춰질 수 있다(overfitting. 과잉 학습). 은닉 뉴런 수가 더 적도록 추가적으로 제한함으로써 노이즈를 무시하게 할 수 있다. 학습이 끝나면 노이즈 제거 AE를 사용해서 실제 이미지에서 노이즈를 제거할 수 있다:

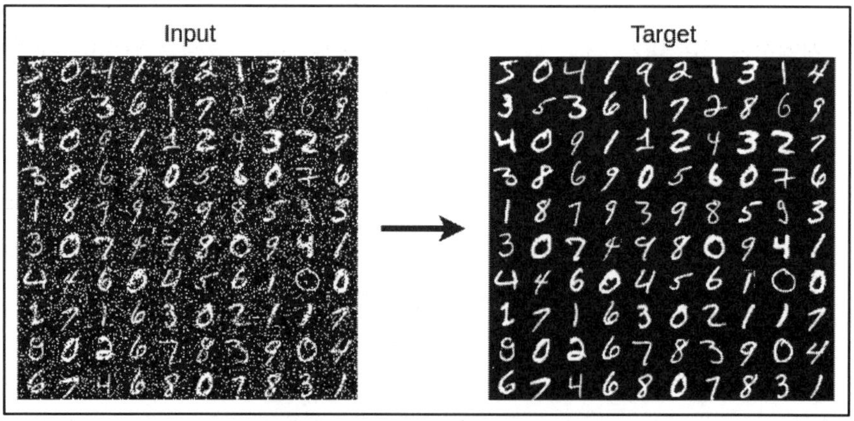

그림 5.3 노이즈 제거 AE의 입력과 목표

125. Salt 노이즈뿐만 아니라 pepper 노이즈도 가능

인코더는 각 입력 샘플을 잠복 공간에 매핑한다. 이때 잠복 표현의 각 속성은 이산 값을 갖는다. 이는 입력 샘플이 잠복 표현을 하나만 가질 수 있음을 의미한다. 따라서 디코더는 한 가지 방법으로만 입력을 재구성할 수 있다. 즉, 하나의 입력 샘플에 대해 하나의 재구성을 생성할 수 있다. 그러나 우리가 지금 원하는 것은 이것이 아니다. 그 대신, 우리는 원본과 다른 새 이미지를 생성하기를 원한다. 바로 VAE(variational autoencoder)가 이 작업을 위한 하나의 가능한 솔루션이다.

VAE는 확률로 잠복 표현을 묘사할 수 있다. 즉, 이산 값 대신 각 잠복 속성에 대해 확률 분포를 가짐으로써, 잠복 공간을 연속적으로 만든다. 이렇게 하면 무작위 샘플링 및 보간이 더 쉬워진다. 예를 들어서 설명해 보겠다. 우리가 차량의 이미지를 인코딩하려고 하는데 우리의 잠복 표현이 n(병목 층 뉴런 수) 개의 원소가 있는 벡터 $\mathbf{z}$라고 상상하자. 각 원소는 길이, 높이, 너비와 같은 하나의 차량 속성을 나타낸다(다음 다이어그램 참고).

평균 차량 길이가 4미터라고 가정하자. 이 고정 값 대신에, VAE는 이 속성을 평균이 4인 정규 분포로 디코딩할 수 있다(나머지에 대해서도 똑같이 적용됨). 그러고 나면 디코더는 이 분포 범위에서 잠복 변수를 샘플링하도록 선택할 수 있다. 예를 들어 입력에 비해 더 길고 더 낮은 차량을 재구성할 수 있다. 이렇게 해서 VAE는 입력의 수정된 버전을 무제한으로 생성할 수 있다:

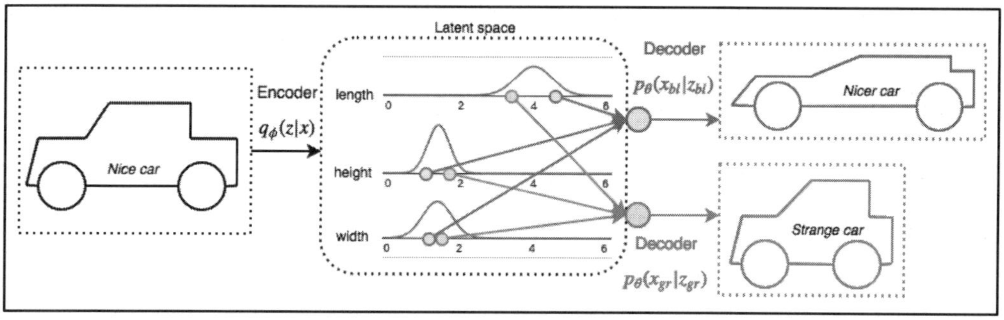

그림 5.4 잠복 변수들의 분포 범위로부터 다양한 값을 샘플링하는 VAE의 예

이를 공식화하자:

- 인코더의 목표는 실제 확률 분포 $p(\mathbf{z})$를 근사화하는 것이다. 여기서 $\mathbf{z}$는 잠복 공간 표현이다. 그러나 인코더는 이 작업을, 다양한 샘플의 조건부 확률 분포 $p(\mathbf{z}|\mathbf{x})$로부터 $p(\mathbf{z})$를 유추하여 간접적으로 한다. 여기서 $\mathbf{x}$는 입력 데이터이다. 즉, 인코더는 입력 데이터 $\mathbf{x}$가 주어졌을 때 $\mathbf{z}$의 확률 분포를 학습하려고 시도한

다. 인코더의 $p(\mathbf{z}|\mathbf{x})$ 근사화를 $q_\varphi(\mathbf{z}|\mathbf{x})$로 표시하겠다. 여기서 φ는 네트워크의 가중치이다. 인코더의 출력은 $\mathbf{x}$에 의해 생성될 수 있었던, 가능한 $\mathbf{z}$ 값들에 대한 확률 분포(예: 가우시언)이다. 훈련 동안 우리는 $q_\varphi(\mathbf{z}|\mathbf{x})$를 실제 $p(\mathbf{z}|\mathbf{x})$에 더 가깝게 만들기 위해 가중치 φ를 지속적으로 업데이트한다.

- 디코더의 목표는 실제 확률 분포 $p(\mathbf{z}|\mathbf{x})$를 근사화하는 것이다. 즉, 디코더는 잠복 표현 $\mathbf{z}$가 주어졌을 때 데이터 $\mathbf{x}$의 조건부 확률 분포를 학습하려고 시도한다. 실제 확률 분포에 대한 디코더의 근사화는 $p_\theta(\mathbf{x}|\mathbf{z})$로 표기한다. 여기서 θ는 디코더 가중치이다. 이 프로세스는 확률 분포(예: 가우시언)로부터 확률적으로(랜덤하게) $\mathbf{z}$를 샘플링해서 시작한다. 그런 다음 $\mathbf{z}$는 디코더를 통해 전송되며, 그 출력은 $\mathbf{x}$의 가능한 해당 값에 대한 확률 분포이다. 훈련 동안 $p_\theta(\mathbf{x}|\mathbf{z})$를 실제 $p(\mathbf{z}|\mathbf{x})$에 더 가깝게 만들기 위해 가중치 θ를 지속적으로 업데이트한다.

VAE는 항이 두 개 있는 특수한 손실 함수를 사용한다:

$$L(\theta,\varphi;\mathbf{x}) = -D_{KL}(q_\varphi(\mathbf{z}|\mathbf{x})||p_\theta(\mathbf{z})) + E_{q_\varphi(\mathbf{z}|\mathbf{x})}[\log(p_\theta(\mathbf{x}|\mathbf{z}))]$$

첫 항은 확률 분포 $q_\varphi(\mathbf{z}|\mathbf{x})$와 기대 확률 분포 $p(\mathbf{z})$ 간의 Kullback-Leibler 차이(1장 신경망 기초)이다. 이 맥락에서 $p(\mathbf{z})$를 표현하기 위해 $q_\varphi(\mathbf{z}|\mathbf{x})$를 사용할 때 얼마나 많은 정보가 손실되는지를 측정한다(즉, 두 분포가 얼마나 가까운지). 이것은 AE가 다양한 재구성을 탐색하도록 장려한다. 두 번째 항은 원본 입력과 재구성 간의 차이를 측정하는 재구성 손실이다. 많이 다를수록 커진다. 따라서 AE가 데이터를 더 잘 재구성하도록 장려한다.

구현에서 병목 층은 잠복 상태 변수를 직접 출력하지 않는다. 그 대신에 각 잠복 변수 분포의 평균과 분산을 기술하는 두 개의 벡터를 출력한다:

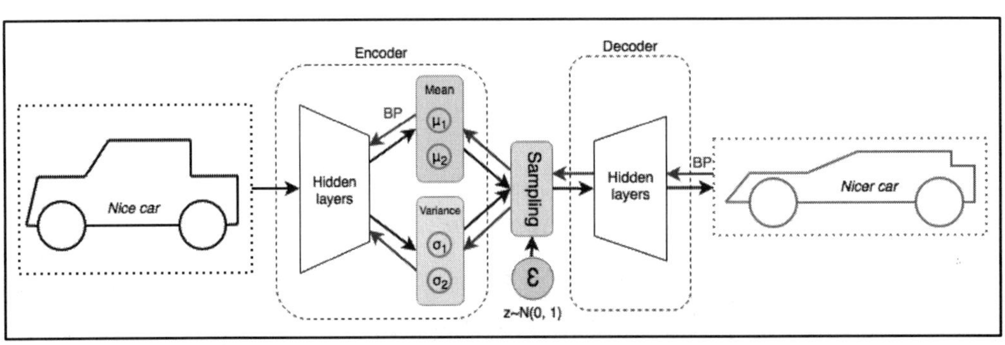

그림 5.5 VAE 샘플링

분포의 평균과 분산이 있으면, 잠복 변수 분포로부터 상태 $\mathbf{z}$를 샘플링하고 재구성을 위해 디코더를 통해 전달할 수 있다. 하지만 아직 축하하기에는 이르다. 이것은 우리에게 또 다른 문제를 제시한다: BP는 여기에서와 같은 랜덤 프로세스에 대해서는 작동하지 않는다. 다행히도 소위 **reparameterization(재 파라미터화) 트릭**으로 이 문제를 해결할 수 있다. 먼저 가우스 분포(위 다이어그램의 ε원)로부터 $\mathbf{z}$와 같은 차원을 갖는 랜덤 벡터 ε를 샘플링한다. 그런 다음 잠복 분포의 분산 σ로 스케일링하고 잠복 분포의 평균 μ로 이동시킨다:

$$\mathbf{z} = \mu + \sigma \odot \varepsilon$$

이렇게 해서 평균과 분산을 최적화할 수 있으며(역방향 화살표. 원본에서는 빨간색), 역방향 통과에서 랜덤 생성기를 생략한다. 동시에, 샘플링된 데이터는 오리지널 분포의 속성을 갖게 된다. 이제 VAE를 소개했으므로 이를 구현하는 방법을 배우자.

5.2.1 VAE로 새로운 MNIST 숫자 생성하기

이 섹션에서는 VAE가 MNIST 데이터셋을 위해 새로운 숫자를 생성하는 방법을 배운다. 이를 위해 TF 2.0.0 기반 Keras를 사용할 것이다. MNIST가 VAE의 생성 능력을 잘 보여주기 때문에 선택했다.

TIP

이 절의 코드는 부분적으로 `https://github.com/kerasteam/keras/blob/master/examples/variational_autoencoder.py`를 참고했다.

구현을 단계별로 살펴보자:

1. import부터 시작하자. TF에 통합된 Keras 모듈을 사용한다:

```
import matplotlib.pyplot as plt
from matplotlib.markers import MarkerStyle
import numpy as np
import tensorflow as tf
from tensorflow.keras import backend as K
from tensorflow.keras.layers import Lambda, Input, Dense
from tensorflow.keras.losses import binary_crossentropy
from tensorflow.keras.models import Model
```

2. 이제 MNIST 데이터셋을 인스턴스화한다. 2장 CNN 이해에서 우리는 TF/Keras로 TL 예제를 구현했다. 거기서 우리는 `tensorflow_datasets` 모듈을 사용해서 CIFAR-10 데이터셋을 로드했다. 이 예제에서는 `keras.datasets` 모듈을 사용해서 MNIST를 로드한다:

```
(x_train, y_train), (x_test, y_test) =
tf.keras.datasets.mnist.load_data()

image_size = x_train.shape[1] * x_train.shape[1]
x_train = np.reshape(x_train, [-1, image_size])
x_test = np.reshape(x_test, [-1, image_size])
x_train = x_train.astype('float32') / 255
x_test = x_test.astype('float32') / 255
```

3. 다음으로 VAE를 빌드하는 `build_vae` 함수를 구현한다:
   - 인코더, 디코더, 전체 네트워크를 별도로 액세스한다. 이 함수는 이들을 튜플로 반환한다.
   - 병목 층에는 뉴런이 2개만 있다(즉, 잠복 변수가 2개뿐이다). 잠복 분포를 2D 플롯으로 표시하기 위해서이다.
   - 인코더/디코더에는 512개의 뉴런이 있는 하나의 중간(은닉) FC 층이 포함된다. 이것은 컨볼루션 네트워크가 아니다.
   - 크로스 엔트로피 재구성 손실과 KL 차이를 사용한다.

   다음은 이를 전역적으로 구현하는 방법을 보여준다:

```
def build_vae(intermediate_dim=512, latent_dim=2):
    # encoder first
    inputs = Input(shape=(image_size,), name='encoder_input')
    x = Dense(intermediate_dim, activation='relu')(inputs)

    # latent mean and variance
    z_mean = Dense(latent_dim, name='z_mean')(x)
    z_log_var = Dense(latent_dim, name='z_log_var')(x)

    # Reparameterization trick for random sampling
    # Note the use of the Lambda layer
    # At runtime, it will call the sampling function
    z = Lambda(sampling, output_shape=(latent_dim,),
    name='z')([z_mean, z_log_var])
```

```
    # full encoder encoder model
    encoder = Model(inputs, [z_mean, z_log_var, z], name='encoder')
    encoder.summary()

    # decoder
    latent_inputs = Input(shape=(latent_dim,), name='z_sampling')
    x = Dense(intermediate_dim, activation='relu')(latent_inputs)
    outputs = Dense(image_size, activation='sigmoid')(x)

    # full decoder model
    decoder = Model(latent_inputs, outputs, name='decoder')
    decoder.summary()

    # VAE model
    outputs = decoder(encoder(inputs)[2])
    vae = Model(inputs, outputs, name='vae')

    # Loss function
    # we start with the reconstruction loss
    reconstruction_loss = binary_crossentropy(inputs, outputs) *
    image_size

    # next is the KL divergence
    kl_loss = 1 + z_log_var - K.square(z_mean) - K.exp(z_log_var)
    kl_loss = K.sum(kl_loss, axis=-1)
    kl_loss *= -0.5

    # we combine them in a total loss
    vae_loss = K.mean(reconstruction_loss + kl_loss)
    vae.add_loss(vae_loss)

    return encoder, decoder, vae
```

4. 네트워크 정의에 바로 이어서, 가우시언 유닛으로부터 잠복 벡터 z를 랜덤하게 샘플링(VAE 소개 섹션에서 소개한 재 파라미터화 트릭)하는 `sampling` 함수를 구현한다:

```
def sampling(args: tuple):
    """
    :param args: (tensor, tensor) mean and log of variance of q(z|x)
```

```
    """

    # unpack the input tuple
    z_mean, z_log_var = args

    # mini-batch size
    mb_size = K.shape(z_mean)[0]

    # latent space size
    dim = K.int_shape(z_mean)[1]

    # random normal vector with mean=0 and std=1.0
    epsilon = K.random_normal(shape=(mb_size, dim))

    return z_mean + K.exp(0.5 * z_log_var) * epsilon
```

5. 이제 테스트 세트에 있는 모든 이미지의 잠복 표현을 모아서 2D 플롯에 표시하는 plot_latent_distribution 함수를 구현한다. 우리 네트워크에 잠복 변수가 두 개만 있기 때문에 이게 가능하다. 이를 구현하는데 인코더만 필요하다:

```
def plot_latent_distribution(encoder, x_test, y_test,
batch_size=128):
    z_mean, _, _ = encoder.predict(x_test, batch_size=batch_size)
    plt.figure(figsize=(6, 6))
    markers = ('o', 'x', '^', '<', '>', '*', 'h', 'H', 'D', 'd',
    'P', 'X', '8', 's', 'p')

    for i in np.unique(y_test):
        plt.scatter(z_mean[y_test == i, 0], z_mean[y_test == i, 1],
                                        marker=MarkerStyle(markers[i],
                                        fillstyle='none'),
                                        edgecolors='black')
    plt.xlabel("z[0]")
    plt.ylabel("z[1]")
    plt.show()
```

6. 다음으로 두 잠복 변수 각각에 대해 [-4, 4] 범위의 n*n 벡터 z를 샘플링하는 plot_generated_images 함수를 구현한다. 그 다음, 샘플링된 벡터를 기반으로 이미지를 생성하고, 2D 그리드에 표시한다. 이렇게 하는 데에는 디코더만 필

요하다:

```
def plot_generated_images(decoder):
    # display a nxn 2D manifold of digits
    n = 15

    digit_size = 28

    figure = np.zeros((digit_size * n, digit_size * n))

    # linearly spaced coordinates corresponding to the 2D plot
    # of digit classes in the latent space
    grid_x = np.linspace(-4, 4, n)
    grid_y = np.linspace(-4, 4, n)[::-1]

    # start sampling z1 and z2 in the ranges grid_x and grid_y
    for i, yi in enumerate(grid_y):
        for j, xi in enumerate(grid_x):
            z_sample = np.array([[xi, yi]])
            x_decoded = decoder.predict(z_sample)
            digit = x_decoded[0].reshape(digit_size, digit_size)
            slice_i = slice(i * digit_size, (i + 1) * digit_size)
            slice_j = slice(j * digit_size, (j + 1) * digit_size)
            figure[slice_i, slice_j] = digit

    # plot the results
    plt.figure(figsize=(6, 5))
    start_range = digit_size // 2

    end_range = n * digit_size + start_range + 1

    pixel_range = np.arange(start_range, end_range, digit_size)
    sample_range_x = np.round(grid_x, 1)
    sample_range_y = np.round(grid_y, 1)
    plt.xticks(pixel_range, sample_range_x)
    plt.yticks(pixel_range, sample_range_y)
    plt.xlabel("z[0]")
    plt.ylabel("z[1]")
    plt.imshow(figure, cmap='Greys_r')
    plt.show()
```

7. 이제 전체 코드를 실행한다. Adam 옵티마이저(1장 신경망 기초)를 사용해서 50 epoch 동안 네트워크를 훈련시킨다:

```
encoder, decoder, vae = build_vae()

vae.compile(optimizer='adam')
vae.summary()

vae.fit(x_train,
        epochs=50,
        batch_size=128,
        validation_data=(x_test, None))

plot_latent_distribution(encoder, x_test, y_test,
                                 batch_size=128)

plot_generated_images(decoder)
```

8. 모든 것이 계획대로 진행되고 훈련이 끝나면 모든 테스트 이미지에 대한 각 숫자 클래스의 잠복 분포를 볼 수 있다. 수직 및 수평 축은 z_1 및 z_2 잠복 변수를 나타낸다. 마커 모양은 숫자 클래스에 따라 다르다:

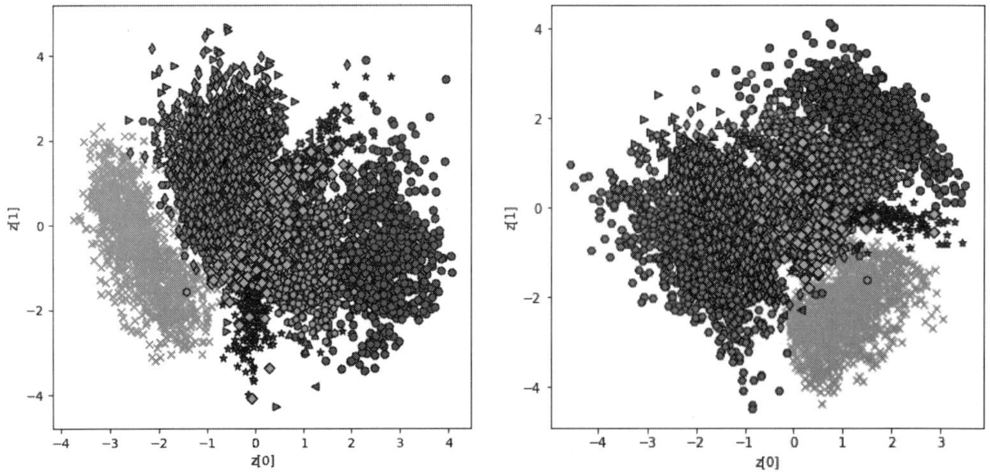

그림 5.6 MNIST 테스트 이미지들의 잠복 분포

9. 다음으로, plot_generated_images에 의해 생성된 이미지를 살펴본다. 축들은 각 이미지에 사용된 특정 잠복 분포 z를 나타낸다:

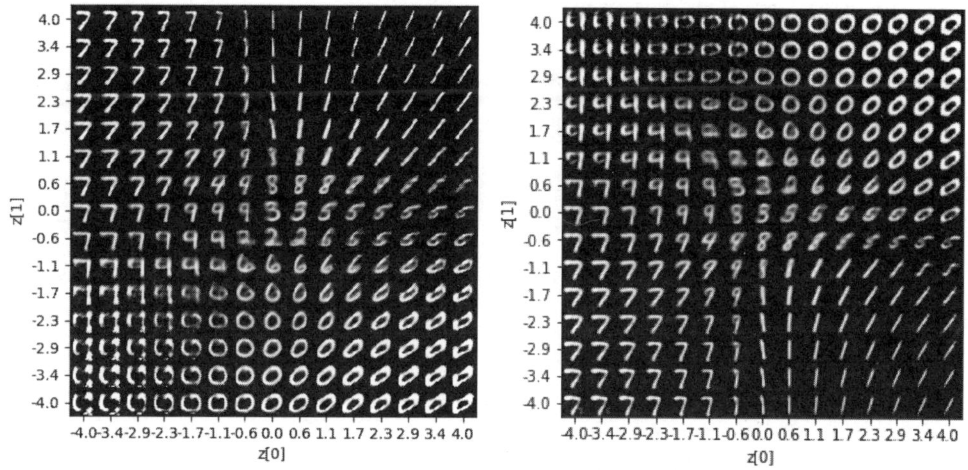

그림 5.7 VAE로 생성된 이미지들

이것으로 VAE에 관한 설명을 마친다. 다음 섹션에서는 가장 인기 있는 생성 모델인 GAN에 대해 설명한다.

5.3 GAN 소개

이 섹션에서는 지금 현재 가장 인기 있는 생성 모델인 GAN 프레임워크에 관해 소개한다. 2014년도에 획기적인 논문인 *Generative Adversarial Nets*(`http://papers.nips.cc/paper/5423-generative-adversarial-nets.pdf`)에서 처음 소개되었다. GAN 프레임워크는 모든 유형의 데이터와 함께 작동할 수 있지만 지금까지 가장 인기 있는 응용은 이미지를 생성하는 것이므로 우리는 이 콘텍스트 안에서 논의할 것이다. 작동 방식을 살펴보자:

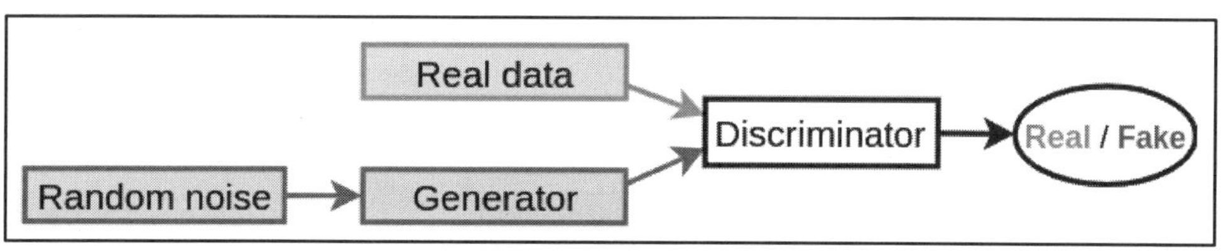

그림 5.8 GAN 시스템

GAN 시스템에는 두 가지 구성 요소(NN)가 있다:

- **생성기**: 이것은 생성 모델 자체이다. 확률 분포(랜덤 노이즈)를 입력으로 사용해서 사실적인 출력 이미지를 생성하려고 시도한다. 그 목적은 VAE의 디코더 부분과 비슷하다.
- **판별기**: 훈련 데이터셋의 실제 이미지와 생성기가 만든 가짜 샘플의 두 가지 입력을 교대로 받는다. 입력 이미지가 실제 이미지에서 오는지, 또는 생성된 이미지에서 오는지를 판별하려고 시도한다.

두 네트워크는 시스템으로 함께 훈련된다. 한편으로 판별기는 실제 이미지와 가짜 이미지를 더 잘 구별하려고 노력하는 반면, 생성기는 판별기가 속을 정도로 보다 사실적인 이미지를 출력하기 위해 노력한다[126]. 원본 논문의 비유를 사용하면, 생성기는 가짜 화폐를 만들려는 위조범, 판별기는 위조 지폐를 찾아내려는 경찰관으로 생각할 수 있다. 따라서 둘은 적대적(adversarial) 관계에 있다. 이 시스템의 궁극적인 목표는 판별기가 실제 이미지와 가짜 이미지를 구별할 수 없도록 생성기를 훌륭하게 만드는 것이다. 판별기가 분류를 수행하지만, 이미지에 대한 레이블이 필요하지 않기 때문에 GAN은 여전히 비감독형이다. 다음 섹션에서는 GAN 프레임워크의 맥락에서 훈련 과정에 관해 논의할 것이다.

5.3.1 GAN 훈련

우리의 주요 목표는 생성기가 사실적인 이미지를 생성하는 것이며, GAN 프레임워크는 그 목표를 위한 수단이다. 생성기와 판별기를 분리해서 순차적으로(하나씩) 훈련시키는 두 단계를 여러 번 번갈아 가며 반복할 것이다.

더 자세히 살펴보기 전에 다음 다이어그램을 사용해서 몇 가지 표기법을 소개한다:

- 생성기를 $G(\mathbf{z}, \theta_g)$로 표기한다. 여기서 θ_g는 네트워크[127] 가중치이고, $\mathbf{z}$는 생성기의 입력 역할을 하는 잠복 벡터이다. 이를 이미지 생성 프로세스를 시작하기 위한 랜덤 시드 값으로 생각하라. 이것은 VAE에서의 잠복 벡터와 유사하다. $\mathbf{z}$는 일반적으로 랜덤한 정규 또는 균등 확률 분포 $p_{\mathbf{z}}(\mathbf{z})$를 가진다. 생성기는 확률 분포 $p_g(\mathbf{x})$로 가짜 샘플 $\mathbf{x}$를 출력한다. $p_g(\mathbf{x})$를 생성기에 따른 실제 데이터의 확률 분포로 생각할 수 있다.

---

126. Adversarial process이다.

127. 생성기

- 판별기를 $D(\mathbf{x}, \theta_d)$로 표기한다. 여기서 θ_d는 네트워크 가중치이다. 입력으로 $\mathbf{x} \sim p_{data}(\mathbf{x})$ 분포의 실제 데이터 또는 생성된 샘플 $\mathbf{x} \sim p_g(\mathbf{x})$를 사용한다. 판별기는 입력 이미지가 실제(네트워크 출력=1) 또는 생성된 데이터(네트워크 출력=0)의 일부인지 여부를 출력하는 이진 분류기이다.
- 훈련 동안의 판별기 및 생성기 손실 함수들을 각각 $J^{(D)}$와 $J^{(G)}$로 표기한다.

다음은 GAN 프레임워크의 더 자세한 다이어그램이다:

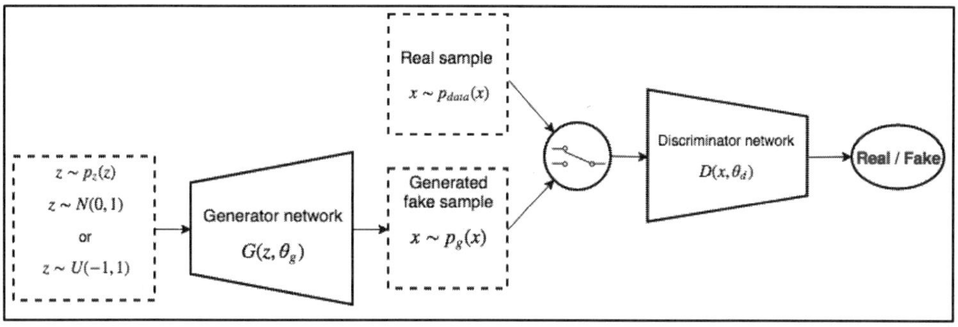

그림 5.9 자세한 GAN 예

GAN 훈련은 두 개의 네트워크가 있기 때문에 일반 DNN 훈련과 다르다. 우리는 이것을 두 플레이어(생성기와 판별기)의 순차적 minimax zero-sum 게임으로 생각할 수 있다:

- 순차적(Sequential): 이것은 플레이어가 체스나 tic-tac-toe(삼목)처럼 번갈아 하는 것을 의미한다. 먼저 판별기는 $J^{(D)}$를 최소화하려고 하지만, 가중치 θ_d를 조정해야만 가능하다. 다음으로 생성기는 $J^{(G)}$를 최소화하려고 하지만, 가중치 θ_g만 조정할 수 있다. 이 과정을 여러 번 반복한다.
- 제로섬(Zero–sum): 이는 한 플레이어의 손익이 상대방의 손익과 균형을 이룬다는 것을 의미한다. 즉, 생성기의 손실과 판별기의 손실의 합은 항상 0이다:

$$J^{(G)} = -J^{(D)}$$

- Minimax: 이것은 첫 번째 플레이어(생성기)의 전략이 상대(판별기)의 **maximum** 점수를 **minimize**하는 것임을 의미한다. 판별기를 훈련시킬 때는 실제 샘플과 가짜 샘플을 더 잘 구분하게 된다($J^{(D)}$를 최소화). 그 다음에 생성기를 훈련시킬 때는 새롭고 개선된 판별기 수준으로 올라가려고 노력한다($J^{(G)}$를 최소화. 이는

$J^{(D)}$를 최대화하는 것과 동가). 두 네트워크는 끊임없이 경쟁한다. 다음 공식으로 minimax 게임을 나타낸다. 여기서 V는 손실 함수이다:

$$\min_G \max_D V(G, D)$$

여러 훈련 단계 후에 $J^{(G)}$와 $J^{(D)}$가 모두 지역 최소에 있다고 가정하자. 이때 minimax 게임에 대한 솔루션을 **Nash equilibrium**이라고 부른다. **Nash 평형**은 상대가 무엇을 할지에 관계없이, 둘 중 하나가 행동을 바꾸지 않을 때 발생한다. GAN 프레임워크에서 Nash 평형은 생성기가 너무 좋아져서, 생성된 샘플과 실제 샘플을 판별기가 더 이상 구별할 수 없을 때 발생한다. 즉, 판별기 출력은 제시된 입력에 관계없이 항상 반이 된다.

이제 GAN에 대한 개요를 소개했으므로 이를 훈련시키는 방법에 관해 논의하자. 판별기부터 시작해서 생성기로 계속한다.

판별기 훈련

판별기는 분류 신경망이며, 일반적인 방법, 즉 GD 및 BP를 사용해서 훈련시킬 수 있다. 그러나 훈련 세트는 실제 샘플과 생성된 샘플로 구성된다. 훈련 과정에 이를 통합하는 방법을 알아보자:

1. 입력 샘플(실제 또는 가짜)에 따라 두 가지 경로가 있다:
   - 실제 데이터 $\mathbf{x} \sim p_{data}(\mathbf{x})$에서 샘플을 선택하고, 이를 사용해서 $D(\mathbf{x})$를 생성한다.
   - 가짜 샘플 $\mathbf{x} \sim p_g(\mathbf{x})$를 생성한다. 여기서 생성기와 판별기는 단일 네트워크로 작동한다. 생성된 샘플 $G(\mathbf{z})$를 만드는 데 사용하는 랜덤 벡터 $\mathbf{z}$로 시작한다. 그런 다음 이를 판별기에 대한 입력으로 사용해서 최종 출력 $D(G(\mathbf{z}))$를 생성한다.
2. 다음으로 학습 데이터의 이중성(duality)을 반영하는 손실 함수를 계산한다(자세한 내용은 나중에 설명).
3. 마지막으로 오차 기울기를 역전파하고 가중치를 업데이트한다. 두 네트워크가 함께 작동하지만, 생성기 가중치 θ_g는 잠그고 판별기 가중치 θ_d만 업데이트한다. 이것은 생성기를 더 나쁘게 만들기 보다는, 판별기 성능을 더 좋게 만들어 개선을 보장한다.

판별기 손실을 이해하기 위해 크로스-엔트로피 손실의 공식을 기억하자:

$$H(p,q) = -\sum_{i=1}^{n} p_i(\mathbf{x}) \log(q_i(\mathbf{x}))$$

여기서 $q_i(\mathbf{x})$는 i번째 클래스(총 n개 클래스 중)에 속하는 출력의 추정 확률이고, $p_i(\mathbf{x})$는 실제 확률이다. 단순화를 위해, 한 훈련 샘플에 이 공식을 적용한다고 가정하자. 이진 분류의 경우 이 공식을 다음과 같이 단순화할 수 있다:

$$H(p,q) = -(p(\mathbf{x}) \log q(\mathbf{x}) + (1 - p(\mathbf{x})) \log(1 - q(\mathbf{x})))$$

> **TIP** 목표 확률이 $p(\mathbf{x}) \rightarrow \{0,\ 1\}$(one-hot 인코딩)일 때, 손실 항 중 하나는 항상 0이다.

이 공식을 m개 샘플의 미니 뱃치에 대해 확장할 수 있다:

$$H(p,q) = -\frac{1}{m}\sum_{j=1}^{m}(p(\mathbf{x}_j) \log(q(\mathbf{x}_j)) + (1 - p(\mathbf{x}_j)) \log(1 - q(\mathbf{x}_j)))$$

이 모든 지식을 기반으로 판별기 손실을 정의해 보자:

$$J^{(D)} = -\frac{1}{2}\mathbb{E}_{\mathbf{x}\sim p_{data}(\mathbf{x})}\log(D(\mathbf{x})) - \frac{1}{2}\mathbb{E}_{\mathbf{z}\sim p_{\mathbf{z}}(\mathbf{z})}\log(1 - D(G(\mathbf{z})))$$

복잡해 보이지만 단지 GAN 전용으로 치장된 이진 분류기의 크로스-엔트로피 손실이다. 이에 대해 논의해 보자:

- 손실의 두 가지 구성 요소는 훈련 세트에서 같은 수의 두 가지 가능한 클래스(실제 또는 가짜)를 반영한다.
- $\frac{1}{2}\mathbb{E}_{\mathbf{x}\sim p_{data}(\mathbf{x})}\log D(\mathbf{x})$는 입력이 실제 데이터에서 샘플링될 때의 손실이다. 이상적으로 이러한 경우에는 $D(\mathbf{x})=1$이 된다.
- 이 맥락에서 $\mathbb{E}_{\mathbf{x}\sim p_{data}(\mathbf{x})}$는 $\mathbf{x}$가 $p_{data}(\mathbf{x})$에서 샘플링되었음을 의미한다. 본질적으로 손실의 이 부분은 $p_{data}(\mathbf{x})$에서 $\mathbf{x}$를 샘플링할 때 판별기 출력 $D(\mathbf{x})=1$을 예상한다는 것을 의미한다. 마지막으로 0.5는 실제 데이터 $p_{data}(\mathbf{x})$의 누적 클래

스 확률이다. 이는 실제 데이터가 전체 세트의 정확히 절반을 구성하기 때문이다.

- $\frac{1}{2}\mathbb{E}_{\mathbf{z}\sim p_{\mathbf{z}}(\mathbf{z})}\log(1-D(G(\mathbf{z})))$는 생성된 데이터 중에서 입력이 샘플링될 때의 손실이다. 여기서 우리는 실제 데이터 요소 때와 같은 관찰을 할 수 있다. 그러나 이 항은 $D(G(\mathbf{z}))=0$일 때 최대화된다.

요약하면, 모든 $\mathbf{x}\sim p_{data}(\mathbf{x})$에 대해 $D(\mathbf{x})=1$이고, 생성된 모든 $\mathbf{x}\sim p_g(\mathbf{x})$(또는 $\mathbf{x}=G(\mathbf{z})$)에 대해서는 $D(\mathbf{x})=0$일 때 판별기 손실이 0이 된다.

생성기 훈련

우리는 판별기를 더 잘 속이도록 생성기를 훈련시킬 것이다. 이를 위해, 가짜 샘플을 사용해서 판별기를 훈련시켰던 방식과 마찬가지로 두 네트워크가 모두 필요하다:

1. 랜덤 잠복 벡터 $\mathbf{z}$로 시작해서, 생성기와 판별기 모두를 통해 공급해서 출력 $D(G(\mathbf{z}))$를 생성한다.
2. 손실 함수는 판별기 손실과 동일하다. 그러나 여기서 우리의 목표는 판별기를 속이고 싶기 때문에 최소화하는 것이 아니라 최대화하는 것이다.
3. 역방향 통과에서 판별기 가중치 θ_d가 잠기고, θ_g만 조정할 수 있다. 이것은 판별기를 더 나쁘게 만드는 대신에, 생성기를 더 좋게 만들어서 판별기 손실을 최대화한다.

이 단계에서는 생성된 데이터만 사용한다. 판별기 가중치가 잠겨 있으므로, 손실 함수의 실제 데이터를 다루는 부분을 무시할 수 있다. 따라서 다음과 같이 단순화할 수 있다:

$$J^{(G)}=\mathbb{E}_{\mathbf{z}\sim p_{\mathbf{z}}(\mathbf{z})}\log(1-D(G(\mathbf{z})))$$

이 식의 미분(그래디언트)은 $-\dfrac{1}{1-D(G(\mathbf{z}))}$이며, 다음 다이어그램에서 실선에 해당한다. 이것은 훈련에 제한을 가한다. 초기에 판별기가 실제 샘플과 가짜 샘플을 쉽게 구별할 수 있을 때($D(G(\mathbf{z}))\approx 0$[128]) 기울기는 0에 가깝다. 이렇게 하면 가중치 θ_g의 학습이 거의 이루어지지 않는다(또 다른 기울기 소멸 문제):

128. 판별기의 목표

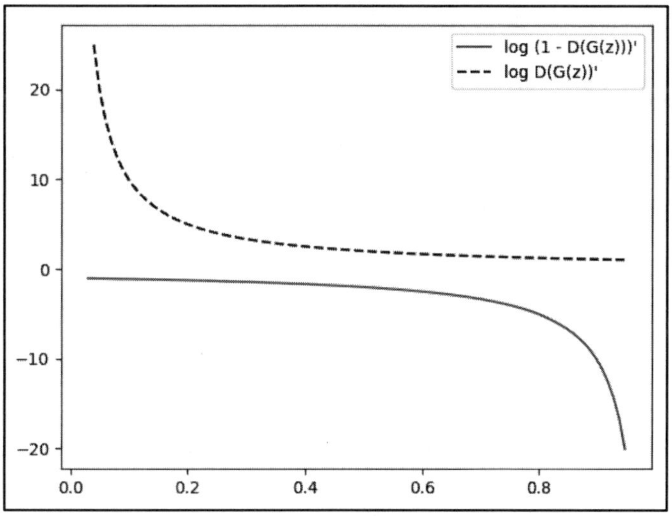

그림 5.10 생성기 손실 함수의 기울기

다른 손실 함수를 사용해서 이 기울기 소멸 문제를 해결할 수 있다:

$$J^{(G)} = -\mathbb{E}_{\mathbf{z}\sim p_{\mathbf{z}}(\mathbf{z})}\log(D(G(\mathbf{z}))$$

이 함수의 미분은 위 다이어그램에서 점선에 해당한다. 이 손실은 $D(G(\mathbf{z})) \approx 1$일 때, 그리고 기울기가 클 때 최소화된다; 즉, 생성기의 성능이 저조할 때이다. 이 손실로는 게임은 더 이상 제로섬이 아니지만, GAN 프레임워크에 실질적인 영향을 미치지 않는다. 이제 GAN 훈련 알고리듬을 정의하는 데 필요한 모든 요소를 갖췄다. 다음 섹션에서 이 작업을 수행한다.

5.3.2 종합

새로 습득한 지식을 바탕으로 minimax 목표 함수를 완전하게 정의할 수 있다:

$$\min_G \max_D V(G,D) = \frac{1}{2}\mathbb{E}_{\mathbf{x}\sim p_{data}(\mathbf{x})}\log(D(\mathbf{x})) + \frac{1}{2}\mathbb{E}_{\mathbf{z}\sim p_{\mathbf{z}}(\mathbf{z})}\log(1 - D(G(\mathbf{z})))$$

요컨대, 생성기는 목표 함수를 최소화하려고 시도하고, 판별기는 이를 최대화하려고 노력한다. 판별기는 자신의 손실을 최소화해야 하지만, minimax 목표 함수는 판별기 손실의 음수이므로 판별기는 이를 최대화해야 한다.

다음은 GAN 프레임워크 저자가 소개한 단계적 훈련 알고리듬이다:

Algorithm 1 Minibatch stochastic gradient descent training of generative adversarial nets. The number of steps to apply to the discriminator, k, is a hyperparameter. We used $k = 1$, the least expensive option, in our experiments.

for number of training iterations **do**

for k steps **do**

- Sample minibatch of m noise samples $\{\boldsymbol{z}^{(1)}, \ldots, \boldsymbol{z}^{(m)}\}$ from noise prior $p_g(\boldsymbol{z})$.
- Sample minibatch of m examples $\{\boldsymbol{x}^{(1)}, \ldots, \boldsymbol{x}^{(m)}\}$ from data generating distribution $p_{\text{data}}(\boldsymbol{x})$.
- Update the discriminator by ascending its stochastic gradient:

$$\nabla_{\theta_d} \frac{1}{m} \sum_{i=1}^{m} \left[\log D\left(\boldsymbol{x}^{(i)}\right) + \log\left(1 - D\left(G\left(\boldsymbol{z}^{(i)}\right)\right)\right)\right].$$

end for

- Sample minibatch of m noise samples $\{\boldsymbol{z}^{(1)}, \ldots, \boldsymbol{z}^{(m)}\}$ from noise prior $p_g(\boldsymbol{z})$.
- Update the generator by descending its stochastic gradient:

$$\nabla_{\theta_g} \frac{1}{m} \sum_{i=1}^{m} \log\left(1 - D\left(G\left(\boldsymbol{z}^{(i)}\right)\right)\right).$$

end for

The gradient-based updates can use any standard gradient-based learning rule. We used momentum in our experiments.

그림 5.7 GAN 훈련 알고리듬 (출처: https://arxiv.org/pdf/1406.2661.pdf)

아래 작업을 여러 iteration[129] 반복한다[130]:

1. k 스텝만큼 반복한다. 여기서 k는 하이퍼파라미터이다:
   - 잠복 공간에서 m개를 랜덤하게 추출해서 미니 뱃치를 구성한다.

$$\{\mathbf{z}^{(1)}, \mathbf{z}^{(2)}, \ldots \mathbf{z}^{(m)}\} \sim p_g(\mathbf{z})$$

   - 실제 데이터에서 m개 샘플의 미니 뱃치를 구성한다.

$$\{\mathbf{x}^{(1)}, \mathbf{x}^{(2)}, \ldots \mathbf{x}^{(m)}\} \sim p_{data}(\mathbf{x})$$

   - 비용 함수에 대한 확률적 경사 오름(SGA[131], stochastic gradient ascent)으로 판별기 가중치를 업데이트한다:

$$\nabla_{\theta_d} \frac{1}{m} \sum_{i=1}^{m} [\log(D(\mathbf{x}^{(i)})) + \log(1 - D(G(\mathbf{z}^{(i)})))]$$

129. 한 뱃치의 이미지들을 모두 처리하면 1 iteration

130. (batch_size * number_iteration) >= number_data이 되면 1 epoch

131. SGD와 반대

2. 잠복 공간의 m개의 랜덤 샘플로 미니 뱃치를 구성한다.

$$\{\mathbf{z}^{(1)}, \mathbf{z}^{(2)}, \ \ldots \ \mathbf{z}^{(m)}\} \sim p_g(\mathbf{z})$$

3. 비용 함수에 대한 SGD(stochastic gradient descent. 확률적 경사 하강)로 생성기를 업데이트한다:

$$\nabla_{\theta_g} \frac{1}{m} \sum_{i=1}^{m} \log(1 - D(G(\mathbf{z}^{(i)})))$$

또는 생성기 훈련 섹션에서 소개한 업데이트된 비용 함수를 사용할 수 있다:

$$-\nabla_{\theta_g} \frac{1}{m} \sum_{i=1}^{m} \log(D(G(\mathbf{z}^{(i)})))$$

이제 GAN 훈련 방법을 알았으니, 훈련에서 직면할 수 있는 몇 가지 문제에 대해 논의해 보자.

5.3.3 GAN 훈련의 문제점

GAN 모델 훈련에는 몇 가지 위험이 있다:

- GD 알고리듬은 Nash 평형보다는 손실 함수의 최솟값을 찾기 위해 설계되었다. 둘은 같지 않다. 그 결과, 때때로 훈련이 수렴하지 못하고 진동할 수 있다.
- 판별기 출력은 샘플이 진짜 또는 가짜일 확률을 나타내는 시그모이드 함수라는 것을 기억하라. 판별기가 이 작업에 너무 능숙해지면, 확률 출력은 모든 훈련 샘플에 대해 0 또는 1로 수렴한다. 이는 오차 경사가 항상 0이 되어 생성기가 어떤 것도 학습하지 못하게 방해하는 것을 의미한다. 반면에, 판별기가 진짜 이미지와 가짜 이미지를 제대로 식별하지 못하는 경우, 잘못된 정보를 생성기로 역전파한다. 따라서 훈련이 성공하려면 판별기가 너무 좋거나 너무 나쁘지 않아야 한다. 사실상 이것은 수렴될 때까지 훈련시킬 수 없음을 의미한다.
- **모드 붕괴(mode collapse)**는 잠복 입력 벡터 값에 관계없이 생성기가 제한된 수(또는 단 하나)의 이미지만을 생성할 수 있게 되는 문제이다. 왜 이런 일이 발생하는지 이해하기 위해, 판별기의 가중치가 고정되어 있는 상태에서 $\mathbb{E}_{\mathbf{z} \sim p_{\mathbf{z}}(\mathbf{z})} \log(1 - D(G(\mathbf{z})))$를 최소화하려는 단일 생성기 훈련 에피소드에 집중해 보자.

즉, 생성기는 $\mathbf{x}^* = \underset{x}{\operatorname{argmax}} D(\mathbf{x})$가 되도록 가짜 이미지 $\mathbf{x}^*$를 생성하려고 한다. 그러나 손실 함수는 생성기가 입력 잡복 벡터의 서로 다른 값들에 대해 고유한(unique) 이미지 $\mathbf{x}^*$를 생성하도록 강제하지 않는다. 즉, 훈련은 생성된 이미지 $\mathbf{x}^*$를 잡복 벡터 값에서 완전히 분리하는 동시에 손실 함수를 최소화하는 방식으로 생성기를 수정할 수 있다. 예를 들어 새로운 MNIST 이미지를 생성하는 GAN은 입력에 관계없이 숫자 4만 생성할 수 있다. 판별기를 업데이트하고 나면 이전 값 $\mathbf{x}^*$가 더 이상 최적이 아닐 수 있으며, 이로 인해 생성기가 새롭고 다른 이미지를 생성하게 강요된다. 그럼에도 불구하고 모드 붕괴는 훈련 과정의 다양한 단계에서 재발할 수 있다.

이제 GAN 프레임워크에 익숙해졌으므로 몇 가지 유형의 GAN에 대해 설명하겠다.

5.4 GAN의 종류

GAN 프레임워크가 처음 소개된 이후로 많은 새로운 변형이 나타났다. 사실, 저자들이 눈에 띄게 하기 위해 BicycleGAN, DiscoGAN, GANs for LIFE, ELEGANT와 같은 창의적인 이름들을 내놓는 등 지금은 너무나 많은 새로운 GAN이 있다. 다음 몇 섹션에서는 그중 일부에 대해 설명한다. 모든 예제는 TensorFlow 2.0과 Keras로 구현되었다.

TIP

DCGAN, CGAN, WGAN, CycleGAN의 코드는 부분적으로 `https://github.com/eriklindernoren/Keras-GAN`을 참고했다. 이 장의 모든 예제의 구현은`https://github.com/PacktPublishing/Advanced-Deep-Learning-with-Python/tree/master/Chapter05`에서 볼 수 있다.

5.4.1 DCGAN

이 섹션에서는 **Deep Convolutional GAN(DCGAN.** *Unsupervised Representation Learning with Deep Convolutional Generative Adversarial Networks*, `https://arxiv.rg/abs/1511.06434`)을 구현한다. 원본 GAN 프레임워크 제안에서 저자는 FC

네트워크만 사용했다. 그 반면, DCGAN에서는 생성기와 판별기가 모두 CNN이다. 이들에는 훈련 과정을 안정화하는 데 도움이 되는 몇 가지 제한이 있다. 이 제한들을 DCGAN뿐만 아니라 GAN 훈련을 위한 일반적인 지침[132]으로 생각할 수 있다:

- 판별기는 풀링 층 대신 보폭이 있는 컨볼루션을 사용한다.
- 생성기는 전치 컨볼루션을 사용해서 잠복 벡터 Z를 생성된 이미지의 크기로 업샘플링한다.
- 두 네트워크 모두 일괄 정규화(batch normalization)를 사용한다.
- 판별기의 마지막 층 외에는 FC 층이 없다.
- 생성기 및 판별기의 모든 층에 LeakyReLU 활성화. 단, 그들의 출력은 예외. 생성기 출력 층은 실제 데이터의 속성을 모방하기 위해 tanh 활성화(범위가 (−1, 1))를 사용한다. 판별기는 샘플이 진짜이거나 가짜일 가능성을 측정하기 때문에 단일 시그모이드 출력((0, 1) 범위)을 갖는다.

다음 다이어그램은 DCGAN 프레임워크의 샘플 생성기 네트워크를 보여준다:

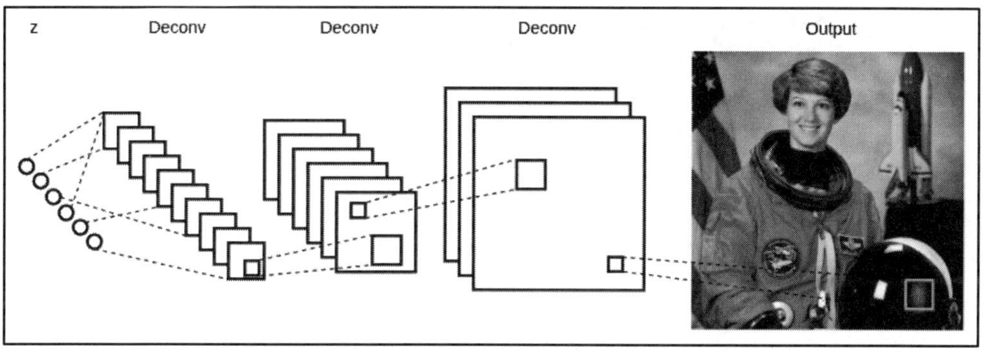

그림 5.11 전치 컨볼루션이 있는 생성기 네트워크

DCGAN 구현

이 섹션에서는 새로운 MNIST 이미지를 생성하는 DCGAN을 구현한다. 이 예제는 앞으로 볼 섹션들에서 나올 모든 GAN 구현의 청사진 역할을 한다:

132. https://github.com/soumith/ganhacks "Tips and tricks to make GANs work"

1. 필요한 모듈과 클래스를 가져오는 것으로 시작하자:

```
import matplotlib.pyplot as plt
import numpy as np
from tensorflow.keras.datasets import mnist
from tensorflow.keras.layers import \
    Conv2D, Conv2DTranspose, BatchNormalization, Dropout, Input,\
    Dense, Reshape, Flatten
from tensorflow.keras.layers import LeakyReLU
from tensorflow.keras.models import Sequential, Model
from tensorflow.keras.optimizers import Adam
```

2. build_generator 함수를 구현한다. 이 섹션의 시작부에 설명된 지침에 따라 전치 컨볼루션에 의한 업샘플링, 뱃치 정규화, LeakyReLU 활성화를 사용한다. 모델은 1D 잠복 벡터를 업샘플링하는 FC 층으로 시작한다. 그런 다음 이 벡터는 일련의 Conv2DTranspose로 업샘플링된다. 최종 Conv2DTranspose에는 tanh 활성화가 있고, 생성된 이미지에는 1개의 채널만 있다:

```
def build_generator(latent_input: Input):
    model = Sequential([Dense(7 * 7 * 256, use_bias=False,
        input_shape=latent_input.shape[1:]),
        BatchNormalization(), LeakyReLU(),
        Reshape((7, 7, 256)),

        # expand the input with transposed convolutions
        Conv2DTranspose(filters=128, kernel_size=(5, 5),
                        strides=(1, 1),
                        padding='same', use_bias=False),
        BatchNormalization(), LeakyReLU(),

        # gradually reduce the volume depth
        Conv2DTranspose(filters=64, kernel_size=(5, 5),
                        strides=(2, 2),
                        padding='same', use_bias=False),
        BatchNormalization(), LeakyReLU(),

        Conv2DTranspose(filters=1, kernel_size=(5, 5),
                        strides=(2, 2), padding='same',
                        use_bias=False, activation='tanh'),
    ])
```

```
    # this is forward phase
    generated = model(latent_input)
    return Model(z, generated)
```

3. 판별기를 구축한다. 역시 보폭을 사용하는 컨볼루션이 있는 간단한 CNN이다:

```
def build_discriminator():
    model = Sequential([
        Conv2D(filters=64, kernel_size=(5, 5), strides=(2, 2),
               padding='same', input_shape=(28, 28, 1)),
        LeakyReLU(), Dropout(0.3),
        Conv2D(filters=128, kernel_size=(5, 5), strides=(2, 2),
               padding='same'),
        LeakyReLU(), Dropout(0.3),
        Flatten(),
        Dense(1, activation='sigmoid')])

    image = Input(shape=(28, 28, 1))
    output = model(image)
    return Model(image, output)
```

4. 실제 GAN 훈련으로 train 함수를 구현한다. 이 함수는 GAN 훈련 섹션의 종합 섹션에 기술된 절차를 구현한다. 함수 선언과 변수 초기화부터 시작하겠다:

```
def train(generator, discriminator, combined, steps, batch_size):
    # Load the dataset
    (x_train, _), _ = mnist.load_data()

    # Rescale in [-1, 1] interval
    x_train = (x_train.astype(np.float32) - 127.5) / 127.5
    x_train = np.expand_dims(x_train, axis=-1)

    # Discriminator ground truths
    real = np.ones((batch_size, 1))
    fake = np.zeros((batch_size, 1))
    latent_dim = generator.input_shape[1]
```

우리는 하나의 판별기 훈련 에피소드와 하나의 생성기 훈련 에피소드가 교대되는 훈련 루프로 계속한다. 먼저, 1개의 real_images 뱃치와 1개의 generated_images 뱃치에 대해 판별기를 훈련시킨다. 그런 다음 같은 generated_ images 뱃치에 대해 생성기를 훈련시킨다(판별기 포함). 판별기 손실을 최대화하기 위해, 이 이미지들을 실제 이미지로 레이블링한다. 다음은 구현이다(train 함수의 일부이므로 들여 쓰기에 주의):

```
for step in range(steps):
    # Train the discriminator

    # Select a random batch of images
    real_images = x_train[np.random.randint(0, x_train.shape[0],
    batch_size)]

    # Random batch of noise
    noise = np.random.normal(0, 1, (batch_size, latent_dim))

    # Generate a batch of new images
    generated_images = generator.predict(noise)

    # Train the discriminator
    discriminator_real_loss = discriminator.train_on_batch
    (real_images, real)
    discriminator_fake_loss = discriminator.train_on_batch
    (generated_images, fake)
    discriminator_loss = 0.5 * np.add(discriminator_real_loss,
    discriminator_fake_loss)

    # Train the generator
    # random latent vector z
    noise = np.random.normal(0, 1, (batch_size, latent_dim))

    # Train the generator
    # Note that we use the "valid" labels for the generated images
    # That's because we try to maximize the discriminator loss
    generator_loss = combined.train_on_batch(noise, real)

    # Display progress
    print("%d [Discriminator loss: %.4f%%, acc.: %.2f%%]
    [Generator loss: %.4f%%]"\
    % (step, discriminator_loss[0], 100 * discriminator_loss[1],
    generator_loss))
```

5. 훈련이 완료된 후, 생성된 일부 이미지를 표시하기 위해 plot_generated_images를 구현한다:

   ① nxn 그리드(figure 변수)를 만든다.
   ② 생성된 이미지 각각을 위해 nxn 랜덤 잠복 벡터(noise 변수)를 만든다.
   ③ 이미지들을 생성하고 그리드 셀에 배치한다.
   ④ 결과를 표시한다.

   다음은 구현이다:

```
def plot_generated_images(generator):
    n = 10
    digit_size = 28

    # big array containing all images
    figure = np.zeros((digit_size * n, digit_size * n))
    latent_dim = generator.input_shape[1]

    # n*n random latent distributions
    noise = np.random.normal(0, 1, (n * n, latent_dim))

    # generate the images
    generated_images = generator.predict(noise)

    # fill the big array with images
    for i in range(n):
        for j in range(n):
            slice_i = slice(i * digit_size, (i + 1) * digit_size)
            slice_j = slice(j * digit_size, (j + 1) * digit_size)
            figure[slice_i, slice_j] = np.reshape(generated_
                                             images[i * n + j], (28, 28))

        # plot the results
        plt.figure(figsize=(6, 5))
        plt.axis('off')
        plt.imshow(figure, cmap='Greys_r')
        plt.show()
```

6. generator, discriminator, combined 네트워크를 포함하여 전체 GAN 모델을 구축한다. 크기가 64(latent_dim 변수)인 잠복 벡터를 사용하고, Adam

최적화기를 사용해서 50,000 뱃치에 대한 훈련을 실행한다(시간이 많이 걸릴 수 있음). 그런 다음 결과를 플롯팅한다:

```
latent_dim = 64

# Build the generator
# Generator input z
z = Input(shape=(latent_dim,))

generator = build_generator(z)

generated_image = generator(z)

# we'll use Adam optimizer
optimizer = Adam(0.0002, 0.5)

# Build and compile the discriminator
discriminator = build_discriminator()
discriminator.compile(loss='binary_crossentropy',\
                      optimizer=optimizer,
                      metrics=['accuracy'])

# Only train the generator for the combined model
discriminator.trainable = False

# The discriminator takes generated image as input and determines
validity
real_or_fake = discriminator(generated_image)

# Stack the generator and discriminator in a combined model
# Trains the generator to deceive the discriminator
combined = Model(z, real_or_fake)
combined.compile(loss='binary_crossentropy', optimizer=optimizer)

train(generator, discriminator, combined, steps=50000,
batch_size=100)
plot_generated_images(generator)
```

모든 것이 계획대로 진행되면 다음과 비슷한 출력을 보게 될 것이다:

그림 5.11 새로 생성된 MNIST 이미지들

Tip: Anaconda JupyterNotebook에서 실행하기

위 실험은 Colab에서 하루 이상 걸릴 수 있다. 다음은 PC에서 실행하기 위한 과정이다.

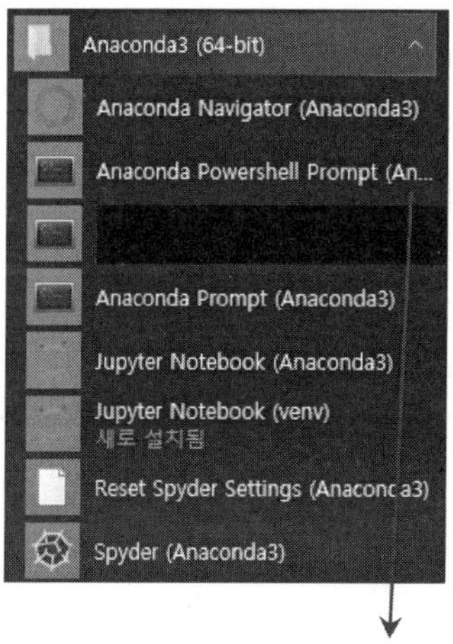

1) Anaconda Powershell Prompt에서 다음과 같이 가상 환경을 만들고, 들어간다:

```
(base) C:\Users\XXXX>conda create -n venv pip python=3.8
(base) C:\Users\XXXX>conda activate venv
(venv) C:\Users\XXXX>pip install --ignore-installed --upgrade tensorflow
```

2) Anaconda Navigator 시작 및 가상 환경에 Jupyter Notebook 설치:

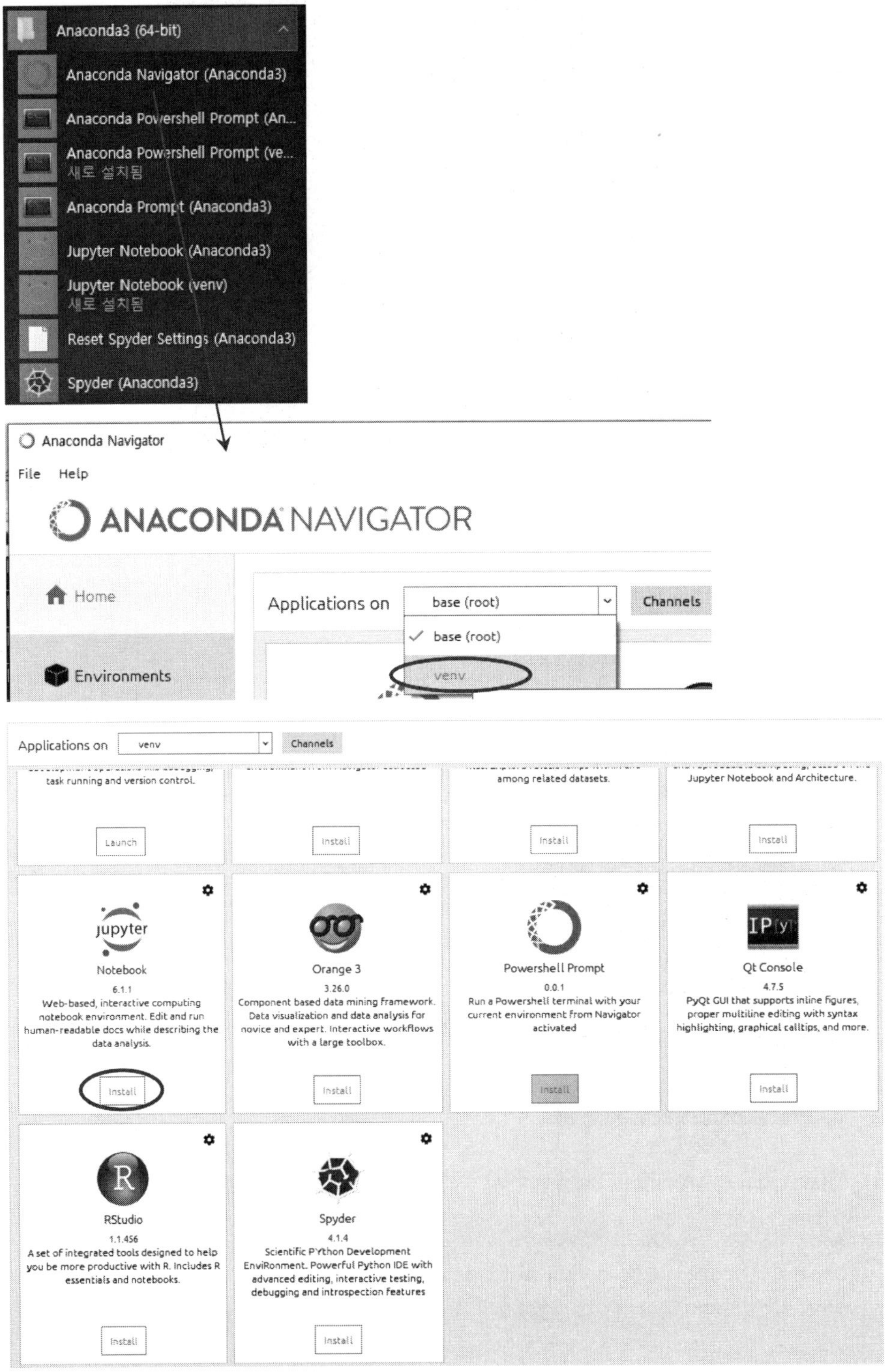

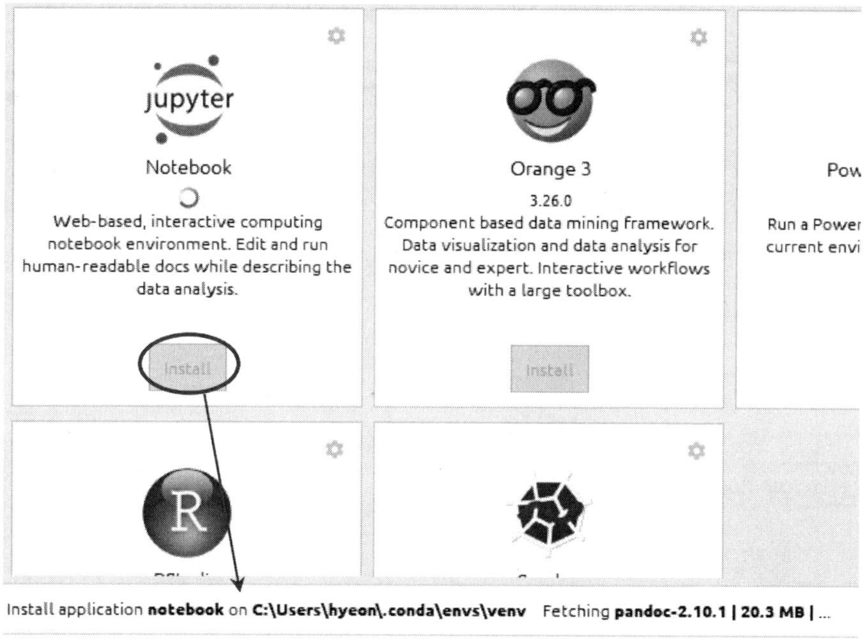

3) Navigator에서 Jupyter Notebook 및 Powershell Prompt 시작:

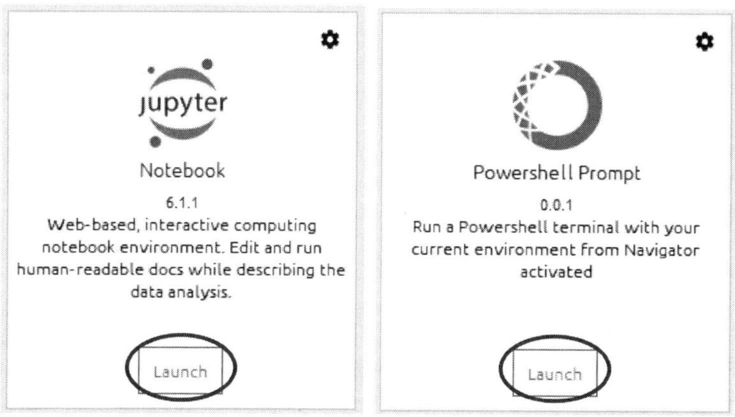

4) pip로 가상 환경에 matplotlib 설치:

(venv) PS C:\Users\hyeon> pip install matplotlib

Run!

이것으로 DCGAN에 대한 논의를 마친다. 다음 섹션에서는 CGAN이라는 또 다른 유형의 GAN 모델에 대해 설명한다.

5.4.2 CGAN

CGAN(*Conditional Generative Adversarial Nets*, `https://arxiv.org/abs/1411.1784`)은 생성기와 판별기가 몇 가지 추가적인 제어(conditioning) 입력 정보를 수신하는 GAN 모델의 확장이다. 이 추가 정보는 현재 이미지의 클래스이거나 다른 속성일 수 있다:

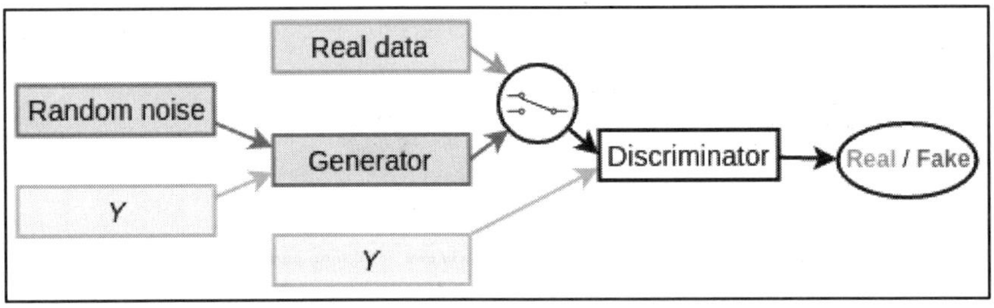

그림 5.12 CGAN. Y는 생성기와 판별기의 제어 입력을 나타낸다.

예를 들어, 새로운 MNIST 이미지를 생성하도록 GAN을 훈련시키는 경우, 원-핫 인코딩된 이미지 레이블 값들이 있는 입력 층을 추가할 수 있다. CGAN은 엄격한 비감독이 아닌 단점이 있으며, 작동하기 위해 일종의 레이블이 필요하다. 그러나 다음과 같은 몇 가지 다른 장점이 있다:

- 훈련을 위해 더 잘 구조화된 정보를 사용함으로써, 모델은 더 나은 데이터 표현을 학습하고 더 나은 샘플을 생성할 수 있다.
- 일반 GAN에서 모든 이미지 정보는 잠복 벡터 **z**에 저장된다. 이로 인해 문제가 발생한다: **z**가 복잡할 수 있기 때문에 생성된 이미지의 속성을 제대로 제어할 수 없다. 예를 들어, 우리의 MNIST GAN이 특정 숫자(예: 7)를 생성하기를 원한다고 가정하자. 우리는 원하는 출력에 도달할 때까지 다양한 잠복 벡터로 실험해야 할 것이다. 그러나 CGAN을 사용하면, 단순히 7의 원-핫 벡터를 어떤 랜덤 **z**와 결합시킬 수 있으며, 네트워크는 올바른 숫자를 생성할 것이다. 우리는 여전히 **z**의 다른 값을 시도할 수 있으며, 모델은 숫자(즉 7)의 다른 버전을 생성할 것이다. 간단히 말해서 CGAN은 생성기 출력을 제어(컨디셔닝)할 수 있는 방법을 제공한다.

이 제어(조건부) 입력 때문에, minimax 목표 함수가 조건 y도 포함하도록 수정한다:

$$\min_G \max_D V(G,D) = \frac{1}{2}\mathbb{E}_{\mathbf{x}\sim p_{data}(\mathbf{x})}[log(D(\mathbf{x}|y))] + \frac{1}{2}\mathbb{E}_{\mathbf{z}\sim p_z(\mathbf{z})}[log(1-D(G(\mathbf{z}|y)))]$$

CGAN 구현

CGAN 구현을 위한 청사진은 DCGAN 구현 섹션의 DCGAN 예제에서와 매우 비슷하다. 즉, MNIST 데이터셋의 새 이미지를 생성하기 위해 CGAN을 구현한다. 단순화(및 다양화)를 위해 FC 생성기와 판별기를 사용한다. 반복을 피하기 위해 DCGAN과 비교하여 달라진 코드 섹션만 표시한다. 이 책의 GitHub 저장소에서 전체 예제를 찾을 수 있다.

첫 번째 중요한 차이는 생성기의 정의이다:

```
def build_generator(z_input: Input, label_input: Input):
    model = Sequential([
        Dense(128, input_dim=latent_dim),
        LeakyReLU(alpha=0.2),
        BatchNormalization(momentum=0.8), Dense(256),
        LeakyReLU(alpha=0.2),
        BatchNormalization(momentum=0.8), Dense(512),
        LeakyReLU(alpha=0.2), BatchNormalization(momentum=0.8),
        Dense(np.prod((28, 28, 1)), activation='tanh'),
        # reshape to MNIST image size
        Reshape((28, 28, 1))
    ])
    model.summary()

    # the latent input vector z
    label_embedding = Embedding(input_dim=10,
    output_dim=latent_dim)(label_input)
    flat_embedding = Flatten()(label_embedding)

    # combine the noise and label by element-wise multiplication
    model_input = multiply([z_input, flat_embedding])
    image = model(model_input)

    return Model([z_input, label_input], image)
```

비록 FC 네트워크지만 여전히 DCGAN 섹션에 정의된 GAN 네트워크 설계 지침을 따른다. 잠복 벡터 z_input을 조건부 레이블 label_input(0에서 9 사이의 정수)과 결합하는 방법에 대해 논의해 보자. label_input이 Embedding 층에 의해 변환되는 것을 볼 수 있다. 이 층은 두 가지 작업을 수행한다:

- 정수 값 label_input을 길이가 input_dim인 원-핫 표현으로 변환한다.
- 이 one-hot 표현을 output_dim 크기의 FC 층에 대한 입력으로 사용한다.

임베딩 층을 사용해서 가능한 각 입력 값에 대해 고유한 벡터 표현을 얻을 수 있다. 이 경우 label_embedding의 출력은 잠복 벡터 z_input과 같은 크기를 갖는다. label_embedding은 네트워크의 나머지에 대한 입력 역할을 하는 model_input 변수에 요소별 곱셈의 도움으로 잠복 벡터 z_input과 결합된다.

다음으로 역시 FC 네트워크며 생성기와 동일한 임베딩 메커니즘을 사용하는 판별기에 초점을 맞춘다. 이번에는 임베딩 출력 크기는 MNIST 이미지 크기인 784와 같은 np.prod((28, 28, 1))이다:

```
def build_discriminator():
    model = Sequential([
        Flatten(input_shape=(28, 28, 1)),
        Dense(256),
        LeakyReLU(alpha=0.2),
        Dense(128),
        LeakyReLU(alpha=0.2),
        Dense(1, activation='sigmoid'),
    ], name='discriminator')
    model.summary()

    image = Input(shape=(28, 28, 1))
    flat_img = Flatten()(image)

    label_input = Input(shape=(1,), dtype='int32')
    label_embedding = Embedding(input_dim=10, output_dim=np.prod(
    (28, 28, 1)))(label_input)
    flat_embedding = Flatten()(label_embedding)

    # combine the noise and label by element-wise multiplication
    model_input = multiply([flat_img, flat_embedding])
```

```
    validity = model(model_input)

    return Model([image, label_input], validity)
```

예제 코드의 나머지는 DCGAN 예제와 매우 비슷하다. 다른 유일한 차이는 사소한 것이다 ― 네트워크에 대한 다중 입력(잡복 벡터 및 임베딩)을 처리한다. `plot_generated_images` 함수에는 랜덤한 잡복 벡터 및 특정 조건부 레이블(이 경우 숫자)에 대한 이미지를 생성할 수 있게 하는 추가 파라미터가 있다. 다음 그림에서 조건부 레이블 3, 8 및 9에 대해 새로 생성된 이미지를 볼 수 있다:

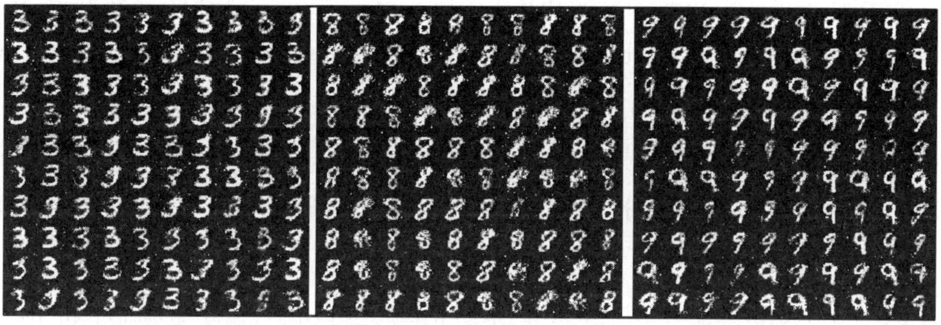

그림 5.12 조건부 레이블 3, 8, 9에 대한 CGAN 출력 이미지

이것으로 CGAN에 대한 논의를 마친다. 다음 섹션에서는 Wasserstein GAN이라는 또 다른 유형의 GAN 모델에 대해 설명한다.

5.4.3 WGAN

WGAN(Wasserstein GAN, `https://arxiv.org/abs/1701.07875`)을 이해하기 위해 GAN 훈련 섹션에서 생성기의 확률 분포를 p_g, 실제 데이터의 확률 분포를 p_{data}로 표기했음을 기억하라. GAN 모델 훈련 과정에서 생성기 가중치를 업데이트하므로 p_g가 바뀐다. GAN 프레임워크의 목표는 p_g를 p_{data}에 수렴시키는 것이다(이것은 VAE 등 다른 유형의 생성 모델에도 유효하다). 즉, 생성된 이미지의 확률 분포는 실제 이미지와 같아야 한다. 그래야 사실적인 이미지를 만든다. WGAN은 두 분포 사이의 거리를 측정하는 Wasserstein 거리(또는 **Earth mover' s distance(EMD)**)라는 새로운 방법을 사용한다. 이를 이해하기 위해 다음 다이어그램으로 시작하자:

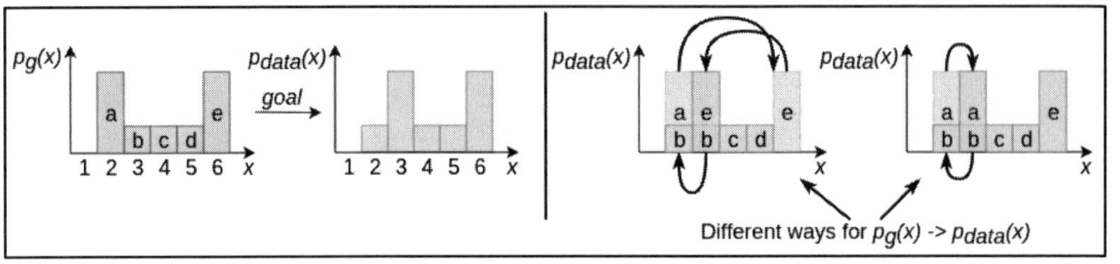

그림 5.13 EMD의 예. 왼쪽: 초기 및 타겟 분포; 오른쪽: p_g를 p_{data}로 변환하는 두 가지 방법

간단하게 하기 위해, p_g와 p_{data}가 이산 분포라고 가정한다(연속 분포에도 같은 규칙이 적용됨). x축을 따라 (a, b, c, d, e) 막대를 왼쪽이나 오른쪽으로 이동하여 p_g를 p_{data}로 변환할 수 있다. 1만큼의 위치 이동의 비용은 1이다. 예를 들어, a 막대를 초기 위치 2에서 위치 6으로 옮기는 비용은 4이다. 이 다이어그램의 오른쪽은 이를 수행하는 두 가지 방법을 보여준다. 첫 번째 경우 total cost=cost(a:2 → 6) + cost(e:6 → 3) + cost(b:3 → 2) =4 + 3 + 1=8이다. 두 번째 경우에는 total cost=cost(a:2 → 3) + cost(b:2 → 1)=1 + 1 =2이다. EMD는 한 분포를 다른 분포로 변환하는 데 필요한 최소 총 비용이다. 따라서 이 예에서 EMD=2이다.

이제 EMD가 무엇인지에 대한 기본적인 아이디어를 얻었지만, GAN 모델에서 이 메트릭을 사용해야하는 이유를 여전히 모르는 상태이다. WGAN 논문은 이 질문에 대해 자세하기는 하지만 다소 복잡한 답변을 제공한다. 이 섹션에서 우리는 그것을 설명하려고 노력할 것이다. 우선, 생성기가 저차원 잠복 벡터 **z**로 시작해서 이를 고차원 생성 이미지(예: MNIST의 경우 784)로 변환하는 것을 주목한다. 이미지의 출력 크기도 생성된 데이터 p_g의 고차원 분포를 시사한다. 그러나 그의 본질적인 차원(잠복 벡터 **z**)은 훨씬 더 낮다. 이 때문에 p_g는 고차원 특징 공간의 큰 부분에서 제외된다. 반면에 p_{data}는 잠복 벡터에서 시작하지 않기 때문에 실제로 고차원이다; 그 대신, 완전하게 실제 데이터를 나타낸다. 따라서 p_g 및 p_{data}는 특징 공간의 어느 곳에서도 교차하지 않을 가능성이 높다.

이것이 중요한 이유를 이해하기 위해, 생성기 및 판별기 비용 함수들(GAN 훈련 섹션 참고)을 KL 차이 및 **Jensen-Shannon** 차이(JS, `https://en.wikipedia.org/wiki/Jensen %E2%80%93Shannon_divergence`)의 함수로 변환할 수 있다. 이 메트릭들의 문제는 두 분포가 교차하지 않을 때 0 기울기를 제공한다는 것이다. 즉, 두 분포 사이의 거리(작든 크든)에 관계없이, 이들이 교차하지 않으면 메트릭들은 두 분포 간의 실제 차이에 관한 정보를 제공하지 않는다. 그러나 방금 설명했듯이 분포가 교차하지 않을 가능성이 크다. 이와 반대로 Wasserstein 거리는 분포가 교차하는지 여부에 관계없이 작동하므로 GAN 모델을 위해 더 나은 후보가 된다. 다음 다이어그램을 통해 이 문제를 시각적으로 설명할 수 있다:

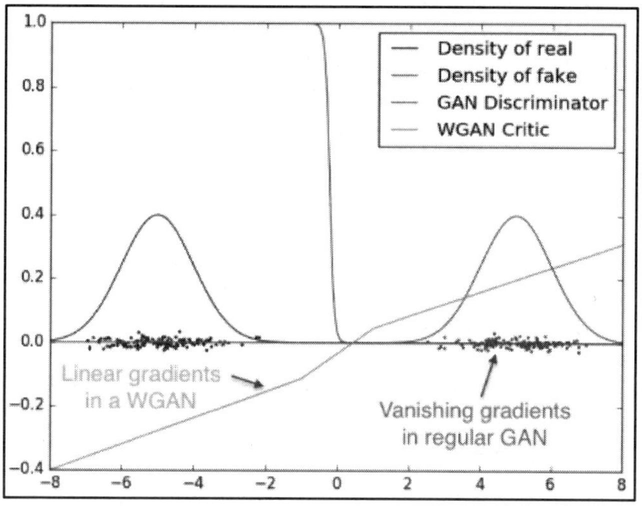

그림 5.14 일반 GAN 판별기에 비해 Wasserstein 거리의 장점
(출처: https://arxiv.org/abs/1701.07875)

여기에서 두 개의 비 교차(non-intersecting) 가우시언 분포 p_g 및 p_{data}(각각 왼쪽과 오른쪽)를 볼 수 있다. 일반 GAN 판별기 출력은 시그모이드 함수((0, 1) 범위)로 입력의 가짜 여부 확률을 알려준다. 이 경우 시그모이드 출력은 매우 좁은 범위(0을 중심으로)에서 의미가 있으며, 다른 모든 영역에서는 0 또는 1로 수렴된다. 이는 GAN 훈련 문제 섹션에서 설명한 것과 같은 문제이다. 기울기 소멸이 발생해서, 생성기로 오류 역전파가 발생하지 않는다. 반대로 WGAN은 이미지가 실제인지 가짜인지에 대한 이진 피드백을 제공하지 않고, 그 대신 두 분포 간의 실제 거리 측정을 제공한다(위 다이어그램에도 표시됨). 이 거리는 생성기를 업데이트하는 방법에 대한 더 나은 지표를 제공하므로 이진 분류보다 유용하다. 이를 반영하기 위해 논문의 저자는 판별기의 이름을 비평가(critic)로 바꿨다.

다음 스크린 샷은 논문에 기술된 WGAN 알고리듬을 보여준다:

Algorithm 1 WGAN, our proposed algorithm. All experiments in the paper used the default values $\alpha = 0.00005$, $c = 0.01$, $m = 64$, $n_{\text{critic}} = 5$.

Require: : α, the learning rate. c, the clipping parameter. m, the batch size. n_{critic}, the number of iterations of the critic per generator iteration.
Require: : w_0, initial critic parameters. θ_0, initial generator's parameters.

while θ has not converged **do**
  for $t = 0, ..., n_{\text{critic}}$ **do**
    Sample $\{x^{(i)}\}_{i=1}^{m} \sim \mathbb{P}_r$ a batch from the real data.
    Sample $\{z^{(i)}\}_{i=1}^{m} \sim p(z)$ a batch of prior samples.
    $g_w \leftarrow \nabla_w \left[\frac{1}{m}\sum_{i=1}^{m} f_w(x^{(i)}) - \frac{1}{m}\sum_{i=1}^{m} f_w(g_\theta(z^{(i)}))\right]$
    $w \leftarrow w + \alpha \cdot \text{RMSProp}(w, g_w)$
    $w \leftarrow \text{clip}(w, -c, c)$
  end for
  Sample $\{z^{(i)}\}_{i=1}^{m} \sim p(z)$ a batch of prior samples.
  $g_\theta \leftarrow -\nabla_\theta \frac{1}{m}\sum_{i=1}^{m} f_w(g_\theta(z^{(i)}))$
  $\theta \leftarrow \theta - \alpha \cdot \text{RMSProp}(\theta, g_\theta)$
end while

여기서 f_w는 비평가, g_w는 비평가 가중치 업데이트, g_θ는 생성기 가중치 업데이트를 나타낸다. WGAN의 배경 이론은 복잡하지만, 실제로는 일반 GAN 모델을 조금 변경해서 구현할 수 있다:

- 판별기의 출력 시그모이드 활성화를 제거한다.
- 로그 생성기/판별기 손실 함수를 EMD 파생 손실로 대체한다.
- 절댓값이 상수 c보다 작도록 각 미니 뱃치 후 비평가 가중치를 자른다(weight clipping). 이 요구는 비평가에 소위 Lipschitz 제약을 강요하여, Wasserstein 거리를 사용할 수 있게 한다(논문에 자세히 설명). 세부 사항을 다루지 않고, 가중치 클리핑이 원하지 않는 동작으로 이끌 수 있다는 점만 언급하겠다. 이러한 문제에 대한 성공적인 해결책 중 하나는 기울기 페널티(WGAN-GP, *Improved Training of Wasserstein GANs*, `https://arxiv.org/abs/1704.00028`)로서, 같은 문제를 겪지 않는다.
- 논문의 저자는 모멘텀이 없는 최적화 방법(SGD, RMSProp)이 모멘텀이 있는 방법들보다 더 성능이 좋다고 보고했다.

WGAN 구현

이제 WGAN이 어떻게 작동하는지에 대한 기본 아이디어를 얻었으므로, 구현해보자. 역시 DCGAN 청사진을 사용하고 반복되는 코드 조각은 생략하여 차이점에 집중하겠다.

build_generator 및 build_critic 함수는 각각 생성기와 비평가를 인스턴스화한다. 단순화를 위해 두 네트워크는 FC 층만 포함하며, 모든 은닉층은 LeakyReLU 활성화를 사용한다. 논문의 지침에 따라 생성기는 tanh 출력 활성화를 가지며 비평가는 단일 스칼라 출력을 갖는다(하지만 시그모이드 활성화 아님). 다음으로, WGAN 전용 세부 사항을 포함하므로 train 메소드는 구현하자. 메소드의 선언과 훈련 과정의 초기화부터 시작한다:

```
def train(generator, critic, combined, steps, batch_size, n_critic,
clip_value):
    # Load the dataset
    (x_train, _), _ = mnist.load_data()

    # Rescale in [-1, 1] interval
    x_train = (x_train.astype(np.float32) - 127.5) / 127.5

    # We use FC networks, so we flatten the array
    x_train = x_train.reshape(x_train.shape[0], 28 * 28)

    # Discriminator ground truths
    real = np.ones((batch_size, 1))
    fake = -np.ones((batch_size, 1))

    latent_dim = generator.input_shape[1]
```

그런 다음, 이 섹션의 초반에 설명한 WGAN 알고리듬의 단계를 따르는 훈련 루프로 계속한다. 내부 루프는 생성기의 각 훈련 단계(step)마다 비평가를 n_critic 단계 훈련시킨다. 사실, 이것이 critic 훈련과 DCGAN 구현 섹션의 train 함수에서의 discriminator 훈련 간의 주요 차이점이다. 거기서는 판별기와 생성기가 각 단계에서 교대로 훈련되었다. 또한 weights 비평가는 각 미니 뱃치 후에 클리핑된다. 다음은 구현이다(들여쓰기에 주의! 이 코드는 train 함수의 일부임):

```
for step in range(steps):
    # Train the critic first for n_critic steps
    for _ in range(n_critic):
        # Select a random batch of images
        real_images = x_train[np.random.randint(0, x_train.shape[0],
        batch_size)]
```

```
        # Sample noise as generator input
        noise = np.random.normal(0, 1, (batch_size, latent_dim))

        # Generate a batch of new images
        generated_images = generator.predict(noise)

        # Train the critic
        critic_real_loss = critic.train_on_batch(real_images, real)
        critic_fake_loss = critic.train_on_batch(generated_images,fake)
        critic_loss = 0.5 * np.add(critic_real_loss, critic_fake_loss)

        # Clip critic weights
        for l in critic.layers:
            weights = l.get_weights()
            weights = [np.clip(w, -clip_value, clip_value) for w in weights]
            l.set_weights(weights)

    # Train the generator
    # Note that we use the "valid" labels for the generated images
    # That's because we try to maximize the discriminator loss
    generator_loss = combined.train_on_batch(noise, real)

    # Display progress
    print("%d [Critic loss: %.4f%%] [Generator loss: %.4f%%]" %
          (step, critic_loss[0], generator_loss))
```

다음으로 Wasserstein 손실 자체의 미분을 구현한다. 네트워크 출력과 레이블(실제 또는 가짜)의 곱의 평균 값을 나타내는 TF 연산이다:

```
def wasserstein_loss(y_true, y_pred):
    """The Wasserstein loss implementation"""
    return tensorflow.keras.backend.mean(y_true * y_pred)
```

이제 전체 GAN 모델을 구축할 수 있다. 이 단계는 다른 GAN 모델과 비슷하다:

```
latent_dim = 100

# Build the generator
# Generator input z
```

```
z = Input(shape=(latent_dim,))

generator = build_generator(z)

generated_image = generator(z)

# we'll use RMSprop optimizer
optimizer = RMSprop(lr=0.00005)

# Build and compile the discriminator
critic = build_critic()
critic.compile(optimizer, wasserstein_loss,
               metrics=['accuracy'])

# The discriminator takes generated image as input and determines validity
real_or_fake = critic(generated_image)

# Only train the generator for the combined model
critic.trainable = False

# Stack the generator and discriminator in a combined model
# Trains the generator to deceive the discriminator
combined = Model(z, real_or_fake)
combined.compile(loss=wasserstein_loss, optimizer=optimizer)
```

마지막으로 훈련 및 평가를 시작한다:

```
# train the GAN system
train(generator, critic, combined,
      steps=40000, batch_size=100, n_critic=5, clip_value=0.01)

# display some random generated images
plot_generated_images(generator)
```

이 예제를 실행하면 WGAN은 40,000번 미니 뱃치를 훈련한 후 다음 이미지들을 생성한다(시간이 많이 걸릴 수 있음):

그림 5.16 WGAN MNIST 생성기 결과

이것으로 WGAN을 마무리한다. 다음 섹션에서는 CycleGAN에 의한 이미지 대 이미지 변환(translation)을 구현하는 방법에 대해 설명한다.

5.4.4 CycleGAN에 의한 I2I 변환

이 섹션에서는 **CycleGAN**(Cycle-Consistent Adversarial Networks. *Unpaired Image-to-Image Translation using Cycle-Consistent Adversarial Networks*, `https://arxiv.org/abs/1703.10593`) 및 그의 I2I 변환(image-to-image translation)에 대한 응용에 대해 설명한다. 논문을 인용하자면, I2I 변환은 정렬된(aligned) 이미지 쌍의 훈련 세트를 사용하여, 입력 이미지와 출력 이미지 간의 매핑을 학습하는 것이 목표인 비전 및 그래픽 문제의 한 종류이다. 예를 들어 같은 이미지의 회색조 및 RGB 버전이 있는 경우, ML 알고리듬을 훈련하여 회색조 이미지를 색상화하거나 그 반대로 할 수 있다.

또 다른 예는 입력 이미지가 같은 이미지의 분할 맵으로 변환되는 이미지 분할(3장 객체 검출 및 이미지 분할)이다. 이 경우 이미지/분할 맵 쌍으로 모델(U-Net, Mask R-CNN)을 훈련시킨다. 그러나 쌍을 이루는 훈련 데이터를 확보하지 못하는 작업이 많이 있다. CycleGAN은 쌍을 이루는 샘플이 없을 때 소스 도메인 X의 이미지를 목표 도메인 Y로 변환하는 방법을 제공한다. 다음 이미지는 쌍을 이룬 이미지와 그렇지 않은 이미지의 몇 가지 예를 보여준다:

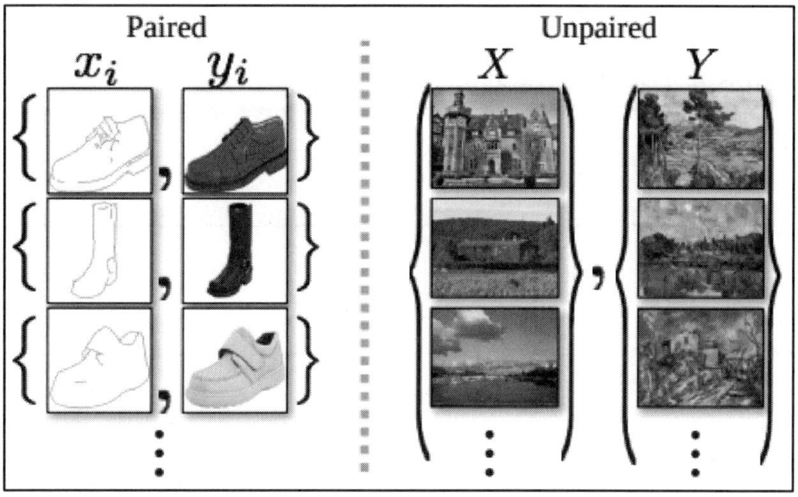

그림 5.15 왼쪽: 소스 이미지와 타겟 이미지가 직접 관계있는 훈련 샘플. 오른쪽: 소스 이미지와 타겟 이미지가 직접관계 없는 훈련 샘플 (출처: https://arxiv.org/abs/1703.10593)

같은 팀의 *Image-to-Image Translation with Conditional Adversarial Networks*(Pix2Pix로 알려짐. `https://arxiv.org/abs/1611.07004`) 논문도 쌍을 이룬 훈련 데이터에 대한 I2I 변환을 수행한다.

그런데 CycleGAN은 이것을 어떻게 하는가? 첫째, 알고리듬은 두 세트에 직접적인 쌍이 없지만, 두 도메인 사이에 여전히 약간의 관계가 있다고 가정한다. 예를 들어 같은 장면이지만 각도가 다른 사진일 수 있다. CycleGAN은 개별 쌍 사이의 관계보다는, 이러한 집합-수준 관계를 학습하는 것을 목표로 한다. 이론적으로 GAN 모델은 이 작업에 적합하다. 우리는 판별기가 타겟 이미지 $y \in Y$와 구별할 수 없는 이미지 $\hat{y} = G(\mathbf{x})$, $\mathbf{x} \in X$를 만드는 $G: X \rightarrow Y$ 매핑 생성기를 훈련시킬 수 있다. 더 구체적으로, 최적의 G는 도메인 X를 도메인 Y와 같은 분포를 갖는 도메인 $\hat{Y}$으로 변환해야 한다. 실제로 논문 저자는 이러한 변환이 개별 입력 x와 출력 y가 의미 있는 방식으로 쌍을 이루는 것을 보장하지 않는다는 것을 발견했다—$\hat{\mathbf{y}}$에 대해 같은 분포를 생성하는 매핑 G는 무한히 많다. 그들은 또한 이 GAN 모델이 익숙한 모드 붕괴 문제를 겪는 것을 발견했다.

CycleGAN은 소위 **주기 일관성(cycle consistency)**으로 이러한 문제를 해결하려고 한다. 이것이 무엇인지 이해하기 위해, 영어 문장을 독일어로 번역한다고 가정해보자. 독일어로 번역된 문장을 다시 영어로 번역했을 때, 시작했던 원본 영문에 도달한다면 주기 일관적이다. 수학적 맥락에서 번역가 $G: X \rightarrow Y$와 다른 번역가 $F: Y \rightarrow X$가 있다고 할 때, 둘은 서로 역(inverse)이어야 한다.

CycleGAN이 주기 일관성을 구현하는 방법을 설명하기 위해 다음 다이어그램에서 시작하자:

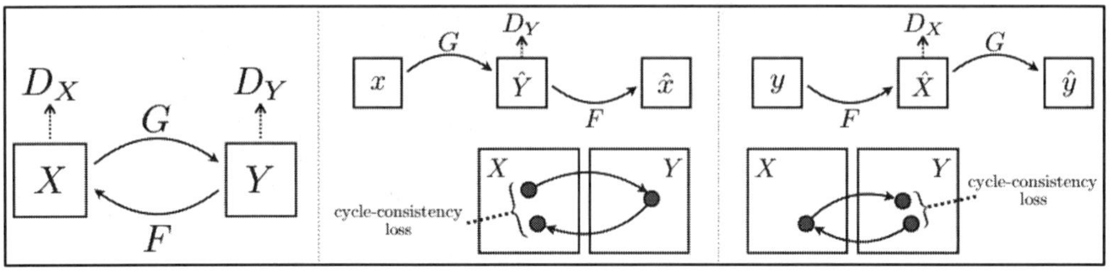

그림 5.16 왼쪽: 전체 CycleGAN 스키마; 중간: 순방향 주기 일관성 손실; 오른쪽: 역방향 주기 일관성 손실 (출처 : https://arxiv.org/abs/1703.10593)

이 모델에는 $G: X \rightarrow Y$ 및 $F: Y \rightarrow X$라는 두 개의 생성기, 그리고 각각 두 개의 관련 판별기 D_x 및 D_y가 있다(위 다이어그램의 왼쪽). 먼저 G를 살펴 보겠다. 입력 이미지 $\mathbf{x} \in X$를 가져와서, 도메인 Y의 이미지와 비슷한 $\hat{\mathbf{y}} = G(\mathbf{x})$를 생성한다. D_y는 실제 이미지 $\mathbf{y} \in Y$와 생성된 $\hat{\mathbf{y}} \in \hat{Y}$를 구별하는 것을 목표로 한다. 모델의 이 부분은 일반 GAN처럼 작동하며, 일반 minimax GAN 적대적 손실을 사용한다:

$$J(G, D_Y, X, Y) = \mathbb{E}_{\mathbf{y} \sim p_{data}(\mathbf{y})}[\log D_Y(\mathbf{y})] + \mathbb{E}_{\mathbf{x} \sim p_{data}(\mathbf{x})}[\log(1 - D_Y(G(\mathbf{x})))]$$

첫 번째 항은 원본 이미지 y를 나타내고, 두 번째 항은 G에 의해 생성된 이미지를 나타낸다. 같은 공식이 생성기 F에 대해 유효하다. 앞에서 언급했듯이 이 손실은 $\hat{\mathbf{y}}$이 Y의 이미지들과 동일한 분포를 갖게 하지만, 의미 있는 $\mathbf{x}$와 $\mathbf{y}$ 쌍을 만들지는 않는다. 논문 인용: 용량이 충분히 크다면 네트워크는 동일한 입력 이미지 세트를 타겟 도메인에 있는 임의의 이미지 순열에 매핑할 수 있으며, 여기서 학습된 매핑은 타겟 분포와 일치하는 출력 분포를 유도할 수 있다. 따라서 적대적 손실만으로는 학습된 함수가 개별 입력 $\mathbf{x}_i$를 원하는 출력 $\mathbf{y}_i$에 매핑할 수 있다고 보장할 수 없다.

논문의 저자들은 학습된 매핑 함수들이 주기 일관적이어야 한다고 주장한다(앞의 다이어그램의 중간). 각 이미지 $\mathbf{x} \in X$에 대해 이미지 변환(translation) 주기는 $\mathbf{x}$를 원본 이미지로 되돌릴 수 있어야 한다(이를 **순방향 주기 일관성**이라고 함). G는 F에 대한 입력 역할을 하는 새 이미지 $\hat{\mathbf{y}}$을 생성하고, 이것은 다시 새 이미지 $\hat{\mathbf{x}}$을 생성한다. 여기서

$\mathbf{x} \approx \hat{\mathbf{x}}$: $\mathbf{x} \rightarrow G(\mathbf{x}) \rightarrow F(G(\mathbf{x})) \approx \mathbf{x}$. G와 F는 역방향 주기 일관성(앞의 다이어그램의 오른쪽)도 충족해야 한다: $\mathbf{y} \rightarrow F(\mathbf{y}) \rightarrow G(F(\mathbf{y})) \approx \mathbf{y}$

이 새로운 경로는 추가적인 주기 일관성 손실 항을 생성한다:

$$J_{cyc}(G, F) = \mathbb{E}_{\mathbf{x} \sim p_{data}(\mathbf{x})}[|F(G(\mathbf{x})) - \mathbf{x}|_1] + \mathbb{E}_{\mathbf{y} \sim p_{data}(\mathbf{y})}[|G(F(\mathbf{y})) - \mathbf{y}|_1]$$

이것은 원본 이미지, 즉 x 및 y, 그리고 생성된 대응 이미지들인 $\hat{\mathbf{x}}$ 및 $\hat{\mathbf{y}}$ 간의 절대 차이를 측정한다. 이 경로들이 두 개의 오토인코더 $F \circ G$: $X \rightarrow X$와 $G \circ F$: $Y \rightarrow Y$를 공동으로 훈련하는 것으로 볼 수 있다. 각 AE에는 특별한 내부 구조가 있다: 중간 표현(이미지를 다른 도메인으로 이동(translation))을 사용하여 이미지를 자신에게 매핑한다.

전체 CycleGAN 목표 함수는 F와 G의 적대적 손실과 주기 일관성 손실의 조합이다:

$$\begin{aligned} J(G, F, D_X, D_Y) = & J_{GAN}(G, D_Y, X, Y) \\ & + J_{GAN}(F, D_X, Y, X) \\ & + \lambda J_{cyc}(G, F) \end{aligned}$$

여기서 계수 λ는 두 손실 간의 상대적 중요성을 제어한다. CycleGAN은 다음과 같은 minimax 목표 함수를 해결하는 것을 목표로 한다:

$$G^*, F^* = \arg \min_{G,F} \max_{D_X, D_Y} \mathcal{L}(G, F, D_X, D_Y)$$

CycleGAN 구현

이 예제에는 `https://github.com/PacktPublishing/Advanced-Deep-Learning-with-Python/tree/master/Chapter05/cyclegan`에 있는 소스 파일들이 포함되어 있다. TF 외에도 이 코드는 `tensorflow_addons` 및 `imageio` 패키지에도 종속된다. 이들을 `pip` 패키지 설치기를 사용하여 설치할 수 있다. 우리는 여러 훈련 데이터셋에 대해 CycleGAN을 구현할 것이다. 이들은 모두 논문 저자가 제공한 것들이다. 예제를 실행하기 전에, 데이터셋 이름을 인수로 사용하는 `download_dataset.sh` 실행 스크립트를 사용하여 관련 데이터셋을 다운로드해야 한다. 사용 가능한 데이터셋 목록이 파일에 포함되어 있다. 이 파일을 다운로드하고 나면 `data_loader.py` 모듈에 있는 `DataLoader` 클래스의 도움으로 이미지에 액세스할 수 있다(여기에 소스 코드를 넣지 않겠다). 이 클래스가 미니 뱃치와 정규화된 이미지의 전체 데이터셋을 numpy 배열로 로드할 수 있다고 말하는 것으로 충분하다. 일반적인 import도 생략하겠다.

생성기와 판별기 구축

먼저 build_generator 함수를 구현한다. 지금까지 살펴본 GAN 모델은 일종의 잠복 벡터로 시작했다. 그러나 여기서는 생성기 입력은 도메인들 중 하나로부터의 이미지이고, 출력은 반대 도메인으로부터의 이미지이다. 논문의 지침을 따라, 생성기는 U-Net 스타일 네트워크이다. 다운샘플링 인코더, 업샘플링 디코더, 그리고 해당 인코더/디코더 블록들 간의 바로 가기 연결(shortcut connection)들이 있다. build_generator 정의부터 시작하겠다:

```
def build_generator(img: Input) -> Model:
```

U-Net 다운샘플링 인코더는 LeakyReLU 활성화와 InstanceNormalization이 뒤따르는 여러 컨벌루션 층으로 구성된다. 뱃치 정규화와 인스턴스 정규화의 차이점은, 뱃치 정규화는 전체 미니 뱃치에서 파라미터를 계산하는 반면, 인스턴스 정규화는 미니 뱃치의 각 이미지에 대해 파라미터를 개별적으로 계산한다는 것이다. 명료성을 위해, 이러한 층을 정의하는 downsampling2d라는 별도의 서브루틴을 구현할 것이다. 이 함수를 사용하여 네트워크 인코더를 구축할 때 필요한 만큼의 층을 구축할 것이다(들여 쓰기 주의! downsampling2d는 build_generator 내에 정의된 서브루틴이다):

```
def downsampling2d(layer_input, filters: int):
    """Layers used in the encoder"""
    d = Conv2D(filters=filters,
               kernel_size=4,
               strides=2,
               padding='same')(layer_input)
    d = LeakyReLU(alpha=0.2)(d)
    d = InstanceNormalization()(d)
    return d
```

다음으로, 전치 컨볼루션으로 구현되지 않은 디코더에 초점을 맞춘다. 그 대신, 입력 데이터는 단순히 각 입력 화소를 2×2 패치로 복제하는 UpSampling2D 연산으로 업샘플링된다. 패치를 스무딩하는 일반 컨볼루션이 이어진다. 이 스무딩된 출력은 해당 인코더 블록의 바로가기(또는 skip_input) 연결과 이어 붙여진다(concatenated). 디코더는 여러 개의 이런 업샘플링 블록으로 구성된다. 명료하게 하기 위해, 이러한 블록을 정의하는 upsampling2d라는 별도의 서브루틴을 구현할 것이다. 이를 사용해서, 네트워크 디코더에 필요한 만큼 블록을 빌드할 것이다(들여 쓰기 주의! upsampling2d는 build_generator 내에 정의된 서브루틴이다):

```
def upsampling2d(layer_input, skip_input, filters: int):
    """
    Layers used in the decoder
    :param layer_input: input layer
    :param skip_input: another input from the corresponding encoder block
    :param filters: number of filters
    """
    u = UpSampling2D(size=2)(layer_input)
    u = Conv2D(filters=filters,
               kernel_size=4,
               strides=1,
               padding='same',
               activation='relu')(u)
    u = InstanceNormalization()(u)
    u = Concatenate()([u, skip_input])
    return u
```

다음으로, 방금 정의한 서브루틴을 사용하여 U-Net의 전체 정의를 구현한다(들여쓰기 주의! build_generator의 일부임):

```
# Encoder
gf = 32
d1 = downsampling2d(img, gf)
d2 = downsampling2d(d1, gf * 2)
d3 = downsampling2d(d2, gf * 4)
d4 = downsampling2d(d3, gf * 8)

# Decoder
# Note that we concatenate each upsampling2d block with
# its corresponding downsampling2d block, as per U-Net
u1 = upsampling2d(d4, d3, gf * 4)
u2 = upsampling2d(u1, d2, gf * 2)
u3 = upsampling2d(u2, d1, gf)
u4 = UpSampling2D(size=2)(u3)
```

```
output_img = Conv2D(3, kernel_size=4, strides=1, padding='same',
            activation='tanh')(u4)

model = Model(img, output_img)

model.summary()

return model
```

그 다음으로는 build_discriminator 함수를 구현해야 하지만, 앞 예제에서 보인 것과 비슷한, 매우 간단한 CNN이므로 여기서는 구현을 생략한다(책의 GitHub 저장소에 있다). 유일한 차이점은 뱃치 정규화를 사용하는 대신에 인스턴스 정규화를 사용한다는 점이다.

종합

이 시점에서 우리는 일반적으로 train 메소드를 구현하지만, CycleGAN에는 더 많은 구성 요소가 있으므로 전체 모델을 빌드하는 방법을 보여주겠다. 먼저, 훈련 세트의 이름을 지정할 수 있는 data_loader 객체를 인스턴스화한다(다른 데이터셋으로도 실험 가능). 모든 이미지는 네트워크 입력을 위해 img_res=(IMG_SIZE, IMG_SIZE)로 크기가 조정된다. 여기서 IMG_SIZE=256이다(훈련 프로세스 속도를 높이기 위해 128을 시도해도 된다):

```
# Input shape
img_shape = (IMG_SIZE, IMG_SIZE, 3)

# Configure data loader
data_loader = DataLoader(dataset_name='facades', img_res=(IMG_SIZE,
                         IMG_SIZE))
```

그런 다음 옵티마이저와 손실 가중치를 정의한다:

```
lambda_cycle = 10.0 # Cycle-consistency loss
lambda_id = 0.1 * lambda_cycle # Identity loss

optimizer = Adam(0.0002, 0.5)
```

다음으로 두 개의 생성기 g_XY 및 g_YX와 해당 판별기 d_Y 및 d_X를 만든다. 또한 두 생성기를 동시에 훈련시키기 위한 combined 모델을 생성한다. 그런 다음 추가 항등(identity) 매핑 항이 포함된 복합 손실 함수를 만든다. 이에 대한 자세한 내용은 각 논문에서 읽을 수 있지만, 간단히 설명하면, 페인팅 도메인에서 사진 도메인으로 이미지를 옮길 때 입력과 출력 사이의 색상 구성을 유지하는 데 도움이 된다:

```
# Build and compile the discriminators
d_X = build_discriminator(Input(shape=img_shape))
d_Y = build_discriminator(Input(shape=img_shape))
d_X.compile(loss='mse', optimizer=optimizer, metrics=['accuracy'])
d_Y.compile(loss='mse', optimizer=optimizer, metrics=['accuracy'])

# Build the generators
img_X = Input(shape=img_shape)
g_XY = build_generator(img_X)

img_Y = Input(shape=img_shape)
g_YX = build_generator(img_Y)

# Translate images to the other domain
fake_Y = g_XY(img_X)
fake_X = g_YX(img_Y)

# Translate images back to original domain
reconstr_X = g_YX(fake_Y)
reconstr_Y = g_XY(fake_X)

# Identity mapping of images
img_X_id = g_YX(img_X)
img_Y_id = g_XY(img_Y)

# For the combined model we will only train the generators
d_X.trainable = False
d_Y.trainable = False

# Discriminators determines validity of translated images
valid_X = d_X(fake_X)
valid_Y = d_Y(fake_Y)
```

```
# Combined model trains both generators to fool the two discriminators
combined = Model(inputs=[img_X, img_Y],
                 outputs=[valid_X, valid_Y,
                          reconstr_X, reconstr_Y,
                          img_X_id, img_Y_id])
```

다음으로, 학습을 위해 combined 모델을 구성하자:

```
combined.compile(loss=['mse', 'mse',
                       'mae', 'mae',
                       'mae', 'mae'],
                 loss_weights=[1, 1,
                               lambda_cycle, lambda_cycle,
                               lambda_id, lambda_id],
                 optimizer=optimizer)
```

모델이 준비되면, train 함수로 훈련 프로세스를 시작한다. 논문의 지침에 따라 크기 1의 미니 뱃치를 사용한다:

```
train(epochs=200, batch_size=1, data_loader=data_loader,
      g_XY=g_XY,
      g_YX=g_YX,
      d_X=d_X,
      d_Y=d_Y,
      combined=combined,
      sample_interval=200)
```

마지막으로 train 함수를 구현한다. 앞의 GAN 모델과 다소 유사하지만, 두 쌍의 생성기와 판별기도 고려한다:

```
def train(epochs: int, data_loader: DataLoader,
          g_XY: Model, g_YX: Model, d_X: Model, d_Y: Model,
          combined:Model, batch_size=1, sample_interval=50):
    start_time = datetime.datetime.now()

    # Calculate output shape of D (PatchGAN)
    patch = int(IMG_SIZE / 2 ** 4)
    disc_patch = (patch, patch, 1)
```

```
# GAN loss ground truths
valid = np.ones((batch_size,) + disc_patch)
fake = np.zeros((batch_size,) + disc_patch)

for epoch in range(epochs):
    for batch_i, (imgs_X, imgs_Y) in
    enumerate(data_loader.load_batch(batch_size)):
        # Train the discriminators

        # Translate images to opposite domain
        fake_Y = g_XY.predict(imgs_X)
        fake_X = g_YX.predict(imgs_Y)

        # Train the discriminators (original images = real /
        translated = Fake)
        dX_loss_real = d_X.train_on_batch(imgs_X, valid)
        dX_loss_fake = d_X.train_on_batch(fake_X, fake)
        dX_loss = 0.5 * np.add(dX_loss_real, dX_loss_fake)

        dY_loss_real = d_Y.train_on_batch(imgs_Y, valid)
        dY_loss_fake = d_Y.train_on_batch(fake_Y, fake)
        dY_loss = 0.5 * np.add(dY_loss_real, dY_loss_fake)

        # Total discriminator loss
        d_loss = 0.5 * np.add(dX_loss, dY_loss)
        # Train the generators
        g_loss = combined.train_on_batch([imgs_X, imgs_Y],
                                         [valid, valid,
                                          imgs_X, imgs_Y,
                                          imgs_X, imgs_Y])
        elapsed_time = datetime.datetime.now() - start_time

        # Plot the progress
        print("[Epoch %d/%d] [Batch %d/%d] [D loss: %f, acc: %3d%%]
        [G loss: %05f, adv: %05f, recon: %05f, id: %05f] time: %s " \
        % (epoch, epochs, batch_i, data_loader.n_batches, d_loss[0],
        100 * d_loss[1], g_loss[0], np.mean(g_loss[1:3]),
        np.mean(g_loss[3:5]), np.mean(g_loss[5:6]), elapsed_time))

        # If at save interval => save generated image samples
        if batch_i % sample_interval == 0:
            sample_images(epoch, batch_i, g_XY, g_YX, data_loader)
```

훈련을 마치는 데까지 시간이 많이 걸릴 수 있지만, 이 프로세스는 각 sample_interval 뱃치 후에 이미지를 생성한다. 다음은 Center for Machine Perception facade 데이터베이스(http://cmp.felk.cvut.cz/~tylecr1/facade/)로 생성된 이미지 예를 보여준다. 여기에는 건물 외관이 포함되어 있으며, 각 화소는 창문, 문, 발코니 등과 같은 여러 외관 관련 부류 중 하나로 레이블링된다:

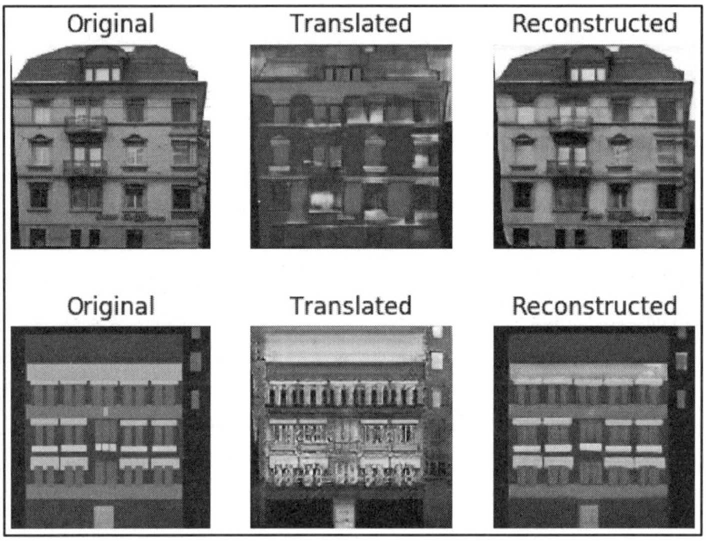

그림 5.17 CycleGAN [2] 변환의 예

이것으로 GAN에 대한 논의를 마친다. 다음으로 우리는 예술 스타일 전달이라는 다른 유형의 생성 모델에 초점을 맞출 것이다.

5.5 예술 스타일 전달 소개

이 마지막 섹션에서는 예술 스타일 전달(artistic style transfer)에 대해 설명한다. CycleGAN의 응용 중 하나와 비슷하게, 한 이미지의 스타일(또는 질감)을 사용하여 다른 이미지의 의미적 내용(semantic content)을 재현할 수 있게 해준다. 다양한 알고리듬으로 구현할 수 있지만, 가장 널리 사용되는 방법은 2015년 *A Neural Algorithm of Artistic Style* 제목의 논문(https://arxiv.org/abs/1508.06576)에 소개되었다. 신경 스타일 전달이라고도 부르며, 예상했겠지만 CNN을 사용한다. 기본 알고리듬이 지난 몇 년 동안 개선되고 변형되어 왔지만, 이 섹션에서는 최신 버전을 이해하는 데 좋은 토대를 제공하므로 본래 형태를 탐구한다.

알고리듬은 두 개의 이미지를 입력으로 사용한다:

- 다시 그리려는 콘텐트 이미지(C)
- C를 다시 그리는 데 사용할 스타일(텍스처)의 스타일 이미지(I)

알고리듬의 결과는 새로운 이미지 $G = C + S$이다. 다음은 신경 스타일 전달의 예이다:

그림 5.18 신경 스타일 전달

신경 스타일 전달이 작동하는 방식을 이해하기 위해, CNN이 특징의 계층적 표현을 학습한다는 것을 기억하라. 초기 컨볼루션 층은 경계 및 선과 같은 기본 특징을 학습한다는 것을 알고 있다. 그와 대조적으로, 더 깊은 곳의 층은 얼굴, 자동차, 나무 같은 더 복잡한 특징을 학습한다. 이것을 아는 상태에서 알고리듬을 살펴보자:

1. 다른 많은 작업들(예: 3장 객체 검출 및 이미지 분할)과 마찬가지로 이 알고리듬은 사전 훈련된 VGG 네트워크로 시작한다.
2. 네트워크에 콘텐트 이미지 C를 제공한다. 네트워크 중간에 있는 하나 이상의 은닉 컨볼루션 층의 출력 활성화들(또는 특징 맵 또는 슬라이스)을 추출하여 저장한다. 이 활성화들을 A_c^l로 표기하자. 여기서 l은 층의 인덱스이다. 우리는 중간 층들에 관심이 있는데, 그 안에 인코딩된 특징 추상화 수준이 이 작업에 가장 적합하기 때문이다.
3. 스타일 이미지 S로도 같은 작업을 수행한다. 이번에는 l층의 스타일 활성화들을 A_s^l로 나타낸다. 콘텐트와 스타일을 위해 선택한 층들이 같아야 할 필요는 없다.

4. 랜덤 이미지(화이트 노이즈) G를 하나 생성한다. 이 랜덤 이미지가 점차 알고리듬의 최종 결과로 바뀔 것이다. 여러 번 이 작업을 반복(iteration)할 것이다:

   ① 네트워크를 통해 G를 전파한다. 이것이 전체 프로세스에 거쳐서 우리가 사용할 유일한 이미지이다. 앞에서 했던 것처럼, 모든 l층에 대한 활성화를 저장한다(여기서 l은 콘텐트와 스타일 이미지에 사용한 모든 층의 조합이다). 이 활성화들을 A_g^l을 사용하여 나타내자.

   ② 랜덤 노이즈 활성화 A_g^l과 A_c^l 및 A_s^l 간의 차이를 계산한다. 이들이 손실 함수의 두 가지 구성 요소가 된다:

   - 콘텐트 손실로 알려진 $J_c(C, G) = \frac{1}{2}\sum_l (A_c^l - A_g^l)^2$: 이것은 단지 모든 l층의 두 활성화 간의 요소 별 차이에 대한 MSE이다.
   - **스타일 손실**로 알려진 $J_S(S, G)$: 이것은 콘텐트 손실과 비슷하지만, 원시 활성화 대신 **gram 행렬**을 비교한다(자세한 내용은 다루지 않겠다).

   ③ 단순히 콘텐트 및 스타일 손실의 가중치 합계인 총 손실 $J(G) = \alpha J_c(C, G) + \beta J_s(S, G)$를 계산한다. α 및 β 계수는 어떤 성분이 더 많은 가중치를 운반할 것인지를 결정한다.

   ④ 그래디언트를 네트워크의 시작부로 역전파하고 생성된 이미지를 업데이트한다: $G \leftarrow G - \frac{d}{dG}J(G)$. 이렇게 함으로써 G를 콘텐트 이미지 및 스타일 이미지와 더 비슷하게 만든다(손실 함수가 둘 다의 조합이므로).

이 알고리듬을 사용하면 CNN의 강력한 표현력을 예술 스타일 전달을 위해 활용할 수 있다. 이 알고리듬은 새로운 손실 함수와 지능적 역전파 사용으로 이를 수행한다.

신경 스타일 전달 구현에 관심이 있다면 `https://pytorch.org/tutorials/advanced/neural_style_tutorial.html`에서 공식 PyTorch 튜토리얼을 확인한다. 또는 TF 2.0 구현은 `https://www.tensorflow.org/beta/tutorials/generative/style_transfer`를 방문한다.

이 알고리듬의 한 가지 단점은 상대적으로 느리다는 것이다. 일반적으로 시각적으로 매력적인 결과를 생성하려면 이 유사(pseudo) 훈련 절차를 수백 번 반복해야 한다. 다행히도 *Perceptual Losses for Real-Time Style Transfer and Super-Resolution*(`https://arxiv.org/abs/1603.08155`) 논문이 오리지널 알고리듬을 기반으로 구축되어 3배 더 빠른 솔루션을 제공한다.

5.6 요약

이 장에서는 현재 가장 흥미로운 DL 분야 중 하나인 생성 모델을 사용하여 새로운 이미지를 만드는 방법에 대해 논의했다. 우리는 VAE의 이론적 기초에 대해 배운 다음 간단한 VAE를 구현해서 새로운 MNIST 숫자를 생성했다. 그런 다음 GAN 프레임워크를 설명하고, DCGAN, CGAN, WGAN, CycleGAN을 포함한 여러 유형의 GAN을 논의하고 구현했다. 마지막으로 신경 스타일 전달 알고리듬에 대해 설명했다. 이 장은 컴퓨터 비전에 관한 일련의 4개 장을 마무리한다. 이 장들을 즐겼기를 바란다. 다음 몇 장에서는 자연어 처리 및 recurrent 네트워크에 대해 설명한다.

Section
III

자연어 및 시퀀스 처리

이 섹션에서는 순환 네트워크(recurrent network), 자연어 및 시퀀스 처리에 관해 설명한다. 시퀀스 및 주의(attention) 모델과 같은 자연어 처리의 최첨단 기술과 Google의 BERT에 관해 이야기하겠다.

이 섹션은 다음 장들로 구성된다:

- 6장 언어 모델링
- 7장 순환 네트워크 이해
- 8장 시퀀스-시퀀스 모델 및 주의

CHAPTER 6

언어 모델링

이 장은 **자연어 처리**(natural language processing. 이하 **NLP**)의 맥락에서 다양한 NN 알고리듬에 관해 논의할 몇 장 중 첫 번째 장이다. NLP는 기계 번역, 어감(sentiment) 분석, 자연어 생성(natural language generation) 등과 같은 작업을 수행하기 위해, 자연어 데이터를 처리하고 분석하도록 컴퓨터를 가르친다. 그러나 이러한 복잡한 문제를 성공적으로 해결하려면 컴퓨터가 이해할 수 있는 방식으로 자연어를 표현해야 한다. 이는 사소한 작업이 아니다.

그 이유를 이해하기 위해 이미지 인식으로 돌아가 보자. 신경망 입력은 매우 직관적이다—이미지의 공간적 특징을 보존하는, 전처리된 화소 밝기가 있는 2D 텐서이다. 784화소, 28×28 MNIST 이미지를 보자. 이미지의 숫자에 대한 모든 정보가 화소들에 포함되어 있으며, 이미지를 분류하기 위해 외부 정보가 필요하지 않다. 또한 각 화소(이미지 테두리 근처의 화소 제외)가 동일한 정보 가중치를 가지고 있다고 안전하게 가정할 수 있다. 따라서 우리는 그들 모두를 네트워크에 공급해서 마법을 수행하고 결과가 스스로를 말하도록 한다.

이제 텍스트 데이터에 집중해 보자. 이미지와 달리 우리는 1D 데이터(긴 단어 시퀀스)를 가진다. 일반적으로 단일 간격 A4 페이지에는 500 단어가 포함된다. 단일 MNIST 이미지에 해당하는 정보(informational equivalent)를 네트워크(또는 모든 ML 알고리듬)에 제공하려면 1.5페이지의 텍스트가 필요하다[133]. 텍스트 구조에는 여러 계층 레벨이 있다; 문자

133. 784/500=1.57

에서 시작해서 단어, 문장, 단락으로 진행하며 모두 1.5페이지의 텍스트에 들어갈 수 있다. 이미지의 모든 화소는 한 숫자에 관련된다; 그러나 우리는 모든 단어가 동일한 주제에 연결되는지 여부를 모른다. 이러한 복잡성을 피하기 위해 NLP 알고리듬은 일반적으로 더 짧은 시퀀스를 다룬다. 일부 알고리듬이 이전의 모든 입력을 고려하는 **RNN**(Recurrent Neural Network)을 사용하지만, 그들도 실제로는 직전 단어들의, 상대적으로 짧은 창에 제한된다. 따라서 NLP 알고리듬은 더 적은 양의 입력 정보로 더 잘 수행해야 한다.

이를 위해 특별한 유형의 벡터 단어 표현(언어 모델)을 사용할 것이다. 우리가 논의할 언어 모델은 단어의 문맥(여기서는 주변 단어를 의미)을 사용해서, 그 단어와 관련된 고유한 임베딩 벡터를 만든다. 이런 벡터들은 예를 들어 one-hot 인코딩에 비해 단어에 관한 더 많은 정보를 운반한다. 그들이 다양한 NLP 작업의 기반 역할을 한다.

이 장에서는 다음 주제들을 다룬다:

- n-grams 이해
- 신경 언어 모델 소개:
  - 확률적 신경 언어 모델(neural probabilistic language model)
  - Word2Vec 및 fastText
  - GloVe(Global Vectors for Word Representation, 단어 표현을 위한 전역 벡터)
- 언어 모델 구현

6.1 n-grams 이해

단어 기반 언어 모델(language model)은 단어 시퀀스에 대한 확률 분포를 정의한다. 길이가 m인 단어 시퀀스(예: 문장)가 주어지면 모델은 전체 단어 시퀀스에 확률 $P(w_1, \ldots, w_m)$를 할당한다. 이러한 확률을 다음과 같이 사용할 수 있다:

- NLP 응용에서 서로 다른 구문의 유사성을 추정.
- 새로운 텍스트를 생성하는 생성 모델. 단어 기반 언어 모델은 단어 시퀀스 다음의 주어진 단어의 가능성을 계산할 수 있다.

긴 시퀀스(예: $w_1, \ldots, w_m$)의 확률에 관한 추론은 일반적으로 실행 불가능하다. 사슬 법칙(1장 신경망 기초)을 이용해서 $P(w_1, \ldots, w_m)$의 결합 확률(joint probability)을 계산할 수 있다:

$$P(w_1, \ldots, w_m) = P(w_m | w_1, \ldots, w_{m-1}) \ldots P(w_3 | w_1, w_2) P(w_2 | w_1) P(w_1) \quad (6.1)$$

앞 단어들이 주어졌을 때 뒤 단어들의 확률은 데이터로부터 추정하기가 특히 어렵다. 그렇기 때문에 이 결합 확률은 일반적으로 i번째 단어가 앞 $n-1$개의 단어에만 의존한다는 독립성 가정에 의해 근사화된다. 우리는 n-grams라고 부르는 n개의 연속 단어 조합의 결합 확률만 모델링할 것이다. 예를 들어, *the quick brown fox*라는 문구에는 다음과 같은 n-gram들이 있다:

- 1–gram: *The, quick, brown, fox*(유니그램. unigram).
- 2–grams: *The quick, quick brown, and brown fox*(바이그램. bigram).
- 3–grams: *The quick brown, quick brown fox*(트라이그램. trigram).
- 4–grams: *The quick brown fox.*[134]

결합 분포의 추론은 결합 분포를 여러 독립적인 부분들로 분할하는 n-grams 모델을 사용해서 근사화된다.

> **TIP** n-grams라는 용어는 n개의 문자 같이 길이가 n인 다른 유형의 시퀀스를 나타낼 수도 있다.[135]

큰 텍스트 코퍼스(corpus. 말뭉치)가 있는 경우 특정 n(일반적으로 2~4)까지 모든 n-gram을 찾고, 각 n-gram의 발생 빈도를 셀 수 있다. 이 카운트로부터, 앞 $n-1$개의 단어가 주어지면 각 n-gram의 마지막 단어의 확률을 추정할 수 있다:

- 1–gram: $P(word) = \frac{count(word)}{\text{total number of words in corpus}}$
- 2–gram: $P(w_i | w_{i-1}) = \frac{count(w_{i-1}, w_i)}{count(w_{i-1})}$
- N–gram: $P(w_{n+i} | w_n, \ldots, w_{n+i-1}) = \frac{count(w_n, \ldots, w_{n+i-1}, w_{n+i})}{count(w_n, \ldots, w_{n+i-1})}$

---

134. Quadgram. 흔히 $n>3$이면 four grams, five grams 등으로 부른다.
135. 6.2.2절 참고.

i번째 단어가 앞 $n-1$개 단어에만 종속된다는 독립성 가정을 이제 결합 분포를 근사화하는 데 사용할 수 있다.

예를 들어, 유니그램의 경우 다음 공식을 사용해서 결합 분포를 근사화할 수 있다:

$$P(w_1, \ldots, w_m) = P(w_1)P(w_2)P(w_3) \ldots . P(w_m)$$

트라이그램의 경우 다음 공식을 사용해서 결합 분포를 근사화할 수 있다:

$$P(w_1, \ldots, w_m) = P(w_1)P(w_2|w_1)P(w_3|w_1, w_2) \ldots . P(w_m|w_{m-2}, w_{m-1})$$

어휘(vocabulary) 길이에 따라 n-gram의 수가 n에 따라 기하급수적으로 증가하는 것을 볼 수 있다. 예를 들어, 작은 어휘에 100개의 단어가 포함된 경우 가능한 5-gram의 수는 100^5=10,000,000,000개의 서로 다른 5-gram이 된다. 셰익스피어의 전체 작품에는 약 30,000개의 서로 다른 단어가 포함되어 있다. 이렇게 n이 크면 n-gram을 사용할 수 없다. 모든 확률을 저장하는 문제가 있을 뿐만 아니라, 큰 n값에 관해 적절한 n-gram 확률 추정을 생성하려면 매우 큰 텍스트 코퍼스가 필요할 것이다.

이 문제를 차원의 저주(the curse of dimensionality)라고 한다. 가능한 입력 변수(단어)의 수가 증가하면, 이들 입력 값의 조합 수가 기하급수적으로 증가한다. 차원의 저주는 학습 알고리듬이 유관한 값들의 조합 당 하나 이상의 샘플을 필요로 할 때 발생하며, n-gram 모델링의 경우가 그렇다. n이 클수록 원래 분포를 더 잘 근사화할 수 있으며, n-gram 확률을 잘 추정하기 위해 더 많은 데이터가 필요할 것이다.

이제 n-gram 모델과 차원의 저주를 알았으므로, 신경 언어 모델을 사용해서 이를 해결하는 방법에 관해 논의해 보자.

6.2 신경 언어 모델 소개

차원의 저주를 극복하는 한 가지 방법은 단어들에 대한 더 낮은 차원의 분산 표현을 학습하는 것이다(*A Neural Probabilistic Language Model*, `http://www.jmlr.org/papers/volume3/bengio03a/bengio03a.pdf`). 이 분산 표현은 다음과 같이 단어 공간을 더 낮은 차원의 단어 임베딩 공간으로 변환하는 임베딩 함수를 학습해서 생성된다:

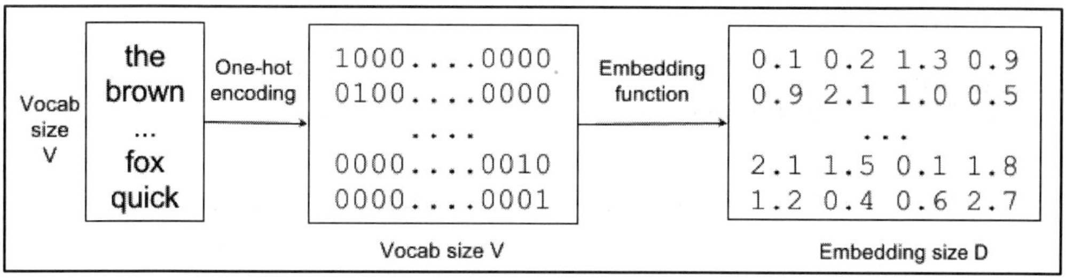

그림 6.1 단어들 → one–hot 인코딩 → 단어 임베딩 벡터들

크기가 V인 어휘로부터의 단어들은 크기 V의 one-hot 인코딩 벡터들로 변환된다(각 단어는 고유하게 인코딩됨). 이 V차원 공간을 임베딩 함수가 크기 D(여기서는 $D=4$)의 분산 표현으로 변환한다.

그 아이디어는 임베딩 함수가 단어들에 관한 의미 정보를 학습한다는 것이다. 이것은 어휘의 각 단어를 연속 값 벡터 표현, 즉 단어 임베딩(word embedding)과 연결한다. 각 단어는 이 임베딩 공간에서 한 점에 해당하고, 서로 다른 차원들은 단어의 문법이나 의미 속성에 해당한다.

목표는 임베딩 공간에서 서로 가까운 단어들이 비슷한 의미를 갖게 하는 것이다. 이렇게 함으로써 어떤 단어들이 의미상 비슷하다는 정보를 언어 모델이 이용할 수 있다. 예를 들어, 여우와 고양이는 의미상 관련이 있고 *the quick brown fox*와 *the quick brown cat* 모두 유효한 문구라는 것을 학습할 수 있을 것이다. 그러면 단어 시퀀스는 단어들의 특성을 포착하는 임베딩 벡터 시퀀스로 대체될 수 있다. 이 시퀀스를 다양한 NLP 작업의 베이스로 사용할 수 있다. 예를 들어, 기사의 어감[136]을 분류하려는 분류기는 one-hot 인코딩 벡터 대신에, 이전에 학습된 단어 임베딩을 사용해서 훈련할 수 있을 것이다. 이러한 방식으로 단어들의 의미 정보는 어감 분류기에서 쉽게 사용할 수 있게 된다.

단어 임베딩은 NLP 임무를 해결할 때 핵심적인 패러다임 중 하나이다. 레이블링된 데이터가 많지 않을 수 있는 작업의 성능을 개선하는 데 사용할 수 있다. 다음으로 2001년에 소개된 최초의 신경 언어 모델(neural language model)에 관해 논의하겠다(딥러닝의 많은 개념이 새로운 것이 아님을 알게 될 것이다).

136. sentiment는 모두 감정 대신에 어감으로 번역했다.

일반적으로 벡터 표기는 w 같이 굵은 소문자를 사용한다. 그러나 NLM의 관례는 w 같은 기울임 꼴 소문자를 사용하는 것이다. 이 장에서는 이 관례를 사용할 것이다.

다음 섹션에서는 **확률적 신경 언어 모델**(neural probabilistic language model)을 살펴본다.

6.2.1 확률적 신경 언어 모델

FC 피드포워드 네트워크를 통해 언어 모델, 그리고 내재적으로 임베딩 함수를 학습할 수 있다. $n-1$개의 단어(w_{t-n+1}, ..., w_{t-1}) 시퀀스가 주어졌을 때, 모델은 그 다음 단어 w_t의 확률 분포를 출력하려고 한다:

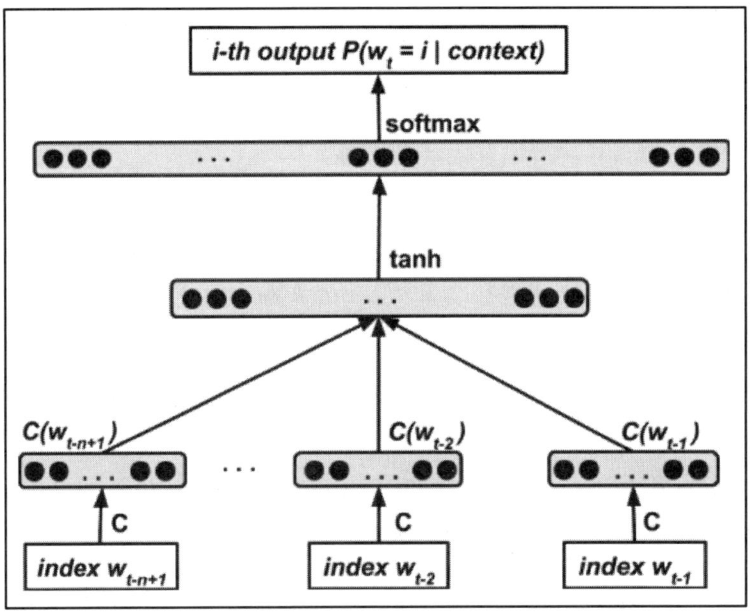

그림 6.2 단어 시퀀스 w_{t-n+1}, ..., w_{t-1}가 주어졌을 때, 그 다음 단어 w_t의 확률 분포를 출력하는 NN 언어 모델. C는 임베딩 행렬
(출처: http://www.jmlr.org/papers/volume3/bengio03a/bengio03a.pdf)

이 네트워크 층들은 다음과 같은 역할을 한다:

1. 임베딩 층은 단어 w_i의 one-hot 표현을 받고, 임베딩 행렬 C와 곱해서 단어의 임베딩 벡터로 변환한다. 이 계산은 테이블 조회를 통해 효율적으로 구현될 수

있다. 임베딩 행렬 **C**는 단어 간에 공유되므로 모든 단어가 동일한 임베딩 함수를 사용한다. **C**는 $V \times D$ 행렬이다. 여기서 V는 어휘의 크기이고 D는 임베딩의 크기이다.[137] 즉, 행렬 **C**는 은닉 *tanh* 층의 네트워크 가중치를 나타낸다.

2. 결과 임베딩은 이어져서(concatenated) tanh 활성화를 사용하는 은닉 층에 입력된다. 따라서 은닉층의 출력은 $\mathbf{z}=\tanh(\mathbf{H}\cdot(\text{concat}(\mathbf{C}(w_{t-n+1}), \ldots, \mathbf{C}(w_{t-1}))+d))$ 함수로 표현된다. 여기서 **H**는 은닉층 가중치에 대한 임베딩을 나타내고 d는 은닉 바이어스를 나타낸다.
3. 마지막으로 가중치 **U**, 바이어스 b 및 softmax 활성화가 있는 출력 층이 있다. 이 층은 은닉층을 단어 공간 확률 분포로 매핑한다: $y=\text{softmax}(\mathbf{Uz}+b)$

이 모델은 어휘에 있는 모든 단어의 임베딩(임베딩 층)과 단어 시퀀스들에 대한 확률 함수의 모델(네트워크 출력)을 동시에 학습한다. 또한, 이 확률 함수를 훈련에 사용되지 않은 단어 시퀀스들에 관해 일반화할 수 있다. 테스트 세트의 특정 단어 조합이 훈련 세트에 없었겠지만, 유사한 임베딩 특징을 가진 시퀀스를 학습 중에 봤을 가능성이 매우 높다. (이미 텍스트에 존재하는) 단어의 위치를 기반으로 훈련 데이터와 레이블을 구성할 수 있으므로, 이 모델의 훈련은 비지도 또는 비감독 학습 작업이다. 다음으로 2013년에 소개되어 NN 맥락에서 NLP 분야에 대한 관심을 불러일으킨 word2vec 언어 모델에 관해 설명한다.

6.2.2 Word2Vec

특히 단어 시퀀스들에 대한 확률 함수 학습을 생략해서 더 나은 단어 임베딩 모델을 만드는 데 많은 연구가 진행되었다. 이 작업을 수행하는 가장 인기 있는 방법 중 하나는 word2vec(`http://papers.nips.cc/paper/5021-distributed-representations-of-words-and-phrases-and-their-compositionality.pdf` 및 `https://arxiv.org/abs/1301.3781`, `https://arxiv.org/abs/1310.4546`)이다. NPLM과 마찬가지로 word2vec은 관심 단어의 문맥(주변 단어들)을 기반으로 임베딩 벡터를 만든다. **CBOW(Continuous Bag of Words)**와 **Skip-gram**의 두 가지 유형이 있다. CBOW로 시작한 다음 Skip-gram에 관해 설명하겠다.

CBOW

CBOW는 문맥(주변 단어)이 주어졌을 때 가장 가능성이 높은 단어를 예측한다. 예를 들

137. 그림 6.1 참고

어 *The quick* ____ *fox jumps* 시퀀스가 주어졌을 때, 모델은 brown을 예측할 것이다. 문맥은 관심 단어의 선행 단어 n개와 다음 단어 n개이다(선행 단어만 관여하는 NPLM과 달리). 다음 스크린 샷은 텍스트 위로 슬라이딩하는 문맥 창(context window)을 보여준다:

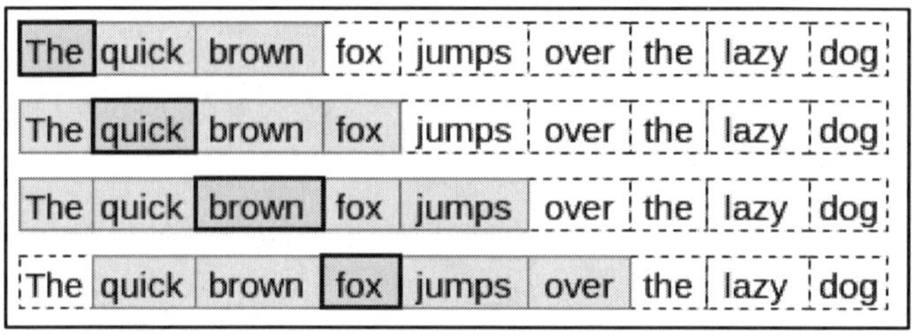

그림 6.3 $n=2$인 word2vec 슬라이딩 문맥 창(또는 콘텍스트 창). 같은 유형의 문맥 창이 CBOW와 Skip-gram 모두에 적용된다.

CBOW는 문맥 내의 모든 단어를 같은 가중치로 취하고, 순서를 고려하지 않는다(그 때문에 이름에 bag이 있다). NPLM과 다소 유사하지만 임베딩 벡터만 학습하므로, 다음과 같은 간단한 NN을 사용해서 모델을 학습한다:

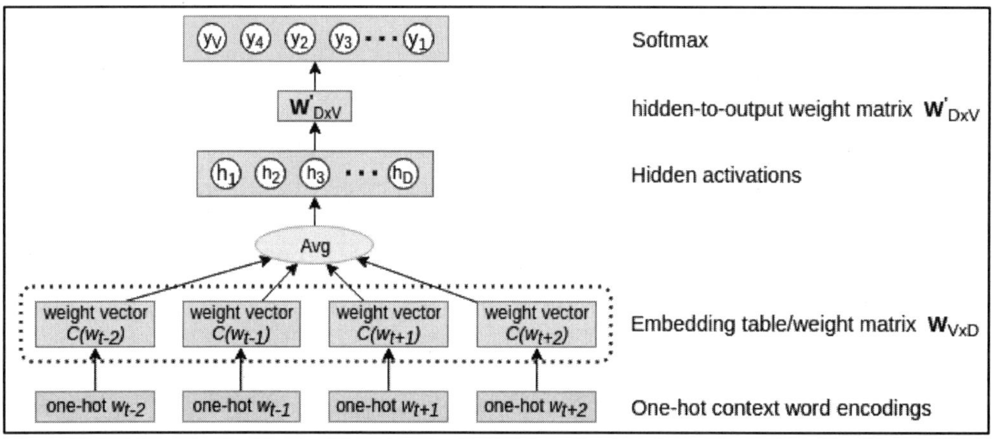

그림 6.4 CBOW 모델 네트워크

작동 방식은 다음과 같다:

- 네트워크에는 입력 층, 은닉 층, 출력 층이 있다.
- 입력은 one-hot 인코딩된 단어 표현이다. 각 단어의 one-hot 인코딩된 벡터 크기는 어휘 V의 크기와 같다.

- 임베딩 벡터는 네트워크의 입력-은닉 가중치 $\mathbf{W}_{V\times D}$로 표시된다. 그들은 $V\times D$ 모양의 행렬이며, 여기서 D는 임베딩 벡터의 길이(은닉층의 유닛 수와 같음)이다.
- NPLM에서와 같이 가중치를 조회 테이블로 생각할 수 있다. 여기서 각 행은 하나의 단어 임베딩 벡터를 나타낸다. 각 입력 단어가 one-hot 인코딩되므로, 항상 가중치 한 행을 활성화한다. 즉, 각 입력 샘플(단어)에 관해 단어 자체의 임베딩 벡터만 관여한다.
- 모든 문맥 단어의 임베딩 벡터를 평균해서 은닉층의 출력을 산출한다(활성화 함수 없음).
- 은닉 활성화는 길이 V의 softmax 출력 층에 대한 입력이 되며(가중치 벡터 $\mathbf{W}'_{D\times V}$에 의해), 출력 층은 입력 단어들의 문맥(근접)에서 발견될 가능성이 가장 높은 단어를 예측한다. 활성화가 가장 높은 인덱스가 one-hot 인코딩된 관련 단어를 나타낸다.

GD와 BP로 네트워크를 훈련시킬 것이다. 훈련 세트는 텍스트에서 서로 가깝게 등장하는 문맥, 레이블 쌍으로 구성된다. 예를 들어 텍스트의 일부가 시퀀스 `[the, quick, brown, fox, jumps]`이고 $n=2$이면, 훈련 튜플에는 `([quick, brown], the)`, `([the, brown, fox], quick)`, `([the, quick, fox jumps], brown)` 등이 있다. 우리가 임베딩 $\mathbf{W}_{V\times D}$에만 관심이 있으므로, 훈련이 완료되면 나머지 네트워크 가중치 $\mathbf{W}'_{V\times D}$를 버린다.

CBOW는 주어진 문맥에서 어떤 단어가 나타날 가능성이 가장 높은지 알려준다. 이것은 드문 단어의 경우 문제가 될 수 있다. 예를 들어, *The weather today is really*____라는 문맥이 주어졌을 때, 모델은 단어 *fabulous* 보다는 *beautiful*을 예측할 것이다(단지 예일 뿐임). CBOW는 Skip-gram보다 학습 속도가 몇 배 빠르며 빈도가 높은 단어들에 대해 약간 더 나은 정확도를 제공한다.

Skip-gram

입력 단어가 주어지면 Skip-gram 모델은 문맥을 예측할 수 있다(CBOW의 반대). 예를 들어, brown이라는 단어는 *The quick fox jumps*라는 단어들을 예측한다. CBOW와 달리 입력은 단일 one-hot 단어이다. 하지만 출력에서 문맥 단어들을 어떻게 표현할까? 전체 문맥(모든 주변 단어)을 동시에 예측하려고 하는 대신에, Skip-gram은 문맥을 `(fox, the)`, `(fox, quick)`, `(fox, brown)`, `(fox, jumps)` 같은 여러 훈련 쌍으로 변환

한다. 이번에도 간단한 단일 층 네트워크로 모델을 훈련시킬 수 있다:

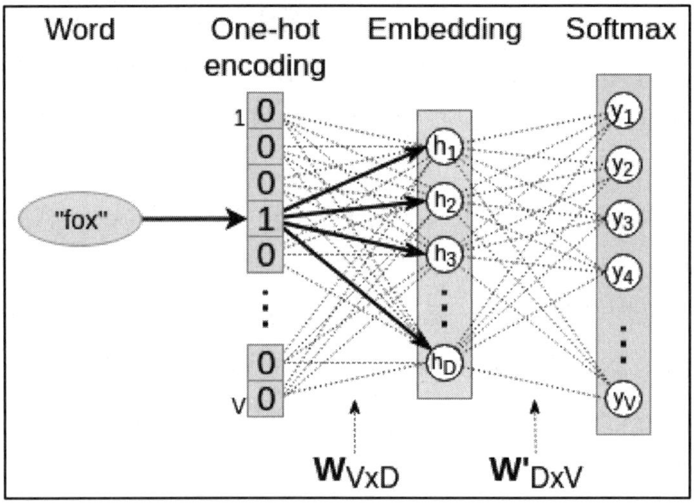

그림 6.5 Skip-gram 모델 네트워크

CBOW와 마찬가지로 출력은 softmax이며, one-hot 인코딩된 가장 높은 확률의 문맥 단어를 나타낸다. 입력-은닉 가중치 $\mathbf{W}_{V\times D}$는 단어 임베딩 조회(lookup) 테이블을 나타내고, 은닉-출력 가중치 $\mathbf{W}'_{D\times V}$은 훈련 중에만 관련이 있다. 은닉 층에는 활성화 함수가 없다(즉, 선형 활성화 사용).

BP를 사용해서 모델을 훈련시킬 것이다. 단어 시퀀스 w_1, ..., w_M이 주어지면 Skip-gram 모델의 목적은 평균 로그 확률을 최대화하는 것이다. 다음에서 n은 창 크기이다:

$$\frac{1}{M}\sum_{m=1}^{M}\sum_{-n\leq i\leq n,\ \ i\neq 0}\log p(w_{m+i}|w_m) \tag{6.2}$$

모델은 확률 $P(w_{m+i}|w_m)$를 다음과 같이 정의한다:

$$P(w_O|w_I)=\frac{\exp(\mathbf{v}'^{\top}_{w_O}\mathbf{v}_{w_I})}{\sum_{w=1}^{V}\exp(\mathbf{v}'^{\top}_{w}\mathbf{v}_{w_I})} \tag{6.3}$$

이 예에서 w_I 및 w_O는 입력 및 출력 단어이고 $\mathbf{v}_w$ 및 $\mathbf{v}'_w$은 각각 입력 및 출력 가중치 $\mathbf{W}_{V\times D}$ 및 $\mathbf{W}'_{D\times V}$의 해당 단어 벡터들이다(논문의 본래 표기법 유지). 네트에 은닉 활

성화 함수가 없기 때문에 하나의 입력/출력 단어 쌍에 대한 출력 값은 단순히 입력 단어 벡터 $\mathbf{v}_{wI}$와 출력 단어 벡터 $\mathbf{v}'_{wO}$의 곱이다(따라서 전치 연산).

word2vec 논문의 저자는 개별 단어들의 합성이 아닌 관용구(idiomatic phrase)를 단어 표현이 나타낼 수 없다는 점에 주목한다. 예를 들어, *New York Times*는 신문이며, *New, York, Times*의 의미의 자연스런 조합이 아니다. 이를 극복하기 위해 전체 구문을 포함하도록 모델을 확장할 수 있다. 그러나 이것은 어휘 크기를 크게 증가시킨다. 그리고 앞의 공식에서 볼 수 있듯이 softmax 분모는 어휘의 모든 단어에 대해 출력 벡터를 계산해야 한다. 또한 $\mathbf{W}'_{D\times V}$ 행렬의 모든 가중치는 모든 훈련 단계에서 업데이트되므로 훈련 속도를 늦춘다.

이를 해결하기 위해 softmax를 소위 **네거티브 샘플링(NEG)**으로 대체할 수 있다. 각 훈련 샘플에 대해 우리는 positive 훈련 쌍(예:(fox, brown))과 k개의 추가 negative 쌍(예: (fox, puzzle))을 취한다. 여기서 k는 일반적으로 [5,20] 범위에 있다. 입력 단어(softmax)와 가장 잘 어울리는 단어를 예측하는 대신, 단순히 현재 단어 쌍이 참인지 아닌지를 예측한다. 사실상 우리는 다항(multinomial) 분류 문제(여러 클래스 중 하나로 분류)를 이진 로지스틱 회귀(또는 이진 분류) 문제로 변환한다. 포지티브 쌍과 네거티브 쌍의 구별을 학습함으로써 분류기는 결국 다항 분류에서와 같은 방식으로 단어 벡터들을 학습한다. word2vec에서, 네거티브 쌍들의 단어들은 빈도가 높은 단어들에 비해 빈도가 낮은 단어들을 더 자주 뽑는 특수 분포로부터 추출된다.

가장 자주 발생하는 단어 중 일부는 드문 단어에 비해 정보 가치가 적다. 그러한 단어의 예로는 정관사/부정관사 *a, an, the*가 있다. 거의 모든 단어가 *the*와 자주 같이 사용되기 때문에 *the*와 *city*에 비해, *London*과 *city* 쌍의 관찰이 모델에 더 유익하다. 그 반대도 마찬가지이다. 빈번한 단어의 벡터 표현은 많은 샘플을 학습한 후에도 의미 있게 달라지지 않는다. 드문 단어와 빈번한 단어 사이의 불균형에 대응하기 위해 논문의 저자는 훈련 세트의 각 단어 w_i가 어느 정도 확률로 버려지는 서브샘플링 접근법을 제안한다. 이 확률은 다음의 경험적 공식으로 계산된다. $f(w_i)$는 단어 w_i의 빈도, t는 문턱치(보통 약 10^{-5})이다:

$$P(w_i) = 1 - \sqrt{\frac{t}{f(w_i)}} \tag{6.4}$$

빈도가 t보다 큰 단어를 적극적으로 서브샘플링하지만 빈도 순위는 유지한다.

결론은 Skip-gram은 일반적으로 CBOW에 비해 드문 단어에 대해 더 잘 수행하지만, 훈련이 더 오래 걸린다고 말할 수 있다.

fastText

fastText(`https://fasttext.cc/`)는 **FAIR(Facebook AI Research)** 그룹에서 만든 단어 임베딩 및 텍스트 분류를 학습하기 위한 라이브러리이다. Word2Vec은 말뭉치의 각 단어를 원자 엔티티로 취급하고 각 단어에 대한 벡터를 생성하지만, 단어의 내부 구조를 무시한다. 그에 반해 fastText는 각 단어 w를 문자 가방 n-grams(bag of character n-grams)로 분해한다. 예를 들어 $n=3$이면 단어 there를 문자 3-gram과 전체 단어에 대한 특수 시퀀스 ⟨*there*⟩로 분해할 수 있다:

$$\langle th,\ the,\ her,\ ere,\ re\rangle$$

특수 문자 ⟨ 및 ⟩를 사용해서 단어의 시작과 끝을 나타낸다. 이는 다른 단어들로부터 n-gram 들과의 오정합(mismatch)을 피하기 위해 필요하다. 예를 들어, *her*라는 단어는 ⟨*her*⟩로 표시되어, 단어 *there*로부터의 n-gram인 *her*로 오인되지 않는다. fastText의 저자는 $3 \leq n \leq 6$을 제안한다.

Skip-gram 섹션에서 소개한 softmax 공식을 기억하라. word2vec 네트워크의 벡터 곱셈 연산을 일반 스코어링 함수 s(식 6.6 참고)로 대체해서 이를 일반화해 보자. 여기서 w_t는 입력 단어이고 w_c는 문맥 단어이다:

$$P(w_c|w_t) = \frac{\exp(s(w_t, w_c))}{\sum_{w=1}^{V} \exp(s(w_t, w_j))} \tag{6.5}$$

fastText의 경우 n-grams의 벡터 표현의 합으로 단어를 표현한다. 단어 w에 나타나는 n-grams 세트를 $G_w = \{1 \ldots G\}$, n-그램 g의 벡터 표현을 $\mathbf{v}_g$, 문맥 단어 c의 잠복 벡터를 $\mathbf{v}'_c$으로 나타내기로 하자. 그러면 fastText에 의해 정의되는 스코어링 함수는 다음과 같이 된다:

$$s(w, c) = \sum_{g \in G_{w_I}} \mathbf{v}_g^{\mathsf{T}} \mathbf{v}'_c \tag{6.6}$$

사실상 우리는 Skip-gram 유형 단어 쌍으로 fastText 모델을 훈련시키지만, 입력 단어는 n-grams의 가방(bag)으로 표현된다.

문자 n-grams를 사용하면 기존 word2vec 모델에 비해 몇 가지 장점이 있다:

- 알고 있지 않거나 철자가 틀린 단어일지라도, 모델이 익숙한 다른 단어들과 n-grams를 공유한다면, 분류 가능하다.
- 드문 단어들에 관해 더 나은 단어 임베딩을 생성할 수 있다. 드문 단어일지라도, 그의 문자 n-grams는 여전히 다른 단어들과 공유되므로, 임베딩이 좋을 수 있다.

이제 word2vec에 친숙해졌으므로 word2vec 결함을 개선하는 Global Vectors for Word Representation(이하 GloVe) 언어 모델을 소개하겠다.

6.2.3 GloVe 모델

word2vec의 한 가지 단점은 단어의 로컬 문맥(local context)만 사용하고 글로벌 동시 발생을 고려하지 않는다는 것이다. 그러면 모델은 쉽게 이용할 수 있는 귀중한 정보 소스를 잃게 된다. 이름에서 알 수 있듯이 **Global Vectors for Word Representation(GloVe)** 모델은 이 문제를 해결하기 위한 것이다(`https://nlp.stanford.edu/pubs/glove.pdf`).

이 알고리듬은 글로벌 단어-단어 동시 발생 행렬 $\mathbf{X}$로 시작한다. 셀 X_{ij}는 단어 j가 단어 i의 문맥에 나타나는 빈도를 나타낸다. 다음 표는 *I like DL. I like NLP. I enjoy cycling* 시퀀스의 크기 $n=2$인 윈도우에 대한 동시 발생 행렬을 보여준다:

| 표 6.1 | I like DL. I like NLP. I enjoy cycling 시퀀스의 동시 발생 행렬

$n=2$	I	like	DL	NLP	enjoy	cycling	.
I	0	2	2	2	1	1	2
like	2	0	1	1	0	0	2
DL	2	1	0	0	0	0	1
NLP	2	1	0	0	0	0	1
enjoy	1	0	0	0	0	1	2
cycling	1	0	0	0	1	0	1
.	2	2	1	1	2	1	0

임의의 단어가 단어 i의 문맥에서 나타나는 횟수를 $X_i=\sum_k X_{ik}$, 단어 j가 단어 i의 문맥에서 나타날 확률을 $P_{ij}=P(j|i)=X_{ij}/X_i$로 나타내자. 이것이 어떻게 도움이 될 수

있는지 더 잘 이해하기 위해, 타겟 단어 *ice*와 *steam*이 60억 개의 토큰 코퍼스에서 선택된 문맥 단어들과 동시에 발생할 확률을 보여주는 예제를 사용하겠다:

| 표 6.2 | 60억 개의 토큰 코퍼스에서 선택된 문맥 단어와 타겟 단어 ice 및 steam의 동시 발생 확률 (출처: https://nlp.stanford.edu/pubs/glove.pdf)

Probability and Ratio	$k=$ solid	$k=$ gas	$k=$ water	$k=$ fashion
$P(k\|ice)$	1.9×10^{-4}	6.6×10^{-5}	3.0×10^{-3}	1.7×10^{-5}
$P(k\|steam)$	2.2×10^{-5}	7.8×10^{-4}	2.2×10^{-3}	1.8×10^{-5}
$P(k\|ice)/P(k\|steam)$	8.9	8.5×10^{-2}	1.36	0.96

맨 아래 행은 두 확률의 비를 보여준다. **solid**라는 단어는 **ice**보다 **steam**에 대해서 관련이 더 적으므로, 이 확률들 간의 비가 크다. 반대로 **gas**는 **ice**보다 **steam**과 더 관련이 있으므로, 이 확률들 간의 비가 매우 작다. **water**와 **fashion**이라는 단어는 두 타겟 단어와 거의 같게 관련되어 있으므로 이 확률들의 비는 1에 가깝다. 이 비는 원시 확률에 비해, 관련 있는 단어들과 관련 없는 단어들을 구별하는 데 더 좋다. 또한 두 개의 관련 단어를 더 잘 구별해낸다.

이러한 논거로 GloVe의 저자는 확률 자체보다는 동시 발생 확률의 비로 단어 벡터 학습을 시작할 것을 제안한다. 그와 함께, P_{ik}/P_{jk} 비가 i, j, k의 세 단어에 따라 달라진다는 점을 염두에 두고, 다음과 같이 GloVe 모델의 가장 일반적인 형태를 정의할 수 있다. 공식에서 $w \in \mathbb{R}^D$는 단어 벡터이고 $\tilde{w} \in \mathbb{R}^D$는 나중에 논의할 특수 문맥 벡터이다($\mathbb{R}^D$는 D차원 실수 벡터 공간):

$$F(w_i, w_j, \tilde{w}_k) = \frac{P_{ik}}{P_{jk}} \tag{6.7}$$

즉, F는 이러한 세 가지 특수 벡터(우리가 이들을 이미 알고 있다고 가정)로 계산될 때 확률 비를 출력하는 함수이다. 또한 F는 우리가 이미 그 중요성을 확인했으므로 확률 비의 정보를 인코딩해야 한다. 벡터 공간은 본질적으로 선형적이므로, 이 정보를 인코딩하는 한 방법은 두 타겟 단어의 벡터 차이를 이용하는 것이다. 따라서 이 함수는 다음과 같이 된다:

$$F(w_i - w_j, \tilde{w}_k) = \frac{P_{ik}}{P_{jk}} \tag{6.8}$$

다음으로 함수 인자들은 벡터이지만, 확률의 비는 스칼라라는 점에 유의하라. 이 문제를 해결하기 위해 인자들의 내적을 취할 수 있다:

$$F((w_i - w_j)^\top \tilde{w}_k) = \frac{P_{ik}}{P_{jk}} \tag{6.9}$$

그리고, 단어와 문맥 단어의 구분이 임의적이며, 두 역할을 자유롭게 교환할 수 있다. 따라서 $F(w_i, w_j, \tilde{w}_k) = F(w_j, w_i, \tilde{w}_k)$이어야 하지만, 위 식은 이 조건을 만족하지 않는다. 간단히 말해서(논문에 더 자세한 설명이 있다), 이 조건을 충족하려면 다음 식의 형태로 또 다른 제한을 도입해야 한다. 이 식에서 b_i와 $\tilde{b}_k$는 스칼라 값 바이어스이다:

$$w_i^\top \tilde{w}_k + b_i + \tilde{b}_k = \log(X_{ik}) \tag{6.10}$$

이 식의 한 가지 문제는 log(0)이 정의되지 않는데, 대부분의 X_{ik}는 0이 된다는 것이다. 또한 모든 동시 발생을 같은 가중치로 취하는데, 드물게 발생하는 동시 발생은 더 빈번한 것 보다 노이즈성이고(noisy)[138] 적은 정보를 운반한다. 이러한 모든 문제를 해결하기 위해 저자는 각 동시 발생에 관해 가중치 함수 $f(X_{ij})$를 사용하는 최소 제곱(least square, LS) 회귀 모델을 제안한다. 이 모델의 비용 함수는 다음과 같다:

$$J = \sum_{i,j=1}^{V} f(X_{ij})(w_i^\top \tilde{w}_j + b_i + \tilde{b}_j - \log(X_{ij}))^2 \tag{6.11}$$

끝으로, 가중 함수 f는 몇 가지 속성을 충족해야 한다. 첫째, $f(0) = 0$이다. 그런 다음 $f(x)$는 드문 동시 발생이 과중되지 않도록 감소하지 않아야(non-decreasing) 한다. 마지막으로, $f(x)$는 x의 큰 값에 관해 상대적으로 작아야 하며, 그래야 잦은 동시 발생도 과중되지 않는다. 이러한 속성과 실험을 기반으로 저자는 다음 함수를 제안한다:

$$f(x) = \begin{cases} (x/x_{max})^\alpha & \text{if } x < x_{max} \\ 1 & \text{otherwise} \end{cases} \tag{6.12}$$

다음 그래프는 $f(x)$를 보여준다:

138. overweight된다는 뜻

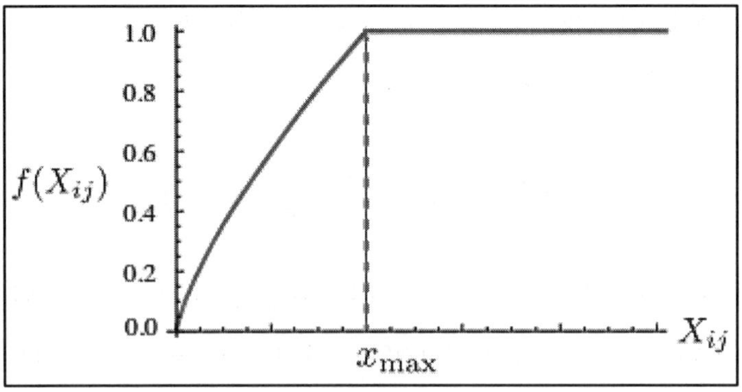

그림 6.6 컷오프 값이 $x_{\max}=100$이고 $\alpha=3/4$ 인 가중 함수 $f(X_{ij})$. 저자의 실험은 이 파라미터가 가장 잘 작동함을 보여준다. (출처: https://nlp.stanford.edu/pubs/glove.pdf)

이 모델은 W와 $\widetilde{W}$라는 두 세트의 단어 벡터를 생성한다. X가 대칭인 경우 W와 $\widetilde{W}$는 등가이며, 랜덤 초기화의 결과로 다를 뿐이다. 그러나 저자는 네트워크 앙상블을 훈련시키고 그 결과를 평균하면 일반적으로 과잉 맞춤을 방지하는 데 도움이 된다고 언급한다. 이 작용을 모방하기 위해 $W+\widetilde{W}$ 합을 최종 단어 벡터로 사용해서 성능이 약간 증가하는 것을 관찰했다.

이것으로 신경 언어 모델에 관한 논의를 마친다. 다음 섹션에서는 word2vec 모델을 훈련시키고 시각화하는 방법을 살펴본다.

6.3 언어 모델 구현

이 섹션에서는 텍스트 시퀀스를 전처리하고 처리된 데이터로 word2vec 모델을 학습시키기 위한 짧은 파이프 라인을 구현한다. 또한 임베딩 벡터들을 시각화하고 그들의 흥미로운 일부 속성을 확인하는 또 다른 예제를 구현할 것이다.

이 섹션의 코드에는 다음 Python 패키지들이 필요하다:

- Gensim(버전 3.80, `https://radimrehurek.com/gensim/`): 비감독형 주제(topic) 모델링 및 NLP를 위한 오픈 소스 Python 라이브러리. 지금까지 논의한 세 가지 모델(word2vec, GloVe, fastText)을 모두 지원.
- Natural Language Toolkit(NLTK, `https://www.nltk.org/`, 버전 3.4.4): 기

호 및 통계 NLP를 위한 Python 라이브러리 및 프로그램 모음.

- Scikit-learn(버전 0.19.1, `https://scikit-learn.org/`): 다양한 분류, 회귀, 클러스터링 알고리듬이 있는 오픈 소스 Python ML 라이브러리. 보다 구체적으로, 우리는 **t-SNE(t-Distributed Stochastic Neighbor Embedding**, `https://lvdmaaten.github.io/tsne/`)를 사용해서 고차원 임베딩 벡터를 시각화(나중에 더 자세히 설명).

이 정도 소개하고, 언어 모델 학습으로 진행해 보겠다.

6.3.1 임베딩 모델 훈련

첫 번째 예에서는 Leo Tolstoy의 고전 소설 War and Peace에 대해 word2vec 모델을 훈련시킨다. 소설은 코드 저장소에 일반 텍스트 파일로 저장된다. 시작하자:

1. 늘 그렇듯이 import로 시작한다:

```
import logging
import pprint # beautify prints
import gensim
import nltk
```

2. 그런 다음 훈련 진행 상황을 추적할 수 있도록 로깅 수준을 INFO로 설정한다:

```
logging.basicConfig(level=logging.INFO)
```

3. 다음으로 텍스트 토큰화 파이프라인을 구현한다. 토큰화는 텍스트 시퀀스를 단어, 키워드, 구, 기호 및 기타 요소와 같은 조각(또는 토큰)들로 분리하는 것을 의미한다. 토큰은 개별 단어, 구 또는 전체 문장일 수도 있다. 우리는 두 단계 토큰화를 구현할 것이다; 먼저 텍스트를 문장으로 분할한 다음, 각 문장을 개별 단어로 분할한다:

```
class TokenizedSentences:
    """Split text to sentences and tokenize them"""

    def __init__(self, filename: str):
        self.filename = filename

    def __iter__(self):
```

```
        with open(self.filename) as f:
            corpus = f.read()

        raw_sentences = nltk.tokenize.sent_tokenize(corpus)
        for sentence in raw_sentences:
            if len(sentence) > 0:
                yield gensim.utils.simple_preprocess(sentence,
                                min_len=2, max_len=15)
```

TokenizedSentences iterator는 소설이 들어 있는 텍스트 파일 이름을 인자로 받는다. 나머지는 다음과 같이 작동한다:

① corpus 변수에 있는 파일의 전체 내용을 읽는 것으로 반복을 시작한다.

② 원시 텍스트는 NLTK의 nltk.tokenize.sent_tokenize(corpus) 함수를 사용해서 문장 목록(raw_sentences 변수)으로 분할된다. 예를 들어, 입력 목록 'I like DL. I like NLP. I enjoy cycling.'에 대해 ['I like DL.', 'I like NLP.', 'I enjoy cycling.']을 반환한다.

③ 그 다음, 각 문장은 gensim.utils.simple_preprocess(sentence, min_len = 2, max_len = 15) 함수에 의해 전처리된다. 너무 짧거나 너무 긴 토큰은 무시하고, 문서를 소문자 토큰 목록으로 변환한다. 예를 들어, 'I like DL' 문장은 ['like', 'dl'] 목록(list)에 토큰화된다. 구두점 문자도 제거된다. 최종적으로 토큰화된 문장이 생성된다.

4. TokenizedSentences를 인스턴스화한다:

```
sentences = TokenizedSentences('war_and_peace.txt')
```

5. Gensim의 word2vec 훈련 모델을 인스턴스화한다:

```
model = gensim.models.word2vec. \
    Word2Vec(sentences=sentences,
             sg=1, # 0 for CBOW and 1 for Skip-gram
             window=5, # the size of the context window
             negative=5, # negative sampling word count
             min_count=5, # minimal word occurrences to include
             iter=5, # number of epochs
             )
```

이 모델은 sentences를 훈련 데이터셋으로 받는다. Word2Vec은 이 장에서 우리가 논의한 모델의 모든 파라미터와 변형을 지원한다. 예를 들어, sg 파라미터를 사용해서 CBOW 또는 Skip-gram 간에 전환할 수 있다. 문맥 창 크기, 부정적 샘플링 단어 수, epoch 수 등을 설정할 수도 있다. 코드에서 모든 파라미터를 확인할 수 있다.

> **TIP** 또는 `gensim.models.word2vec.Word2Vec`을 `gensim.models.fasttext.FastText`로 대체해서 fastText 모델을 사용할 수 있다(입력 파라미터가 같음).

6. `Word2Vec` 생성자가 훈련을 착수시키기도 한다. 잠시 후면(훈련 데이터셋이 작으므로 GPU가 필요하지 않다) 생성된 임베딩 벡터들이 `model.wv` 객체에 저장된다. 이것은 한편으로는 사전(dictionary)처럼 작동해서 `model.wv['WORD_GOES_HERE']`를 사용해서 각 단어의 벡터에 액세스할 수 있지만, 다른 흥미로운 기능도 지원한다. `model.wv.most_similar` 메소드를 사용해서 단어 벡터들의 차이에 기반해서 서로 다른 단어 간의 유사도를 측정할 수 있다. 먼저 각 단어 벡터를 단위 벡터(길이가 1인 벡터)로 변환한다. 그런 다음 타겟 단어의 단위 벡터와 다른 모든 단어의 단위 벡터 간의 내적을 계산한다. 두 벡터 간의 내적이 높을수록 더 유사하다. 예를 들어, `pprint.pprint(model.wv.most_similar(positive = 'mother', topn = 5))`는 `'mother'`라는 단어와 가장 유사한 5개의 단어를 내적과 함께 출력한다:

```
[('sister', 0.9024157524108887),
 ('daughter', 0.8976515531539917),
 ('brother', 0.8965438008308411),
 ('father', 0.8935455679893494),
 ('husband', 0.8779271245002747)]
```

이 결과는 단어 벡터가 단어의 의미를 올바르게 인코딩한다는 일종의 증거 역할을 한다. `'mother'`라는 단어는 실제로 의미상 `'sister'`, `'daughter'` 등과 관련이 있다.

또한 타겟 단어 조합과 가장 유사한 단어를 찾을 수도 있다. 예를 들어, `model.wv.most_similar(positive=['woman', 'king'], topn=5)`는 `'woman'`과 `'king'`의 단어 벡터들의 평균을 취해서, 새로운 평균 값과 가장 유사한 벡터를 갖는 단어들을 찾는다:

```
[('heiress', 0.9176832437515259), ('admirable',
0.9104862213134766), ('honorable', 0.9047746658325195),
('creature', 0.9040032625198364), ('depraved', 0.9013445973396301)]
```

일부 단어는 관련성이 있지만('heiress'), 대부분이 그렇지 않다('creature', 'admirable'). 아마도 이와 같은 더 복잡한 관계를 포착하기에는 우리의 훈련 데이터셋이 너무 작다.

6.3.2 임베딩 벡터 시각화

"임베딩 모델 훈련" 섹션에 있는 것과 비교해서 더 나은 단어 벡터를 얻기 위해, 다른 word2vec 모델을 훈련시키겠다. 이번에는 더 큰 코퍼스, 즉 Wikipedia의 처음 100,000,000 바이트의 일반 텍스트로 구성된 text8 데이터셋을 사용한다. 이 데이터셋은 Gensim에 포함되어 있으며, 하나의 긴 단어 목록으로 토큰화되어 있다. 시작하자:

1. 평소와 같이 import 먼저 한다. 또한 적절한 측정을 위해 logging을 INFO로 설정한다:

```
import logging
import pprint # beautify prints

import gensim.downloader as gensim_downloader
import matplotlib.pyplot as plt
import numpy as np
from gensim.models.word2vec import Word2Vec
from sklearn.manifold import TSNE

logging.basicConfig(level=logging.INFO)
```

2. 다음으로 Word2vec 모델을 훈련시킨다. 이번에는 더 빠른 훈련을 위해 CBOW를 사용한다. gensim_downloader.load('text8')로 데이터셋을 로드한다:

```
model = Word2Vec(
    sentences=gensim_downloader.load('text8'), # download and load
the text8 dataset
    sg=0, size=100, window=5, negative=5, min_count=5, iter=5)
```

3. 이 모델이 더 나은지 확인하기 위해, 'woman' 및 'king'과 가장 유사하지만

'man'과 가장 유사하지 않은 단어를 찾으려 시도해 볼 수 있다. 이상적으로는 단어 중 하나가 'queen'일 것이다. 이 작업은 pprint.pprint(model.wv.most_similar(positive=['woman', 'king'], negative=['man'])) 표현으로 수행할 수 있다. 출력은 다음과 같다:

```
[('queen', 0.6532326936721802), ('prince', 0.6139929294586182),
('empress', 0.6126195192337036), ('princess', 0.6075714230537415),
('elizabeth', 0.588543176651001), ('throne', 0.5846244692802429),
('daughter', 0.5667101144790649), ('son', 0.5659586191177368),
('isabella', 0.5611927509307861), ('scots', 0.5606790781021118)]
```

실제로 가장 유사한 단어는 'queen'이지만, 나머지 단어들도 관련이 있다.

4. 다음으로, 수집된 단어 벡터들에 대한 t-SNE 시각화 모델을 사용해서 2D 플롯으로 단어를 표시한다. t-SNE는 2차원 또는 3차원 점에 각각의 고차원 임베딩 벡터를 모델링한다. 유사한 객체들은 가까운 점들에 모델링되고, 그렇지 않은 객체들은 먼 점들에 모델링된다. 몇 개의 target_words로 시작한 다음 각 타겟 단어와 가장 유사한 n개의 단어(및 해당 벡터)의 클러스터들을 모은다. 다음은 이를 수행하는 코드이다:

```
target_words = ['mother', 'car', 'tree', 'science', 'building',
'elephant', 'green']
word_groups, embedding_groups = list(), list()

for word in target_words:
   words = [w for w, _ in model.most_similar(word, topn=5)]
    word_groups.append(words)

    embedding_groups.append([model.wv[w] for w in words])
```

5. 그런 다음 수집된 클러스터들에 대해 다음 파라미터들을 사용해서 t-SNE 시각화 모델을 훈련시킨다:
   - Perplexity: 각 점에 관해 원래 벡터와 축소된 벡터를 매칭할 때 고려되는 가장 가까운 이웃의 수와 느슨하게 관련된다. 즉, 알고리듬이 데이터의 로컬 속성 또는 글로벌 속성에 중점을 둘지 여부를 결정.
   - n_components=2: 출력 벡터 차원의 수를 지정.
   - n_iter=5000: 훈련 반복 횟수.

- init = 'pca': PCA(Principal Component Analysis) 기반 초기화를 사용.

모델은 embedding_groups 클러스터들을 입력으로 사용하고, 2D 임베딩 벡터가 있는 embeddings_2d 배열을 출력한다:

```
# Train the t-SNE algorithm
embedding_groups = np.array(embedding_groups)
m, n, vector_size = embedding_groups.shape
tsne_model = TSNE(perplexity=8, n_components=2, init='pca',
n_iter=5000)

# generate 2d embeddings from the original 100d ones
embeddings_2d = tsne_model.fit_transform
(embedding_groups.reshape(m* n, vector_size))
embeddings_2d = np.array(embeddings_2d).reshape(m, n, 2)
```

6. 새로운 2D 임베딩을 표시한다. 이때 더 나은 가시성을 위해 플롯과 일부 속성을 초기화한다:

```
# Plot the results
plt.figure(figsize=(16, 9))
# Different color and marker for each group of similar words
color_map = plt.get_cmap('Dark2')(np.linspace(0, 1,
len(target_words)))
markers = ['o', 'v', 's', 'x', 'D', '*', '+']
```

7. 각 similar_words 클러스터에 대해 반복하고, 그 단어들을 산점도에 표시한다. 각 클러스터에 대해 고유한 마커를 사용한다. 점들은 해당 단어로 주석이 붙는다:

```
# Iterate over all groups
for label, similar_words, emb, color, marker in \
        zip(target_words, word_groups, embeddings_2d, color_map,
            markers):
    x, y = emb[:, 0], emb[:, 1]

    # Plot the points of each word group
    plt.scatter(x=x, y=y, c=color, label=label, marker=marker)

    # Annotate each point with its corresponding caption
```

```python
    for word, w_x, w_y in zip(similar_words, x, y):
        plt.annotate(word, xy=(w_x, w_y), xytext=(0, 15),
                     textcoords='offset points', ha='center',
                     va='top', size=10)
```

8. 끝으로 플롯을 표시한다:

```python
plt.legend()
plt.grid(True)
plt.show()
```

관련있는 단어들의 각 클러스터가 2D 플롯에서 가까운 영역에 어떻게 그룹화되는지를 확인할 수 있다:

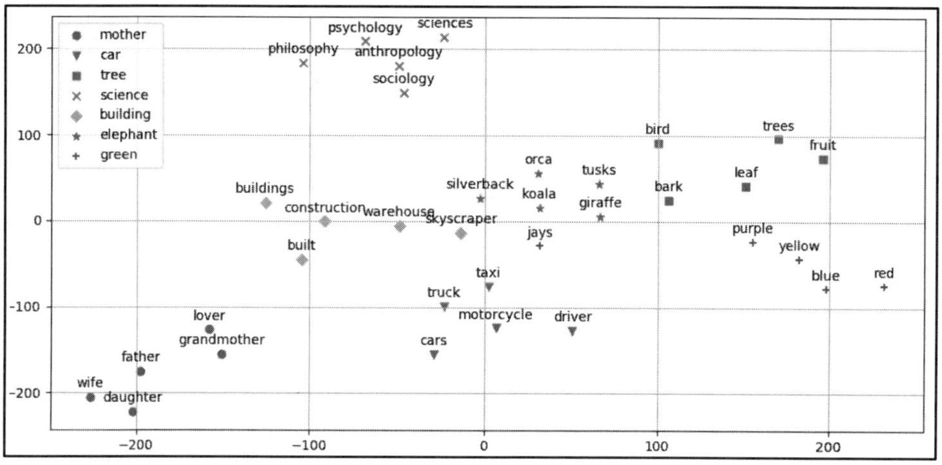

그림 6.7 타겟 단어 및 가장 유사한 단어들의 클러스터의 t-SNE 시각화

이 그래프는 결과 단어 벡터에 단어에 대한 유관한 정보가 포함되어 있음을 다시 한 번 증명한다. 이 예제를 끝으로 이 장을 마친다.

6.4 요약

NLP에 할애된 첫 번째 장이었다. 적절하게, 우리는 오늘날 대부분의 NLP 알고리듬의 기본 구성 요소인 단어 및 문맥(또는 콘텍스트) 기반 벡터 표현부터 시작했다. 우리는 n-grams와 단어를 벡터로 표현할 필요성으로 시작했다. 그런 다음 word2vec, fastText 및 GloVe 모델에 관해 논의했다. 마지막으로 임베딩 모델을 훈련시키기 위한 간단한 파이프라인을 구현했고, t-SNE로 단어 벡터를 시각화했다.

다음 장에서는 NLP 작업에 본질적으로 적합한 NN 아키텍처인 RNN에 관해 설명한다.

CHAPTER 7

순환 네트워크 이해

1장 신경망 기초와 2장 컨볼루션 네트워크 이해에서 일반 피드포워드 네트워크와 그를 특수화한 **CNN(Convolutional Neural Networks)**의 속성에 관해 자세히 살펴봤다. 이 장에서는 **RNN(Recurrent Neural Networks)**을 사용해서 이 시리즈를 마무리한다. 앞에서 논의한 NN 아키텍처는 고정된 크기의 입력을 받아 고정된 크기의 출력을 제공한다. RNN은 이러한 시퀀스들에 대해 순환적인 관계를 정의함으로써 가변 길이의 입력 시퀀스를 처리하는 능력에 의해 이 제약을 제거한다. 이 장에서 설명할 주제에 대해 잘 알고 있다면 건너뛰어도 좋다.

이 장에서는 다음 주제를 다룬다:

- RNN 소개
- LSTM 소개
- GRU 소개
- 텍스트 분류 구현

7.1 RNN 소개

순차적(sequential) RNN은 가변 길이 데이터를 처리할 수 있는 NN이다. 이러한 데이터의 예로는 문장의 단어나 다양한 시점의 주식 가격 등이 있다. 순차적이란 시퀀스의 요소가 서로 관련되어 있고, 그들의 순서가 중요하다는 것을 의미한다. 예를 들어 책의 모든 단어를 무작위로 섞는다면, 개별 단어를 안다고 해도 텍스트는 의미를 잃게 된다. RNN을 사용해서 순차적 데이터와 관련된 작업을 해결할 수 있다. 이러한 작업의 예로는 번역, 음성 인식, 시계열(time series) 요소 예측 등이 있다.

RNN은 시퀀스에 같은 함수를 순환적으로 적용하기 때문에 이런 이름이 붙여졌다. RNN을 순환 관계로 정의할 수 있다:

$$\mathbf{s}_t = f(\mathbf{s}_{t-1}, \mathbf{x}_t)$$

여기서 f는 미분 가능한 함수이고, $\mathbf{s}_t$는 t때의 내부 네트워크 상태로 불리는 값들의 벡터이며, $\mathbf{x}_t$는 t 때의 네트워크 입력이다. 상태가 현재 입력(및 네트워크 가중치)에만 의존하는 일반 네트워크와 달리, $\mathbf{s}_t$는 현재 입력과 이전 상태인 $\mathbf{s}_{t-1}$의 함수이다. $\mathbf{s}_{t-1}$을 모든 과거 입력에 대한 네트워크의 요약으로 생각할 수 있다. 이것은 현재 입력 샘플만 입력으로 취하는 일반 피드포워드 네트워크(CNN 포함)과 다르다. 순환 관계는 다음 다이어그램에 보인 것처럼, 이전 상태들에 대한 피드백 루프를 통해, 시퀀스에 대해 상태가 어떻게 단계적으로 진화하는지를 정의한다:

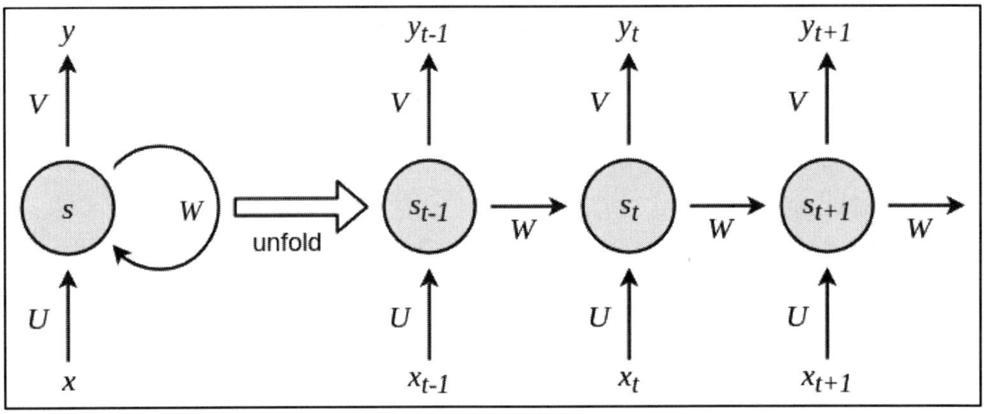

그림 7.1 왼쪽: RNN 순환 관계의 시각화: $\mathbf{s}_t = \mathbf{W}\mathbf{s}_{t-1} + \mathbf{U}\mathbf{x}_t$; 최종 출력은 $\mathbf{y}_t = \mathbf{V}\mathbf{s}_t$. 오른쪽: RNN 상태는 시퀀스 $t-1$, t, $t+1$에 거쳐 순환적으로 펼쳐진다. 파라미터 U, V, W가 모든 단계에서 공유됨을 주목.

RNN에는 세 가지 파라미터(또는 가중치) 집합이 있다:

- $\mathbf{U}$는 입력 $\mathbf{x}_t$를 상태 $\mathbf{s}_t$로 변환한다.
- $\mathbf{W}$는 이전 상태 $\mathbf{s}_{t-1}$을 현재 상태 $\mathbf{s}_t$로 변환한다.
- $\mathbf{V}$는 새로 계산된 내부 상태 $\mathbf{s}_t$를 출력 $\mathbf{y}_t$에 매핑한다.

$\mathbf{U}$, $\mathbf{V}$, $\mathbf{W}$는 각각의 입력에 선형 변환을 적용한다. 이러한 변환의 가장 기본적인 예는 우리가 알고 좋아하는 친숙한 가중 합계(weighted sum)이다. 이제 내부 상태와 네트워크 출력을 다음과 같이 정의할 수 있다:

$$\mathbf{s}_t = f(\mathbf{W}\mathbf{s}_{t-1} + \mathbf{U}\mathbf{x}_t)$$
$$\mathbf{y}_t = \mathbf{V}\mathbf{s}_t$$

여기서 f는 비선형 활성화 함수(예: tanh, sigmoid, ReLU)이다.

예를 들어, 단어 수준 언어 모델에서 입력 x는 입력 벡터들 ($\mathbf{x}_1$ ... $\mathbf{x}_t$ ...)에 인코딩된 단어 시퀀스이다. 상태 s는 상태 벡터들 ($\mathbf{s}_1$ ... $\mathbf{s}_t$ ...)의 시퀀스가 된다. 마지막으로 출력 y는 시퀀스의 다음 단어에 대한 확률 벡터들 ($\mathbf{y}_1$ ... $\mathbf{y}_t$ ...)의 시퀀스가 된다.

RNN에서 각 상태는 이 순환 관계를 통해 이전의 모든 계산에 종속된다. 이것의 중요한 의미는, 상태 s가 이전 단계에 기반한 정보를 포함하기 때문에, RNN에 시간 축 메모리가 있다는 것이다. 이론적으로 RNN은 임의의 오랜 기간 동안 정보를 기억할 수 있지만, 실제로는 몇 단계만 돌아보는 것으로 제한된다. 이 문제는 그래디언트 소멸 및 폭발 섹션에서 자세히 설명한다.

여기에 설명된 RNN은 단일 층 일반 NN(순환 관계 추가)과 다소 동일하다. 1장 신경망 기초에서 알고 있듯이 단일 층 네트워크에는 몇 가지 심각한 한계가 있다. 두려워하지 마라! 일반 네트워크와 마찬가지로 여러 RNN을 쌓아서 **스택 RNN**(stacked RNN) 또는 적층 RNN을 형성할 수 있다. 시간 t에서 레벨 l에 있는 RNN 셀의 상태 s_t^l는 입력으로 레벨 $l-1$으로부터 RNN 셀의 출력인 $\mathbf{y}_t^{l-1}$과, 그리고 같은 레벨 l에 있는 셀의 이전 상태 $\mathbf{s}_{t-1}^l$을 취한다:

$$\mathbf{s}_t^l = f(\mathbf{s}_{t-1}^l, \mathbf{y}_t^{l-1})$$

다음 다이어그램에서 펼쳐진 스택 RNN을 볼 수 있다:

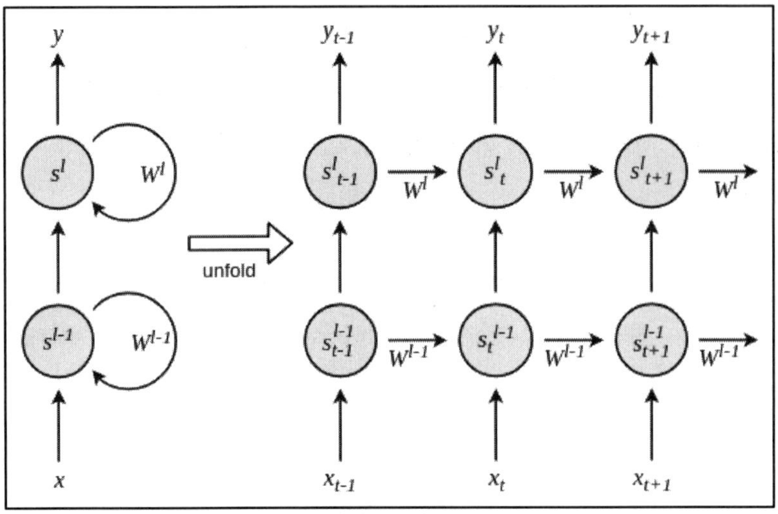

그림 7.2 스택 RNN

지금까지 논의한 RNN은 시퀀스의 이전 요소들을 사용해서 출력을 생성한다. 이는 이전 요소를 기반으로 시리즈의 다음 요소를 예측하려는 시계열 예측과 같은 작업에 적합하다. 그러나 NLP 도메인의 작업 같은 다른 작업에는 불필요한 제한을 부과하기도 한다. 6장 언어 모델링에서 보았듯이 우리는 문맥에 의해 단어에 관한 많은 정보를 얻을 수 있으며, 앞과 뒤의 단어 모두에서 그 문맥을 추출하는 것이 합리적이다.

다음 다이어그램과 같이 일반 RNN을 소위 양방향 RNN으로 확장해서 이 시나리오를 처리할 수 있다:

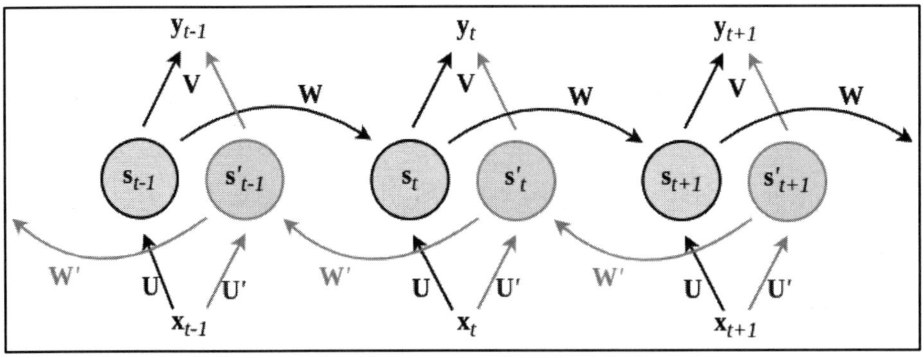

그림 7.3 양방향 RNN

이 네트워크에는 양방향으로 작동하는 두 개의 전파 루프(propagation loop)가 있다: 단계 t로부터 $t+1$로의 좌-우 전파, 단계 $t+1$로부터 단계 t로의 우-좌 전파. 우리는 프라임 기호 '(미분과 혼동하지 말라)로 우-좌 전파와 관련된 표기를 나타낼 것이다. 각 시간 단계 t에서 네트워크는 두 개의 내부 상태 벡터를 유지한다: 좌-우 전파를 위한 $\mathbf{s}_t$, 우-좌 전파를 위한 $\mathbf{s}_t'$. 우-좌 단계에는 좌-우 단계의 가중치 $\mathbf{U}$ 및 $\mathbf{W}$를 미러링하는 자체 입력 가중치 집합 $\mathbf{U}'$ 및 $\mathbf{W}'$이 있다. 우-좌 은닉 상태 벡터의 공식은 다음과 같다:

$$\mathbf{s}_t' = f(\mathbf{W}'\mathbf{s}_{t+1}' + \mathbf{U}'\mathbf{x}_t)$$

네트워크의 출력인 $\mathbf{y}_t$는 내부 상태 $\mathbf{s}_t$와 $\mathbf{s}_{t+1}$의 조합이다. 이들을 결합하는 한 가지 방법은 잇는 것(concatenation)이다. 출력에 대한 이어진 상태들의 가중치 행렬을 $\mathbf{V}$로 표시하겠다. 출력 공식은 다음과 같다:

$$\mathbf{y}_t = \mathbf{V}[\mathbf{s}_t; \mathbf{s}_t']$$

또는 단순히 두 상태 벡터를 합할 수도 있다:

$$\mathbf{y}_t = \mathbf{V}(\mathbf{s}_t + \mathbf{s}_t')$$

RNN은 고정 길이 입력 처리에만 국한되지 않기 때문에, 길이가 다른 시퀀스나 다양한 크기의 이미지 같이, NN으로 계산할 수 있는 대상의 가능성을 확장한다.

몇 가지 조합을 살펴보자:

- **일–대–일**: 피드포워드 NN 및 CNN 같은 비순차적 처리이다. 피드포워드 네트워크와 RNN을 단일 시간 단계에 적용하는 것 사이에는 큰 차이가 없다. 1대1 처리의 예는 2장 컨볼루션 네트워크 이해 및 3장 고급 컨볼루션 네트워크에서 살펴본 이미지 분류이다.
- **일–대–다**: 이 처리는 단일 입력에 기반해서 시퀀스를 생성한다(예: 이미지에서 캡션 생성)(*Show and Tell: A Neural Image Caption Generator*, `https://arxiv.org/abs/1411.4555`).
- **다–대–일**: 이 처리는 텍스트의 감정 분류와 같이, 시퀀스에 기반해서 단일 결과를 출력한다.
- **간접 다–대–다**[139]: 시퀀스가 상태 벡터로 인코딩된 후, 이 상태 벡터가 새로운

139. 입력과 출력 시퀀스 요소 간에 직접적인 대응 관계가 없다.

시퀀스로 디코딩된다 (예: 언어 번역)(*Learning Phrase Representations using RNN Encoder-Decoder for Statistical Machine Translation*, `https://arxiv.org/abs/1406.1078` and Sequence to Sequence Learning with Neural Networks, `http://papers.nips.cc/paper/5346-sequence-to-sequence-learning-with-neural-networks.pdf`).

- **직접 다-대-다**: 각 입력 단계에 대해 결과를 출력한다(예: 음성 인식의 프레임 음소 레이블링).

> 다 대 다 모델을 **시퀀스 대 시퀀스**(seq2seq) 모델이라고도 부른다.

다음은 이들 입력-출력 조합을 그래픽으로 표현한 것이다:

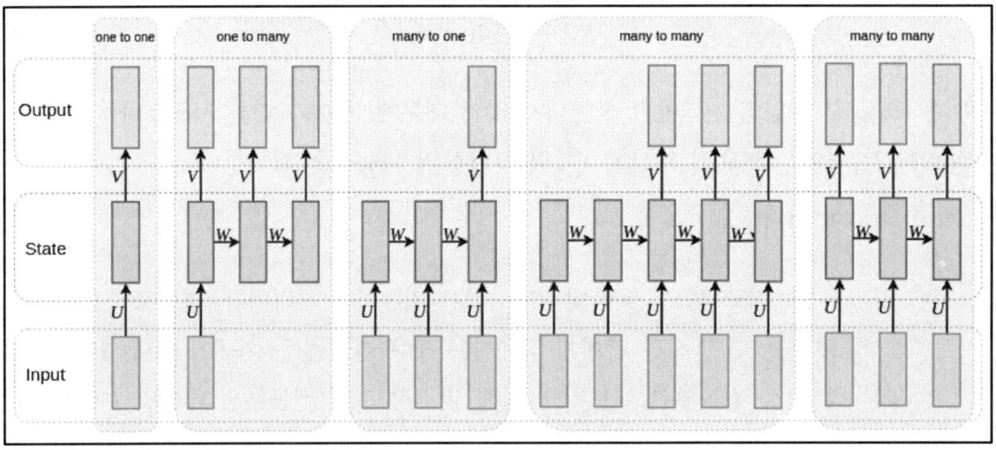

그림 7.4 RNN 입력-출력 조합 (참고: http://karpathy.github.io/2015/05/21/rnn-effectness/)

이제 RNN을 소개했으므로 다음 섹션에서는 지식을 향상시키기 위해, 백지 상태에서부터 간단한 RNN 예제를 구현할 것이다.

7.1.1 RNN 구현과 훈련

앞 섹션에서는 RNN이 무엇이며 어떤 문제를 해결할 수 있는지 간략하게 설명했다. RNN의 세부 사항과, 매우 간단한 예제(시퀀스의 1의 개수 세기)를 사용해서 RNN을 훈련하는 방법을 살펴보자.

이 문제에서 우리는 기본 RNN에게 입력에서 1의 개수를 세고, 결과를 출력하는 방법을 가르칠 것이다. 이것은 앞 섹션에서 정의한 다-대-일 관계의 예이다.

Python 및 NumPy를 사용해서 이 예제를 구현하겠다(DL 라이브러리 사용 안 함). 입력 및 출력의 예는 다음과 같다:

```
In: (0, 0, 0, 0, 1, 0, 1, 0, 1, 0)
Out: 3
```

우리가 사용할 RNN을 다음 다이어그램이 보여준다:

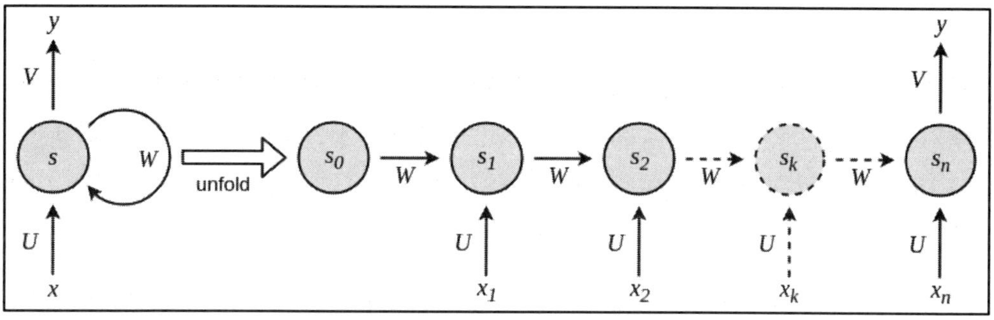

그림 7.5 입력에서 1을 세기 위한 기본형 RNN

네트워크에는 입력 가중치 U와 순환 가중치 W의 두 가지 파라미터만 있다. 출력 가중치 V는 1로 설정되어, 단순히 마지막 상태를 출력 y로 읽는다.

> TIP
> s_t, x_t, U, W가 스칼라 값이기 때문에 RNN 구현 및 훈련 섹션과 그 아래 섹션에서는 행렬 표기법(굵은 대문자)을 사용하지 않겠다(이 공식의 일반 버전은 행렬 및 벡터 파라미터를 사용한다).

계속하기 전에 예제를 실행할 수 있도록 몇 가지 코드를 추가하자. numpy를 import하고 훈련 데이터 x와 레이블 y를 정의한다. x는 첫 번째 차원이 미니 배치의 샘플을 나타내므로 2차원이다. 단순화를 위해 단일 샘플이 있는 미니 배치를 사용하자:

```
import numpy as np

# The first dimension represents the mini-batch
x = np.array([[0, 0, 0, 0, 1, 0, 1, 0, 1, 0]])

y = np.array([3])
```

이 네트워크에서 정의되는 순환 관계는 $s_t = f(Ws_{t-1} + Ux_t)$이다. 이 공식에 비선형 함수를 적용하지 않았으므로 이것은 선형 모델이다. 다음과 같이 순환 관계를 구현할 수 있다:

```
def step(s, x, U, W):
    return x * U + s * W
```

상태 s_t와 가중치 W 및 U는 단일 스칼라 값이다. 이에 대한 좋은 해결책은 시퀀스에서 입력의 합을 얻는 것이다. $U=1$로 설정하면, 입력이 수신될 때마다 전체 값을 얻는다. $W=1$로 설정하면 누적되는 값이 절대 감소하지 않는다. 그래서 이 예에서 원하는 출력을 얻을 수 있다: 3.

그럼에도 불구하고 이 간단한 예제를 사용해서 이 NN의 훈련과 구현을 네트워킹 해보자. 이 섹션의 나머지 부분에서 보겠지만 이것은 흥미로울 것이다. 먼저 BP를 통해 이 결과를 얻는 방법을 살펴보자.

BPTT(Backpropagation through time)

BPTT는 순환 네트워크를 훈련시키는 데 사용하는 일반적인 알고리듬이다(*Backpropagation Through Time: What It Does and How to Do It*, `http://axon.cs.byu.edu/~martinez/classes/678/Papers/ Werbos_BPTT. pdf`). 이름에서 알 수 있듯이 1장 신경망 기초에서 논의한 BP 알고리듬을 기반으로 한다.

일반 BP와 BPTT의 주요 차이점은 순환 네트워크가 특정 시간 스텝 동안 시간을 통해 펼쳐진다는 것이다 (앞의 다이어그램에서 보인 것처럼). 이 펼침이 완료되면 일반 다층 피드포워드 네트워크와 매우 유사한 모델이 생성된다. 즉, 이 네트워크의 한 은닉층은 하나의 시간 스텝을 나타낸다. 유일한 차이점은 각 층에 여러 입력이 있다는 것이다: 이전 상태인 s_{t-1}과 현재 입력인 x_t 파라미터 U와 W는 모든 은닉층 사이에 공유된다.

포워드 패스 또는 순방향 통과는 시퀀스를 따라 RNN을 펼치고 각 스텝에 대한 상태 스택을 만든다. 다음 코드 블록에서는 뱃치의 각 순환 스텝과 각 샘플에 대한 활성화 s를 반환하는 순방향 패스의 구현을 볼 수 있다:

```
def forward(x, U, W):
    # Number of samples in the mini-batch
    number_of_samples = len(x)

    # Length of each sample
    sequence_length = len(x[0])

    # Initialize the state activation for each sample along the sequence
    s = np.zeros((number_of_samples, sequence_length + 1))

    # Update the states over the sequence
    for t in range(0, sequence_length):
        s[:, t + 1] = step(s[:, t], x[:, t], U, W) # step function

    return s
```

이제 순방향 단계 및 손실 함수가 있으므로, 그래디언트가 역방향으로 전파되는 방식을 정의할 수 있다. 펼쳐진 RNN이 일반 피드포워드 네트워크와 등가이므로 1장 신경망 기초에서 소개한 BP 체인 룰을 사용할 수 있다.

가중치 W와 U는 층들에 공유되기 때문에 각 순환 스텝에 대한 오차 도함수를 누적하고, 누적된 값으로 최종적으로 가중치를 업데이트한다.

먼저 출력 $\mathbf{s}_t$에 대한 손실 함수의 기울기($\partial J/\partial s$)를 구해야 한다. 일단 이를 얻고 나면, 순방향 스텝에서 우리가 구축한 활성화 스택을 통해 역방향으로 전파할 것이다. 이 역방향 패스는 스택에서 활성화들을 뽑아내서 각 시간 스텝에서 그들의 오차 도함수를 누적한다. 네트워크를 통해 이 기울기를 전파하기 위한 순환 관계를 다음과 같이 쓸 수 있다(체인 룰):

$$\frac{\partial J}{\partial s_{t-1}} = \frac{\partial J}{\partial s_t}\frac{\partial s_t}{\partial s_{t-1}} = \frac{\partial J}{\partial s_t}W$$

여기에서 J는 손실 함수이다.

가중치 U와 W의 기울기는 다음과 같이 누적된다:

$$\frac{\partial J}{\partial U} = \sum_{t=0}^{n} \frac{\partial J}{\partial s_t} x_t$$

$$\frac{\partial J}{\partial W} = \sum_{t=0}^{n} \frac{\partial J}{\partial s_t} s_{t-1}$$

다음은 역방향 패스의 구현이다:

1. U와 W에 대한 기울기는 각각 gU 및 gW에 누적된다:

```
def backward(x, s, y, W):
    sequence_length = len(x[0])

    # The network output is just the last activation of sequence
    s_t = s[:, -1]

    # Compute the gradient of the output w.r.t. MSE loss function
      at final state
    gS = 2 * (s_t - y)

    # Set the gradient accumulations to 0
    gU, gW = 0, 0

    # Accumulate gradients backwards
    for k in range(sequence_length, 0, -1):
        # Compute the parameter gradients and accumulate the re-
          sults
        gU += np.sum(gS * x[:, k - 1])
        gW += np.sum(gS * s[:, k - 1])

        # Compute the gradient at the output of the previous layer
        gS = gS * W

    return gU, gW
```

2. 이제 GD를 사용해서 네트워크를 최적화할 수 있다. backward 함수의 도움으로 gradients를 계산하고(MSE 사용), 이를 사용해서 weights 값을 업데이트한다:

```
def train(x, y, epochs, learning_rate=0.0005):
    """Train the network"""

    # Set initial parameters
    weights = (-2, 0) # (U, W)

    # Accumulate the losses and their respective weights
    losses = list()
    gradients_u = list()
    gradients_w = list()

    # Perform iterative gradient descent
    for i in range(epochs):
        # Perform forward and backward pass to get the gradients
        s = forward(x, weights[0], weights[1])

        # Compute the loss
        loss = (y[0] - s[-1, -1]) ** 2

        # Store the loss and weights values for later display
        losses.append(loss)

        gradients = backward(x, s, y, weights[1])
        gradients_u.append(gradients[0])
        gradients_w.append(gradients[1])

        # Update each parameter `p` by p = p - (gradient *
          learning_rate).
        # `gp` is the gradient of parameter `p`
        weights = tuple((p - gp * learning_rate) for p, gp in
        zip(weights, gradients))

    print(weights)

    return np.array(losses), np.array(gradients_u),
    np.array(gradients_w)
```

3. 다음으로, 에포크에 거쳐 각 가중치에 대한 손실 함수와 기울기를 표시하는 `plot_training` 함수를 구현한다:

```
def plot_training(losses, gradients_u, gradients_w):
    import matplotlib.pyplot as plt

    # remove nan and inf values
    losses = losses[~np.isnan(losses)][:-1]
    gradients_u = gradients_u[~np.isnan(gradients_u)][:-1]
    gradients_w = gradients_w[~np.isnan(gradients_w)][:-1]

    # plot the weights U and W
    fig, ax1 = plt.subplots(figsize=(5, 3.4))

    ax1.set_ylim(-3, 20)
    ax1.set_xlabel('epochs')
    ax1.plot(gradients_u, label='grad U', color='blue',
    linestyle=':')
    ax1.plot(gradients_w, label='grad W', color='red', linestyle='-
-
    ')
    ax1.legend(loc='upper left')

    # instantiate a second axis that shares the same x-axis
    # plot the loss on the second axis
    ax2 = ax1.twinx()

    # uncomment to plot exploding gradients
    ax2.set_ylim(-3, 10)
    ax2.plot(losses, label='Loss', color='green')
    ax2.tick_params(axis='y', labelcolor='green')
    ax2.legend(loc='upper right')

    fig.tight_layout()

    plt.show()
```

4. 마지막으로 다음 코드를 실행할 수 있다:

```
losses, gradients_u, gradients_w = train(x, y, epochs=150)
plot_training(losses, gradients_u, gradients_w)
```

이 코드는 다음 다이어그램을 만든다:

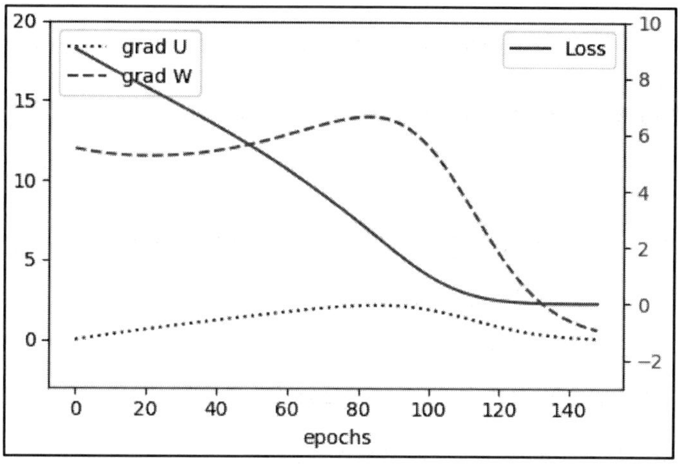

이제 BPTT에 관해 배웠으므로, 익숙한 소멸 및 폭발 그래디언트 문제가 이에 어떻게 영향을 미치는지 살펴보자.

소멸 기울기와 폭발 기울기

그런데 앞의 예에는 문제가 있다. 더 긴 시퀀스로 훈련 프로세스를 실행해 보자:

```
x = np.array([[0, 0, 0, 0, 1, 0, 1, 0, 1, 0, 0, 0, 0, 0, 1, 0, 1, 0, 1, 0,
0, 0, 0, 0, 1, 0, 1, 0, 1, 0, 0, 0, 0, 0, 1, 0, 1, 0, 1, 0]])

y = np.array([12])

losses, gradients_u, gradients_w = train(x, y, epochs=150)
plot_training(losses, gradients_u, gradients_w)
```

출력은 다음과 같다:

```
Sum of ones RNN from scratch
chapter07-rnn/simple_rnn.py:5: RuntimeWarning: overflow encountered in
multiply
    return x * U + s * W
chapter07-rnn/simple_rnn.py:40: RuntimeWarning: invalid value encountered
in multiply
    gU += np.sum(gS * x[:, k - 1])
```

```
chapter07-rnn/simple_rnn.py:41: RuntimeWarning: invalid value encountered
in multiply
   gW += np.sum(gS * s[:, k - 1])
(nan, nan)
```

이러한 경고의 이유는 최종 파라미터 U와 W가 NaN(Not a Number)이 되기 때문이다. 그래디언트를 제대로 표시하려면 `plot_training` 함수의 그래디언트 축 스케일은 `ax1.set_ylim(-3, 20)`에서 `ax1.set_ylim(-3, 600)`으로, 손실 축의 스케일은 `ax2.set_ylim(-3, 10)`에서 `ax2.set_ylim(-3, 200)`으로 변경해야 한다.

이제 프로그램이 새로운 손실 및 그래디언트 다이어그램을 생성한다:

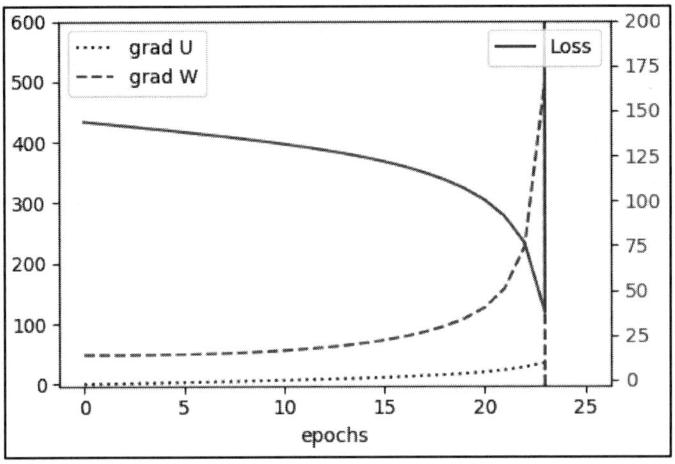

그림 7.6 폭발 그래디언트 시나리오 중 파라미터와 손실 함수

초기 에포크에서는 더 짧은 시퀀스에 대해 증가한 방식과 유사하게 그래디언트가 천천히 증가한다. 그러나 그들이 에포크 23에 도달하면(정확한 에포크는 중요하지 않지만), 그래디언트가 너무 커져서 float 변수의 범위를 벗어나 NaN이 된다(플롯의 점프). 이 문제를 폭발 그래디언트라고 한다. 일반 피드포워드 NN에서는 급격한 그래디언트를 우연히 관찰할 수 있지만, 특히 RNN에서는 두드러진다. 그 이유를 이해하기 위해 BPTT 섹션에서 정의한 두 개의 연속 시퀀스 스텝에 대한 순환적 그래디언트 전파 체인 룰을 기억하자:

$$\frac{\partial J}{\partial s_{t-1}} = \frac{\partial J}{\partial s_t}\frac{\partial s_t}{\partial s_{t-1}} = \frac{\partial J}{\partial s_t}W$$

시퀀스의 길이에 따라, 펼쳐진 RNN은 일반 네트워크에 비해 훨씬 더 깊을 수 있다. 동시에 RNN의 가중치 W는 모든 스텝에서 공유된다. 따라서 이 공식을 일반화해서 시퀀스의 연속되지 않은 스텝 사이의 기울기를 계산할 수 있다. W가 공유되기 때문에 공식은 등비수열(geometric progression. 기하적 수열)[140]을 형성한다:

$$\frac{\partial s_t}{\partial s_{t-k}} = \frac{\partial s_t}{\partial s_{t-1}} \frac{\partial s_{t-1}}{\partial s_{t-2}} \cdots \frac{\partial s_{t-k+1}}{\partial s_{t-k}} = \prod_{j=1}^{k} \frac{\partial s_{t-j+1}}{\partial s_{t-j}} = W^k$$

이 간단한 선형 RNN에서 $|W|>1$(폭발 그래디언트. 여기서 W는 단일 스칼라 가중치)이면 그래디언트는 지수적으로 증가한다. 예를 들어 $W=1.5$일 때 50 타임 스텝에 대해 $W^{50} \approx 637621500$이다. $|W|<1$(소멸 그래디언트)이면, 그래디언트가 지수적으로 축소된다. 예를 들어, $W=0.6$에 대한 10 time steps는 $W^{10}=0.00097$이다. 가중치 파라미터 W가 스칼라가 아닌 행렬인 경우, 이 폭발 또는 소멸 그래디언트는 W의 최대 고윳값(ρ. 스펙트럼 반경이라고도 함)과 관련된다. $\rho<1$이면 그래디언트가 소멸하기에 충분하고, $\rho>1$은 폭발할 필요 조건이다.

1장 신경망 기초에서 처음 언급한 소멸 그래디언트 문제는 RNN에 또 다른 미묘한 영향을 미친다. 그래디언트는 스텝이 경과함에 따라 지수적으로 소멸해서, 이전 상태들에 대해서는 매우 작아진다. 실제로, 그들은 더 최근의 타임 스텝으로부터의 더 큰 그래디언트로 인해 가려지고, 이러한 이전 상태들의 기록을 유지하는 네트워크의 기능이 사라진다. 이 문제는 학습이 계속 작동하고, 네트워크가 유효한 출력을 생성하기 때문에 감지하기가 더 어렵다(폭발 그래디언트와 달리). 장기적인 종속성을 배울 수 없을 것이다.

이제 우리는 RNN의 몇 가지 문제에 대해 잘 알게 되었다. 다음 섹션에서는 특수한 유형의 RNN을 사용해서 이러한 문제를 해결하는 방법을 논의할 것이기 때문에 이 지식은 우리에게 도움이 될 것이다.

7.2 LSTM 소개

Hochreiter와 Schmidhuber는 소멸/폭발 그래디언트 문제를 광범위하게 연구하고 Long

140. 또는 기하적 시퀀스(geometric sequence)

Short-Term Memory(LSTM, https://www.bioinf.jku.at/publications/older/2604.pdf)라는 솔루션을 고안했다. LSTM은 특별히 설계된 메모리 셀로 인해 장기적인 종속성을 처리할 수 있다. 실제로 LSTM은 매우 잘 작동해서, 다양한 문제에 대해 RNN을 훈련시킬 때의 오늘날 성취의 대부분은 LSTM 사용 덕분이다. 이 섹션에서는 이 메모리 셀이 작동하는 방식과 소멸 그래디언트 문제를 해결하는 방법을 살펴본다.

LSTM의 핵심 아이디어는 셀 상태 $\mathbf{c}_t$(은닉 RNN 상태 $\mathbf{h}_t$에 더해)이다. 여기에는, 외부 간섭이 없다면 상태가 일정하게 유지되도록 정보가 명시적으로 써지거나 삭제될 수만 있다. 셀 상태는 정보를 통과시키는 한 방법인 특정 게이트에 의해서만 수정될 수 있다. 이 게이트들은 시그모이드 함수와 요소별 곱셈으로 구성된다. 시그모이드는 0과 1 사이의 값만 출력하므로, 곱셈은 게이트를 통과하는 값을 줄일 수만 있다. 일반적인 LSTM은 망각(forget) 게이트, 입력 게이트 및 출력 게이트의 세 가지 게이트로 구성된다. 셀 상태, 입력 및 출력은 모두 벡터이므로 LSTM은 각 타임 스텝에서 서로 다른 정보 블록의 조합을 유지할 수 있다.

다음은 LSTM 셀의 다이어그램이다:

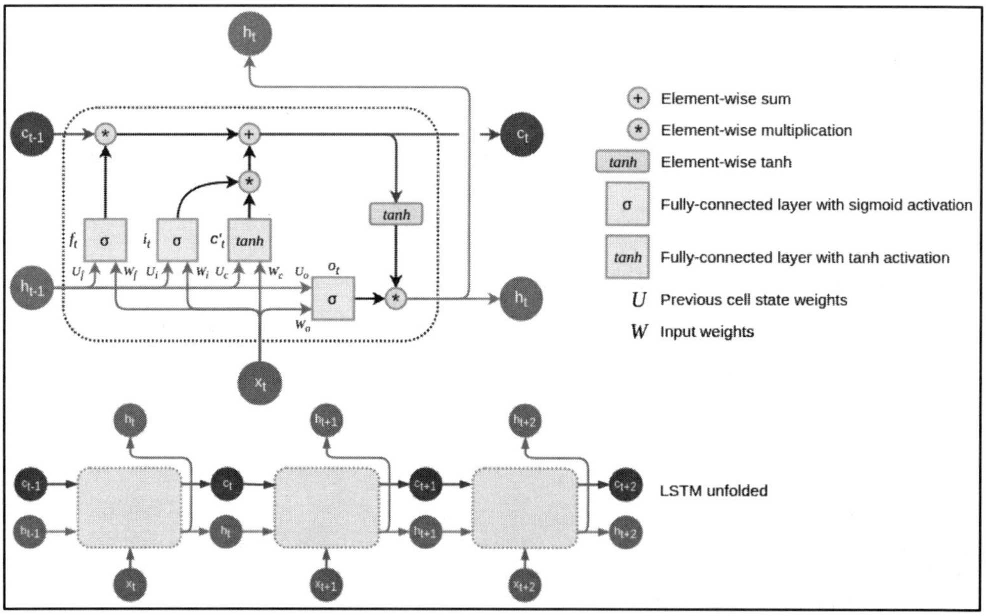

그림 7.7 위: LSTM 셀; 아래: 펼쳐진 LSTM 셀. http://colah.github.io/posts/2015-08-Understanding-LSTMs/ 참고

계속하기 전에 몇 가지 표기를 소개한다. $\mathbf{x}_t$, $\mathbf{c}_t$ 및 $\mathbf{h}_t$는 LSTM의 t 시점에서의 입력, 셀 메모리 상태 및 출력(또는 은닉 상태) 벡터이다. $\mathbf{c}'_t$는 후보 셀 상태 벡터이다(나중에 자세히 설명). 입력 $\mathbf{x}_t$ 및 이전 셀 출력 $\mathbf{h}_{t-1}$은 각각 FC 가중치 집합 $\mathbf{W}$ 및 $\mathbf{U}$를 사용해서 각 게이트와 후보 셀 벡터에 연결된다. $\mathbf{f}_t$, $\mathbf{i}_t$ 및 $\mathbf{o}_t$는 LSTM 셀의 망각, 입력 및 출력 게이트이다. 이 게이트들은 시그모이드 활성화를 갖는 FC 층이다.

망각 게이트 $\mathbf{f}_t$부터 시작하자. 이름에서 알 수 있듯이, 기존 셀 상태의 일부를 지울 것인지 여부를 결정한다. 이때 이전 셀의 출력 $\mathbf{h}_{t-1}$과 현재 입력 $\mathbf{x}_t$의 가중 벡터 합을 기반으로 결정한다:

$$\mathbf{f}_t = \sigma(\mathbf{W}_f \mathbf{x}_t + \mathbf{U}_f \mathbf{h}_{t-1})$$

앞의 다이어그램에서 망각 게이트가 이전 상태 벡터 $\mathbf{c}_{t-1}$의 각 요소에 시그모이드 활성화를 적용하는 것을 볼 수 있다: $\mathbf{f}_t * \mathbf{c}_{t-1}$. 다시 강조하는데, 연산이 요소 별로 이루어지기 때문에 이 벡터의 값들은 [0, 1] 범위에 스쿼시된다. 출력 0은 특정 $\mathbf{c}_{t-1}$ 셀 블록을 완전히 지우고, 출력 1은 해당 셀 블록의 정보를 통과시킨다. 이는 LSTM이 셀 상태 벡터에서 관련없는 정보를 제거할 수 있음을 의미한다.

> 망각 게이트는 Hochreiter가 제안한 원래 LSTM에는 없었고, *Learning to Forget: Continual Prediction with LSTM* (http://citeseerx.ist.psu.edu/viewdoc/download?doi=10.1.1.55.5709&rep=rep1&type=pdf)에서 제안되었다.

입력 게이트 $\mathbf{i}_t$는 다단계 프로세스에서 메모리 셀에 추가될 새로운 정보를 결정한다. 첫 번째 단계는 추가할 정보가 있는지 여부를 결정한다. 망각 게이트에서와 마찬가지로 $\mathbf{h}_{t-1}$ 및 $\mathbf{x}_t$에 기반해서 결정을 내린다: 후보 상태 벡터의 각 셀에 대해 시그모이드 함수를 통해 0 또는 1을 출력한다. 출력 0은 해당 셀 블록의 메모리에 정보가 추가되지 않음을 의미한다. 결과적으로 LSTM은 셀 상태 벡터에 특정 정보를 저장할 수 있다:

$$\mathbf{i}_t = \sigma(\mathbf{W}_i \mathbf{x}_t + \mathbf{U}_i \mathbf{h}_{t-1})$$

다음 단계에서는 새로운 후보 셀 상태 $\mathbf{c}'_t$를 계산한다. 이전 출력 $\mathbf{h}_{t-1}$과 현재 입력 $\mathbf{x}_t$를 기반으로 하며 tanh 함수를 통해 변환된다:

$$\mathbf{c}'_t = \tanh(\mathbf{W}_c\mathbf{x}_t + \mathbf{U}_c\mathbf{h}_{t-1})$$

다음으로, c'_t는 요소 별 곱셈 $i_t * c'_t$를 통해 입력 게이트의 시그모이드 출력과 결합된다.

요약하자면, 망각 및 입력 게이트는 각각 이전 및 후보 셀 상태들에서 망각하고 포함할 정보를 결정한다. 새로운 셀 상태의 최종 버전인 c_t는 다음 두 구성 요소 간의 요소 별 합계일 뿐이다:

$$\mathbf{c}_t = \mathbf{f}_t * \mathbf{c}_{t-1} \oplus \mathbf{i}_t * \mathbf{c}'_t$$

다음으로 총 셀 출력이 무엇일지를 결정하는 출력 게이트에 초점을 맞추자. 셀 메모리의 각 블록에 대해 h_{t-1} 및 x_t를 입력으로 취하고, 0 또는 1을 출력한다(시그모이드 함수를 통해서). 이전과 마찬가지로 0은 블록이 정보를 출력하지 않음을 의미하고, 1은 블록이 셀의 출력으로 통과할 수 있음을 의미한다. 따라서 LSTM은 셀 상태 벡터로부터 특정 정보 블록을 출력할 수 있다:

$$\mathbf{o}_t = \sigma(\mathbf{W}_o\mathbf{x}_t + \mathbf{U}_o\mathbf{h}_{t-1})$$

마지막으로 LSTM 셀 출력은 tanh 함수에 의해 전달된다:

$$\mathbf{h}_t = \mathbf{o}_t * \tanh(\mathbf{c}_t)$$

이러한 모든 공식은 유도 가능하기 때문에 간단한 RNN 상태를 서로 연결할 때처럼 LSTM 셀들을 함께 연결하고, BPTT를 통해 네트워크를 훈련시킬 수 있다.

그런데 LSTM은 소멸 그래디언트를 어떻게 방지할까? 순방향 단계부터 시작하자. 망각 게이트가 1이고 입력 게이트가 0이면 셀 상태가 스텝에서 스텝으로 같게 복사됨을 주목한다: $\mathbf{c}_t = \mathbf{f}_t * \mathbf{c}_{t-1} \oplus \mathbf{i}_t * \mathbf{c}'_t = \mathbf{1} * \mathbf{c}_{t-1} \oplus \mathbf{0} * c'_t = \mathbf{c}_{t-1}$. 망각 게이트만이 셀의 메모리를 완전히 지울 수 있다. 그 결과, 메모리는 오랜 기간 동안 변경되지 않은 상태로 남아있을 수 있다. 또한 입력은 현재 셀의 메모리에 더해진 tanh 활성화이다. 이것은 세포의 메모리가 폭발하지 않으며 매우 안정적이라는 것을 의미한다.

LSTM 셀이 어떻게 펼쳐지는지 보여주기 위해 예제를 사용하자. 단순화를 위해 1차원(단일 스칼라 값) 입력, 상태 및 출력 벡터들이 있다고 가정한다. 이 값들이 스칼라이기 때문에 이 예제의 나머지 부분에서는 벡터 표기법을 사용하지 않겠다:

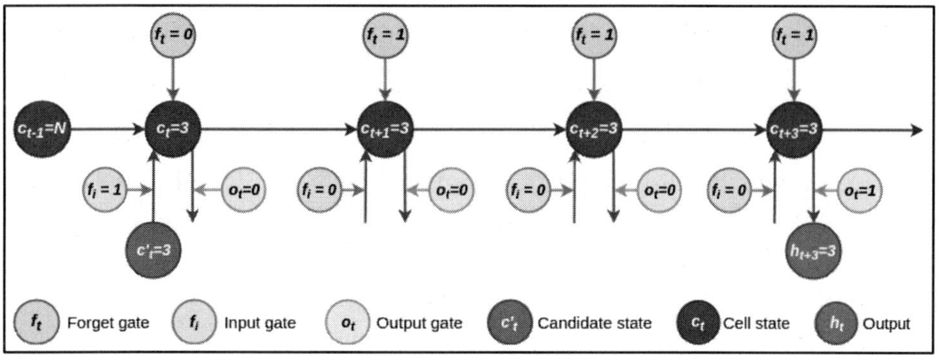

그림 7.8 시간을 통한 LSTM(LSTM through time) 펼침: http://nikhilbuduma.com/2015/01/11/a-deep-dive-into-recurrent-neural-networks/ 참고

이 과정은 다음과 같다:

1. 첫째, 후보 상태로 3의 값이 있다. 입력 게이트는 $f_i = 1$로 설정되고 망각 게이트는 $f_t = 0$으로 설정된다. 이는 이전 상태 $c_{t-1} = N$이 지워지고 새로운 상태 $c_t = 0 * N \oplus 1 * 3 = 3$으로 대체됨을 의미한다.
2. 다음 두 타임 스텝에서 망각 게이트는 1로 설정되고 입력 게이트는 0으로 설정된다. 이렇게 하면 입력 게이트가 0으로 설정되므로 이 스텝들에서는 모든 정보가 유지되고, 새로운 정보가 추가되지 않는다: $c_{t+1} = 1 * 3 \oplus 0 * c'_{t+1} = 3$
3. 마지막으로 출력 게이트는 $o_t = 1$로 설정되고 3이 출력되며, 바뀌지 않고 유지된다. 내부 상태가 여러 스텝에 거쳐 어떻게 저장되는지를 성공적으로 시연했다.

다음으로 역방향 단계에 초점을 맞추자. 셀 상태 c_t는 망각 게이트 f_t의 도움으로 소멸/폭발 그래디언트를 완화할 수도 있다. 일반 RNN과 마찬가지로 체인 룰을 사용해서 두 개의 연속 스텝에 대한 편미분 $\partial c_t / \partial c_{t-1}$을 계산할 수 있다. 공식 $c_t = f_t * c_{t-1} \oplus i_t * c'_t$를 따르면 편미분은 다음과 같다(자세한 설명은 생략):

$$\frac{\partial c_t}{\partial c_{t-1}} \approx f_t$$

이를 비연속 스텝들에 대해서도 일반화시킬 수 있다:

$$\frac{\partial c_t}{\partial c_{t-k}} = \frac{\partial c_t}{\partial c_{t-1}} \frac{\partial c_{t-1}}{\partial c_{t-2}} \cdots \frac{\partial c_{t-k+1}}{\partial c_{t-k}} \approx \prod_{j=1}^{k} f_{t-j+1}$$

각 게이트 값이 1에 가까우면, 그래디언트 정보가 거의 변경되지 않은 상태로 네트워크 상태들을 통해 뒤로 전달될 수 있다. 이는 f_t가 시그모이드 활성화를 사용하고, 정보 흐름이 여전히 시그모이드 활성화의 특징인 소멸 그래디언트의 영향을 받기 때문이다(1장 신경망 기초). 그러나 일반 RNN에서의 그래디언트와 달리 f_t는 각 타임 스텝에서 다른 값을 갖는다. 따라서 이것은 등비수열이 아니며, 소멸 그래디언트 효과가 덜하다.

한 레벨에서의 스텝 t의 셀 상태가 스텝 $t+1$에서 같은 레벨의 셀 상태에 대한 입력으로 사용된다는 점을 제외하고는, 일반 RNN을 쌓는 것과 같은 방식으로 LSTM 셀을 쌓을 수 있다. 다음 다이어그램은 적층(stacked) LSTM을 펼친 상태를 보여준다:

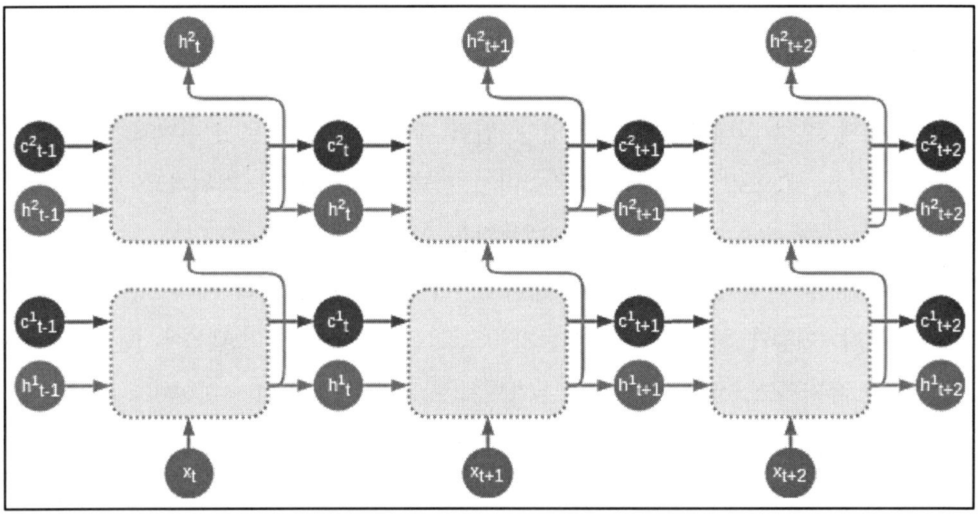

그림 7.9 적층(stacked) LSTM

이제 LSTM을 소개했으므로, 다음 섹션에서는 이를 구현해서 지식을 공고히 하자.

7.2.1 LSTM 구현

이 섹션에서는 PyTorch 1.3.1을 사용해서 LSTM 셀을 구현한다. 먼저, PyTorch는 `torch.nn.LSTM`에 가용한 LSTM 구현을 이미 갖고 있다. 그러나 우리의 목표는 LSTM 셀의 작동 방식을 이해하는 것이므로, 우리는 처음부터 우리의 자체 버전을 구현할 것이다. 셀은 `torch.nn.Module`의 하위 클래스가 되며, 이를 더 큰 모델의 구성 요소로 사용할 것이다. 이 예제의 소스 코드는 `https://github.com/PacktPublishing/Advanced-Deep-Learning-with-Python/tree/master/Chapter07/lstm_cell.py`에 있

다. 시작하자:

1. 먼저 import를 수행한다:

```
import math
import typing

import torch
```

2. 다음으로 클래스와 `__init__` 메소드를 구현한다:

```
class LSTMCell(torch.nn.Module):

    def __init__(self, input_size: int, hidden_size: int):
        """
        :param input_size: input vector size
        :param hidden_size: cell state vector size
        """

        super(LSTMCell, self).__init__()
        self.input_size = input_size
        self.hidden_size = hidden_size

        # combine all gates in a single matrix multiplication
        self.x_fc = torch.nn.Linear(input_size, 4 * hidden_size)
        self.h_fc = torch.nn.Linear(hidden_size, 4 * hidden_size)

        self.reset_parameters()
```

FC 층인 `self.x_fc` 및 `self.h_fc`의 역할을 이해하기 위해, 후보 셀 상태와 입력, 망각 및 출력 게이트들이 모두 입력 $\mathbf{x}_t$와 이전 셀 출력 $\mathbf{h}_{t-1}$의 가중 벡터 합에 의존한다는 것을 기억하라. 따라서 각 셀에 대해 8개의 개별 $W_{i,f,c,o}\mathbf{x}_t$ 및 $\mathbf{U}_{i,f,c,o}\mathbf{h}_{t-1}$ 연산을 사용하는 대신에, 이들을 결합하고 각각 출력 크기가 `4 * hidden_size`인 두 개의 큰 FC 층인 `self.x_fc`와 `self.h_fc`를 만들 수 있다. 특정 게이트에 대한 출력이 필요하면, FC 층들의 두 텐서 출력 중 하나로부터 필요한 슬라이스를 추출할 수 있다(이 방법은 forward 메소드 구현에서 살펴볼 것이다).

3. LSTM 전용 Xavier 이니셜라이저를 사용해서 네트워크의 모든 가중치를 초기화

하는 reset_parameters 메소드를 구현한다(이 코드를 직접 복사해서 붙여넣는 경우 들여쓰기에 유의):

```
def reset_parameters(self):
    """Xavier initialization """
    size = math.sqrt(3.0 / self.hidden_size)
    for weight in self.parameters():
        weight.data.uniform_(-size, size)
```

4. LSTM 소개 섹션에서 설명한 모든 LSTM 실행 로직을 포함하는 forward 메소드 구현을 시작한다. 스텝 t에서의 현재 미니 배치와 스텝 $t-1$에서의 셀 출력 및 셀 상태를 포함하는 튜플을 입력으로 받는다:

```
def forward(self,
            x_t: torch.Tensor,
            hidden: typing.Tuple[torch.Tensor, torch.Tensor] =
            (None, None)) \
        -> typing.Tuple[torch.Tensor, torch.Tensor]:
    h_t_1, c_t_1 = hidden # t_1 is equivalent to t-1

    # in case of more than 2-dimensional input
    # flatten the tensor (similar to numpy.reshape)
    x_t = x_t.view(-1, x_t.size(1))
    h_t_1 = h_t_1.view(-1, h_t_1.size(1))
    c_t_1 = c_t_1.view(-1, c_t_1.size(1))
```

5. 세 게이트와 후보 상태 모두에 대한 활성화를 동시에 계산한다. 다음과 같이 간단하다:

```
gates = self.x_fc(x_t) + self.h_fc(h_t_1)
```

6. 각 게이트의 출력을 분리한다:

```
i_t, f_t, candidate_c_t, o_t = gates.chunk(4, 1)
```

7. 이들에 활성화 함수를 적용한다:

```
i_t, f_t, candidate_c_t, o_t = \
    i_t.sigmoid(), f_t.sigmoid(), candidate_c_t.tanh(),
o_t.sigmoid()
```

8. 새로운 셀 상태 c_t를 계산한다:

```
c_t = torch.mul(f_t, c_t_1) + torch.mul(i_t, candidate_c_t)
```

9. 마지막으로 셀 출력 h_t를 계산하고 새로운 셀 상태 c_t와 함께 반환한다:

```
h_t = torch.mul(o_t, torch.tanh(c_t))
return h_t, c_t
```

LSTM 셀을 얻고 나면, 일반 RNN으로 했던 것처럼, 시퀀스의 1을 세는 같은 작업에 적용할 수 있다. 여기에는 소스 코드의 가장 관련성이 높은 부분만 포함하겠지만 전체 예제는 https://github.com/PacktPublishing/Advanced-Deep-Learning-with-Python/tree/master/Chapter07/lstm_gru_count_1s.py에서 확인할 수 있다. 이번에는 길이가 20(임의의 숫자)인 10,000개의 이진 시퀀스로 구성된 전체 학습 세트를 사용한다. 구현의 전제는 RNN 예제와 유사하다: 이진 시퀀스를 순환 방식으로 LSTM에 공급하고, 셀은 예측된 1의 개수를 단일 스칼라 값으로 출력한다(회귀 작업). 그러나 우리의 LSTMCell 구현에는 두 가지 제한 사항이 있다:

- 시퀀스의 단일 스텝만 다룬다.
- 셀 상태와 네트워크 출력 벡터를 출력한다. 이것은 회귀 작업이며 단일 출력 값이 있지만, 셀 상태와 네트워크 출력에는 더 많은 차원이 있다.

이러한 문제를 해결하기 위해 LSTMCell을 확장하는 사용자 정의 LSTMModel 클래스를 구현한다. LSTMCell 인스턴스에 시퀀스의 모든 요소를 공급하고, 시퀀스의 한 요소에서 다음 요소로의 셀 상태 및 네트워크 출력의 전이(transition)를 처리한다.

최종 출력이 생성되면 FC 층에 공급되어 네트워크의 예측된 1의 개수를 나타내는 단일 스칼라 값으로 변환된다. 다음은 이를 구현한 것이다:

```
class LSTMModel(torch.nn.Module):
    def __init__(self, input_dim, hidden_size, output_dim):
        super(LSTMModel, self).__init__()
        self.hidden_size = hidden_size

        # Our own LSTM implementation
        self.lstm = LSTMCell(input_dim, hidden_size)
```

```
        # Fully connected output layer
        self.fc = torch.nn.Linear(hidden_size, output_dim)

    def forward(self, x):
        # Start with empty network output and cell state to initialize the
          sequence
        c_t = torch.zeros((x.size(0), self.hidden_size)).to(x.device)
        h_t = torch.zeros((x.size(0), self.hidden_size)).to(x.device)

        # Iterate over all sequence elements across all sequences of the
          mini-batch
        for seq in range(x.size(1)):
            h_t, c_t = self.lstm(x[:, seq, :], (h_t, c_t))
        # Final output layer
        return self.fc(h_t)
```

이제 훈련/테스트 설정 단계로 바로 이동한다(전체 소스 코드의 일부일 뿐임을 기억하라).

1. 먼저 훈련 및 테스트 데이터셋을 생성한다. generate_dataset 함수는 torch.utils.data.TensorDataset의 인스턴스를 반환한다. 여기에는 길이가 SEQUENCE_LENGTH=20인 이진 시퀀스의 TRAINING_SAMPLES=10000개의 2차원 텐서와 각 시퀀스의 1의 개수에 대한 스칼라 값 레이블이 포함된다:

```
train = generate_dataset(SEQUENCE_LENGTH, TRAINING_SAMPLES)
train_loader = torch.utils.data.DataLoader(train,
batch_size=BATCH_SIZE, shuffle=True)

test = generate_dataset(SEQUENCE_LENGTH, TEST_SAMPLES)
test_loader = torch.utils.data.DataLoader(test,
batch_size=BATCH_SIZE, shuffle=True)
```

2. HIDDEN_UNITS=20으로 모델을 인스턴스화한다. 모델은 단일 입력(각 시퀀스 요소)을 받고, 단일 값(1의 개수)을 출력한다:

```
model = LSTMModel(input_size=1, hidden_size=HIDDEN_UNITS,
output_size=1)
```

3. MSELoss 함수(회귀이므로)와 Adam 최적화기를 인스턴스화한다:

```
loss_function = torch.nn.MSELoss()
optimizer = torch.optim.Adam(model.parameters())
```

4. 마지막으로 EPOCHS=10 동안 훈련/테스트 주기를 실행할 수 있다. train_model 및 test_model 함수는 2장 CNN 이해의 PyTorch를 사용한 TL 구현 섹션에서 구현한 것과 같다:

```
for epoch in range(EPOCHS):
    print('Epoch {}/{}'.format(epoch + 1, EPOCHS))

    train_model(model, loss_function, optimizer, train_loader)
    test_model(model, loss_function, test_loader)
```

이 예제를 실행하면 네트워크는 5-6 에포크 만에 100%의 테스트 정확도를 달성할 것이다.

이제 LSTM에 관해 배웠으므로 이제는 GRU로 관심을 옮겨 보자. 이것은 LSTM의 속성을 복제하려고 시도하는 또 다른 순환 블록 타입이지만, 구조가 단순화되었다.

7.3 GRU 소개

GRU(Gated Recurrent Unit)는 LSTM을 개선하기 위해 2014년에 소개된 순환 블록 유형이다(*Learning Phrase Representations using RNN Encoder-Decoder for Statistical Machine Translation*, https://arxiv.org/abs/1406.1078, 그리고 Empirical Evaluation of Gated Recurrent Neural Networks on Sequence Modeling, https://arxiv.org/abs/1412.3555). GRU 유닛은 일반적으로 LSTM과 비슷하거나 더 나은 성능을 제공하는데, 파라미터 및 연산 수가 더 적다:

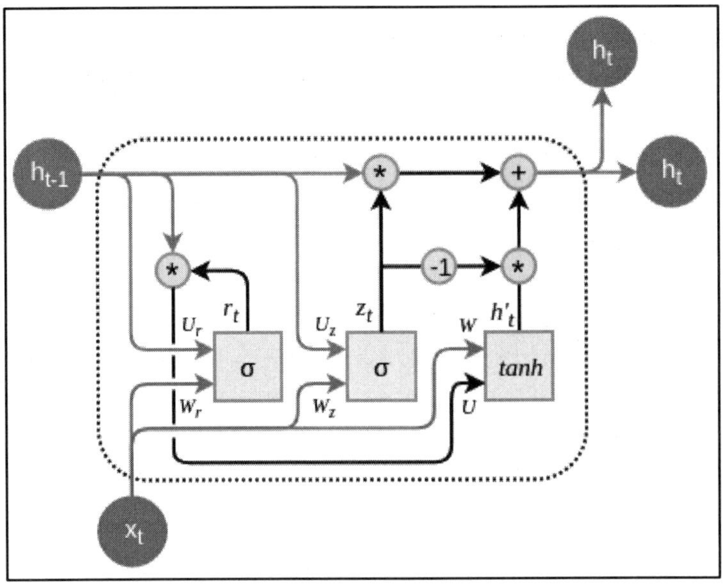

그림 7.10 GRU 셀

기존 RNN과 유사하게 GRU 셀에는 단일 은닉 상태 $\mathbf{h}_t$가 있다. LSTM의 은닉 상태와 셀 상태의 조합으로 생각할 수 있다. GRU 셀에는 두 개의 게이트가 있다:

- 입력 및 망각 LSTM 게이트를 결합하는 업데이트 게이트 $\mathbf{z}_t$. 네트워크 입력 $\mathbf{x}_t$ 및 이전 셀 은닉 상태 $\mathbf{h}_{t-1}$을 기반으로 삭제할 정보와 그 자리에 포함할 새로운 정보를 결정한다. 두 게이트를 결합함으로써 셀이 정보를 잊게 할 수 있지만 그 자리에 새로운 정보를 포함할 때뿐이다:

$$\mathbf{z}_t = \sigma(\mathbf{W}_z\mathbf{x}_t + \mathbf{U}_z\mathbf{h}_{t-1})$$

- 이전 셀 상태 $\mathbf{h}_{t-1}$과 네트워크 입력 $\mathbf{x}_t$를 사용해서 이전 상태를 얼마나 통과시킬지를 결정하는 리셋 게이트 $\mathbf{r}_t$:

$$\mathbf{r}_t = \sigma(\mathbf{W}_r\mathbf{x}_t + \mathbf{U}_r\mathbf{h}_{t-1})$$

다음으로 후보 상태 $\mathbf{h}_t'$가 있다:

$$\mathbf{h}_t' = \tanh(\mathbf{W}\mathbf{x}_t + \mathbf{U}(\mathbf{r}_t * \mathbf{h}_{t-1}))$$

마지막으로 t때의 GRU 출력 $\mathbf{h}_t$는 이전 출력 $\mathbf{h}_{t-1}$과 후보 출력 $\mathbf{h}_t'$ 간의 요소별 합계

이다:

$$\mathbf{h}_t = \mathbf{z}_t * \mathbf{h}_{t-1} \oplus (1 - \mathbf{z}_t) * \mathbf{h}_t'$$

업데이트 게이트를 통해 데이터를 잊고 저장할 수 있으므로, 이전 출력 $\mathbf{h}_{t-1}$과 후보 출력 $\mathbf{h}_t'$에 직·간접 적용된다.

7.3.1 GRU 구현

이 섹션에서는 LSTM 구현 섹션의 청사진을 따라 PyTorch 1.3.1을 사용해서 GRU 셀을 구현한다. 시작하자:

1. 먼저, 가져오기를 수행한다:

```
import math
import torch
```

2. 다음으로 클래스 정의와 init 메소드를 작성한다. LSTM에서는 각 게이트에 $\mathbf{x}_t$ 및 $\mathbf{h}_{t-1}$의 동일한 입력 조합이 필요하기 때문에, 모든 게이트에 대해 공유된 FC 층을 만들 수 있었다. GRU 게이트들은 다른 입력을 사용하므로, 각 GRU 게이트에 대해 별도의 FC 연산을 만든다:

```
class GRUCell(torch.nn.Module):

    def __init__(self, input_size: int, hidden_size: int):
        """
        :param input_size: input vector size
        :param hidden_size: cell state vector size
        """

        super(GRUCell, self).__init__()
        self.input_size = input_size
        self.hidden_size = hidden_size

        # x to reset gate r
        self.x_r_fc = torch.nn.Linear(input_size, hidden_size)

        # x to update gate z
```

```
        self.x_z_fc = torch.nn.Linear(input_size, hidden_size)

        # x to candidate state h'(t)
        self.x_h_fc = torch.nn.Linear(input_size, hidden_size)

        # network output/state h(t-1) to reset gate r
        self.h_r_fc = torch.nn.Linear(hidden_size, hidden_size)

        # network output/state h(t-1) to update gate z
        self.h_z_fc = torch.nn.Linear(hidden_size, hidden_size)

        # network state h(t-1) passed through the reset gate r
          towards candidate state h(t)
        self.hr_h_fc = torch.nn.Linear(hidden_size, hidden_size)
```

reset_parameters의 정의는 LSTMCell에서와 같기 때문에 생략한다.

3. GRU 섹션에서 설명한 단계를 따라서 forward 메소드를 구현한다. 이 메소드는 현재 입력 벡터 $\mathbf{x}_t$와 이전 셀 상태/출력 $\mathbf{h}_{t-1}$을 입력으로 사용한다. 먼저 LSTM 셀에서 게이트들을 계산한 방법과 유사하게 망각 및 업데이트 게이트를 계산한다:

```
def forward(self,
            x_t: torch.Tensor,
            h_t_1: torch.Tensor = None) \
        -> torch.Tensor:

    # compute update gate vector
    z_t = torch.sigmoid(self.x_z_fc(x_t) + self.h_z_fc(h_t_1))

    # compute reset gate vector
    r_t = torch.sigmoid(self.x_r_fc(x_t) + self.h_r_fc(h_t_1))
```

4. 다음으로 리셋 게이트를 사용하는 새로운 후보 상태/출력을 계산한다:

```
candidate_h_t = torch.tanh(self.x_h_fc(x_t) +
self.hr_h_fc(torch.mul(r_t, h_t_1)))
```

5. 마지막으로 후보 상태와 업데이트 게이트를 기반으로 새 출력을 계산한다:

```
h_t = torch.mul(z_t, h_t_1) + torch.mul(1 - z_t, candidate_h_t)
```

LSTM에서 했던 것과 같은 방식으로 GRU 셀을 사용해서 1을 세는 작업을 구현할 수 있다. 반복을 피하기 위해 여기에는 구현을 포함하지 않지만 https://github.com/PacktPublishing/Advanced-Deep-Learning-with-Python/tree/master/Chapter07/lstm_gru_count_1s.py에 있다.

이것으로 다양한 유형의 RNN에 관한 논의를 마친다. 다음에는 텍스트 어감(sentiment) 분석 예제를 구현해서 이 지식을 전달한다.

7.4 텍스트 분류 구현

여기까지 이 장의 모든 것을 요약하자. numpy만 사용해서 RNN을 구현하는 것으로 시작했다. 그런 다음 기본적인 PyTorch 연산을 사용해서 LSTM을 구현했다. 이제 텍스트 분류 문제에 대해 디폴트 PyTorch 1.3.1 LSTM 구현을 훈련시켜서 마무리할 것이다. 이 예제에는 torchtext 0.4.0 패키지도 필요하다. 텍스트 분류(또는 부류화)는 내용에 따라 부류(또는 레이블)를 할당하는 작업을 말한다. 텍스트 분류 작업에는 스팸 감지, 주제 레이블 지정 및 어감 분석이 포함된다. 이러한 유형의 문제는 RNN 소개 섹션에서 정의한 다-대-일 관계의 예이다.

이 섹션에서는 인기 있는 영화들에 대한 25,000개의 훈련 리뷰 및 25,000개의 테스트 리뷰로 구성된 Large Movie Review Dataset(http://ai.stanford.edu/~amaas/data/sentiment/)에 대한 감정 분석 예제를 구현한다. 각 리뷰에는 긍정적인지 부정적인지를 나타내는 이진 레이블이 있다. PyTorch 외에도 torchtext 패키지(https://torchtext.readthedocs.io/)를 사용할 것이다. 이것은 자연어용 데이터 처리 유틸리티와 많이 쓰이는 데이터셋으로 구성된다. 또한 고급 NLP를 위한 spacy 오픈 소스 소프트웨어 라이브러리(https://spacy.io)를 설치해야 한다. 이 라이브러리는 데이터셋을 토큰화하는 데 사용할 것이다.

다음 다이어그램이 어감 분석 알고리듬을 보여준다:

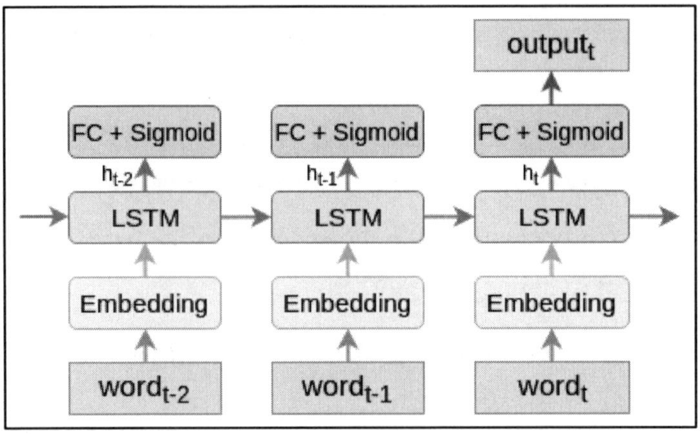

그림 7.11 단어 임베딩 및 LSTM을 이용한 어감 분석

알고리듬 단계를 기술해 보자(모든 텍스트 분류 알고리듬에 유효):

1. 시퀀스의 각 단어는 임베딩 벡터로 대체된다(6장 언어 모델링). 이러한 임베딩은 word2vec, fastText, GloVe 등으로 생성될 수 있다.
2. 단어 임베딩이 LSTM 셀에 입력으로 공급된다.
3. 셀 출력 h_t는 단일 출력 유닛이 있는 FC 층에 입력된다. 이 유닛은 시그모이드 활성화를 사용해서 리뷰가 긍정적(1) 또는 부정적(0)일 확률을 나타낸다. 문제가 멀티노미얼(이진이 아닌)이면 시그모이드를 softmax로 대체할 수 있다.
4. 시퀀스의 마지막 요소에 대한 네트워크 출력이 전체 시퀀스의 결과로 취해진다.

알고리듬에 대한 개요를 제공했으므로 이제 구현해 보자. 코드의 주요부만 포함할 것이며, 전체 구현은 `https://github.com/PacktPublishing/Advanced-Deep-Learning-with-Python/tree/master/Chapter07/sentiment_analysis.py`에 있다.

> 이 예제는 부분적으로 `https://github.com/bentrevett/pytorch-sentiment-analysis`를 기반으로 한다.

시작하자:

1. 먼저, 가져오기를 한다:

```
import torch
import torchtext
```

2. torchtext.data.Field 객체를 인스턴스화한다:

```
TEXT = torchtext.data.Field(
    tokenize='spacy', # use SpaCy tokenizer
    lower=True, # convert all letters to lower case
    include_lengths=True, # include the length of the movie review
)
```

이 객체는 원시 텍스트로 시작해서 텍스트의 텐서 표현을 출력하는 텍스트 처리 파이프라인을 선언한다. 더 구체적으로 말하면 spacy 토크나이저(tokenizer)를 사용하고 모든 문자를 소문자로 변환하며 각 영화 리뷰의 길이(단어 단위)를 포함한다.

3. 레이블(긍정적 또는 부정적)에 대해 동일한 작업을 수행한다:

```
LABEL = torchtext.data.LabelField(dtype=torch.float)
```

4. 훈련 및 테스트 데이터셋으로 분할한다:

```
train, test = torchtext.datasets.IMDB.splits(TEXT, LABEL)
```

영화 리뷰 데이터셋은 torchtext에 포함되어 있으며, 추가 작업을 할 필요가 없다. splits 메소드는 TEXT 및 LABEL 필드를 파라미터로 사용한다. 이렇게 함으로써 지정된 파이프라인이 선택된 데이터셋에 적용된다.

5. 어휘를 인스턴스화한다:

```
TEXT.build_vocab(train, vectors=torchtext.vocab.GloVe
(name='6B', dim=100))
LABEL.build_vocab(train)
```

어휘는 단어의 숫자 표현을 위한 메커니즘을 제공한다. 이 경우 TEXT 필드의 숫자 표현은 사전 훈련된 100D GloVe 벡터이다. 반면에 데이터셋의 레이블에는 pos 또는 neg 문자열 값이 있다. 여기서 어휘의 역할은 이 두 레이블에 숫자(0, 1)를 할당하는 것이다.

6. 훈련 및 테스트 데이터셋용 iterator들을 정의한다. 여기서 device는 GPU 또는 CPU를 나타낸다. 이 iterator들은 각 호출때 하나의 미니 뱃치를 반환한다:

```
train_iter, test_iter = torchtext.data.BucketIterator.splits(
    (train, test), sort_within_batch=True, batch_size=64,
device=device)
```

7. LSTMModel 클래스를 구현하고 인스턴스화한다. 이것은 프로그램의 핵심이며, 이 섹션의 시작부에 있는 다이어그램에서 정의한 알고리듬 단계들을 구현한다:

```
class LSTMModel(torch.nn.Module):
    def __init__(self, vocab_size, embedding_size, hidden_size,
                 output_size, pad_idx):
        super().__init__()

        # Embedding field
self.embedding=torch.nn.Embedding(num_embeddings=vocab_size,
        embedding_dim=embedding_size,padding_idx=pad_idx)

        # LSTM cell
        self.rnn = torch.nn.LSTM(input_size=embedding_size,
        hidden_size=hidden_size)

        # Fully connected output
        self.fc = torch.nn.Linear(hidden_size, output_size)

    def forward(self, text_sequence, text_lengths):
        # Extract embedding vectors
        embeddings = self.embedding(text_sequence)

        # Pad the sequences to equal length
        packed_sequence =torch.nn.utils.rnn.pack_padded_sequence
        (embeddings, text_lengths)

        packed_output, (hidden, cell) = self.rnn(packed_sequence)

        return self.fc(hidden)

model = LSTMModel(vocab_size=len(TEXT.vocab),
                  embedding_size=EMBEDDING_SIZE,
```

```
                    hidden_size=HIDDEN_SIZE,
                    output_size=1,
                    pad_idx=TEXT.vocab.stoi[TEXT.pad_token])
```

LSTMModel은 다양한 길이의 시퀀스(이 경우 영화 리뷰) 미니 배치를 처리한다. 그러나 미니 배치는 각 시퀀스에 대해 동일한 길이의 슬라이스를 할당하는 텐서이다. 이 때문에 모든 시퀀스는 뱃치에서 가장 긴 시퀀스의 길이에 맞춰지기 위해 특별한 기호로 미리 패딩된다. torch.nn.Embedding 생성자의 padding_idx 파라미터는 어휘의 패딩 기호의 인덱스를 나타낸다. 그러나 패딩된 시퀀스를 사용하면 패딩된 부분에 대한 불필요한 계산이 발생한다. 이 때문에 모델의 순방향 전파는 text 미니 뱃치와 각 시퀀스의 text_lengths를 파라미터로 받는다. 이들은 pack_padded_sequence 함수에 공급되어 packed_sequence 객체로 변환된다. 이렇게 하는 이유는 self.rnn 객체(torch.nn.LSTM의 인스턴스)에는 패딩과 관련해서 계산을 최적화하는, 패킹된 시퀀스를 처리하는 특별한 루틴이 있기 때문이다.

8. GloVe 단어 임베딩 벡터를 모델의 임베딩 층에 복사한다:

```
model.embedding.weight.data.copy_(TEXT.vocab.vectors)
```

9. 패딩 및 미지의 토큰에 대한 임베딩 항목을 0으로 설정해서 이들이 전파(propagation)에 영향을 주지 않게 한다:

```
model.embedding.weight.data[TEXT.vocab.stoi[TEXT.unk_token]] =
    torch.zeros(EMBEDDING_SIZE)
model.embedding.weight.data[TEXT.vocab.stoi[TEXT.pad_token]] =
    torch.zeros(EMBEDDING_SIZE)
```

10. 마지막으로 다음 코드로 모든 것을 실행할 수 있다(train_model 및 test_model 함수는 앞에서와 같음):

```
optimizer = torch.optim.Adam(model.parameters())
loss_function = torch.nn.BCEWithLogitsLoss().to(device)

model = model.to(device)

for epoch in range(5):
```

```
    print(f"Epoch {epoch + 1}/5")
    train_model(model, loss_function, optimizer, train_iter)
    test_model(model, loss_function, test_iter)
```

모든 것이 의도한대로 작동하면 모델은 약 88%의 테스트 정확도를 달성할 것이다.

7.5 요약

이 장에서 우리는 RNN에 관해 논의했다. 먼저 RNN 및 BPTT 이론으로 시작했다. 그런 다음 RNN을 처음부터 구현해서 주제에 대한 지식을 공고히 했다. 다음으로, 우리는 같은 패턴을 사용해서 더 복잡한 LSTM 및 GRU 셀로 이동했다: 이론적 설명 후 실용적인 PyTorch 구현. 마지막으로 6장 언어 모델링의 지식과 이 장의 새로운 내용을 결합해서 완전한 기능을 갖춘 어감 분석 작업을 구현했다.

다음 장에서는 시퀀스 처리의 흥미로운 새로운 발전인 seq2seq 모델과 그 변형에 관해 설명한다.

CHAPTER 8

시퀀스-대-시퀀스 모델 및 주의

7장 순환 네트워크 이해에서 우리는 입력-출력 조합에 따라 여러 유형의 순환(recurrent) 모델에 관해서 개요를 소개했다. 그 중 하나는 **간접 다-대-다**(indirect many-to-many) 또는 seq2seq(sequence-to-sequence. **시퀀스-대-시퀀스**)로서, 입력 시퀀스는 입력과 길이가 같을 필요가 없는 또 다른 출력 시퀀스로 변환된다. 기계 번역이 가장 인기 있는 seq2seq 작업 유형이다. 입력 시퀀스는 한 언어의 문장의 단어들이고, 출력 시퀀스는 다른 언어로 번역된 같은 문장의 단어들이다. 예를 들어 영어 시퀀스 tourist attraction을 독일어 touristenattraktion으로 번역할 수 있다. 출력 문장의 길이가 다를 뿐만 아니라, 입력과 출력 시퀀스의 요소 간에 직접적인 대응 관계가 없다(이 예에서는 하나의 출력 요소가 두 개의 입력 요소 조합에 대응하고 있다).

NN으로 구현되는 기계 번역을 **신경 기계 번역**(Neural machine translation. 이하 NMT)이라고 부른다. 다른 유형의 간접 many-to-many 작업에는 음성 인식, 질문-응답 챗봇, 텍스트 요약 등이 포함된다: 음성 인식에서는 오디오 입력의 서로 다른 시간 프레임을 취해서 텍스트 기록(transcript)으로 전환한다. 질문-응답 챗봇은 텍스트 질문의 단어들인 입력 시퀀스를 그에 대한 답인 출력 시퀀스로 바꾼다. 텍스트 요약에서는 입력이 텍스트 문서이고 출력은 텍스트 내용의 짧은 요약이다.

이 장에서는 seq2seq 작업을 위한 새로운 유형의 알고리듬인 주의[141] 메커니즘(attention

141. 주의 외에 관심, 집중 등 다양한 표현을 사용하고 있다. "attention 메커니즘이 출력의 현재 상태에 따라 입력 시퀀스의 다른 부분에 디코더의 attention을 집중시킨다"는 맥락에서 세 표현이 모두 가능하다.

mechanism)을 소개한다. 이것은 입력 시퀀스의 모든 요소에 직접 접근할 수 있게 해준다. 이 점이 단일 은닉 상태 벡터로 전체 시퀀스를 요약하고 오래된 시퀀스 요소보다 최근 시퀀스 요소를 우선시하는 RNN(Recurrent Neural Network)과 다르다.

이 장에서는 다음 주제를 다룬다:

- seq2seq 모델 소개
- 주의 seq2seq
- 트랜스포머 이해
- 트랜스포머 언어 모델:
  - 트랜스포머의 양방향 인코더 표현
  - 트랜스포머-XL
  - XLNet

8.1 seq2seq 모델 소개

Seq2seq 또는 인코더-디코더(`https://arxiv.org/abs/1409.3215`의 *Sequence to Sequence Learning with Neural Networks* 참고) 모델은 특히 입력과 출력 사이에 간접 many-to-many 관계가 있는 작업을 해결하는 데 적합한 RNN을 사용한다. 유사한 모델이 또 다른 선구자적 논문인 *Learning Phrase Representations using RNN Encoder-Decoder for Statistical Machine Translation*(`https://arxiv.org/abs/1406.1078`)에서도 제안되었다. 다음은 seq2seq 모델의 다이어그램이다. 입력 시퀀스 [A, B, C, ⟨EOS⟩]가 출력 시퀀스 [W, X, Y, Z, ⟨EOS⟩]로 디코딩된다:

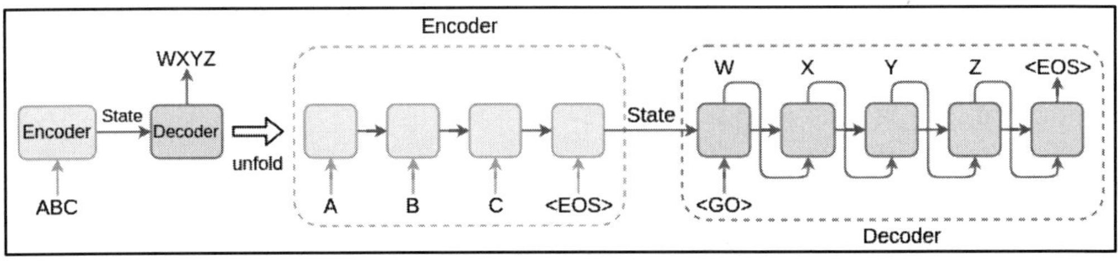

그림 8.1 https://arxiv.org/abs/1409.3215의 seq2seq 모델 케이스

이 모델은 인코더와 디코더의 두 부분으로 구성된다. 추론(inference) 부분이 작동하는 방식은 다음과 같다:

- 인코더는 RNN이다. 원본 논문은 LSTM을 사용하지만, GRU 또는 다른 유형도 사용할 수 있다. 인코더 자체는 일반적인 방식으로 작동한다. 즉, 한 번에 한 스텝씩 입력 시퀀스를 읽고, 각 스텝 후에 내부 상태를 업데이트한다. 인코더는 특수 기호인 **〈EOS〉**(end of sequence)에 도달하면 입력 시퀀스 읽기를 중단한다. 텍스트 시퀀스를 사용한다고 가정하면, 각 스텝에서 인코더 입력으로 단어 임베딩 벡터를 사용하고, **〈EOS〉** 기호는 문장의 끝을 알린다. 우리는 은닉 인코더 상태에만 관심이 있으므로, 인코더 출력은 폐기되고 seq2seq 모델에서 역할이 없다.
- 인코딩이 완료되면, 특수 기호인 **〈GO〉** 입력 신호로 디코더가 출력 시퀀스 생성을 시작할 수 있도록 신호를 보낸다. 디코더도 RNN(LSTM 또는 GRU)이다. 인코더와 디코더 사이의 링크는 가장 최근의 인코더 내부 상태 벡터 $\mathbf{h}_t$(**사고 벡터(thought vector)**로도 불림)이며, 첫 번째 디코더 스텝에서 순환 관계로서 공급된다. 스텝 $t+1$에서의 디코더 출력 y_{t+1}은 출력 시퀀스의 한 요소이다. 이것을 스텝 $t+2$에서 입력으로 사용하고, 새 출력을 생성하는 등으로 계속한다(이 유형의 모델을 AR(**autoregressive**. 자기회귀적)이라고 부른다). 텍스트 시퀀스의 경우 디코더 출력은 어휘의 모든 단어에 대한 softmax이다. 각 스텝에서 우리는 확률이 가장 높은 단어를 취해서, 다음 단계의 입력으로 제공한다. **〈EOS〉**가 가장 가능성이 높은 기호가 되면 디코딩이 완료된다.

이 모델의 훈련은 감독형(supervised)이며, 모델은 입력 시퀀스와 그의 타겟 출력 시퀀스(예: 다른 언어의 같은 텍스트)를 모두 알아야 한다. 입력 시퀀스를 인코더에 공급하고, 사고 벡터 $\mathbf{h}_t$를 생성하고, 이를 사용해서 디코더의 출력 시퀀스 생성을 시작한다. 그런데 디코더는 **교사 강제(teacher forcing)**라는 프로세스를 사용한다. 즉, 스텝 t에서의 디코더 입력은 스텝 $t-1$에서의 디코더 출력이 아니다. 그 대신, 스텝 t에서의 입력은 항상 스텝 $t-1$에서의 타겟 시퀀스의 올바른 문자이다. 예를 들어 스텝 t까지의 올바른 타겟 시퀀스가 **[W, X, Y]**인데, 현재 디코더에서 생성된 출력 시퀀스가 **[W, X, Z]**라고 하자. 교사 강제를 사용하면 스텝 $t+1$에서 디코더 입력은 **Z** 대신 **Y**가 된다. 즉, 디코더는 타겟 값들 [..., t]이 주어졌을 때 타겟 값들 [$t+1$, ...]을 생성하도록 학습한다. 우리는 이것을 다음과 같은 방식으로 생각할 수 있다: 디코더 입력은 타겟 시퀀스이고, 그 출력(타겟 값들)은 오른쪽으로 한 위치 이동된, 같은 시퀀스이다.

요약하면, seq2seq 모델은 입력 시퀀스를 고정된 길이의 상태 벡터로 인코딩한 다음 이 벡터를 베이스로 사용해서 출력 시퀀스를 생성함으로써 가변적인 입력/출력 시퀀스 길이 문제를 해결한다. 이것은 다음 확률의 최대화 시도로 공식화할 수 있다:

$$P(y_1, \ldots, y_{T'} | x_1, \ldots, x_T) = \prod_{t=1}^{T'} P(y_t | \mathbf{v}, y_1, \ldots, y_{t-1})$$

이것은 다음과 등가이다:

$$P(y_1, \ldots, y_{T'} | x_1, \ldots, x_T) = P(y_1 | \mathbf{v})\, P(y_2 | \mathbf{v}, y_1) \ldots\, P(y_{T'} | \mathbf{v}, y_1, \ldots, y_{T'-1})$$

이 공식을 자세히 살펴보자:

- $P(y_1, \ldots, y_{T'} | x_1, \ldots, x_T)$는 조건부 확률이며, 여기서 $(x_1, \ldots, x_T)$는 길이가 T인 입력 시퀀스이고, $(y_1, \ldots, y_{T'})$는 길이가 T'인 출력 시퀀스이다.
- 요소 v는 입력 시퀀스의 고정 길이 인코딩(사고 벡터 $\mathbf{h}_t$)이다.
- $P(y_{T'} | \mathrm{v}, y_1, \ldots, y_{T'-1})$는 벡터 v와 이전 단어들(y)이 주어졌을 때의 출력 단어 $y_{T'}$의 확률이다.

본래 seq2seq 논문에서는 모델의 학습 및 성능을 향상시키기 위해 몇 가지 트릭을 도입하고 있다:

- 인코더와 디코더는 두 개의 개별 LSTM이다. NMT의 경우 이 때문에 같은 인코더로 서로 다른 디코더를 훈련시킬 수 있다.
- 논문 저자의 실험은 적층(stacked) LSTM이 단층 보다 성능이 더 우수하다는 것을 보여주었다.
- 입력 시퀀스는 역으로 디코더에 공급된다. 예를 들어 **ABC → WXYZ**는 **CBA → WXYZ**가 된다. 이것이 효과적인 이유에 대한 명확한 설명은 없지만, 저자는 직관을 공유했다: 이것은 단계적(step-by-step) 모델이기 때문에 시퀀스가 정상적인 순서라면, 소스 문장의 각 단어는 출력 문장의 대응 단어와 거리가 멀 것이다. 입력 시퀀스를 반대로 해도 입력/출력 단어들 간 평균 거리는 바뀌지 않겠지만, 처음 입력 단어들은 처음 출력 단어들에 가깝게 될 것이다. 이렇게 하면 모델이 입력 및 출력 시퀀스들 사이에 더 나은 커뮤니케이션을 확보하는 데 도움이 될

것이다.

- 모델은 〈EOS〉 및 〈GO〉 외에도 다음 두 개의 특수 기호를 사용한다(이미 7장 순환 네트워크 이해의 텍스트 분류 구현 섹션에서 이 기호들을 접했다):
  - 〈UNK〉—unknown: 어휘의 크기가 너무 커지지 않도록 드문 단어들을 대체하는 데 사용된다.
  - 〈PAD〉: 성능상의 이유로 고정된 길이의 시퀀스로 모델을 훈련시켜야 한다. 그러나 이것은 시퀀스가 임의의 길이를 가질 수 있는 실제 훈련 데이터와 모순된다. 이를 해결하기 위해 짧은 시퀀스는 〈PAD〉 기호로 채워진다.

이제 기본 seq2seq 모델 아키텍처를 소개했으므로, 주의 메커니즘을 사용해서 이를 확장하는 방법을 배우자.

8.2 주의 seq2seq(seq2seq with attention)

디코더는 사고 벡터만을 기반으로 전체 출력 시퀀스를 생성해야 한다. 이게 가능하려면 사고 벡터가 입력 시퀀스의 모든 정보를 인코딩해야 한다; 그러나 인코더는 RNN이므로, 은닉 상태가 초기 요소 보다 최신 시퀀스 요소에 관한 정보를 더 많이 수반할 것으로 예상할 수 있다. LSTM 셀을 사용하고 입력을 반전시키면 도움이 되겠지만, 완전히 방지할 수는 없다. 이 때문에 사고 벡터는 병목(bottleneck)처럼 된다. 결과적으로 seq2seq 모델은 짧은 문장에 대해서는 잘 작동하지만 긴 문장에 대해서는 성능이 저하된다.

8.2.1 Bahdanau 주의

이 문제를 seq2seq 모델의 확장인 **주의 메커니즘**(attention mechanism. *Neural Machine Translation by Jointly Learning to Align and Translate at* `https://arxiv.org/abs/1409.0473`)의 도움으로 해결할 수 있다. 주의 메커니즘은 디코더가 마지막 상태뿐만 아니라 모든 인코더 은닉 상태와 함께 작동하게 한다.

TIP 이 섹션의 주의 메커니즘 유형은 논문의 저자 이름을 따서 Bahdanau 주의라고 부른다.

병목 문제를 해결하는 것 외에도 주의 메커니즘은 몇 가지 다른 장점도 갖고 있다. 우선, 이전의 모든 상태에 대한 직접적 액세스가 소멸 그래디언트(vanishing gradient) 또는 소멸 기울기 문제를 방지하는 데 도움이 된다. 또한 입력의 어떤 부분에 디코더가 초점을 맞추고 있는지 볼 수 있기 때문에 결과를 어느 정도 해석할 수 있다.

다음 다이어그램이 주의가 작동하는 방식을 보여준다:

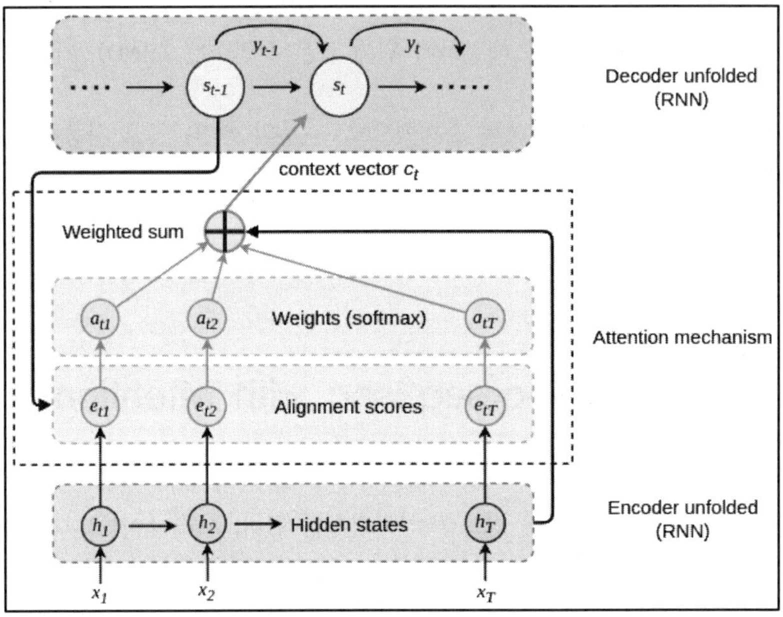

그림 8.2 주의 메커니즘

걱정하지 마시라—겉보기에만 실제보다 더 끔찍할 뿐이다. 이 다이어그램을 위에서 아래로 살펴보겠다: 주의 메커니즘은 인코더와 디코더 사이에 추가로 콘텍스트 벡터 $\mathbf{c}_t$를 끼워서 작동한다. t 때의 은닉 디코더 상태 $\mathbf{s}_t$는 이제 $t-1$ 때의 은닉 상태 및 디코더 출력의 함수일 뿐만 아니라, 콘텍스트 벡터 $\mathbf{c}_t$의 함수이다:

$$\mathbf{s}_t = f(\mathbf{s}_{t-1}, y_{t-1}, \mathbf{c}_t)$$

각 디코더 스텝에는 고유한 콘텍스트 벡터가 있으며, 한 디코더 스텝에 대한 콘텍스트 벡터는 모든 인코더 은닉 상태의 가중 합일 뿐이다. 이 방법으로 인코더는 각 출력 스텝 t에서 모든 입력 시퀀스 상태에 액세스할 수 있다. 그럼으로써 일반 seq2seq 모델에서와 달리, 소스 시퀀스의 모든 정보를 고정 길이 벡터로 인코딩할 필요성을 제거한다:

$$\mathbf{c}_t = \sum_{i=1}^{T} \alpha_{t,i} \mathbf{h}_i$$

이 공식에 관해서 더 자세히 논의해 보자:

- $\mathbf{c}_t$는 T'개의 전체 출력 중 디코더 출력 스텝 t에 대한 콘텍스트 벡터이다.
- $\mathbf{h}_i$는 T개의 전체 입력 스텝 중 인코더 스텝 i의 은닉 상태이다.
- $\alpha_{t,i}$는 현재 디코더 스텝 t의 콘텍스트에서 $\mathbf{h}_i$와 관련된 스칼라 가중치이다.

$\alpha_{t,i}$는 인코더와 디코더 스텝 모두에 대해서 고유하다. 즉, 입력 시퀀스 상태는 현재 출력 스텝에 따라 가중치가 달라진다. 예를 들어 입력 시퀀스와 출력 시퀀스의 길이가 10이면, 가중치는 총 100개의 가중치를 위한 10×10 행렬(총 100개)로 표시된다. 이는 주의 메커니즘이 출력 시퀀스의 현재 상태에 따라 입력 시퀀스의 다른 부분들에 디코더의 주의를 집중시킬 것임을 의미한다. $\alpha_{t,i}$가 크면 디코더는 스텝 t에서 $\mathbf{h}_i$에 많은 주의를 기울일 것이다.

그런데 가중치 $\alpha_{t,i}$는 어떻게 계산하나? 먼저 스텝 t에서 디코더에 대한 모든 $\alpha_{t,i}$의 합이 1이다. 주의 메커니즘 위에 softmax 연산을 사용해서 이를 구현할 수 있다:

$$\alpha_{t,i} = \frac{\exp(e_{t,i})}{\sum_{j=1}^{T} \exp(e_{t,j})}$$

여기서 $e_{t,k}$는 정렬 모델(alignment model)로서, 위치 k 주변의 입력 시퀀스 요소가 위치 t의 출력과 얼마나 잘 일치(또는 정렬)되는지를 나타낸다. 이 점수(가중치 $\alpha_{t,i}$)는 인코더 상태 $\mathbf{h}_i$뿐만 아니라, 이전 디코더 상태 $\mathbf{s}_{t-1}$을 기반으로 한다(아직 $\mathbf{s}_t$를 계산하지 않았기 때문에 $\mathbf{s}_{t-1}$을 사용):

$$e_{t,i} = a(\mathbf{s}_{t-1}, \mathbf{h}_i)$$

여기서 a(알파가 아님)는 시스템의 나머지 부분과 함께 BP로 훈련되는 미분 가능한 함수이다. 이 요건들을 충족하는 함수들 중, 논문의 저자는 덧셈에 의해 $\mathbf{s}_{t-1}$과 $\mathbf{h}_i$를 결합하는 소위 **덧셈 주의**(additive attention)를 선택했다. 여기에는 두 종류가 있다:

$$e_{t,i} = a(\mathbf{s}_{t-1}, \mathbf{h}_i) = \mathbf{v}^\top \tanh(\mathbf{W}[\mathbf{h}_i; \mathbf{s}_{t-1}])$$
$$e_{t,i} = a(\mathbf{s}_{t-1}, \mathbf{h}_i) = \mathbf{v}^\top \tanh(\mathbf{W}_1 \mathbf{h}_i + \mathbf{W}_2 \mathbf{s}_{t-1})$$

첫 번째 공식에서 $\mathbf{W}$는 $\mathbf{h}_i$와 $\mathbf{s}_{t-1}$을 이은 벡터에 적용되는 가중치 행렬이고, $\mathbf{v}$는 가중치 벡터이다. 두 번째 공식은 비슷하지만, 이번에는 별도의 FC 층들(가중치 행렬 $\mathbf{W}_1$과 $\mathbf{W}_2$)로 $\mathbf{s}_{t-1}$과 $\mathbf{h}_i$를 더한다. 두 경우 모두 정렬 모델은 하나의 은닉 층이 있는 단순한 피드포워드 네트워크로 표현될 수 있다.

이제 $\mathbf{c}_t$ 공식의 $\alpha_{t,i}$를 교체하자:

$$\mathbf{c}_t = \sum_{i=1}^{T} \alpha_{t,i}\mathbf{h}_i = \sum_{i=1}^{T} \frac{exp(e_{t,i})}{\sum_{j=1}^{T} exp(e_{t,j})}\mathbf{h}_i$$

결론으로, 다음과 같이 주의 알고리듬을 단계적으로 요약하자:

1. 인코더에 입력 시퀀스를 공급하고 은닉 상태 집합 $H = \{\mathbf{h}_1, \mathbf{h}_2, \ldots, \mathbf{h}_T\}$를 계산한다.
2. 이전 단계의 디코더 상태 $\mathbf{s}_{t-1}$을 사용하는 정렬 점수 $e_{t,i} = a(\mathbf{s}_{t-1}, \mathbf{h}_i)$를 계산한다. $t=1$이면 마지막 인코더 상태 $\mathbf{h}_T$를 초기 은닉 상태로 사용한다.
3. 가중치 $a_{t,i} = softmax(e_{t,i}/\mathbf{e}_t)$를 계산한다.
4. 콘텍스트 벡터 $\mathbf{c}_t = \sum_{i=1}^{T} \alpha_{t,i}\mathbf{h}_i$를 계산한다.
5. $\mathbf{s}_{t-1}$과 $\mathbf{c}_t$를 이은 벡터와 이전 디코더 출력 y_{t-1}을 기반으로 은닉 상태 $\mathbf{s}_t = \mathrm{RNN}_{decoder}([\mathbf{s}_{t-1}; \mathbf{c}_t], y_{t-1})$를 계산한다. 이 시점에서 최종 출력 y_t를 계산할 수 있다. 다음 단어를 분류해야 하는 경우, softmax 출력 $y_t = softmax(\mathbf{W}_y\mathbf{s}_t)$를 사용할 것이다. 여기서 $\mathbf{W}_y$는 가중치 행렬이다.
6. 시퀀스가 끝날 때까지 단계 2-5를 반복한다.

다음으로 Luong 주의라는 약간 개선된 주의 메커니즘을 소개한다.

8.2.2 Luong 주의

Luong 주의(https://arxiv.org/abs/1508.04025의 *Effective Approaches to Attention-based Neural Machine Translation* 참고)는 Bahdanau 주의에 몇 가지 개선 사항을 도입한다. 특히, 정렬 점수 e_t가 디코더 은닉 상태 s_t에 종속된다(Bahdanau 주의에서는 s_{t-1}). 이를 더 잘 이해하기 위해 두 알고리듬을 비교해 보자:

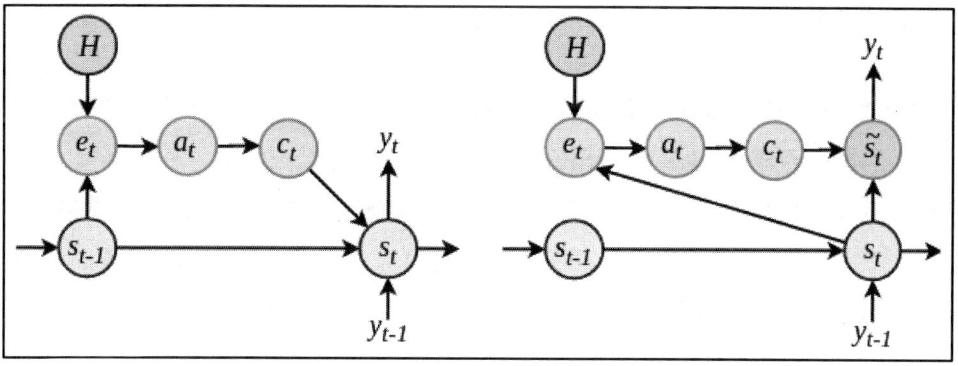

그림 8.3 왼쪽: Bahdanau 주의; 오른쪽: Luong 주의

Luong 주의의 단계적 실행을 살펴보자:

1. 인코더에 입력 시퀀스를 공급하고, 인코더 은닉 상태 집합 $H=\{\mathbf{h}_1, \mathbf{h}_2, \ldots, \mathbf{h}_T\}$ 를 계산한다.
2. 이전 디코더 은닉 상태 $\mathbf{s}_{t-1}$ 및 이전 디코더 출력 y_{t-1}(콘텍스트 벡터 아님)을 기반으로 디코더 은닉 상태 $\mathbf{s}_t = \mathrm{RNN}_{decoder}(\mathbf{s}_{t-1}, y_{t-1})$를 계산한다.
3. 현재 스텝의 디코더 상태 $\mathbf{s}_t$를 사용하는 정렬 점수 $e_{t,i} = a(\mathbf{s}_t, \mathbf{h}_i)$를 계산한다. 덧셈 주의(additive attention) 외에도 Luong 주의 논문은 두 가지 유형의 곱셈 주의(multiplicative attention)를 제안한다:
   - $e_{t,i} = \mathbf{s}_t^T \mathbf{h}_i$: 파라미터가 없는 기본 내적. 이 경우 벡터 $\mathbf{s}$와 $\mathbf{h}$의 길이는 같아야 한다.
   - $e_{t,i} = \mathbf{s}_t^T \mathbf{W}_m \mathbf{h}_i$: 여기서 $\mathbf{W}_m$은 주의 층의 훈련 가능한 가중치 행렬이다.

   정렬 점수 측정으로서의 벡터 곱셈은 직관적인 설명을 제공한다. 1장 신경망 기초에서 언급했듯이, 내적은 벡터 간의 유사도 측정 역할을 한다. 따라서 벡터가 유사하면(즉, 정렬됨) 곱셈 결과는 큰 값이 되고, 주의는 현재 t, i 관계에 집중된다.
4. 가중치 $a_{t,i} = \mathrm{softmax}(e_{t,i}/\mathbf{e}_t)$를 계산한다.
5. 콘텍스트 벡터 $\mathbf{c}_t = \sum_{i=1}^{T} \alpha_{t,i}\mathbf{h}_i$를 계산한다.
6. $\mathbf{c}_t$와 $\mathbf{s}_t$를 이은 벡터를 기반으로 벡터 $\tilde{\mathbf{s}}_t = \tanh(\mathbf{W}_c[\mathbf{c}_t ; \mathbf{s}_t])$를 계산한다. 이 시점에서 최종 출력 y_t를 계산할 수 있다. 분류의 경우 softmax $y_t = \mathrm{softmax}(\mathbf{W}_y \tilde{\mathbf{s}}_t)$를 사용한다. 여기서 $\mathbf{W}_y$는 가중치 행렬이다.

7. 시퀀스가 끝날 때까지 2-6 단계를 반복한다.

다음으로 다른 주의 변형들에 관해서 더 논의해 보자. 콘텍스트 벡터 $\mathbf{c}_t$를 계산하는 방식과 관련된 **하드 주의** 및 **소프트 주의**부터 시작하겠다. 지금까지는 소프트 주의에 관해 설명했다. 거기서는 $\mathbf{c}_t$가 입력 시퀀스의 모든 은닉 상태의 가중 합이다. 하드 주의에서는, 여전히 가중치 $\alpha_{t,i}$를 계산하지만 최대 관련 가중치 $\alpha_{t,imax}$를 갖는 은닉 상태 $\mathbf{h}_{imax}$만을 취한다. 그러고 나면 선택된 상태 $\mathbf{h}_{imax}$가 콘텍스트 벡터 역할을 한다. 처음에는 하드 주의가 다소 직관적이지 않은 것처럼 보인다 — 디코더가 모든 입력 상태에 액세스할 수 있도록 이 모든 노력을 기울여 왔는데, 왜 다시 단일 상태로 제한하는가? 그런데 하드 주의는, 입력 시퀀스가 같은 이미지의 서로 다른 영역을 나타내는 이미지 인식 작업의 맥락에서 처음 도입되었다. 그러한 경우 여러 영역 또는 단일 영역 중에서 선택하는 것이 더 합리적이다. 소프트 주의와 달리 하드 주의는 미분이 불가능한 확률론적(stochastic) 프로세스이다. 따라서 역방향 단계에 몇 가지 트릭을 사용해야 한다(이것은 이 책의 범위를 벗어남).

지역 주의(local attention)는 소프트 주의와 하드 주의 사이의 절충을 나타낸다. 이 메커니즘들이 모든 입력 은닉 벡터(전역적) 또는 단일 입력 벡터를 고려하는 반면, 지역 주의는 주어진 입력 시퀀스 위치를 둘러싸는 벡터 창을 취하고, 이 창에만 소프트 주의를 적용한다. 그러나 현재 출력 스텝 t를 기반으로 창의 중심 p_t(**정렬 위치**(aligned position))를 어떻게 결정하는가? 가장 쉬운 방법은 입력 및 출력 시퀀스 위치들이 동일한 것과 관련되어 있다는 논리에 따라, 소스 및 타겟 시퀀스들이 대략적으로 단조롭게 정렬되어 있다고 가정하는 것이다. 즉, $p_t = t$로 설정하는 것이다.

다음으로, 주의 메커니즘의 일반적인 형태를 소개함으로써 지금까지 배운 것들을 요약한다.

8.2.3 일반 주의(general attention)

주의 메커니즘은, 우리가 비록 NMT의 맥락에서만 논의했지만, 모든 seq2seq 작업에 적용할 수 있는 일반적인 DL 기법이다. 우리가 하드 주의를 사용하고 있다고 가정하자. 이 경우 벡터 $\mathbf{s}_{t-1}$을 키-값 쌍의 데이터베이스에 관해서 실행되는 질의로 생각할 수 있다. 여기서 키는 벡터이고 은닉 상태 $\mathbf{h}_i$가 값이다. 이들을 보통 **Q**(query), **K**(key), **V**(value)로 나타내며, 벡터들의 행렬로 생각할 수 있다. Luong 및 Bahdanau 주의의 키와 값은 같은 벡터이다(아래 그림 참고). 즉, 이 주의 모델들은 **Q/K/V** 보다는 **Q/V**에 더 가깝다.

일반 주의 메커니즘은 세 구성 요소를 모두 사용한다.

다음 다이어그램은 이러한 새로운 일반 주의를 보여준다:

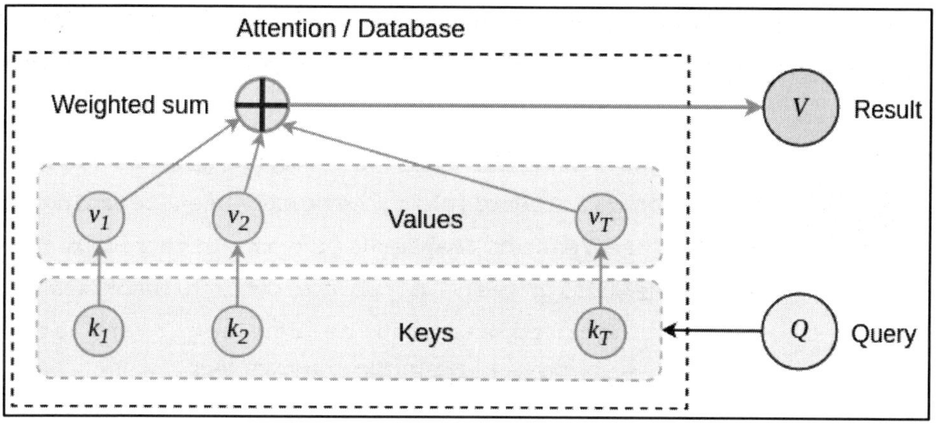

그림 8.4 일반 주의(general attention)

데이터베이스에 대해서 질의 $(\mathbf{q}=\mathbf{s}_{t-1})$를 실행하면, 단일 일치(최대 가중치 $\alpha_{t,imax}$를 갖는 키 $\mathbf{k}_{imax}$)를 받는다. 이 키 뒤에는 벡터 $\mathbf{v}_{imax}=\mathbf{h}_{imax}$가 숨겨져 있으며, 이것은 우리가 관심 있는 실제 값이다. 하지만 모든 값이 관여하는 소프트 주의는 어떤가? 같은 질의/키/값 항들로 생각할 수 있지만, 단일 값 대신 질의 결과는 가중치가 다른 모든 값이다. 새로운 표기를 사용해서 일반화된 주의 공식을 작성(콘텍스트 벡터 $\mathbf{c}_t$ 공식에 기반해서)할 수 있다:

$$\alpha_{\mathbf{q},\mathbf{k}_i}=\frac{\exp(e_{\mathbf{q},\mathbf{k}_i})}{\sum_j \exp(e_{\mathbf{q},\mathbf{k}_j})}$$

$$\mathrm{Attention}(\mathbf{q},\mathbf{K},\mathbf{V})=\sum_i \alpha_{\mathbf{q},\mathbf{k}_i}\mathbf{v}_{\mathbf{k}_i}=\sum_i \frac{\exp(e_{\mathbf{q},\mathbf{k}_i})}{\sum_j \exp(e_{\mathbf{q},\mathbf{k}_j})}\mathbf{v}_{\mathbf{k}_i}$$

이러한 일반 주의에서 데이터베이스의 질의, 키, 값은 반드시 순차적 방식으로 관련되는 것은 아니다. 즉, 데이터베이스는 서로 다른 스텝에서의 은닉 RNN 상태들로 구성될 필요가 없으며, 그 대신 어떠한 종류의 정보든 포함할 수 있다. 이것으로 seq2seq 모델의 이론에 관한 소개를 마치겠다. 다음 섹션에서 이 지식을 사용해서 간단한 seq2seq NMT 사례를 구현할 것이다.

8.2.4 주의 seq2seq 구현

이 섹션에서는 PyTorch 1.3.1과 seq2seq 주의 모델을 사용해서 간단한 NMT 사례를 구현할 것이다. 명확히 하기 위해 seq2seq 모델 소개 섹션에서 소개한 것과 같은 seq2seq 주의 모델을 구현하고 Loung 주의를 사용해서 확장할 것이다. 인코더는 한 언어의 텍스트 시퀀스(문장)를 입력으로 받고, 디코더는 다른 언어로 번역된 시퀀스를 출력한다.

> 여기서는 코드의 가장 관련성이 높은 부분만 제공하고, 전체 예제가 `https://github.com/PacktPublishing/Advanced-Deep-Learning-with-Python/tree/master/Chapter08/nmt_rnn_attention`에 있다. 이 예제는 부분적으로 `https://github.com/pytorch/tutorials/blob/master/intermediate_source/seq2seq_translation_tutorial.py`의 PyTorch 튜토리얼을 기반으로 한다.

훈련 세트부터 시작하자. 이 훈련 세트는 텍스트 파일로 저장된 프랑스어와 영어로 된 방대한 문장들로 구성된다. NMTDataset 클래스(`torch.utils.data.Dataset`의 하위 클래스)는 필요한 데이터 전처리를 구현한다. 데이터셋에 있는 모든 가능한 단어의 정수 인덱스로 어휘를 생성한다. 단순화하기 위해 임베딩 벡터를 사용하지 않고, 단어들을 해당 숫자 표현으로 네트워크에 공급한다. 또한 우리의 목표는 seq2seq 모델의 작업을 시연하는 것이므로 데이터셋을 훈련 및 테스트용으로 분할하지 않을 것이다. NMTDataset 클래스는 소스-타겟 튜플 문장을 출력한다. 여기서 각 문장은 해당 문장의 단어 인덱스들의 1D 텐서로 표현된다.

인코더 구현

다음으로 인코더를 구현하자.

생성자부터 시작하겠다:

```
class EncoderRNN(torch.nn.Module):
    def __init__(self, input_size, hidden_size):
        super(EncoderRNN, self).__init__()
        self.input_size = input_size
        self.hidden_size = hidden_size

        # Embedding for the input words
```

```
        self.embedding = torch.nn.Embedding(input_size, hidden_size)

        # The actual rnn cell
        self.rnn_cell = torch.nn.GRU(hidden_size, hidden_size)
```

진입점은 self.embedding 모듈이다. 각 단어의 인덱스를 가져와서 할당된 임베딩 벡터를 반환한다. 우리는 사전 훈련된 단어 벡터들(예: GloVe)을 사용하지 않을 것이지만, 벡터들을 임베딩하는 개념은 같다 — 그들을 랜덤 값으로 초기화하고 모델로 학습시킬 것이다. 그런 후 torch.nn.GRU RNN 셀 자체를 가진다.

다음으로 EncoderRNN.forward 메소드를 구현하자(들여쓰기에 주의한다):

```
def forward(self, input, hidden):
    # Pass through the embedding
    embedded = self.embedding(input).view(1, 1, -1)
    output = embedded

    # Pass through the RNN
    output, hidden = self.rnn_cell(output, hidden)
    return output, hidden
```

이것은 시퀀스 요소의 처리를 나타낸다. 먼저 embedded 단어 벡터를 얻은 다음 RNN 셀에 공급한다.

또한 은닉 RNN 상태와 같은 크기의 빈 텐서를 생성하는 EncoderRNN.init_hidden 메소드를 구현할 것이다. 이 텐서는 시퀀스의 시작부에서 첫 번째 RNN 은닉 상태로 사용된다(들여쓰기 주의):

```
def init_hidden(self):
    return torch.zeros(1, 1, self.hidden_size, device=device)
```

인코더를 구현했으므로 이제 계속해서 디코더를 구현하자.

디코더 구현

주의를 사용하지 않는 기본 디코더인 DecoderRNN 클래스를 구현하자. 역시 생성자에서 시작하겠다:

```python
class DecoderRNN(torch.nn.Module):

    def __init__(self, hidden_size, output_size):
        super(DecoderRNN, self).__init__()
        self.hidden_size = hidden_size
        self.output_size = output_size

        # Embedding for the current input word
        self.embedding = torch.nn.Embedding(output_size, hidden_size)

        # decoder cell
        self.gru = torch.nn.GRU(hidden_size, hidden_size)

        # Current output word
        self.out = torch.nn.Linear(hidden_size, output_size)
        self.log_softmax = torch.nn.LogSoftmax(dim=1)
```

인코더와 유사하다 — 초기 `self.embedding` 단어 임베딩과 `self.gru` GRU 셀이 있다. 또한 `self.log_softmax` 활성화(activation)가 있는 FC `self.out` 층이 있으며, 여기서 시퀀스의 예측된 단어를 출력한다.

계속해서 `DecoderRNN.forward` 메소드를 구현하겠다(들여쓰기에 주의):

```python
def forward(self, input, hidden, _):
    # Pass through the embedding
    embedded = self.embedding(input).view(1, 1, -1)
    embedded = torch.nn.functional.relu(embedded)

    # Pass through the RNN cell
    output, hidden = self.rnn_cell(embedded, hidden)

    # Produce output word
    output = self.log_softmax(self.out(output[0]))
    return output, hidden, _
```

RNN 셀에 입력될 embedded 벡터부터 시작한다. 이 모듈은 새로운 `hidden` 상태와, 예측된 단어를 나타내는 `output` 텐서를 반환한다. 이 메소드는 void 인자 _를 받으므로, 다음 섹션에서 구현할 주의 디코더의 인터페이스에 맞출 수 있다.

주의 디코더 구현

다음으로 Luong 주의를 사용하는 AttnDecoderRNN 디코더를 구현한다. 이것도 EncoderRNN과 함께 작동한다.

AttnDecoderRNN.__ init__ 메소드부터 시작하겠다:

```
class AttnDecoderRNN(torch.nn.Module):
    def __init__(self, hidden_size, output_size, max_length=MAX_LENGTH,
    dropout=0.1):
        super(AttnDecoderRNN, self).__init__()
        self.hidden_size = hidden_size
        self.output_size = output_size
        self.max_length = max_length

        # Embedding for the input word
        self.embedding = torch.nn.Embedding(self.output_size,
        self.hidden_size)

        self.dropout = torch.nn.Dropout(dropout)

        # Attention portion
        self.attn = torch.nn.Linear(in_features=self.hidden_size,
                                    out_features=self.hidden_size)
        self.w_c = torch.nn.Linear(in_features=self.hidden_size * 2,
                                   out_features=self.hidden_size)
        # RNN
        self.rnn_cell = torch.nn.GRU(input_size=self.hidden_size,
                                     hidden_size=self.hidden_size)
        # Output word
        self.w_y = torch.nn.Linear(in_features=self.hidden_size,
                                   out_features=self.output_size)
```

여느 때와 같이 self.embedding이 있지만 이번에는 과잉 맞춤을 방지하기 위해 self.dropout도 추가할 것이다. FC self.attn 및 self.w_c 층들은 주의 메커니즘과 관련이 있으며, 바로 다음에 나올 AttnDecoderRNN.forward 메소드를 살펴볼 때 이들을 사용하는 방법을 배울 것이다. AttnDecoderRNN.forward는 주의 Seq2seq 섹션에서 설명한 Luong 주의 알고리듬을 구현한다. 메소드 선언 및 파라미터 전처리부터 시작하자:

```
def forward(self, input, hidden, encoder_outputs):
    embedded = self.embedding(input).view(1, 1, -1)
    embedded = self.dropout(embedded)
```

다음으로 현재 은닉 상태(hidden=$\mathbf{s}_t$)를 계산한다. 이 코드는 여전히 AttnDecoderRNN.forward 메소드의 일부이므로 들여쓰기에 주의하라:

```
rnn_out, hidden = self.rnn_cell(embedded, hidden)
```

그런 다음 곱셈 주의 공식에 따라 정렬 점수(alignment_scores=$e_{t,i}$)를 계산한다. 여기에서 torch.mm은 행렬 곱셈이고, encoder_outputs는 인코더 출력이다!:

```
alignment_scores = torch.mm(self.attn(hidden)[0], encoder_outputs.t())
```

다음으로 이 점수들에 대해서 softmax를 계산해서 주의 가중치(attn_weights=$a_{t,i}$)를 생성한다:

```
attn_weights = torch.nn.functional.softmax(alignment_scores, dim=1)
```

그런 다음 주의 공식에 따라 콘텍스트 벡터(c_t=$\mathbf{c}_t$)를 계산한다:

```
c_t = torch.mm(attn_weights, encoder_outputs)
```

다음으로 현재 은닉 상태와 콘텍스트 벡터를 연결해서 수정된 상태 벡터(hidden_s_t=$\tilde{\mathbf{s}}_t$)를 계산한다:

```
hidden_s_t = torch.cat([hidden[0], c_t], dim=1)
hidden_s_t = torch.tanh(self.w_c(hidden_s_t))
```

마지막으로 다음 예측 단어를 계산한다:

```
output = torch.nn.functional.log_softmax(self.w_y(hidden_s_t), dim=1)
```

torch.nn.functional.log_softmax는 일반 softmax 후에 로그를 적용한다. 이 활성화 함수는 네거티브 로그-우도(log-likelihood) 손실 함수 torch.nn.NLLLoss와 함께

작동한다.

마지막으로 이 메소드는 output, hidden 및 attn_weights를 반환한다. 나중에 attn_weights를 사용해서 입력 문장과 출력 문장 사이의 주의를 시각화할 것이다(AttnDecoderRNN.forward 메소드는 여기서 끝난다):

```
return output, hidden, attn_weights
```

이제 훈련 프로세스를 살펴보자.

훈련 및 평가

train 함수를 구현하자. 앞 장들에서 구현한 다른 함수들과 유사하지만, 입력의 순차적 특성과 *주의 Seq2eq* 섹션에서 설명한 교사 강제 법칙을 고려한다. 단순화하기 위해 한 번에 단일 시퀀스(크기가 1인 미니 뱃치)로만 훈련시킬 것이다.

먼저 훈련 세트에 대한 반복을 시작하고, 초기 시퀀스 텐서를 설정하고, 기울기를 리셋한다:

```
def train(encoder, decoder, loss_function, encoder_optimizer,
decoder_optimizer, data_loader, max_length=MAX_LENGTH):
    print_loss_total = 0

    # Iterate over the dataset
    for i, (input_tensor, target_tensor) in enumerate(data_loader):
        input_tensor = input_tensor.to(device).squeeze(0)
        target_tensor = target_tensor.to(device).squeeze(0)

        encoder_hidden = encoder.init_hidden()

        encoder_optimizer.zero_grad()
        decoder_optimizer.zero_grad()

        input_length = input_tensor.size(0)
        target_length = target_tensor.size(0)

        encoder_outputs = torch.zeros(max_length, encoder.hidden_size,
        device=device)

        loss = torch.Tensor([0]).squeeze().to(device)
```

인코더 및 디코더 파라미터는 EncoderRNN 및 AttnDecoderRNN(또는 DecoderRNN)의 인스턴스이며, loss_function은 손실(우리의 경우에는 torch.nn.NLLLoss), encoder_optimizer 및 decoder_optimizer(이름 자체로 알 수 있다)는 torch.optim.Adam의 인스턴스이다. data_loader는 NMTDataset의 인스턴스를 래핑하는 torch.utils.data.DataLoader이다.

그 다음, 실제 훈련을 수행한다:

```
with torch.set_grad_enabled(True):
    # Pass the sequence through the encoder and store the hidden states
    at each step
    for ei in range(input_length):
        encoder_output, encoder_hidden = encoder(
            input_tensor[ei], encoder_hidden)
        encoder_outputs[ei] = encoder_output[0, 0]

    # Initiate decoder with the GO_token
    decoder_input = torch.tensor([[GO_token]], device=device)

    # Initiate the decoder with the last encoder hidden state
    decoder_hidden = encoder_hidden

    # Teacher forcing: Feed the target as the next input
    for di in range(target_length):
        decoder_output, decoder_hidden, decoder_attention = decoder(
            decoder_input, decoder_hidden, encoder_outputs)
        loss += loss_function(decoder_output, target_tensor[di])
        decoder_input = target_tensor[di] # Teacher forcing

    loss.backward()

    encoder_optimizer.step()
    decoder_optimizer.step()
```

이에 관해 더 자세히 논의하자:

- 전체 시퀀스를 인코더에 공급하고, 은닉 상태를 encoder_outputs 목록에 저장한다.
- GO_token을 입력으로 사용해서 디코더 시퀀스를 시작한다.

- 디코더를 사용해서 시퀀스의 새로운 요소를 생성한다. 교사 강제 원칙에 따라 각 단계의 디코더 입력은 실제 타겟 시퀀스에서 온다: decoder_input=target_tensor[di]).
- 인코더와 디코더를 각각 encoder_optimizer.step()와 decoder_optimizer.step()으로 훈련시킨다.

train과 유사하게, 입력 시퀀스를 받아서 번역 결과와 그에 수반되는 주의 점수를 반환하는 evaluate 함수가 있다. 여기에는 전체 구현을 포함시키지 않고 인코더/디코더 부분에 초점을 맞출 것이다. 교사 강제와 달리 각 단계의 디코더 입력은 이전 단계의 출력 단어이다:

```
# Initiate the decoder with the last encoder hidden state
decoder_input = torch.tensor([[GO_token]], device=device) # GO

# Initiate the decoder with the last encoder hidden state
decoder_hidden = encoder_hidden

decoded_words = []
decoder_attentions = torch.zeros(max_length, max_length)

# Generate the output sequence (opposite to teacher forcing)
for di in range(max_length):
    decoder_output, decoder_hidden, decoder_attention = decoder(
        decoder_input, decoder_hidden, encoder_outputs)
    decoder_attentions[di] = decoder_attention.data

    # Obtain the output word index with the highest probability
    _, topi = decoder_output.data.topk(1)
    if topi.item() != EOS_token:
        decoded_words.append(dataset.output_lang.index2word[topi.item()])
    else:
        break

    # Use the latest output word as the next input
    decoder_input = topi.squeeze().detach()
```

전체 프로그램을 실행하면, 예제 번역들이 표시되며, 또한 다음과 같은 입력 및 출력 시퀀스 요소 사이의 주의 점수 맵도 표시된다:

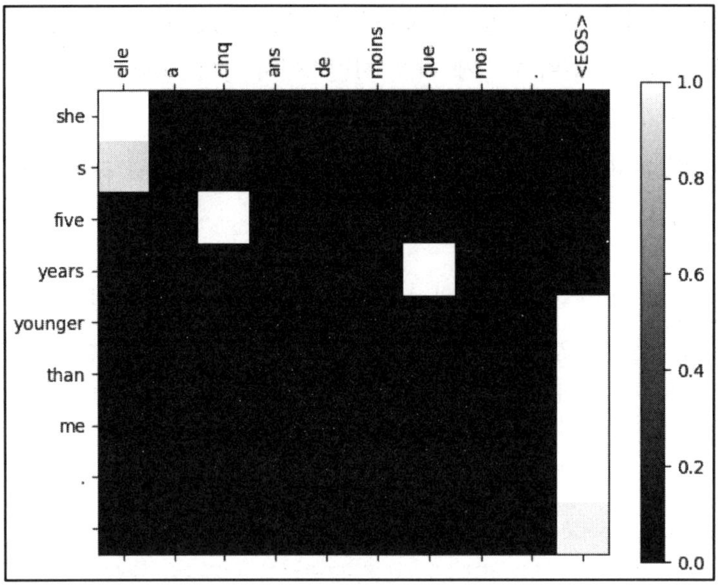

그림 8.5 번역 주의 점수

예를 들어, 출력 단어 **she**가 입력 단어 **elle**(프랑스어로 *she*)에 주의를 집중하는 것을 볼 수 있다. 주의 메커니즘이 없었다면, **elle**라는 단어가 문장의 끝에서 가장 멀리 떨어져 있기 때문에, 마지막 인코더 은닉 상태만으로 인코딩하기는 어려웠을 것이다.

다음 섹션에서는 RNN을 떠나서, 주의 메커니즘만을 기반으로 하는 seq2seq 모델인 트랜스포머를 소개하겠다.

8.3 트랜스포머

우리는 주의 메커니즘의 장점을 내세우는 데 이 장의 많은 부분을 할애했다. 그러나 우리는 여전히 RNN의 맥락에서 주의를 사용한다: 그런 의미에서 이것은 이러한 모델들의 핵심 순환 특성 위에 추가되어 작동한다. 주의가 그렇게 좋다면, RNN 부분 없이 단독으로 사용할 수 있는 방법이 있을까? 그렇다는 것이 밝혀졌다. *Attention is all you need* (`https://arxiv.org/abs/1706.03762`) 논문은 주의 메커니즘에만 의존하는 인코더 및 디코더가 있는 트랜스포머라는 새로운 아키텍처를 소개한다. 먼저 우리의 주의를 트랜스포머 주의 메커니즘에 집중할 것이다.

8.3.1 트랜스포머 주의

전체 모델에 초점을 맞추기 전에 트랜스포머 주의가 어떻게 구현되는지 살펴보자:

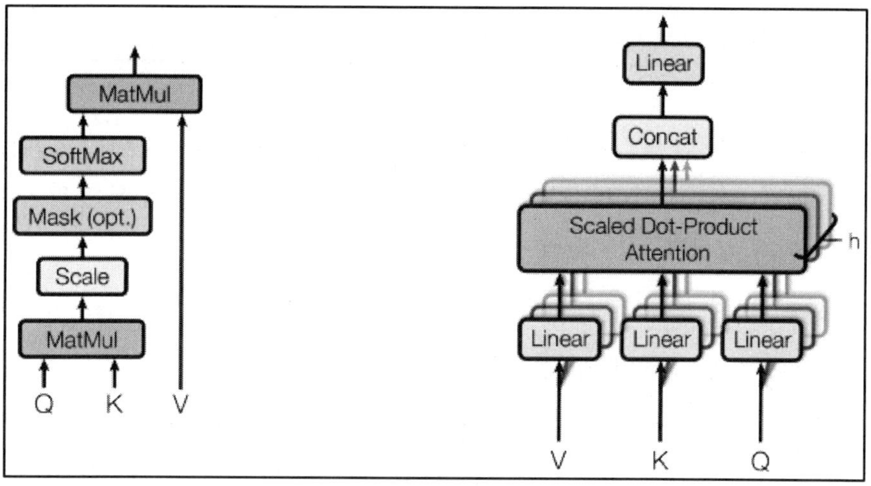

그림 8.6 왼쪽: 스케일링된 내적(곱셈) 주의; 오른쪽: 멀티헤드 주의 (https://arxiv.org/abs/1706.03762)

트랜스포머는 내적(dot product) 주의(왼쪽 다이어그램)를 사용하는데, 이는 주의 Seq2seq 섹션에서 소개한 일반적 주의 절차를 따른다(이미 언급했듯이 RNN 모델에 국한되지 않음). 다음 공식으로 정의할 수 있다:

$$\text{Attention}(\mathbf{Q},\mathbf{K},\mathbf{V}) = \text{softmax}\left(\frac{\mathbf{QK}^{\top}}{\sqrt{d_k}}\right)\mathbf{V}$$

실제로 우리는 행렬 $\mathbf{Q}$에 압축된 질의들에 관해서 동시에 주의 함수를 계산할 것이다. 이 시나리오에서 키 $\mathbf{K}$, 값 $\mathbf{V}$ 및 결과도 행렬이다. 공식의 단계를 더 자세히 논의하자:

1. 질의 $\mathbf{Q}$와 데이터베이스(키 $\mathbf{K}$)를 행렬 곱셈과 일치시켜 정렬 점수 $\mathbf{QK}^{\mathrm{T}}$를 생성한다. m개의 서로 다른 질의를 n개 값의 데이터베이스에 일치시키기를 원하며, 질의-키 벡터 길이가 d_k라고 가정하자. 그러면 총 m개의 행에 대해서 행 당 하나의 d_k 차원 질의가 있는 행렬 $\mathbf{Q} \in \mathbb{R}^{m \times d_k}$ 가 있다. 마찬가지로, 총 n개의 행에 대해서 행 당 하나의 d_k 차원 키가 있는 행렬 $\mathbf{K} \in \mathbb{R}^{n \times d_k}$가 있다. 그러면 출력 행렬은 $\mathbf{QK}^{\mathrm{T}} \in \mathbb{R}^{m \times n}$이 될 것이다. 여기서 한 행에는 데이터베이스의 모든

키에 대한 단일 질의의 정렬 점수가 포함된다.

$$\mathbf{QK}^{\top} = \underbrace{\begin{bmatrix} q_{11} & q_{12} & \dots & q_{1d_k} \\ q_{21} & q_{22} & \dots & q_{2d_k} \\ \vdots & \vdots & \ddots & \vdots \\ q_{m1} & q_{m2} & \dots & q_{md_k} \end{bmatrix}}_{\mathbf{Q}} \cdot \underbrace{\begin{bmatrix} k_{11} & k_{12} & \dots & k_{1n} \\ k_{21} & k_{22} & \dots & k_{2n} \\ \vdots & \vdots & \ddots & \vdots \\ k_{d_k1} & k_{d_k2} & \dots & k_{d_kn} \end{bmatrix}}_{\mathbf{K}^{\top}} = \underbrace{\begin{bmatrix} e_{11} & e_{12} & \dots & e_{1n} \\ e_{21} & e_{22} & \dots & e_{2n} \\ \vdots & \vdots & \ddots & \vdots \\ e_{m1} & e_{m2} & \dots & e_{mn} \end{bmatrix}}_{\mathbf{QK}^{\top}}$$

즉, 단일 행렬-행렬 곱셈에서 여러 데이터베이스 키에 관해서 여러 질의를 일치시킬 수 있다. NMT의 맥락에서 동일한 방식으로 소스 문장의 모든 단어에 대해서 타겟 문장의 모든 단어의 정렬 점수를 계산할 수 있다.

2. 정렬 점수를 $1/\sqrt{d_k}$로 스케일링한다. 여기서 d_k는 행렬 **K**에 있는 키 벡터들의 길이이며, **Q**의 질의 벡터들의 크기와도 같다(비슷하게, d_v는 **V**의 길이이다). 논문의 저자들은 d_k 값이 크면 내적의 크기가 커져서 softmax를 기울기가 매우 작은 영역으로 몰며, 그래서 악명 높은 소멸 기울기를 야기한다고 의심한다. 그래서 결과를 스케일링한다.

3. 행렬의 행을 따라서 softmax 연산에 의해 주의 점수를 계산한다(마스크 연산에 관해서는 다음에 얘기할 것이다):

$$\text{softmax}(\frac{\mathbf{QK}^{\top}}{\sqrt{d_k}}) = \begin{bmatrix} \text{softmax}(e_{11}/\sqrt{d_k} & e_{12}/\sqrt{d_k} & \dots & e_{1n}/\sqrt{d_k}) \\ \text{softmax}(e_{21}/\sqrt{d_k} & e_{22}/\sqrt{d_k} & \dots & e_{2n}/\sqrt{d_k}) \\ \vdots & \vdots & \ddots & \vdots \\ \text{softmax}(e_{m1}/\sqrt{d_k} & e_{m2}/\sqrt{d_k} & \dots & e_{mn}/\sqrt{d_k}) \end{bmatrix}$$

4. 주의 점수들을 **V**의 값들로 곱해서 최종 주의 벡터를 계산한다:

$$\text{softmax}(\frac{\mathbf{QK}^{\top}}{\sqrt{d_k}})\mathbf{V} = \begin{bmatrix} \text{softmax}(e_{11}/\sqrt{d_k} & e_{12}/\sqrt{d_k} & \dots & e_{1n}/\sqrt{d_k}) \\ \text{softmax}(e_{21}/\sqrt{d_k} & e_{22}/\sqrt{d_k} & \dots & e_{2n}/\sqrt{d_k}) \\ \vdots & \vdots & \ddots & \vdots \\ \text{softmax}(e_{m1}/\sqrt{d_k} & e_{m2}/\sqrt{d_k} & \dots & e_{mn}/\sqrt{d_k}) \end{bmatrix} \cdot \begin{bmatrix} v_{11} & v_{12} & \dots & v_{1d_v} \\ v_{21} & v_{22} & \dots & v_{2d_v} \\ \vdots & \vdots & \ddots & \vdots \\ v_{n1} & v_{m2} & \dots & v_{nd_v} \end{bmatrix} = \mathbf{A} \in \mathbb{R}^{m \times d_v}$$

이 메커니즘을 하드 주의와 소프트 주의 모두에 적용할 수 있다.

저자들은 또한 **multihead 주의**를 제안한다(위 다이어그램의 오른쪽 다이어그램 참고). d_{model} 차원의 키들이 있는 단일 주의 함수 대신에, 키, 질의, 값을 h번 선형적으로 투영해서, 이 값들의 h개의 다른 d_k, d_k 및 d_v 차원 투영들을 생성한다. 그런 다음 새로 생성된 벡터들에 별도의 병렬 주의 함수(또는 헤드)들을 적용해서, 각 헤드에 대해서 단일 d_v 차원 출력을 생성한다. 마지막으로 헤드 출력들을 이어서 최종 주의 결과를 생성한다. Multihead 주의는 각 헤드가 시퀀스의 다른 요소들에 주의를 기울일 수 있게 한다. 동시에 이 모델은 헤드들의 출력을 하나의 화합적(cohesive) 표현으로 결합한다. 보다 정확하게, 이것을 다음 공식으로 정의할 수 있다:

$$\begin{aligned}\mathrm{MultiHead}(\mathbf{Q},\mathbf{K},\mathbf{V}) &= \mathrm{Concat}(\mathrm{head}_1,\mathrm{head}_2,\ldots,\mathrm{head}_h)\mathbf{W}^O \\ \text{where}\ \mathrm{head}_i &= \mathrm{Attention}(\mathbf{QW}_i^Q,\mathbf{KW}_i^K,\mathbf{VW}_i^V)\end{aligned}$$

이것을 헤드에서 시작해서 더 자세히 살펴보자:

1. 각 헤드는 초기 $\mathbf{Q}$, $\mathbf{K}$, $\mathbf{V}$의 선형 투영 버전을 받는다. 이 투영들은 학습 가능한 가중치 행렬 $\mathbf{W}_i^Q$, $\mathbf{W}_i^K$, $\mathbf{W}_i^V$를 각각 사용해서 계산된다. 각 구성 요소 $\mathbf{Q}$, $\mathbf{K}$, $\mathbf{V}$ 및 각 헤드 i에 관해서 별도의 가중치 집합이 있다. d_{model}에서 d_k 및 d_v로의 변환을 충족하기 위해 이 행렬들의 차원은 $\mathbf{W}_i^Q \in \mathbb{R}^{d_{model}\times d_k}$, $\mathbf{W}_i^K \in \mathbb{R}^{d_{model}\times d_k}$, $\mathbf{W}_i^V \in \mathbb{R}^{d_{model}\times d_k}$이다.
2. $\mathbf{Q}$, $\mathbf{K}$, $\mathbf{V}$가 변환되고 나면, 이 섹션의 시작 부분에서 설명한 일반적 주의 모델을 사용해서 각 헤드의 주의를 계산할 수 있다.
3. 최종 주의 결과는 이어진 헤드 출력(head_i)에 대한 선형 투영(학습 가능한 가중치들의 가중치 행렬 $\mathbf{W}^O$)이다.

지금까지 다양한 입력 및 출력 시퀀스에 대한 주의를 보여주었다. 예를 들어, NMT에서 번역된 문장의 각 단어가 원본 문장의 단어들과 관련이 있음을 확인했다. 트랜스포머 모델은 또한 질의 $\mathbf{Q}$가 질의 데이터베이스의 키 $\mathbf{K}$ 및 벡터 $\mathbf{V}$와 동일한 데이터셋에 속하는 자기 주의(self-attention), 또는 내부 주의(intra-attention)에 의존한다. 즉, 자기 주의에서 소스와 타겟은 같은 시퀀스(이 경우에는 같은 문장)이다. 자기 주의의 이점은 적용할 직접적인 작업이 없기 때문에 당장(또는 명확하지는 않다. 직관적인 수준에서)에 같은 시퀀스의 단어들 간의 관계를 볼 수 있게 한다. 예를 들어, 다음 다이어그램은 동사 making의 multihead 자기 주의를 보여준다(다른 색상은 다른 헤드를 나타냄). 여러 주의 헤드가 *making*의 원거리 종속성에 주의를 기울여서 *making … more difficult*라는 구를 완성한다:

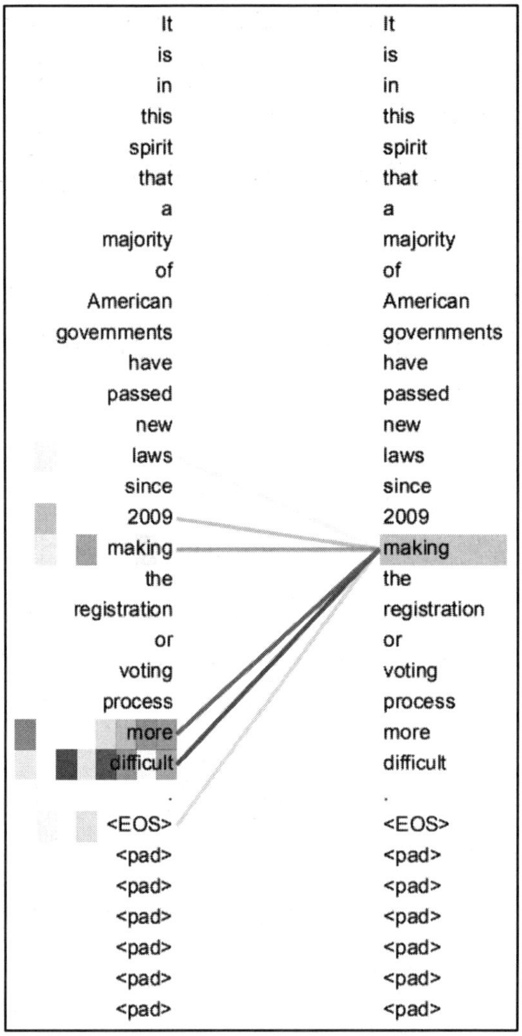

그림 8.7 멀티헤드 자기 주의의 예(https://arxiv.org/abs/1706.03762)

트랜스포머 모델은 인코더/디코더 RNN의 대체물로 자기 주의를 사용하는데, 이에 관해서는 다음 섹션에서 자세히 설명한다.

8.3.2 트랜스포머 모델

이제 multihead 주의에 익숙해졌으므로 다음 다이어그램으로 시작해서 전체 트랜스포머 모델에 집중해 보자:

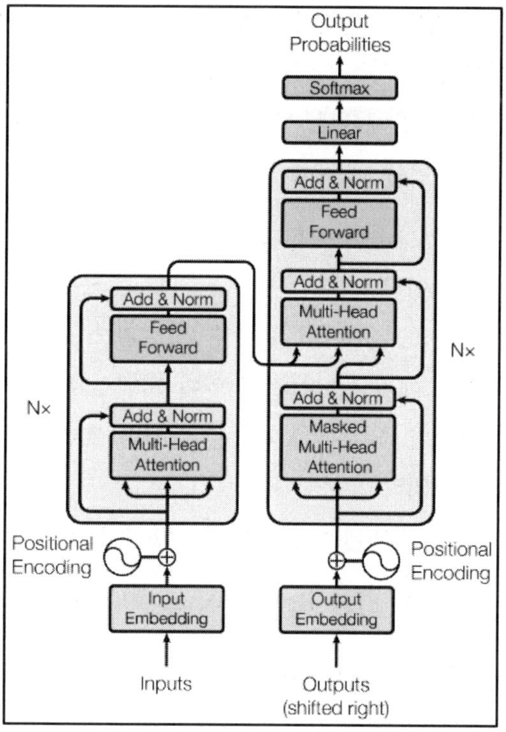

그림 8.8 트랜스포머 모델 아키텍처. 왼쪽은 인코더, 오른쪽은 디코더를 보여준다.(https://arxiv.org/abs/1706.03762)

부담스러워 보이지만 걱정하지 마시라 — 보기보다 쉽다. 인코더(위 다이어그램의 왼쪽 구성 요소)부터 시작하겠다:

- 이것은 원-핫 인코딩된 단어들인 입력 시퀀스로 시작한다. 이들은 d_{model} 차원 임베딩 벡터로 변환된다. 이 임베딩 벡터들에 $\sqrt{d_{model}}$가 곱해진다.
- 트랜스포머는 RNN을 사용하지 않으므로, 각 시퀀스 요소의 위치 정보를 다른 방식으로 전달해야 한다. 위치 인코딩으로 각 임베딩 벡터를 보강함으로써 이를 명시적으로 수행할 수 있다. 요컨대, 위치 인코딩은 임베딩 벡터와 같은 길이 d_{model}을 갖는 벡터이다. 위치 벡터는 임베딩 벡터에 더해지고(요소 별로), 그 결과는 인코더로 전파된다. 논문의 저자는 현재 단어가 시퀀스에서 위치 pos를 가질 때, 위치 벡터의 각 요소 i에 대해서 다음 함수를 소개한다:

$$PE(pos, 2i) = \sin(\frac{pos}{10000^{2i/d_{model}}})$$
$$PE(pos, 2i+1) = \cos(\frac{pos}{10000^{2i/d_{model}}})$$

위치 인코딩의 각 차원은 정현파에 해당한다. 파장은 2π에서 $10000 \cdot 2\pi$로 기하적 수열을 형성한다. 저자는 고정 오프셋 k에 대해서 PE_{pos+k}가 PE_{pos}의 선형 함수로 표현될 수 있기 때문에, 이 함수를 통해 모델이 상대적 위치에 의해 쉽게 주의를 기울이는 방법을 배울 수 있을 것으로 가정한다.

- 인코더의 나머지는 $N=6$개의 동일한 블록들의 스택으로 구성된다. 각 블록에는 두 개의 하위 층이 있다:
  - 트랜스포머 주의 섹션에서 설명한 것과 같은 multihead 자기 주의 메커니즘. 자기 주의 메커니즘이 전체 입력 시퀀스에서 작동하므로, 인코더는 설계상 양방향이다. 일부 알고리듬은 인코더 트랜스포머 부분만 사용하며 **트랜스포머 인코더**라고 불린다.
  - 다음 공식으로 정의되는 단순한 FC FF 네트워크:

$$\mathrm{FFN}(x) = \mathrm{ReLU}(\mathbf{W}_1 x + b_1)\mathbf{W}_2 + b_2$$

    이 네트워크는 각 시퀀스 요소 x에 개별적으로 적용된다. 서로 다른 위치에 대해서는 동일한 파라미터 집합($\mathbf{W}_1$, $\mathbf{W}_2$, b_1 및 b_2)를 사용하지만, 서로 다른 인코더 블록들에 대해서는 다른 파라미터를 사용한다.

  각 하위 층(multihead 주의 및 FF 네트워크 모두)은 자기 주위에 residual 연결을 가지며, 해당 연결과 자신의 출력 및 residual 연결의 합에 대한 정규화로 끝난다. 따라서 각 하위 층의 출력은 다음과 같다:

$$\mathrm{LayerNorm}(x + \mathrm{SubLayer}(x))$$

  정규화 기법은 *Layer Normalization*(`https://arxiv.org/abs/1607.06450`)에 설명되어 있다.

다음으로 디코더를 살펴보자. 인코더와 어느 정도 비슷하다:

- 스텝 t에서의 입력은 스텝 $t-1$에서의 디코더 자신의 예측된 출력 단어이다. 입력 단어는 인코더와 동일한 임베딩 벡터 및 위치 인코딩을 사용한다.
- 디코더는 $N=6$개의 동일한 블록 스택으로 계속한다. 이들은 인코더 블록들과 다소 유사하다. 각 블록은 세 개의 하위 층으로 구성되며, 각 하위 층은 residual 연결 및 정규화를 사용한다. 하위 층은:
  - multihead 자기 주의 메커니즘. 인코더 자기 주의는 타겟 요소의 앞 또는

뒤에 오는지 여부에 상관없이, 시퀀스의 모든 요소에 주의를 기울일 수 있다. 그러나 디코더에는 부분적으로 생성된 타겟 시퀀스만 있다. 따라서 여기서의 자기 주의는 이전 시퀀스 요소들에만 주의를 기울일 수 있다. 이는 softmax 입력의 모든 값을 마스킹($-\infty$로 설정하는 **masking out**)해서 구현되는데, 이것은 불법 연결(illegal connection)에 해당한다:

$$\text{mask}(\mathbf{QK}^\top) = \text{mask}\left(\begin{bmatrix} e_{11} & e_{12} & \dots & e_{1n} \\ e_{21} & e_{22} & \dots & e_{2n} \\ \vdots & \vdots & \ddots & \vdots \\ e_{m1} & e_{m2} & \dots & e_{mn} \end{bmatrix}\right) = \begin{bmatrix} e_{11} & -\infty & -\infty & \dots & -\infty \\ e_{21} & e_{22} & -\infty & \dots & -\infty \\ e_{31} & e_{32} & e_{33} & \dots & -\infty \\ \vdots & \vdots & \vdots & \ddots & \vdots \\ e_{m1} & e_{m2} & e_{m3} & \dots & e_{mn} \end{bmatrix}$$

이 마스킹은 디코더를 **단방향**으로 만든다(양방향 인코더와 달리). 디코더와 함께 작동하는 알고리듬을 **트랜스포머 디코더 알고리듬**이라고 부른다.

- 레귤러 주의 메커니즘. 질의는 이전 디코더 층에서 오고, 키와 값은 이전 하위 층에서 온다. 스텝 $t-1$의 처리된 디코더 출력을 나타낸다. 이를 통해 디코더의 모든 위치가 입력 시퀀스의 모든 위치에 주의를 기울일 수 있다. 이것은 우리가 주의 Seq2seq에서 논의한 전형적인 인코더-디코더 주의 메커니즘을 모방한다.
- 인코더에 있는 것과 유사한 FF 네트워크.

- 디코더는 FC 층으로 끝나고, 그 다음에는 문장의 가장 확률이 높은 다음 단어를 생성하는 softmax가 이어진다.

트랜스포머는 드롭아웃을 억제(regularization) 기법으로 사용한다. 하위 층 입력에 추가되고 정규화되기 전에 각 하위 층의 출력에 드롭아웃을 추가한다. 또한 인코더 및 디코더 스택 모두에서 임베딩 및 위치 인코딩의 합에 드롭아웃을 적용한다.

끝으로, 주의 Seq2seq 섹션에서 논의한 RNN 주의 모델에 대한 자기 주의의 이점을 요약해 보자. 자기 주의 메커니즘의 핵심적인 장점은, RNN 모델의 병목 사고 벡터(bottleneck thought vector)와는 반대로, 입력 시퀀스의 모든 요소에 즉시 액세스할 수 있다는 것이다. 또한 "자기 주의 층은 모든 위치를 일정한 수의 순차적으로 실행되는 연산들에 연결하는 반면, 순환(recurrent) 층은 $O(n)$개의 순차적 연산들이 필요하다"(논문 인용).

계산 복잡성 측면에서, 자기 주의 층은 시퀀스 길이 n이 표현 차원 d보다 작을 때 순환 층보다 빠르다. 이는 wordPiece(*Google's Neural Machine Translation System: Bridging the Gap between Human and Machine Translation* at https://arxiv.org/abs/1609.08144)과 바이트 쌍(*Neural Machine Translation of Rare Words with Subword Units* at https://arxiv.org/abs/1508.07909) 표현 같은, 최첨단 기계 번역 모델에서 사용되는 문장 표현에서 가장 흔하게 발생한다. 매우 긴 시퀀스를 포함하는 작업에 대한 계산 성능을 향상시키기 위해서, 자기 주의를 각 출력 위치를 중심으로 입력 시퀀스에서 크기 r의 이웃만 고려하도록 제한할 수 있다.

이것으로 트랜스포머에 대한 이론적 설명을 마친다. 다음 섹션에서는 트랜스포머를 처음부터 구현할 것이다.

8.3.3 트랜스포머 구현

이 섹션에서는 PyTorch 1.3.1을 사용해서 트랜스포머 모델을 구현한다. 예제가 비교적 복잡하기 때문에 기본적인 훈련 데이터셋을 사용해서 단순화할 것이다: 무작위로 생성된 정수 시퀀스를 복사하도록 모델을 훈련시킬 것이다--즉, 소스와 타겟 시퀀스가 같으며, 트랜스포머는 입력 시퀀스를 출력으로 복제하는 방법을 배운다. 전체 소스 코드는 https://github.com/PacktPublishing/Advanced-Deep-Learning-with-Python/tree/master/Chapter08/transformer.py에서 찾을 수 있다.

TIP

이 예제는 https://github.com/harvardnlp/annotated-transformer에 기반한다. 또한 PyTorch 1.2에는 네이티브 트랜스포머 모듈이 들어 있다(문서는 https://pytorch.org/docs/master/nn.html #transformer-layers에 있다). 여전히 이 섹션에서도 트랜스포머를 더 잘 이해하도록 처음부터 구현할 것이다.

먼저 torch.nn.Module의 인스턴스를 받고, 같은 모듈의 n개의 동일한 깊은(deep) 복사본을 생성하는 유틸리티 함수 clones로 시작한다:

```
def clones(module: torch.nn.Module, n: int):
    return torch.nn.ModuleList([copy.deepcopy(module) for _ in range(n)])
```

이 정도로 짧게 소개하고, multihead 주의 구현을 시작하자:

Multihead 주의

이 섹션에서는 트랜스포머 주의 섹션의 정의를 따라서 multihead 주의를 구현한다. 스케

일링된 내적(dot product) 주의 구현에서 시작한다:

```
def attention(query, key, value, mask=None, dropout=None):
    """Scaled Dot Product Attention"""
    d_k = query.size(-1)

    # 1) and 2) Compute the alignment scores with scaling
    scores = torch.matmul(query, key.transpose(-2, -1)) / math.sqrt(d_k)
    if mask is not None:
        scores = scores.masked_fill(mask == 0, -1e9)

    # 3) Compute the attention scores (softmax)
    p_attn = torch.nn.functional.softmax(scores, dim=-1)
    if dropout is not None:
        p_attn = dropout(p_attn)

    # 4) Apply the attention scores over the values
    return torch.matmul(p_attn, value), p_attn
```

이 함수는 공식 $\text{Attention}(Q, K, V) = \text{softmax}(QK^T/\sqrt{d_k})V$를 구현한다. 여기서 Q=query, K=key, V=value이다. mask가 가용하다면, 역시 적용된다.

다음으로 multihead 주의 메커니즘을 torch.nn.Module로 구현한다. 이 구현은 다음 공식을 따른다:

$$\text{MultiHead}(\mathbf{Q}, \mathbf{K}, \mathbf{V}) = \text{Concat}(\text{head}_1, \text{head}_2, \ldots, \text{head}_h)\mathbf{W}^O$$
$$\text{where head}_i = \text{Attention}(\mathbf{Q}\mathbf{W}_i^Q, \mathbf{K}\mathbf{W}_i^K, \mathbf{V}\mathbf{W}_i^V)$$

__init__ 메소드부터 시작하겠다:

```
class MultiHeadedAttention(torch.nn.Module):
    def __init__(self, h, d_model, dropout=0.1):
        """
        :param h: number of heads
        :param d_model: query/key/value vector length
        """
        super(MultiHeadedAttention, self).__init__()
        assert d_model % h == 0
        # We assume d_v always equals d_k
```

```
        self.d_k = d_model // h
        self.h = h

        # Create 4 fully connected layers
        # 3 for the query/key/value projections
        # 1 to concatenate the outputs of all heads
        self.fc_layers = clones(torch.nn.Linear(d_model, d_model), 4)
        self.attn = None
        self.dropout = torch.nn.Dropout(p=dropout)
```

TIP clones 함수를 사용해서 4개의 동일한 FC self.fc_layer를 생성한다. Q/K/V 선형 투영을 위해 이들 중 세 개, 즉, $\mathbf{W}_i^Q$, $\mathbf{W}_i^K$, $\mathbf{W}_i^V$를 사용할 것이다. 네 번째 FC 층은 서로 다른 헤드들 $\mathbf{W}^O$의 출력들의 이어진 결과를 병합한다. 현재 주의 결과를 self.attn 속성에 저장한다.

다음으로 MultiHeadedAttention.forward 메소드를 구현하자(들여넣기에 주의):

```
def forward(self, query, key, value, mask=None):
    if mask is not None:
        # Same mask applied to all h heads.
        mask = mask.unsqueeze(1)

    batch_samples = query.size(0)

    # 1) Do all the linear projections in batch from d_model => h x d_k
    projections = list()
    for l, x in zip(self.fc_layers, (query, key, value)):
        projections.append(
            l(x).view(batch_samples, -1, self.h, self.d_k).transpose(1, 2)
        )

    query, key, value = projections

    # 2) Apply attention on all the projected vectors in batch.
    x, self.attn = attention(query, key, value,
                             mask=mask,
                             dropout=self.dropout)
```

```
    # 3) "Concat" using a view and apply a final linear.
    x = x.transpose(1, 2).contiguous() \
        .view(batch_samples, -1, self.h * self.d_k)

    return self.fc_layers[-1](x)
```

Q/K/V 벡터와 그들의 레퍼런스 투영 self.fc_layers에 대해서 반복하고, 다음 코드로 Q/K/V projections를 생성한다:

```
l(x).view(batch_samples, -1, self.h, self.d_k).transpose(1, 2)
```

그런 다음 처음 정의한 attention 함수를 사용해서 투영에 레귤러 주의를 적용하고, 끝으로 여러 헤드의 출력을 잇고 결과를 반환한다. multihead 주의를 구현했으므로 이제 인코더를 구현하자.

인코더

이 섹션에서는 여러 하위 구성 요소로 구성된 인코더를 구현한다. 기본 정의부터 시작한 다음 더 자세한 내용으로 들어가자:

```
class Encoder(torch.nn.Module):
    def __init__(self, block: EncoderBlock, N: int):
        super(Encoder, self).__init__()
        self.blocks = clones(block, N)
        self.norm = LayerNorm(block.size)

    def forward(self, x, mask):
        """Iterate over all blocks and normalize"""
        for layer in self.blocks:
            x = layer(x, mask)

        return self.norm(x)
```

이것은 매우 간단하다: 인코더는 N개의 EncoderBlock 인스턴스가 적층된 self.blocks로 구성된다(각각은 다음을 위한 입력으로 사용된다). 그 다음에는 LayerNorm 정규화된 self.norm(트랜스포머 모델 섹션에서 이 개념에 관해 논의했다)이 있다. forward 메소드는 데이터 텐서 x와 일부 입력 시퀀스 요소를 차단하는 mask 인스턴스를 입력으로 사용한다. 트랜스포머 모델 섹션에서 논의했듯이 마스크는 시퀀스의 미래 요소를 아직 사용할 수 없는 모델의 디코더 부분에만 관련된다. 인코더에서 마스크는 placeholder로서만 존재한다.

LayerNorm의 정의는 생략하고(인코더의 끝에 있는 정규화라는 것을 아는 것으로 충분하다) 대신 EncoderBlock에 초점을 맞추겠다:

```
class EncoderBlock(torch.nn.Module):
    def __init__(self,
                 size: int,
                 self_attn: MultiHeadedAttention,
                 ffn: PositionwiseFFN,
                 dropout=0.1):
        super(EncoderBlock, self).__init__()
        self.self_attn = self_attn
        self.ffn = ffn

        # Create 2 sub-layer connections
        # 1 for the self-attention
        # 1 for the FFN
        self.sublayers = clones(SublayerConnection(size, dropout), 2)
        self.size = size

    def forward(self, x, mask):
        x = self.sublayers[0](x, lambda x: self.self_attn(x, x, x, mask))
        return self.sublayers[1](x, self.ffn)
```

다시 말하지만, 각 인코더 블록은 두 개의 하위 층(익숙한 clones 함수로 인스턴스화된 self.sublayers)으로 구성된다. 하나는 multihead 자기 주의 self_attn (MultiHeadedAttention의 인스턴스)이며, 다른 하나는 그 다음의 단순한 FC 네트워크 ffn(PositionwiseFFN의 인스턴스)이다. 각 하위 층은 SublayerConnection 클래스로 구현되는 residual 연결에 의해 래핑된다:

```
class SublayerConnection(torch.nn.Module):
    def __init__(self, size, dropout):
        super(SublayerConnection, self).__init__()
        self.norm = LayerNorm(size)
        self.dropout = torch.nn.Dropout(dropout)
```

```
    def forward(self, x, sublayer):
        return x + self.dropout(sublayer(self.norm(x)))
```

Residual 연결에는 정규화 및 dropout도 포함된다(정의에 따라). 공식 LayerNorm(x +SubLayer(x))을 따르지만, 코드 단순화를 위해 `self.norm`은 마지막이 아니라 먼저 나온다. `SublayerConnection.forward`는 데이터 텐서 `x`, 그리고 `MultiHeadedAttention` 또는 `PositionwiseFFN`의 인스턴스인 하위 층을 입력으로 받는다. `EncoderBlock.forward` 메소드에서 이러한 역할을 볼 수 있다.

아직 정의하지 않은 유일한 구성 요소는 $\text{FFN}(x) = \text{ReLU}(\mathbf{W}_1 x + b_1)\mathbf{W}_2 + b_2$ 공식을 구현하는 `PositionwiseFFN`이다. 이 누락된 부분을 추가하자:

```
class PositionwiseFFN(torch.nn.Module):
    def __init__(self, d_model: int, d_ff: int, dropout=0.1):
        super(PositionwiseFFN, self).__init__()
        self.w_1 = torch.nn.Linear(d_model, d_ff)
        self.w_2 = torch.nn.Linear(d_ff, d_model)
        self.dropout = torch.nn.Dropout(dropout)

    def forward(self, x):
        return

self.w_2(self.dropout(torch.nn.functional.relu(self.w_1(x))))
```

이제 인코더와 그의 모든 구성 요소를 구현했다. 다음 섹션에서는 디코더를 정의한다.

디코더

이 섹션에서는 디코더를 구현한다. 인코더와 매우 유사한 패턴을 따른다:

```
class Decoder(torch.nn.Module):
    def __init__(self, block: DecoderBlock, N: int, vocab_size: int):
        super(Decoder, self).__init__()
        self.blocks = clones(block, N)
        self.norm = LayerNorm(block.size)
        self.projection = torch.nn.Linear(block.size, vocab_size)

    def forward(self, x, encoder_states, source_mask, target_mask):
```

```
        for layer in self.blocks:
            x = layer(x, encoder_states, source_mask, target_mask)

        x = self.norm(x)

        return torch.nn.functional.log_softmax(self.projection(x), dim=-1)
```

N개의 DecoderBlock 인스턴스가 적층된 self.blocks로 구성되며, 여기서 각 블록의 출력은 다음 블록에 대한 입력이 된다. 그 뒤에 self.norm 정규화(LayerNorm의 인스턴스)가 이어진다. 마지막으로, 디코더에는 가장 적합한 단어를 생성하기 위해 softmax 활성화를 사용하는 추가 FC 층이 있다. Decoder.forward 메소드는 인코더의 주의 벡터를 나타내는 추가 파라미터인 encoder_states를 받는다. 이 encoder_states는 DecoderBlock 인스턴스로 전달된다.

다음으로 DecoderBlock을 구현하자:

```
class DecoderBlock(torch.nn.Module):
    def __init__(self,
                 size: int,
                 self_attn: MultiHeadedAttention,
                 encoder_attn: MultiHeadedAttention,
                 ffn: PositionwiseFFN,
                 dropout=0.1):
        super(DecoderBlock, self).__init__()
        self.size = size
        self.self_attn = self_attn
        self.encoder_attn = encoder_attn
        self.ffn = ffn

        # Create 3 sub-layer connections
        # 1 for the self-attention
        # 1 for the encoder attention
        # 1 for the FFN
        self.sublayers = clones(SublayerConnection(size, dropout), 3)

    def forward(self, x, encoder_states, source_mask, target_mask):
        x = self.sublayers[0](x, lambda x: self.self_attn(x, x, x,
            target_mask))
```

```
    x = self.sublayers[1](x, lambda x: self.encoder_attn(x,
        encoder_states, encoder_states, source_mask))
    return self.sublayers[2](x, self.ffn)
```

이것은 EncoderBlock과 유사하지만 한 가지 중요한 차이점이 있다: EncoderBlock이 자기 주의 메커니즘에만 의존하는 반면, 여기서는 자기 주의와 인코더에서 오는 레귤러 주의를 결합한다. 이는 encoder_attn 모듈과 나중에 forward 메소드의 encoder_states 파라미터 및 인코더 주의 값들에 대한 추가 SublayerConnection에 반영된다. DecoderBlock.forward 메소드에서 여러 주의 메커니즘들의 조합을 볼 수 있다. self.self_attn은 질의/키/값 모두에 x를 사용하는 반면, self.encoder_attn은 x를 질의로 사용하고 encoder_states를 키와 값으로 사용한다. 이러한 방식으로 레귤러 주의는 인코더와 디코더 사이의 링크를 설정한다.

이것으로 디코더 구현을 마친다. 다음 섹션에서는 전체 트랜스포머 모델의 빌드를 진행한다.

종합

메인 EncoderDecoder 클래스를 계속 진행한다:

```
class EncoderDecoder(torch.nn.Module):
    def __init__(self,
                 encoder: Encoder,
                 decoder: Decoder,
                 source_embeddings: torch.nn.Sequential,
                 target_embeddings: torch.nn.Sequential):
        super(EncoderDecoder, self).__init__()
        self.encoder = encoder
        self.decoder = decoder
        self.source_embeddings = source_embeddings
        self.target_embeddings = target_embeddings

    def forward(self, source, target, source_mask, target_mask):
        encoder_output = self.encoder(
            x=self.source_embeddings(source),
            mask=source_mask)

        return self.decoder(
            x=self.target_embeddings(target),
```

```
        encoder_states=encoder_output,
        source_mask=source_mask,
        target_mask=target_mask)
```

이것은 Encoder, Decoder, source_embeddings/target_embeddings를 결합한다(이 섹션의 뒷부분에서 임베딩에 중점을 둘 것이다). EncoderDecoder.forward 메소드는 source 시퀀스를 받고 self.encoder에 공급한다. 그런 다음 self.decoder는 이전 출력 단계 x=self.target_embeddings(target), 인코더 상태 encoder_states = encoder_output, 그리고 소스 및 타겟 마스크에서 입력을 가져온다. 이러한 입력을 사용해서 시퀀스의 예측된 다음 요소(단어)를 제공하며, 이것은 forward 메소드의 반환 값이기도 하다.

다음으로 지금까지 구현한 모든 것을 하나의 일관된 모델로 결합하는 build_model 함수를 구현한다:

```
def build_model(source_vocabulary: int,
                target_vocabulary: int,
                N=6, d_model=512, d_ff=2048, h=8, dropout=0.1):
    """Build the full transformer model"""
    c = copy.deepcopy
    attn = MultiHeadedAttention(h, d_model)
    ff = PositionwiseFFN(d_model, d_ff, dropout)
    position = PositionalEncoding(d_model, dropout)

    model = EncoderDecoder(
        encoder=Encoder(EncoderBlock(d_model, c(attn), c(ff), dropout), N),
        decoder=Decoder(DecoderBlock(d_model, c(attn), c(attn),c(ff),
                                     dropout), N, target_vocabulary),
        source_embeddings=torch.nn.Sequential(
            Embeddings(d_model, source_vocabulary), c(position)),
        target_embeddings=torch.nn.Sequential(
            Embeddings(d_model, target_vocabulary), c(position)))

    # This was important from their code.
    # Initialize parameters with Glorot / fan_avg.
    for p in model.parameters():
        if p.dim() > 1:
```

```
        torch.nn.init.xavier_uniform_(p)

    return model
```

익숙한 MultiHeadedAttention 및 PositionwiseFFN 외에 position 변수(PositionalEncoding 클래스의 인스턴스)도 만든다. 이 클래스는 트랜스포머 모델 섹션에서 설명한 정현파 위치 인코딩을 구현한다(여기에 전체 구현을 포함시키지 않겠다). 이제 EncoderDecoder 인스턴스화에 초점을 맞추자: 우리는 이미 인코더와 디코더에 관해서 잘 알고 있으므로 놀랄 일은 없다. 그러나 임베딩은 좀 더 흥미롭다. 다음 코드는 소스 임베딩을 인스턴스화한다(타겟 임베딩에도 유효하다):

```
source_embeddings=torch.nn.Sequential(Embeddings(d_model,
source_vocabulary), c(position))
```

이들이 다음 두 구성 요소의 순차적 목록임을 알 수 있다:

- 단순히 $\sqrt{d_{model}}$로 곱한 torch.nn.Embedding의 조합인 Embeddings 클래스의 인스턴스(여기서는 클래스 정의는 생략)
- 임베딩 벡터에 위치 정현파 데이터를 추가하는 위치 인코딩 c(position)

이러한 방식으로 입력 데이터가 전처리되면, 인코더/디코더의 핵심 부에 입력으로 사용될 수 있다.

이것으로 트랜스포머의 구현을 마친다. 이 예제의 목표는 트랜스포머 주의 및 트랜스포머 모델 섹션의 이론적 기반에 대한 보조 자료를 제공하는 것이었다. 따라서 우리는 코드에서 가장 관련성이 높은 부분에 초점을 맞추었고, 몇 가지 평범한 코드 섹션을 생략했다. 그 중 가장 중요한 부분은 랜덤 숫자 시퀀스용 RandomDataset 데이터 생성기와 훈련을 구현하는 train_model 함수이다. 그렇지만 독자가 트랜스포머의 작동 방식을 더 잘 이해할 수 있도록 전체 예제를 단계별로 실행시킬 것을 권장한다.

다음 섹션에서는 이제까지 소개한 주의 메커니즘들을 기반으로 한 최신 언어 모델들에 관해 설명한다.

8.4 트랜스포머 언어 모델

6장 언어 모델링에서 단어 콘텍스트(이웃 단어들)를 사용해서 단어 벡터(임베딩)를 만드는 몇 가지 언어 모델(word2vec, GloVe 및 fastText)을 소개했다. 이 모델들은 몇 가지 속성을 공유한다:

- 훈련 텍스트에서의 모든 출현을 기반으로 각 단어에 대해서 하나의 전역적 단어 벡터를 생성하기 때문에 context-free이다(앞의 표현과 모순되지만). 예를 들어, *lead*는 *lead the way*와 *lead atom*이라는 문구에서 완전히 다른 의미를 가질 수 있지만, 모델은 같은 단어 벡터에 두 의미를 모두 포함하려고 시도할 것이다.
- 임베딩 벡터를 훈련할 때 문맥(콘텍스트) 단어의 순서를 고려하지 않기 때문에 position- free이다.

반대로, 콘텍스트 및 위치 종속적인 트랜스포머 기반 언어 모델을 생성할 수 있다. 이런 모델은 현재 문맥 단어와 그 위치를 모두 고려해서 단어의 각각의 고유한 문맥에 대해서 서로 다른 단어 벡터를 생성한다. 이로 인해 클래식 모델과 트랜스포머 기반 모델 간의 개념적 차이가 발생한다. word2vec과 같은 모델은 정적인 context-free 및 position-free 임베딩 벡터를 생성하므로, 그 다음의 다운스트림 작업에서는 모델을 버리고 벡터만 사용할 수 있다. 그러나 트랜스포머 모델은 콘텍스트에 기반해서 동적 벡터를 생성하므로 작업 파이프라인의 일부로 포함시켜야 한다.

다음 섹션에서는 몇 가지 최신 트랜스포머 기반 모델에 관해 설명한다.

8.4.1 BERT

BERT(bidirectional encoder representations from transformers)(*BERT: Pretraining of Deep Bidirectional Transformers for Language Understanding* 참고(`https://arxiv.org/abs/1810.04805`)) 모델은 그 이름이 매우 설명적이다. 언급된 요소들을 들여다보자:

- **인코더**: 이 모델은 트랜스포머 모델 섹션에서 설명한 트랜스포머 아키텍처의 다층 인코더 부의 출력만 사용한다.
- **양방향**: 인코더에는 본질적으로 양방향 특성이 있다.

이해를 돕기 위해 L은 트랜스포머 블록 수, H(앞에서는 d_{model}로 표시됨)는 은닉 크기, A는 자기 주의 헤드 수라고 하자. 논문의 저자는 두 가지 BERT 설정을 실험했다: $\text{BERT}_{\text{BASE}}$($L=12$, $H=768$, $A=12$, 총 파라미터 수=110M)와 $\text{BERT}_{\text{LARGE}}$($L=24$, $H=1024$, $A=16$, 총 파라미터 수 =340M).

BERT 프레임워크를 더 잘 이해하기 위해 두 단계로 구성된 훈련부터 시작하겠다:

1. **사전 훈련**: 모델은 서로 다른 사전 훈련 작업에 대해서 레이블링되지 않은 데이터로 훈련된다.
2. **미세 조정**: 모델은 사전 훈련된 파라미터들로 초기화된 다음, 모든 파라미터가 특정 다운스트림 작업의 레이블링된 데이터셋에 대해서 미세 조정된다.

다음 다이어그램에서 이 단계들을 볼 수 있다:

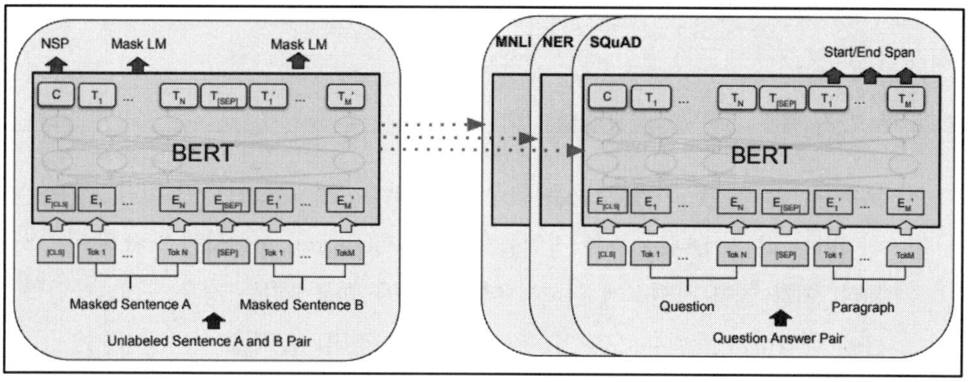

그림 8.9 왼쪽: 사전 훈련; 오른쪽: 미세 조정(https://arxiv.org/abs/1810.04805)

이 다이어그램은 다음 섹션에서 레퍼런스로 사용되므로 자세한 내용은 계속 지켜봐 주기 바란다. 지금은 **Tok N**이 원-핫 인코딩된 입력 토큰, E는 토큰 임베딩, T는 모델 출력 벡터를 나타낸다는 것을 아는 정도로 충분하다.

이제 BERT의 개요를 들었으므로 구성 요소를 살펴보자.

입력 데이터 표현

각 학습 단계로 들어가기 전에, 두 단계에서 공유하는 입력 및 출력 데이터 표현에 관해서 논의하자. fastText(6장 언어 모델링)와 다소 유사하게, BERT는 WordPiece(https://

arxiv.org/abs/1609.08144)라는 데이터 중심(data-driven) 토큰화 알고리듬을 사용한다. 즉, 전체 단어 어휘 대신에, 어휘가 미리 정해진 크기(BERT의 경우 크기는 30,000 토큰)에 도달할 때까지 반복 프로세스에서 하위 단어(subword) 토큰 어휘를 생성한다. 이 접근 방식에는 두 가지 주요 이점이 있다:

- 사전의 크기를 제어할 수 있다.
- 모르는 단어는 기존 사전의 가장 가까운 하위 단어 토큰에 할당해서 처리한다.

BERT는 다양한 다운스트림 작업을 처리할 수 있다. 이를 위해 논문 저자는 다음을 단일 입력 토큰 시퀀스로 명확하게 나타낼 수 있는 특수 입력 데이터 표현을 소개했다:

- 단일 문장(예: 어감 분석과 같은 분류 작업의)
- 문장 쌍(예: 질문-답변 문제의)

여기서 문장은 언어적 문장을 의미할 뿐만 아니라 임의의 길이의 연속된 텍스트를 의미할 수도 있다.

모델은 두 가지 특수 토큰을 사용한다:

- 모든 시퀀스의 첫 번째 토큰은 항상 특수 분류 토큰([CLS][142])이다. 이 토큰에 해당하는 은닉 상태는 분류 작업을 위한 집계(aggregate) 시퀀스 표현으로 사용된다. 예를 들어 시퀀스에 대해서 어감 분석을 적용하려는 경우, [CLS] 입력 토큰에 해당하는 출력은 모델의 어감(긍정적/부정적) 출력을 나타낸다.
- 문장 쌍이 단일 시퀀스로 함께 압축된다. 두 번째 특수 토큰([SEP][143])이 두 개의 입력 문장 사이의 경계를 표시한다(두 개가 있는 경우). 문장 A 또는 문장 B에 속하는지 여부를 나타내는 모든 토큰에 대해 추가 학습된 세분화 임베딩의 도움으로 문장들을 더욱 분할한다. 따라서 입력 임베딩은 토큰 임베딩, 세분화 임베딩, 위치 임베딩의 합이다. 여기서 토큰 임베딩과 위치 임베딩은 레귤러 트랜스포머에서와 같은 목적으로 사용된다.

다음 다이어그램은 특수 토큰과 입력 임베딩을 보여준다:

---

142. classification

143. separation

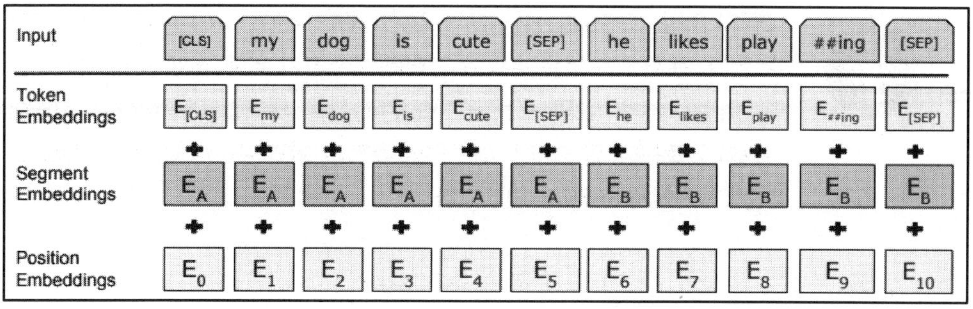

그림 8.10 BERT 입력 표현. 입력 임베딩은 토큰 임베딩, 세분화 임베딩, 위치 임베딩의 합이다. (https://arxiv.org/abs/1810.04805)

이제 입력이 어떻게 처리되는지 알았으니 사전 훈련 단계를 살펴보자.

사전 훈련

사전 훈련 단계는 트랜스포머의 양방향 인코더 표현 섹션의 다이어그램 왼쪽에 예시되어 있다. 논문의 저자는 **MLM(masked language modeling)**과 **NSP(다음 문장 예측)**라는 두 가지 비감독 훈련 작업을 사용해서 BERT 모델을 훈련시켰다.

모델에 입력 시퀀스가 제시되고 그 시퀀스에서 빠진 단어를 예측하는 것이 목표인 MLM부터 시작하겠다. 이 경우 BERT는 의도적으로 손상된 입력을 재구성하려고 한다는 점에서 **노이즈 제거 오토인코더(denoising autoencoder)** 역할을 한다. MLM은 본질적으로 word2vec 모델의 CBOW 목표와 유사하다(6장 언어 모델링). 이 작업을 해결하기 위해 BERT 인코더 출력은 소프트맥스 활성화가 있는 FC 층으로 확장되어 입력 시퀀스가 주어졌을 때 가장 가능성 높은 단어를 생성한다. 각 입력 시퀀스는 WordPiece 토큰의 15%(논문을 따라)를 무작위로 마스킹해서 수정된다. 이를 더 잘 이해하기 위해 논문의 예를 사용할 것이다. 레이블이 없는 문장이 *my dog is hairy*라고 가정하고, 무작위 마스킹 절차에서 네 번째 토큰(hairy)을 선택했다고 가정하면, 마스킹 절차는 다음 예시로 자세히 설명될 수 있다:

- 80%: 단어를 `[MASK]` 토큰으로 대체한다. 예: *my dog is hairy* → *my dog is* `[MASK]`.
- 10%: 단어를 임의의 단어로 바꾼다. 예: *my dog is hairy* → *my dog is apple*.
- 10%: 단어를 그대로 유지한다. 예: *my dog is hairy* → *my dog is hairy*. 이것의 목적은 표현을 실제 관찰된 단어 쪽으로 편향시키는 것이다.

모델이 양방향이므로 `[MASK]` 토큰은 입력 시퀀스의 아무 위치에든 나타날 수 있다. 동시에 모델은 누락된 단어를 예측하기 위해 전체 시퀀스를 사용한다. 이것은 항상 앞의 모든 단어로부터 다음 단어를 예측하려고 시도해서 `[MASK]` 토큰이 필요하지 않은 단방향 자기 회귀(AR, Autoregressive) 모델(다음 섹션에서 설명)과 반대이다.

이 80/10/10 분배가 필요한 두 가지 주요 이유가 있다:

- `[MASK]` 토큰은 사전 훈련과 미세 조정 사이에 불일치를 일으키는데(다음 섹션에서 논의할 것이다), 그 이유는 전자에만 나타나고 후자에는 나타나지 않기 때문이다. 즉, 미세 조정 작업은 `[MASK]` 토큰이 없는 입력 시퀀스를 모델에 제시한다. 그러나 모델은 `[MASK]`가 있는 시퀀스를 예상하도록 사전 훈련되었으므로, 정의되지 않은 동작이 발생할 수 있다.
- BERT는 예측된 토큰들이 서로 독립적이라고 가정한다. 이를 이해하기 위해 모델이 *I went* `[MASK]` *with my* `[MASK]`라는 입력 시퀀스를 재구성하려 한다고 가정하자. BERT는 *I went cycling with my bicycle*이라는 문장을 예측할 수 있는데, 이는 유효한 문장이다. 그러나 모델이 마스킹된 두 단어를 연관시키지 않기 때문에, 유효하지 않은 *I went swimming with my bicycle*로 예측하는 것을 막을 수 없다.

80/10/10 분배를 사용하면 `transformer` 인코더는 예측할 단어 또는 임의의 단어로 대체된 단어를 알지 못하므로, 모든 입력 토큰의 분배 콘텍스트 표현(distributional contextual representation)을 유지해야 한다. 또한 무작위 대체는 모든 토큰의 1.5%(즉, 15%의 10%)에 대해서만 발생하기 때문에, 모델의 언어 이해 능력에 해를 끼치지 않는 것 같다.

MLM의 한 가지 단점은 모델이 각 뱃치에 있는 단어의 15%만 예측하기 때문에, 모든 단어를 사용하는 사전 훈련 모델보다 더 느리게 수렴할 수 있다는 것이다.

다음으로 NSP로 계속 진행하자. 저자는 **질문 응답**(QA, question answering)과 **자연어 추론**(NLI, natural language inference) 같은 많은 중요한 다운스트림 작업이, 언어 모델링에 의해 직접 캡처되지 않는 두 문장 간의 관계를 이해하는 데 기반을 두고 있다고 주장한다.

NLI는 **가설**(hypothesis)을 표현하는 문장이, **전제**(premise)라고 하는 다른 문장이 주어졌을 때 true(entailment), false(contradiction) 또는 undetermined(neutral)인지 여부를 결정한다. 다음 표가 몇 가지 예를 보여준다:

Premise	Hypothesis	Label
I am running	I am sleeping	contradiction
I am running	I am listening to music	neutral
I am running	I am training	entailment

문장 관계를 이해하는 모델을 훈련시키기 위해 모든 단일어 말뭉치에서 사소하게 생성될 수 있는 다음-문장 예측 작업을 사전 훈련시킨다. 구체적으로, 각 입력 시퀀스는 시작 `[CLS]` 토큰과, `[SEP]` 토큰으로 분리된 두 개의 연결된 문장 A와 B로 구성된다(BERT 섹션의 다이어그램 참고). 각 사전 훈련 예제를 위해 문장 A와 B를 선택할 때, 50% 경우는 B가 A 다음에 오는 실제 다음 문장(`IsNext`로 레이블링된)이고, 50% 경우는 말뭉치로부터의 무작위 문장(`NotNext`로 레이블링된)이다. 앞서 언급했듯이 모델은 `[CLS]` 해당 입력에 대해 `IsNext/NotNext` 레이블을 출력한다.

NSP 작업은 다음 예를 사용해서 설명된다:

- `[CLS]` *the man went to* `[MASK]` *store* `[SEP]` *he bought a gallon* `[MASK]` *milk* `[SEP]-IsNext` 레이블.
- `[CLS]` *the man* `[MASK]` *to the store* `[SEP]` *penguins* `[MASK]` *are flight ##less birds* `[SEP]-NotNext` 레이블. WordPiece 토큰화 알고리듬의 결과인 *##less* 토큰 사용에 유의하라.

다음으로 미세 조정 단계를 살펴보자.

미세 조정

미세 조정 작업은 사전 훈련 작업 다음에 하며, 입력 전처리 외에는 두 단계가 매우 유사하다. 마스킹된 시퀀스를 생성하는 대신에 특정 태스크용(task-specific), 수정되지 않은 입력 및 출력을 BERT 모델에 제공하고, 모든 파라미터를 end-to-end 방식으로 미세 조정한다. 따라서 미세 조정 단계에서 사용하는 모델은 실제 프로덕션 환경에서 사용할 모델과 같다.

다음 다이어그램은 BERT로 몇 가지 유형의 작업을 해결하는 방법을 보여준다:

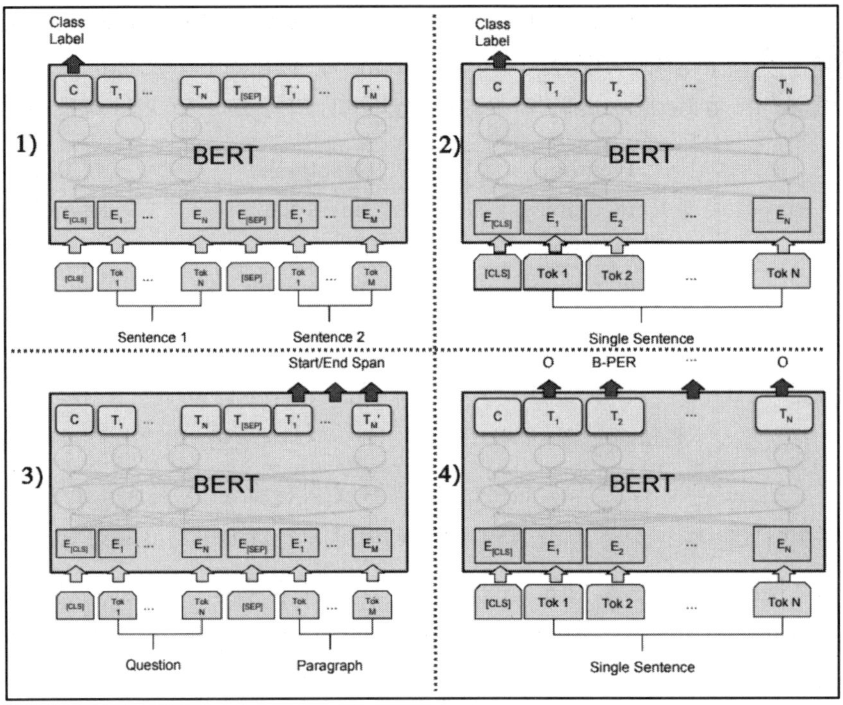

그림 8.11 다양한 작업에 대한 BERT 적용(https://arxiv.org/abs/1810.04805)

이에 관해 논의해보자:

- 왼쪽 상단 시나리오는 NLI와 같은 문장 쌍 분류 작업에 **BERT**를 사용하는 방법을 보여준다. 간단히 말해서, 두 개의 이어진 문장을 모델에 공급하고, 모델 결과를 출력할 `[CLS]` 토큰 출력 분류만 살펴본다. 예를 들어 NLI 작업에서 목표는 두 번째 문장이 첫 번째 문장과 관련해서 entailment(수반 또는 함의), contradiction(모순) 또는 neutral(중립)인지 예측하는 것이다.
- 오른쪽 위 시나리오는 감정 분석과 같은 단일 문장 분류 작업에 **BERT**를 사용하는 방법을 보여준다. 이것은 문장 쌍 분류와 매우 유사하다.
- 왼쪽 아래 시나리오는 **Stanford Question Answering Dataset**(SQuAD v1.1, `https://rajpurkar.github.io/SQuAD-explorer/explore/1.1/dev/`)에 BERT를 사용하는 방법을 보여준다. 시퀀스 A가 질문이고 시퀀스 B가 답변을 포함하는 Wikipedia의 구절이라고 할 때, 목표는 이 구절 내에서 답변의 텍스트 범위(시작 및 끝 span)를 예측하는 것이다.[144] 두 개의 새로운 벡터, 즉 시작 벡

144. Jeopardy 같은 퀴즈쇼를 떠올리면 된다.

터 $S \in \mathbb{R}^H$와 끝 벡터 $E \in \mathbb{R}^H$를 도입한다. 여기서 H는 모델의 은닉 크기이다. 시퀀스 B의 모든 단어에 대해서 각 단어 i가 답 범위(span)의 시작(또는 끝)이 될 확률은 출력 벡터 T_i와 S(또는 E) 사이의 내적(dot product)과 softmax로 계산된다: $P_i = \frac{e^{S \cdot T_i}}{\sum_j e^{S \cdot T_j}}$. 위치 i에서 시작해서 j에 이르는 후보 범위의 점수는 $S \cdot T_i + E \cdot T_j$로 계산된다. 출력 후보는 최대 점수를 가진 후보이다. 여기서 $j \geq i$이다.

- 오른쪽 아래 시나리오는 각 입력 토큰이 특정 유형의 엔터티로 분류되는 **NER (named entity recognition)**에 **BERT**를 사용하는 방법을 보여준다.[145]

이것으로 BERT 모델 섹션을 마친다. 앞서 말했듯이 트랜스포머 인코더를 기반으로 한다. 다음 섹션에서는 트랜스포머 디코더 모델에 관해 설명한다.

8.4.2 트랜스포머-XL

이 섹션에서는 Transformer-XL이라는, 바닐라 트랜스포머에 대한 개선에 관해서 설명한다. 여기서 XL은 extra long(`https://arxiv.org/abs/1901.02860`의 *Transformer-XL: Attentive Language Models Beyond a Fixed-Length Context* 참고)을 의미한다. 일반 트랜스포머를 개선해야 할 필요성을 이해하기 위해 트랜스포머 자체의 특성에서 비롯되는 몇 가지 제한 사항에 관해서 논의하겠다. RNN 기반 모델은 내부 RNN 상태가 과거의 모든 입력을 기반으로 조정되기 때문에, 임의의 길이의 시퀀스에 관한 정보를 전달할 수 있는 (적어도 이론적인) 능력이 있다. 그러나 트랜스포머의 자기 주의에는 그러한 순환적 구성 요소가 없으며, 전적으로 현재 입력 시퀀스의 범위 내로 제한된다. 메모리와 계산 자원이 무한하다면, 간단한 해결책은 전체 콘텍스트 시퀀스를 처리하는 것이다. 그러나 실제로는 자원이 제한되어 있으므로 다음 다이어그램의 이미지 (a)에 보인 것처럼, 전체 텍스트를 더 작은 세그먼트로 분할하고 각 세그먼트 내에서만 모델을 훈련시킨다:

145. 예: 각 단어의 품사 tagging 작업

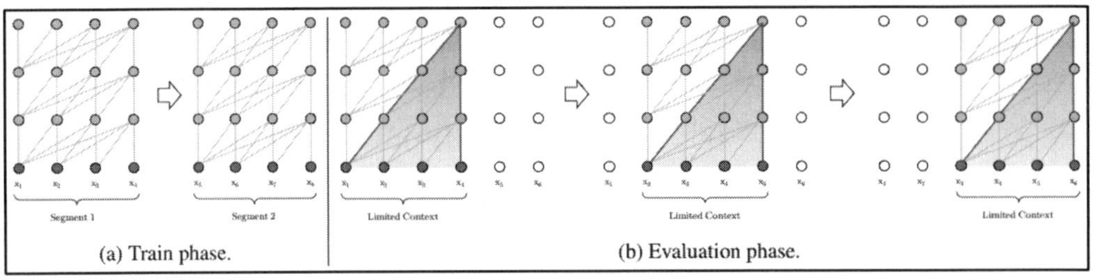

그림 8.12 길이가 4인 입력 시퀀스를 사용하는 일반 트랜스포머의 (a) 훈련과 (b) 평가 예시. 단방향 트랜스포머 디코더 사용에 유의하라.(https://arxiv.org/abs/1901.02860)

가로 축은 입력 시퀀스 $[x_1, ..., x_4]$를 나타내고 세로 축은 스택된 디코더 블록을 나타낸다. 요소 x_i는 $i \le j$ 요소들에만 주의를 기울일 수 있다. 이는 Transformer-XL이 인코더를 기반으로 하는 BERT와 달리 디코더를 기반으로 하기 때문이다(그리고 인코더를 포함하지 않음). 따라서 Transformer-XL 디코더는 일반 디코더와 달리 인코더 상태에 액세스할 수 없기 때문에, 완전한(full) 인코더-디코더 트랜스포머의 디코더와 같지 않다. 그런 의미에서 Transformer-XL 디코더는, 입력 시퀀스 마스크로 인해 단방향이라는 점을 제외하고는, 일반 트랜스포머 인코더와 매우 유사하다. Transformer-XL은 **자기 회귀(AR. Autoregressive)** 모델의 예이다.

다이어그램에서 보듯이, 가능한 가장 큰 종속성 길이는 세그먼트 길이에 의해 상한이 제한된다. 또한 비록 주의 메커니즘이 시퀀스의 모든 요소에 즉시 액세스할 수 있도록 해서 기울기가 소멸되는 것을 방지하는 데 도움이 되기는 하지만, 제한된 입력 세그먼트로 인해 변환기는 이 이점을 충분히 활용할 수 없다. 또한 텍스트가 일반적으로 문장이나 다른 의미적 경계를 고려하지 않고 연속적인 기호 청크(chunk. 말모듬)를 선택해서 분할된다. 논문 저자는 이를 콘텍스트 조각화(context fragmentation)라고 부른다. 논문에 따르면, 모델은 처음 몇 기호를 잘 예측하는 데 필요한 문맥 정보가 부족해서, 비효율적인 최적화와 성능 저하로 이어진다.

바닐라 트랜스포머의 또 다른 문제는 다이어그램의 오른쪽에 보인 것처럼 평가 중에 나타난다. 각 단계에서 모델은 전체 시퀀스를 입력으로 사용하지만, 단일 예측만 수행한다. 다음 출력을 예측하기 위해 트랜스포머는 한 위치만큼 오른쪽으로 이동하지만, 새 세그먼트(마지막 값을 제외하고 마지막 세그먼트와 같음)는 전체 입력 시퀀스에 대해서 백지 상태에서 처리되어야 한다. 트랜스포머 모델의 몇 가지 문제를 확인했으므로 이제 해결 방법을 살펴보자.

상태 재사용에 의한 세그먼트 레벨 순환

Transformer-XL은 트랜스포머 모델에 순환 관계를 도입한다. 훈련 중 모델은 현재 세그먼트에 대한 상태를 캐시(cache)하고, 다음 다이어그램에서 볼 수 있듯이 다음 세그먼트를 처리할 때 캐시된(그러나 고정된) 값에 액세스할 수 있다:

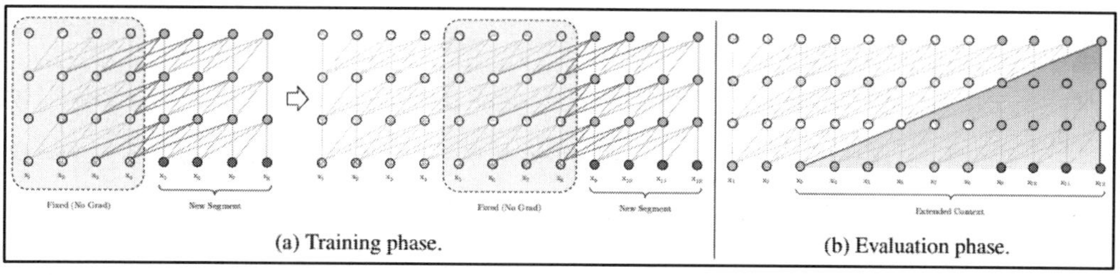

그림 8.13 입력 시퀀스 길이가 4인 Transformer–XL의 (a) 훈련 및 (b) 평가 예시 (https://arxiv.org/abs/1901.02860)

훈련 중에는 그래디언트가 캐시된 세그먼트를 통해 전파되지 않는다. 이 개념을 공식화하자(이 장에서의 표기법과 약간 다를 수 있는 논문 표기법을 사용할 것이다). 우리는 길이가 L인 두 개의 연속적인 세그먼트를 $\mathbf{s}_\tau = [x_{\tau,1}, \ldots, x_{\tau,L}]$와 $\mathbf{s}_{\tau+1} = [x_{\tau+1,1}, \ldots, x_{\tau+1,L}]$로 나타내고, τ번째 세그먼트의 n번째 블록 은닉 상태를 $\mathbf{h}_\tau^n \in \mathbb{R}^{L\times d}$로 나타낼 것이다. 여기서 d는 은닉 차원(d_{model}과 같음)이다. 명확하게 하기 위해, $\mathbf{h}_\tau^n$은 L행으로 구성된 행렬이며, 각 행에는 입력 시퀀스의 각 요소에 대한 d 차원 자기 주의 벡터가 포함된다. 그러면 $\tau+1$번째 세그먼트의 n번째 층 은닉 상태는 다음 단계들을 거쳐 생성된다:

$$\begin{aligned}
\tilde{\mathbf{h}}_{\tau+1}^{n-1} &= [\mathrm{SG}(\mathbf{h}_\tau^{n-1}) \circ \mathbf{h}_{\tau+1}^{n-1}] \\
\mathbf{Q}_{\tau+1}^n, \mathbf{K}_{\tau+1}^n, \mathbf{V}_{\tau+1}^n &= \mathbf{h}_{\tau+1}^{n-1}\mathbf{W}_Q^\mathsf{T}, \tilde{\mathbf{h}}_{\tau+1}^{n-1}\mathbf{W}_K^\mathsf{T}, \tilde{\mathbf{h}}_{\tau+1}^{n-1}\mathbf{W}_V^\mathsf{T} \\
\mathbf{h}_{\tau+1}^n &= \textbf{Transformer-Layer}(\mathbf{Q}_{\tau+1}^n, \mathbf{K}_{\tau+1}^n, \mathbf{V}_{\tau+1}^n)
\end{aligned}$$

여기서 SG(·)는 중단 기울기(stop gradient)를, W는 모델 파라미터(앞에서는 $\mathbf{W}^*$로 표시됨)를, $[\mathbf{h}_\tau^{n-1} \circ \mathbf{h}_{\tau+1}^{n-1}] \in \mathbb{R}^{2L\times d}$는 두 은닉 시퀀스의 길이 차원 방향의 연결을 나타낸다. 명확히 하기 위해, 연결된 은닉 시퀀스는 $2L$ 행이 있는 행렬이며, 각 행에는 결합된 입력 시퀀스 τ 및 $\tau+1$의 한 요소에 대한 d 차원 자기 주의 벡터가 포함되어 있다. 논문이 복잡한 앞 공식을 잘 설명하고 있으므로, 다음 설명에서 논문을 직접 인용한다. 표준 트랜스포머와 비교했을 때 중요한 차이점은 키 $\mathbf{K}_{\tau+1}^n$과 값 $\mathbf{V}_{\tau+1}^n$이 확장된 문맥 $\tilde{\mathbf{h}}_{\tau+1}^{n-1}$에 맞춰져 있으므로 $\mathbf{h}_\tau^{n-1}$이 이전 세그먼트에서 캐시된다는 점이다(다이어그램의 녹색 경로).[146] 이 반복 메커니즘을 말뭉치의 두 연속 세그먼트마다 적용하면, 기본적으로 은닉 상태에서 세그먼트 수준의 순환이 생성된다. 그 결과, 활용되는 실효 콘텍스트는 두 세그먼트를 넘어설 수 있다. 그러나 $\mathbf{h}^{n}_{\tau+1}$과 $\mathbf{h}^{n-1}_{\tau}$ 사이의 순환적 종속성은 세그먼트 당 한 층 아래로 이동한다. 따라서 가능한 가장 큰 종속성 길이는 다이어그램에서 음영 처리된 영역으로 시각화한 것처럼 세그먼트 길이뿐만 아니라 층 수에 대해 선형적으로 증가한다. 즉, $O(N\times L)$.

매우 긴 콘텍스트를 달성하고 조각화를 해결하는 것 외에도 순환 체계는 훨씬 더 빠른 평가를 제공한다. 구체적으로, 평가하는 동안 바닐라 모델의 경우처럼 처음부터 계산되는 대신에 이전 세그먼트들로부터의 표현을 재사용할 수 있다.

마지막으로, 이 순환 방식은 이전 세그먼트에만 제한될 필요가 없다. 이론적으로는 GPU 메모리가 허용하는 만큼 이전 세그먼트들을 캐시하고 현재 세그먼트를 처리할 때 추가 콘텍스트로 모두 재사용할 수 있다.

이 순환 체계에는 시퀀스 요소의 위치를 인코딩하는 새로운 방법이 필요하다. 이 주제를 살펴보자.

상대적 위치 인코딩

바닐라 트랜스포머 입력이 현재 세그먼트 내에서만 관련 있는 정현파 위치 인코딩(트랜스포머 모델 섹션 참고)으로 보강된다. 다음 공식은 현재 위치 인코딩을 이용해서 상태 $\mathbf{h}_\tau$ 및 $\mathbf{h}_{\tau+1}$을 계산하는 방법을 보여준다:

$$\begin{aligned}\mathbf{h}_{\tau+1} &= f(\mathbf{h}_\tau, \mathbf{E}_{s_{\tau+1}} + \mathbf{U}_{1:L})\\ \mathbf{h}_\tau &= f(\mathbf{h}_{\tau-1}, \mathbf{E}_{s_\tau} + \mathbf{U}_{1:L})\end{aligned}$$

여기서 $\mathbf{E}_{s_\tau}\in\mathbb{R}^{L\times d}$는 s_τ의 단어-임베딩 시퀀스이고, f는 변환 함수이다. $\mathbf{E}_{s_\tau}$와 $\mathbf{E}_{s_{\tau+1}}$ 모두에 대해서 같은 위치 인코딩 $\mathbf{U}_{1:L}$를 사용한다는 것을 볼 수 있다. 이로 인해 모델은 서로 다른 시퀀스 $x_{\tau,j}$ 및 $x_{\tau+1,j}$ 내에서 같은 위치에 있는 두 요소의 위치를 구별할 수 없다. 이를 피하기 위해 논문의 저자는 새로운 유형의 상대 위치 인코딩 방식을 제안한다. 그들은 질의 벡터(또는 질의 행렬) $\mathbf{Q}_{\tau,i}$가 키 벡터 $\mathbf{K}_{\tau,j\le i}$에 주의를 기울일 때, 세그먼트의 시간적 순서를 식별하기 위해 각 키 벡터의 절대 위치를 알 필요가 없음을 관찰했다.

146. 흑백 인쇄물에서는 굵게 보이는 선

그 대신에 각 키 벡터 $\mathbf{K}_{\tau,j}$와 자체 $\mathbf{Q}_{\tau,i}$ 사이의 상대적 거리(즉 $i-j$)를 아는 것으로 충분하다.

제안된 해결책은 상대 위치 인코딩 $\mathrm{R} \in \mathbb{R}^{L_{\max} \times d}$ 세트를 만드는 것이다. 여기서 i번째 행의 각 셀은 시퀀스의 i번째 요소와 나머지 요소 사이의 상대적 거리를 나타낸다. R은 앞에서와 같은 정현파 공식을 사용하지만, 이번에는 절대 위치 대신 상대 위치를 사용한다. 이 상대적 거리는 동적으로 주입되므로(입력 전처리의 일부가 아닌), 질의 벡터가 $x_{\tau,j}$와 $x_{\tau+1,j}$의 위치를 구별할 수 있다. 이를 이해하기 위해 다음과 같이 분해될 수 있는 트랜스포머 주의 섹션의 절대 위치 주의 공식으로 시작하자:

$$
\begin{aligned}
\mathbf{A}_{i,j}^{\text{abs}} &= \underbrace{\mathbf{E}_{x_i}^{\top}\mathbf{W}_Q^{\top}\mathbf{W}_K\mathbf{E}_{x_j}}_{(1)} + \underbrace{\mathbf{E}_{x_i}^{\top}\mathbf{W}_Q^{\top}\mathbf{W}_K\mathbf{U}_j}_{(2)} \\
&+ \underbrace{\mathbf{U}_i^{\top}\mathbf{W}_Q^{\top}\mathbf{W}_K\mathbf{E}_{x_j}}_{(3)} + \underbrace{\mathbf{U}_i^{\top}\mathbf{W}_Q^{\top}\mathbf{W}_K\mathbf{U}_j}_{(4)}
\end{aligned}
$$

이 공식의 구성 요소에 관해서 논의해 보자:

1. 현재 위치에 관계없이 단어 i가 단어 j에 얼마나 많이 주목하는지를 나타낸다(내용 기반 주소 지정. Content-based addressing). 예: 단어 *tire*가 단어 *car*와 얼마나 관련이 있는지.
2. 단어가 무엇인지에 관계없이 단어 i가 위치 j의 단어에 얼마나 많이 주의를 기울이는지를 반영한다(내용 종속 위치 편향. Content-dependent positional bias). 예: 단어 i가 *cream*이면 단어 $j=i-1$이 *ice*일 확률.
3. 이 단계는 단계 2와 반대이다.
4. 두 단어가 무엇인지에 관계없이 위치 i의 단어가 위치 j의 단어에 얼마나 주의를 기울여야 하는지를 나타낸다(전역 위치 편향. Global-positioning bias). 예: 멀리 떨어져 있는 경우 이 값이 낮을 수 있다.

Transformer-XL에서 이 공식은 상대 위치 임베딩을 포함하도록 수정된다:

$$
\begin{aligned}
\mathbf{A}_{i,j}^{\text{rel}} &= \underbrace{\mathbf{E}_{x_i}^{\top}\mathbf{W}_Q^{\top}\mathbf{W}_{K,E}\mathbf{E}_{x_j}}_{(1)} + \underbrace{\mathbf{E}_{x_i}^{\top}\mathbf{W}_Q^{\top}\mathbf{W}_{K,R}\mathbf{R}_{i-j}}_{(2)} \\
&+ \underbrace{u^{\top}\mathbf{W}_{K,E}\mathbf{E}_{x_j}}_{(3)} + \underbrace{v^{\top}\mathbf{W}_{K,R}\mathbf{R}_{i-j}}_{(4)}
\end{aligned}
$$

절대 위치 공식에 비해 변동 사항을 간략하게 설명하겠다:

- (2)항과 (4)항에서 키 벡터를 계산하기 위한 절대 위치 임베딩 U_j를 모두 상대 카운터파트인 R_{i-j}로 바꾼다.
- (3)항의 질의 $\mathbf{U}_i^T \mathbf{W}_Q^T$를 학습 가능한 파라미터 $u \in \mathbb{R}^d$로 바꾼다. 그 이유는 질의 벡터가 모든 질의 위치에 대해서 동일하기 때문이다. 따라서 서로 다른 단어들에 대한 주의 편향(attentive bias)은 질의 위치에 관계없이 같게 유지되어야 한다. 마찬가지로 훈련 가능한 파라미터 $u \in \mathbb{R}^d$가 (4)항의 $\mathbf{U}_i^T \mathbf{W}_Q^T$를 대체한다.
- $\mathbf{W}_K$를 두 개의 가중치 행렬 $\mathbf{W}_{K,E}$ 및 $\mathbf{W}_{K,R}$로 분리해서 별도의 내용 기반 키 벡터와 위치 기반 키 벡터를 생성한다.

요약하자면 바닐라 트랜스포머에 비해 Transformer-XL의 주요 개선은 세그먼트 수준 순환 및 상대 위치 인코딩이다. 다음 섹션에서는 Transformer-XL의 또 다른 개선을 살펴보겠다.

8.4.3 XLNet

저자는 노이즈 제거 오토인코딩 사전 학습을 사용하는 양방향 모델(예: BERT)이 단방향 AR 모델(예: transformer-XL)에 비해 더 나은 성능을 달성한다는 점에 주목한다. 그러나 BERT 섹션의 사전 훈련 아래 섹션에서 언급했듯이, `[MASK]` 토큰은 사전 훈련 단계와 미세 조정 단계 사이에 차이를 야기한다. 이러한 한계를 극복하기 위해 Transformer-XL의 저자는 XLNet(`https://arxiv.org/abs/1906.08237`의 *XLNet: Generalized Autoregressive Pretraining for Language Understanding*)을 제안한다. XLNet은 분해(factorization) 순서의 모든 순열에 대한 기대 우도(expected likelihood)를 최대화해서 양방향 콘텍스트 학습을 가능하게 하는 일반화된 AR 사전 훈련 메커니즘이다. 명확히 하기 위해, XLNet은 Transformer-XL의 트랜스포머 디코더 모델을 기반으로 하며, AR 사전 훈련 단계 내에서 양방향 콘텍스트 흐름을 위한 스마트한 순열 기반 메커니즘을 도입한다.

다음 다이어그램은 분해 순서가 다른 동일한 입력 시퀀스를 모델이 어떻게 처리하는지를 보여준다. 구체적으로, 두 개의 적층 블록과 세그먼트 수준 순환(mem 필드)이 있는 트랜스포머 디코더를 보여준다:

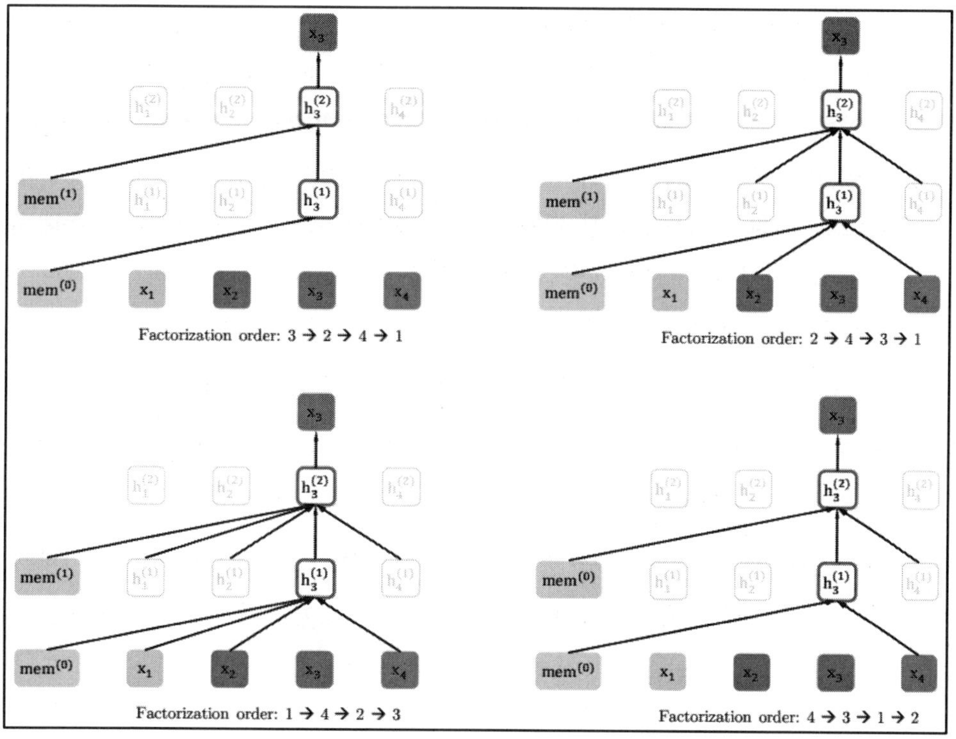

그림 8.14 같은 입력 시퀀스에 대한 4가지 분해 순서에 의한 x_3 예측 (https://arxiv.org/abs/1906.08237)

길이가 T인 시퀀스에 대해서는 유효한 AR 분해를 수행하기 위해 $T!$개의 순서가 있다. 길이가 4인 $[x_1, x_2, x_3, x_4]$의 입력 시퀀스가 있다고 가정하자. 다이어그램은 이 시퀀스에 대한 가능한 4!=24 분해 순서 중 4개를 보여준다. 왼쪽 상단 모서리부터 시계 방향으로 $[x_3, x_2, x_4, x_1]$, $[x_2, x_4, x_3, x_1]$, $[x_4, x_3, x_1, x_2]$, $[x_1, x_4, x_2, x_3]$이다. AR 모델을 사용하면 현재 요소가 시퀀스의 이전 요소들에만 집중할 수 있다. 따라서 정상적인 상황에서 x_3는 x_1 및 x_2에만 집중할 수 있다. 그러나 XLNet 알고리듬은 레귤러 시퀀스뿐만 아니라 해당 시퀀스의 다른 분해 순서로도 모델을 훈련시킨다. 따라서 모델은 원래 입력뿐만 아니라 네 가지 분해 순서를 모두 볼 수 있다. 예를 들어 $[x_3, x_2, x_4, x_1]$을 사용하면 x_3가 첫 번째 요소이기 때문에 다른 요소에 집중할 수 없다. 또는 $[x_2, x_4, x_3, x_1]$을 사용하면 x_3가 x_2 및 x_4에 집중할 수 있다. 이전 상황에서는 x_4에 액세스할 수 없었다. 다이어그램의 화살표는 분해 순서에 따라 x_3가 집중할 수 있는 요소들을 나타낸다(그렇지 않은 요소들에는 화살표가 없음).

그러나 이것이 어떻게 효과가 있을 수 있으며, 시퀀스가 자연적인 순서가 아니라서 의미를 잃을 때 훈련의 요점은 무엇인가? 이에 답하기 위해, 트랜스포머에는 내재적 순환 메커니즘이 없으며, 그 대신에 명시적 위치 인코딩을 사용해서 요소의 위치를 전달한다는 것을 기억하자. 또한 일반 트랜스포머 디코더에서는 자기 주의 마스크를 사용해서 현재 요소 다음에 오는 시퀀스 요소에 대한 액세스를 제한한다는 것을 기억하자. 다른 분해 순서(예: [x_2, x_4, x_3, x_1])로 시퀀스를 공급해도 시퀀스의 요소들은 원래 위치 인코딩을 유지하고, 트랜스포머는 올바른 순서를 잃지 않는다. 실제로 입력은 여전히 원래 시퀀스 [x_1, x_2, x_3, x_4]이지만 x_2 및 x_4 요소에만 액세스할 수 있도록 변경된 주의 마스크를 사용한다.

이 개념을 공식화하기 위해 몇 가지 표기를 도입하자. Z_T는 길이가 T인 인덱스 시퀀스 [1, 2, . . ., T]의 모든 가능한 순열 집합; $\mathbf{z} \in Z_T$는 Z_T의 한 순열; z_t는 그 순열의 t번째 요소; $\mathbf{z}_{<t}$는 해당 순열의 처음 $t-1$개 요소들; $P_\theta(x_{z_t}|\mathbf{x}_{\mathbf{z}<t})$는 현재 순열 $\mathbf{x}_{\mathbf{z}<t}$(모델의 출력인 자기 회귀 작업)가 주어졌을 때 다음 단어 x_{z_t}의 확률 분포이다. 여기서 θ는 모델 파라미터이다. 그러면 순열 언어 모델링 목표 함수는 다음과 같다:

$$\min_\theta \mathbb{E}_{\mathbf{z}\sim Z_T}\left[\sum_{t=1}^{T}\log P_\theta(x_{z_t}|\mathbf{x}_{\mathbf{z}<t})\right]$$

입력 시퀀스의 다른 분해 순서를 한 번에 하나씩 샘플링하고, 확률 p_θ를 최대화하려고 시도한다. 모델이 올바른 단어를 예측할 가능성을 높이기 위한 시도이다. 파라미터 θ는 모든 분해 순서에서 공유된다. 따라서 모델은 가능한 모든 요소 $x_i \neq x_t$를 볼 수 있으므로, 양방향 콘텍스트를 에뮬레이트할 수 있다. 동시에 여전히 이것은 [MASK] 토큰이 필요 없는 AR 함수이다.

순열 기반 사전 훈련을 완전히 활용하려면 한 조각이 더 필요하다. 현재 순열 $\mathbf{x}_{\mathbf{z}<t}$(모델의 출력인 자기 회귀 작업)가 주어 졌을 때의 다음 단어 X_{z_t}의 확률 분포 $P_\theta(\mathrm{X}_{z_t}|\mathbf{x}_{\mathbf{z}<t})$를 정의하는 것으로 시작한다. 이것은 단순히 모델의 softmax 출력이다:

$$P_\theta(X_{z_t}=x|\mathbf{x}_{\mathbf{z}<t}) = \frac{\exp(e(x)^\top h_\theta(\mathbf{x}_{\mathbf{z}<t}))}{\sum_{x'}\exp(e(x')^\top h_\theta(\mathbf{x}_{\mathbf{z}<t}))}$$

여기서 $e(x)$는 질의 역할을 하고 $h_\theta(\mathbf{x}_{\mathbf{z}<t})$는 키-값 데이터베이스 역할을 하는, 적절한 마스킹 후 트랜스포머에 의해 생성된 은닉 표현이다.

다음으로, 두 개의 분해 순서 $\mathbf{z}^{(1)} = [x_3,\ x_2,\ x_4,\ x_1]$과 $\mathbf{z}^{(2)} = [x_3,\ x_2,\ x_1,\ x_4]$가 있다고 가정하자. 여기서 처음 두 요소는 같고 나머지 두 요소는 서로 바뀌었다. 또한 $t=3$이라고 가정하자. 즉, 모델이 시퀀스의 세 번째 요소를 예측해야 한다. $\mathbf{z}^{(1)}_{<2} = \mathbf{z}^{(2)}_{<2}$이므로 $h_\theta(\mathbf{x}_{\mathbf{z}<t})$가 두 경우 모두 같을 것임을 알 수 있다. 따라서 $P^{(1)}_\theta(\mathbf{X}_{z_t}|\mathbf{x}_{\mathbf{z}^{(1)}<t}) = P^{(2)}_\theta(\mathbf{X}_{z_t}|\mathbf{x}_{\mathbf{z}^{(2)}<t})$이다. 그러나 첫 번째 경우 모델이 x_4를 예측해야 하고 두 번째 경우 x_1을 예측해야 하므로, 이것은 유효한 결과가 아니다. 위치 3에서 x_1과 x_4를 예측하더라도, 이들이 원래 위치 인코딩을 그대로 유지함을 기억하자. 따라서 예측된 요소에 대한 위치 정보(x_1과 x_4에 대해서 달라진다)는 포함하지만, 실제 단어는 배제하도록 현재 공식을 변경할 수 있다. 실제 단어는 제외할 수 있다. 즉, 모델의 임무를 predict the next word에서 predict the next word, given that we know its position으로 수정할 수 있다. 이러한 방식으로 2-표본 분해 순서의 공식이 달라진다. 수정된 공식은 다음과 같다:

$$P_\theta(X_{z_t} = x|\mathbf{x}_{\mathbf{z}<t}) = \frac{\exp(e(x)^\top g_\theta(\mathbf{x}_{\mathbf{z}<t}, z_t))}{\sum_{x'} \exp(e(x')^\top g_\theta(\mathbf{x}_{\mathbf{z}<t}, z_t))}$$

여기서 g_θ는 위치 정보 z_t도 포함하는 새로운 트랜스포머 함수이다. 논문의 저자는 이를 해결하기 위해 2-스트림 자기 주의라는 특별한 메커니즘을 제안한다. 이름에서 알 수 있듯이 두 개의 결합된 주의 메커니즘으로 구성된다:

- **내용 표현** $h_\theta(\mathbf{x}_{\mathbf{z}<t})$: 우리가 이미 익숙한 주의 메커니즘. 이 표현은 콘텍스트와 내용 x_{z_t} 자체를 모두 인코딩한다.
- **질의 표현** $g_\theta(\mathbf{x}_{\mathbf{z}<t},\ z_t)$: 앞에서 언급했듯이 문맥 정보 $\mathbf{x}_{\mathbf{z}<t}$ 및 위치 z_t에만 액세스할 수 있고 내용 x_{z_t}에는 액세스할 수 없다.

자세한 내용은 원본 논문을 확인하기 바란다. 다음 섹션에서는 트랜스포머 언어 모델의 기본 예제를 구현하겠다.

8.4.4 트랜스포머 언어 모델에 의한 텍스트 생성

이 섹션에서는 Hugging Face에서 출시한 `Transformers` 2.1.1 라이브러리(`https://huggingface.co/transformers/`)를 이용해서 기본적인 텍스트 생성 예제를 구현한다. 이것은 BERT, Transformer-XL, XLNet, OpenAI GPT, GPT-2 등을 포함한 다양한 트랜스포머 언어 모델을 구현하는, 잘 관리되고 널리 쓰이는 오픈 소스 패키지이다. 사전 훈련된 Transformer-XL 모델을 사용해서 초기 입력 시퀀스를 기반으로 새 텍스트를 생성할 것이다. 목표는 라이브러리를 경험하게 하는 것이다:

1. 가져오기부터 시작하자:

```
import torch
from transformers import TransfoXLLMHeadModel, TransfoXLTokenizer
```

   TransfoXLLMHeadModel과 TransfoXLTokenizer는 Transformer-XL 언어 모델 및 해당 토크나이저를 구현한 것이다.

2. 다음으로 장치를 초기화하고 model과 tokenizer를 인스턴스화한다. 라이브러리에 있는 사전 훈련된 파라미터 세트인 transfo-xl-wt103을 사용한다:

```
device = torch.device("cuda:0" if torch.cuda.is_available() else
"cpu")

# Instantiate pre-trained model-specific tokenizer and the model
itself
tokenizer = TransfoXLTokenizer.from_pretrained('transfo-xl-wt103')
model = TransfoXLLMHeadModel.from_pretrained('transfo-xlwt103')
.to(device)
```

3. 그런 다음 초기 시퀀스를 지정하고 토큰화한 다음, 토큰 목록을 포함하는 모델-호환 입력인 tokens_tensor로 변환한다:

```
text = "The company was founded in"
tokens_tensor = \
    torch.tensor(tokenizer.encode(text)) \
        .unsqueeze(0) \
        .to(device)
```

4. 다음으로 이 토큰을 사용해서 모델이 시퀀스의 새 토큰을 생성하는 루프를 시작한다:

```
mems = None # recurrence mechanism

predicted_tokens = list()
for i in range(50): # stop at 50 predicted tokens
    # Generate predictions
```

```
    predictions, mems = model(tokens_tensor, mems=mems)

    # Get most probable word index
    predicted_index = torch.topk(predictions[0, -1, :], 1)[1]

    # Extract the word from the index
    predicted_token = tokenizer.decode(predicted_index)

    # break if [EOS] reached
    if predicted_token == tokenizer.eos_token:
        break

    # Store the current token
    predicted_tokens.append(predicted_token)

    # Append new token to the existing sequence
    tokens_tensor = torch.cat((tokens_tensor,
                    predicted_index.unsqueeze(1)), dim=1)
```

초기 토큰 시퀀스 tokens_tensor로 루프를 시작한다. 모델은 이를 사용해서 predictions(어휘의 모든 토큰에 대한 softmax)와 mems(순환 관계에 대한 이전 은닉 디코더 상태를 저장하는 변수)를 생성한다. 가장 가능성이 높은 단어의 인덱스 predicted_index를 추출하고, 이를 어휘 토큰인 predicted_token으로 변환한다. 그런 다음 기존 tokens_tensor에 추가(append)하고, 새 시퀀스로 루프를 다시 시작한다. 루프는 50개의 토큰 후, 또는 특수 [EOS] 토큰에 도달하면 종료된다.

5. 끝으로, 결과를 출력한다:

```
print('Initial sequence: ' + text)
print('Predicted output: ' + " ".join(predicted_tokens))
```

프로그램의 출력은 다음과 같다:

```
Initial sequence: The company was founded in
Predicted output: the United States .
```

이 예를 통해 주의 모델에 관한 긴 장을 마친다.

8.5 요약

이 장에서는 seq2seq 모델과 주의 메커니즘에 초점을 맞췄다. 먼저 일반적인 순환 인코더-디코더 seq2seq 모델을 논의하고 구현했으며, 이를 주의 메커니즘으로 보완하는 방법을 배웠다. 그런 다음 트랜스포머라고 불리는 순전히 주의에 기반하는 모델 유형에 관해 논의하고 구현했다. 우리는 또한 그 맥락에서 멀티헤드 주의를 정의했다. 그런 후 트랜스포머 언어 모델(예: BERT, transformer-XL, XLNet)에 관해 논의했다. 끝으로 `transformers` 라이브러리를 사용해서 간단한 텍스트 생성 예제를 구현했다.

이 장은 자연어 처리에 초점을 맞춘 일련의 장들을 마무리한다. 다음 장에서는 아직 완전히 성숙하지는 않았지만 미래에 큰 잠재력을 지닌 DL의 새로운 트렌드에 관해 이야기할 것이다.

Section

IV

전망

이 섹션에서는 아직 널리 채택되지는 않았지만 유망한 몇 가지 최근 DL 기술에 관해 설명한다.

이 섹션은 다음 장들로 구성된다:

- 9장 새로운 NN 설계
- 10장 메타 학습
- 11장 자율 주행 차량을 위한 딥 러닝

CHAPTER 9

새로운 NN 설계

이 장에서는 몇 가지 새로운 NN 디자인을 살펴본다. 아직 성숙 단계에 이르지는 못했지만 기존 DL 알고리듬의 근본적인 한계를 해결하려고 하기 때문에 미래를 위한 잠재력이 있다. 언젠가 이러한 기술들 중 하나가 실제 응용에서 성공적이고 유용한 것으로 입증되면, AGI(artificial general intelligence. 인공 일반 지능)[147]에 한 걸음 더 가까워 질 수 있다.

명심해야 할 한 가지는 구조(structured. 또는 정형) 데이터의 특성이다. 지금까지 이 책에서는 이미지나 텍스트, 즉 비구조(unstructured. 또는 비정형) 데이터를 처리하는 데 중점을 두었다. 이는 NN이 화소 또는 텍스트 시퀀스의 조합에서 구조를 찾는 복잡한 작업에 탁월하기 때문이다. 반면에 그래디언트 부스트 트리(gradient boosted tree) 또는 랜덤 포리스트와 같은 ML 알고리듬은 소셜 네트워크 그래프 또는 브레인 연결 같은 구조화된 데이터에 대해서 NN과 동등하거나 더 나은 것으로 보인다. 이 장에서는 임의의 구조화된 그래프를 처리하기 위한 그래프 NN을 소개한다.

또 다른 NN의 한계는 **RNN(Recurrent Network)**에서 나타난다. 이론적으로 RNN은 Turing-complete(즉 RNN이 이론적으로는 모든 계산 문제를 해결할 수 있음을 의미)이기 때문에 가장 강력한 NN 모델 중 하나이다. 하지만 실제로는 그렇지 않다. RNN은 **LSTM**

147. 인간이 할 수 있는 모든 지적 작업을 이해하거나 학습할 수 있는 능력을 가진 기계의 가상 지능. Strong AI 또는 full AI로도 불림. 강한 AI와 달리 weak AI(또는 narrow AI)는 인간과 유사한 인지 능력과 인격을 수행하기 위한 것이 아니라, 사전 학습된 특정 문제 해결 또는 추론 작업을 연구 또는 달성하기 위해 소프트웨어를 사용하는 것에 제한된다.

(Long Short- Term Memory) 조차도 장기간에 거쳐 정보를 전달하는 데 어려움을 겪을 수 있다. 한 가지 가능한 해결책은 외부 주소 지정 가능 메모리(external addressable memory)[148]로 RNN을 확장하는 것이다. 이 장에서 이를 수행하는 방법을 살펴보겠다.

이 장의 주제는 이 책의 나머지 주제와 분리되어 있지 않다. 사실, 우리가 살펴볼 새로운 네트워크 아키텍처가 이미 다뤘던 알고리듬들을 기반으로 한다는 것을 알게 될 것이다. 여기에는 컨볼루션, RNN, 주의 모델 등 여러 가지가 포함된다.

이 장에서는 다음 주제를 다룬다:

- 그래프 NN 소개
- 메모리 보강 NN 소개

9.1 그래프 NN[149]

그래프 NN(GNN)에 관해 알아보기 전에 먼저 그래프 네트워크가 필요한 이유를 살펴보자. 일부 객체 쌍이 서로 연결(또는 에지(edge))를 갖는 객체(또는 노드(node) 또는 정점) 집합인 그래프를 정의하는 것으로 시작하겠다.

이 섹션에서는 서베이 논문들을 리소스로 사용할 것이다. 특히 *A Comprehensive Survey on Graph Neural Networks* (`https://arxiv.org/abs/1901.00596`)의 내용과 이미지를 인용한다.

그래프의 속성은 다음과 같다:

- 그래프를 $G=(V, E)$로 표시하겠다. 여기서 V는 노드 집합이고 E는 에지 집합이다.
- $e_{i,j}=(v_i, v_j) \in E$는 두 노드 v_i, $v_j \in V$ 사이의 에지를 나타낸다.

148. 메모리가 네트워크 외부에 있다.

149. GNN은 그래프 노드 간에 전달되는 메시지를 통해 그래프의 종속성을 캡처하는 연결 주의(connectionist) 모델이다. 표준 NN과 달리 GNN은 이웃의 정보를 나타낼 수 있는 상태를 임의의 깊이로 유지한다.

- 인접 행렬(adjacency matrix)는 $\mathbf{A} \in \mathbb{R}^{n \times n}$. 여기서 n은 그래프 노드 수이다. 에지 $e_{i,j} = (v_i, v_j)$가 존재하면 $a_{ij} = 1$, 아니면 $a_{ij} = 0$이다.
- 에지에 방향이 있는(directed) 경우와 방향이 없는(undirected) 경우가 있다. 무방향 그래프의 인접 행렬은 대칭, 즉 $\mathbf{A} = \mathbf{A}^{\mathrm{T}}$이다. 방향 그래프의 인접 행렬은 비대칭, 즉 $\mathbf{A} \neq \mathbf{A}^{\mathrm{T}}$이다.
- 그래프는 주기적(cyclic)이거나 비주기적(acyclic)일 수 있다. 이름에서 알 수 있듯이 주기 그래프에는 적어도 하나 이상의 주기가 포함된다. 단, 첫 번째 노드와 마지막 노드가 같은, 비어 있지 않은 노드 경로이다. 비주기 그래프는 주기를 포함하지 않는다.
- 그래프 에지와 노드 모두 특징 벡터라고 부르는 관련 속성을 가질 수 있다. 노드 v의 d차원 특징 벡터를 $\mathbf{x}_v \in \mathbb{R}^d$로 표기한다. 그래프에 n개의 노드가 있으면, 이들을 행렬 $\mathbf{X} \in \mathbb{R}^{n \times d}$로 나타낼 수 있다. 마찬가지로, 각 에지 속성은 c차원 특징 벡터 $\mathbf{x}^e_{v,u} \in \mathbb{R}^c$로 표현된다. 여기서 v와 u는 노드이다. 그래프의 에지 속성 집합을 행렬 $\mathbf{X}^e \in \mathbb{R}^{n \times c}$로 나타낼 수 있다.

다음 다이어그램은 5개의 노드가 있는 방향 그래프와 그의 인접 행렬을 보여준다:

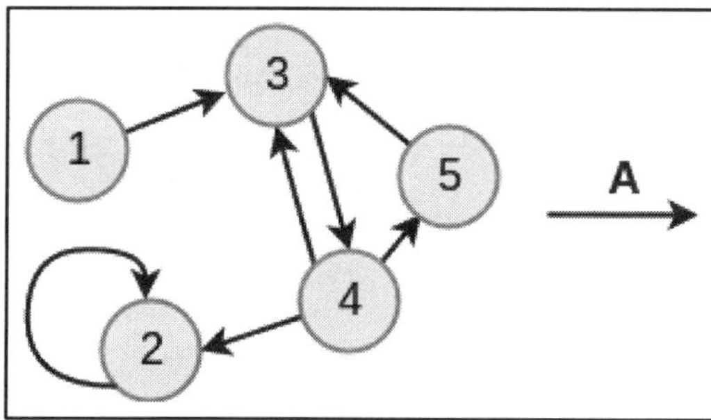

	1	2	3	4	5
1	0	0	1	0	0
2	0	1	0	0	0
3	0	0	0	1	0
4	0	1	1	0	1
5	0	0	1	0	0

그림 9.1 방향 그래프와 그의 인접 행렬 $\mathbf{A} \in \mathbb{R}^{5 \times 5}$.

그래프는 많은 실제 시나리오에서 데이터가 조직되는 방식을 표현하는 데 적합한 다목적 데이터 구조이다. 다음은 일부 예시이다:

- 그래프를 사용해서 소셜 네트워크의 사용자(노드)와 그들의 친구 그룹(에지)을 나타낼 수 있다. 실제로 이것을 Facebook이 소셜 그래프로 하고 있다(*The Anatomy of the Facebook Social Graph*, `https://arxiv.org/abs/1111.4503`).

- 분자를 그래프로 나타낼 수 있다. 노드는 원자이고 에지는 그들 사이의 화학적 결합이다.
- 도로망(고전적 예)을 그래프로 나타낼 수 있다. 여기서 거리(street)는 에지, 교차로는 노드이다.
- 온라인 상거래에서는 사용자와 품목을 노드로, 이들 간의 관계를 에지로 나타낼 수 있다.

다음으로 그래프로 해결할 수 있는 작업 유형에 관해 논의하겠다. 크게 세 가지 범주에 속한다:

- **노드 중심형(node-focused)**: 개별 노드의 분류 및 회귀(regression). 예를 들어, 유명한 Zachary의 가라데 클럽 문제(`https://en.wikipedia.org/wiki/Zachary%27s_karate_club`)에는 많은 가라데 클럽 회원(노드)과 그들 사이의 친구 관계(에지)가 있다. 처음에는 클럽에 강사가 한 명 있으며, 모든 회원은 해당 강사 아래에서 그룹으로 훈련한다. 나중에 클럽은 두 명의 강사와 두 그룹으로 나뉜다. 한 명을 제외한 모든 클럽 회원이 두 그룹 중 하나에 가입하기로 결정했다고 할 때, 목표는 다른 회원들과의 친구 관계를 고려해서 최종 미결정 회원을 선택할 그룹을 결정(분류)하는 것이다.
- **에지 중심형(edge-focused)**: 그래프의 개별 에지의 분류 및 회귀. 예를 들어, 소셜 네트워크의 두 사람이 서로를 알고 있을 가능성을 예측할 수 있다. 즉, 이 작업은 두 그래프 노드 사이에 에지가 존재하는지 여부를 결정하는 것이다.
- **그래프 중심형(graph-focused)**: 전체 그래프의 분류 및 회귀. 예를 들어, 그래프로 표현된 분자가 주어졌을 때, 분자가 독성인지 여부를 예측할 수 있다.

다음으로 GNN의 주요 훈련 프레임워크를 간략하게 설명하겠다:

- **감독형(supervised. 지도형)**: 모든 훈련 데이터에 레이블이 지정된다. 노드, 에지 및 그래프 수준에서 감독형 학습을 적용할 수 있다.
- **비감독형(unsupervised. 비지도형)**: 그래프 임베딩[150]의 형태를 배우는 것이 목표이다(예: 오토인코더를 사용해서) (이 시나리오는 이 장의 뒷부분에서 설명). 노드, 에지 및 그래프 수준에서 비감독 학습을 적용할 수 있다.

---

150. 뜻을 숫자에 불어넣기(breathe meaning into numbers)

- **준감독형(Semi-supervised, 준지도형)**: 일반적으로 일부 그래프 노드는 레이블이 지정되고 일부는 레이블이 지정되지 않은 경우에, 노드 수준에서 적용된다. 준감독 학습은 인접 노드가 같은 레이블을 가질 가능성이 높다는 단순한(하지만 사실일 때가 많음) 가정을 세울 수 있기 때문에, 그래프에 특히 적합하다. 예를 들어, 인접한 두 개의 연결 노드가 있다고 하자. 그 중 하나는 car 이미지를 포함하고 다른 하나는 truck 이미지를 포함한다. truck 노드는 vehicle로 레이블이 지정되어 있고, car 노드는 레이블이 지정되지 않았다고 가정하자. 우리는 car 노드가 다른 vehicle 노드(truck)에 근접해 있기 때문에 vehicle이라고 안전하게 가정할 수 있다. GNN에 이 그래프 속성을 활용할 수 있는 여러 가지 방법이 있다. 그 중 두 가지를 설명하겠다(상호 배타적이지 않음):
    - 그래프의 인접 행렬(adjacency matrix)을 네트워크에 대한 입력으로 제공해서 이 속성을 암묵적으로 사용한다. 네트워크는 마법처럼 이웃 노드들은 같은 레이블을 가질 가능성이 있다(희망컨대)고 추론하고, 이 추가 정보 덕에 예측의 정확도를 높일 수 있다. 이 장에서 논의할 대부분의 GNN은 이 메커니즘을 사용한다.
    - **레이블 전파**: 레이블이 있는 노드와의 근접성을 기반으로 레이블이 없는 노드에 레이블을 할당하기 위한 시드(seed)로 레이블링된 노드를 사용할 수 있다. 다음 단계들을 거쳐서 수렴까지 반복적으로 이를 수행할 수 있다:
        ① 시드 레이블로 시작한다.
        ② 모든 그래프 노드(시드 제외)에 대해, 이웃 노드들의 레이블에 기반해서 레이블을 할당한다. 이 단계는 전체 그래프에 대한 새 레이블 구성을 만드는데, 일부 노드에는 수정된 이웃의 레이블들을 기반으로 한 새 레이블이 필요할 수 있다.
        ③ 수렴 기준이 충족되면 레이블 전파를 중지한다; 아니면 단계 2를 반복한다.

그래프에 대한 이 짧은 소개를 다음 몇 섹션의 기초로 사용해서, 다양한 유형의 그래프 중심(graph-focused) NN 모델에 관해 설명하겠다. GNN 분야는 비교적 새로우며, 컴퓨터 비전의 **컨볼루션 네트워크(CNN)**를 닮은 명백하게 완전한 모델은 없다. 그 대신에 다양한 속성을 가진 다양한 모델이 있다. 대부분은 몇 가지 일반적인 부류에 속하며, 모두를 결합할 수 있을 만큼 일반적인 프레임워크를 만들려는 시도가 있다. 이 책은 새로운 모델이나 모델 분류법을 만드는 것을 목표로 하는 대신 일부 기존 모델을 소개한다.

9.1.1 RGNN(Recurrent GNN)

GraphNN(graph neural network. *The Graph Neural Network Model*, https://ieeexplore.ieee.org/document/4700287)을 살펴보는 것으로 이 섹션을 시작한다. 논문의 저자는 모델을 GNN으로 축약했지만, 일반적인 그래프 네트워크를 위해 예약된 GNN 약어와의 충돌을 피하기 위해 우리는 약어로 GraphNN을 사용할 것이다. 이것은 초기 GNN 모델 중 하나이다. 기존 NN을 확장해서, 그래프 구조 데이터를 처리한다. 임베딩 벡터(6장 언어 모델링)를 생성하기 위해 단어의 콘텍스트(즉, 주변 단어)를 사용한 것과 같은 방식으로, 한 노드의 이웃 그래프 노드를 사용해서 같은 작업을 수행할 수 있다. GraphNN은 노드 v의 s차원 벡터 상태 $\mathbf{h}_v \in \mathbb{R}^s$를 해당 노드의 이웃에 기반해서 생성하는 것을 목표로 한다. 언어 모델링과 유사한 방식으로, 이 벡터 상태는 노드 분류 같은 다른 작업에 대한 입력으로 사용될 수 있다.

노드의 상태는 안정된 평형에 도달할 때까지 이웃 정보를 순환적으로 교환해서 업데이트된다. $N(v)$로 v의 이웃 노드 집합을 나타내고, u로 이웃의 한 노드를 나타내자. 노드의 은닉 상태는 다음 공식을 사용해서 순환적으로 업데이트된다:

$$\mathbf{h}_v^{(t)} = \sum_{u \in \mathcal{N}(v)} f(\mathbf{x}_v, \mathbf{x^e}_{(u,v)}, \mathbf{x}_u, \mathbf{h}_u^{(t-1)})$$

여기서 f는 파라미터 함수(예: FFNN (feed-forward NN))이며, $\mathbf{h}_v^{(0)}$는 랜덤하게 초기화된다. 파라미터 함수 f의 입력은 다음과 같다: v의 특징 벡터 $\mathbf{x}_v$, 그 이웃 u의 특징 벡터 $\mathbf{x}_u$, u와 v를 연결하는 에지의 특징 벡터 $\mathbf{x}_{u,v}^e$, 단계 $t-1$에서의 u의 상태 벡터 $\mathbf{h}_u^{(t-1)}$. 즉, f는 v의 이웃에 대해 알려진 모든 정보를 사용한다. $\mathbf{h}_v^{(t)}$는 모든 이웃 노드에 적용된 f의 합계이므로 GraphNN이 이웃의 수 및 순서에 독립적일 수 있다. 함수 f는 이 프로세스의 모든 단계에서 같다(즉, 같은 가중치를 가짐).

단계 t의 상태가 다음과 같이 $t-1$까지의 단계를 기반으로 하는 반복(또는 순환) 프로세스이다:

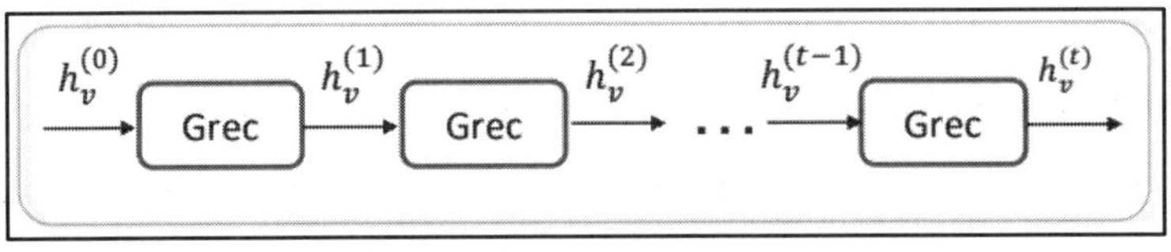

그림 9.2 특징 벡터 상태를 업데이트 하는 순환 프로세스. Grec 순환 층은 모든 단계에서 같다(즉, 같은 가중치를 가짐).(https://arxiv.org/abs/1901.00596)

이 프로세스는 안정된 평형에 도달할 때까지 계속된다. 이것이 작동하려면 함수 f가 수축(contraction) 매핑이어야 한다. 이것을 명확히 하자: A와 B의 두 점(또는 값)에 적용될 때, 수축 매핑 함수 f는 조건 $|f(A)-f(B)| \leq \gamma|A-B|$를 충족한다. 여기서 γ는 스칼라 값이고 $0 \leq \gamma < 1$. 즉, 수축 매핑은 매핑 후 두 점 사이의 거리를 축소한다. 이렇게 하면 시스템이 임의의 초기 값 $\mathbf{h}_v^{(0)}$에 대해 평형 상태 벡터 $\mathbf{h}_v$로 (지수적으로 빠르게) 수렴한다. 우리는 NN을 수축 함수가 되도록 수정할 수 있지만 이것은 이 책의 범위를 벗어난다.

이제 은닉 상태가 있으므로 노드 분류와 같은 작업에 사용할 수 있다. 다음 공식으로 이를 표현할 수 있다:

$$o_v = g(\mathbf{x}_v, \mathbf{h}_v)$$

이 식에서 $\mathbf{h}_v$는 평형에 도달했을 때의 상태이고 g는 파라미터 함수(예: 분류 작업용 softmax 활성화를 사용하는 FC 층)이다.

다음으로 일부 또는 모든 그래프 노드에 대한 훈련 레이블 t_i 집합과 크기 m의 미니 뱃치가 주어졌을 때 GraphNN을 훈련시키는 방법을 살펴보자. GraphNN을 훈련시키기 위해 다음 단계를 수행한다:

1. 방금 설명한 순환 프로세스에 따라 모든 m 노드에 대해 $\mathbf{h}_v$와 o_v를 계산한다.
2. 비용 함수를 계산한다(t_i는 노드 i의 레이블이다).

$$J = \sum_{i=1}^{m}(t_i - o_i)$$

3. 비용을 뒤로 전파한다. 단계 1의 노드 상태 업데이트와 현재 단계의 기울기 전파를 번갈아 하면 GraphNN이 주기 그래프를 처리할 수 있다.
4. 결합된 네트워크 $g(f)$의 가중치를 업데이트한다.

GraphNN에는 몇 가지 한계가 있는데, 그 중 하나는 평형 상태 벡터 $\mathbf{h}_v$를 계산하는 것이 효율적이지 않다는 것이다. 또한 이 섹션에서 언급했듯이 GraphNN은 모든 단계 t에서 같은 파라미터(가중치)를 사용해서 $\mathbf{h}_v$를 업데이트한다. 그와 달리, 다른 NN 모델은 가중치 집합이 다른 여러 개의 적층을 사용할 수 있어서 데이터의 계층 구조를 캡처할 수 있다. 또한 단일 순방향 패스로 $\mathbf{h}_v$가 계산된다. 마지막으로 $\mathbf{h}_v$ 계산은 순환 프로세스이지만, GraphNN은 순환 네트워크가 아니라는 점을 언급할 가치가 있다.

Gated Graph NN 모델(GGNN, `https://arxiv.org/abs/1511.05493`)은 GRU 셀(Gated Recurrent Unit. 자세한 내용은 7장 순환 네트워크 이해 참고)을 순환 함수로 사용해서 이러한 한계를 극복하려고 한다. GGNN을 다음과 같이 정의할 수 있다:

$$\mathbf{h}_v^{(t)} = \mathrm{GRU}(\mathbf{h}_v^{(t-1)}, \sum_{u \in \mathcal{N}(v)} \mathbf{W}\mathbf{h}_u^{(t)})$$

이 공식에서 $\mathbf{h}_v^{(0)} = \mathbf{x}_v$이다. GGNN은 같은 단계 t의 이웃 상태 $\mathbf{h}_u^{(t)}$와, 이전 은닉 상태 $\mathbf{h}_v^{(t-1)}$을 기반으로 상태를 업데이트한다.

역사적으로 GraphNN은 최초의 GNN 모델 중 하나였다. 그러나 앞서 언급했듯이 몇 가지 한계가 있다. 다음 섹션에서는 보다 최근에 개발된 Convolutional Graph Network에 관해 설명하겠다.

9.1.2 ConvGNN

ConvGNN(Convolutional Graph Network)은 상태 벡터들을 업데이트할 때, 그래프 노드들에 대해 컨볼루션을 수행하기 위해 특별한 그래프 컨볼루션 층(Gconv*) 스택(즉, 적층)을 사용한다. GraphNN과 유사한 방식으로 그래프 컨볼루션은 노드의 이웃으로부터 벡터 표현을 생성한다. 그러나 GraphNN은 $\mathbf{h}_v^{(t)}$ 계산의 모든 단계 t에 대해 같은 층(즉, 같은 가중치 집합)을 사용하는 반면, ConvGNN은 모든 단계에서 서로 다른 층을 사용한다. 두 접근 방식의 차이점을 다음 다이어그램이 보여준다:

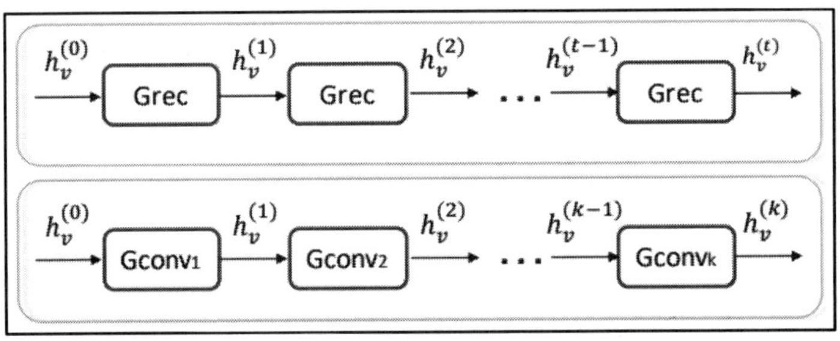

그림 9.3 위: GraphNN은 모든 단계 t에서 같은 Grec 순환 층을 사용한다. 아래: GCN은 각 단계마다 다른 Gconv* 층을 사용한다. (https://arxiv.org/abs/1901.00596)

ConvGNN에서 단계 t는 네트워크의 깊이에 의해 정의된다. 이를 다소 다른 관점에서 논의할 것이지만, ConvGNN은 일반 FFNN처럼 작동한다(단, 그래프 컨볼루션을 사용). 다음 다이어그램에서 볼 수 있듯이 여러 층을 쌓음으로써 각 노드의 최종 은닉 표현은 더 멀리 있는 이웃으로부터 메시지를 수신한다:

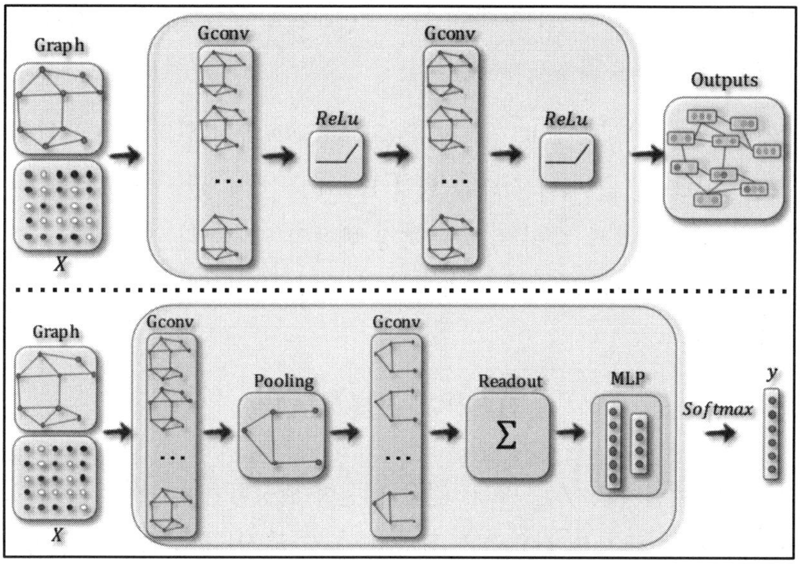

그림 9.4 위: 노드 수준 분류 GraphCN; 아래: 그래프 수준 분류 GraphCN. (https://arxiv.org/abs/1901.00596)

이 다이어그램은 두 가지 시나리오를 보여준다:

- 노드 수준(위). 여기서 각 컨벌루션 층(마지막 포함)의 출력은 그래프의 각 노드에 대한 벡터이다. 이 벡터들에 대해 노드 수준 연산을 수행할 수 있다.
- 그래프 수준(아래). 그래프 컨볼루션과 풀링 연산을 번갈아 하며, 그 끝에 판독(readout) 층이 있으며, 그 다음의 여러 FC 층은 전체 그래프를 요약해서 단일 출력을 생성한다.

이제 ConvGNN에 관한 개요를 봤으므로, 다음 섹션에서 그래프 컨볼루션에 관해 논의할 것이다(그 후 판독 및 풀링 층들에 관해 설명하겠다).

스펙트럼 기반 컨볼루션(Spectral-based convolutions)

그래프 컨볼루션에는 다양한 유형이 있지만(*A Comprehensive Survey on Graph Neural Networks* 참고), 이 섹션에서는 *Semi-Supervised Classification with Graph Convolutional Networks*(`https://arxiv.org/abs/1609.02907`)의 알고리듬에 관

해 논의한다. 일반적인 그래프 컨볼루션 네트워크를 가리키는 ConvGNN 표기와의 혼동을 피하기 위해, 이 컨볼루션을 GCN으로 표기하겠다. GCN은 ConvGNN의 소위 스펙트럼 기반 부류를 대표한다. 이 알고리듬은, 그래프 컨볼루션 연산을 그래프 신호에서 노이즈를 제거하는 것으로 해석하는, 그래프 신호 처리 관점에서 필터를 도입해서 그래프 컨볼루션을 정의한다.

GNN 섹션에서 은닉 노드 상태 $\mathbf{h}_v^{(t)}$를 정의했고, GGNN의 경우 $\mathbf{h}_v^{(0)} = \mathbf{x}_v$임을 확인했다. 그래프의 모든 노드의 은닉 벡터 상태를 행렬 $\mathbf{H} \in \mathbb{R}^{n \times d}$에 쌓아 이 표기를 확장하자. 여기서 n은 그래프의 총 노드 수이고, d는 특징 벡터의 크기이다. 행렬의 각 행은 노드의 은닉 상태를 나타낸다. 그러면 $l+1$ 단계에서 한 GCN 층에 대한 일반 공식을 다음과 같이 정의할 수 있다:

$$\mathbf{H}^{(l+1)} = f(\mathbf{H}^{(l)}, \mathbf{A})$$

여기서 $\mathbf{A}$는 인접 행렬이고, f는 ReLU 같은 비선형 활성화이며, $\mathbf{H}^{(0)} = \mathbf{X}$(특징 벡터 행렬)이다. $\mathbf{h}_v^{(0)}$와 $\mathbf{x}_v$는 크기가 같으므로, $\mathbf{H}^{(0)}$는 노드 특징 행렬 $\mathbf{X}$와 차원이 같다(GNN 섹션 참고). 그러나 $H^{(l)} \in R^{n \times z}$이며, 여기서 z는 은닉 상태 벡터 $\mathbf{h}_v^{(l)}$의 크기이며 초기 d와 반드시 같을 필요는 없다.

간단하지만 구체적인 GCN 버전으로 계속하자:

$$f(\mathbf{H}^{(l)}, \mathbf{A}) = \sigma(\mathbf{A}\mathbf{H}^{(l)}\mathbf{W}^{(l)})$$

여기서 $\mathbf{W}^{(l)} \in \mathbb{R}^{z_l \times z_{l+1}}$은 가중치 행렬이고, σ는 시그모이드 함수이다. 인접 행렬 $\mathbf{A}$가 행렬 형태로 그래프를 나타내므로, 층의 출력을 한 번의 연산으로 계산할 수 있다. $\mathbf{A}\mathbf{H}^{(l)}$ 연산을 통해 각 노드는 이웃 노드로부터 입력을 받을 수 있다(또한 GCN이 방향성 및 무방향성 그래프 모두와 작동하게 해준다). 예제를 통해 이것이 어떻게 작동하는지 알아 보자. GNN 섹션에서 소개한 5 노드 그래프를 사용하겠다. 가독성을 위해 노드 번호와 같은 값을 사용해서 각 노드에 대해 1차원 벡터 은닉 상태 $\mathbf{h}_v$를 할당한다. $[\mathbf{h}_1^{(l)} = 1,\ \mathbf{h}_2^{(l)} = 2,\ \mathbf{h}_3^{(l)} = 3,\ \mathbf{h}_4^{(l)} = 4,\ \mathbf{h}_5^{(l)} = 5]$. 그러면 다음 식으로 이 예제를 계산할 수 있다:

$$\mathbf{A}\mathbf{H}^{(l)} = \begin{bmatrix} 0 & 0 & 1 & 0 & 0 \\ 0 & 1 & 0 & 0 & 0 \\ 0 & 0 & 0 & 1 & 0 \\ 0 & 1 & 1 & 0 & 1 \\ 0 & 0 & 1 & 0 & 0 \end{bmatrix} \cdot \begin{bmatrix} 1 \\ 2 \\ 3 \\ 4 \\ 5 \end{bmatrix} = \begin{bmatrix} 0*1+0*2+1*3+0*4+0*5 \\ 0*1+1*2+0*3+0*4+0*5 \\ 0*1+0*2+0*3+1*4+0*5 \\ 0*1+1*2+1*3+0*4+1*5 \\ 0*1+0*2+1*3+0*4+0*5 \end{bmatrix} = \begin{bmatrix} 3 \\ 2 \\ 4 \\ 10 \\ 3 \end{bmatrix}$$

노드 2, 3, 5로부터 입력을 받기 때문에 $\mathbf{h}_4^{(l)}=10$임을 볼 수 있다. $\mathbf{h}_v$에 더 많은 차원이 있는 경우, 출력 벡터의 각 셀은 입력 노드들의 상태 벡터의 해당 셀들의 합이 될 것이다:

$$\mathbf{h}_v^{(l+1)} = \begin{bmatrix} a_{v,1}\mathbf{h}_{1,1}^{(l)} + a_{v,2}\mathbf{h}_{2,1}^{(l)} + \ldots + a_{v,n}\mathbf{h}_{z,1}^{(l)} \\ a_{v,1}\mathbf{h}_{1,2}^{(l)} + a_{v,2}\mathbf{h}_{2,2}^{(l)} + \ldots + a_{v,n}\mathbf{h}_{z,2}^{(l)} \\ \ldots \\ a_{v,1}\mathbf{h}_{1,n}^{(l)} + a_{v,2}\mathbf{h}_{2,n}^{(l)} + \ldots + a_{v,n}\mathbf{h}_{z,n}^{(l)} \end{bmatrix}$$

여기서 $a_{v,i}$는 인접 행렬의 셀들이다.

이 솔루션은 우아해보이지만 두 가지 한계가 있다:

- 모든 노드가 자신의 이전 상태에서 입력을 받는 것은 아니다. 앞의 예제에서 노드 2만 루프 에지(노드를 자신과 연결하는 에지)가 있기 때문에 자신으로부터 입력을 받는다. 이 문제에 대한 해결책은 인접 행렬의 주 대각선의 모든 값을 1로 설정해서 모든 노드에 대해 루프 에지를 인위적으로 생성하는 것이다: $\hat{\mathbf{A}}=\mathbf{A}+\mathbf{I}$. 이 식에서 $\mathbf{I}$는 주 대각선 셀들은 1, 다른 모든 셀들은 0인 항등(identity) 행렬이다.
- $\mathbf{A}$가 정규화되지 않았기 때문에, 이웃 수가 많은 노드의 상태 벡터는 이웃 수가 적은 노드와 비교할 때 다르게 스케일이 변경된다. 앞의 예에서 이를 볼 수 있다: $\mathbf{h}_4^{(l)}=10$은 노드 4의 이웃 노드가 3개이기 때문에 다른 노드에 비해 더 크다. 이 문제에 대한 해결책은 한 행에 있는 모든 요소의 합이 1이 되도록 인접 행렬을 정규화하는 것이다: $a_{v,1}+a_{v,2}+\cdots+a_{v,n}=1$. $\mathbf{A}$에 역차(inverse degree) 행렬 $\mathbf{D}^{-1}$을 곱해서 이를 달성할 수 있다. 차수(degree) 행렬 $\mathbf{D}$는 각 노드의 차수에 대한 정보를 포함하는 대각 행렬(diagonal matrix. 즉, 주 대각선을 제외한 다른 모든 요소는 0)이다. 노드의 이웃 수를 해당 노드의 차수(degree)라고 한다. 예를 들어, 예제 그래프의 차수 행렬은 다음과 같다:

$$\mathbf{D} = \begin{bmatrix} 1 & 0 & 0 & 0 & 0 \\ 0 & 1 & 0 & 0 & 0 \\ 0 & 0 & 1 & 0 & 0 \\ 0 & 0 & 0 & 3 & 0 \\ 0 & 0 & 0 & 0 & 1 \end{bmatrix}$$

따라서 $\mathbf{D}^{-1}\mathbf{A}$는 다음과 같이 된다:

$$\mathbf{D}^{-1}\mathbf{A} = \begin{bmatrix} 1 & 0 & 0 & 0 & 0 \\ 0 & 1 & 0 & 0 & 0 \\ 0 & 0 & 1 & 0 & 0 \\ 0 & 0 & 0 & \frac{1}{3} & 0 \\ 0 & 0 & 0 & 0 & 1 \end{bmatrix} \cdot \begin{bmatrix} 0 & 0 & 1 & 0 & 0 \\ 0 & 1 & 0 & 0 & 0 \\ 0 & 0 & 0 & 1 & 0 \\ 0 & 1 & 1 & 0 & 1 \\ 0 & 0 & 1 & 0 & 0 \end{bmatrix} = \begin{bmatrix} 0 & 0 & 1 & 0 & 0 \\ 0 & 1 & 0 & 0 & 0 \\ 0 & 0 & 0 & 1 & 0 \\ 0 & \frac{1}{3} & \frac{1}{3} & 0 & \frac{1}{3} \\ 0 & 0 & 1 & 0 & 0 \end{bmatrix}$$

이 메커니즘은 이웃 노드들 각각에 같은 가중치를 할당한다. 실제로 이 논문의 저자는 대칭 정규화 $\mathrm{D}^{-\frac{1}{2}}\mathbf{A}\mathrm{D}^{-\frac{1}{2}}$를 사용하는 것이 더 효과적임을 발견했다.

이 두 가지 개선 사항을 통합한 후 GCN 공식의 최종 형태를 다음과 같이 쓸 수 있다:

$$f(\mathbf{H}^{(l)}, \mathbf{A}) = \sigma(\hat{\mathbf{D}}^{-\frac{1}{2}}\hat{\mathbf{A}}\hat{\mathbf{D}}^{-\frac{1}{2}}\mathbf{H}^{(l)}\mathbf{W}^{(l)})$$

방금 설명한 GCN은 노드에 직접적인 이웃만 문맥으로 포함한다. 각 적층 층은 노드의 수용 필드를 직접적 이웃 너머로 1만큼 실효적으로 증가시킨다. ConvGNN의 두 번째 층의 수용 필드에는 직접적 이웃이 포함되고, 두 번째 층의 수용 필드에는 현재 노드로부터 2만큼 떨어져 있는 노드가 포함된다.

다음 섹션에서는 공간 기반 컨볼루션이라고 부르는, 그래프 컨볼루션 연산의 두 번째 주요 부류를 살펴보겠다.

주의를 사용하는 공간 기반 컨볼루션 (Spatial-based convolutions with attention)

두 번째 ConvGNN 부류는 컴퓨터 비전 컨볼루션에서 영감을 얻은 공간 기반 방법이다(2장 컨볼루션 네트워크 이해 참고). 이미지를 그래프로 생각할 수 있다. 즉, 각 화소는 이웃 화소들에 직접 연결된 노드이다(다음 다이어그램의 왼쪽 이미지). 예를 들어 3×3 필터 경우, 각 화소의 이웃은 8개의 화소로 구성된다. 이미지 컨볼루션에서 이 3×3 가중치 필터가 3×3 패치에 적용되고, 결과는 9개 화소 모두의 밝기의 가중 합계이다. 마찬가지로 공간 기반 그래프 컨볼루션은 다음 다이어그램의 오른쪽 이미지에 보인 것 같이 중앙 노드의 표현을 이웃 노드의 표현과 컨볼루션해서 중앙 노드의 업데이트된 표현을 도출한다:

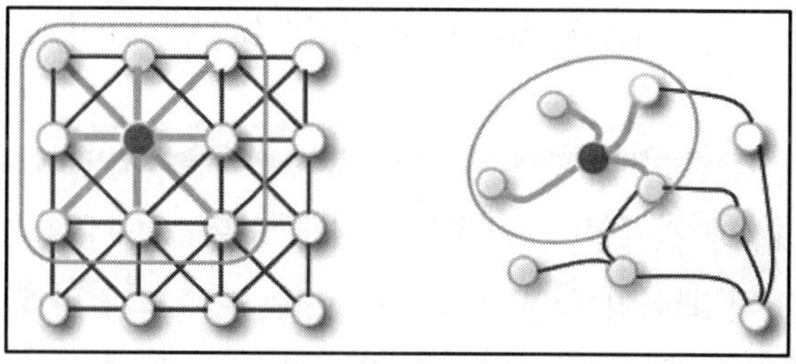

그림 9.5 왼쪽: 화소 격자 위의 2D 컨볼루션; 오른쪽: 공간 그래프 컨볼루션. (https://arxiv.org/abs/1901.00596)

일반적인 공간 기반 컨볼루션은 그래프 이웃에 연산이 의존한다는 점에서 GCN과 다소 유사하다. GCN은 역차수 행렬을 사용해서 각 이웃에 가중치를 할당한다. 공간 컨볼루션은 같은 목적으로 컨볼루션 필터를 사용한다. 둘 사이의 주요 차이점은 GCN의 경우 가중치가 고정 및 정규화되는 반면, 공간 컨볼루션의 필터 가중치는 학습 가능하고 정규화 되지 않는다는 것이다. 어떤 의미에서 GCN도 공간 기반 접근 방식으로 생각할 수 있다.

특수한 그래프 자기 주의 층을 사용해서 그래프 컨볼루션을 구현하는 **GAT(Graph Attention Network**, `https://arxiv.org/abs/1710.10903`)라는 특정 유형의 공간 기반 모델로 이 섹션을 계속 진행하겠다. GCN 같이 컨볼루션 필터를 학습하거나 평균 인접 행렬을 사용하는 대신, GAT는 자기 주의 메커니즘의 주의 점수를 사용해서 각 이웃 노드에 가중치를 할당한다. GAT 층은 여러 GAT 적층으로 구성된 그래프 주의 네트워크의 주요 구성 블록이다. GCN과 마찬가지로, 각 추가 층은 타겟 노드의 수용 필드를 증가시킨다.

GCN과 비슷하게, GAT 층은 일련의 노드 특징 벡터 $\mathbf{H}^{(l)}$을 입력으로 취하고, 다른 특징 벡터 집합 $\mathbf{H}^{(l+1)} \in \mathbb{R}^{n \times z_{l+1}}$를 출력한다. 이때 두 집합의 크기(cardinality)는 같을 필요가 없다. 8장 seq2seq 모델과 주의에 기술한 절차를 따라서, 이 연산은 이웃의 각 두 노드의 특징 벡터 $\mathbf{h}_i^{(l)}$과 $\mathbf{h}_j^{(l)}$ 간의 정렬(alignment) 점수를 계산하는 것으로 시작한다:

$$e_{ij} = f_a(\mathbf{W}^{(l)}\mathbf{h}_i, \mathbf{W}^{(l)}\mathbf{h}_j)$$

여기서 $\mathbf{W}^{(l)} \in R^{z_{l+1} \times z_l}$은 입력 벡터를 출력 벡터의 cardinality로 변환하고, 필요한 학습 가능한 파라미터를 제공하는 가중치 행렬이다. f_a는 단일 층과 LeakyReLU 활성화가 있는 간단한 FFN으로, 가중치 벡터 $\mathbf{a} \in \mathbb{R}^{2z_{l+1}}$에 의해 파라미터화 되고, 덧셈 주의(additive attention) 메커니즘을 구현한다:

$$f_a = \text{LeakyReLU}(\mathbf{a}^\mathsf{T}[\mathbf{W}^{(l)}\mathbf{h}_i, \mathbf{W}^{(l)}\mathbf{h}_j])$$

여기서 $[\mathbf{W}^{(l)}\mathbf{h}_i, \mathbf{W}^{(l)}\mathbf{h}_j]$는 이음(연결)을 나타낸다. 제한을 가하지 않으면, 각 노드는 타겟 노드에 대한 근접성에 관계없이, 그래프의 다른 모든 노드에 집중할 수 있다; 그러나 우리는 이웃 노드들에만 관심이 있다. GAT의 저자는 마스크가 타겟 노드의 직접 이웃뿐만이 아니라 모든 노드를 덮는 마스킹된 주의(masked attention)를 사용해서 이 문제를 해결할 것을 제안한다. N_i로 노드 i의 직접 이웃을 표기하겠다.

다음으로 softmax를 사용해서 주의 점수를 계산한다. 다음은 일반 공식과 f_a를 사용한 공식(직접적 이웃에만 적용됨)이다:

$$\alpha_{i,j} = \text{softmax}(e_{i,j}) = \frac{\exp(e_{i,j})}{\sum_{k \in \mathcal{N}_i} \exp(e_{i,k})}$$

$$\alpha_{i,j} = \frac{\exp(\text{LeakyReLU}(\mathbf{a}^\mathsf{T}[\mathbf{W}^{(l)}\mathbf{h}_i, \mathbf{W}^{(l)}\mathbf{h}_j]))}{\sum_{k \in \mathcal{N}_i} \exp(\text{LeakyReLU}(\mathbf{a}^\mathsf{T}[\mathbf{W}^{(l)}\mathbf{h}_i, \mathbf{W}^{(l)}\mathbf{h}_k])}$$

주의 점수를 얻고 나면 이를 사용해서 각 노드의 최종 출력 특징 벡터(8장 seq2seq 모델 및 주의에서 문맥 또는 콘텍스트 벡터라고 불렀음)를 계산할 수 있으며, 이는 모든 이웃의 입력 특징 벡터의 가중 조합이다:

$$\mathbf{h}_i^{(l+1)} = \sigma(\sum_{j \in \mathcal{N}_i} \alpha_{i,j} \mathbf{W} \mathbf{h}_j^{(l)})$$

여기서 σ는 시그모이드 함수이다. 논문의 저자는 또한 멀티헤드 주의가 모델의 성능에 도움이 됨을 발견했다:

$$\mathbf{h}_i^{(l+1)} = \text{Concat}_{k=1}^{K}(\sigma(\sum_{j \in \mathcal{N}_i} \alpha_{i,j}^k \mathbf{W}^{(l)(k)} \mathbf{h}_j^{(l)}))$$

여기서 k는 각 헤드의 인덱스(전체 K 헤드에 대한), $\alpha_{i,j}^k$는 각 주의 헤드의 주의 점수, $\mathbf{W}^{(l)(k)}$는 각 주의 헤드의 가중치 행렬이다. $\mathbf{h}_i^{(l+1)}$이 이음의 결과이므로 그 cardinality는 $k \times z_{l+1}$이 된다. 이 때문에 네트워크의 최종 주의 층에서는 이음이 불가능하다. 이 문제를 해결하기 위해 논문의 저자는 최종 층(인덱스 L로 표시)에서 주의 헤드의 출력들을 평균할 것을 제안한다:

$$\mathbf{h}_i^{(L)} = \sigma(\frac{1}{K}\sum_{k=1}^{K}\sum_{j\in\mathcal{N}_i}\alpha_{i,j}^k \mathbf{W}^{(L-1)(k)}\mathbf{h}_j^{(L-1)})$$

다음 다이어그램은 GAT 콘텍스트에서 일반 및 멀티헤드 주의들 간의 비교를 보여준다. 왼쪽 이미지에서 두 노드와 i와 j 사이에 적용된 일반(regular) 주의 메커니즘을 볼 수 있다. 오른쪽 이미지에서는 노드 1과 그 이웃의 멀티헤드($k=3$ 헤드) 주의를 볼 수 있다[151]. 각 헤드로부터 집계된 특징들은 연결(모든 은닉 GAT 층의 경우) 또는 평균(최종 GAT 층의 경우)된다($\overrightarrow{h_1'}$을 얻기 위해):

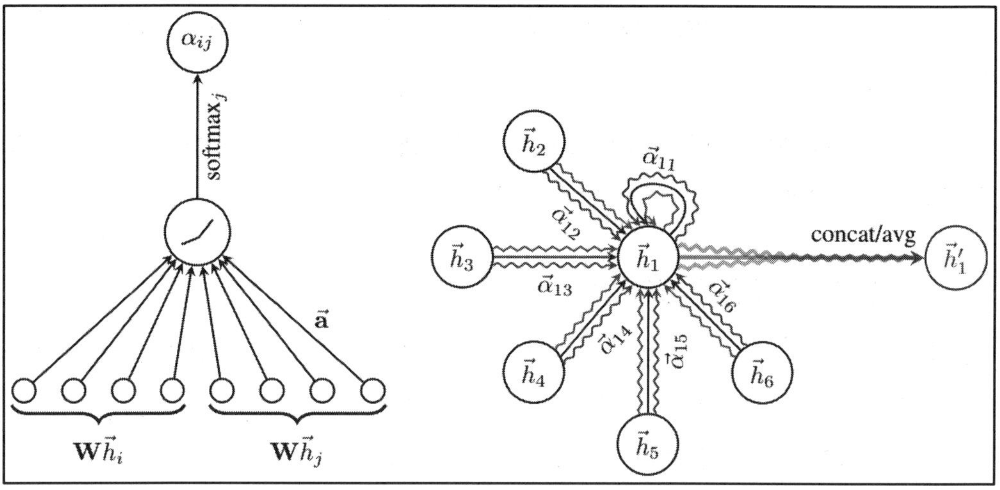

그림 9.6 왼쪽: 두 노드에 대한 일반 주의; 오른쪽: 노드 1과 그 이웃의 멀티헤드 주의. (https://arxiv.org/abs/1710.10903)

최종 GAT 층의 출력을 얻은 후에는 이를 다음 특정 작업 층들에 대한 입력으로 사용할 수 있다. 예를 들어, 이것은 노드 분류를 위해 softmax 활성화가 있는 FC 층일 수 있다.

ConvGNN에 관한 이 섹션을 마치기 전에, 아직 다루지 않은 두 가지 마지막 구성 요소에 관해 논의하자. 첫 번째는 컨볼루션 그래프 네트워크 섹션의 시작 부에 있는 그래프 수준 분류 예제에서 소개한 판독 층이다. 이것은 마지막 그래프 컨벌루션 층 $\mathbf{H}^{(L)}$의 모든 노드 상태를 입력으로 취하고, 전체 그래프를 요약하는 단일 벡터를 출력한다. 다음과 같은 공식으로 정의할 수 있다:

151. 서로 다른 화살표 스타일 및 색깔은 독립적인 주의 계산을 나타낸다.

$$\mathbf{h}_G = R(\mathbf{h}_v^{(L)}, v \in G)$$

여기서 G는 그래프 노드 집합, R은 판독 함수이다. 이를 구현하는 방법에는 여러 가지가 있지만 가장 간단한 방법은 모든 노드 상태의 요소 별 합계 또는 평균을 취하는 것이다.

우리가 살펴볼 다음(그리고 마지막) ConvGNN 구성 요소는 풀링 연산이다. 역시, 이를 사용하는 다양한 방법이 있지만 가장 간단한 방법 중 하나는 컴퓨터 비전 컨볼루션에서 했던 것과 같은 최대/평균 풀링 연산을 사용하는 것이다:

$$\mathbf{h}_G = \mathbf{mean/max/sum}(\mathbf{h}_1^{(l)}, \mathbf{h}_2^{(l)}, \ldots, \mathbf{h}_p^{(l)})$$

여기서 p는 풀링 창의 크기를 나타낸다. 풀링 창이 전체 그래프를 포함하는 경우, 풀링은 판독과 비슷해진다.

이것으로 ConvGNN에 대한 논의를 마친다. 다음 섹션에서는 새 그래프를 생성하는 방법을 제공하는 그래프 오토인코더에 관해 설명한다.

9.1.3 그래프 오토인코더

5장 생성 모델에서 처음 소개한 오토인코더에 관해 간단히 요약해 보겠다. 오토인코더는 입력을 재현하려고 하는 FFN이다(더 정확하게는 항등(identity) 함수 $h_{w,w'}(x) = x$를 학습하려고 시도한다). 오토인코더는 입력 데이터를 네트워크의 내부 잠재 특징 공간(벡터 z로 표시)에 매핑하는 **인코더**와, 네트워크의 내부 데이터 표현으로부터 입력을 재구성하려는 **디코더**의 두 가지 구성 요소로 구성된 가상 구성이라고 생각할 수 있다. 원래 입력과 재구성 사이의 거리를 측정하는 손실 함수(**재구성 오차**라고도 함)를 최소화해서, 비감독형 방식으로 오토인코더를 훈련시킬 수 있다.

그래프 오토인코더(GAE)는 오토인코더와 유사하지만, 인코더가 그래프 노드를 오토인코더 잠재 특징 공간에 매핑하고, 그런 다음 디코더가 이로부터 특정 그래프 특징을 재구성하려고 시도한다는 점이 다르다. 이 섹션에서는 *Variational Graph Auto-Encoders* (`https://arxiv.org/abs/1611.07308`)에 소개된 GAE와 **VGAE**에 관해 설명한다. 다음 다이어그램은 GAE의 예를 보여준다:

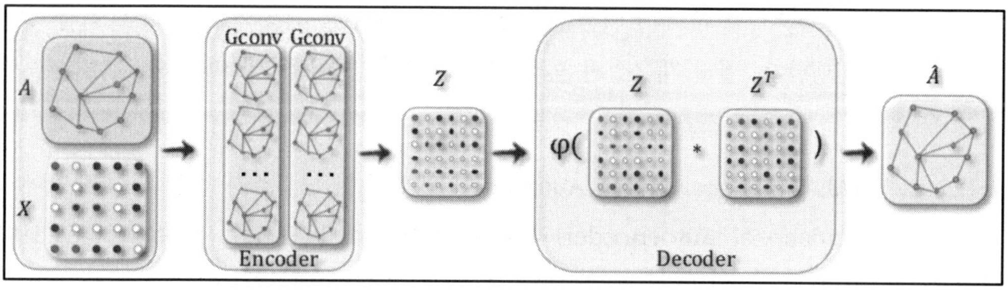

그림 9.7 그래프 오토인코더의 예(https://arxiv.org/abs/1901.00596)

인코더는 그래프 노드에 대한 네트워크 임베딩 $\mathbf{Z} \in \mathbb{R}^{n \times d}$를 계산하기 위해 스펙트럼 기반 컨볼루션 섹션에서 정의한 GCN 모델이다. 여기서 전체 n개 노드 각각에 대한 임베딩은 d차원 벡터 $\mathbf{z}$이다. 인접 행렬 $\mathbf{A}$와 노드 특징 벡터 세트 $\mathbf{X}$를 입력으로 받는다(이 장에서 논의한 다른 GNN 모델과 마찬가지로). 인코더는 다음 공식으로 표현된다:

$$\mathbf{Z} = \text{GCN}_{enc}(\mathbf{X}, \mathbf{A}) = \text{Gconv}(f(\text{Gconv}(\mathbf{A}, \mathbf{X}; \mathbf{W}_1)); \mathbf{W}_2)$$

여기서 $\mathbf{W}_1$과 $\mathbf{W}_2$는 두 GCN 그래프 컨볼루션의 학습 가능한 파라미터(가중치)이고, f는 ReLU 같은 비선형 활성화 함수이다. 논문의 저자는 두 개의 그래프 컨볼루션 층을 사용하지만, 층 수에 제한 받지 않는다.

디코더는 그래프 인접 행렬 $\hat{\mathbf{A}}$을 재구성하려고 시도한다:

$$\hat{\mathbf{A}} = \sigma(\mathbf{Z}\mathbf{Z}^\top)$$

여기서 σ는 시그모이드 함수이다. 먼저 $\mathbf{Z}$의 내적(dot/inner product) $\mathbf{Z}\mathbf{Z}^\mathrm{T}$를 계산한다. 이 연산은 다음 예에서와 같이 각 노드 i의 벡터 임베딩 z_i와 그래프의 다른 모든 노드 j의 벡터 임베딩 z_j의 내적을 계산한다:

$$\mathbf{Z}\mathbf{Z}^\top = \begin{bmatrix} z_{11} & z_{12} & \dots & z_{1d} \\ z_{21} & z_{22} & \dots & z_{2d} \\ \vdots & \vdots & \ddots & \vdots \\ z_{n1} & z_{n2} & \dots & z_{nd} \end{bmatrix} \cdot \begin{bmatrix} z_{11} & z_{21} & \dots & z_{n1} \\ z_{12} & z_{22} & \dots & z_{n2} \\ \vdots & \vdots & \ddots & \vdots \\ z_{1d} & z_{2d} & \dots & z_{nd} \end{bmatrix} = \begin{bmatrix} d_{11} & d_{12} & \dots & d_{1n} \\ d_{21} & d_{22} & \dots & d_{2n} \\ \vdots & \vdots & \ddots & \vdots \\ d_{n1} & d_{n2} & \dots & d_{nn} \end{bmatrix}$$

1장 신경망의 기본 요소에서 언급했듯이, 내적을 벡터 간의 유사성 척도로 생각할 수 있다. 따라서 $\mathbf{Z}\mathbf{Z}^\mathrm{T}$는 가능한 모든 노드 쌍 사이의 거리를 측정한다. 이 거리는 재구성 노력의 베이스로 사용된다. 그 후 디코더는 비선형 활성화 함수를 적용하고, 그래프 인접 행렬의 재구성을 진행한다. 실제 재구성된 인접 행렬들 간의 차이를 최소화해서 GAE를 훈련시킬 수 있다.

다음으로, **VGAE(Variational Graph Autoencoder)**에 초점을 맞추자. 5장 생성 모델에서 논의한 **VAE(Variational Autoencoder)**와 매우 유사하게, VGAE는 새로운 그래프(보다 구체적으로는 새로운 인접 행렬)를 생성할 수 있는 생성 모델이다. 이를 이해하기 위해 VAE에 관한 간략한 요약부터 시작하자. 일반 오토인코더와 달리 VAE 병목 층은 잠재 상태 벡터를 직접 출력하지 않는다. 그 대신에 잠재 벡터 $\mathbf{z}$의 분포의 평균 μ와 분산 σ를 기술하는 두 개의 벡터를 출력한다. 우리는 이들을 사용해서 가우스 분포에서 $\mathbf{z}$와 같은 차원을 갖는 랜덤 벡터 ε를 샘플링 할 것이다. 더 구체적으로, 잠재 분포의 평균 μ와 분산 σ로 ε를 스케일링하고 이동시킬 것이다:

$$\mathbf{z} = \mu + \sigma \odot \varepsilon$$

이 기법을 **재파라미터화**(reparameterization) 트릭으로 부르며, 랜덤 벡터가 원래 데이터셋과 같은 평균 및 분산을 갖게 해준다.

VGAE가 그래프 입력과 함께 작동하고(GAE처럼) 같은 원칙에 따라 새 데이터를 생성한다(VAE처럼)는 점에서, VGAE를 GAE와 VAE의 조합으로 생각할 수 있다. 먼저 두 경로로 분할된 인코더에 초점을 맞추자:

$$\mu = \mathrm{GCN}_{\mu}(\mathbf{X}, \mathbf{A}) = \tilde{\mathbf{A}}\mathrm{ReLU}(\tilde{\mathbf{A}}\mathbf{X}\mathbf{W_0})\mathbf{W}_{\mu}$$
$$\sigma = \mathrm{GCN}_{\sigma}(\mathbf{X}, \mathbf{A}) = \tilde{\mathbf{A}}\mathrm{ReLU}(\tilde{\mathbf{A}}\mathbf{X}\mathbf{W_0})\mathbf{W}_{\sigma}$$

여기서 가중치 W_0는 경로 간에 공유되고, $\widetilde{\mathrm{A}}$는 대칭적으로 정규화된 인접 행렬, μ는 평균 벡터 μ_i의 행렬, σ는 각 그래프 노드의 분산 σ_i의 행렬이다. 그러면 전체 그래프에 대한 인코더 추론 단계는 모든 그래프 노드 i의 잠재 표현의 내적으로 정의된다:

$$q_{\varphi}(\mathbf{Z}|\mathbf{X}, \mathbf{A}) = \prod_{i=1}^{n} q_{\varphi}(\mathbf{z}_i|\mathbf{X}, \mathbf{A})$$

이 공식에서 n은 그래프의 노드 수이고, $q_{\varphi}(\mathbf{z}_i|\mathbf{X},\ \mathbf{A})$는 실제 확률 분포 $p(\mathbf{z}_i|\mathbf{X},\ \mathbf{A})$의 인코더 근사화를 나타낸다. 여기서 φ는 네트워크 파라미터이다(5장 생성 모델의 표기를 유지). 이 근사화는 노드 별 평균 μ_i 및 대각 공분산 값 σ_i^2를 갖는 가우스 분포이다:

$$q_\varphi(\mathbf{z}_i|\mathbf{X}, \mathbf{A}) = \mathcal{N}(\mathbf{z}_i|\mu_i, diag(\sigma_i^2))$$

다음으로 새 인접 행렬을 만드는 생성 단계를 정의한다. 이것은 랜덤 잠재 벡터의 내적이다:

$$p_\theta(\mathbf{A}|\mathbf{Z}) = \prod_{i=1}^{n}\prod_{j=1}^{n} p_\theta(\mathbf{A}_{i,j}|\mathbf{z}_i, \mathbf{z}_j)$$

여기서 $\mathbf{A}_{i,j}$는 두 노드 i와 j 사이에 에지가 있는지 여부를 나타내고, $p_\theta(\mathbf{A}_{i,j}|\mathbf{z}_i, \mathbf{z}_j)$는 실제 확률 $p(\mathbf{A}_{i,j}|\mathbf{z}_i, \mathbf{z}_j)$의 디코더 근사화를 나타낸다. 이미 익숙한 VAE 비용을 사용해서 VGAE를 훈련시킬 수 있다:

$$L(\theta, \varphi; \mathbf{X}) = -D_{KL}(q_\varphi(\mathbf{Z}|\mathbf{X}, \mathbf{A})||p_\theta(\mathbf{Z})) + E_{q_\varphi(\mathbf{Z}|\mathbf{X},\mathbf{A})}[\log(p_\theta(\mathbf{A}|\mathbf{Z}))]$$

여기서 첫 번째 항은 Kullback-Leibler 차이이고 두 번째 항은 복구 비용이다.

이것으로 GAE 및 VGAE에 대한 설명을 마친다. 다음 섹션에서는 구조 데이터(structured)와 비구조(unstructured) 데이터를 네트워크 입력으로 혼합할 수 있는 또 다른 그래프 학습 패러다임에 관해 설명한다.

9.1.4 뉴럴 그래프 학습

이 섹션에서는 NGL(Neural Graph Learning) 패러다임에 관해 설명한다(`https://storage.googleapis.com/pub-tools-public-publication-data/pdf/bbd774a3c6f13f05bf754e09aa45e7aa6faa08a8.pdf`의 *Neural Graph Learning: Training Neural Networks Using Graphs*). 이를 통해 구조화된 신호로 구조화되지 않은 데이터에 기반한 훈련을 강화할 수 있다. 보다 구체적으로, TensorFlow 2.0을 기반으로 이러한 원칙을 구현하는 NSL(neural structured learning. `https://www.tensorflow.org/neural_structured_learning/`) 프레임워크에 관해 논의할 것이다.

NGL의 작동 방식을 이해하기 위해, 7개 클래스 중 하나로 분류된 2,708개의 과학 간행물로 구성된 CORA 데이터셋(`https://relational.fit.cvut.cz/dataset/CORA`)을 사용하겠다(데이터셋의 비구조화된 부분). 이 데이터셋의 모든 출판물의 고유한 단어(즉, 어휘) 수는 1,433개이다. 각 출판물은 단일 멀티핫 인코딩 벡터(multihot encoded vector)로 기술된다. 이것은 크기가 1,433(어휘와 같음)인 벡터이며, 셀 값들은 0 또는 1이다. 출판물에 어휘의 i번째 단어가 포함된 경우, 해당 출판물의 원-핫 인코딩된 벡터의 i번째 셀은 1로 설정된다. 단어가 출판물에 없으면 해당 셀은 0으로 설정된다. 이 메커니즘은 글에 있는 단어들에 관한 정보를 보존하지만, 그들의 순서에 관한 정보는 보존하지 않는다. 또한 데이터셋에는 5,429개의 인용에 대한 방향성 그래프가 포함되어 있다. 여기서 노드는 간행물이고, 노드 사이의 에지는 간행물 v가 간행물 u를 인용하는지 여부를 나타낸다(데이터셋의 구조화된 부분).

다음으로, 다음 다이어그램부터 시작해서 NGL 자체에 초점을 맞추자:

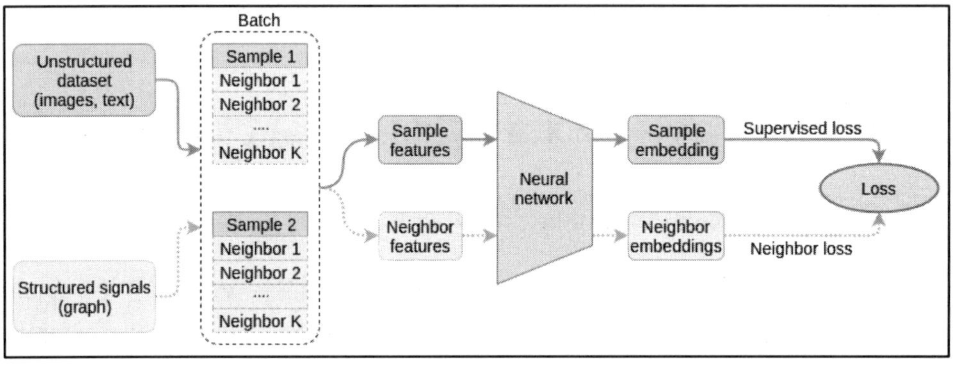

그림 9.8 NGL 프레임워크: 녹색[152] 실선 화살표는 구조화되지 않은 입력 데이터 흐름을 보여준다. 노란색 점선 화살표는 구조화된 신호 데이터 흐름을 보여준다. (https://www.tensorflow.org/neural_structured_learning/framework)

이것은 일반 NN 훈련 프레임워크에 대한 일종의 래퍼 역할을 하며, FFN과 RNN을 포함하는 모든 유형의 네트워크에 적용될 수 있다. 예를 들어, 멀티 핫 인코딩된 간행물 벡터를 입력으로 취하고, 녹색[153] 실선으로 앞의 다이어그램에 표시된 것 같이 softmax 출력을 사용해서 7개 클래스 중 하나로 분류하려고 시도하는 일반 FFN을 가질 수 있다. NGL을 사용하면 노란색 점선으로 표시된 것처럼 인용에서 제공하는 구조화된 데이터로 이 네트워크를 확장할 수 있다.

작동 원리를 살펴보자. 그래프의 이웃 노드들이 어느 정도 유사하다는 가정으로 시작한다. 샘플 i와 j가 그래프에서 이웃이라면, 샘플 i의 NN에 의해 생성된 임베딩 벡터(이 임베딩은 마지막 은닉층의 출력)가 샘플 j의 임베딩과 어느 정도 유사해야 한다고 말함으로써 이 가정을 NN 도메인으로 옮길 수 있다. 우리의 예에서, 두 출판물 중 하나가 다른 하나

152. 흑백 인쇄에서는 진한색

를 인용한다면(즉, 이 둘이 인용 그래프에서 이웃), 출판물 i의 임베딩 벡터가 출판물 j의 임베딩과 유사해야 한다고 가정할 수 있다. 다음 단계를 통해 이를 구현할 수 있다:

1. 구조화되지 않은 데이터(멀티 핫 인코딩된 간행물)와 구조화된 데이터(인용 그래프)가 모두 포함된 데이터셋으로 시작한다.
2. 특수한 유형의 복합 학습 샘플들(뱃치로 구성된)을 만든다. 여기서 각 복합 샘플은 하나의 일반 입력 샘플(하나의 멀티 핫 인코딩된 간행물)과 K개의 이웃 샘플(초기 샘플을 인용하거나 초기 샘플이 인용한 멀티 핫 인코딩된 간행물)로 구성된다.
3. 복합 샘플을 NN에 공급하고, 초기 샘플과 그 이웃 모두에 대한 임베딩을 생성한다. 앞의 다이어그램은 병렬로 된 두 경로를 보여 주지만, 실제로는 그렇지 않다. 이 다이어그램은 네트워크가 중앙 샘플과 이웃을 모두 처리한다는 것을 보여주는데 초점이 맞춰져 있는데, 실제 NN은 모든 멀티 핫 인코딩 입력을 단일 배치의 일부로 가져와서 처리한다. 그 대신에 일반 NN 위에 있는 NSL 부가 두 구성요소를 구분한다.
4. 두 부분으로 구성된 특수한 유형의 복합 손실 함수를 계산한다. 이들은 초기 샘플 임베딩과 그 이웃의 임베딩 간의 거리를 측정하는 메트릭을 사용하는 일반 감독형 손실과 억제(또는 규제 또는 통제)용 이웃 손실(regularization[153] neighbor loss)이다. 이 이웃 손실은 구조화된 신호로 구조화되지 않은 훈련 데이터를 보강할 수 있게 해주는 메커니즘이다. 이 복합 손실은 다음과 같이 정의된다:

$$J_\theta = \frac{1}{n}[\underbrace{\sum_{i=1}^{n} \mathcal{L}_s(f_\theta(x_i), t_i)}_{\text{Supervised cost}} + \underbrace{\alpha \sum_{i=1}^{n} \sum_{x_j \in \mathcal{N}(x_i)} w_{ij} \mathcal{D}(f_\theta(x_i), f_\theta(x_j))]}_{\text{Neighbor cost}}$$

   이 공식에는 다음과 같은 특징들이 있다:

   - n: 미니 뱃치의 복합 샘플 수

153. Regularization. 일반적으로 정규화(일반 사전에는 규칙화, 합법화 등)라고 많이 번역하나, 손실/목표 함수에서의 regularization은 "추가 페널티 항을 추가하여 함수를 조정하는 데 사용되는 기술이며, 추가 항은 계수가 극단적인 값을 취하지 않도록 과도하게 변동하는 함수를 제어"하므로 "규제" 또는 "억제"라는 표현이 더 적절하고 이해에도 도움이 된다. 즉, 우리가 자주 접하는 regular(합법적) 보다는 voltage regulator에서와 의미가 더 가깝다는 점에서 처음에 사용한 사람이 regulation을 잘 못 표기한 것으로 의심된다(regularization과 regulation이 동의어로 나와 있는 사전도 있다).

- L_s: 감독형 손실 함수
- f_θ: NN 함수(θ는 가중치)
- α: 두 손실 성분 간의 상대적 가중치를 결정하는 스칼라 파라미터
- $N(x_i)$: 샘플 x_i의 그래프 이웃 집합. 이웃 손실은 그래프의 모든 노드의 모든 이웃에 대해 반복된다.
- w_{ij}: 샘플 i와 j 사이의 그래프 에지의 가중치. 만일 가중치 표시가 없으면 모든 가중치를 1로 가정할 수 있다.
- D: 샘플 i와 j의 임베딩 벡터 사이의 거리 메트릭이다.

이웃 손실의 규제 특성으로 인해 NGL을 **그래프 규제(graph regularization)**라고도 부른다.

5. 오차를 역으로 전파하고 네트워크 가중치 θ를 업데이트한다.

이제 그래프 규제에 관한 개요를 봤으므로 구현해 보자.

그래프 규제 구현

이 섹션에서는 NSL 프레임워크를 사용해서 Cora 데이터셋에 대해 그래프 규제를 구현한다. 이 예제는 `https://www.tensorflow.org/neural_structured_learning/tutorials/graph_keras_mlp_cora`에서 제공되는 튜토리얼을 기반으로 한다. 구현을 진행하기 전에 몇 가지 전제 조건을 충족해야 한다. 먼저 TensorFlow 2.0과 `neural-structured-learning` 1.1.0 패키지(pip로 설치 가능)가 필요하다.

이러한 요구 사항을 충족하면 구현을 진행할 수 있다:

1. 패키지 가져오기부터 시작하겠다:

```
import neural_structured_learning as nsl
import tensorflow as tf
```

2. 프로그램의 상수 파라미터들을 정의한다(상수 이름과 코멘트가 도움이 되길 바란다):

```
# Cora dataset path
TRAIN_DATA_PATH = 'data/train_merged_examples.tfr'
TEST_DATA_PATH = 'data/test_examples.tfr'
```

```
# Constants used to identify neighbor features in the input.
NBR_FEATURE_PREFIX = 'NL_nbr_'
NBR_WEIGHT_SUFFIX = '_weight'
# Dataset parameters
NUM_CLASSES = 7
MAX_SEQ_LENGTH = 1433
# Number of neighbors to consider in the composite loss function
NUM_NEIGHBORS = 1
# Training parameters
BATCH_SIZE = 128
```

TRAIN_DATA_PATH 및 TEST_DATA_PATH 파일에는 TensorFlow 친화적 형식으로 전처리된 Cora 데이터셋과 레이블이 들어 있다.

3. 다음으로 데이터셋을 로드하자. 이 프로세스는 전체 데이터셋을 빌드하는 make_dataset과 단일 복합 샘플을 파싱하는 parse_example의 두 가지 함수를 사용해서 구현된다(make_dataset이 내부적으로 parse_example을 사용). make_dataset부터 시작하겠다:

```
def make_dataset(file_path: str, training=False) ->
tf.data.TFRecordDataset:
    dataset = tf.data.TFRecordDataset([file_path])
    if training:
          dataset = dataset.shuffle(10000)
    dataset = dataset.map(parse_example).batch(BATCH_SIZE)

    return dataset
```

dataset.map(parse_example)은 내부적으로 데이터셋의 모든 샘플에 parse_example을 적용한다. parse_example의 정의를 선언부터 시작해서 계속해 보자:

```
def parse_example(example_proto: tf.train.Example) -> tuple:
```

이 함수는 나중에 데이터셋의 실제 데이터로 채워지는, 단일 복합 샘플에 대한 일종의 템플릿을 나타내는 feature_spec 사전을 만든다. 먼저, 우리는 multihot 인코딩된 간행물을 나타내는 'words'와, 간행물의 클래스를 나타내는 'label'에 대한 tf.io.FixedLenFeature의 placeholder 인스턴스로 feature_ spec을 채운다(이 코드는 여전히 parse_example의 일부이므로 들여쓰기에 주의하라):

```
feature_spec = {
    'words':
        tf.io.FixedLenFeature(shape=[MAX_SEQ_LENGTH],
                              dtype=tf.int64,
                              default_value=tf.constant(
                                  value=0,
                                  dtype=tf.int64,
                                  shape=[MAX_SEQ_LENGTH])),
        'label':
            tf.io.FixedLenFeature((), tf.int64, default_value=-1),
}
```

그런 다음 NUM_NEIGHBORS 이웃들에 대해 반복적으로, 멀티 핫 벡터 및 에지 가중치를 feature_spec의 nbr_feature_key 키와 nbr_weight_key 키 아래에 각각 추가한다:

```
for i in range(NUM_NEIGHBORS):
    nbr_feature_key = '{}{}_{}'.format(NBR_FEATURE_PREFIX, i,
                      'words')
    nbr_weight_key = '{}{}{}'.format(NBR_FEATURE_PREFIX, i,
                     NBR_WEIGHT_SUFFIX)
    feature_spec[nbr_feature_key] = tf.io.FixedLenFeature(
        shape=[MAX_SEQ_LENGTH],
        dtype=tf.int64,
        default_value=tf.constant(
            value=0, dtype=tf.int64, shape=[MAX_SEQ_LENGTH]))

    feature_spec[nbr_weight_key] = tf.io.FixedLenFeature(
        shape=[1], dtype=tf.float32,
                default_value=tf.constant([0.0]))

features = tf.io.parse_single_example(example_proto, feature_spec)

    labels = features.pop('label')
    return features, labels
```

다음 코드는 데이터셋의 실제 샘플로 템플릿을 채운다:

```
features = tf.io.parse_single_example(example_proto,
feature_spec)
```

4. 이제 훈련 및 테스트 데이터셋의 인스턴스를 만들 수 있다:

```
train_dataset = make_dataset(TRAIN_DATA_PATH, training=True)
test_dataset = make_dataset(TEST_DATA_PATH)
```

5. 다음으로, 모델을 구현하자. 이 모델은 2개의 은닉층과 softmax 출력이 있는 간단한 FFN이다. 모델은 멀티 핫 인코딩된 간행물 벡터를 입력으로 사용하고, 간행물 클래스를 출력한다. NSL과는 독립적이며, 간단한 감독 방식으로 훈련될 수 있다:

```
def build_model(dropout_rate):
    """Creates a sequential multi-layer perceptron model."""
    return tf.keras.Sequential([
        # one-hot encoded input.
        tf.keras.layers.InputLayer(
            input_shape=(MAX_SEQ_LENGTH,), name='words'),

        # 2 fully connected layers + dropout
        tf.keras.layers.Dense(64, activation='relu'),
        tf.keras.layers.Dropout(dropout_rate),
        tf.keras.layers.Dense(64, activation='relu'),
        tf.keras.layers.Dropout(dropout_rate),

        # Softmax output
        tf.keras.layers.Dense(NUM_CLASSES, activation='softmax')
    ])
```

6. 다음으로 모델의 인스턴스를 만들자:

```
model = build_model(dropout_rate=0.5)
```

7. 그래프 규제를 사용하는 데 필요한 모든 요소를 갖췄으므로, NSL 래퍼로 모델을 래핑하는 것으로 시작한다:

```
graph_reg_config = nsl.configs.make_graph_reg_config(
    max_neighbors=NUM_NEIGHBORS,
    multiplier=0.1,
```

```
    distance_type=nsl.configs.DistanceType.L2,
    sum_over_axis=-1)
graph_reg_model = nsl.keras.GraphRegularization(model,
                                                graph_reg_config)
```

그래프 규제 파라미터를 사용해서 graph_reg_config 객체(nsl.configs.GraphRegConfig의 인스턴스)를 만든다: max_neighbors=NUM_NEIGHBORS는 사용할 이웃의 수이고, multiplier=0.1은 NSL(Neural structured learning) 섹션에서 소개한 복합 손실의 파라미터 α에 해당하며, distance_type=nsl.configs.DistanceType.L2는 이웃 노드 임베딩 사이의 거리 메트릭이다.

8. 다음으로, 훈련 프레임워크를 구축하고 100 epoch 훈련을 시작할 수 있다:

```
graph_reg_model.compile(
    optimizer='adam',
    loss='sparse_categorical_crossentropy',
    metrics=['accuracy'])

# run eagerly to prevent epoch warnings
graph_reg_model.run_eagerly = True

graph_reg_model.fit(train_dataset, epochs=100, verbose=1)
```

9. 훈련이 완료되면, 훈련된 모델을 테스트 데이터셋에 대해 실행할 수 있다:

```
eval_results = dict(
    zip(graph_reg_model.metrics_names,
        graph_reg_model.evaluate(test_dataset)))
print('Evaluation accuracy: {}'.format(eval_results['accuracy']))
print('Evaluation loss: {}'.format(eval_results['loss']))
```

제대로 돌아간다면 프로그램의 출력은 다음과 같아야 한다:

```
Evaluation accuracy: 0.8137432336807251
Evaluation loss: 1.1235489577054978
```

이것으로 GNN에 대한 논의를 마친다. 언급했듯이, 다양한 유형의 GNN이 있으며 여기서는 일부만 다뤘다. 자세한 내용을 알고 싶다면 섹션 시작 부에서 소개한 서베이 논문을 보거나, https://github.com/thunlp/GNNPapers에서 GNN 관련 논문의 목록을 확인하기 바란다.

다음 섹션에서는 정보를 저장하기 위해 외부 메모리를 사용하는 새로운 유형의 NN에 관해 설명한다.

9.2 메모리 보강 NN

우리는 이미 NN의 메모리의 개념을 보았다(이상한 형태였지만). 예를 들어 LSTM 셀은 입력 및 망각 게이트의 도움으로 은닉 셀 상태에 관한 정보를 추가하거나 삭제할 수 있다. 또 다른 예는, 인코딩된 소스 시퀀스를 나타내는 벡터 집합을, 인코더가 쓰고 디코더가 읽는 외부 메모리로 볼 수 있는 주의 메커니즘이다. 그러나 이 능력에는 몇 가지 한계가 있다. 그 하나는, 인코더가 시퀀스의 현재 요소인 단일 메모리[154] 위치에만 쓸 수 있다는 것이다. 또한 이전에 작성된 벡터를 업데이트할 수 없다. 반면에 디코더는 데이터베이스에서 읽을 수만 있고, 쓸 수는 없다.

이 섹션에서는, 메모리의 개념을 한 단계 더 발전시키고, 이러한 한계를 해결하는 **MANN (Memory-Augmented NN)**을 살펴보겠다. 이것은 새로운 종류의 알고리듬이며, 수십 년 동안 사용 되어온 컨볼루션 및 RNN 같은 주류 NN과 달리, 아직 초기 단계에 있다. 우리가 논의할 첫 번째 MANN 네트워크는 뉴럴 튜링 머신이다.

9.2.1 뉴럴 튜링 머신

MANN의 개념은 처음에 **NTM(Neural Turing Machine)**의 개념으로 도입되었다 (https://arxiv.org/abs/1410.5401)[155]. NTM에는 두 가지 구성 요소가 있다:

- NN 컨트롤러[156].

154. 행렬에 해당

155. 저자는 NN을 주의 프로세스에 의해 상호 작용할 수 있는 외부 메모리 리소스에 결합하여 NN의 기능을 확장했다. 결합된 시스템은 Turing Machine 또는 Von Neumann 아키텍처와 유사하지만 미분 가능해서 GD로 효율적으로 훈련될 수 있다. NTM이 입력 및 출력 샘플로부터 복사, 정렬, 연관 리콜과 같은 간단한 알고리듬을 추론할 수 있음을 보여줬다.

156. CPU에 해당

- 행렬 $\mathbf{M} \in \mathbb{R}^{n \times d}$로 표현되는 외부 메모리[157]. 이 행렬에는 n행의 d차원 벡터가 있다.

다음 다이어그램은 NTM 아키텍처의 개요를 제공한다:

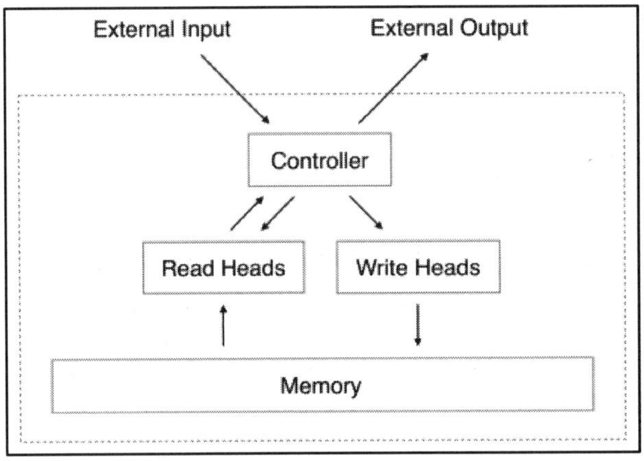

그림 9.9 NTM(https://arxiv.org/abs/1410.5401)

NTM은 컨트롤러가 입력 벡터를 취해서 그 응답으로 출력 벡터를 생성하는 순차적인 방식(RNN과 같이)으로 작동한다. 또한 여러 개의 병렬 읽기/쓰기[158] 헤드를 사용해서 메모리를 읽고 쓴다.

8장 seq2seq 모델 및 주의에서 살펴본 주의 메커니즘과 매우 유사한 읽기 작업에 초점을 맞추자. 읽기 헤드는 항상 전체 메모리 행렬을 읽는데, 이때 서로 다른 세기로 메모리 벡터들에 주의를 기울인다. 이를 위해 읽기 헤드는 다음 제약 조건의 n차원 벡터 $\mathbf{w}_t^r$(t=단계)를 내보낸다:

$$\sum_{i=1}^{n} w_t^r(i) = 1, \quad 0 \le w_t^r(i) \le 1$$

$\mathbf{w}_t^r$는 주의 메커니즘을 구현하는데, 이때 벡터의 각 셀 i는 출력을 형성할 때 i번째 메모리 벡터(즉, 행렬 $\mathbf{M}$의 i번째 행)의 가중치를 나타낸다. 단계 t에서 읽기 작업의 출력은

157. RAM에 해당
158. 컨트롤러와 메모리 간의 상호 작용

모든 메모리 벡터의 가중 합으로 정의되는 d차원 벡터 $\mathbf{r}_t$이다:

$$\mathbf{r}_t \leftarrow \sum_{i=1}^{n} w_t^r(i)\mathbf{M}_t(i)$$

이 연산은 8장 seq2seq 모델 및 주의에서 논의한 소프트 주의 메커니즘과 유사하다. 소프트 주의는 (하드 주의와 달리) 미분 가능하며, 이 연산도 마찬가지이다. 이렇게 전체 NTM (컨트롤러 및 메모리)은 단일 미분 가능 시스템이므로, GD 및 BP로 훈련시킬 수 있다.

다음으로, 쓰기 작업에 초점을 맞추자. 이 작업은 **erase**(지우기)와 **add**(더하기)의 두 단계로 구성된다. 쓰기 헤드는 읽기 헤드 경우와 같은 유형의 주의 벡터 $\mathbf{w}_t^w$를 내보낸다. 또한 값이 모두 (0, 1) 범위 내에 있는 다른 **erase** 벡터 $\mathbf{e}^t \in \mathbb{R}^d$도 내보낸다. 메모리의 단일 행 i에 대한 단계 t에서의 지우기 작업을, 이 두 벡터와 단계 $t-1$에서의 메모리 상태 $\mathbf{M}_{t-1}$의 함수로 정의할 수 있다:

$$\tilde{\mathbf{M}}_t(i) \leftarrow \mathbf{M}_{t-1}(i)[\mathbf{1} - w_t^w(i)\mathbf{e}_t]$$

여기서 1은 1로 구성된 d차원 벡터이며, $\mathbf{M}_{t-1}(i)$와 erase 구성 요소 간의 곱셈은 요소별로 수행된다. 이 공식에 따르면 가중치 $w_t^w(i)$와 $\mathbf{e}_t$가 모두 0이 아닌 경우에만 메모리 위치를 지울 수 있다. 이 메커니즘은 곱셈이 교환적(commutative)이기 때문에 임의의 순서로 쓰는 여러 주의 헤드와 함께 작동할 수 있다.

erase 작업 다음에 add 작업이 이어진다. 쓰기 헤드는 **add** 벡터 $\mathbf{a}_t \in \mathbb{R}^d$를 생성하며, 이는 erase 후 메모리에 추가되어 단계 t에서 최종 메모리 상태를 생성한다:

$$\mathbf{M}_t(i) \leftarrow \tilde{\mathbf{M}}_t(i) + w_t^w(i)\mathbf{a}_t$$

이제 우리는 읽기 및 쓰기 작업에 익숙하지만, 여전히 주의 벡터 $\mathbf{w}_t$를 생성하는 방법을 모른다(다음 설명이 읽기 및 쓰기 헤드 모두에 적용되므로 위 첨자 인덱스를 생략하겠다). NTM은 이를 위해 콘텐츠 기반 및 위치 기반이라는 두 가지 보완적인 주소 지정 메커니즘을 사용한다.

각 헤드(읽기 및 쓰기 모두)가 키 벡터 $\mathbf{k}_t \in \mathbb{R}^d$를 만드는 콘텐트 기반 주소 지정부터 시작하겠다. 이 벡터는 유사성 척도 $K[\mathbf{k}_t, \mathbf{M}_t(i)]$를 사용해서 각 메모리 벡터 $\mathbf{M}_t(i)$와 비교된다. NTM 저자는 다음과 같이 정의되는 코사인 유사도를 제안한다:

$$K[\mathbf{k}_t, \mathbf{M}_t(i)] = \frac{\mathbf{k}_t \cdot \mathbf{M}_t(i)}{|\mathbf{k}_t| \cdot |\mathbf{M}_t(i)|}$$

그런 다음 콘텐트 기반 주소 지정 벡터의 단일 셀을 모든 메모리 벡터의 유사도 결과에 대한 softmax로 정의한다:

$$w_t^c(i) \leftarrow \frac{\exp(\beta_t K[\mathbf{k}_t, \mathbf{M}_t(i)])}{\sum_{j=1}^{n} \exp(\beta_t K[\mathbf{k}_t, \mathbf{M}_t(j)])}$$

여기서 β_t는 초점 범위를 넓히거나 좁히는 스칼라 값 키 강도이다. β_t 값이 작을 경우 주의가 모든 메모리 벡터에 분산되고, 큰 β_t의 경우 주의가 가장 유사한 메모리 벡터들에 집중된다.

NTM의 저자는 변수의 콘텐트가 임의적일 수 있지만 그의 주소가 인식될 수 있어야 하기 때문에 일부 문제에서 콘텐트 기반 주의가 충분하지 않다고 주장한다. 그들은 산술 문제를 그러한 문제 중 하나로 인용한다: 두 변수 x와 y는 임의의 두 값을 가질 수 있지만, 프로시저 $f(x, y) = x \times y$가 여전히 정의되어야 한다. 이 작업을 위한 컨트롤러는 변수 x 및 y의 값을 가져와서 서로 다른 주소에 저장한 다음, 이를 찾아와서 곱셈 알고리듬을 수행할 수 있다. 이 경우 변수들은 콘텐트가 아닌 위치로 주소가 지정되므로, 위치 기반 주소 지정 메커니즘이 적용된다. 랜덤 액세스 메모리 점프와 위치 간 단순 반복 모두에서 작동한다. 주의 가중치를 한 단계 앞이나 뒤로 이동(shift)시켜서 이를 수행한다.

예를 들어 현재 가중(weighting)[159]이 단일 위치에 전적으로 초점을 맞추는 경우, 1을 회전하면 초점이 다음 위치로 이동한다. 음의 이동은 가중을 반대 방향으로 이동한다.

콘텐트 및 위치 주소 지정은 다음 다이어그램과 같이 결합해서 작동한다:

159. 벡터 수. 주의 메커니즘이 위치들(N개)에 대한 분포를 정의하며, 이 분포들이 weighting이라고 불리는 N개의 벡터이다.

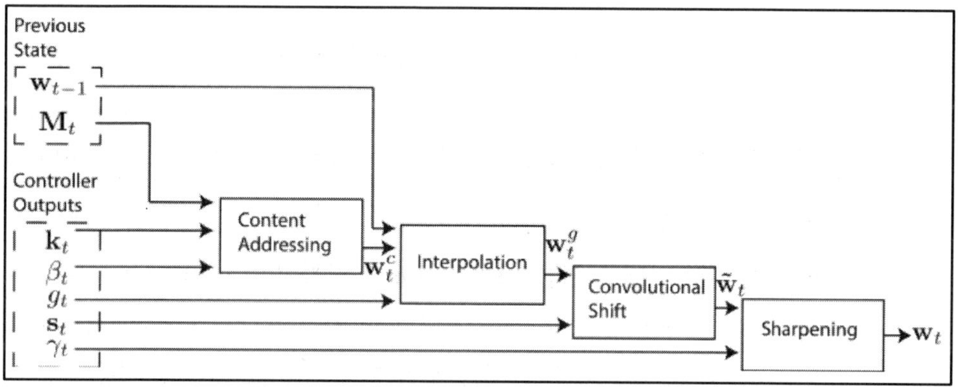

그림 9.10 주소 지정 메커니즘의 흐름도(https://arxiv.org/abs/1410.5401)

작동 원리를 단계별로 살펴보자:

1. 콘텐트 주소 지정은 메모리 $\mathbf{M}_t$, 키 벡터 $\mathbf{k}_t$ 및 키 강도 β_t를 기반으로 콘텐트 주소 지정 벡터 $\mathbf{w}_c^t$를 생성한다.

2. 보간은 위치 주소 지정 메커니즘의 세 단계 중 첫 번째이며, 실제 가중치 이동(shift) 이전에 이루어진다. 각 헤드[160](읽기 또는 쓰기)는 (0, 1) 범위에서 스칼라 보간 게이트 g_t를 방출한다. g_t는 단계 $t-1$에서 헤드에 의해 생성된 가중치 $\mathbf{w}_{t-1}$을 보존할지, 아니면 현재 단계 t의 콘텐트 기반 가중치 $\mathbf{w}_c^t$로 대체할지를 지시한다. 보간은 다음과 같이 정의된다:

$$\mathbf{w}_t^g \leftarrow g_t \mathbf{w}_t^c + (1 - g_t)\mathbf{w}_{t-1}$$

$g_t = 0$이면 이전 주소 지정 벡터를 완전히 보존한다. $g_t = 1$인 경우 콘텐츠 기반 주소 지정 벡터만 사용한다.

3. 다음 단계는 **convolutional shift**로, 보간 주의를 취하고 어떻게 이동시킬지를 결정한다. 헤드 주의가 앞(+1) 또는 뒤(−1)로 이동하거나 그대로(0) 머물 수 있다고 가정하자. 각 헤드는 허용된 shift에 대해 정규화된 분포를 정의하는 shift weighting s_t를 방출한다. 이 경우 s_t는 이동이 수행되는 정도를 나타내는 −1, 0, 1의 세 개의 요소를 갖는다. 메모리 벡터 인덱스가 0부터 시작한다고 가정하면(0부터 $n-1$까지), s_t에 의한 $\mathbf{w}_g^t$의 회전을 원형 컨볼루션으로 정의할 수 있다:

160. 가중(weighting)이 만들어지고 사용되는 유닛.

$$\tilde{w}_t(i) \leftarrow \sum_{j=0}^{n-1} w_t^g(j) s_t(i-j)$$

모든 메모리 인덱스에 대해 반복하지만, s_t는 허용된 위치에서만 0이 아닌 값을 갖는다.

4. 마지막 주소 지정 단계는 **선명화(sharpening)** 단계이다. 여러 방향에 대해 서로 다른 각도로 동시에 이동할 수 있는 능력의 한 가지 부작용은, 주의(attention)가 흐려질(blur) 수 있다는 것이다. 예를 들어 확률 0.6으로 앞으로 이동(+1), 확률 0.2로 뒤로 이동 (−1), 확률 0.2로 이동하지 않는다(0)고 가정해 보자. Shift를 적용할 때 원래의 집중된 주의가 세 위치 사이에서 흐려질 것이다. 이를 해결하기 위해 NTM의 저자는 다음을 제안한다: 각 헤드를 수정해서 스칼라 $\gamma_r \geq 1$를 내보내게 하고, 다음 공식을 사용해서 최종 결과를 선명하게 만든다:

$$w_t(i) \leftarrow \frac{\tilde{w}_t(i)^{\gamma_t}}{\sum_{j=0}^{n-1} \tilde{w}_t(j)^{\gamma_t}}$$

이제 주소 지정이 어떻게 작동하는지 알았으므로, RNN(예: LSTM) 또는 FFN을 사용할 수 있는 컨트롤러에 집중하자. NTM의 저자는, LSTM 컨트롤러에는 외부 메모리를 보완하고, 컨트롤러가 여러 시간 단계의 정보를 혼합할 수 있게 해주는 내부 메모리가 있다고 주장한다. 그러나 NTM의 맥락에서, FFN 컨트롤러는 모든 단계에서 같은 메모리 위치에서 읽고 씀으로써 RNN 컨트롤러를 모방할 수 있다. 또한 FFN은 읽기/쓰기 패턴이 내부 RNN 상태보다 해석하기 쉽기 때문에 더 투명하다.

논문의 저자는 NTM이 여러 작업에서 작동하는 방식을 설명하며, 그 중 하나는 NTM이 입력 시퀀스를 출력으로 복제해야 하는 복사 작업이다. 이 작업은 장기간에 거쳐 정보를 저장하고 액세스하는 모델의 능력을 보여준다. 입력 시퀀스는 1에서 20 사이의 랜덤한 길이를 갖는다. 시퀀스의 각 요소는 8개의 이진 원소가 있는 벡터(1바이트를 나타냄)이다. 먼저, 모델은 특수 구분 기호(delimiter)에 도달할 때까지 단계별로 입력 시퀀스를 취한다. 그런 다음 출력 시퀀스 생성을 시작한다. 모델이 중간 지원 없이 전체 시퀀스를 생성할 수 있도록, 생성 단계 도중에 추가 입력이 제시되지 않는다. 저자는 NTM 및 LSTM 기반 모델의 성능을 비교하고, LSTM에 비해 NTM이 훈련 때 더 빠르게 수렴하고 더 긴 시퀀스를 복제할 수 있음을 관찰했다. 이러한 결과와 함께, 컨트롤러와 메모리의 상호 작용을 조사한 후, 저자는 NTM이 단순히 입력 시퀀스를 기억하는 것이 아니라, 일종의 복사 알고리

듬을 학습한다고 결론을 내린다. 다음 의사 코드로 알고리듬의 작업 순서를 기술할 수 있다:

```
initialize: move head to start location
while input delimiter not seen do
   receive input vector
   write input to head location
   increment head location by 1
end while
return head to start location
while true do
   read output vector from head location
   emit output
   increment head location by 1
end while
```

그림 9.11 NTM 모델은 일종의 복사 알고리듬을 학습한다(https://arxiv.org/abs/1410.5401).

다음으로 다음 이미지가 보여주는 것 같이, 컨트롤러와 메모리 간의 상호 작용 관점에서 복사 알고리듬에 초점을 맞추자:

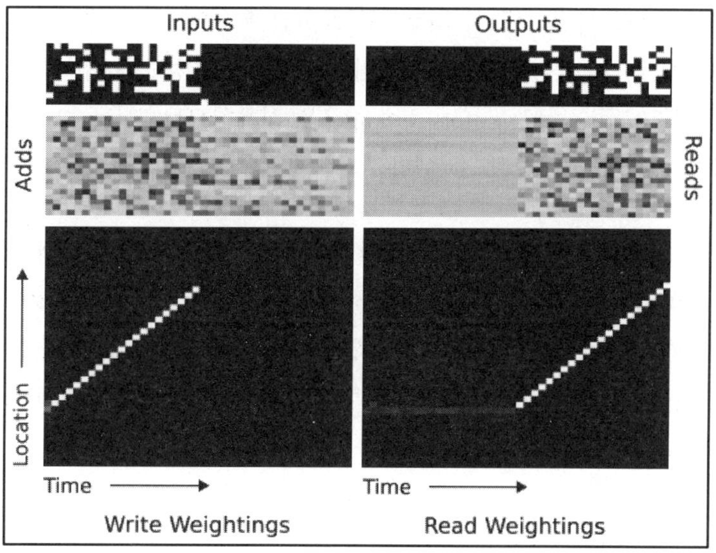

그림 9.12 복사 알고리듬의 컨트롤러/메모리 상호 작용(https://arxiv.org/abs/1410.5401)

왼쪽 열은 입력 단계를 보여준다. 왼쪽 위 이미지는 8비트 이진 벡터의 입력 시퀀스를 나타내고, 왼쪽 중간 이미지는 메모리에 추가된 벡터를 나타내고, 왼쪽 아래 이미지는 각 단계에서 메모리 쓰기 주의 가중치를 나타낸다. 오른쪽 열은 출력 단계를 보여준다. 오른쪽 위 이미지는 생성된 8비트 이진 벡터 출력 시퀀스를 나타내고, 오른쪽 가운데 이미지는 메모리에서 읽은 벡터를 나타내고, 오른쪽 아래 이미지는 각 단계에서 메모리 읽기 주의 가중치를 나타낸다. 하단 이미지는 쓰기 및 읽기 작업 중 헤드[161] 위치의 증분 이동(incremental shifts)을 보여준다. 주의 가중치가 명확하게 단일 메모리 위치에 초점이 맞춰져 있다. 동시에, 각 시간 단계에서 입력 및 출력 시퀀스는 같은 위치에서 읽으며, 읽기 벡터들은 쓰기 벡터들과 등가이다. 이는 입력 시퀀스의 각 요소가 단일 메모리 위치에 저장됨을 나타낸다.

참고로, NTM의 저자가 **DNC(Differential Neural Computer)**[162]라는 개선된 메모리 네트워크 아키텍처를 발표했다(*Hybrid computing using a neural network with dynamic external memory*. `https://www.nature.com/articles/nature20101`). DNC는 NTM에 비해 몇 가지 개선 사항을 도입했다:

- 콘텐트 기반 주소 지정만 사용한다(NTM의 콘텐트 및 위치에 반해).
- linked list(연결 리스트)에 위치를 추가하고 제거해서 사용 가능한 메모리 위치 목록을 유지함으로써 동적 메모리 할당을 사용한다(여전히 미분 가능[163]). 이 메커니즘을 사용하면 모델이 free라고 표시된 위치에만 새 데이터를 쓸 수 있다.
- 컨트롤러가 기록하는 메모리 위치의 순서에 관한 정보를 유지함으로써 시간 메모리 연결(temporal memory linkage)을 사용하므로, 서로 다른 메모리 위치에 순차적 데이터를 저장할 수 있다.

이것으로 NTM 아키텍처에 관한 설명을 마친다. 다음 섹션에서는 *One-shot Learning with Memory-Augmented Neural Networks*(`https://arxiv.org/abs/1605.06065`) 논문에 소개된 NTM 개선에 관해 설명한다. 일반적인 메모리 네트워크 클래스를 가리키는 MANN과의 혼동을 피하기 위해 이 개선된 아키텍처를 MANN*로 표기하겠다.

---

161. Weighting이 만들어지는 유닛.
162. https://towardsdatascience.com/rps-intro-to-differentiable-neural-computers-e6640b5aa73a 메모리 보강 NN이며, 컨트롤러와 메모리 사이를 중개하는 벡터/연산 시스템(주의 메커니즘)을 갖고 있다.
163. "differentiable". 읽기 및 쓰기 가중(weighting)을 만드는 함수가 미분 가능하며, 그러면 헤드들에 GD를 적용할 수 있다.

9.2.2 MANN*

MANN* 읽기 작업은, 키 강도 파라미터 β_t를 포함하지 않는다는 점을 제외하면, NTM 읽기 작업과 매우 유사하다. 그 대신 MANN*은 결합된 콘텐트/위치 NTM 주소 지정 메커니즘의 대체자로서 **LRUA(Least Recent Used Access)**라는 새로운 콘텐트 기반 쓰기 주소 지정 메커니즘을 도입한다. LRUA 쓰기 작업은 가장 적게 사용되거나, 가장 최근에 사용된 메모리 위치에 기록한다. 이 구현에는 두 가지 이유가 있다: 가장 드물게 사용되는 위치에 새 메모리를 씀으로써 최근에 저장된 정보를 보존하고, 마지막으로 사용된 위치에 새 데이터를 작성해서 새 정보가 이전에 작성된 상태에 대한 일종의 업데이트 역할을 한다. 하지만 모델은 두 가지 옵션 중 어떤 것을 사용할지 어떻게 알 수 있을까? MANN* 주소 지정 메커니즘은 사용 가중치(usage weights) 벡터 $\mathbf{w}_u^t \in \mathbb{R}^d$를 도입해서 두 옵션 사이를 보간한다. 이 가중치들은 현재의 읽기 및 쓰기 주의 가중치들을 단계 $t-1$에서의 사용 가중치 $\mathbf{w}_{t-1}^u$에 더해서 각 시간 단계에서 업데이트된다:

$$\mathbf{w}_t^u \leftarrow \gamma \mathbf{w}_{t-1}^u + \mathbf{w}_t^r + \mathbf{w}_t^w$$

여기서 스칼라 γ는 감쇠(decay) 파라미터로서, 공식의 두 성분 간의 균형을 결정한다. MANN*는 또한 최근에 가장 드물게 사용된 가중치 벡터 w_t^{lu}도 도입한다. 이 벡터의 각 원소는 다음과 같이 정의된다:

$$w_t^{lu}(i) = \begin{cases} 0 & \text{if } w_t^u(i) > m(\mathbf{w}_t^u, n) \\ 1 & \text{if } w_t^u(i) \leq m(\mathbf{w}_t^u, n) \end{cases}$$

여기서 $m(\mathbf{w}_t^u, n)$은 벡터 $\mathbf{w}_t^u$의 n번째 작은 요소이고, n은 메모리 읽기 수로 설정된다. 이제, 단계 $t-1$에서 읽기 가중치들과 최근에 가장 드물게 사용된 가중치들 사이의 보간인 쓰기 가중치들을 계산할 수 있다:

$$\mathbf{w}_t^w \leftarrow \sigma(\alpha)\mathbf{w}_{t-1}^r + (1-\sigma(\alpha))\mathbf{w}_{t-1}^{lu}$$

여기서 σ는 시그모이드 함수이고 α는 학습 가능한 스칼라 파라미터로, 두 입력 가중치들 간의 균형을 어떻게 맞추는지를 나타낸다. 이제 메모리에 새 데이터를 쓸 수 있다. 이 작업은 두 단계로 수행된다: 첫 번째는 가중치 $\mathbf{w}_{t-1}^u$를 사용해서 최근에 가장 드물게 사용된 위치를 계산하는 것이다. 두 번째 단계는 실제 쓰기이다:

$$\mathbf{M}_t(i) \leftarrow \mathbf{M}_{t-1}(i) + w_t^w(i)\mathbf{k}_t$$

여기서 $\mathbf{k}_t$는 NTM을 논의할 때 정의한 키 벡터이다.

MANN* 논문은 컨트롤러가 입력 데이터 및 읽기/쓰기 헤드들과 상호 작용하는 방식에 관해 좀 더 자세히 설명한다(원본 NTM 논문에 비해). 이 논문의 저자는 그들의 가장 성능 좋은 모델이 LSTM(7장 Recurrent Networks 이해 참조) 컨트롤러를 사용한다고 언급했다. LSTM 컨트롤러가 MANN* 시스템에 연결되는 방식은 다음과 같다:

- 단계 t의 컨트롤러 입력은 이어진 벡터 $[\mathbf{x}_t, \mathbf{y}_{t-1}]$이다. 여기서 $\mathbf{x}_t$는 입력 데이터이고 $\mathbf{y}_{t-1}$은 단계 $t-1$에서의 시스템 출력이다. 분류 작업에서 출력 $\mathbf{y}_t$는 원-핫 인코딩된 클래스 표현이다.
- 단계 t에서의 컨트롤러 출력은 이어진 $\mathbf{o}_t = [\mathbf{h}_t, \mathbf{r}_t]$이며, 여기서 $\mathbf{h}_t$는 LSTM 셀 은닉 상태, $\mathbf{r}_t$는 읽기 작업의 결과이다. 분류 작업의 경우, $\mathbf{o}_t$를 softmax 출력이 있는 FC 층의 입력으로 사용할 수 있다. 즉, $\mathbf{y}_t = \text{softmax}(\mathbf{W}_o \mathbf{o}_t)$이다. 여기서 $\mathbf{W}_o$는 FC 층 가중치이다.
- 읽기/쓰기 작업의 주의 가중치에 대한 베이스 역할을 하는 키 벡터 $\mathbf{k}_t$는 LSTM 셀 상태 $\mathbf{c}_t$이다.

이것으로 MANN에 관한 논의와, 이 장을 마친다.

9.3 요약

이 장에서는 새롭게 떠오르는 NN 모델인 GNN과 MANN의 두 가지 부류를 다뤘다. 그래프에 관한 짧은 소개로 시작한 다음, GraphNN, 그래프 컨볼루션 네트워크, 그래프 주의 네트워크 및 그래프 오토인코더를 포함한 여러 유형의 GNN을 살펴 보았다. NGL로 그래프 섹션을 마쳤고, TensorFlow 기반 NSL 프레임워크를 사용해서 NGL 예제를 구현했다. 그런 다음 메모리 강화 네트워크에 초점을 맞추었으며, 거기서 NTM 및 MANN* 아키텍처를 살펴봤다.

다음 장에서는 ML 알고리듬이 학습하는 방법을 학습하는 것을 포함하는, 새로운 메타 학습 분야를 살펴보겠다.

CHAPTER 10

메타 학습

9장 새로운 NN 설계에서는 기존 **딥러닝(DL)** 알고리듬의 한계를 해결하기 위한 새로운 **NN** 아키텍처를 소개했다. 그래프로 표현되는 구조화된 데이터를 처리하는 데 사용되는 그래프 NN에 관해 논의했다. 또한 네트워크에서 외부 메모리를 사용할 수 있는 메모리 보강 NN도 소개했다. 이 장에서는 더 적은 수의 학습 샘플을 사용해서 더 많은 정보를 학습할 수 있는 능력을 제공해서 DL 알고리듬을 개선하는 방법을 살펴보겠다.

이 문제를 예를 들어서 설명해 보자. 어떤 사람이 특정 유형의 물체, 예를 들어 자동차를 본 적이 없다고 하자. 하지만 다른 차도 알아볼 수 있으려면 한 번만 차를 보면 될 것이다. 그러나 DL 알고리듬들에서는 그렇지 않다. DNN이 특정 클래스의 객체를 인식할 수 있으려면 많은 훈련 샘플(때로는 데이터 보강도)이 필요하다. 비교적 작은 CIFAR-10 (`https:// www.cs.toronto.edu/~kriz/cifar.html`) 데이터셋 조차도 10개의 객체 클래스에 대한 50,000개의 훈련 이미지가 있다. 이는 클래스 당 5,000개의 이미지에 해당한다.

메타 학습[164]은 학습 학습(learning to learn)[165]이라고도 불리며, **ML** 알고리듬이 여러 훈

164. 소수의 훈련 샘플만으로 새로운 개념과 기법을 빠르게 배우는 것이 목표

165. 우리는 훈련 동안 접하지 못했던 새로운 작업과 새로운 환경에 잘 적응(adapt)하거나 일반화할 수 있는 좋은 메타 학습 모델을 기대한다. 본질적으로 미니 학습 세션인 적응 프로세스(adaptation process)는 새로운 작업 구성(configuration)에 대한 노출이 제한된 상태로 테스트 중에 발생한다. 궁극적으로, 이 적응된 모델은 새로운 작업을 완료할 수 있다. 이것이 메타 학습이 "학습 학습"으로도 알려져 있는 이유이다.

련 작업에서 얻은 지식을 활용하고 채널링해서 새로운 작업에 대한 훈련 효율을 향상시킬 수 있게 한다. 희망컨대, 그러면 알고리듬은 새로운 작업을 학습하기 위해 더 적은 수의 훈련 샘플을 필요로 할 것이다. 더 적은 수의 샘플로 훈련할 수 있는 능력은 훈련 시간 단축과 훈련 데이터가 충분하지 않을 때도 좋은 성능을 달성할 수 있다는 두 가지 장점이 있다. 그런 점에서 메타 학습의 목표는 2장 컨볼루션 네트워크 이해에서 소개한 TL(전이 학습) 메커니즘과 유사하다. 사실, 우리는 TL을 메타 학습 알고리듬으로 생각할 수 있다. 메타 학습에는 여러 가지 접근 방식이 있으며, 이 장에서 그들 중 일부를 논의할 것이다.

이 장에서는 다음 주제들을 다룬다:

- 메타 학습 소개
- 메트릭 기반 메타 학습
- 최적화 기반 메타 학습

10.1 메타 학습 소개

이미 언급했듯이 메타 학습의 목표는 ML 알고리듬(여기서는 NN)이 표준 감독 학습에 비해 상대적으로 적은 학습 샘플로 학습할 수 있게 하는 것이다. 일부 메타 학습 알고리듬은 잘 알려진 작업의 영역에 대한 기존 지식과 새 작업의 영역 간의 매핑을 찾아서 이 목표를 달성하려고 시도한다. 다른 알고리듬들은 애당초 적은 수의 학습 샘플에서 학습하도록 설계된다. 또 다른 부류의 알고리듬들은 특정적으로 메타 학습을 염두에 두고 설계된, 새로운 최적화 훈련 기법을 도입한다. 그러나 이러한 주제를 논의하기 전에 몇 가지 기본적인 메타 학습 패러다임을 소개하겠다. 표준 ML 감독 학습 작업에서는, 모델 파라미터 θ (NN의 경우 네트워크 가중치)를 업데이트해서 훈련 데이터셋 D에 대한 비용 함수 $J(\theta)$를 최소화하는 것을 목표로 한다. 언급했듯이 메타 학습에서는 일반적으로 여러 데이터셋을 사용한다. 따라서 메타 학습 시나리오에서는, 이러한 데이터셋들에 대한 분포 $P(D)$에 대해 $J(\theta)$를 최소화하는 것을 목표로 하는 것으로 이 정의를 확장할 수 있다:

$$\theta^* = \arg\min_{\theta} \mathbb{E}_{D \sim P(D)}[J_\theta(D)]$$ [166]

166. 이 공식은 일반 학습 작업에서와 유사하나, 한 데이터셋이 한 데이터 샘플로 취급되고 있다.

여기서 θ^*는 모델의 최적 파라미터이고, $J_\theta(D)$는 비용 함수로서 모델 파라미터뿐 아니라 현재 데이터셋에도 종속된다. 즉, 목표는 모든 데이터셋에 대한 비용의 기댓값 $\mathbb{E}_{D\sim P(D)}[J_\theta(D)]$ (1장 NN 기초의 랜덤 변수 및 확률 분포 섹션 참고)을 최소화하는 모델 파라미터 θ^*를 찾는 것이다. 이 시나리오를 훈련 샘플이 데이터셋인 단일 데이터셋에 대한 훈련[167]으로 간주할 수 있다.

다음으로, 앞에서 사용한 더 적은 훈련 샘플이란 표현을 확장해서 계속하자. 감독 훈련에서는 이 부족한 훈련 데이터 시나리오를 k-**샷 학습**($k=0$, 1, 2, …)이라고 할 수 있다. 훈련 데이터셋이 n개의 클래스에 분포된 레이블링된 샘플들로 구성되어 있다고 하자. k-shot 학습에서는 n개의 클래스 각각에 대해 k개의 레이블링된 훈련 샘플이 있다(레이블링된 샘플 수$=n\times k$). 이 데이터셋을 **지원 세트(support set)**라고 부르며 S로 표시한다. 또한 레이블이 없는 샘플들을 포함하는 **질의 세트** Q도 있다. 우리의 목표는 질의 세트의 샘플을 올바르게 분류하는 것이다. k-shot 학습에는 제로-샷, 원-샷 및 소수-샷(few-shot)의 세 가지 유형이 있다. 제로 샷 학습부터 시작하자.

10.1.1 제로-샷 학습

제로 샷 학습($k=0$. zero-shot learning; 이하 ZSL)에서는 특정 클래스가 존재한다는 것은 알고 있지만, 해당 클래스로 레이블링된 샘플은 없다(즉, 지원 세트가 없다). 처음에는 불가능하게 들린다. 이전에 본 적이 없는 것을 어떻게 분류할 수 있나? 그러나 메타 학습에서는 그렇지 않다. 이전에 학습된 작업들(a)에 대한 지식을 당면한 작업(b)에 활용한다. 그런 점에서 ZSL은 TL의 한 형태이다. 이것이 어떻게 작동하는지 이해하기 위해서, 어떤 사람이 코끼리를 본 적이 없으나, 코끼리의 사진을 볼 때 코끼리를 인식해야 한다고 하자(새로운 작업 b). 그러나 그 사람은 책에서 코끼리가 크고, 회색이며, 다리가 네 개, 귀가 크고, 코가 있다고 책에서 읽었다(사전 작업 a). 이 설명이 주어졌다면, 코끼리를 보면 알아볼 수도 있을 것이다. 이 예에서 이 사람은 과거에 학습된 작업(책 읽기) 영역의 지식을 새 작업(이미지 분류) 영역에 적용했다.[168]

167. 즉, 데이터셋 자체를 하나의 데이터 샘플로 사용

168. https://analyticsindiamag.com/what-is-zero-shot-learning/: 말을 본 적이 있고, 어디선가 얼룩말이 검고 흰 띠가 있는 말이라고 들었거나 읽은 사람은, 얼룩말을 인식하는데 문제가 없을 것이다. 이렇듯, ZSL 인식은 (1) 이미 본 클래스의 레이블링된 훈련 세트의 존재와 (2) 못 본 클래스가 이미 본 클래스와 어떻게 의미적으로 관련되는지에 대한 지식에 의존한다.

ML의 맥락에서 이러한 특징들은 사람이 읽을 수 없는 임베딩 벡터로 인코딩될 수 있다. 우리는 *elephant*라는 단어의 콘텍스트 기반 임베딩 벡터를 인코딩하기 위해 word2vec 또는 트랜스포머 같은 언어 모델링 기술을 사용해서, 코끼리 인식 예제를 NN 영역에 복제할 수 있다. 또한 CNN을 사용해서 코끼리 이미지의 임베딩 벡터 $\mathbf{h}_b$를 생성할 수도 있다. 이를 구현하는 방법을 단계적으로 살펴보자:

1. 레이블링된 샘플 a와 그렇지 않은 샘플 b에 인코더 f와 g(NN)를 적용해서 임베딩 $\mathbf{h}_a$ 및 $\mathbf{h}_b$를 각각 생성한다.
2. 매핑 함수를 사용해서 $\mathbf{h}_b$를 알려진 샘플의 임베딩 $\mathbf{h}_{a^*}$의 벡터 공간으로 변환한다. 매핑 함수도 NN일 수 있다. 또한 인코더와 매핑은 단일 모델로 결합되어 공동으로 학습될 수 있다.
3. 질의 샘플의 변환된 표현을, 유사성 척도(예: 코사인 유사도)를 사용해서, 모든 표현 $\mathbf{h}_{a^*}$와 비교할 수 있다. 그런 다음 질의 샘플의 클래스가 질의와 가장 밀접하게 관련된 지원 샘플의 클래스와 같다고 가정한다. 다음 다이어그램이 이 시나리오를 보여준다:

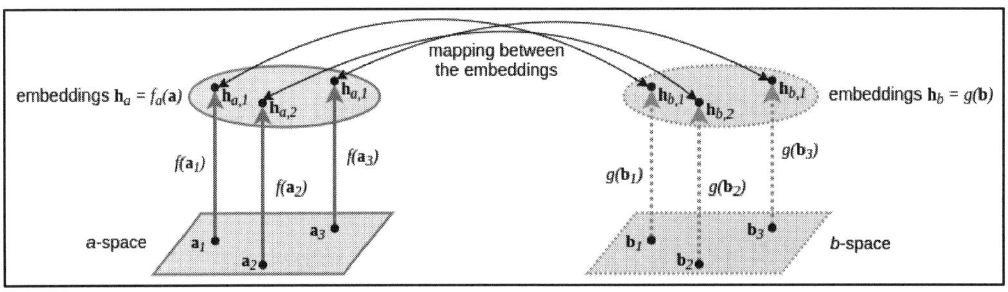

그림 10.1 TL 덕분에 Zero-shot 학습이 가능하다.(http://www.deeplearningbook.org/의 15장 참고)

ZSL 시나리오를 공식화해보자. 단일 데이터셋이 있는 기존 분류 작업에서, NN은 조건부 확률 $P_\theta(y|\mathbf{x})$를 나타낸다. 여기서 y는 입력 샘플 $\mathbf{x}$의 레이블, θ는 모델 파라미터이다. 메타 학습에서 $\mathbf{x}$와 y는 기존 데이터셋에 속하지만, 관심있는 새로운 작업을 기술하는 랜덤 변수 T를 도입한다. 이 예에서 $\mathbf{x}$는 elephant라는 단어의 콘텍스트(주변 단어)이고, 레이블 y는 elephant 클래스의 원-핫 인코딩이다. 반면에 T는 우리가 관심을 갖는 이미지이다; 따라서 메타 학습 모델은 새로운 조건부 확률 $P_\theta(y|\mathbf{x},\ T)$를 나타낸다. 방금 설명

한 제로 샷 시나리오는 소위 메트릭 기반[169] 메타 학습의 일부이다(이 장의 뒷부분에서 더 많은 예를 볼 것이다). 이제 원-샷 학습으로 이동하자.

10.1.2 원–샷 학습

이 섹션에서는 **원–샷 학습**($k=1$. 이하 OSL)과 그의 일반화된 **소수–샷 학습**($k>1$. 이하 FSL)을 살펴보겠다.[170] 이 경우 지원 세트는 비어 있지 않으며, 각 클래스의 레이블링된 샘플이 각각 하나 또는 그 이상 있다. 이것은 다른 도메인의 레이블링된 샘플의 매핑을 사용하는 대신, 같은 도메인의 레이블링된 샘플에 의존할 수 있기 때문에, 제로-샷 시나리오에 비해 유리한 점이다. 따라서 단일 인코더 f가 있고, 추가 매핑이 필요하지 않다.

원-샷 학습 작업의 예는 회사의 얼굴 인식 시스템이다. 이 시스템은 하나의 사진으로 직원의 신원을 인식할 수 있어야 한다. 사진 한 장으로 신입 사원을 추가하는 것도 가능해야 한다. 이 시나리오에서, 새 직원을 추가하는 것은 이미 본 적이 있는 새 클래스(사진 자체)를 추가하는 것과 같지만, 클래스는 알려져 있지 않다. 이것은 우리가 보지 못했지만 클래스가 알려진 ZSL과는 대조된다. 이 작업을 해결하는 단순한 방법은, 사진을 입력으로 받고 각 클래스가 한 명의 직원을 나타내는 softmax 출력으로 끝나는 분류 **FFN**을 사용하는 것이다. 이 시스템에는 두 가지 주요 단점이 있다. 첫째, 새로운 직원을 추가할 때마다 전체 직원 데이터셋을 사용해서 전체 모델을 재훈련시켜야 한다. 둘째, 모델을 훈련시키려면 직원 당 여러 이미지가 필요하다.

> 다음 설명은 *Matching Networks for One Shot Learning*(`https://arxiv.org/abs/1606.04080`)에 소개된 방법에 기반한다. 이 논문은 새로운 원–샷 훈련 절차와 특별한 네트워크 아키텍처라는 두 가지로 기여한다. 이 섹션에서는 훈련 절차에 관해 논의하고, 네트워크 매칭 섹션에서 네트워크 아키텍처를 설명한다.

또한 OSL 프레임워크 내에서 이 작업을 해결할 수 있다. 가장 먼저 필요한 것은 직원 이미지의 임베딩 벡터를 생성할 수 있는 사전 훈련된 네트워크이다. 사전 훈련에 의해 네트워크가 각 사진에 관해 충분히 고유한 임베딩 $\mathbf{h}$를 만들 수 있다고 가정한다. 또한 모든 직원 사진을 어떤 외부 데이터베이스에 저장할 것이다. 성능 목적상, 네트워크를 모든 사

169. 효과적인 거리 메트릭을 학습하는 접근 방식

170. Zero-shot 학습은 학습 포인트의 지원 세트 대신, 각 클래스에 대해 클래스 메타 데이터 벡터 $\mathbf{v}_k$가 제공된다는 점이 다르다.

진에 적용한 다음, 각 이미지의 임베딩을 저장할 수도 있다. 기존 직원이 새 사진으로 인증을 시도할 때, 시스템이 이들을 식별해야 하는 사용 사례에 초점을 맞추자. 네트워크를 사용해서 해당 사진의 임베딩을 생성한 다음, 데이터베이스의 임베딩과 비교할 것이다. 현재 사진의 임베딩과 가장 가깝게 일치하는 데이터베이스 임베딩을 취해서 직원을 식별할 것이다.

다음으로 새로운 직원이 시스템에 추가될 때의 사용 사례를 살펴보자. 이 때는 단순히 해당 직원의 사진을 찍어서 데이터베이스에 저장한다. 이 방식에서는 직원이 인증을 시도할 때마다, 현재 사진이 기존 사진들과 비교된다. 이 방식에서는 네트워크를 변경하지 않고, 새 클래스(직원)를 추가했다. 직원 사진/식별 데이터베이스를 지원 세트 $S=\{(\mathbf{x}_1, y_1), (\mathbf{x}_2, y_2), \ldots, (\mathbf{x}_n, y_n)\}$로 생각할 수 있다. 이 작업의 목표는 이 지원 세트를 분류기 $c_S(\hat{\mathbf{x}})$에 매핑하는 것이다. 이 분류기는 이전에 보지 못한 질의 샘플 $\hat{\mathbf{x}}$이 주어졌을 때, 레이블 $\hat{\mathbf{y}}$에 대한 확률 분포를 출력한다. 우리의 경우($\hat{\mathbf{x}}$, $\hat{\mathbf{y}}$) 쌍은 이전에 시스템의 일부가 아니었던 새 직원(즉, 새 질의 샘플 및 새 클래스)을 나타낸다.

10.1.3 메타 훈련과 메타 테스트

ZSL 및 OSL 섹션에서 설명한 시나리오를 **메타 테스트 단계**라고 한다. 여기에서는 사전 훈련된 네트워크의 지식을 활용하고, 소규모 지원 세트의 도움으로(또는 지원 세트 없이) 이전에 보지 못한 레이블을 예측하기 위해 적용한다. 또한 소수-샷 맥락에서 네트워크를 처음부터 훈련시키는 **메타 훈련 단계**도 있다. *Matching Networks for One Shot Learning*의 저자는 메타 테스트와 밀접하게 일치하는 메타 훈련 알고리듬을 소개한다. 이것은 테스트 단계에서 작동할 것으로 예상되는 것과 같은 조건에서 모델을 훈련시킬 수 있도록 하기 위해 필요하다. 네트워크를 백지 상태로부터 훈련시키기 때문에, 훈련 세트(D로 표기)는 소수-샷 데이터셋이 아니며, 대신 각 클래스의 레이블링된 샘플들을 충분히 포함한다. 그렇지만 훈련 프로세스는 소수-샷 데이터셋을 시뮬레이션한다.

작동 방식은 다음과 같다:

1. 레이블 세트 $L\sim T$를 샘플링한다. 여기서 T는 D의 모든 레이블 세트이다. 명확히는 L에는 모든 레이블 T의 일부만 포함된다. 이런 방식으로 모델이 몇 개의 샘플만 보게 될 때 훈련은 테스트를 모방한다. 예를 들어, 얼굴 인식 시스템에 신입 사원을 추가하려면 하나의 이미지와 레이블이 필요하다.

2. 지원 세트 $S^L\sim D$를 샘플링한다. 여기에서 S^L의 모든 샘플의 레이블은 $L\, y_{S^L} \in L$

의 일부일 뿐이다. 지원 세트는 각 레이블의 k 샘플을 포함한다.

3. 훈련 뱃치(batch) B^L~D를 샘플링한다. 여기서 $y_{B^L} \in L$(지원 세트와 동일). S^L과 B^L의 조합은 하나의 훈련 에피소드[171]를 나타낸다. 에피소드를 해당 데이터셋이 있는 별도의 학습 작업으로 생각할 수 있다. 또는 감독 학습에서 한 에피소드는 단순히 한 학습 샘플이다.

4. 에피소드에 대해 네트워크 가중치를 최적화한다. 네트워크는 확률 $P_\theta(\hat{y}|\hat{\mathbf{x}}, S)$를 나타내며 S^L과 B^L을 입력으로 사용한다. 명료성을 위해, 세트 B^L은 지원 세트 S^L에 따라 조정된 ($\hat{\mathbf{x}}$, $\hat{y}$) 튜플로 구성된다. 모델이 전체 배치에 대한 손실을 최소화하기 위해 지원 세트로부터 학습하는 방법을 학습하기 때문에, 이것은 훈련 프로세스의 "메타" 부분이다. 모델은 다음과 같은 교차 엔트로피 목표 함수를 사용한다:

$$\theta = \arg\max_\theta E_{L\sim T}[E_{S^L\sim D,B^L\sim D}[\sum_{(\mathbf{x},y)\in B^L} \log P_\theta(y|\mathbf{x}, S^L)]]$$

여기서 $E_{L\sim T}$와 $E_{S^L\sim D,B^L\sim D}$는 각각 레이블과 샘플의 추출을 반영한다. 이것을 같은 작업이지만, 고전적 감독 학습 시나리오에서 비교해 보자. 이 경우 데이터셋 D에서 미니 뱃치 B를 샘플링하고, 지원 세트는 없다. 샘플링은 랜덤하며 레이블에 종속되지 않는다. 그러면 앞의 공식이 다음과 같이 바뀐다:

$$\theta = \arg\max_\theta E_{B\sim D}[\sum_{(\mathbf{x},y)\in B} \log P_\theta(y|\mathbf{x})]$$

메타 학습 알고리듬을 메트릭 기반[172], 모델 기반[173], 최적화 기반[174]의 세 가지 주요 부류로 분류할 수 있다. 이 장에서는 메트릭 및 최적화 기반 방식(모델 기반 제외)에 초점을 맞출 것이다. 모델 기반 메타 학습 알고리듬은 확률 $P_\theta(\hat{y}|\hat{\mathbf{x}}, S)$를 구현하는 ML 알고리듬 유형에 제한을 두지 않는다. 즉, 인코더 및 매핑 함수에 대한 요구 조건이 없다. 그 대신 소수의 레이블링된 샘플로 작업하도록 특별히 맞춰진 네트워크 아키텍처에 의존한다. 9장 새로운 NN 설계에서 *One-shot Learning with Memory-Augmented Neural Networks*

171. 즉, 샘플링된 미니 뱃치
172. 효과적인 거리 메트릭을 학습
173. 내부 또는 외부 메모리가 있는 네트워크를 사용
174. 빠른 학습을 위해 모델 파라미터를 명시적으로 최적화

논문(`https://arxiv.org/abs/1605.06065`)을 살펴보면서 이러한 모델 중 하나를 소개한 것을 기억할 것이다. 이름에서 알 수 있듯이 이 논문은 OSL 프레임워크에서 메모리 보강 NN을 사용하는 방법을 보여준다. 이미 이 네트워크 아키텍처에 관해 논의했으며, 훈련 프로세스가 이 섹션에서 설명한 것과 유사하므로, 이 장에서는 다른 모델 기반 예제를 포함하지 않겠다.

이제 메타 학습의 기본 사항을 소개했으므로, 다음 섹션에서는 메트릭 기반 학습 알고리듬에 초점을 맞추겠다.

10.2 메트릭 기반 메타 학습

메타 학습 소개 섹션에서 원-샷 시나리오를 논의했을 때 메트릭 기반 접근 방식을 언급했지만, 이 방식은 일반적인 k-shot 학습(KSL)에 적용된다. 아이디어는 레이블이 지정되지 않은 질의 샘플 $\hat{\mathbf{x}}$과 지원 세트의 다른 모든 샘플 간의 유사성을 측정하는 것이다. 이러한 유사성 점수를 사용해서 확률 분포 $\hat{y}$을 계산할 수 있다. 다음 공식이 이 메커니즘을 반영한다:

$$P(\hat{y}|\hat{\mathbf{x}}, S) = \sum_{i=1}^{|S|} \alpha(\hat{\mathbf{x}}, \mathbf{x_i}) y_i$$

여기서 α는 질의 샘플 간의 유사도 척도이며, $|S|$는 n개 클래스와, 클래스 당 k개 샘플로 구성된 지원 집합의 크기이다. 명료성을 위해, 질의 샘플의 레이블은 단순히 지원 세트의 모든 샘플의 선형 결합(linear combination)이다. 샘플들의 유사도가 더 높은 클래스는 질의 샘플의 레이블 분포에 더 많은 기여를 할 것이다. α를 클러스터링 알고리듬(예: k-NN(k-nearest neighbors)) 또는 주의 모델(다음 섹션에서 볼)로 구현할 수 있다. ZSL의 경우 이 프로세스에는 샘플 임베딩을 계산한 다음, 임베딩 간의 유사성을 계산하는 두 단계가 있다. 그러나 앞의 공식은 두 단계의 일반화된 조합이며, 질의 샘플들로부터 직접 유사도를 계산한다(내부적으로는 이 단계들이 여전히 분리될 수 있음). 두 단계의 메트릭 기반 학습(인코더 f 및 g 포함)을 다음 다이어그램이 보여준다:

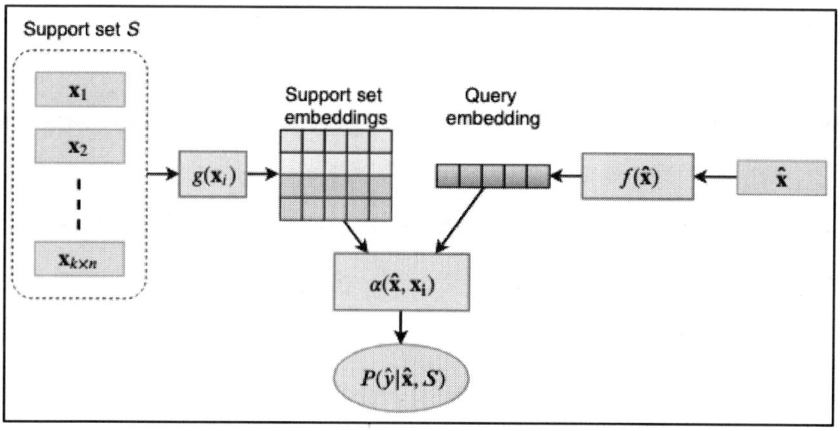

그림 10.2 일반 메트릭 기반 학습 알고리듬

다음 몇 섹션에서는 더 많이 사용되는 메트릭 메타 학습 알고리듬들에 관해 설명하겠다.

10.2.1 원-샷 학습을 위한 매칭 네트워크[175]

메타 학습 소개 섹션에서 매칭 네트워크에 관해 설명할 때 훈련 절차가 이미 소개되었다. 이제 메트릭 기반 메타 학습 섹션에서 설명한 유사성 척도로부터 시작해서 실제 모델에 초점을 맞추자. 이를 구현하는 한 가지 방법은 코사인 유사도(c로 표기)와 softmax를 사용하는 것이다:

$$\alpha(\hat{\mathbf{x}}, \mathbf{x}_i) = \frac{\exp(c(f(\hat{\mathbf{x}}), g(\mathbf{x}_i)))}{\sum_j \exp(c(f(\hat{\mathbf{x}}), g(\mathbf{x}_j)))}$$

여기서 f와 g는 각각 새 작업과 지원 집합의 샘플의 인코더이다(앞서 논의했듯이 f와 g가 같은 함수일 수 있다). 인코더는 이미지 입력을 위한 CNN이거나, 또는 NLP의 경우 word2vec 같은 단어 임베딩일 수 있다. 이 공식은 8장 seq2seq 모델 및 주의에서 소개한 주의 메커니즘과 매우 유사하다.

---

175. Vinyals 등은 "Matching networks for one shot learning" 논문에서 레이블이 없는 점들(질의 세트)에 대한 클래스를 예측하기 위해 레이블이 지정된 예제 세트(지원 세트)의 학습된 임베딩에 대한 주의 메커니즘을 사용하는 매칭 네트워크를 제안했다. 매칭 네트워크는 임베딩 공간 내에 적용되는 가중된 최근접 이웃 분류기로 해석될 수 있다. 특히, 이 모델은 훈련 중에 에피소드라고 하는 샘플링된 미니 뱃치를 활용하며, 여기서 각 에피소드는 데이터 포인트뿐만 아니라 클래스를 서브 샘플링함으로써 소수-샷 작업을 모방하도록 설계되었다. 에피소드를 사용하면 훈련 문제가 테스트 환경에 더욱 충실하게 되어 일반화가 향상된다.

현재 정의에서 인코더 g는 지원 세트의 다른 샘플과는 독립적으로, 한 번에 하나의 지원 샘플만 인코딩한다. 두 샘플 i와 j의 임베딩인 $g(\mathbf{x}_i)$와 $g(\mathbf{x}_j)$가 임베딩 특징 공간에서 매우 가까워도, 두 샘플의 레이블이 서로 다를 수 있다. 이 논문의 저자는 전체 지원 세트 S를 추가 입력으로 취하도록 g를 수정하는 것을 제안한다: $g(\mathbf{x}_i, S)$. 이렇게 함으로써 인코더는 $\mathbf{x}_i$의 임베딩 벡터를 S에 맞춰 조절해서 이 문제를 피할 수 있다. 인코더 f에도 유사한 논리를 적용할 수 있다. 논문에서는 새로운 임베딩 함수를 총체적 콘텍스트 임베딩(full context embedding)이라고 부른다.

f에 대해 총체적 콘텍스트 임베딩을 구현하는 방법을 살펴보자. 먼저, 이전 인코더(S를 입력으로 포함하기 전)와 비슷한 새로운 함수 $f'(\hat{\mathbf{x}})$를 소개한다. f'은 지원 세트에 독립적으로 샘플 임베딩을 생성하는 CNN 또는 단어 임베딩 모델일 수 있다. $f'(\hat{\mathbf{x}})$의 결과는 전체 임베딩 함수 $f(f'(\hat{\mathbf{x}}), S)$에 대한 입력으로 사용된다. 지원 세트를 시퀀스로 취급함으로써 LSTM을 사용해서 임베딩할 수 있다. 이 때문에 임베딩 벡터 계산은 여러 단계의 순차적 프로세스이다.

그러나 S는 집합이며, 이는 시퀀스의 샘플의 순서가 의미가 없음을 의미한다. 이를 반영하기 위해서 알고리듬은 지원 세트의 원소들에 대해 특별한 주의 메커니즘을 사용한다. 이런 방식으로, 임베딩 함수는 과거의 모든 시퀀스 원소들에 순서에 관계 없이 집중할 수 있게 된다.

인코더의 한 단계가 어떻게 작동하는지 살펴보자:

1. $\hat{\mathbf{h}}_t, \mathbf{c}_t = \text{LSTM}(f'(\hat{\mathbf{x}}), [\mathbf{h}_{t-1}, \mathbf{r}_{t-1}], c_{t-1})$. 여기서 t는 입력 시퀀스의 현재 요소, $\hat{\mathbf{h}}_t$은 중간 은닉 상태, $\mathbf{h}_{t-1}$은 단계 $t-1$에서의 은닉 상태, $\mathbf{c}_{t-1}$은 셀 상태이다. 주의 메커니즘은 은닉 상태 $\mathbf{h}_{t-1}$에 이어지는 벡터 $\mathbf{r}_{t-1}$로 구현된다.
2. $\mathbf{h}_t = \hat{\mathbf{h}}_t + f'(\hat{\mathbf{x}})$. 여기서 $\mathbf{h}_t$는 단계 t에서의 최종 은닉 상태이다.
3. $\mathbf{r}_{t-1} = \sum_{i=1}^{|S|} \alpha(\mathbf{h}_{t-1}, g(\mathbf{x}_i))g(\mathbf{x}_i)$. 여기서 $|S|$는 지원 세트의 크기, g는 지원 세트에 대한 임베딩 함수, α는 곱셈 주의와 softmax로 정의되는 유사성 척도이다:

$$\alpha(\mathbf{h}_{t-1}, g(\mathbf{x}_i)) = \mathbf{softmax}(\mathbf{h}_{t-1}^{\top} g(\mathbf{x}_i))$$

이 프로세스는 T단계 동안 계속된다(T는 파라미터). 다음 공식으로 요약할 수 있다:

$$f(\hat{\mathbf{x}}, S) = \mathbf{attnLSTM}(f'(\hat{\mathbf{x}}), g(S), T)$$

다음으로 g의 총체적 콘텍스트 임베딩에 초점을 맞추자. f와 마찬가지로 이전 인코더(S를 입력으로 포함하기 전)와 유사한 새로운 함수 $g'(\mathbf{x}_i)$를 도입한다. 저자는 다음과 같이 정의되는 양방향 LSTM 인코더 사용을 제안한다:

$$g(\mathbf{x}_i, S) = \overrightarrow{\mathbf{h}}_i + \overleftarrow{\mathbf{h}}_i + g'(\mathbf{x}_i)$$

여기서 $\overrightarrow{\mathbf{h}}_i$와 $\overleftarrow{\mathbf{h}}_i$는 두 방향에서의 셀 은닉 상태이다. 다음과 같이 정의할 수 있다:

$$\overrightarrow{\mathbf{h}}_i, \overrightarrow{\mathbf{c}}_i = \text{LSTM}(g'(\mathbf{x}_i), \overrightarrow{\mathbf{h}}_{i-1}, \overrightarrow{\mathbf{c}}_{i-1})$$
$$\overleftarrow{\mathbf{h}}_i, \overleftarrow{\mathbf{c}}_i = \text{LSTM}(g'(\mathbf{x}_i), \overleftarrow{\mathbf{h}}_{i+1}, \overleftarrow{\mathbf{c}}_{i+1})$$

다음 섹션에서는 샴 네트워크라는 또 다른 메트릭 기반 학습 방식에 관해 설명한다.

10.2.2 샴 네트워크

이 섹션에서는 *Siamese Neural Networks for One-shot Image Recognition* 논문(`https://www.cs.cmu.edu/~rsalakhu/papers/oneshot1.pdf`)에 관해 설명한다. 샴 네트워크는 다음 다이어그램과 같이 두 개의 같은 베이스 네트워크로 구성된 시스템이다:

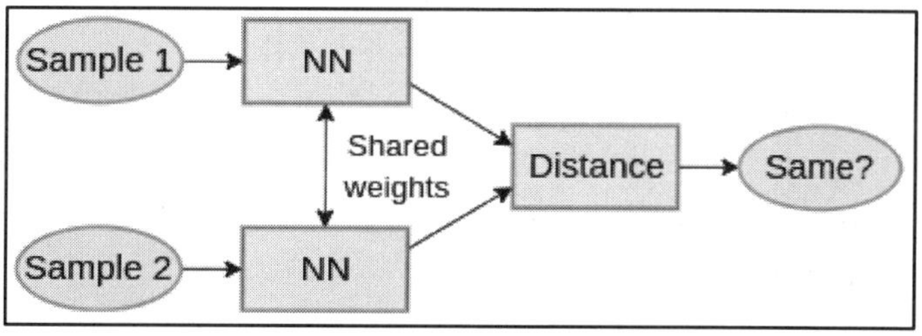

그림 10.3 샴 네트워크

두 네트워크는 같은 아키텍처와 파라미터(가중치)를 공유한다. 각 네트워크에는 단일 입력 샘플이 공급되고, 마지막 은닉층은 그 샘플의 임베딩 벡터를 생성한다. 두 임베딩은 거리 척도에 공급된다. 거리는 시스템의 최종 출력을 만들기 위해 더 처리되는데, 이 출력은 이진이며 두 샘플이 같은 클래스에서 왔는지 여부를 확인시켜 준다. 거리 척도 자체가 미분 가능해서, 이 네트워크들을 단일 시스템으로 훈련시킬 수 있다. 논문의 저자는 $L1$ 거리 사용을 권장한다:

$$L1 = |f_\theta(\mathbf{x}_i) - f_\theta(\mathbf{x}_j)|$$

여기서 f_θ가 베이스 네트워크이다. 원-샷 학습 시나리오에서 샴 네트워크를 사용하는 것은 메타 훈련 및 메타 테스트 섹션에서 설명한 것과 똑 같은 일반적인 아이디어를 따른다. 그러나 이 경우에는 데이터셋의 실제 클래스 수에 관계없이 항상 두 개의 클래스(같거나 같지 않은)만 있기 때문에 작업이 단순화된다. 메타 훈련 단계에서는 레이블링된 대규모 데이터셋으로 시스템을 훈련시킨다. 클래스가 같거나 다른 이미지 쌍 및 이진 레이블 샘플을 생성해서 이를 수행한다. 메타 테스트 단계에서는 단일 질의 샘플과 지원 세트가 있다. 그런 다음 각 쌍에 질의 샘플과 지원 세트의 한 샘플이 포함된 여러 개의 이미지 쌍을 만든다. 지원 세트의 크기만큼 많은 이미지 쌍이 있다. 그런 다음 모든 쌍을 샴 시스템에 공급하고, 가장 작은 거리를 갖는 쌍을 선택한다. 질의 이미지의 클래스는 이 쌍의 지원 샘플의 클래스에 의해 결정된다.

샴 네트워크 구현

이 섹션에서는 Keras를 사용해서, 두 개의 MNIST 이미지의 클래스가 같은지 여부를 확인하는 간단한 샴 네트워크를 구현한다. 이 예제는 부분적으로 `https://github.com/keras-team/keras/blob/master/examples/mnist_siamese.py`를 기반으로 한다.

이 작업을 수행하는 방법을 단계별로 살펴보자:

1. import부터 시작한다:

```
import random

import numpy as np
import tensorflow as tf
```

2. 다음으로 훈련/테스트 데이터셋을 생성하는 `create_pairs` 함수를 구현한다:

```
def create_pairs(inputs: np.ndarray, labels: np.ndarray):
    num_classes = 10

    digit_indices = [np.where(labels == i)[0] for i in
                     range(num_classes)]
    pairs = list()
    labels = list()
    n = min([len(digit_indices[d]) for d in range(num_classes)]) - 1
```

```
    for d in range(num_classes):
        for i in range(n):
            z1, z2 = digit_indices[d][i], digit_indices[d][i + 1]
            pairs += [[inputs[z1], inputs[z2]]]
            inc = random.randrange(1, num_classes)
            dn = (d + inc) % num_classes
            z1, z2 = digit_indices[d][i], digit_indices[dn][i]
            pairs += [[inputs[z1], inputs[z2]]]
            labels += [1, 0]

    return np.array(pairs), np.array(labels, dtype=np.float32)
```

각 데이터셋 샘플은 두 MNIST 이미지 쌍과 이들이 같은 클래스에 속하는지 여부를 나타내는 이진 레이블로 구성된다. 이 함수는 모든 클래스(숫자)에 대해 같은 수의 참/거짓 샘플을 생성한다.

3. 다음으로 샴 네트워크의 한 가지(branch)를 정의하는 `create_base_network` 함수를 구현하자:

```
def create_base_network():
    return tf.keras.models.Sequential([
        tf.keras.layers.Flatten(),
        tf.keras.layers.Dense(128, activation='relu'),
        tf.keras.layers.Dropout(0.1),
        tf.keras.layers.Dense(128, activation='relu'),
        tf.keras.layers.Dropout(0.1),
        tf.keras.layers.Dense(64, activation='relu'),
    ])
```

이 가지는 입력에서 시작해서 마지막 은닉층(거리 척도 전)까지 가는 베이스 네트워크를 나타낸다. 세 개의 FC 층을 갖는 간단한 NN을 사용한다.

4. 다음으로 MNIST 데이터셋에서 시작해서 전체 훈련 시스템을 구축하자:

```
(x_train, y_train), (x_test, y_test) =
tf.keras.datasets.mnist.load_data()
x_train = x_train.astype(np.float32)
x_test = x_test.astype(np.float32)
x_train /= 255
x_test /= 255
input_shape = x_train.shape[1:]
```

5. 원시 데이터셋을 사용해서 실제 훈련 및 테스트 검증 데이터셋을 생성한다:

```
train_pairs, tr_labels = create_pairs(x_train, y_train)
test_pairs, test_labels = create_pairs(x_test, y_test)
```

6. 그런 다음 샴 네트워크의 베이스를 구축한다:

```
base_network = create_base_network()
```

   base_network 객체는 샴 시스템의 두 갈래에서 공유된다. 이렇게 함으로써 두 분기의 가중치가 같게 한다.

7. 두 분기를 만들자:

```
# Create first half of the siamese system
input_a = tf.keras.layers.Input(shape=input_shape)

# Note how we reuse the base_network in both halfs
encoder_a = base_network(input_a)

# Create the second half of the siamese system
input_b = tf.keras.layers.Input(shape=input_shape)
encoder_b = base_network(input_b)
```

8. encoder_a 및 encoder_b의 출력을 사용하는 L1 거리를 생성한다. `tf.keras.layers.Lambda` 층으로 구현된다:

```
l1_dist = tf.keras.layers.Lambda(
    lambda embeddings: tf.keras.backend.abs(embeddings[0] -
embeddings[1])) \
    ([encoder_a, encoder_b])
```

9. 그런 다음 거리 출력을 받아서 단일 시그모이드 출력으로 압축하는 최종 FC 층을 만든다:

```
flattened_weighted_distance = tf.keras.layers.Dense(1,
activation='sigmoid') \
    (l1_dist)
```

10. 마지막으로 모델을 구축하고 20 에포크의 훈련을 시작할 수 있다:

```
# Build the model
model = tf.keras.models.Model([input_a, input_b],
flattened_weighted_distance)

# Train
model.compile(loss='binary_crossentropy',
              optimizer=tf.keras.optimizers.Adam(),
              metrics=['accuracy'])

model.fit([train_pairs[:, 0], train_pairs[:, 1]], tr_labels,
          batch_size=128,
          epochs=20,
          validation_data=([test_pairs[:, 0], test_pairs[:, 1]],
test_labels))
```

모든 것이 순조롭게 진행되면 모델의 정확도는 약 98%가 된다.

다음으로 프로토타입 네트워크라는 또 다른 메트릭 학습 방법에 관해 설명한다.

10.2.3 프로토타입 네트워크

FSL 시나리오에서 고용량 모델(많은 층과 파라미터가 있는 NN)은 과잉 맞춤(overfit)되기가 매우 쉽다. 프로토타입 네트워크(*Prototypical Networks for Few-shot Learning*, https://arxiv.org/abs/1703.05175)는 각 레이블의 특수 프로토타입 벡터를 계산(해당 레이블의 모든 샘플에 기반해서)해서 이 문제를 해결한다.[176] 같은 프로토타입 네트워크가 질의 샘플의 임베딩도 계산한다. 그런 다음 질의 임베딩과 프로토타입 사이의 거리를 측정하고, 그에 따라 질의 클래스를 배정한다(자세한 내용은 이 섹션의 뒷부분에).

프로토타입 네트워크는 다음 다이어그램에 보듯이 ZSL[177] 및 FSL 모두에 대해 작동한다:

176. 프로토타입 네트워크는 각 클래스의 프로토타입 표현들에 대한 거리를 계산하여 분류를 수행할 수 있는 메트릭 공간을 학습한다.

177. 제로 샷 사례를 처리하기 위해 프로토타입 네트워크를 수정하는 것은 간단하다: 간단하게 $\mathbf{c}_k = \mathbf{g}_{\vartheta}(\mathbf{v}_k)$를 메타 데이터 벡터의 별개 임베딩으로 정의한다.

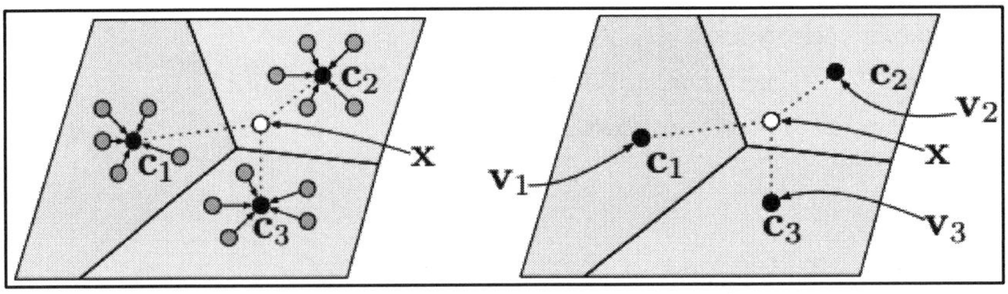

그림 10.4 프로토타입 네트워크. 왼쪽: FSL[178]; 오른쪽: ZSL[179].
(https://arxiv.org/abs/1703.05175)

각 클래스 k의 프로토타입 벡터 $\mathbf{c}_k$가 해당 클래스의 모든 샘플의 요소 별 평균값으로 계산되는 FSL 시나리오부터 시작하자:

$$\mathbf{c}_k = \frac{1}{|S_k|} \sum_{(\mathbf{x}_i, y_i) \in S_k} f_\theta(\mathbf{x}_i)$$

여기서, $|S_k|$는 클래스 k의 지원 세트에 있는 샘플 수, f_θ는 파라미터가 θ인 프로토타입 네트워크이다. ZSL 시나리오에서는 프로토타입이 다음과 같이 계산된다:

$$\mathbf{c}_k = g_\vartheta(\mathbf{v}_k)$$

여기서 $\mathbf{v}_k$는 레이블에 관한 고수준 묘사(high-level description)를 제공하는 메타 데이터 벡터이고, g_θ는 해당 벡터의 임베딩 함수(인코더)이다. 메타 데이터 벡터는 미리 주어지거나 계산될 수 있다.

각각의 새로운 질의 샘플은 샘플 임베딩과 모든 프로토타입 사이의 거리에 대한 softmax로 분류된다:

$$P_\theta(\hat{y} = k|\hat{\mathbf{x}}) = \frac{\exp(-d(f_\theta(\hat{\mathbf{x}}), \mathbf{c}_k))}{\sum_{k'} \exp(-d(f_\theta(\hat{\mathbf{x}}), \mathbf{c}_{k'}))}$$

여기서 d는 거리 척도(예: 선형 유클리드 거리)이다.

이제 프로토타입 네트워크의 기본 아이디어에 대한 개요를 봤으므로, 훈련 방법에 초점을 맞추자(절차는 메타 학습 소개 섹션에서 설명한 훈련과 비슷하다).

---

178. 소수-샷 프로토타입 $\mathbf{c}_k$는 각 클래스의 임베디드 지원 샘플들의 평균이다.
179. 제로-샷 프로토타입 $\mathbf{c}_k$는 클래스 메타 데이터 $\mathbf{v}_k$를 임베딩해서 생성된다.

시작하기 전에 몇 가지 표기를 소개한다:

- D: 소수-샷 훈련 세트
- D_k: D의 클래스 k 훈련 샘플
- T: 데이터셋의 총 클래스 수
- $L \sim T$: 각 훈련 에피소드에 대해 선택된 레이블 부집합
- N_S: 에피소드 당 클래스 당 지원 샘플 수
- N_Q: 에피소드 당 질의 샘플 수

알고리듬은 훈련 세트 D로 시작해서 비용 함수 J의 결과를 출력한다. 단계별로 작동 방식을 살펴보자:

1. $L \sim T$ 레이블 세트를 추출한다.
2. L의 각 클래스 k에 대해 다음을 수행한다:
   ① 지원 세트 $S_k \sim D_k$를 추출한다. 여기서 $|S_k| = N_s$.
   ② 질의 세트 $Q_k \sim D_k$, $Q_k \backslash S_k$를 추출한다. 여기서 $|Q_k| = N_q$.
   ③ 지원 세트에서 클래스 프로토타입을 계산한다:

$$\mathbf{c}_k = \frac{1}{|S_k|} \sum_{(\mathbf{x}_i, y_i) \in S_k} f_\theta(\mathbf{x}_i)$$

3. 비용 함수를 초기화한다: $J(\theta) = 0$
4. L의 각 클래스 k에 대해 다음을 수행한다:
   - 각 질의 샘플 $(\hat{\mathbf{x}}, \hat{y}) \in Q_k$에 대해 다음과 같이 비용 함수를 업데이트한다:

$$J(\theta) \to J(\theta) + \frac{1}{|L|N_Q}[d(f_\theta(\hat{\mathbf{x}}), \mathbf{c}_k) + \log \sum_{k'} \exp(-d(f_\theta(\hat{\mathbf{x}}), \mathbf{c}_{k'}))]$$

   직관적으로, 대괄호 안 첫 번째 항은 질의와 같은 클래스의 해당 프로토타입 사이의 거리를 최소화한다. 두 번째 항은 질의와 다른 클래스들의 프로토타입 사이의 거리 합을 최대화한다.

논문의 저자는 50개의 알파벳에서 수집한 1,623개의 필기체 문자 이미지를 포함하는 Omniglot 데이터셋(`https://github.com/brendenlake/omniglot`)에 대한 작업을 시연했다. 각 문자마다 20개의 샘플이 있으며, 각 샘플은 서로 다른 사람으로부터 추출된다. 목표는 새로운 글자를 1,623개의 클래스 중 하나로 분류하는 것이다. 그들은 유클리

드 거리, 원-샷 및 5-샷 시나리오를 사용해서 프로토타입 네트워크를 훈련시켰으며, 훈련 에피소드는 60개의 클래스와 클래스 당 5개의 질의 포인트를 사용했다. 다음 스크린 샷은 프로토타입 네트워크가 학습한, 같은 알파벳의 비슷한(같지 않음) 문자 부집합의 임베딩에 대한 t-SNE 시각화(`https://lvdmaaten.github.io/tsne/`)를 보여준다.

시각화된 글자들이 서로에 대한 약간의 변형들이지만, 네트워크는 클래스 프로토타입 주위에 필기 글자들이 밀집하도록 클러스터링할 수 있다. 오분류된 글자들은 올바른 프로토타입을 가리키는 화살표와 함께 사각형으로 강조하여 표시되어 있다:

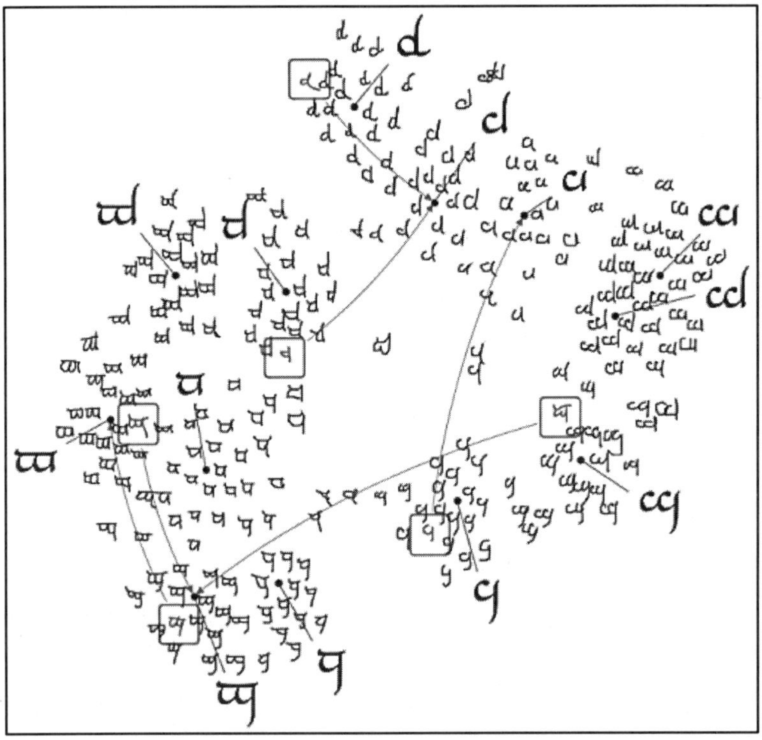

그림 10.5 네트워크에 의해 학습된 유사 문자 부집합의 임베딩들의 t-SNE 시각화 (https://arxiv.org/abs/1703.05175)

이것으로 프로토타입 네트워크와 메트릭 기반 메타 학습에 관한 설명을 마친다. 다음에는 모델 기반 방법에 초점을 맞추겠다.

10.3 최적화 기반 학습

지금까지 우리는 훈련 샘플이 거의 없는 데이터셋으로 학습하는 능력으로 NN의 표현력을 적응시키기 위해 특수한 유사도 척도(과잉 맞춤이 어려운)를 사용하는 메트릭 기반 학습에 관해 논의했다. 그리고 모델 기반 접근 방식은 같은 문제를 해결하기 위해 개선된 네트워크 아키텍처(예: 메모리 보강 네트워크)에 의존한다. 이 섹션에서는 FSL 요구 조건에 맞게 훈련 프레임워크를 조절하는 최적화 기반 접근 방식에 관해 설명한다. 보다 구체적으로 우리는 **MAML(Model-Agnostic Meta-Learning**. *Model-Agnostic Meta-Learning for Fast Adaptation of Deep Networks*, `https://arxiv.org/abs/1703.03400`)이라는 특정 알고리듬에 초점을 맞출 것이다. 이름에서 알 수 있듯이 MAML은 GD로 훈련되는 모든 학습 문제 및 모델에 적용될 수 있다.

원본 논문에 의하면:

> 우리의 방법의 핵심 아이디어는, 새로운 작업으로부터의 소량의 데이터를 사용해서 계산된 하나 이상의 기울기 스텝을 통해 파라미터가 업데이트된 후, 모델이 새 작업에 대해 최대 성능을 발휘하도록 모델의 초기 파라미터를 훈련시키는 것이다.
> …
> 몇 개의 기울기 스텝 또는 단일 기울기 스텝 조차 새 작업에 대해 좋은 결과를 제공할 수 있도록[180] 모델의 파라미터를 훈련시키는 프로세스는 특징 학습 관점에서, 많은 작업에 광범위하게 적합한 내부 표현을 구축하는 것으로 볼 수 있다. 이러한 내부 표현이 많은 작업에 적합하다면, 파라미터를 미세 조정(예: FF 모델의 최상 층 가중치를 주로 수정)하는 것만으로 좋은 결과를 얻을 수 있다. 실제로 우리의 절차는 쉽고 빠르게 미세 조정할 수 있는 모델에 최적화되어, 빠른 학습을 위해 적응(adaptation)이 적절한 공간에서 일어나게 한다. 동적 시스템 관점에서, 우리의 학습 프로세스는 파라미터와 관련해서 새로운 작업의 손실 함수의 민감도를 최대화하는 것으로 볼 수 있다: 민감도가 높다면, 파라미터에 대한 작고 지역적인(local) 변경으로도 작업 손실을 크게 개선할 수 있다.
>
> 이 연구의 주요 기여는, 적은 수의 기울기 업데이트로 새 작업에 대한 빠른 학습을 이끌도록 모델의 파라미터를 훈련시키는, 메타 학습을 위한 간단한 모델 및 작업에 구애 받지 않는(task-agnostic) 알고리듬이다. 우리는 FC 및 CNN을 포함한 다양한 모델 유형에 대해서, 그리고 소수-샷 회귀, 이미지 분류 및 강화 학습을 포함한 다양한 독립적 분야에서 알고리듬을 시연한다. 우리의 평가에 따르면,

180. 테스트 과정에서

우리의 메타 학습 알고리듬은 감독형 분류를 위해 특별히 설계된 최첨단 원-샷 학습(OSL) 방법과 비교할 때 더 적은 파라미터를 사용하지만 우월하며, 회귀에도 쉽게 적용할 수 있고, 작업 변동성이 있을 때 강화 학습(RL)을 가속화할 수 있어서, 직접적 사전 훈련에 의한 초기화를 훨씬 능가한다.

MAML을 이해하기 위해 논문에 사용된 몇 가지 표기를 소개한다(일부는 이전 섹션의 표기와 겹치지만, 개인적으로 원본의 표기를 유지하는 것을 선호한다):

- 입력 $\mathbf{x}$를 출력 $\mathbf{a}$에 매핑하는 f_θ로 모델(NN)을 나타낸다.
- $\mathcal{D}$(데이터셋 D와 같음)로 전체 학습 세트를 표기한다. 메타 훈련 및 메타 테스트 섹션의 메타 훈련과 유사하게, 훈련 동안 $\mathcal{D}$에서 작업 $\mathcal{T}$(에피소드에 해당)를 샘플링한다. 이 프로세스는 작업들에 대한 분포 $p(\mathcal{T})$로 정의된다.
- $\mathcal{T} = \{\mathcal{L}(\mathbf{x}_1, \mathbf{a}_1, \ldots, \mathbf{x}_H, \mathbf{a}_H), q(\mathbf{x}_1), q(\mathbf{x}_{t+1}|\mathbf{x}_t, \mathbf{a}_t), H\}$로 하나의 작업(에피소드)을 나타낸다. 이처럼 손실 함수 $\mathcal{L}(\mathbf{x}_1, \mathbf{a}_1, \ldots, \mathbf{x}_H, \mathbf{a}_H)$(손실 J와 같음), 초기 관측치에 대한 분포 $q(\mathbf{x}_1)$, 전이 분포 $q(\mathbf{x}_{t+1}|\mathbf{x}_t, \mathbf{a}_t)$, 길이 H로 정의된다.

MAML 작업 정의의 일부 구성 요소를 이해하기 위해, 감독형 문제 외에도, MAML을 RL(강화 학습) 작업에도 적용할 수 있다. RL 프레임워크에는 서로 지속적으로 상호 작용하는 환경과 에이전트가 있다. 각 단계에서 에이전트는 한 행동을 취하고(가능한 여러 행동들 중), 환경은 피드백을 제공한다. 피드백은 보상(부정적일도 수 있음)과 에이전트의 행동 후의 새로운 환경 상태로 구성된다. 그런 다음 에이전트는 다음 다이어그램에서 보듯이 새로운 행동을 취하는 것으로 진행한다:

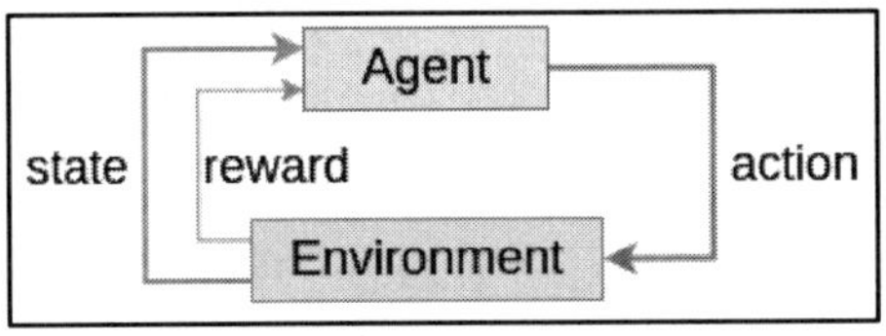

그림 10.6 RL 프레임워크

에이전트가 플레이어이고 환경이 게임 세계인 게임을 포함해서, 많은 실제 작업을 RL 문제로 표현할 수 있다.

태스크 $\mathcal{T}$를 감독형 콘텍스트와 RL 콘텍스트 모두에서 보일 수 있다. 감독형 작업에서는 특별한 순서 없이 레이블링된 훈련 샘플 $(\mathbf{x}_i, \mathbf{a}_i)$들이 있다. 그러나 RL 콘텍스트에서는 입력 $\mathbf{x}$를 환경 상태, 출력 $\mathbf{a}$를 에이전트의 행동(action)으로 볼 수 있다. 이 시나리오에서

작업은 순차적이다. 상태 $\mathbf{x}_1$은 행동 $\mathbf{a}_1$으로 이어지고, 이는 다시 상태 $\mathbf{x}_2$로 이어지는 등이다. 환경의 초기 상태는 $q(\mathbf{x}_1)$으로 표시된다. 즉, $q(\mathbf{x}_{t+1}|\mathbf{x}_t, \mathbf{a}_t)$는 이전 상태 $\mathbf{x}_t$와 에이전트의 행동 $\mathbf{a}_t$가 주어 졌을 때, 새로운 환경 상태 $\mathbf{x}_{t+1}$의 확률이다. 손실 $\mathcal{L}$도 두 콘텍스트 모두, 즉 감독형 시나리오의 오분류 손실과 RL 시나리오의 비용 함수(보상을 제공하는 것)에서 보여질 수 있다.

이제 표기 방식에 익숙해졌으므로 MAML 알고리듬에 초점을 맞추자. 작동 원리를 이해하기 위해서 원본 논문을 보자:

> 빠른 적응을 위한 모델을 준비하는 방식으로 메타 학습을 통해 모든 표준 모델의 파라미터를 학습할 수 있는 방법을 제안한다. 이 접근 방식의 배경의 직관은 일부 내부 표현이 다른 것들보다 더 이전 가능(transferable)하다는 것이다. 예를 들어 NN은 단일 개별 작업 보다는 $p(\mathcal{T})$의 모든 작업에 광범위하게 적용되는 내부 특징들을 학습할 수 있다. 이러한 범용 표현의 출현을 어떻게 독려할 수 있을까? 우리는 이 문제에 대해 명시적인 접근 방식을 취한다: 모델은 새 작업에 대해 기울기 기반 학습 룰을 사용해서 미세 조정되므로, 우리는 이 기울기 기반 학습 룰이 과잉 맞춤 없이 $p(\mathcal{T})$에서 취한 새로운 작업에 대해 신속하게 진행할 수 있는 방식으로 모델을 학습하는 것을 목표로 한다. 사실상, 우리는 작업의 변화에 민감한 모델 파라미터를 찾는 것을 목표로 할 것이다. 즉 파라미터의 작은 변화가 손실의 기울기 방향으로 변경될 때, $p(\mathcal{T})$의 모든 작업의 손실 함수에 큰 개선을 가져올 것이다.

이제 다음 의사 코드로 보인 MAML 알고리듬을 확인하자:

Require: $p(\mathcal{T})$: distribution over tasks
Require: α, β: step size hyperparameters
1: randomly initialize θ
2: **while** not done **do**
3: Sample batch of tasks $\mathcal{T}_i \sim p(\mathcal{T})$
4: **for all** $\mathcal{T}_i$ **do**
5: Evaluate $\nabla_\theta \mathcal{L}_{\mathcal{T}_i}(f_\theta)$ with respect to K examples
6: Compute adapted parameters with gradient descent: $\theta'_i = \theta - \alpha \nabla_\theta \mathcal{L}_{\mathcal{T}_i}(f_\theta)$
7: **end for**
8: Update $\theta \leftarrow \theta - \beta \nabla_\theta \sum_{\mathcal{T}_i \sim p(\mathcal{T})} \mathcal{L}_{\mathcal{T}_i}(f_{\theta'_i})$
9: **end while**

그림 10.7 MAML 알고리듬(https://arxiv.org/abs/1703.03400)

알고리듬에는 바깥 루프(2행)와 내부 루프(4행)가 있다. 작업 분포 $\mathcal{T}_i$ ~p($\mathcal{T}$)에서 샘플링

된 여러 작업에 대해 반복하는 내부 루프에서 시작하겠다. S_i가 작업의 지원 세트일 때, $|S_i|$개의 훈련 샘플을 사용해서 단일 작업 $\mathcal{T}_i$를 처리하는, 단일 루프 반복에 초점을 맞추자. 학습 샘플들은 다음 단계들에서 뱃치로 처리된다(4~7행):

1. 모델에 샘플을 전파시키고 손실 $\mathcal{L}_{\mathcal{T}_i}(f_\theta)$을 계산한다.
2. 초기 파라미터 θ에 대한 오차 기울기 $\nabla_\theta \mathcal{L}_{\mathcal{T}_i}(f_\theta)$를 계산한다.
3. 기울기를 역전파해서, 업데이트된 모델 파라미터 $\theta'_i = \theta - \alpha \nabla_\theta \mathcal{L}_{\mathcal{T}_i}(f_\theta)$를 계산한다. 여기서 α는 학습률(또는 학습 속도, learning rate)이다. 파라미터 θ'_i은 보조적이며 각 작업에 따라 다르다. 명확히 하기 위해, 내부 루프가 새 작업 $\mathcal{T}_{i+1}$에 대한 새 반복을 시작할 때마다, 모델은 항상 같은 초기 파라미터 θ로 시작한다. 동시에 각 작업은 초기 파라미터 θ를 실제로 수정하지 않고, 업데이트된 가중치를 추가 변수 θ'_i로 저장한다(원래 모델 업데이트는 바깥 루프에서 한다).
4. 같은 작업에 대해 이러한 기울기 업데이트를 여러 번 수행할 수 있다. 이를 내부 루프의 추가적 내부 루프로 구현된, 여러 뱃치에 대한 훈련으로 생각하라. 이 시나리오에서 알고리즘은 다음 공식에서 보듯이 초기 파라미터 θ가 아닌 마지막 반복(iteration)의 가중치 θ'_{i-1}로 각 반복 i를 시작한다:

$$\begin{aligned}
\theta'_{i,0} &= \theta \\
\theta'_{i,1} &= \theta'_{i,0} - \alpha \nabla_\theta \mathcal{L}_{\mathcal{T}_i}(f_{\theta'_{i,0}}) \\
\theta'_{i,2} &= \theta'_{i,1} - \alpha \nabla_\theta \mathcal{L}_{\mathcal{T}_i}(f_{\theta'_{i,1}}) \\
&\cdots \\
\theta'_{i,p} &= \theta'_{i,p-1} - \alpha \nabla_\theta \mathcal{L}_{\mathcal{T}_i}(f_{\theta'_{i,p-1}})
\end{aligned}$$

다중 반복의 경우, 최신 가중치 $\theta'_{i,p}$만 보존된다.

내부 루프가 완료되고 나면, 모든 작업 $\mathcal{T}_i$의 피드백을 기반으로 원래 모델의 초기 파라미터 θ를 업데이트할 수 있다. 이것이 필요한 이유를 이해하기 위해 다음 다이어그램을 살펴보자:

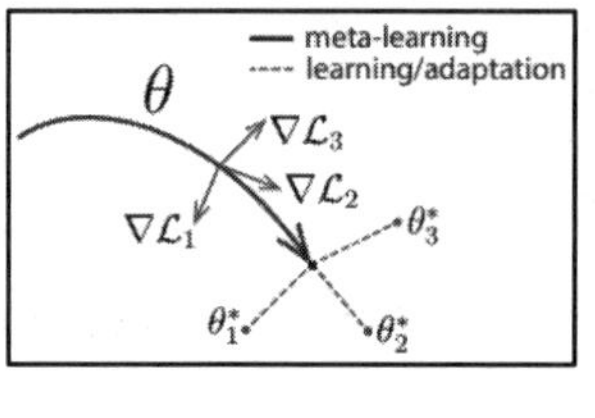

그림 10.8 새로운 작업에 빠르게 적응할 수 있는 파라미터 θ를 최적화하는 MAML (https://arxiv.org/abs/1703.03400)

이 그림은 전역 오차 구배를 따라 세 작업 $\{\nabla\mathcal{L}_1, \nabla\mathcal{L}_2, \nabla\mathcal{L}_3\}$의 오차 기울기를 보여준다. 내부/바깥 루프 메커니즘 대신, 각 작업을 순차적으로 반복하고, 단순히 각 미니 배치 후에 원래 모델 파라미터 θ를 업데이트한다고 가정하자. 다른 손실 함수의 기울기가 모델을 완전히 다른 방향으로 모는 것을 볼 수 있다. 예를 들어, 작업 2의 오차 기울기는 작업 1의 기울기와 모순된다. MAML은 내부 루프의 각 작업에 대한 업데이트된 가중치(보조 파라미터 $\theta_i^{'}$)를 집계해서(적용하지는 않음) 이 문제를 해결한다. 그런 다음 모든 작업의 업데이트된 가중치를 한꺼번에 결합해서 바깥 루프 비용 함수(메타 목표 함수라고 부름)를 계산할 수 있다(이것이 모든 작업에 대한 메타 최적화이다):

$$\min_\theta \sum_{\mathcal{T}_i \sim p(\mathcal{T})} \mathcal{L}_{\mathcal{T}_i}(f_{\theta_i'}) = \min_\theta \sum_{\mathcal{T}_i \sim p(\mathcal{T})} \mathcal{L}_{\mathcal{T}_i}(f_{\theta - \alpha \nabla_\theta \mathcal{L}_{\mathcal{T}_i}(f_\theta)})$$

주 모델 파라미터의 가중치 업데이트를 위해 다음 공식을 사용한다:

$$\theta \leftarrow \theta - \beta \nabla_\theta \sum_{\mathcal{T}_i \sim p(\mathcal{T})} \mathcal{L}_{\mathcal{T}_i}(f_{\theta_i'})$$

여기서 β는 학습 속도이다. 바깥 루프 작업 $\mathcal{T}$i(MAML 의사 코드 프로그램의 8행)는 내부 루프(3행)의 작업들과 같지 않다. 내부 루프 작업을 훈련 세트, 그리고 바깥 루프의 작업을 검증(validation) 세트로 생각할 수 있다. 손실은 작업 별 파라미터 $\theta_i^{'}$을 사용해서 계산하지만, 손실 기울기는 초기 파라미터 θ에 대해 계산한다. 명확히 하기 위해, 이것은 우리가 바깥 루프와 내부 루프 모두를 통해 역전파(BP)한다는 것을 의미한다. 기울기에 대한 기울기(2 차 미분)를 계산하기 때문에 이를 2차 기울기라고 부른다. 이를 통해 여러 번의 업데이트 후에도 작업에 대해 일반화가 가능한 파라미터를 학습할 수 있다.

MAML의 한 가지 단점은 전체 계산 그래프(바깥 루프 및 내부 루프)를 통한 역전파의 계산 비용이 크다는 것이다. 또한 역전파 단계가 많기 때문에, 기울기가 사라지거나 폭발할 수 있다. 이를 더 잘 이해하기 위해 단일 작업 $\mathcal{T}_i$가 있다고 가정하자(공식에서는 생략하겠다); 이 작업에 대해 한 기울기 단계(내부 루프 1회 반복)를 수행하며, 내부 루프의 업데이트된 파라미터는 θ'이다. 즉, 손실 함수의 표기를 $\mathcal{L}_{\mathcal{T}_i}(f(\theta_{i,0}'))$에서 $\mathcal{L}(\theta')$로 변경한다. 그러면 바깥 루프의 파라미터 업데이트 룰은 다음과 같이 된다:

$$\theta \leftarrow \theta - \beta \nabla_\theta \mathcal{L}(\theta')$$
$$\theta \leftarrow \theta - \beta \nabla_\theta \mathcal{L}(\theta - \alpha \nabla_\theta \mathcal{L}(\theta))$$

체인 룰을 사용해서 초기 파라미터 θ에 대한 손실의 기울기를 계산할 수 있다(1장 NN 기초 참고):

$$\begin{aligned}\nabla_\theta \mathcal{L}(\theta') &= (\nabla_{\theta'} \mathcal{L}(\theta')).(\nabla_\theta \theta') \\ &= (\nabla_{\theta'} \mathcal{L}(\theta')).(\nabla_\theta(\theta - \alpha \nabla_\theta \mathcal{L}(\theta)))\end{aligned}$$

공식에 2차 미분 $\nabla_\theta(\theta - \alpha\nabla_\theta\mathcal{L}(\theta))$가 포함되어 있음을 볼 수 있다. MAML의 저자는 단순히 $\alpha\nabla_\theta\mathcal{L}(\theta)$항을 무시하는, 소위 **1차** MAML(first-order MAML. FOMAML)을 제안했다. 그러면 $\nabla_\theta(\theta) = 1$이며, FOMAML 기울기는 다음과 같게 된다:

$$\nabla_\theta \mathcal{L}(\theta') = \nabla_{\theta'} \mathcal{L}(\theta')$$

이 단순화된 공식은 계산 비용이 큰 2차 기울기를 배제한다.

지금까지, 감독형 및 RL 설정 모두에 적용되는 일반형 MAML 알고리듬을 살펴봤다. 다음으로 감독형 버전에 초점을 맞추자. 감독형의 경우, 각 작업은 무관한 입력/레이블 쌍의 목록이고, 에피소드 길이 H는 1이다. 다음 의사 코드에서 소수-샷 감독형 학습을 위한 MAML 알고리듬을 볼 수 있다(일반형 알고리듬과 비슷):

Require: $p(\mathcal{T})$: distribution over tasks
Require: α, β: step size hyperparameters
randomly initialize θ
while not done **do**
  Sample batch of tasks $\mathcal{T}_i \sim p(\mathcal{T})$
  for all $\mathcal{T}_i$ **do**
    Sample K datapoints $\mathcal{D} = \{\mathbf{x}^{(j)}, \mathbf{y}^{(j)}\}$ from $\mathcal{T}_i$
    Evaluate $\nabla_\theta \mathcal{L}_{\mathcal{T}_i}(f_\theta)$ using $\mathcal{D}$ and $\mathcal{L}_{\mathcal{T}_i}$ in Equation (2) or (3)
    Compute adapted parameters with gradient descent: $\theta'_i = \theta - \alpha\nabla_\theta \mathcal{L}_{\mathcal{T}_i}(f_\theta)$
    Sample datapoints $\mathcal{D}'_i = \{\mathbf{x}^{(j)}, \mathbf{y}^{(j)}\}$ from $\mathcal{T}_i$ for the meta-update
  end for
  Update $\theta \leftarrow \theta - \beta\nabla_\theta \sum_{\mathcal{T}_i \sim p(\mathcal{T})} \mathcal{L}_{\mathcal{T}_i}(f_{\theta'_i})$ using each $\mathcal{D}'_i$ and $\mathcal{L}_{\mathcal{T}_i}$ in Equation 2 or 3
end while

그림 10.9 FSL MAML(https://arxiv.org/abs/1703.03400)

이 코드에서 식 2와 3은 모두 분류 작업에 대한 교차 엔트로피 손실 또는 회귀 작업에 대한 평균 제곱 오차를 나타내며, $\mathcal{D}$는 내부 루프 훈련 집합, $\mathcal{D}'$은 바깥 루프의 검증 집합을 나타낸다.

마지막으로, 다음 의사 코드에서 보인 RL 시나리오에 관해 논의하자:

Require: $p(\mathcal{T})$: distribution over tasks
Require: α, β: step size hyperparameters
randomly initialize θ
while not done **do**
  Sample batch of tasks $\mathcal{T}_i \sim p(\mathcal{T})$
  for all $\mathcal{T}_i$ **do**
    Sample K trajectories $\mathcal{D} = \{(\mathbf{x}_1, \mathbf{a}_1, ...\mathbf{x}_H)\}$ using f_θ in $\mathcal{T}_i$
    Evaluate $\nabla_\theta \mathcal{L}_{\mathcal{T}_i}(f_\theta)$ using $\mathcal{D}$ and $\mathcal{L}_{\mathcal{T}_i}$ in Equation 4
    Compute adapted parameters with gradient descent: $\theta'_i = \theta - \alpha \nabla_\theta \mathcal{L}_{\mathcal{T}_i}(f_\theta)$
    Sample trajectories $\mathcal{D}'_i = \{(\mathbf{x}_1, \mathbf{a}_1, ...\mathbf{x}_H)\}$ using $f_{\theta'_i}$ in $\mathcal{T}_i$
  end for
  Update $\theta \leftarrow \theta - \beta \nabla_\theta \sum_{\mathcal{T}_i \sim p(\mathcal{T})} \mathcal{L}_{\mathcal{T}_i}(f_{\theta'_i})$ using each $\mathcal{D}'_i$ and $\mathcal{L}_{\mathcal{T}_i}$ in Equation 4
end while

그림 10.10 소수-샷 강화학습 MAML(https://arxiv.org/abs/1703.03400)

각 샘플 $\mathcal{D}=\{(\mathbf{x}_1, \mathbf{a}_1, \ldots, \mathbf{x}_H, \mathbf{a}_1)\}$는, 환경이 에이전트에게 스텝 t에서의 현재 상태 $\mathbf{x}_t$를 제공하는, 한 게임 에피소드의 궤적을 나타낸다. 차례로, 에이전트(NN) 샘플들은 정책 f_θ를 사용해서 상태 $\mathbf{x}_t$를 행동 $\mathbf{a}_i = f_\theta(\mathbf{x}_i)$에 대한 분포에 매핑한다. 이 모델은 에피소드의 모든 단계에서 보상을 최대화하도록 네트워크를 훈련시키는 것을 목표로 하는, 특별한 유형의 손실 함수를 사용한다.

10.4 요약

이 장에서 우리는 학습 학습(learning to learn)으로 묘사될 수 있는 메타 학습 분야를 살펴보았다. 메타 학습에 관한 소개부터 시작했다. 더 구체적으로, 우리는 제로-샷 및 소수-샷 학습, 그리고 메타 훈련 및 메타 테스트에 관해 논의했다. 그런 다음 몇 가지 메트릭 기반 학습 접근 방식에 초점을 맞췄다. 매칭 네트워크를 살펴보고, 샴 네트워크의 예를 구현했으며, 프로토타입 네트워크를 소개했다. 그 다음 우리는 최적화 기반 학습에 초점을 맞췄으며, 이때 MAML 알고리듬을 소개했다.

다음 장에서는 흥미로운 주제인 자동화 차량에 관해 배울 것이다.

CHAPTER 11

AV를 위한 딥러닝

AV(autonomous vehicle)가 우리 삶에 어떻게 영향을 미칠지 생각해보자. 무엇보다 여행 중에 운전에 집중하는 대신 다른 일을 할 수 있을 것이다. 그러한 여행자의 필요를 충족시키는 것만으로도 아마 하나의 산업을 일으킬 수 있을 것이다. 그러나 그것은 단지 부차적인 보너스일 뿐이다. 스스로 운전할 수 있는 능력이 제한된 사람들을 위한 혜택은 말할 것도 없고, 우리가 여행 중에 더 생산적이거나 휴식을 취할 수 있다면, 우리는 더 많은 여행을 시작할 것이다. 교통 수단과 같은 필수적이고 기본적인 상품을 더 편하게 만드는 것은 우리의 삶을 변화시킬 잠재력을 가진다. 이는 우리 개인에게 미치는 영향일 뿐이며, AV는 배달 서비스에서부터 적시 제조(just-in-time manufacturing)에 이르기까지 경제에도 큰 영향을 미칠 수 있다. 요컨대, AV를 실현하는 것은 매우 중요한 게임이다. 따라서 최근 몇 년 동안 이 분야의 연구가 학계에서 실물 경제로 옮겨 간 것은 놀라운 일이 아니다. Waymo, Uber 및 NVIDIA부터 거의 모든 주요 차량 제조업체에 이르기까지, 기업들은 AV 개발에 박차를 가하고 있다.

그러나 우리는 아직 목표에 다다르지 못 했다. 그 이유 중 하나는, 자율 주행이 여러 부속 문제로 구성된 복잡한 작업이며, 각 문제가 그 자체로 중요한 작업이기 때문이다. 성공적으로 주행하려면 차량의 프로그램은 정밀한 3D 환경 모델이 필요하다. 이러한 모델을 구축하는 방법은 여러 센서에서 오는 신호를 결합하는 것이다. 모델을 갖추고 나서도 실제 주행 작업을 해결해야 한다. 운전자가 충돌 없이 벗어나야 하는 예상치 못한, 다양하고 독특한 상황에 대해 생각해보라. 우리가 주행 방침(driving policy)을 세우더라도 항상 거의

100% 정확해야 한다. AV가 100개의 빨간 신호등 중 99개에서 성공적으로 멈출 것이라고 하자. 99%의 정확도는 다른 **머신 러닝(ML)** 작업에서는 대단한 성공이다. 그렇지만 단 한 번의 실수도 충돌로 이어질 수 있는 자율 주행에서는 그렇지 않다.

이 장에서는 AV 분야에서의 DL의 응용을 살펴보겠다. 차량이 주변 환경을 이해할 수 있도록 딥 네트워크를 사용하는 방법을 살펴보겠다. DL을 사용해서 실제로 차량을 제어하는 방법도 살펴보겠다.

이 장에서는 다음 항목을 다룬다.

- AV 소개
- AV 시스템의 구성 요소
- 3D 데이터 처리 소개
- 모방 주행 방침(imitation driving policy)
- ChauffeurNet에 의한 주행 방침

11.1 AV 소개

이 섹션은 AV 연구의 간략한 역사(놀라울 정도로 오래 전에 시작됨)로 시작한다. 또한 **SAE(Society of Automotive Engineers)**에 따른 다양한 AV 자동화 수준도 정의할 것이다.

11.1.1 간략한 AV 연구 역사

본격적으로 자율 주행 차를 구현하려는 첫 시도는 유럽과 미국에서 1980년대에 시작되었으나, 2000년대 중반 이후에 진전이 급격하게 가속되었다. 이 분야의 첫 번째 주요 활동은 1987년부터 1995년까지 지속된 유레카 프로메테우스 프로젝트(`https://en.wikipedia.org/wiki/Eureka_Prometheus_Project`)였다. 1995년 자율 주행 Mercedes-Benz S-Class가 뮌헨에서 코펜하겐까지 1,600 km를 컴퓨터 비전을 사용해서 왕복했을 때가 절정이었다. 독일 아우토반의 일부 지점에서는 최대 175 km/h의 속도를 달성했다(아우토반의 일부 구간에는 속도 제한이 없다). 다른 차를 추월할 수도 있었다. 인간의 개입 사이 평균 거리는 9 km였으며 어떤 구간에서는 개입 없이 158 km를 주행했다.

1989년 카네기 멜론 대학의 Dean Pomerleau는 AV에 NN을 사용한 선구자적 논문인 *ALVINN: An Autonomous Land Vehicle in a Neural Network*(https://papers.nips.cc/paper/95-alvinn-an-autonomous-land-vehicle-in-a-neural-network.pdf)를 발표했다. 이 연구는 이 책에서 논의한 많은 주제를 30년 전에 AV에 적용했기 때문에 특히 흥미롭다. ALVINN의 가장 중요한 특징을 살펴보자:

- 간단한 NN을 사용해서 차량의 조향 각도를 결정한다(가속과 브레이크를 제어하지 않음).
- 완전 연결된 입력층, 은닉층, 출력층이 하나씩 있다.
- 입력 구성:
    - ▲ 차량에 장착된 전방 카메라의 30×32 단색 영상(RGB 영상의 Blue 채널 사용).
    - ▲ 레이저 거리 측정기의 8×32 영상. 이것은 단순히 셀 그리드이며, 각 셀은 FoV(Field of View. 시야각) 안에서 가장 가까운 장애물까지의 거리를 포함한다.
    - ▲ 도로 밝기(카메라 영상에서 도로가 비도로 보다 밝거나 어두운지 여부)를 나타내는 스칼라 입력. 이 값은 네트워크 출력으로부터 재귀적으로 제공된다.
- 29개의 뉴런이 있는 FC 은닉층.

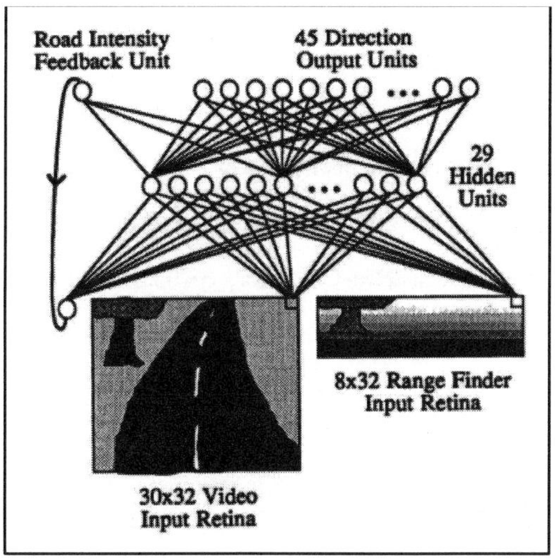

그림 11.1 ALVINN의 아키텍처 (출처: ALVINN 논문)

- 46개의 뉴런이 있는 FC 출력층. 도로의 곡률은 원-핫 인코딩과 유사한 방식으로 45개의 뉴런으로 표시된다. 즉, 중앙 뉴런의 활성화가 가장 높으면 도로가 직선이며, 왼쪽 또는 오른쪽에 있는 뉴런일수록 더 큰 도로 곡률을 나타낸다. 맨 끝 출력 유닛 하나는 도로 밝기를 나타낸다.
- 네트워크는 1,200개 영상 데이터셋에 대해 40 epoch 동안 훈련되었다:

다음으로, (대부분)상용인 AV 진전에 관한 더 최근의 타임라인을 살펴보자:

- DARPA 그랜드 챌린지(`https://en.wikipedia.org/wiki/DARPA_Grand_Challenge`)가 2004, 2005, 2007년에 개최되었다. 첫 해에는 참가 AV들이 모하비 사막에서 240 km 경로를 주행해야 했다. 최고 성능의 AV가 겨우 11.78 km 만에 바위 위에 올라 앉았다. 2005년에는 캘리포니아에서 네바다의 212 km의 오프로드 코스를 주행해야 했다. 이때는 5대의 차량이 완주했다. 2007년 대회는 공군 기지에 지어진 모의 도시 환경을 주행하는 것이었다. 총 경로 길이는 89 km였고, 참가 AV들은 교통법규를 준수해야 했다. 6대의 차량이 전체 코스를 마쳤다.
- 2009년에 Google은 자율 주행 기술을 개발하기 시작했다. 이 노력으로 Alphabet (Google의 모회사)의 자회사인 Waymo(`https://waymo.com/`)가 설립되었다. 2018년 12월, 그들은 애리조나 주 피닉스에서 AV를 사용한 최초의 상용 주문형 차량 호출 서비스를 시작했다. 2019년 10월에 Waymo는 robotaxi 서비스의 일부로 최초의 진정한 무인 자동차의 시작을 발표했다(이전에는 안전 운전자가 항상 탑승했었다).
- Mobileye(`https://www.mobileye.com/`)는 DNN을 사용해서 DAS(driver-assistance system. 운전자 보조 시스템)(예: 차선 유지 보조)를 제공한다. 이 회사는 차량용에 요구되는 저전력 NN 구동에 특별히 최적화된 일련의 **SOC (system-on-chip)** 장치들을 개발했다. 이 회사의 제품들은 주요 자동차 제조업체들에서 사용되고 있다. 2017년에 Mobileye는 153억 달러에 인텔에 인수되었다. 그 이후 BMW, Intel, Fiat-Chrysler, SAIC, Volkswagen, NIO 및 차량 공급업체 Delphi(현재 Aptiv)는 자율 주행 기술의 공동 개발에 협력해 왔다. 2016년 Mobileye의 4개 분기 총 매출이 3억 5천 5백만 달러였던데 비해, 2019년 첫 3분기 동안의 매출이 8억 2200만 달러였다.
- 2016년 GM은 자율 주행 기술 개발 업체인 Cruise Automation(`https://getcruise.com/`)을 5억 달러 이상에 인수했다(정확한 수치는 알 수 없다). 그 이후 Cruise Automation은 샌프란시스코에서 여러 AV 프로토타입을 테스트 및

시연했다. 2018년 10월, Honda는 지분 5.7 %에 7억 5천만 달러를 투자해서 이 벤처에 참여한다고 발표했다. 2019년 5월에는 신규 및 기존 투자자 그룹으로부터 11.5억 달러의 추가 투자를 확보했다.

- 2017년 포드 자동차 회사는 자율 주행 스타트업 Argo AI의 대주주가 되었다. 2019년 폭스바겐은 포드와의 대규모 거래의 일부로 Argo AI에 26억 달러를 투자한다고 발표했다. 폭스바겐은 10억 달러의 자금과, 뮌헨에 본사를 둔 150명이 넘는 직원들이 근무하는 16억 달러의 자율 지능 주행 자회사를 투입하기로 했다.

11.1.2 자동화 수준

AV에 관해 설명 이야기할 때 우리는 일반적으로 완전 무인 차량을 상상한다. 하지만 실제로는 운전자가 필요하며 일부 자동화 기능을 제공한다.

SAE는 다음과 같은 6단계의 자동화 수준을 정했다:

- **레벨 0**: 운전자가 차량의 조향, 가속 및 제동을 처리한다. 이 수준의 기능은 운전자의 액션에 대한 경고와 즉각적인 지원만 제공할 수 있다. 이 수준의 기능 예는 다음과 같다:
  - 차선 이탈 경고는 단순히 차량이 차선 표시를 넘을 때 운전자에게 경고한다.
  - 사각 지대 경고는 다른 차량이 사각 지대 영역(차량 뒤 바로 왼쪽 또는 오른쪽 영역)에 있을 때 운전자에게 경고한다.
- **레벨 1**: 운전자에게 조향 또는 가속/제동 지원을 제공한다. 오늘날 차량에서 이러한 기능 중 가장 인기있는 것은 다음과 같다:
  - LKA(Lane-keeping assist. **차선 유지 보조**): 차량이 차선 표시를 감지하고 스티어링(조향)을 사용해서 차선 중앙에 유지할 수 있다.
  - ACC(Adaptive Cruise Control. **적응적 크루즈 콘드롤**): 다른 차량을 감지하고, 브레이크/가속을 사용해서 상황에 따라 미리 설정된 속도를 유지 또는 감속할 수 있다.
  - AEB(Automatic emergency braking. **자동 비상 제동**): 장애물이 감지됐는데 운전자가 반응하지 않으면 차량이 자동으로 정지할 수 있다.
- **레벨 2**: 운전자에게 스티어링 및 브레이크/가속 보조를 모두 제공한다. 이 기능 중 하나는 LKA와 ACC의 조합이다. 이 레벨에서는 차량은 언제든지 사전 경고 없이 운전자에게 제어권을 반환할 수 있다. 따라서 운전자는 도로 상황에 지속적

으로 집중해야 한다. 예를 들어, 차선 표시가 갑자기 사라지면 LKA 시스템은 운전자에게 즉시 스티어링을 제어하도록 유도할 수 있다.

- **레벨 3**: 진정한 자율성이라고 할 수 있는 첫 번째 레벨이다. 자동차가 특정 제한된 조건에서 스스로 운전할 수 있으며, 운전자가 제어권을 갖도록 유도할 수 있다는 점에서는 레벨 2와 유사하다. 그러나 이것은 신경을 쓰지 않고 있는 운전자가 도로 상황에 익숙해질 수 있도록 충분한 시간을 두고 사전에 발생하는 것이 보장된다. 예를 들어 자동차가 고속도로에서 스스로 운전하는데, 클라우드에 연결된 내비게이션이 도로 전방의 공사 작업에 대한 정보를 얻는다고 하자. 운전자에게 공사 구역에 도착하기 전(충분한 시간이 주어짐)에 제어권을 넘겨 받으라는 메시지가 표시된다.
- **레벨 4**: 레벨 3에 비해 더 넓은 범위의 상황에서 완전히 자율적이다. 예를 들어, 로컬 지오펜싱(geofenced. 즉, 특정 지역으로 제한됨) 택시 서비스는 레벨 4일 수 있다. 운전자가 제어할 필요가 없다. 대신 차량이 이 지역을 벗어나면 안전하게 주행을 중단할 수 있어야 한다.
- **레벨 5**: 모든 상황에서 완전한 자율성. 스티어링 휠(운전대)이 선택 사양이다.

오늘날 모든 상용 차량에는 기껏해야 레벨 2의 기능이 있다(Tesla의 Autopilot조차도). 유일한 예외(제조사에 따르면)는 AI Traffic Jam Pilot이라고 불리는 레벨 3 기능이 있는 2018 Audi A8이다. 이 시스템은 두 방향의 트래픽 사이에 물리적 장벽이 있는 다차선 도로에서 60 km/h 속도까지 운전을 담당한다. 운전자는 10초의 사전 경고와 함께 제어권을 확보하라고 유도될 수 있다. 이 기능은 해당 차량 출시 중에 시연되었으나, 이 장을 작성하는 시점에서 Audi는 규제를 이유로 모든 시장을 대상으로 하지 않고 있다. 이 기능을 사용할 수 있는 시장에 대한 정보는 없다.

다음 섹션에서는 AV 시스템의 구성 요소를 살펴 보겠다.

11.2 AV 시스템 구성 요소

이 섹션에서는 소프트웨어 아키텍처 관점에서 두 가지 유형의 AV 시스템에 관해 간략하게 설명한다. 첫 번째 유형은 다음 다이어그램에 보인 것 같이 여러 구성 요소가 있는 순

차적 아키텍처를 사용한다:

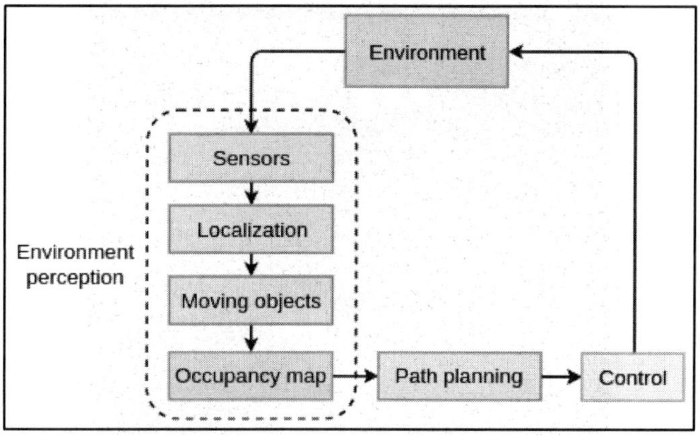

그림 11.2 AV 시스템의 구성 요소

이 시스템은 10장 메타 학습에서 간략하게 논의한 강화 학습 프레임워크와 유사하다. 환경(물리적 세계 또는 시뮬레이션)이 에이전트(차량)에게 현재 상태를 제공하는 피드백 루프가 있다. 그리고 에이전트는 새로운 궤적을 결정하고, 환경은 이에 반응하고, 기타 등등이다. 다음 모듈들(다음 섹션에서 자세히 설명)이 있는 환경 인지 하위 시스템부터 시작해 보자:

- **센서**: 카메라 및 레이더와 같은 물리적 장치
- **국지화(localization)**[181]: 고화질 지도에서 차량의 정확한 위치를 결정(센티미터 정확도로)한다.
- **이동 객체 감지 및 추적**: 차량 및 보행자와 같은 교통(traffic) 관련 객체를 감지하고 추적한다.

이 인지 시스템의 출력은 다양한 모듈의 데이터를 결합해서 주위 환경에 관한 **중수준(middle-level)** 가상 표현을 만든다. 이 표현은 보통 **점유 지도(occupancy map)**라고 불리는 top-down(조감도) 2D 환경 뷰이다. 다음 스크린 샷은 ChauffeurNet 시스템(곧 소개)의 점유 지도 예를 보여준다. 여기에는 도로면(흰색 및 노란색 선), 신호등(빨간색 선) 및 다른 차량(흰색 직사각형)이 포함된다. 이 이미지는 컬러로 보기 바란다:

---

181. 위치 범위를 좁혀 나간다는 의미로, 흔히 "위치 추정"으로 많이 번역되어 있다.

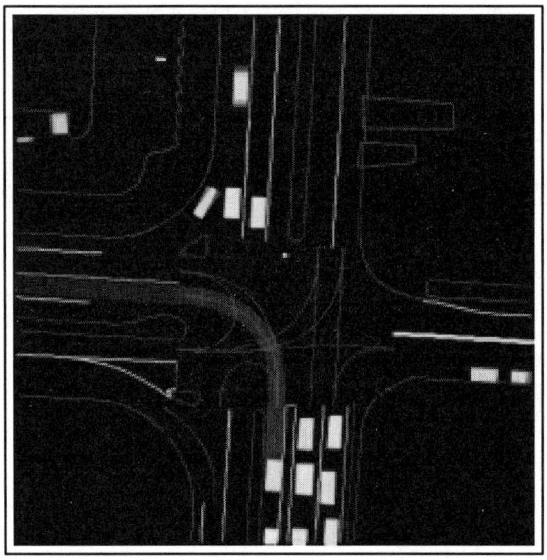

그림 11.3 ChauffeurNet의 점유 지도(https://arxiv.org/abs/1812.03079)

점유 지도는 **경로 계획**(path-planning) 모듈의 입력으로 사용되며, 이를 사용해서 차량의 미래 궤적을 결정한다. **제어** 모듈은 원하는 궤적을 받아서, 차량에 대한 저수준 제어 입력으로 바꾼다.

중수준 표현 방식에는 몇 가지 장점이 있다. 첫째, 경로 계획 및 제어 모듈 함수에 적합하다. 또한 센서 데이터를 사용하는 대신에 시뮬레이터로 top-down 영상을 생성할 수 있다. 이렇게 하면 실제 차를 운전할 필요가 없기 때문에 훈련 데이터 수집이 더 쉬워질 것이다. 더 중요한 것은 현실 세계에서 거의 발생하지 않는 상황을 시뮬레이션할 수 있다는 것이다. 예를 들어 AV는 어떤 댓가를 치르더라도 충돌을 피해야하는데 실제 훈련 데이터에는 충돌이 거의 없을 것이다. 실제 센서 데이터만 사용한다면 이 가장 중요한 주행 상황 중 하나가 심각하게 미달 제시(underrepresented)될 것이다.

두 번째 유형의 AV 시스템은 다음 다이어그램에 보인 것처럼 원시 센서 데이터를 입력으로 사용하고, 주행 방침을 조향 제어 형태로 생성하는 단일 end-to-end(단-대-단)[182] 구성요소를 사용한다:

182. 한 모델에서 원시 센서 입력을 사용하고 주행 방침을 출력하는 AV 시스템

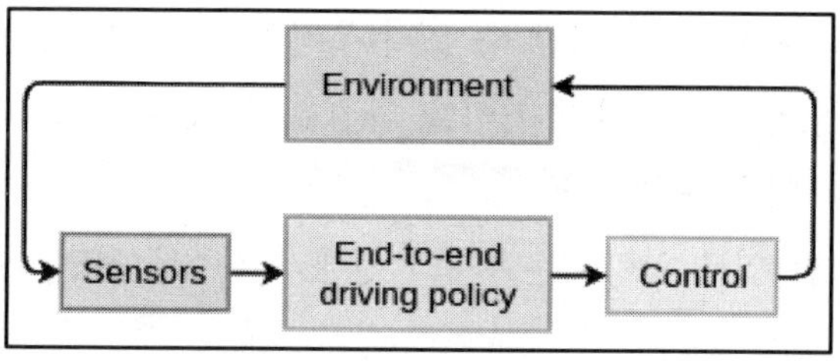

그림 11.4 End-to-end AV 시스템

사실 우리는 ALVINN에 관해 논의할 때 이미 end-to-end 시스템에 관해 언급했다(AV 연구의 간략한 역사 섹션에서). 다음으로 순차 시스템의 다양한 모듈에 초점을 맞출 것이다. 이 장의 뒷부분에서 end-to-end 시스템에 관해 자세히 다룰 것이다.

11.2.1 환경 인지

자동화 기능이 작동하려면 차량은 주위 환경을 잘 인지해야 한다. 환경 인지(environment perception) 시스템은 보행자, 자전거, 차량 등 특히 움직이는 객체들의 정확한 위치, 거리 및 방향을 식별해야 한다. 또한 노면과 전체 환경에서의 차량의 정확한 위치의 매핑을 만들어야 한다. AV가 이 가상 환경 모델을 만드는 것을 도와주는 하드웨어 및 소프트웨어 구성 요소에 관해 논의하자.

센싱

좋은 환경 모델을 구축하는 핵심은 차량 센서이다. 다음은 가장 중요한 센서 목록이다:

- **카메라**: 카메라 영상은 노면, 차선 표시, 보행자, 자전거, 기타 차량 등을 감지하는 데 사용된다. 자동차 콘텍스트에서 중요한 카메라 속성(해상도 외)은 시야(field of view. 이하 FoV)이다. FoV는 카메라가 얼마나 많이 볼 수 있는지를 나타낸다. 예를 들어 FoV가 180°인 경우 차량 전방의 모든 것을 볼 수 있으나 뒤는 볼 수 없다. 360° FoV로는 모든 방향을 볼 수 있다. 다음과 같은 다양한 유형의 카메라 시스템이 있다:
  - **모노 카메라**: 일반적으로 앞 유리 상단에 장착된 전방 카메라 하나를 사용한다. 대부분의 자동화 기능은 이러한 유형의 카메라를 사용해서 작동한다. 모노 카메라의 일반적인 FoV는 125°이다.
  - **스테레오 카메라**: 두 대의 전방 카메라 시스템으로, 서로 약간 분리되어 있다. 카메라 사이의 거리를 통해 약간 다른 각도에서 동일한 사진을 캡처해

서 3D 영상으로 결합할 수 있다(우리의 눈과 같은 방식). 스테레오 시스템은 영상의 객체까지의 거리를 측정할 수 있다(모노 카메라는 경험에만 의존해서 이를 수행한다).

  - **360° 뷰**: 일부 차량에는 4개의 카메라 시스템(전면, 후면, 왼쪽, 오른쪽)이 있다.
  - **야간 투시경 카메라**: 적외선 스펙트럼의 빛을 방출하는 헤드라이트가 있는 시스템. 야간에 향상된 영상을 표시해서 장애물을 감지할 수 있게 해준다.

- **레이더**: 전자기파(마이크로웨이브 대역)를 방출하는 송신기를 사용하는 시스템이다. 전파가 물체에 닿았을 때 레이더 자신의 방향으로 반사되는 일부를 레이더는 수신 안테나로 받는다. 전파가 빛의 속도로 이동한다는 것을 알고 있기 때문에, 신호 송신부터 수신하는 데까지 걸리는 시간을 측정해서 반사체까지의 거리를 계산할 수 있다. 또한 송수신파의 주파수 차이(도플러 효과)를 측정해서 반사체의 속도도 계산할 수 있다. 레이더의 "영상"은 카메라 영상에 비해 노이즈가 더 많고 FoV가 좁으며 해상도가 낮다. 예를 들어 장거리 레이더는 FoV가 12° 정도로 좁다. 레이더는 다른 차량과 보행자를 감지할 수 있는 반면, 노면이나 차선 표시는 감지할 수 없다. 일반적으로 ACC 및 AEB에 사용되나, LKA 시스템은 카메라를 사용한다. 대부분의 차량에는 1개 또는 2개의 전방 레이더와, 드물지만 후방 레이더가 있다.
- **라이더**(Lidar. 광 감지 및 거리 측정): 이 센서는 레이더와 다소 유사하지만 전파 대신 근적외선(NIR) 스펙트럼의 레이저 빔을 방출한다. 이로 인해 하나의 방출 펄스가 단일 지점까지의 거리를 정확하게 측정할 수 있다. 라이더는 한 패턴으로 여러 펄스를 매우 빠르게 방출해서 환경의 3D 포인트 클라우드를 생성한다(센서가 매우 빠르게 회전할 수 있다). 다음은 차량이 라이더로 세상을 보는 방법을 보여주는 다이어그램이다:

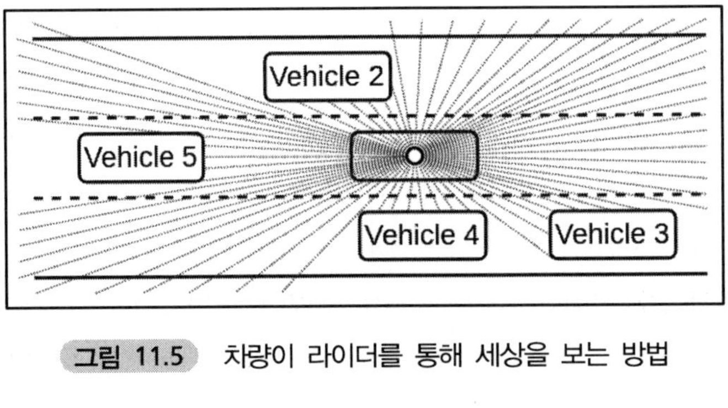

그림 11.5 차량이 라이더를 통해 세상을 보는 방법

- **소너**(Sonar. 사운드 내비게이션 거리 측정): 이 센서는 초음파 펄스를 방출하고, 주변 물체에서 반사되는 에코 파동을 받아서 환경을 매핑한다. Sonar는 레이더에 비해 저렴하지만 유효 감지 거리가 제한적이다. 이 때문에 일반적으로 주차 보조 기능에 사용된다.

여러 센서로부터의 데이터를 **센서 융합**(sensor fusion)이라는 프로세스에 의해 하나의 환경 모델에 합칠 수 있다. 센서 융합은 일반적으로 Kalman 필터(`https://en.wikipedia.org/wiki/Kalman_filter`)를 사용해서 구현된다.

국지화(localization)

국지화는 지도에서 차량의 정확한 위치를 결정하는 프로세스이다. 이것이 왜 중요한가? HERE(`https://www.here.com/`)와 같은 회사는 몇 센티미터 이내로 정확한 도로 지도 제작 전문 기업이다. 이러한 지도에는 차선 표시, 교통 표지판, 신호등, 속도 제한, 횡단 보도, 과속 방지턱 등과 같은 정적인 관심 객체에 대한 정보도 포함될 수 있다. 따라서 도로에서 차량의 정확한 위치를 알고 있다면, 최적의 궤적을 계산하는 것이 어렵지 않다.

한 가지 분명한 해결책은 GPS를 사용하는 것이다. 그러나 GPS는 완벽한 조건에서의 정확도가 1-2 미터이다. 고층 건물이나 산악 지역에서는 GPS 수신기가 충분한 수의 위성으로부터 신호를 수신할 수 없기 때문에 정확도가 떨어진다. 이 문제를 해결하는 한 가지 방법은 **SLAM**(simultaneous localization and mapping. 동시 국지화 및 매핑) 알고리듬을 사용하는 것이다. 이러한 알고리듬은 이 책의 범위를 벗어나지만 이 주제에 관해 직접 공부할 것을 권장한다.

이동 객체 검출 및 추적

이제 차량에 어떤 센서들이 사용되는지에 대한 아이디어를 얻었으며, 지도 상 차량의 정확한 위치를 아는 것의 중요성에 관해 간략히 언급했다. 이 지식을 바탕으로 이론적으로 차량은 단순히 세세한 점 이동 경로를 따라 목적지에 도달할 수 있다. 그러나 환경이 차량, 보행자, 자전거 등과 같은 이동체를 포함하는 등 역동적이기 때문에 자율 주행은 그렇게 간단하지 않다. 자율 주행 차는 궤적을 계획할 때, 이동체들의 위치를 지속적으로 파악하고 추적해야 한다. 이것이 원시 센서 데이터에 딥 러닝 알고리듬을 적용할 수 있는 영역이다. 먼저 카메라에 대해 이를 수행한다. 5장 객체 감지 및 영상 분할에서 우리는 두 가지 고급 비전 작업(객체 감지 및 시맨틱 분할)에 **컨볼루션 네트워크**(CNN)를 사용하는 방법에 관해 논의했다.

요약하자면, 객체 감지는 영상에서 감지된 다양한 클래스 객체들의 주위에 사각형 테두리를 만든다. 시맨틱 분할은 영상의 모든 화소에 클래스 레이블을 할당한다. 세분화를 사용해서 카메라 영상에서 노면의 정확한 모양과 차선 표시를 감지할 수 있다. 객체 감지를 사용해서 환경에서 관심 대상인 움직이는 물체를 분류하고 위치를 파악할 수 있다. 5장 객체 감지 및 영상 분할에서 이미 이러한 주제를 다루었다. 이 장에서는 라이더 센서에 초점을 맞추고 이 센서가 생성하는 3D 포인트 클라우드에 CNN을 적용하는 방법에 관해 설명한다.

이제 인지 하위 시스템의 구성 요소를 간략하게 설명했으므로, 다음 섹션에서는 경로 계획 하위 시스템을 소개한다.

11.2.2 경로 계획

경로 계획(또는 주행 방침)은 차량 궤적과 속도를 계산하는 프로세스이다. 정확한 지도와 차량의 정확한 위치를 알고 있더라도 환경의 역동성을 염두에 두어야 한다. 자동차는 다른 이동 차량, 보행자, 신호등 등으로 둘러싸여 있다. 앞차가 갑자기 정지한다면? 또는 너무 느리게 움직인다면? AV는 추월을 결정하고 조종을 실행해야 한다. 이것은 특히 ML과 DL이 특히 유용할 수 있는 영역이며, 이 장에서는 이를 구현하는 두 가지 방법에 관해 논의할 것이다. 더 구체적으로 말하면, 우리는 Waymo가 개발한 ChauffeurNet이라는 주행 방침 알고리듬, 그리고 end-to-end(단-대-단) 학습 시스템에서 모방 주행 방침(imitation driving policy)을 사용하는 방법에 관해 논의한다.

AV 연구의 한 가지 장애물은, AV를 구축하고 그를 테스트하는 데 필요한 허가를 얻는 데 비용과 시간이 매우 많이 든다는 것이다. 그렇지만 고맙게도 우리는 AV 시뮬레이터의 도움으로 알고리듬을 훈련시킬 수 있다.

가장 많이 사용되는 시뮬레이터는 다음과 같다:

- Unreal Engine[183]을 기반으로 구축된 Microsoft AirSim(`https://github.com/Microsoft/AirSim/`)
- Unreal Engine을 기반으로 구축된 CARLA(`https://github.com/carla-simulator/carla`)

---

183. 실시간 3D 창작 툴

- Unity로 구축된 Udacity의 Self-Driving Car Simulator(`https://github.com/udacity/self-driving-car-sim`)
- OpenAI Gym의 `CarRacing-v0` 환경(모방 주행 방침 섹션에서 이의 예를 볼 것이다)

이것으로 AV 시스템의 구성 요소에 대한 설명을 마친다. 다음으로 3D 공간 데이터를 처리하는 방법에 관해 설명한다.

11.3 3D 데이터 처리 소개

LIDAR는 3차원 공간의 데이터 포인트 집합인 포인트 클라우드를 생성한다. 라이더가 레이저 빔을 방출한다는 것을 기억하라. 표면에서 반사되어 수신기로 돌아오는 빔은 포인트 클라우드의 한 데이터 포인트를 생성한다. 라이더 장치가 좌표계의 중심이고, 각 레이저 빔이 벡터라고 가정하면, 점은 벡터의 방향과 크기로 정의된다. 따라서 포인트 클라우드는 순서가 정해지지 않은 벡터 집합이다. 또는 다음 다이어그램의 왼쪽에 보였듯이 점들을 데카르트 공간 좌표계 $\mathbb{R}^3$로 정의할 수 있다. 이 경우 포인트 클라우드는 벡터 세트 $\{\mathrm{p}_i \mid i=1, \ldots, n\}$이며, 각 벡터 $\mathrm{p}_i=[x_i, y_i, z_i]$는 점의 세 좌표를 포함한다. 명확성을 위해 각 포인트를 큐브로 표시했다:

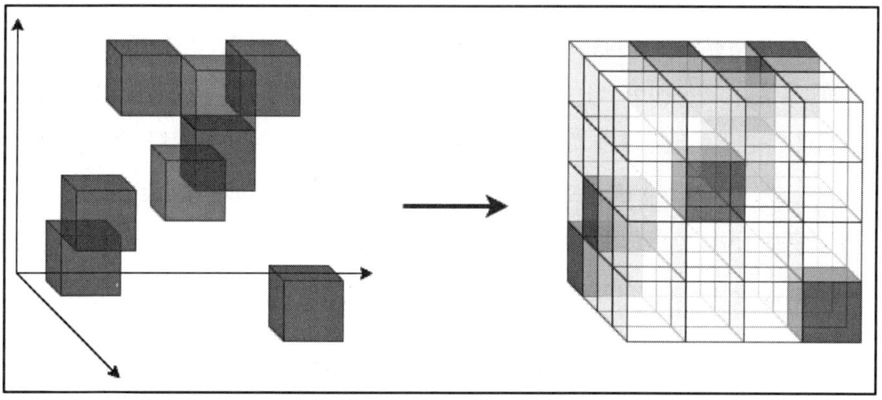

그림 11.6 왼쪽: 3D 공간의 점(정육면체로 표시됨). 오른쪽: 3D 복슬(voxel) 그리드

다음으로 NN, 특히 CNN의 입력 데이터 형식에 초점을 맞추자. 2D 컬러 영상은 3개의 슬라이스(각 채널 당 하나씩)가 있는 텐서로 표현되고, 각 슬라이스는 픽슬로 구성된 매트릭스(2D 그리드)이다. CNN은 2D 컨볼루션을 사용한다(2장 컨볼루션 네트워크 이해 참고). 직관적으로, 이 다이어그램의 오른쪽에 보인 것처럼 3D 포인트 클라우드에 대해 유사한 3D 복슬(복슬은 3D 픽슬) 그리드를 사용할 수 있다고 생각할 수 있다. 포인트 클라우드 포인트들에 색상이 없다고 가정하면, 그리드를 3D 텐서로 표현하고 3D 컨볼루션이 있는 CNN에 대한 입력으로 사용할 수 있다.

그러나 이 3D 그리드를 자세히 살펴보면, 분포가 성기다는 것을 알 수 있다. 예를 들어, 다이어그램에는 8개의 점이 있는 포인트 클라우드가 있지만, 그리드에는 4×4×4=64개의 셀이 있다. 이 간단한 경우에는 데이터의 메모리 공간을 8배 늘리지만, 실제 상황에서는 조건이 더 나빠질 수 있다. 이 섹션에서는 이 문제에 대한 솔루션을 제공하는 PointNet(*PointNet: Deep Learning on Point Sets for 3D Classification and Segmentation*. `https://arxiv.org/abs/1612.00593`)을 소개한다.

PointNet은 포인트 클라우드 벡터 세트 p_i를 입력으로 사용한다(그들의 3D 그리드 표현이 아니라). 아키텍처를 이해하기 위해 네트워크 설계로 이끈 포인트 클라우드 벡터 세트의 속성부터 시작하겠다:

- **비정렬**: 영상의 픽슬 배열 또는 3D 그리드의 복슬 배열과 달리, 포인트 클라우드는 순서가 없는 포인트 세트이다. 따라서 *N*개의 3D 포인트 세트를 소모하는 네트워크는 입력 집합의 *N*!개 순열(데이터 공급 순서)에 대해 불변적이어야 한다.
- **포인트 간 상호 작용**: 영상의 픽슬과 유사하게 3D 포인트 사이의 거리는 서로의 관련도를 나타낼 수 있다. 즉, 가까운 포인트들이 먼 포인트들에 비해 같은 객체의 일부일 가능성이 더 높다. 따라서 모델은 근처 포인트들로부터 로컬 구조와 로컬 구조들 간의 조합적(combinatorial) 상호 작용을 캡처할 수 있어야 한다.
- **변환 불변**: 학습된 포인트 세트의 표현은 기하학적 객체이므로, 특정 변환에 대해 불변적이어야 한다. 예를 들어, 포인트를 회전 및 이동시키는 것이 글로벌 포인트 클라우드 부류나 포인트 분할을 변경해서는 안 된다.

이제 이러한 전제 조건을 알았으므로, PointNet이 이들을 해결하는 방법을 살펴보겠다. 네트워크 아키텍처로 시작한 다음, 그 구성 요소들을 자세히 설명하겠다:

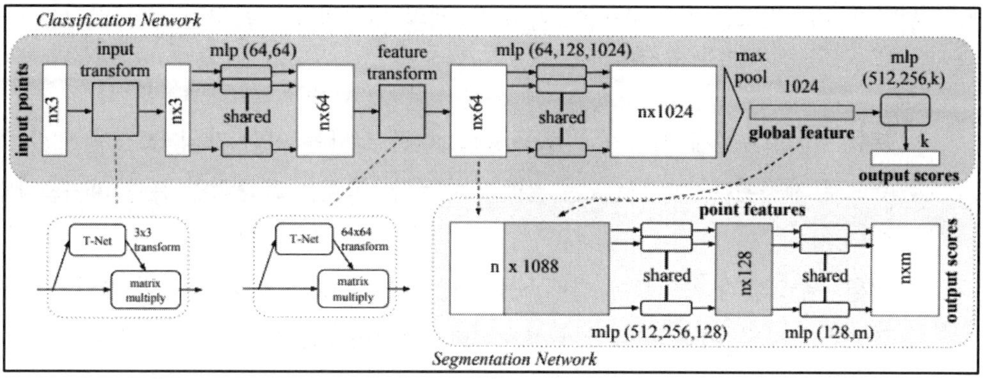

그림 11.7 PointNet 아키텍처(https://arxiv.org/abs/1612.00593)

PointNet은 **MLP(multilayer perceptron. 다층 퍼셉트론)**이다. 이것은 FC 층(그리고 맥스 풀링(나중에 더 자세히 설명))들로만 구성된 FFN이다. 앞서 언급했듯이 입력 포인트 클라우드 벡터 세트 $\mathbf{p}_i$는 $n \times 3$ 텐서로 표시된다. 네트워크(맥스 풀링 층까지)가 이 세트의 모든 포인트 간에 공유된다는 점에 유의해야 한다. 즉, 입력 크기는 $n \times 3$이지만, 우리는 PointNet이 n개의 1×3 크기 입력 벡터들에 대해 같은 네트워크를 n번 적용하는 것으로 생각할 수 있다. 즉, 네트워크 가중치는 포인트 클라우드의 모든 포인트에서 공유된다. 이 순차적 배정은 또한 임의의 수의 입력 포인트를 가능하게 한다.

입력은 입력 변환(나중에 더 자세히 살펴 보겠다)을 통과해서, 또 다른 n×3 텐서를 출력한다. 이 n개의 포인트 각각은 3요소로 정의된다(입력 텐서와 비슷). 이 텐서는 업샘플링용 FC 층에 공급되며, 이것은 각 포인트를 n×64 출력을 위한 64차원 벡터로 인코딩한다. 네트워크는 입력 변환과 유사한 또 다른 변환을 계속한다. 결과는 64, 128, 그리고 끝으로 1,024개의 FC 층으로 점진적으로 업샘플링되어, 최종적으로 n×1024 출력을 생성한다. 이 텐서는 맥스 풀링 층에 입력되며, 이것은 모든 n 포인트 중에서 같은 위치의 최대 요소를 취해서 1,024차원 출력 벡터를 생성한다. 이 벡터는 전체 포인트 세트의 집계된 표현이다.

맥스 풀링을 사용하는 이유는 무엇인가? 맥스 풀링은 대칭 연산(symmetric operation)이다. 즉, 입력 순서에 관계없이 같은 출력을 생성한다. 동시에 포인트 세트도 순서가 지정되어 있지 않다. 맥스 풀링을 사용하면 포인트의 순서에 관계없이 네트워크가 같은 결과를 생성할 수 있다. 논문의 저자는 평균 풀링 및 합계와 같은 다른 대칭 함수보다 맥스 풀링을 선택했다. 맥스 풀링이 벤치마크 데이터셋에서 가장 높은 정확도를 보여주었기 때문이다.

맥스 풀링 후 네트워크는 작업 유형에 따라 두 개의 네트워크로 분할된다(앞 다이어그램 참고):

- **분류**: 1024D 집계 벡터는 k-way softmax로 끝나는 여러 개의 FC층에 대한 입력으로 제공된다. 여기서 k는 클래스 수이다. 이것은 표준적인 분류 파이프라인이다.
- **분할**: 세트의 각 포인트에 클래스를 할당한다. 분류 망의 확장인 이 작업에는 지역 및 글로벌 지식의 결합이 요구된다. 다이어그램에서 볼 수 있듯이, n개의 64D 중간 포인트 표현 각각을 전역적 1024D 벡터와 이어서, 결합된 $n \times 1088$ 텐서를 만든다. 네트워크의 초기 세그먼트와 마찬가지로, 이 경로도 모든 포인트에 공유된다. 각 포인트의 벡터는 일련의 FC 층을 사용해서 128D로 다운샘플링된다(1088에서 512, 그리고 256, 마지막으로 128). 마지막 FC층에는 m개의 유닛(클래스 당 하나씩)과 softmax 활성화가 있다.

지금까지 맥스 풀링 작업을 통해 입력 데이터의 순서가 지정되지 않은 특성을 명시적으로 다뤘지만, 여전히 불변성과 포인트 간의 상호 작용을 해결해야 한다. 여기에 입력 및 특징 변환이 도움이 될 것이다. 입력 변환부터 시작하자(앞의 다이어그램의 T-net). T-net은 다음 다이어그램에 보인 것처럼, 전체 PointNet(full PointNet)과 유사한 MLP이다(mini-PointNet이라고 부름):

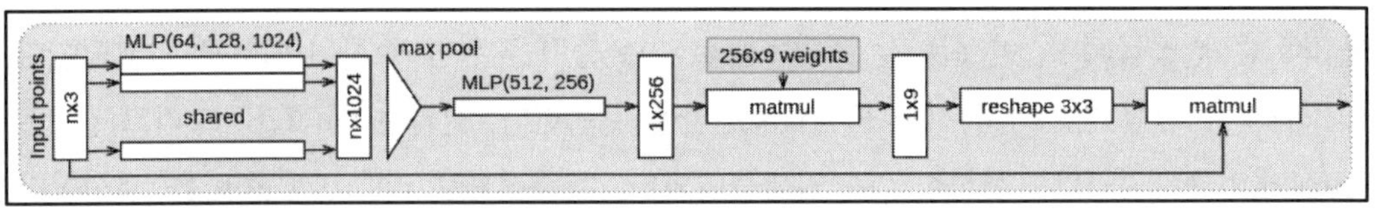

그림 11.8 입력(및 특징) 변환 T-net

입력 변환 T-net은 $n \times 3$ 포인트 집합을 입력(전체 네트워크와 같은 입력)으로 사용한다. Full PointNet과 마찬가지로 T-net은 모든 포인트에서 공유된다. 먼저 입력은 64, 128, 마지막으로 1024 유닛 FC 층들을 통해 $n \times 1024$로 업샘플링된다. 업샘플링된 출력은 1×1024 벡터를 출력하는 맥스 풀링 연산에 공급된다. 그런 다음 이 벡터는 2개의 512 및 256 유닛 FC 층을 사용해서 1×256으로 다운샘플링된다. 1×256 벡터에는 글로벌한(공유된) 학습 가능 가중치들의 256×9 행렬이 곱해진다. 그 결과는 3×3 행렬로 재구성된다. 이 행렬에 p_i가 곱해져서 최종 $n \times 3$ 출력 텐서를 생성한다. 중도의 3×3 행렬은 이 포인트 세트에 대해 학습 가능한 일종의 affine 변환 행렬로 동작한다. 이러한 방식으로 포인트들은 네트워크에 관해 익숙한 관점으로 정규화된다. 즉, 네트워크는 변환에 대해 불변적이 된다. 두 번째 T-net(특징 변환)은 첫 번째 T-net과 거의 같으나, 입력 텐서가 $n \times 64$이고, 결과로 64×64 행렬이 된다는 점은 제외한다.

글로벌 맥스 풀링 층은 네트워크가 데이터의 순서에 영향을 받지 않도록 보장하나, 전체 입력 포인트 세트에 대해 단일 표현을 생성하기 때문에 또 다른 단점이 있다; 이 포인트들이 다른 객체(예: 차량 및 보행자)에 속할 수 있다. 이와 같은 상황에서 전역적 집계는 문제가 될 수 있다. 이를 해결하기 위해 PointNet의 저자는 PointNet++(*PointNet++: Deep Hierarchical Feature Learning on Point Sets in a Metric Space*, `https://arxiv.org/abs/1706.02413`)를 소개했다. 이것은 입력 포인트 세트의 nested partitioning (둥지[184] 분할)에 PointNet을 재귀적으로 적용하는 계층적 NN이다.

이 섹션에서는 AV 환경 인지 시스템의 맥락에서 3D 데이터 처리를 살펴보았다. 다음 섹션에서는 모방 주행 방침을 사용하는 경로 계획 시스템으로 이동한다.

11.4 모방 주행 방침

AV 시스템의 구성 요소 섹션에서 자율 주행 시스템에 필요한 몇 가지 모듈에 관해 설명했다. 이 섹션에서는 그 중의 하나인 주행 방침(또는 경로 계획)을 DL을 이용해서 구현하는 방법을 살펴보겠다. 이를 수행하는 한 가지 방법은, 자동차가 에이전트이고 환경은 그냥 환경인 RL을 사용하는 것이다. 또 다른 인기 있는 접근 방식은 모델(네트워크)이 전문가(인간)의 액션을 모방하도록 학습하는 **모방 학습**(imitation learning)이다. AV 시나리오에서 모방 학습의 속성을 살펴보자:

- 우리는 **행동(방식) 복제**(behavioral cloning)라고 하는 모방 학습 유형을 사용할 것이다. 이것은 단순히 우리가 감독형 방식으로 네트워크를 훈련시킬 것임을 의미한다. 또는 역 RL(inverse RL)로 알려진 RL(강화 학습) 시나리오의 모방 학습을 사용할 수 있다.
- 네트워크의 출력은 조향 각도 및/또는 가속 또는 제동으로 표현되는 주행 방침이

184. nested for loop를 생각하시라.

다. 예를 들어, 스티어링 각도를 위한 회귀 출력 뉴런 하나와, 가속 또는 제동을 위한 뉴런 하나(동시에 둘 다 가질 수는 없으므로[185])를 가질 수 있다.

- 네트워크 입력은 다음 중 하나일 수 있다:
  - End-to-end 시스템을 위한 원시 센서 데이터(예: 전방 카메라 영상). 단일 모델이 원시 센서 입력을 사용하고 주행 방침을 출력하는 AV 시스템을 end-to-end라고 부른다.
  - 순차적 복합 시스템을 위한 중수준 환경 표현.
- 전문가의 도움을 받아 훈련 데이터셋을 생성한다. 전문가가 실제 또는 시뮬레이터에서 차량을 수동으로 운전하도록 할 것이다. 주행의 각 단계에서 다음을 기록한다.
  - 환경의 현재 상태. 이것은 원시 센서 데이터 또는 top-down 뷰 표현일 수 있다. 우리는 현재 상태를 모델의 입력으로 사용할 것이다.
  - 현재 환경 상태에서 전문가의 액션(조향 각도 및 제동/가속). 이것은 네트워크의 타겟 데이터가 될 것이다. 훈련 동안 우리는 익숙한 GD(경사 하강법)를 사용해서 네트워크 예측과 운전자 액션 사이의 오차를 단순히 최소화할 것이다. 이런 식으로 우리는 네트워크가 드라이버를 모방하도록 가르칠 것이다.

다음 다이어그램이 행동(방식) 복제(behavioral cloning) 시나리오를 보여준다:

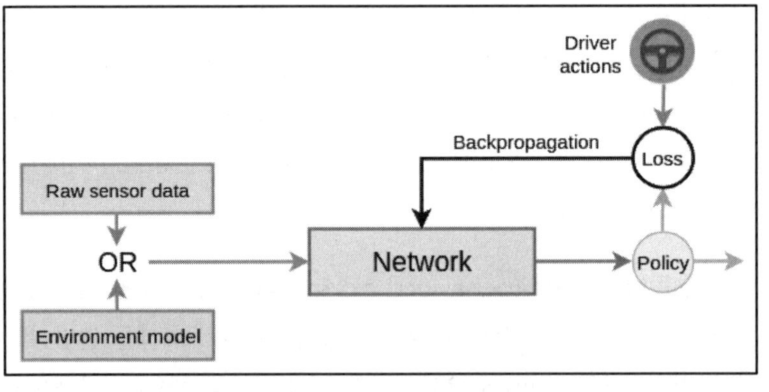

그림 11.9 행동(방식) 복제(behavioral cloning) 시나리오

185. 두 액션을 동시에 하지 않는다는 의미

이미 언급했듯이 ALVINN(AV 연구의 간략한 역사 섹션 참고)은 행동 복제 end-to-end 시스템이다. 더 최근에, *End to End Learning for SelfDriving Cars*(`https://arxiv.org/abs/1604.07316`) 논문은 FC 네트워크 대신 5개의 컨볼루션 층이 있는 CNN을 사용하는, 유사한 시스템을 소개했다. 실험에서 차량의 전방 카메라 영상이 CNN에 입력으로 제공된다. CNN의 출력은 자동차의 필요한 조향 각도를 나타내는 단일 스칼라 값이다. 네트워크는 가속 및 제동을 제어하지 않는다. 훈련 데이터셋을 구축하기 위해 논문 저자는 약 72시간 분량의 실제 주행 비디오를 수집했다. 평가 과정에서 차량은 교외 지역에서 98%의 시간 동안(차선 변경 및 한 도로에서 다른 도로로의 회전 제외) 스스로 운전할 수 있었다. 또한 다중 차선 분리 고속도로(multilane divided highway)에서 16km 동안 개입없이 운전할 수 있었다. 다음 섹션에서는 PyTorch를 사용해서 재미있는 행동 복제 예제를 구현한다.

11.4.1 PyTorch를 사용한 행동(방식) 복제

이 섹션에서는 PyTorch 1.3.1을 사용해서 행동 복제(behavioral cloning) 예제를 구현한다. 이 작업을 위해 강화 학습 알고리듬의 개발 및 비교를 위한 오픈 소스 툴킷인 OpenAI Gym(`https://gym.openai.com/`)을 사용할 것이다. 이를 사용하면 에이전트에게 걷기, 또는 퐁, 핀볼, Atari 게임, 심지어 Doom 같은 게임을 하는 등의 다양한 작업을 수행하도록 가르칠 수 있다.

`pip`로 설치할 수 있다:

```
pip install gym[box2d]
```

이 예에서는 다음 스크린 샷과 같이 `CarRacing-v0` OpenAI Gym 환경을 사용한다:

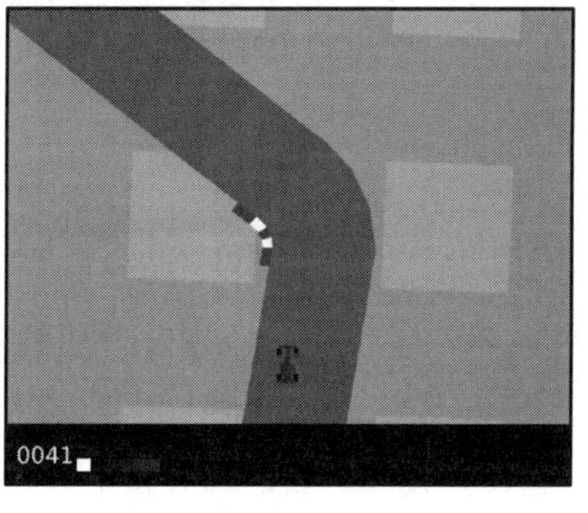

그림 11.10 CarRacing-v0 환경에서 에이전트는 경주용 자동차이다; 조감도가 사용된다.

> **TIP** 이 예제에는 여러 Python 파일이 포함되어 있다. 이 섹션에서는 가장 중요한 부분을 언급한다. 전체 소스 코드는 `https://github.com/PacktPublishing/Advanced-Deep-Learning-with-Python/tree/master/Chapter11/imitation_learning`에 있다.

목표는 빨간색 경주용 자동차(에이전트)가 노면을 벗어나지 않고 최대한 빨리 트랙을 도는 것이다. 가속, 제동, 좌회전, 우회전의 네 가지 액션을 사용해서 차량을 제어할 수 있다. 각 액션에 대한 입력은 연속적이다. 예를 들어 값 1.0으로 최대 스로틀(throttle)을 지정하고, 값 0.5로 중간 스로틀을 지정할 수 있다(다른 컨트롤도 마찬가지).

단순화를 위해, 두 개의 이산 액션 값만 지정할 수 있다고 가정한다: 0은 액션이 없고 1은 최대 액션을 의미한다. 원래 이것은 RL 환경이었으므로, 에이전트는 트랙을 따라 진행하면서 각 단계에서 보상을 받게 된다. 그러나 에이전트가 우리의 액션에서 직접 학습할 것이기 때문에 우리는 이를 사용하지 않을 것이다. 다음 단계들을 수행한다:

1. 직접 운전해서 트랙을 돌아서 훈련 데이터셋을 만든다(화살표 키로 제어한다). 즉, 우리가 에이전트가 모방하려는 전문가이다. 에피소드의 모든 단계에서 현재 게임 프레임(상태)과 현재 눌린 키를 기록하고 파일에 저장한다. 이 단계의 전체 코드는 `https://github.com/PacktPublishing/Advanced-Deep-Learning-with-Python/blob/master/Chapter11/imitation_learning/keyboard_agent.py`에 있다. 파일을 실행하기만 하면 게임이 시작된다. 게임을 하면서 에피소드가 `imitation_learning/data/data.gzip` 파일에 기록된다(5개 에피소드마다 한 번씩). 다시 시작하려면 단순히 삭제하면 된다. Escape를 눌러 게임을 종료하고, 스페이스바로 게임을 일시 중지할 수 있다. Enter 키를 눌러 새 에피소드를 시작할 수도 있다. 이 경우 현재 에피소드는 삭제되고, 그 시퀀스는 저장되지 않는다. 충분한 크기의 훈련 데이터셋을 위해 최소 20개의 에피소드를 플레이하라. 브레이크를 자주 사용하는 것이 좋다. 그렇지 않으면 데이터셋이 너무 불균형해질 수 있기 때문이다. 정상적인 플레이에서 가속은 브레이크나 스티어링(조향)보다 훨씬 더 자주 사용된다. 플레이하고 싶지 않은 경우 GitHub 저장소에 이미 기존 데이터 파일이 있다.
2. 에이전트는 CNN으로 표현된다. 방금 생성한 데이터셋을 사용해서 감독형 방식으로 훈련시킨다. 입력은 단일 게임 프레임이고, 출력은 조향 방향과 브레이크/가속의 조합이다. 타겟(레이블)은 인간 작업자의 기록된 행동이다. 이 단계를 생략하고 싶다면, 저장소의 `https://github.com/PacktPublishing/Advanced-`

Deep-Learning-with-Python/tree/master/Chapter11/imitation_learning/data/model.pt에 이미 훈련된 PyTorch 네트워크가 있다.

3. 네트워크 출력을 사용해서 CNN 에이전트가 플레이하게 하고, 환경에 보낼 다음 액션을 결정하도록 한다. 단순히 https://github.com/PacktPublishing/Advanced-Deep-Learning-with-Python/blob/master/Chapter11/imitation_learning/nn_agent.py 파일을 실행하기만 하면 된다. 앞의 두 단계 중 아무 것도 수행하지 않은 경우, 이 파일은 기존 에이전트를 사용한다.

이 정도로 소개는 끝내고, 훈련 데이터셋을 준비하자.

훈련 데이터셋 생성

이 섹션에서는 훈련 데이터셋을 생성하고 PyTorch의 torch.utils.data.DataLoader 클래스의 인스턴스로 로드하는 방법을 살펴본다. 코드에서 가장 관련성이 높은 부분을 강조하겠으나, 전체 소스 코드는 https://github.com/PacktPublishing/Advanced-Deep-Learning-with-Python/blob/master/Chapter11/imitation_learning/train.py에 있다.

여러 단계로 학습 데이터셋을 생성한다:

1. read_data 함수는 두 개의 numpy 배열에서 imitation_learning/data/data.gzip을 읽는다. 하나는 게임 프레임용이고, 다른 하나는 관련된 키보드 조합용이다.
2. 환경은 다음이 참인, 3 요소 배열로 구성된 액션을 허용한다:
   - 첫 번째 요소는 [-1, 1] 범위의 값을 가지며, 조향 각도를 나타낸다(오른쪽은 -1, 왼쪽은 1).
   - 두 번째 요소는 범위가 [0, 1]이며, 스로틀을 나타낸다.
   - 세 번째 요소는 [0, 1] 범위에 있으며, 제동력을 나타낸다.
3. 우리는 7가지 가장 일반적인 키 조합을 사용할 것이다: 액션 없음(자동차가 타력주행(coasting) 중)에는 [0, 0, 0], 가속에는 [0, 1, 0], 브레이크에는 [0, 0, 1], 왼쪽은 [-1, 0, 0], 왼쪽과 브레이크 조합은 [-1, 0, 1], 오른쪽은 [1, 0, 0], 오른쪽과 브레이크 조합은 [1, 0, 1]이다. 차량이 매우 불안정해지기 때문에 가속과 좌 또는 우 동시 사용을 의도적으로 차단했다. read_data 함수는 이 배열들을 0에서 6까지의 단일 클래스 레이블로 전환한다. 이러한 방식

으로 단순히 7개의 클래스 분류 문제를 해결한다.

4. read_data 함수는 데이터셋의 균형도 맞춘다. 앞서 언급했듯이, 가속은 가장 일반적인 키 조합이며, 브레이크 같은 조합은 가장 드물다. 따라서 일부 가속 샘플은 제거하고, 일부 제동(왼쪽/오른쪽 + 브레이크)은 배가할 것이다. 저자는 제거/배가 비율의 여러 조합을 시도해서 경험적 방식으로 이를 수행하고, 가장 잘 작동하는 것을 선택했다. 만일 자신의 데이터셋을 기록한다면, 운전 스타일이 다를 수 있으므로 이 비율을 수정하면 된다.

훈련 샘플을 numpy 배열로 확보하고 나서, create_datasets 함수를 사용해서 torch.utils.data.DataLoader 인스턴스들로 전환한다. 이 클래스를 사용하면 간단하게 데이터를 미니 뱃치로 추출하고 데이터 보강을 적용할 수 있다.

그러나 먼저 영상을 네트워크에 공급하기 전에 수정하는 data_transform 변환 목록을 구현하자. 전체 구현은 https://github.com/PacktPublishing/Advanced-Deep-Learning-with-Python/blob/master/Chapter11/imitation_learning/util.py에 있다. 영상을 그레이 스케일로 바꾸고, [0, 1] 범위로 밝기 값을 정규화하고, 프레임의 하단 부분(보상 등의 정보를 표시하는 검은 색 사각형)을 잘라낸다. 구현은 다음과 같다:

```
data_transform = torchvision.transforms.Compose([
    torchvision.transforms.ToPILImage(),
    torchvision.transforms.Grayscale(1),
    torchvision.transforms.Pad((12, 12, 12, 0)),
    torchvision.transforms.CenterCrop(84),
    torchvision.transforms.ToTensor(),
    torchvision.transforms.Normalize((0,), (1,)),
])
```

다음으로 다시 create_datasets 함수로 돌아가서 선언부터 시작한다:

```
def create_datasets():
```

그런 다음 입력 영상에 data_transform 변환을 적용할 수 있도록 TensorDataset-Transforms 도우미 클래스를 구현한다. 구현은 다음과 같다(이 코드는 여전히 create_datasets 함수의 일부이므로 들여쓰기에 주의하라):

```
class TensorDatasetTransforms(torch.utils.data.TensorDataset):
    def __init__(self, x, y):
        super().__init__(x, y)

    def __getitem__(self, index):
        tensor = data_transform(self.tensors[0][index])
        return (tensor,) + tuple(t[index] for t in self.tensors[1:])
```

다음으로 이전에 생성된 데이터셋을 모두 읽는다:

```
x, y = read_data()
x = np.moveaxis(x, 3, 1) # channel first (torch requirement)
```

그런 다음 훈련 및 검증 데이터 로더(train_loader 및 val_loader)를 생성한다. 마지막으로 이들을 create_datasets 함수의 결과로 반환한다:

```
# train dataset
x_train = x[:int(len(x) * TRAIN_VAL_SPLIT)]
y_train = y[:int(len(y) * TRAIN_VAL_SPLIT)]

train_set = TensorDatasetTransforms(torch.tensor(x_train),
                                    torch.tensor(y_train))
train_loader = torch.utils.data.DataLoader(train_set,
                                    batch_size=BATCH_SIZE,
                                    shuffle=True, num_workers=2)
# test dataset
x_val, y_val = x[int(len(x_train)):], y[int(len(y_train)):]

val_set = TensorDatasetTransforms(torch.tensor(x_val),
                                  torch.tensor(y_val))
val_loader = torch.utils.data.DataLoader(val_set,
                                  batch_size=BATCH_SIZE,
                                  shuffle=False, num_workers=2)
return train_loader, val_loader
```

다음으로 에이전트 NN 아키텍처에 초점을 맞추자.

에이전트 NN 구현

에이전트는 다음 속성의 CNN으로 표현된다:

- 단일 입력 84×84 슬라이스
- 다운샘플링을 위한 스트라이드가 있는 3개의 컨볼루션 층
- ELU 활성화
- 두 개의 FC 층
- 7개의 출력 뉴런(클래스 당 하나씩).
- 과잉 맞춤을 방지하기 위해 각 층(컨볼루션 포함) 다음에 적용된 뱃치(일괄) 정규화 및 드롭아웃. 의미 있는 데이터 보강 기술을 사용할 수 없기 때문에 이 작업의 과잉 맞춤은 특히 지나치다. 예를 들어 영상을 가로로 무작위로 뒤집었다고 하자. 이 경우 스티어링 값을 반대로 하기 위해 레이블도 변경해야 할 것이다. 따라서 우리는 가능한 한 억제(regularization 또는 규제)에 의존할 것이다.

다음 코드 블록이 네트워크 구현을 보여준다:

```
def build_network():
    return torch.nn.Sequential(
        torch.nn.Conv2d(1, 32, 8, 4),
        torch.nn.BatchNorm2d(32),
        torch.nn.ELU(),
        torch.nn.Dropout2d(0.5),
        torch.nn.Conv2d(32, 64, 4, 2),
        torch.nn.BatchNorm2d(64),
        torch.nn.ELU(),
        torch.nn.Dropout2d(0.5),
        torch.nn.Conv2d(64, 64, 3, 1),
        torch.nn.ELU(),
        torch.nn.Flatten(),
        torch.nn.BatchNorm1d(64 * 7 * 7),
        torch.nn.Dropout(),
        torch.nn.Linear(64 * 7 * 7, 120),
        torch.nn.ELU(),
        torch.nn.BatchNorm1d(120),
        torch.nn.Dropout(),
        torch.nn.Linear(120, len(available_actions)),
    )
```

훈련 데이터셋과 에이전트를 구현했으면, 훈련을 진행할 수 있다.

훈련

네트워크와 cuda 장치를 파라미터로 받는 train 함수를 구현할 것이다. 교차 엔트로피 손실과 Adam 옵티마이저(분류 작업의 일반적인 조합)를 사용한다. 이 함수는 단순히 EPOCHS회 반복하면서 각 epoch 마다 train_epoch 및 test 함수를 호출한다:

```
def train(model: torch.nn.Module, device: torch.device):
    loss_function = torch.nn.CrossEntropyLoss()

    optimizer = torch.optim.Adam(model.parameters())

    train_loader, val_order = create_datasets() # read datasets

    # train
    for epoch in range(EPOCHS):
        print('Epoch {}/{}'.format(epoch + 1, EPOCHS))

        train_epoch(model, device, loss_function, optimizer, train_loader)
        test(model, device, loss_function, val_order)

        # save model
        model_path = os.path.join(DATA_DIR, MODEL_FILE)
        torch.save(model.state_dict(), model_path)
```

그런 다음 한 epoch 훈련을 위한 train_epoch를 구현한다. 이 함수는 모든 미니 뱃치에 대해 반복하고, 각 뱃치에 대해 정방향 및 역방향 패스를 수행한다:

```
def train_epoch(model, device, loss_function, optimizer, data_loader):
    model.train() # set model to training mode
    current_loss, current_acc = 0.0, 0.0

    for i, (inputs, labels) in enumerate(data_loader):
        inputs, labels = inputs.to(device), labels.to(device) # send to
                         device
        optimizer.zero_grad() # zero the parameter gradients
        with torch.set_grad_enabled(True):
            outputs = model(inputs) # forward
```

```
        _, predictions = torch.max(outputs, 1)
        loss = loss_function(outputs, labels)

        loss.backward() # backward
        optimizer.step()

    current_loss += loss.item() * inputs.size(0) # statistics
    current_acc += torch.sum(predictions == labels.data)

total_loss = current_loss / len(data_loader.dataset)
total_acc = current_acc / len(data_loader.dataset)

print('Train Loss: {:.4f}; Accuracy: {:.4f}'.format(total_loss, total_acc))
```

> TIP
>
> train_epoch 및 test 함수는 2장 컨볼루션 네트워크 이해에서 TL 코드 예제를 위해 구현한 함수와 유사하다. 반복을 피하기 위해 여기에서 test 함수를 구현하지 않겠으나 GitHub 저장소에 있다.

우리는 약 100 epoch 동안 훈련을 실행할 것이지만, 빠른 실험을 위해 20 또는 30 epoch로 줄여서 해도 된다. 한 에포크는 일반적으로 기본 훈련 세트를 사용해서 1분도 채 걸리지 않는다. 이제 훈련에 익숙해졌으므로, 에이전트 NN을 사용해서 시뮬레이션 환경에서 경주용 자동차를 운전하는 방법을 살펴보자.

에이전트로 운전하기

에이전트가 게임을 플레이하게 하는 nn_agent_drive 함수를 구현하는 것으로 시작한다(https://github.com/PacktPublishing/Advanced-Deep-Learning-with-Python/blob/master/Chapter11/imitation_learning/nn_agent.py에 정의됨). 이 함수는 초기 상태(게임 프레임)로 env 환경을 시작한다. 우리는 이것을 네트워크에 대한 입력으로 사용할 것이다. 그런 다음 softmax 네트워크 출력을 원-핫 인코딩에서 배열 기반 액션으로 변환해서 다음 단계를 위해 환경으로 보낸다. 에피소드가 끝날 때까지 이 절차를 반복한다. nn_agent_drive 함수는 Escape 키에 의한 종료도 허용한다. 훈련에서 했던 data_transform 변환을 계속 사용한다.

먼저 *Esc* 키를 바인딩하고 환경을 초기화하는, 초기화 부분을 구현한다:

```
def nn_agent_drive(model: torch.nn.Module, device: torch.device):
    env = gym.make('CarRacing-v0')

    global human_wants_exit # use ESC to exit
    human_wants_exit = False

    def key_press(key, mod):
        """Capture ESC key"""
        global human_wants_exit
        if key == 0xff1b: # escape
            human_wants_exit = True

    state = env.reset() # initialize environment
    env.unwrapped.viewer.window.on_key_press = key_press
```

다음으로 에이전트(차량)가 action을 취하고 환경이 새 state를 반환하는 등을 하는 메인 루프를 구현한다. 이 역학(dynamic)은 무한 while 루프에 반영된다(이 코드도 여전히 nn_agent_play의 일부이므로 들여쓰기에 주의하라):

```
while 1:
    env.render()

    state = np.moveaxis(state, 2, 0) # channel first image
    state = torch.from_numpy(np.flip(state, axis=0).copy()) # np to tensor
    state = data_transform(state).unsqueeze(0) # apply transformations
    state = state.to(device) # add additional dimension

    with torch.set_grad_enabled(False): # forward
        outputs = model(state)

    normalized = torch.nn.functional.softmax(outputs, dim=1)

    # translate from net output to env action
    max_action = np.argmax(normalized.cpu().numpy()[0])
    action = available_actions[max_action]
    action[2] = 0.3 if action[2] != 0 else 0 # adjust brake power

    state, _, terminal, _ = env.step(action) # one step
```

```
    if terminal:
        state = env.reset()

    if human_wants_exit:
        env.close()
        return
```

이제 프로그램 실행에 필요한 모든 요소가 준비되었으며, 다음 섹션에서 실행시킬 것이다.

종합

마지막으로 전체를 실행시킨다. 실행을 위한 전체 코드는 https://github.com/PacktPublishing/Advanced-Deep-Learning-with-Python/blob/master/Chapter11/imitation_learning/main.py에 있다.

다음 코드는 네트워크를 빌드 및 복원(사용 가능한 경우)하고, 훈련을 실행하고, 네트워크를 평가한다:

```
# create cuda device
dev = torch.device("cuda:0" if torch.cuda.is_available() else "cpu")

# create the network
model = build_network()

# if true, try to restore the network from the data file
restore = False
if restore:
    model_path = os.path.join(DATA_DIR, MODEL_FILE)
    model.load_state_dict(torch.load(model_path))

# set the model to evaluation (and not training) mode
model.eval()

# transfer to the gpu
model = model.to(dev)

# train
train(model, dev)

# agent play
nn_agent_drive(model, dev)
```

여기에서 액션 중인 에이전트 모습을 보여줄 수는 없지만, 이 섹션의 지침을 따르면 액션 상태의 에이전트를 쉽게 볼 수 있다. 우리는 에이전트가 잘 배우고(항상은 아니지만) 경주 트랙의 전체 랩을 완주할 수 있다고 말할 수 있다. 흥미롭게도 네트워크의 운전 스타일은 데이터셋을 생성한 작업자의 스타일과 매우 유사하다. 이 예는 또한 지도(또는 감독형) 학습을 과소 평가해서는 안된다는 것을 보여준다. 우리는 작은 데이터셋과 비교적 짧은 훈련 시간으로 괜찮은 성능의 에이전트를 만들 수 있었다.

이것으로 모방 학습 예제를 마친다. 다음으로 ChauffeurNet이라는 훨씬 더 정교한 주행 방침 알고리듬에 관해 설명한다.

11.5 ChauffeurNet을 사용한 주행 방침

이 섹션에서는 *ChauffeurNet: Learning to Drive by Imitating the Best and Synthesizing the Worst*(https://arxiv.org/abs/1812.03079)이라는 최근 논문에 관해 논의한다. AV 분야의 리더 중 하나인 Waymo가 2018년 12월에 발표했다. ChaffeurNet 모델의 몇 가지 속성을 살펴보자:

- 두 개의 상호 연결된 네트워크의 조합이다. 하나는 FeatureNet이라는 CNN으로, 환경에서 특징을 추출한다. 이 특징들은 주행 방침을 결정하는 AgentRNN이라는 순환 네트워크인 두 번째에 입력으로 제공된다.
- 모방 주행 방침 섹션에서 설명한 알고리듬과 유사한 방식으로 모방 감독형 학습을 사용한다. 훈련 세트는 실제 주행 에피소드 기록에 기반해서 생성된다. ChauffeurNet은 차선 변경, 신호등, 교통 표지판, 도로 변경 등과 같은 복잡한 주행 상황을 처리할 수 있다.

> 이 논문은 Waymo가 arxiv.org에 게시했으며, 여기에서는 참고 목적으로만 사용된다. Waymo와 arxiv.org는 제휴 관계가 아니며, 이 책이나 저자를 보증하지 않는다.

입력 및 출력 데이터 표현으로 ChauffeurNet에 대한 논의를 시작하겠다.

11.5.1 입력 및 출력 표현

End-to-end 접근 방식은 원시 센서 데이터(예: 카메라 영상)를 ML 알고리듬(NN)에 공급하며, 그 결과로 주행 방침(조향 각도 및 가속)이 생성된다. 그에 반해 ChauffeurNet은 AV 시스템의 구성 요소 섹션에서 소개한 중수준 입력 및 출력을 사용한다. 먼저 ML 알고리듬의 입력을 살펴보자. 이것은 `CarRacing-v0` 환경의 영상들과 유사하지만 훨씬 더 복잡한 일련의 top-down(조감도) 뷰의 400×400 영상이다. 시각 t의 순간이 여러 영상으로 표현되며, 각 영상은 환경의 다른 요소를 포함한다.

다음 그림에서 ChauffeurNet 입력/출력 조합의 예를 볼 수 있다:

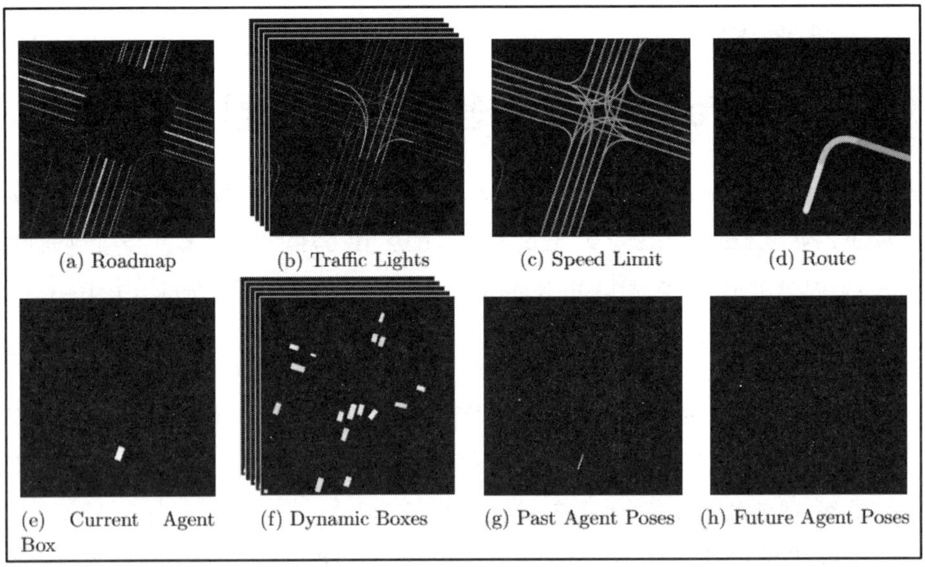

그림 11.11 ChauffeurNet 입력들(https://arxiv.org/abs/1812.03079)

입력 요소((a)~(g))를 알파벳 순서로 살펴보자:

- (a): 정밀 로드맵 표현. 차선, 횡단 보도, 교통 표지판 및 인도 같은 다양한 도로 특징을 서로 다른 색상으로 표현하는 RGB 영상(원본은)
- (b): 신호등의 회색조 영상의 시간 시퀀스. (a)의 특징들과 달리 신호등은 동적이다. 즉, 시간에 따라 녹색, 빨간색 또는 노란색일 수 있다. 이 역학을 적절하게 전달하기 위해, 알고리듬은 영상 시퀀스로 현재 순간까지의 과거 T_{scene} 초마다 각 차선의 신호등 상태를 표시한다. 각 영상의 선 색은 각 신호등의 상태를 나타내며, 가장 밝은 선은 빨간색, 중간은 노란색, 가장 어두운 선은 녹색 또는 알 수

없음이다.

- (c): 각 차선에 대해 알려진 속도 제한이 있는 회색조 영상. 밝기 강도에 따라 속도 제한이 다르다.
- (d): 출발지와 목적지 사이의 계획된 경로. Google 지도에서 생성된 방향을 떠올리라.
- (e): 에이전트(흰색 상자로 표시됨)의 현재 위치를 나타내는 회색조 영상
- (f): 환경의 동적 요소를 나타내는 회색조 영상들의 시간 시퀀스(상자로 표시됨). 다른 차량, 보행자 또는 자전거가 될 수 있다. 객체들의 위치가 시간과 함께 변함에 따라, 알고리듬은 마지막 T_{scene} 초 동안의 그들의 위치를 나타내는 일련의 스냅 샷 영상으로 궤적을 전달한다. 이것은 신호등 (b)와 같은 방식이다.
- (g): 현재 순간까지 지난 T_{pose} 초의 에이전트 궤적에 대한 단일 회색조 영상. 에이전트의 위치가 영상에 일련의 점들로 표시된다. 다른 동적 요소와 같은 시간적 시퀀스가 아니라, 단일 영상으로 이들을 표시한다. 순간 t에서의 에이전트는 $\mathbf{p}_t$, θ_t, s_t 속성을 사용해서 같은 top-down 환경에 표시된다. 여기서 $\mathbf{p}_t = (x_t, y_t)$는 좌표이고, θ_t는 방향(또는 헤딩), s_t는 속도이다.
- (h): 알고리듬 중수준 출력. 일련의 점들로 표현되는 에이전트의 미래 궤적이다. 이 점들은 과거 궤적 (g)와 같은 의미를 지닌다. 시각 $t+1$에서의 미래 위치 출력은 현재 순간 t까지의 과거 궤적 (g)를 사용해서 생성된다. ChauffeurNet을 다음과 같이 표기한다:

  $$\mathbf{p}_{t+\delta t} = \text{ChauffeurNet}(I, \mathbf{p}_t)$$

  여기서 I는 이전의 모든 입력 영상이고, $\mathbf{p}_t$는 시간 t에서의 에이전트 위치이고, δ_t는 0.2초 시간 델타이다. δ_t의 값은 임의로 논문 저자가 선택했다. $t+\delta_t$를 과거 궤적 (g)에 추가하고, 이를 순환 방식으로 단계 $t+2\delta_t$에서의 다음 위치를 생성하는데 사용할 수 있다. 새로 생성된 궤적은 차량의 제어 모듈에 전달되며, 차량 제어(조향, 가속 및 브레이크)를 통해 실행되도록 최선을 다한다.

AV 시스템의 구성 요소 섹션에서 언급했듯이, 이 중수준 입력 표현을 통해 다양한 훈련 데이터 소스를 쉽게 사용할 수 있다. 훈련 데이터는 차량 센서 입력(예: 카메라 및 라이더)과 매핑 데이터(예: 거리, 신호등, 교통 표지판 등)와 융합된 실제 주행으로부터 생성될 수 있다. 그러나 시뮬레이션 환경에서도 같은 형식의 영상들을 생성할 수 있다. 제어 모듈이 다양한 유형의 실제 차량 또는 시뮬레이션 차량에 부착될 수 있는 중수준 출력에 똑

같이 적용된다. 시뮬레이션을 사용하면 비상 제동 또는 충돌과 같이 현실 세계에서 드물게 발생하는 상황을 학습하는 게 가능하다. 에이전트가 그러한 상황을 배우는 데 도움을 주기 위해 논문의 저자는 시뮬레이션을 사용해서 여러 희귀한 시나리오를 명시적으로 합성했다.

이제 데이터 표현에 익숙해졌으므로 모델의 핵심 구성 요소로 초점을 이동하자.

11.5.2 모델 아키텍처

다음 다이어그램은 ChauffeurNet 모델 아키텍처를 보여준다:

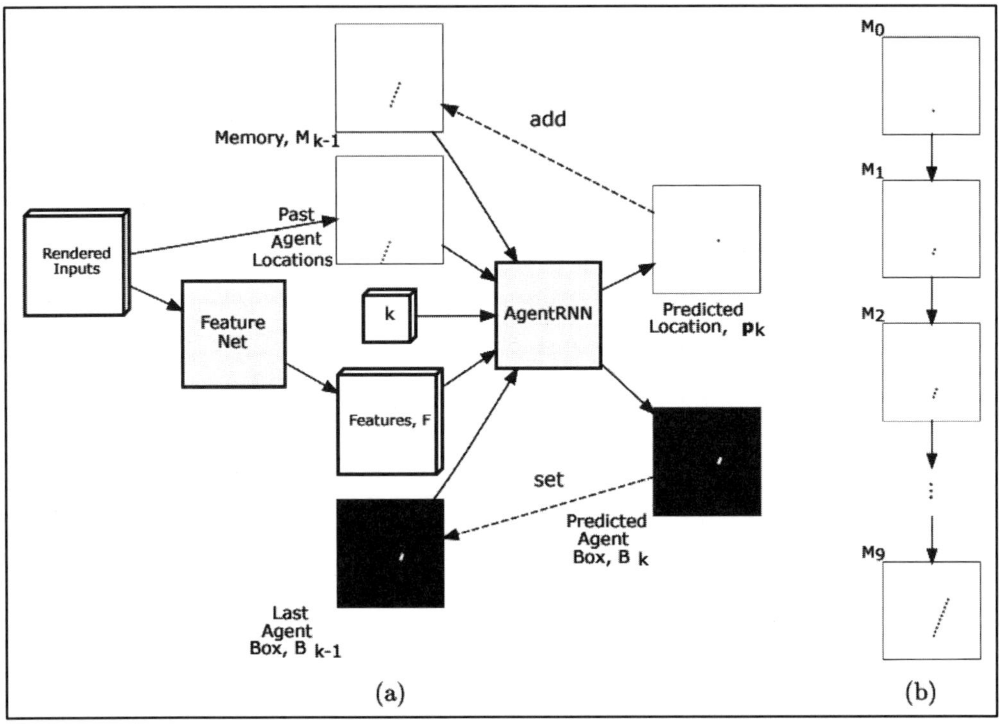

그림 11.12 (a) ChauffeurNet 아키텍처;(b) 반복을 통한 메모리 업데이트 (https://arxiv.org/abs/1812.03079)

먼저 FeatureNet이 있다((a)). 이것은 Residual 연결(residual connection)이 있는 CNN으로, 입력은 입력 및 출력 표현 섹션에서 살펴본 top-down 영상들이다. FeatureNet의 출력은 현재 환경에 관한 합성 네트워크의 이해를 나타내는 특징 벡터 F이다. 이 벡터는 주행 궤적의 잇따르는 점들을 반복적으로 예측하는 순환 네트워크 AgentRNN에 대한 입력 중 하나가 된다. 단계 k에서 에이전트 궤적의 다음 포인트를 예측하고 싶다고 하자. 이 경우 AgentRNN에는 다음과 같은 출력이 있다:

- $\mathbf{p}_k$: 해당 단계에서 주행 궤적의 예측된 다음 지점. 다이어그램에서 볼 수 있듯이, AgentRNN의 출력은 입력 영상과 같은 차원의 히트맵(heatmap)이다. 이것은 공간 좌표에 대한 확률 분포 $P_k(x, y)$(히트맵의 각 셀(픽슬)에 대한 다음 중간 지점(waypoint)의 확률)를 나타낸다. arg-max 연산을 사용해서 이 히트맵으로부터 대략적인 포즈 예측 $\mathbf{p}_k$를 얻다.
- B_k: 단계 k에서의 에이전트의 예측된 바운딩 박스. 웨이포인트 출력과 마찬가지로 B_k는 히트맵이지만, 여기서 각 셀은 시그모이드 활성화를 사용하고 에이전트가 특정 픽슬을 차지할 확률을 나타낸다.
- 다이어그램에 표시되지 않은 두 개의 출력이 더 있다. 에이전트의 헤딩(또는 방향)인 θ_k와 원하는 속도인 s_k이다.

ChauffeurNet에는 M으로 표시되는 추가 메모리(다이어그램의 (b))도 있다. M은 입력 및 출력 표현 섹션에서 정의한 단일 채널 입력 영상(g)으로서, 과거 웨이포인트 예측들인 ($\mathbf{p}_k$, $\mathbf{p}_{k-1}$, ..., $\mathbf{p}_0$)을 나타낸다. 다이어그램에 표시된 것처럼 현재 웨이포인트 $\mathbf{p}_k$가 각 단계에서 메모리에 추가된다.

출력 $\mathbf{p}_k$ 및 B_k는 다음 단계 $k+1$을 위해 AgentRNN의 입력으로 재귀적으로 피드백된다. AgentRNN 출력의 공식은 다음과 같다:

$$\mathbf{p}_{k+1}, B_{k+1} = \text{AgentRNN}(k+1, F, M_k, B_k)$$

다음으로 ChauffeurNet이 순차적 AV 파이프라인 내에 어떻게 통합되는지 확인해 보자:

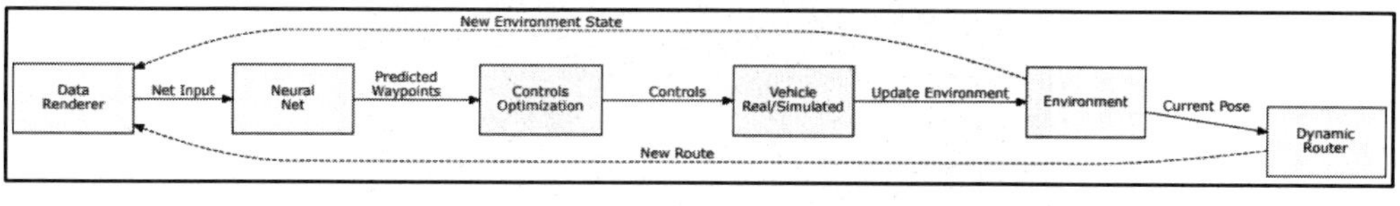

그림 11.13 전체 end-to-end 주행 파이프라인 내의 ChauffeurNet (https://arxiv.org/abs/1812.03079)

이 시스템은 AV 시스템의 구성 요소 섹션에서 소개한 피드백 루프와 유사하다. 구성 요소를 살펴보자:

- Data Renderer(데이터 렌더러): 환경과 동적 라우터 모두로부터 입력을 받아서, 입력 및 출력 표현 섹션에서 정의한 top-down 입력 영상으로 변환한다.
- Dynamic Router(동적 라우터): 에이전트가 이전 타겟 좌표에 도달할 수 있었는지 여부에 따라, 동적으로 업데이트되는 계획된 경로를 제공한다. 목적지를 입력하면 경로를 제공하는 내비게이션 시스템이라고 생각하면 된다. 이 경로를 따라 주행을 시작하고 경로에서 벗어나면, 시스템은 현재 위치와 목적지를 기반으로 동적으로 새 경로를 계산한다.
- Neural Net: 필요한 미래 궤적을 출력하는 ChauffeurNet 모듈
- 제어 최적화기: 미래 궤적을 수신해서, 차량을 구동하는 저수준 제어 신호로 바꾼다.

ChauffeurNet은 다소 복잡한 시스템이므로, 이제 그 훈련 방법을 살펴 보겠다.

11.5.3 훈련

ChauffeurNet은 모방 감독 학습을 사용해서 3천만 개의 전문가 주행 샘플로 훈련되었다. 모델 입력은 다음 평면화된(집계된) 입력 영상이 보여주듯이, 입력 및 출력 표현 섹션에서 정의한 top-down 영상이다.

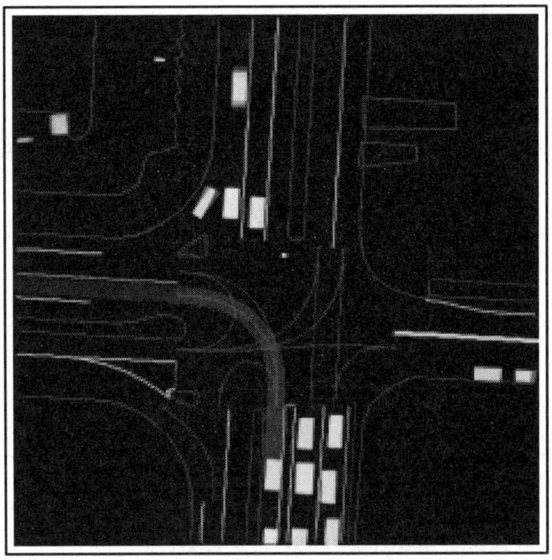

그림 11.14 ChauffeurNet 모델 입력(이 영상은 컬러를 사용하고 있다)
(https://arxiv.org/abs/1812.03079)

다음으로 ChauffeurNet 훈련 프로세스의 구성 요소를 살펴보자:

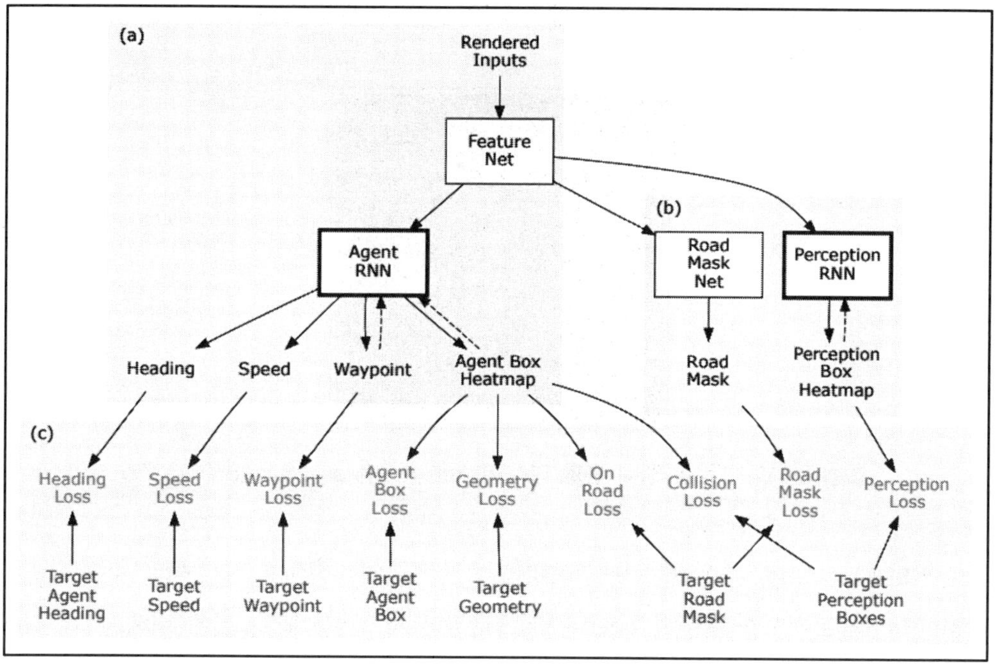

그림 11.15 ChauffeurNet 훈련 구성 요소:(a) 모델, (b) 추가 네트워크, (c) 손실 (https://arxiv.org/abs/1812.03079)

우리는 이미 ChauffeurNet 모델 (a) 자체에는 익숙하다. 프로세스와 관련된 두 개의 추가 네트워크 (b)에 초점을 맞추자:

- Road Mask Net: 현재 입력 영상에 대한 정확한 노면 영역이 있는 분할 마스크를 출력한다. 이해를 돕기 위해, 다음 그림은 타겟 로드 마스크(왼쪽)와 네트워크의 예측된 로드 마스크(오른쪽)를 보여준다:

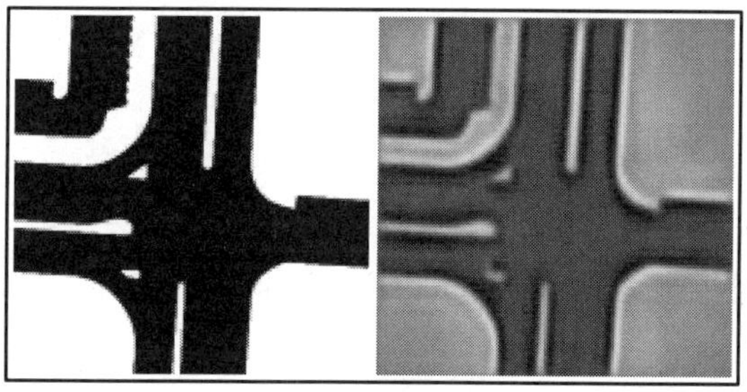

그림 11.16 타겟 및 예측 로드 마스크(https://arxiv.org/abs/1812.03079)

- PerceptionRNN: 환경의 다른 모든 동적 객체(차량, 자전거, 보행자 등)의 예측된 미래 위치가 있는 분할 마스크를 출력한다. 다음 다이어그램이 PerceptionRNN의 출력이다. 다른 차량들의 예측 위치(밝은 직사각형)를 보여주고 있다:

그림 11.17 동적 객체 분할 마스크(https://arxiv.org/abs/1812.03079)

이 네트워크들은 최종 차량 제어에 관여하지 않으며, 훈련 중에만 사용된다. 사용 목적은 FeatureNet 네트워크가 단순히 AgentRNN으로부터 피드백을 받는 것에 비해, 트리 작업들(AgentRNN, Road Mask Net, PerceptionRNN)로부터 피드백을 받으면 더 나은 표현을 학습하는 것이다.

이제 다양한 손실 함수 (c)에 초점을 맞추자. 우리는 미래의 에이전트 위치에 대한 모델의 예측이 인간 전문가의 실제 값(ground truth)과 얼마나 차이가 나는지를 반영하는 모방 손실부터 시작할 것이다. 다음 목록은 AgentRNN의 출력 및 손실 함수들이다:

- 예측된 웨이포인트 p_k의 공간 좌표에 대한 확률 분포 $P_k(x, y)$. 다음 손실로 이 요소를 학습한다:

$$J_p = \mathcal{H}(P_k, P_k^{gt})$$

여기에서 $\mathcal{H}$는 교차 엔트로피 손실, P_k는 예측 분포, P_k^{gt}는 ground truth 분포이다.

- 에이전트 바운딩 박스 B_k의 히트맵. 다음 손실 함수로 훈련시킬 수 있다(히트맵의 셀들에 적용됨).

$$J_B = \frac{1}{WH} \sum_x \sum_y \mathcal{H}(B_k(x, y), B_k^{gt}(x, y))$$

여기서 W와 H는 입력 영상 크기, $B_k(x, y)$는 예측 히트맵, $B_k^{gt}(x, y)$는 ground truth 히트맵이다.

- 다음 손실의 에이전트 θ_k의 헤딩(방향):

$$J_\theta = |\theta_k - \theta_k^{gt}|$$

여기서 θ_k는 예측된 방향, θ_k^{gt}는 ground truth 방향이다.

논문의 저자는 또한 과거 모션 드롭아웃(past motion dropout)을 소개한다. 논문을 인용해서 이를 가장 잘 설명할 수 있다:

> 훈련 동안 모델은 입력 중 하나(입력 및 출력 표현 섹션의 스키마의 그림(g))로 과거 모션 히스토리를 제공받는다. 훈련 도중 과거 모션 히스토리는 전문가 시연에서 나온 것이기 때문에, 네트워크는 행동의 근본 원인을 찾는 대신에, 과거로부터 외삽해서 "편법(cheat)"을 배울 수 있다. 폐루프 추론 동안에는, 과거 히스토리가 네트 자신의 과거 예측에서 온 것이기 때문에, 이것은 실패한다. 예를 들어, 이런 훈련된 네트는 과거 히스토리에서 감속을 본 경우에만 정지 신호에 정지하는 것을 배울 수 있을 것이므로, 폐루프 추론 동안에는 정지 신호에 정지하지 않을 것이다. 이 문제를 해결하기 위해, 과거 포즈 히스토리에 드롭아웃을 도입한다. 여기서 우리는 예제의 50%에 대해 에이전트의 현재 위치(u_0, v_0)만 입력 데이터의 과거 에이전트 포즈 채널에 유지한다. 이것은 네트가 훈련 예제의 미래 모션 프로파일을 설명하기 위해 환경의 다른 단서를 보게 한다.

그들은 또한 주행 상황이 전문가 주행 훈련 데이터와 크게 다르지 않을 때 모방 학습 접근법이 잘 작동한다는 것을 관찰했다. 그러나 에이전트는 충돌과 같이 훈련의 일부가 아닌 많은 주행 상황에 대비되어야 한다. 에이전트가 훈련 데이터에만 의존하는 경우 암시적으로(implicitly) 충돌에 대해 학습해야 하는데, 그건 쉽지 않다. 이 문제를 해결하기 위해 논문은 가장 중요한 상황들에 대한 명시적 손실 함수들을 제안한다. 여기에는 다음이 포함된다:

- **웨이포인트 손실**: ground truth와 예측 에이전트 미래 위치 p_k 사이의 오차
- **속도 손실**: ground truth와 예측 에이전트 미래 속도 s_k 사이의 오차
- **헤딩 손실**: ground truth와 예측 에이전트 미래 방향 θ_k 사이의 오차
- **에이전트-박스 손실**: ground truth와 예측 에이전트 바운딩 박스 B_k 사이의 오차
- **기하 손실**: 에이전트가 속도 프로필에 관계없이 명시적으로 타겟 궤적을 따르게

강제한다.

- **도로 손실**: 에이전트가 도로 표면 영역 위에서만 주행하고 비도로 영역을 피하게 강제한다. 이 손실은 에이전트의 예측 바운딩 박스가 로드 마스크 네트워크에 의해 예측된 영상의 비도로 영역과 겹치면 커진다.
- **충돌 손실**: 에이전트가 충돌을 피하도록 명시적으로 강제한다. 이 손실은 에이전트의 예측 바운딩 박스가 환경의 다른 동적 객체의 바운딩 박스와 겹치면 증가한다.

> ChauffeurNet은 다양한 실제 주행 상황에서 잘 작동했다. 그 결과의 일부를 `https://medium.com/waymo/learning-to-drive-beyond-pure-imitation-465499f8bcb2`에서 볼 수 있다.

11.6 요약

이 장에서 우리는 AV 분야에 대한 DL 적용을 탐구했다. AV 연구에 관한 간략한 역사로 시작해서, 다양한 수준의 자율화에 관해 논의했다. 그런 다음 AV 시스템의 구성 요소를 설명했고, DL 기술을 사용하는 것이 적절한 경우를 분간했다. 다음으로 3D 데이터 처리와 PointNet을 살펴보았다. 그런 다음 행동(방식) 복제를 사용해서 주행 방침을 구현하는 주제를 소개하고, PyTorch로 모방 학습 예제를 구현했다. 마지막으로 Waymo의 ChauffeurNet 시스템을 살펴보았다.

이것으로 이 책을 마칩니다. 이 책을 즐기며 읽었기를 바랍니다!

찾아보기

G

H

I

J

O

P

Q

R

S

T

U

ㄴ

ㄷ

ㅇ

ㅈ